Traute Rafalski

Italienischer Faschismus in der Weltwirtschaftskrise

Schriften des Zentralinstituts für sozialwissenschaftliche Forschung der Freien Universität Berlin

ehemals Schriften des Instituts für politische Wissenschaft

Band 45

Traute Rafalski

Italienischer Faschismus in der Weltwirtschaftskrise (1925–1936)

Wirtschaft, Gesellschaft und Politik auf der Schwelle zur Moderne

Westdeutscher Verlag

CIP-Kurztitelaufnahme der Deutschen Bibliothek

Rafalski, Traute:
Italienischer Faschismus in der Weltwirtschaftskrise (1925–1936): Wirtschaft, Gesellschaft und Politik auf d. Schwelle zur Moderne/Traute Rafalski.
– Opladen: Westdeutscher Verlag, 1984.
(Schriften des Zentralinstituts für Sozialwissenschaftliche Forschung der Freien Universität Berlin; Bd. 45)
ISBN 978-3-531-11699-0 ISBN 978-3-322-91074-5 (eBook)
DOI 10.1007/978-3-322-91074-5

NE: Zentralinstitut für Sozialwissenschaftliche Forschung ‹Berlin, West›: Schriften des Zentralinstituts ...

ISBN 978-3-531-11699-0

Vorwort

Gilbert Ziebura

Nach der Arbeit von Gustav Schmidt über die britische Appeasement-Politik[1] legt Traute Rafalski nun die zweite grundlegende Monographie vor, die im Rahmen des von mir geleiteten Forschungsprojektes über die Außenpolitik Deutschlands, Frankreichs, Großbritanniens und Italiens während der 30er Jahre entstanden ist[2]. In diesem Forschungsprojekt ging es darum, jenseits der traditionellen Diplomatiegeschichtsschreibung die Frage zu untersuchen, welche Beziehungen zwischen dem Umbruch der Weltwirtschaft, vor allem seit der Krise von 1929, dem Zusammenbruch des „Versailler Systems" einerseits sowie gesamtgesellschaftlichem Strukturwandel und außenpolitischen Entscheidungsprozessen in diesen Ländern andererseits bestehen. Noch heute stellt die vergleichende Analyse der Interdependenz von externen und internen Bestimmungsfaktoren für das außenpolitische Verhalten einer nationalen Gesellschaftsformation ein Stiefkind der Forschung dar. Dabei liegt der Gedanke so nahe, daß zwischen ihrer inneren Verfassung (im weitesten Sinne) und ihrer Stellung in Weltpolitik und Weltwirtschaft jene Wechselwirkung herrscht, deren Kenntnis erst erlaubt, ihren Charakter, ihre spezifische Eigenart genauer zu erfassen.

Die Originalität der Arbeit von Traute Rafalski liegt darin, einem speziellen, bislang völlig vernachlässigten, nichtsdestotrotz aber fundamentalen Aspekt dieser allgemeinen Fragestellung nachgegangen zu sein, der gerade für Italien besonders aufschlußreich ist: dem Zusammenhang zwischen binnenwirtschaftlicher Restrukturierung, außenwirtschaftlicher und -politischer Orientierung sowie den Veränderungen innerhalb des faschistischen Herrschaftsbündnisses zwischen 1925/27 und 1934/36, den Wendejahren des faschistischen Regimes. Hinzu kommt die Absicht, über diesen

1 G. Schmidt, *England in der Krise. Grundzüge und Grundlagen der britischen Appeasement-Politik (1930–1937)*, Opladen 1981 (*Schriften des Zentralinstituts für sozialwissenschaftliche Forschung der Freien Universität Berlin*, Bd. 34).

2 In engem Zusammenhang mit der Thematik des Forschungsprojektes stehen folgende, inzwischen veröffentlichte Beiträge: G. Ziebura, Determinanten der Außenpolitik Frankreichs 1932–1939. Zum Verhältnis von innerer, äußerer, internationaler Politik und Wirtschaft; R. Höhne, Innere Desintegration und äußerer Machtzerfall: Die französische Politik in den Jahren 1933–1936; G. Schmidt, Das Zusammenspiel sicherheitspolitischer, wirtschaftlicher und ideologischer Faktoren in der englischen Weltpolitik und die Restrukturierung der internationalen Politik; ders., Die Westmächte und das Dritte Reich 1933–1939. Allgemeine Einführung, sämtlich in: K. Rohe (Hrsg.), *Die Westmächte und das Dritte Reich 1933–1939. Klassische Großmachtrivalität oder Kampf zwischen Demokratie und Diktatur?*, Paderborn 1982. Hinweise zum Forschungsprojekt in meinem Vorwort zu Schmidt, *England in der Krise* (Anm. 1).

strukturgeschichtlichen Ansatz ein zweites, überaus kontroverses Problem zu erhellen, nämlich die Bedeutung des faschistischen Regimes für die historische Kontinuität der italienischen Gesellschaftsformation. Die Art und Weise, wie Traute Rafalski dabei vorgeht, sollte auch alle diejenigen interessieren, die sich mit dem Kontinuitätsproblem in der deutschen Geschichte auseinandersetzen.

Für beide Problembereiche bringt die Arbeit eine Fülle neuer Erkenntnisse. Prägnant und auf breiter Quellenbasis zeigt die Verfasserin, wie 1925/27 jener Kompromiß aus rivalisierenden ökonomischen Interessen und gesellschaftlichen Gruppen entsteht, der, mit Hilfe verstärkter staatlicher Intervention, auf eine Binnenmarktausweitung und *zugleich* auf eine verbesserte Stellung Italiens in der internationalen Arbeitsteilung abzielt und damit einen Konsens erreicht, der zur Stabilisierung des faschistischen Regimes führt. Allerdings wird auch deutlich, daß die Herausbildung dieses Herrschaftsbündnisses mit hohen sozialen Kosten (starke Lohn- und Einkommenseinbußen der breiten Massen) und wachsenden ökonomischen Widersprüchen (Unterordnung der agrarischen unter die industriellen Interessen; Verschärfung der Nord-Süd-Disparitäten) bezahlt werden muß und im übrigen auch nur solange funktionieren kann, wie die konjunkturelle Erholung, national wie international, anhält. Kein Wunder, wenn mit der Weltwirtschaftskrise dieses Herrschaftsbündnis ins Wanken gerät, nun binnenmarktorientierte Kräfte die Oberhand gewinnen, was die subalterne Stellung Italiens in der internationalen Arbeitsteilung (im Schlepptau Deutschlands) erneut zementieren muß.

Vor diesem, gerade die spezifischen Strukturprobleme Italiens ins Licht rückenden Hintergrund wird dann die Frage untersucht, warum es Italien während der Weltwirtschaftskrise zunächst gelang, bestimmte Markt- und Einflußzonen im heiß umkämpften Donau- und Balkanraum zu erobern. Überzeugend weist Traute Rafalski nach, inwiefern diese neo-merkantilistische Expansionspolitik mit dem Ziel der Schaffung eines ökonomischen Großraums eine zeitgemäße Ausprägung des „informellen Imperialismus" darstellt. Bis ins Detail werden die außenwirtschaftlichen, innergesellschaftlichen und diplomatischen Aspekte dieses Ringens um eine Neuordnung des Donauraums (im Sinne einer Blockbildung Italien-Österreich-Ungarn) in der Auseinandersetzung mit Deutschland und Frankreich nachgezeichnet. Wie diese auf den Balkan gerichtete Strategie einmal als eine Art Erweiterung des Binnenmarktes (aber zu Gunsten des Exportsektors) und damit zugleich als Ventil zur Entlastung der im faschistischen Herrschaftsbündnis vorhandenen Widersprüche fungierte und wie sie wegen ihrer schwachen sozialökonomischen Basis schließlich 1934/35 am Widerstand des in jeder Hinsicht überlegenen Deutschland scheiterte – dies gehört zu den eindrucksvollsten Teilen der Arbeit. Die am Beispiel von Fiat, einem stark weltmarktabhängigen Unternehmen, durchgeführte Branchenanalyse ergänzt und konkretisiert das Hauptergebnis der Arbeit, nämlich die Unvereinbarkeit der konkurrierenden Strömungen im italienischen Faschismus und letztlich das Scheitern der faschistisch-korporativistischen und neomerkantilistischen Krisenüberwindungs- und Modernisierungsstrategie. Diese wurde getragen von jenen ökonomischen Kräften, die, wie der Fiat-Chef Agnelli, bereits vom Fordistischen Reproduktionsmodell der USA fasziniert waren, das freilich auf ganz anderen sozialen Voraussetzungen beruhte: der modernen Leistungs- und Konsumgesellschaft.

Genau an dieser Stelle wird die Bedeutung der von Traute Rafalski vertretenen Kontinuitätsthese, vor allem im Hinblick auf die Entwicklung Italiens nach dem Zweiten Weltkrieg, verständlich. Die Analyse zeigt, daß das faschistische Regime weder eine „Zäsur" noch eine „Parenthese" war. So haben die tiefen Eingriffe des faschistischen Staates in Wirtschaft und Gesellschaft, vor allem in Gestalt eines im Vergleich zu anderen Ländern stark expandierten Staatssektors, die sog. „Wiederaufbauphase" entscheidend prädisponiert. Andererseits lehrt die Arbeit, wie die im faschistischen Herrschaftsbündnis zu Minderheitenpositionen verurteilten Exportinteressen der „Liberalen" – bereits in der Phase des niedergehenden faschistischen Regimes 1942/43 zunächst als systemimmanente Opposition eine wachsende Rolle spielten, um dann, unter den Bedingungen der von den USA dominierten Weltwirtschaft sowie veränderter innergesellschaftlicher Verhältnisse (Mehrheit für die Christliche Demokratie) optimale Entfaltungschancen zu erhalten. Zugleich reproduziert das italienische „Wirtschaftswunder" jene Widersprüche und Ambivalenzen, wie sie schon im Faschismus auftraten, vor allem in der Privilegierung der Mittelschichten im tertiären Sektor auf Kosten der Arbeiterklasse. Als diese sich Anfang der 60er Jahre zur Wehr setzte, wurde dieses Modell erneut in Frage gestellt.

Damit leistet die Arbeit von Traute Rafalski nicht nur einen wichtigen Beitrag zum Verständnis der 30er Jahre, indem sie für die Interpretation des italienischen Faschismus neue Perspektiven eröffnet. Sie zeigt vor allem, daß die Frage nach Kontinuität und Diskontinuität nur dann eine befriedigende Antwort finden kann, wenn es gelingt, mit Hilfe einer strukturhistorischen Analyse den Zusammenhang von internen und externen Bestimmungsgründen in der Entwicklung einer nationalen Gesellschaftsformation zu erkennen.

Inhaltsverzeichnis

Vorwort von Gilbert Ziebura 5

Abkürzungsverzeichnis 15

Vorwort der Verfasserin 17

Einführung 19

1. Teil
Vom Stabilisierungskompromiß im italienischen Faschismus 1925/27 zur Weltwirtschaftskrise. Eine sozioökonomische Strukturanalyse

1. Kapitel
Ökonomischer Kurswechsel 1925/27. Währungsreform und Neuordnung des Kredit- und Kapitalmarkts durch den Staat 31

I. Konjunkturaufschwung, Stabilisierung der Währung und Aufwertung . . 32
II. Mobilisierung des Geld- und Kapitalmarkts durch den Staat 40

2. Kapitel
Ökonomischer Kurswechsel 1925/27. Bedingungen und Maßnahmen staatlicher Stabilisierungspolitik 52

I. Lohnentwicklung 53
II. Krise auf dem Arbeitsmarkt und Anwachsen der relativen Überbevölkerung 58
III. Polivalente Stabilisierungspolitik des Staates 63

3. Kapitel
Entwicklung in Grundzügen. Die Landwirtschaft im Restrukturierungsprozeß 68

I. Allgemeiner Überblick 68
II. Auswirkungen der „Politik der Quote 90" 71

4. Kapitel
Entwicklung in Grundzügen. Die Industrie im Restrukturierungsprozeß 85

I. Kennzeichen des neuen industriewirtschaftlichen Kurses 85
II. Industriewirtschaftliche Entwicklung in Zahlen 93
III. Hauptmomente des Strukturwandels und neue Widersprüche 102
1. Exkurs. Zur begrifflichen Präzisierung: Binnenmarkt- und Weltmarktinteressen, Protektionismus, Autarkie 111
2. Exkurs. Zum faschistischen Charakter der Rationalisierung – Das Bedaux-System 115

5. Kapitel
Entwicklung in Grundzügen. Der tertiäre Sektor im Restrukturierungsprozeß 118

I. Tendenz zur Tertiarisierung auf dem Arbeitsmarkt 119
II. Zwischen gesellschaftspolitischer Stabilisierung und ökonomischer Belastung: Widersprüchlichkeit der „ceti-medi"-Politik 122

6. Kapitel
Struktur der italienischen Außenwirtschaftsverflechtung, 1925/27–1929/30 124

I. Außenwirtschaftliche Entwicklung zwischen Stabilisierungskrise und Weltwirtschaftskrise 126
II. Zur Konkurrenzstruktur von Landwirtschaft und Industrie im Rahmen der Außenhandelsverflechtung Italiens 142
III. Abschließende Betrachtung 144

7. Kapitel
Auswirkungen der Weltwirtschaftskrise auf Italiens Stellung in der Hierarchie der internationalen Arbeitsteilung. Das Ende eines Entwicklungszyklus 147

I. Allgemeine Grundzüge 147
II. Italiens Außenhandelsentwicklung 154

2. Teil
Kampf um Märkte in Mittel- und Osteuropa

1. Kapitel
Italiens wirtschaftliche und politisch-ideologische Expansion auf dem Balkan und im Donaubecken. Umriß des Problemfeldes 175

I. Italienische Expansionspolitik in Europa: ein kontroverses historiographisches Problem . . . 175
II. Konkretisierung der Fragestellung . . . 177

2. Kapitel
Blockbildung Italien/Österreich/Ungarn. Stellenwert der Handelsoffensive für die italienische Wirtschaft vor dem Hintergrund der Weltwirtschaftskrise . 181

I. Italiens Austauschbeziehungen mit Österreich und Ungarn vor dem Höhepunkt der Krise, 1928–30 . . . 181
II. Die Austauschbeziehungen bis zur Unterzeichnung der Römischen Protokolle, 1931–34 . . . 183
III. Entwicklung der Austauschbeziehungen bis zur Krise um Abessinien, 1934–36 . . . 187
IV. Überblick über die Warenzusammensetzung . . . 189
V. Handelspolitische Blockbildung und italienische Aufrüstung . . . 198
VI. Die Interessenlage der italienischen Expansionskoalition . . . 201

3. Kapitel
Blockbildung Italien/Österreich/Ungarn. Hauptkennzeichen und Schwerpunkte der politischen Strategie Roms . . . 206

I. Auf der Suche nach einer autonomen Donauraumstrategie auf politisch-diplomatischer Ebene . . . 206
II. Die Römischen Protokolle als handelspolitische Waffe im Kampf um Vorzugsmärkte . . . 220
III. Zur deutsch-italienischen Interessenaufteilung im Donauraum. Sondierungsgespräche Rom/Berlin, 1932–34 . . . 227

4. Kapitel
Blockbildung Italien/Österreich/Ungarn. Rivalisierende Strömungen und alternative Strategien im italienischen Faschismus. Schritte der Formierung . 245

I. Auseinandersetzungen um die Neuorientierung der italienischen Handelspolitik . . . 247
II. Zur Regierungsumbildung in Rom, Juli 1932 . . . 256
III. Zur Interessenparallelität von römischer Kurie, italienischer Regierung und faschistischer Bewegung . . . 260

5. Kapitel
Zum Scheitern der Donau- und Balkanexpansion Italiens – Wirtschaftsstrukturelle Voraussetzungen 268

I. Zur italienisch-deutschen Konkurrenzsituation 268
II. Verlagerungen zum Nachteil Italiens 271
III. Konsequenzen 276

An Stelle einer Zusammenfassung (1): Allgemeine Grundzüge neomerkantilistischer Expansionspolitik 279

3. Teil
Am Beispiel Fiat.
Zur Mittel- und Osteuropastrategie der Fahrzeugindustrie

1. Kapitel
Umstellung auf den Frieden und erste Schritte zur Rückkehr auf den Weltmarkt, 1918/19–1925 287

I. „la riconversione industriale“: die Binnendimension 287
II. Rückkehr auf den Weltmarkt: erste Schritte 289
III. Auseinandersetzungen um die „Rußland-Politik“ – Grundzüge 292

2. Kapitel
Binnenwirtschaftliche Konsolidierung und mittelosteuropäische Exportoffensive, 1925/26–1933/35 297

I. Auf dem Weg zur „industria nazionale“ 297
II. Zur Weltmarktabhängigkeit von Fiat 299
III. Neomerkantilistische Expansionspolitik: das Beispiel Fiat 300
IV. Beziehungen mit der Sowjetunion 303

3. Kapitel
Zur außenwirtschaftlichen Zäsur 1934/35 – Exportoffensive oder Einfuhrbewirtschaftung 309

I. Agnellis handelspolitisches Manifest 309
II. Kampf um den Außenwirtschaftskurs 312

4. Kapitel
Krisenlösungsstrategien auf dem Prüfstand 326

I. Agnellis „Keynesianische Predigt“ 326
II. Der Vorschlag stößt auf eine breite Abwehrfront 328
III. Fiat, italienischer Faschismus und das Beispiel USA 332

Zusammenfassung (2) 336

4. Teil
Gesamtgesellschaftliche Planung und Korporativismus

1. Kapitel
Korporativismus: Probleme der Analyse 341

I. Krise, nicht aber Zusammenbruch des Kapitalismus 342
II. „Amerikanismus und Fordismus“: zum Epochencharakter des Modells USA 345
III. Probleme der Übertragung des Modells auf Europa und besonders Italien . 348
IV. „Modernisierung“ der italienischen Gesellschaft: das Gebot der Stunde . 350
V. Gramscis Analyse des Korporativismus 353
VI. Zur Funktion der korporativen Ideologie 362

2. Kapitel
Die Korporativismusdebatte. Zur historischen Konstellation, 1927–34 366

I. Konkret-historische Rahmenbedingungen der Krisendiskussion 367
II. Aufbau und Funktionsweise des Korporativsystems 376

3. Kapitel
Die Korporativismusdebatte. Elemente einer Strategie gesamtgesellschaftlicher Rationalisierung 391

I. Die Korporativismusdebatte als Moment der kulturpolitischen Offensive 391
II. Die modernistisch-technokratische Komponente in der Korporativbewegung 394

III. Konfrontation zwischen Korporativisten und Liberalen 401
IV. Innerkorporative Konflikte: Industrialisierung oder Reagrarisierung . . . 405

4. Kapitel
Die Korporativismusdebatte. Der Fordismus und die Lohnfrage 414

I. Der Lohn als Element der Fordschen Methode: Gramscis Analyse der Funktion hoher Löhne 415
II. Die Lohndiskussion im Korporativismus 419
III. Vom „elastischen Lohn" zur Aushöhlung des Lohnbegriffs als ökonomische Kategorie 427
IV. Korporativismus als allgemeine Tendenz – Zusammenfassende Überlegungen 432

Ausblick 438

Literaturverzeichnis 443

Personenregister 459

Abkürzungsverzeichnis

AA	Auswärtiges Amt
AOI	Africa orientale italiana
AzDAP	Akten zur Deutschen Auswärtigen Politik
BIT	Bureau International du Travail (Genf: Völkerbund)
CGL	Confederazione Generale del Lavoro
CICE	Compagnia Industriale per il Commercio Estero
Confindustria	Confederazione generale (fascista) dell'industria italiana (Industriellenverband)
DDF	Documents diplomatiques français
DDI	Documenti diplomatici italiani
DGFP	Documents on German Foreign Policy
ENIOS	Ente Nazionale per l'Organizzazione Scientifica (Nationales Institut für Arbeitswissenschaften)
HDSW	Handwörterbuch der Sozialwissenschaften (Göttingen)
IMI	Istituto Mobiliare Italiano (Institut für Mobiliarkredit)
INA	Istituto Nazionale Assicurazioni (Nationale Versicherungsanstalt)
INAIL	Istituto Nazionale per l'Assicurazione sugli infortuni sul lavoro (Unfallversicherung)
INE	Istituto Nazionale per le Esportazioni (Exportinstitut)
INPS	Istituto Nazionale per la Previdenza sociale (Sozialversicherungsanstalt)
ISE	Istituto Nazionale Fascista per gli scambi con l'estero (Außenhandelsinstitut)
ISTAT	Istituto Centrale di Statistica (Statistisches Zentralamt)
MBK	Meistbegünstigungsklausel
MWT	Mitteleuropäischer Wirtschaftstag e.V.
NEP	Neue Ökonomische Politik (Novaja ékonomiceskaja politika)
PCd'I	Partito comunista d'Italia
PNF	Partito nazionale fascista
PSI	Partito socialista italiano
REFA	Reichsausschuß für Arbeitszeitermittlung
WWA	Weltwirtschaftliches Archiv. Zeitschrift des Instituts für Weltwirtschaft an der Universität Kiel
WWK	Weltwirtschaftskrise 1929

Vorwort

Die vorliegende Arbeit ist aus der langjährigen Beschäftigung mit der Zeitgeschichte Italiens entstanden. Zunächst hatte die Umbruchsituation in Italien nach dem Ersten Weltkrieg im Mittelpunkt des Interesses gestanden, und dank eines vom Deutschen Akademischen Austauschdienstes finanzierten 14monatigen Auslandsstipendiums konnte die Arbeit auf breiter Materialbasis begonnen werden. Während der anschließenden Mitarbeit an einem von Gilbert Ziebura (FU Berlin) geleiteten Projekt komparativer Länderstudien in der Zwischenkriegszeit verlagerte sich der zeitliche Schwerpunkt meiner Arbeit, doch konnte die zugrundeliegende Fragestellung beibehalten und theoretisch und methodisch weiterentwickelt werden. In den Vordergrund war nun das Problem der Vergleichbarkeit unterschiedlich verfaßter Gesellschaftssysteme in bezug auf gemeinsame Herausforderungen getreten, und in dieser Perspektive bildete das komplexe Phänomen der Weltwirtschaftskrise von 1929 den Kristallisationspunkt der dem Projekt zugeordneten Länderstudien.

Intensive Zusammenarbeit im Projekt, großzügige personelle und sachliche Unterstützung durch das Institut für sozialwissenschaftliche Forschung an der FU Berlin und seine Bibliothek boten mir Arbeitsmöglichkeiten, die zur Ausweitung und Vertiefung des Forschungsvorhabens geradezu verführten. Weittragende Anregungen und vielfältige Hilfe verdanke ich vor allem Dörte Doering, Roland Höhne, Friedrich Luther und Reinhard Mayer, bei der Fertigstellung der Arbeit Margarita Kleist und Dorothea Fritsch und bei der Redigierung für den Druck Frauke Burian. Die Arbeit wurde im Winter 1982 abgeschlossen.

Die zuvor in Rom gesammelten Materialien und Erkenntnisse sind zu einem guten Teil auch in die zweite Arbeitsphase eingegangen. An dieser Stelle möchte ich all denen meinen Dank aussprechen, die mir mit fachlichem Rat und praktischer Hilfe bei der Bewältigung des römischen Alltags in Archiven und Bibliotheken zur Seite gestanden haben; dies gilt besonders für die ausdauernde Teilnahme von Costanzo Casucci ebenso wie für wertvolle Anregungen von Giampiero Carocci. Die vom Deutschen Historischen Institut in Rom und der Kulturabteilung der Deutschen Botschaft gebotenen Hilfestellungen und Arbeitsmöglichkeiten habe ich dankbar in Anspruch genommen. Ohne die sachkundige Hilfe und die Liberalität der Mitarbeiter im Archivio Storico Centrale dello Stato und der Bibliothek der Abgeordnetenkammer wäre die Arbeit nur mit beträchtlichen Abstrichen zustandegekommen; ferner konnte ich Bestände des Archivio Storico del Ministero degli Affari Esteri, der Biblioteca Nazionale Centrale und der Bibliothek der Confindustria einsehen.

Für die Fertigstellung der Arbeit in Berlin waren schließlich die Einrichtungen der Universitätsbibliothek der FU mit ihren überaus freundlichen Mitarbeitern von unschätzbarem Wert.

Die entscheidenden Anregungen für die thematische und methodische Durchführung der Arbeit gehen auf meinen akademischen Lehrer, Prof. Dr. Gilbert Ziebura, zurück; für seine aktivierende Kritik und das anspornende Vertrauen, die mir das Durchstehen so mancher Durststrecke ermöglicht haben, schulde ich ihm besonderen Dank.

Die endgültige Fertigstellung der Arbeit wäre ohne die Unterstützung meiner Familie kaum möglich gewesen. Ihr sowie allen Freunden und Fachkollegen, die im Umgang mit der Arbeit und mir nicht die Geduld verloren haben, danke ich sehr herzlich.

Traute Rafalski

Einführung

1. Erkenntnisinteresse und Fragestellung

Die vorliegende Arbeit will zur Neu-Lektüre einer gut fünfzig Jahre zurückliegenden Periode, der allerdings eine Schlüsselbedeutung in der Zeitgeschichte Italiens zukommt, anregen und selbst einige Aspekte dazu beitragen. Es handelt sich um die mittlere Phase im italienischen Faschismus, gemeinhin als dessen Hochzeit bezeichnet, wobei der Standpunkt der Betrachtung bzw. der Erfahrungshintergrund, vor dem ein wesentlicher Teil der Fragestellungen der vorliegenden Arbeit formuliert wird, die Gegenwart bildet. Damit reiht sich das Arbeitsvorhaben in das breite Spektrum von Ansätzen und Untersuchungen ein, die in jüngerer Zeit von der italienischen Zeitgeschichts- und insbesondere Faschismusforschung zunehmend hervorgebracht wurden und deren Erkenntnisinteresse letztlich auf die Problematik der historischen Kontinuität gerichtet ist[1].

Die Frage nach der historischen Kontinuität aufwerfen und insbesondere nach den Momenten der Kontinuität im Verhältnis zwischen der Geschichte des Faschismus und der Geschichte Italiens, der italienischen Gesellschaft, bedeutet von den klassischen Faschismus-Interpretationen abzurücken[2], soweit diese auf die Typologisierung einzelner, für die Faschisierung als besonders kennzeichnend angenomme-

1 Aus der mittlerweile kaum noch überschaubaren Fülle der Beiträge zur Kontinuitätsdebatte wurden herangezogen: Guido Quazza, Introduzione. Storia del fascismo e storia d'Italia, in: Guido Quazza (Hrsg.), *Fascismo e società italiana*, Turin 1973, bes. S. 5–43; ders., *Resistenza e storia d'Italia. Problemi e ipotesi di ricerca,* ²1977; Enzo Santarelli, Fascismo e società italiana, in: *Il Movimento di liberazione in Italia*, XXXV. Jg., 111/1973, S. 121–125; Nicola Tranfaglia, Sul regime fascista negli anni trenta, in: Nicola Tranfaglia (Hrsg.), *Fascismo e capitalismo*, Mailand 1976, S. 173–204; Giampaolo Gallo, „Cesura" e „continuità" nelle interpretazioni dell'economia italiana dal fascismo al secondo dopoguerra, in: *Annali della facoltà di scienze politiche di Perugia 1970–72*, Bd. 11, S. 279–348; Franco Bonelli/Luciano Cafagna/Ernesto Galli Della Loggia, L'Economia italiana nel periodo fascista: Lavori del convegno di Perugia e sviluppo degli studi, in: *Quaderni Storici*, 31/1976, S. 348–373; Alberto Aquarone/Maurizio Vernassa, Introduzione zu: Alberto Aquarone/Maurizio Vernassa (Hrsg.), *Il regime fascista*, Bologna 1974, S. 9–41; Edgardo Donati, Fascismo e crisi economia, in: *Studi storici*, 17. Jg., 3/1976, S. 223–245; Giorgio Amendola, La „continuità" dello Stato ed i limiti storici dell'antifascismo italiano, in: Giorgio Amendola, *Fascismo e movimento operaio*, Rom 1975, S. 143–174; Claudio Pavone, Sulla continuità dello stato nell'Italia 1943–1945, in: *Rivista di storia contemporanea*, 1974, S. 172–205; Hans-Ulrich Thamer, Ansichten des Faschismus. Der italienische Faschismus in der politischen und wissenschaftlichen Diskussion, in: *Neue Politische Literatur*, XXII Jg., 1/1977, S. 19–35.

2 Quazza, Introduzione (Anm. 1), S. 6 ff.; zum Überblick über die hier angesprochenen Faschismus-Interpretationen vgl. Renzo De Felice, *Le interpretazioni del fascismo*, Bari ³1971.

ner Merkmale abheben. Gegenüber dem typologisierenden Ansatz mit seiner Tendenz zur schematischen Interpretation historischer Prozesse nach dem Muster von mechanischen Abläufen hat das Aufwerfen der Kontinuitätsperspektive fraglos den Vorzug, die Prozeßhaftigkeit und die Momente der Veränderung ausdrücklich in den Mittelpunkt der Untersuchung zu rücken: Das gilt sowohl für das Verhältnis von Faschismus und italienischer Geschichte als auch für die Periode des Faschismus an der Macht selbst.

Die „dynamische" Sichtweise, wie einmal der Kontinuitätsansatz treffend genannt wurde[3], hat im übrigen den Vorzug, daß er zur Offenlegung der eigenen Fragestellung zwingt, bevor die eigentliche Arbeit beginnt: Welche Entwicklungsmomente werden in die Periode des Faschismus zurückverfolgt und aus welchem Grund?

Nach dem Platz des Faschismus in der italienischen Geschichte zu fragen und dabei das „Vorher" und vor allem das „Nachher" zu thematisieren[4], dieses methodische Vorgehen hat in der italienischen politischen Geschichtsschreibung Tradition. Beispielhaft in der Hinsicht ist die Faschismus-Interpretation Antonio Gramscis. Mit seiner Realanalyse des italienischen Faschismus und dessen Entfaltungsprozeß bewegt er sich gewissermaßen zwischen Retrospektive und Perspektive, zwischen historischer Entwicklung und zukünftiger Entwicklung[5]. Anknüpfend an Gramscis faschismustheoretische und methodologische Überlegungen, die er vor allem nach der Etablierung des faschistischen Regimes angestellt hat, als dieses dazu überging, neben der Anwendung von repressiver Gewalt eigene, z.T. sehr moderne Herrschaftstechniken und Integrationsstrategien zu entwickeln und eine, freilich diskontinuierliche, Transformation der sozioökonomischen Struktur in die Wege zu leiten, hat es sich daher die vorliegende Arbeit zur Aufgabe gemacht, vorrangig den Entwicklungen nachzugehen, die für die nachhaltige Modifizierung des ökonomischen und gesellschaftlichen Entwicklungszyklus Italiens bestimmend gewesen sind. Im Vordergrund des Interesses stehen so in erster Linie solche Entwicklungsmuster und Tendenzen in der Periode des Faschismus, die kennzeichnend, wenn nicht bestimmend für das Italien nach dem Zweiten Weltkrieg werden sollten, es namentlich für seine „Wiederaufbauphase" gewesen sind.

Bei Auswahl und Beurteilung der zukunftsrelevanten Entwicklungsmomente und -konstellationen, die geeignet waren, einen Entwicklungszyklus auf *neuer* Stufenleiter einzuleiten und damit imstande, einen Weg aus der tiefen weltweiten Krise der dreißiger Jahre zu weisen, werde ich in der Hauptsache die Verlagerungsvorgänge in Weltwirtschaft und Welthandel sowie die Herausbildung neuer Strukturen und Mechanismen in der internationalen Arbeitsteilung heranziehen.

In der Tat machen das Ausmaß und die realen Modalitäten Italiens internationaler ökonomischer Verflechtung während des Faschismus ebenso wie die zahlreichen

3 Nach Quazza die einzig mögliche Form der Objektivität gegenüber einer nur dem Anschein nach objektiven, wertneutralen Historiographie; s. ders., Introduzione (Anm. 1), S. 6 ff.
4 Vgl. Tranfaglia, Sul regime fascista (Anm. 1), S. 173 ff.
5 Vgl. Enzo Santarelli, Einleitung zu: Antonio Gramsci, *Sul fascismo*, Rom 1974, S. 9–36.

und breitgefächerten Maßnahmen, die das faschistische Regime mit dem Ziel der Reintegration in die internationale Arbeitsteilung auf neuer Stufenleiter ergriff, die verbreitete These vom Faschismus als „Zäsur", die vor allem auch eine Abkapselung vom Weltmarkt beinhaltet, unhaltbar: Zusammen mit der Annahme eines Faschismus als „Parenthese" (Benedetto Croce), wonach dessen über zwanzigjährige Herrschaft einer abrupten Unterbrechung gleichkomme und als Periode ökonomischer und sozialer Stagnation zu verstehen sei, habe sich im gleichen Zeitraum auch die weitgehende Herauslösung Italiens aus seinen weltwirtschaftlichen Verflechtungen vollzogen[6]. Wiewohl es dahingehende wirtschafts- und außenwirtschaftspolitische Maßnahmen durchaus gegeben hat, analog im übrigen zu den wichtigsten westlichen Industriestaaten, kann dennoch nicht von einer vorherrschenden Entwicklungsrichtung die Rede sein, allenfalls in der letzten Regimephase. In diesem Punkt scheint auch weitgehender Konsens in der italienischen Forschung zu bestehen[7].

Ungleich schwieriger erweist sich die Einlösung des wiederholt formulierten Desiderats, neben quantitativen Aspekten vor allem die Qualität von Italiens weltwirtschaftlicher Verflechtung näher zu bestimmen, insbesondere auch die Qualität der Veränderungen in der Periode des Faschismus bei vergleichender Berücksichtigung der wichtigsten zeitgenössischen westlichen Industrieländer und deren Entwicklung[8]. Dieses Problemfeld nimmt einen Schwerpunkt in der vorliegenden Untersuchung ein.

Einen weiteren Schwerpunkt bildet die hiermit unmittelbar verbundene Frage nach den spezifischen Formen und Aspekten kapitalistischer Entwicklung in Italien. Wie sich bei der Durchführung der vorliegenden Untersuchung zeigte, weist dabei der Kontinuitätsansatz heuristisch einen gangbaren Weg, die analytische Zweiteilung des italienischen Kapitalismus in eine „rückständige" und in eine „hochentwickelte" Komponente, die sich wie ein roter Faden auch durch die Faschismusforschung

6 Zum Überblick über die diesbezügliche breitgefächerte Debatte vgl. u.a. Gallo, „Cesura" e „continuità" (Anm. 1), bes. S. 283ff. u. passim; vgl. auch Ester Fano Damascelli, La „restaurazione antifascista liberista". Ristagno e sviluppo economico durante il fascismo, in: *Il movimento di liberazione in Italia*, 104/1971, S. 47–99; Stefania Natale, Studi recenti sulla politica economica fascista, in: *Rivista di storia contemporanea*, 4/1973, S. 534–555.

7 Zumal die ideologische Funktion nicht zu übersehen ist, die die „Stagnations"- und „Zäsur"-These während der Wiederaufbauphase nach dem Zweiten Weltkrieg gespielt hat, und zwar sowohl in den Reihen wirtschaftsliberaler Politiker und Fachleute, die eine führende Stellung einnehmen sollten, als auch in weiten Teilen des linken Flügels der antifaschistischen Bewegung; vgl. hierzu Fano Damascelli, „Restaurazione" (Anm. 6); Gallo, „Cesura" (Anm. 1).

8 Vgl. u.a. Fano Damascelli, „Restaurazione" (Anm. 6); Giorgio Mori, *Il capitalismo industriale in Italia. Processo d'industrializzazione e storia d'Italia*, Rom 1977; Ernesto Galli della Loggia, Verso gli anni trenta: qualità e misure di una transizione, in: *Belfagor*, Bd. XXIX, 1974, S. 489–509; ders., La grande guerra e i nuovi equilibri del capitalismo internazionale ed italiano, in: *Conflitti sociali e accumulazione capitalistica da Giolitti alla guerra fascista*, Rom o. D., S. 61–78; Natale, Studi (Anm. 6).

zieht und zu völlig unfruchtbaren Frontenbildungen geführt hat[9], in der Weise zu überwinden, daß die tatsächlichen Momente von Stagnation *und* Entwicklung in ihrem widersprüchlichen *historischen* Wirkungszusammenhang sichtbar und analysierbar gemacht werden.

Hinter den verzerrten Prozessen kapitalistischer Transformation in der Periode des Faschismus werden mit Hilfe dieses Ansatzes Vorläufer- bzw. Frühformen und Mechanismen erkennbar, für die in der derzeitigen politischen und politikwissenschaftlichen Diskussion in Italien das Schlagwort vom „caso italiano" steht[10]: Entgegen der Vorstellung von einem linearen Entwicklungsverlauf im Entfaltungsprozeß bürgerlicher Gesellschaften, in der Begriffe wie „Rückständigkeit" und „Fortschritt" einen klar voneinander abgrenzbaren Platz einnehmen, wird am Fall Italien eine weitaus komplexere und widerspruchsvollere Realität deutlich. Den „caso italiano" in seiner Komplexität aufzurollen, heißt, nach den Momenten der Rückständigkeit *ebenso* wie nach denen der Antizipation modernster kapitalistischer Entwicklungsformen zu fragen und insbesondere ihren spezifischen widersprüchlichen Wirkungszusammenhang zu thematisieren – anstatt eine wie immer definierte italienische Sonderentwicklung nachweisen zu wollen.

Anknüpfend also an die Diskussion um den „caso italiano" versucht die vorliegende Arbeit ihre Prämissen in zweifacher Hinsicht für die Untersuchung fruchtbar zu machen: Zum einen, das liegt nahe, für die realhistorische Analyse selbst; zum anderen beim Aufspüren „verwandter" zeitgenössischer Analysen sowie aussagekräftiger Materialien.

Vor dem so skizzierten Hintergrund kann die Problemstellung der Arbeit folgendermaßen formuliert werden: Inwieweit läßt sich ein Erklärungszusammenhang herstellen zwischen dem Umbruch in der Struktur der Weltwirtschaft in der Zwischenkriegszeit und den Prozessen gesamtgesellschaftlichen Strukturwandels wie auch den entsprechenden politischen Entscheidungen in Italien während des Faschismus? Dieser Problemstellung liegt die Hypothese zugrunde, derzufolge empirisch feststellbare Momente sozioökonomischen Wandels bzw. bestimmte (außen) politische Strategien wie auch Formen gesellschaftlicher Bewußtseinsveränderung, die als vereinzelte Phänomene erscheinen, ohne recht in die Landschaft des faschistischen Re-

9 Zur Erörterung der verschiedenen Positionen innerhalb des breiten italienischen kommunistischen und sozialistischen politischen Spektrums, vgl. Fano Damascelli, „Restaurazione" (Anm. 6); Natale, Studi (Anm. 6), Galli Della Loggia, Il capitalismo italiano: interpretazioni schematiche e analisi storica, in: *Quaderni storici*, 1972, S. 302–316; Francesco Farina, Modelli interpretativi e caratteri del capitalismo italiano, in: *Quaderni storici*, 32/1976, S. 487–514; Franco Sbarberi, Il dibattito sulla transizione nel comunismo italiano degli anni trenta, in: *Rivista di storia contemporanea*, VI. Jg., 1/1977, S. 53–75; Leonardo Paggi, La formazione del partito comunista di massa nella storia della società italiana, in: *Studi storici*, XII. Jg., 1971, S. 339–355.

10 Siehe hierzu die Sammlung von Aufsätzen und Reden von Pietro Ingrao, *Masse e potere*, Rom 1977, v.a. die Einleitung: Sul „caso italiano", S. 9–48; außerdem die Rezension von Franco Cassano, Il caso italiano: patologia del „ritardo" o „anticipazione"? Riflessioni su „Masse e potere" di Pietro Ingrao, in: *Critica marxista*, 15. Jg., 2/1977, S. 27–41.

gimes zu passen, in dem Maße ein Gesicht bekommen und durchaus ihre historische und systemare Begründung finden, wie sie im Gesamtzusammenhang des allgemeinen Umwälzungsprozesses begriffen und interpretiert werden.

2. Zum methodischen Vorgehen

Das Problem der Interpretation verursacht dabei insofern einige methodische Schwierigkeiten, als es darum geht, die spezifisch nationale Ausprägung allgemeiner Entwicklungslinien gerade auch empirisch zu begreifen, was immerhin bedeutet, das von der empirischen historischen Forschung zumeist in der Grauzone belassene Problem der „Übersetzung" und Vermittlung zwischen nationalgesellschaftlichen Gegebenheiten und internationalen Impulsen zum Thema zu machen. Bei dieser Art der konkret-historischen Rekonstruktionsarbeit stehen bestimmte Ereignisse, Strukturmerkmale, politische Strategien u.ä. im Mittelpunkt der Darstellung, die zunächst prima vista nur eine marginale bzw. temporäre Rolle in der Ereignisgeschichte gespielt haben mögen, die jedoch im weltsystemaren Zusammenhang und von einem Standpunkt ex post aus betrachtet sich langfristig als Momente einer vorherrschenden Tendenz erweisen, mit nachhaltigen Folgen bis in die Gegenwart.

Hinsichtlich der Gesamtfragestellung, methodischen Vorgehensweise und theoretischen Prämissen bewegt sich die vorliegende Arbeit im Rahmen des Forschungsprojekts über die „Interdependenz von Gesellschaftssystem und internationalem System in der Zwischenkriegszeit 1919–1939"[11], zu dem sie ein Beitrag sein will. Insbesondere versucht sie, eine Methode zu üben und an einem methodischen Anspruch weiterzuarbeiten[12], der, allgemein formuliert, darin besteht, konkret-historische Analyse mit methodisch-theoretischer Reflexion zu relevanten Aussagen zu verknüpfen. Wo genau diese Verknüpfung sinnvollerweise stattfindet und wie ihre Darstellung zu bewerkstelligen ist, sollte sich für das methodische Vorgehen als das schwierigste Problem erweisen und als das reizvollste.

Im Verlauf der Arbeit hat sich zunehmend der Markt als heuristisches Bezugssystem als fruchtbar erwiesen: Der „Markt" als Bezugssystem insofern, als er die analytische Ebene herzustellen vermag, auf der die beiden Untersuchungslinien zusammenlaufen und eine Verkettung der Argumentationsstränge erfolgen kann. Sein Bedeutungsgehalt ist dabei sehr weit gefaßt. Gemeint wird hier mit „Markt" ein breitgefächertes Spektrum gesellschaftlich-politischer Realität, das ganz unterschiedliche

11 Vgl. den Bericht des Arbeitsbereiches Zeitgeschichtliche Forschung, abgedr. in: *Sozialwissenschaftliche Forschungen, Arbeitsbericht des Zentralinstituts 6 der Freien Universität Berlin 1972–1975*, zusammengestellt und bearb. von Ute Schmidt (*Berichte und Materialien des Zentralinstituts für sozialwissenschaftliche Forschung* [ZI6] *der Freien Universität Berlin*, Bd. 3), München 1975, S. 216–248.

12 Siehe hierzu Gilbert Ziebura/Franz Ansprenger/Gerhard Kiersch (Hrsg.), *Bestimmungsfaktoren der Außenpolitik in der zweiten Hälfte des 20. Jahrhunderts. Forschungsstrategie und -programm eines Sonderforschungsbereiches (Schriften des Fachbereichs Politische Wissenschaft*, Nr. 4), Berlin 1974.

Momente beinhaltet und eine Spannbreite bietet, die von der Planung und Bewirtschaftung des Binnenmarktes über Strategien zur Eroberung von Außenmärkten bis zur gesellschaftspolitischen Erschließung neuer Käuferschichten, der Schaffung neuer Konsumgewohnheiten und entsprechender gesellschaftlicher Wertesysteme reicht.

Die heuristische Funktion dieses Bezugssystems besteht kurz gefaßt darin, daß es gleichsam in einem Horizontalschnitt die verschiedenen empirischen Analyseebenen miteinander in Verbindung setzt und verknüpft. Vielleicht ist es nicht überflüssig klarzustellen, daß nicht die Ursachen einzelner Ereignisse und Entwicklungen auf der Ebene des Markts gesucht und abgehandelt werden, sondern daß der Markt lediglich das Bezugssystem herstellt: zum einen für die Analyse der Wechselbeziehungen zwischen nationalgesellschaftlicher Entwicklung und Weltwirtschaftssystem, zum anderen für den systematischen Zusammenhang von realhistorischer Untersuchung und methodisch-theoretischer Reflexion.

Auf den einzelnen Untersuchungsebenen bildet die Weltwirtschaftskrise jeweils den Fokus: Bei der Untersuchung und Darstellung des wirtschaftlichen und gesellschaftlichen Strukturwandels in Italien, der Verlagerungen in der außenwirtschaftlichen Verflechtung des Landes und der Forcierung seiner mittel- und osteuropäischen Expansionspolitik und schließlich der Erörterung von Rolle und Bedeutung des Korporativismus steht die Frage nach den spezifisch nationalen Ausprägungen der weltweiten Krise mit ihren vor allem mittel- und langfristigen Folgen daher im Mittelpunkt.

Die Krise wird dabei nicht nur als ökonomische Krise begriffen, sondern umfassender als ‚crisi organica". Der von Antonio Gramsci übernommene Begriff „organische Krise" umschreibt eine Periode des Übergangs[13], die von dem Zerfall der traditionellen hegemonialen Herrschaft, ihrer bisherigen politisch-ökonomischen und kulturell-ideologischen Führung gekennzeichnet ist, ohne daß an die Stelle des alten ein neues System tritt[14].

3. Zur Eingrenzung des Untersuchungszeitraums

In Anbetracht des umfassenden Charakters der allgemeinen Krise ist die zeitliche Eingrenzung des Untersuchungszeitraums auf etwa ein Jahrzehnt nicht unproblematisch, zumal dort, wo es um die Analyse von Strukturmerkmalen, Tendenzen und langfristigen Entwicklungskonstellationen geht. Wo es thematisch geboten erscheint, werden daher Rückblenden und Ausblicke auf die zukünftige Entwicklung in die Darstellung eingeführt.

13 Den Übergangscharakter heben in jüngerer Zeit wieder hervor: Nicos Poulantzas, *Faschismus und Diktatur. Die Kommunistische Internationale und der Faschismus*, München 1973; Galli Della Loggia, Verso gli anni trenta (Anm. 8).

14 Literaturangaben s. unter Anm. 12 im 4 Teil dieser Arbeit. Das Konzept von der „organischen Krise" selbst wird mehrfach Thema der Erörterung sein.

Die eigentliche Kernperiode der vorliegenden Arbeit reicht von der Währungsreform (1926/27) bis zum offenen Scheitern der italienischen Mittelosteuropaexpansion und dem Abbruch des Korporativismusexperiments (1934/35).

Wahl und Abgrenzung des Untersuchungszeitraums lassen sich wie folgt begründen. Nach Jahren der Konzentration auf die Erforschung der Ursprünge und Entstehungsbedingungen faschistischer Herrschaft hat sich erst in jüngerer Zeit eine deutliche Verlagerung des Forschungsinteresses in Italien zugunsten des bis auf wenige Ausnahmen vernachlässigten „Faschismus an der Macht", also des sukzessiven Übergangs des Faschismus als „movimento" zum Faschismus als „regime" vollzogen[15].

Ausgelöst und bedingt durch ganz unterschiedliche Anstöße und aktuell-politische Entwicklungen[16] traten im Laufe einer mehr und mehr differenzierenden Erörterung des entfalteten Faschismus und seiner spezifischen Funktionsweise zuvor weitgehend vernachlässigte Probleme auf den Forschungsplan: so Fragen nach den institutionellen Organisationsformen, nach der Organisierung von Konsens, der heterogenen Zusammensetzung und den Interessendivergenzen innerhalb des faschistischen Herrschaftsbündnisses, nach der pluralen Herrschaftssynthese von Wirtschaft und Staat, von faschistischer Bewegung und Katholischer Kirche, nach den Modifikationen innerhalb der Zwischenschichten und dem Heranwachsen einer neuen Arbeitergeneration in den Betrieben.

Weitgehende Übereinstimmung hat sich im Laufe der Zeit darüber hergestellt, daß der mittleren Phase in der Periode des Faschismus, etwa von 1926/27 bis 1935/

15 Vgl. insbes. Aquarone/Vernassa, Introduzione (Anm. 1); Tranfaglia, Sul regime fascista (Anm. 1); Donati, Fascismo e crisi economica (Anm. 1).

16 Zum einen ausgelöst durch die von Renzo De Felice vorgelegten und inzwischen heftig umstrittenen Ergebnisse seiner Mussolini-Biographie und das anschließend in einer „Intervista sul fascismo" präzisierte Faschismusverständnis des Autors. An dieser Stelle kann nicht auf die breite Debatte eingegangen werden, die sich v.a. um die Frage dreht, inwieweit eine nicht zuletzt auch auf die Person Mussolinis konzentrierte Erforschung des italienischen Faschismus, die sich selbst als objektiv und wertneutral versteht, dennoch und gerade deshalb „den mannigfaltigsten Operationen der Manipulierung von Konsens und politischem Verhalten" (Quazza) Tür und Tor öffne. Vgl. Renzo De Felice, *Der Faschismus*, Stuttgart 1977, mit einem Nachwort von J. Petersen: Zum Stand der Faschismusdiskussion in Italien; vgl. auch die zitierte Sammelbesprechung von Thamer (Anm. 1). In die vorliegende Arbeit ist besonders eingegangen die Replik von Alatri, Carocci, Castronovo, Collotti, Quazza, Rochat, Tranfaglia, abgedr. in: *Fascismo e capitalismo* (Anm. 1); s. auch: Una storiografia afascista per la „maggioranza silenziosa", editoriale Vorbermerkung in: *Italia contemporanea*, XXVI Jg., 119/1975, S. 3–7; sodann Gianpasquale Santomassimo, Il fascismo degli anni '30, in: *Studi storici*, 1/1975, S. 102–126; s. auch die Rezensionsfolge von Angelo D'Orsi, in: *Quaderni piacentini*, Nr. 56–61, 1975–76. Zum zweiten waren es die politische Umbruchsituation in Italien in den Jahren 1965–69 und insbesondere die '68er Bewegung an den Universitäten und in der politischen Kultur des Landes, die erneutes Interesse an der Regimeperiode des Faschismus wachriefen und vornehmlich die Diskussion über die italienische Resistenza, die antifaschistische Bewegung während des Faschismus und über die Bedeutung zwanzig Jahre faschistischer Herrschaft für die Gegenwart neu auf die Tagesordnung setzten. Wichtig hierzu Quazza, *Resistenza e storia* (Anm. 1); zum Vergleich mit Entwicklungsmomenten in der deutschen Geschichtswissenschaft s. Hans-Ulrich Wehler, Geschichtswissenschaft heute, in: Stichworte zur ‚Geistigen Situation der Zeit', 2. Bd.: *Politik und Kultur*, Frankfurt a.M. 1979, S. 709–753.

36, in mehrfacher Hinsicht eine Schlüsselrolle zukommt[17]. Das faschistische Regime scheint zu jener Zeit seine größte Stabilität erreicht zu haben; es verfügte über einen relativ breiten Konsensus in der Bevölkerung und erstaunliche Reputation auf internationaler Ebene[18]. Das Herrschaftsarrangement zwischen dem Faschismus und den historisch überlieferten Machtzentren in Staat und Gesellschaft namentlich mit der Monarchie, der Katholischen Kirche, der Bürokratie, den Wirtschaftsgruppen, der Armee in Form der „compartecipazione", der Teilhabe[19], erreichte hier, gemessen an Breite und brisanter Vielfalt des Spektrums, sein Optimum. Insbesondere vermochten auf der Grundlage der weitgehenden Deckung zwischen faschistischem Staat und einer Pluralität gesellschaftlicher Interessen bestimmte rivalisierende Kräftegruppierungen mit teilweise entgegengesetzten Zielen sich politisch zu formieren, wenn auch nur für eine kurze Zeitspanne, und ihren minoritären, innen- wie außenpolitischen Strategien Gehör im faschistischen Herrschaftsblock zu verschaffen.

4. Gang der Darstellung

Die Darstellung beginnt mit der Untersuchung des grundlegenden Strukturwandels, der die italienische Wirtschaft und Gesellschaft spätestens seit dem Ersten Weltkrieg erfaßt hatte und der nun mit Hilfe des wirtschaftspolitischen Kurswechsels des faschistischen Regimes von 1926/27 in systematische Bahnen gelenkt und damit zur planbaren Größe gemacht werden sollte (1. Teil). Erklärtes Ziel war dabei sowohl die strukturelle Ausweitung des Binnenmarktes als auch die Reintegration des Landes in die Hierarchie der internationalen Arbeitsteilung auf neuer Stufenleiter.

Im Anschluß an einen Überblick über die Struktur der außenwirtschaftlichen Verflechtung und die Auswirkungen, die Schrumpfung des Welthandels und Desintegration des Weltmarkts für Italiens reintegrativen Kurs zur Folge hatten, erfolgt eine Darstellung der italienischen wirtschaftlichen und politisch-ideologischen Expansionspolitik auf dem Balkan und im Donaubecken, insbesondere gegenüber Österreich und Ungarn (2. Teil).

Während die italienische Kolonialexpansion und die sich wechselseitig abstützende Aggressionspolitik der beiden faschistischen Staaten, Deutschland und Italien, schon zu den traditionellen Forschungsschwerpunkten gehören, ist die Bedeutung der europäischen Expansionspolitik in der Ökonomie des faschistischen Imperialismus immer noch weitgehend unerforscht[20]. Am Beispiel der Fahrzeugbranche und

17 Vgl. u.a. Tranfaglia, Sul regime fascista (Anm. 1), S. 187.

18 Ganz erhebliche Differenzen bestehen in der Forschung allerdings darüber, worin genau die „Stabilisierung" bestanden habe und was präzis unter „Konsens" zu verstehen sei. Dies macht nicht zuletzt die Diskussion um die Thesen De Felices sehr deutlich.

19 So Aquarone/Vernassa, Introduzione (Anm. 1), S. 16 u. passim.

20 Für derartige Überlegungen immer noch aktuell ist der Literaturbericht von Santarelli, Il fascismo in Europa, in: *Studi storici*, X. Jg., 2/1969, S. 426–432; vgl. hierzu auch die Überlegungen von Reinhard Kühnl, Ökonomie, Politik und Ideologie, in: *Neue Politische Literatur*, XXII. Jg., 4/1977, S. 536–540.

vornehmlich der Autofertigung (Fiat), einer der modernsten Branchen innerhalb des italienischen Kapitals, die nicht nur als Vorreiterin einer verstärkten Expansionstätigkeit in Europa auftrat, sondern zugleich die zunehmende Einbindung Italiens in die Einflußsphäre des Dollar betrieb, werden die Grundzüge der Expansionsstrategie in Europa dargestellt (3. Teil). Die Politik der Märktesicherung in unmittelbarer europäischer Nachbarschaft fand ihre Entsprechung in der ebenfalls von Fiat in vorderster Linie betriebenen binnenwirtschaftlichen Strategie der Marktausweitung. Bemerkenswert ist in diesem Zusammenhang, daß die von Fiat und anderen Wachstumsindustrien im Gebrauchswarensektor verfolgte Außenwirtschaftsstrategie, die also letztlich eine Belebung der Beschäftigung und der Anhebung des Kaufkraftniveaus im Inland mit Hilfe des Außenhandelsmultiplikators als Folge einer wachsenden Reintegration in den wiederbelebten Weltmarkt im Visier hatte, parallel zu Vorschlägen und Plänen verlief, die 1933–36 auch im nationalsozialistischen Deutschland gegen den vorherrschenden Wirtschaftskurs der Einfuhrbewirtschaftung, der Abschnürung vom Weltmarkt und der Autarkieplanung lanciert wurden[21]. Die in Deutschland wie in Italien entwickelten Pläne scheiterten zunächst. Doch sollten sie in zeithistorischer Perspektive erheblich an Bedeutung gewinnen. Man denke nur an die gewandelte Weltmarktstrategie der USA in den dreißiger Jahren. Nachdem diese noch 1930 zu den Vorreiternationen des Weltprotektionismus gehörten, gingen sie um 1934 dazu über, alle Formen außenwirtschaftlicher Abschließung zu bekämpfen und die Wiederherstellung einer offenen Weltwirtschaft zu betreiben[22].

Thematisch und methodisch eng verknüpft mit der Untersuchung des sozioökonomischen Wandels in Italien vor dem Hintergrund der Verlagerungen in der Struktur der Weltwirtschaft erfolgt im letzten Teil der Arbeit eine Darstellung des „ordine corporativo" unter besonderer Berücksichtigung seiner gesellschaftspolitischen und ideologischen Implikationen (4. Teil). Innerhalb des breiten Spektrums dessen, was den Namen Korporativismus bzw. Korporativbewegung trägt, interessieren in erster Linie jene Konzepte, Strömungen, Theoretiker und korporativen Politiker, die sich die Umformung der italienischen Gesellschaft und ihre Transformation in eine – an modernen Maßstäben gemessen – funktionierende, vor allem auch den internationalen Konkurrenzanforderungen genügende Industrie- und Massengesellschaft zur Aufgabe gemacht hatten. Im Mittelpunkt der Ausführungen steht dabei die These, derzufolge die zuvor beschriebene „minoritäre", verkürzt formuliert, konsumorientierte Expansionsstrategie in Europa mit einigen seit langem entwickelten Vorstellungen in den Reihen korporativer Staats- und Gesellschaftstheoretiker korrespondierte.

21 Vgl. Dörte Doering, *Deutsche Außenwirtschaftspolitik 1933–35. Die Gleichschaltung der Außenwirtschaft in der Frühphase des nationalsozialistischen Regimes*, Berlin, Diss. 1969, S. 222 ff.

22 Siehe Reinhard Mayer, Ökonomische Bedingungsfaktoren der Aggressionsdynamik in den 1930er Jahren, in: *Sozialwissenschaftliche Forschungen* (Anm. 11), S. 221–225, bes. S. 222 f.

Ausmaß und Qualität dieser „Korrespondenz" werden auf der Basis der von Antonio Gramsci angestellten Überlegungen über die Modalitäten der Übertragung des Modells USA auf Europa und insbesondere auf Italien zu bestimmen versucht. Hiermit ist nicht zuletzt ein Beitrag zur Frage nach dem „Modellwert des italienischen Faschismus"[23] intendiert, indem der Problematik des widersprüchlichen Wirkungszusammenhangs von Rückständigkeit und Antizipation am Beispiel des faschistischen Korporativismus nachgegangen wird.

In Anbetracht des komplexen Aufbaus der Arbeit, der Vielschichtigkeit und Verschränktheit ihrer einzelnen Untersuchungsfelder habe ich das für eine „lineare" Darstellung sich ergebende Problem in der Weise zu lösen versucht, daß den großen Untersuchungsabschnitten und einzelnen Kapiteln relativ ausführliche Vorbemerkungen vorangestellt und zusammenfassende Überblicke angeschlossen wurden, in denen der Darstellungszusammenhang jeweils hergestellt wird; zum anderen sollte mit dieser Konstruktion eine zusätzliche Ebene der Darstellung geschaffen werden, die es erlaubt, die historisch-empirische Untersuchung mit den methodisch-theoretischen Überlegungen – jeweils dem Gang der Darstellung entsprechend – miteinander zu verknüpfen.

Bei der Auswahl und Auswertung des für die einzelnen Themenkomplexe und Fragestellungen teilweise überreichlich, teilweise wenig aussagekräftigen Materials haben sich die Gewichte wie folgt verteilt: Den Hauptschwerpunkt bildet die Auswertung zeitgenössischer Materialien italienischer und nicht-italienischer Provenienz; einen weiteren Schwerpunkt stellt die Auswertung von Sekundärliteratur über den Untersuchungszeitraum dar, bei besonderer Berücksichtigung des Kontinuitätsansatzes; und schließlich ist die systematische Rezeption und Aufarbeitung speziell der jüngeren italienischen Faschismusforschung ein besonderes Anliegen der vorliegenden Arbeit[24].

23 Zur Kontroverse darüber, ob und inwieweit dem italienischen Faschismus Modellcharakter zukomme, vgl. Thamer, Ansichten des Faschismus (Anm. 1), S. 21, Anm. 3b, der einen Modellwert bezweifelt; s. demgegenüber Eike Hennigs editoriale Vorbemerkung zu: Jens Petersen, Faschismus und Industrie in Italien 1919–1929, in: *Gesellschaft, Beiträge zur Marxschen Theorie*, Bd. 7, Frankfurt a.M. 1976, S. 133–135 und die dort angegebene Literatur; s. auch den *Vorschlag zur Errichtung eines autonomen Arbeitsbereichs innerhalb des ZI6 zur Erforschung des Faschismus*, Ms, Nov. 1970.

24 Auf die nach wie vor unbefriedigende Rezeption der italienischen Faschismusforschung in der Bundesrepublik verweist Hennig, Vorbemerkung (Anm. 23).

1. Teil

Vom Stabilisierungskompromiß im italienischen Faschismus 1925/27 zur Weltwirtschaftskrise. Eine sozioökonomische Strukturanalyse

1. Kapitel: Ökonomischer Kurswechsel 1925/27. Währungsreform und Neuordnung des Kredit- und Kapitalmarkts durch den Staat

In der Gesamtökonomie der einundzwanzigjährigen Geschichte des Faschismus an der Macht in Italien bildeten die ersten drei Jahre von 1922 bis 1925 die Phase seiner sukzessiv und artikuliert betriebenen Machtergreifung. Ihr etappenweiser Verlauf, im übrigen ein besonders deutlicher Zerrspiegel für die Affinitäten zwischen bürgerlich-liberalem und bürgerlich-faschistischem System, hob sich kontrastierend von dem zeitlich gerafften Prozeß der Machtergreifung des Nationalsozialismus in Deutschland ab. Mit 1925 war diese erste Phase abgeschlossen. Es folgten der institutionell-organisatorische Aufbau des faschistischen Staates, erste Ansätze zur Durchkorporierung der italienischen Gesellschaft, weitgehende staatliche Regulierung des Verhältnisses von Arbeit und Kapital und die systematische Reglementierung des öffentlichen politischen Lebens.

Auf dieser Grundlage[1] erfolgte der Kursumschwung in der Währungs-, Binnen- und Außenwirtschaftspolitik. Seine Hauptlinien waren: Stabilisierung der Währung und Liraaufwertung, Sanierung des Haushalts, Lohn- und Gehaltskürzungen, Kartellierungs- und Rationalisierungsvorgänge in der Industrie, eine selektive Reagrarisierungspolitik, Protektionismus und Exportoffensive und eine systematische Interventionspolitik des Staates.

Mit der Wende von 1925/27 begann die mittlere Phase im italienischen Faschismus, die bis etwa 1934/36 andauerte. Ihre hauptsächlichen Veränderungen und Neuerungen sind zunächst im Zusammenhang mit der Stabilisierungskrise von 1926/27 und der Weltwirtschaftskrise von 1929 zu sehen. Doch über diesen ihren konstellationsbedingten Charakter hinaus sollten sie wesentliche Momente in dem historischen Prozeß der Ablösung eines Stadiums in der kapitalistischen Entwicklung und des *Übergangs* zu einem nächsten bilden. Die Vorgänge in ihrer Gesamtheit betrachtet und in Anbetracht der Tragweite des Umstrukturierungsprozesses, kann man daher mit G. Carocci sagen, daß in diesen Jahren „eine neue Periode in der Geschichte Italiens" ihren Anfang nahm.

1 Einen Überblick gibt u.a. Enzo Santarelli, *Storia del fascismo*, Bd. II: *La dittatura capitalistica*, Rom 1973; Giampiero Carocci, *Storia d'Italia dall'unità ad oggi*, Mailand 1975; ders., *Storia del fascismo*, Mailand 1972; Adrian Lyttelton, *La conquista del potere. Il fascismo dal 1919 al 1929*, Bari 1974; Pietro Grifone, *Il capitale finanziario in Italia. La politica economica del fascismo*, Turin 1971, ebenso dort die Einleitung von Vittorio Foa; ferner Nicos Poulantzas, *Faschismus und Diktatur. Die Kommunistische Internationale und der Faschismus*, München 1973. Hinweise und Anregungen gehen außerdem auf Vorlesungen über den italienischen Faschismus von Johannes Agnoli zurück (SS 1970/WS 1971, FU Berlin).

Betrachtet man die Zwischenkriegszeit als die geschichtliche „Periode des Übergangs zur Vorherrschaft des Monopolkapitalismus“[2] und dazu als eine Periode, bestehend aus mehreren Etappen, so kommt der hier untersuchten Phase ein besonderes Gewicht zu. Wie für kaum ein anderes der historischen faschistischen Länder gilt für die Entwicklung Italiens im Faschismus die Feststellung, daß sie modern und reaktionär *zugleich* war und daß ausgerechnet der vermeintlich rückständige italienische Kapitalismus Entwicklungsmuster hervorgebracht hat, die diejenigen „reiferer“ kapitalistischer Länder zum Teil antizipieren sollten[3]. Selbst ein nur grober Überblick über die Modifikationen in der ökonomischen Struktur, über die Veränderungen im Herrschaftsbündnis und die Verlagerungen im Klassenspektrum macht deutlich, daß jede einsinnige Aussage irreführend wäre: ob von Stagnation bzw. mangelhafter Entwicklung die Rede ist, oder ob der italienische Faschismus als eine Art Entwicklungsdiktatur interpretiert wird; ob den „rückständigen“ Momenten, zumeist in der Verbindung mit der Grundrente, oder aber den Modernisierungstendenzen im Gewande des Profits einseitig der Vorrang eingeräumt wird. Mehr noch: Eine derartige Aussonderung eines einzelnen Aspekts bzw. die Verabsolutierung einzelner Momente, nach dem Muster der Logik von „entweder – oder“, bewirkt die Auflösung jenes mehrdimensionalen und widerspruchsvollen sozioökonomischen und politischen Zusammenhangs, der gerade dem polivalenten Charakter des italienischen Faschismus zugrunde liegt. Der erst gibt den Blick frei auf das Problem der Kontinuität.

Auf der Grundlage dieser Überlegungen wird in den nächsten Kapiteln der binnenwirtschaftliche Umstrukturierungsprozeß in der Folge der Währungsreform dargestellt. In Anbetracht der inzwischen zahlreich erschienenen empirischen und zum Teil überaus materialreichen Untersuchungen zum Thema möchte ich mich darauf konzentrieren, Grundzüge herauszuarbeiten und lediglich dort, wo es geboten erscheint, ins Detail gehen. Als erstes habe ich mir die Frage nach der *Kompromiß*funktion gestellt, die die Währungsreform im Verbund mit den flankierenden Maßnahmen für das faschistische Herrschaftsbündnis hatte, und als zweites die Frage nach den langfristigen Veränderungen in der Struktur der sozioökonomischen Entwicklung.

I Konjunkturaufschwung, Stabilisierung der Währung und Aufwertung

1. Liberal-freihändlerischer Kurs: Die Jahre von 1922 bis 1925

Der Wende von 1925/27 war eine Phase relativ liberaler Wirtschafts-, Finanz- und Außenwirtschaftspolitik vorausgegangen, die mit dem Namen des von Mussolini

2 Poulantzas, *Faschismus* (Anm. 1), S. 54 f. und die dort angebene Literatur.

3 Vgl. Ester Fano Damascelli, La „Restaurazione antifascista liberista“. Ristagno e sviluppo economico durante il Fascismo, in: *Il Movimento di liberazione in Italia*, 1971, Nr. 104, S. 47–99, hier S. 70 f.

1922 ernannten Finanzministers Alberto De Stefani verbunden ist[4]. Nach Überwindung der mit der Umstellung auf Friedensproduktion verbundenen Krise und im Anschluß an die europäische Wirtschaftskrise von 1921 war auch in Italien eine Periode des wirtschaftlichen Aufschwungs in Gang gekommen, die hier allerdings kürzer anhielt als in anderen westeuropäischen Ländern. Sehr unterschiedliche Bedingungen und Maßnahmen führten teilweise zu Wachstumsraten, die die kurze Periode mit dem „Sprung nach vorn" während der Giolitti-Ära (1904–07) vergleichbar machten.

Wie anderswo auch hatte in Italien eine zunächst allerdings noch dosierte Geldinflation zum Schuldenabbau und zu einer rapiden Ausweitung der Anlagen geführt. Darüber hinaus kam die Inflation den traditionellen, aber nun vor allem mehr und mehr den *neuen* exportorientierten Branchen zugute (neben Textil und agrarischer Veredelung zunehmend Chemie, Maschinenbau und Metallverarbeitung), die dank des Währungsvorteils schnellen Zugang zu den Auslandsmärkten fanden. Zusätzlich zu dem niedrigen Lohnniveau, das nach der faschistischen Machtübernahme als feste Größe eingeplant werden konnte, kam den italienischen Wettbewerbschancen die weitgehend fehlende englische und deutsche Konkurrenz zugute.

Im Bereich der Binnenwirtschaft führte De Stefanis wirtschaftsliberaler Kurs zum zügigen Abbau staatlicher, zumeist während des Krieges entstandener Kontrollen, zu Steuererleichterungen für Unternehmer und zur Drosselung von staatlichen Ausgaben für nicht-produktive Zwecke. Begleitet wurden diese ersten Regierungsmaßnahmen von öffentlichen Äußerungen Mussolinis über die Rolle des Staates als die eines „Nachtwächters" gegenüber der Wirtschaft. Man appellierte an die ungehinderte Privatinitiative und an das freie Spiel der Kräfte und man forderte dazu auf, sich mit der faschistischen Bewegung zusammenzuschließen und dem „produttivismo" zum Aufschwung zu verhelfen.

Zu den wichtigsten Maßnahmen zählten im einzelnen: Abschaffung der Namensaktien, Aufhebung der Erbschafts- und der progressiven Einkommensteuer, Reprivatisierung der Lebensversicherungen und Telefongesellschaften und endgültiges Fallenlassen der Absicht, die Kriegsprofite mit einer zusätzlichen Steuer zu belasten; statt dessen sollten die indirekten Steuern kräftig angehoben werden. Am Beispiel von Fiat wird allerdings noch zu differenzieren sein, daß die von den Unternehmern allgemein erhobene Forderung nach „weniger Staat" im Einzelfall dann doch durchaus im Einklang stand mit der Forderung nach staatlicher Unterstützung, der auch nachgekommen wurde: in Form von Staatsaufträgen, gezielten zollpolitischen Maßnahmen und einer Politik der „salvataggi", die der Rettungsaktionen zugunsten einzelner vom Zusammenbruch bedrohter Banken, Finanzierungsinstitute und Unternehmen.

4 Zum folgenden Überblick vgl. A. Lyttelton, *La conquista* (Anm. 1), Ester Fano, Capitale e regime: 1922–1934, und Silvia De Benedetto, La classe operaia negli anni della dittatura, beide in: *Conflitti sociali e accumulazione capitalistica da Giolitti alla guerra fascista (Testi per le 150 ore*, Nr. 1), Rom o. D., S. 79–119 und S. 121–146; Valerio Castronovo, La storia economica, in: *Storia d'Italia. Dal Unità a oggi*, Bd. IV, Turin 1975, bes. S. 248–267.

Mehr aber noch als diese Maßnahmen im einzelnen war es die Wiederherstellung des Vertrauens in den Staat, in dessen Glaubwürdigkeit und Handlungsbereitschaft, und die Schaffung eines günstigen sozialen Klimas, die nach den „zwei roten Jahren“, dem „biennio rosso“ (1919–20)[5], die Investitionsbereitschaft der Unternehmer gepaart mit der Hoffnung auf langfristige Planbarkeit wiederaufleben ließen.

Die Zerschlagung der Gewerkschaften und anderer Organisationen der Arbeiterschaft und zugleich die Bestrebungen, zu einer – wie es hieß – positiven, integrativen, über den Staat vermittelten Regulierung des Verhältnisses Arbeit-Kapital zu gelangen, verliefen in mehreren Etappen und sollten bestimmend werden für die gesamte Dauer des Faschismus an der Macht. Erste Schritte bildeten die Abkommen von Palazzo Chigi (Dezember 1923) und von Palazzo Vidoni (Oktober 1925). Bei der ersten Vereinbarung setzte sich die Confindustria mit ihrer Vorstellung des Dialogs zwischen Unternehmern und Gewerkschaften gegen das von faschistischen Gewerkschaftern vertretene Konzept eines ,,integralen Syndikalismus“ durch[6]. Mit der zweiten erkannte die Confindustria die faschistischen Syndikate als die alleinige kollektive Vertretung der Arbeiter an. Gleichzeitig wurde das Verbot der „commissioni interne“ (Betriebsräte) ausgesprochen.

Für die Stellung der Confindustria als Organisation der Großindustrie war darüber hinaus von Bedeutung, vor allem auch im Hinblick auf die zukünftige Entwicklung, daß es ihr sehr schnell gelungen war, sich mit ihrem Alleinvertretungsanspruch gegenüber Staat und Gewerkschaften auch zur Sprecherin der Klein- und Mittelunternehmer zu machen.

Vor dem Hintergrund der Brechung des gewerkschaftlichen Widerstandes ist die Lohnentwicklung nach 1922 zu sehen. Eine Gegenüberstellung von Löhnen und Lebenshaltungskosten zeigt in der Tat eine eindeutige Scherenentwicklung zu Lasten der Löhne. Sie begann in der ersten Hälfte des Jahres 1923 (–15) und erreichte einen Höhepunkt in der ersten Hälfte des Jahres 1926 (–94).

5 Siehe hierzu Giuseppe Maione, *Il biennio rosso. Autonomia e spontaneità operaia nel 1919–1920*, Bologna 1975.

6 Rossoni u.a. verstanden darunter die Organisierung der Belegschaft zusammen mit den Betriebsleitern und Technikern in einer Gewerkschaft, worin die Unternehmer einen Angriff auf ihre alleinige Verfügungsgewalt sahen. Einen kursorischen Überblick gibt Donato Speroni, *Il romanzo della Confindustria*, Mailand 1975, bes. S. 32 ff.; allgemeiner: Roland Sarti, *Fascim and the Industrial leadership in Italy, 1919–1940. A study in the Expansion of private power under fascism*, London u.a. 1971.

Tabelle 1: Löhne und Lebenshaltungskosten 1913/14–1926[7]

	1913/14	1922	1923	1924	1925	1926	1926
Halbjahr		I	I	I	I	I	Dez.
Index Lebenshaltungskosten	100	502	495	517	594	653	657
Index Löhne	100	518	480	474	513	559	584

Auf der Grundlage dieser Bedingungen sind die jährlichen durchschnittlichen Zuwachsraten des Bruttosozialprodukts von knapp 4 % zu sehen, die zu den höchsten gehörten, die die italienische Geschichte kennengelernt hat[8]. Die Nettoinvestitionen (Aufstockung von fixem Kapital und Lagervorräte) kletterten 1924 von 2.300 auf 2.600 Mill. Lire und erreichten 1925 mit 4.477 Mill. Lire ihren Höhepunkt in den zwanziger Jahren.

Bezeichnend und von großer Bedeutung für unseren Zusammenhang war die lebhafte Zunahme der Fertigwarenexporte mit einer durchschnittlichen Jahreszuwachsrate von 15,5 %, wobei namentlich der Anteil der neuen Fertigungen (Maschinenbau, Metallverarbeitung und Chemie) im Vergleich zu den traditionellen Ausfuhrwaren zugenommen hatte.

Aufgrund ihrer schnell wachsenden Zuwachsraten, gemessen an internationalen Maßstäben, hatte die italienische Industrieproduktion (Fertigwaren) eine Spitzenposition erreichen können: Sie stand 1924 und 1925 auf Platz zwei hinter der japanischen.

Tabelle 2: Fertigwarenproduktion in ausgewählten Industrieländern 1921–1925. Jahresindizes. 1913 = 100[9]

Jahr	Welt	Japan	Italien	USA	Frankreich	Schweden	Österreich	Deutschland	Großbritannien
1921	81,1	167,1	98,4	98,0	61,4	74,7	64,0	74,7	55,1
1922	99,5	197,9	108,1	125,8	87,8	87,2	76,0	81,8	73,5
1924	111,0	223,3	140,7	132,2	117,9	109,9	82,0	81,8	87,8
1925	120,7	221,8	156,8	148,0	114,3	112,7	82,0	94,9	86,3

7 Giorgio Mortara, Prospettive Economiche 1927, S. 442, zit. nach Eugen Varga, Der Weg des italienischen Kapitalismus, in: *Internationale Pressekorrespondenz*, Sonder-Nr. 17, 7. Jg. (1927), Nr. 78, 4. August, S. 1669–1678, Tab. S. 1677. Es kann daher nicht die Rede davon sein, daß die spezifisch faschistische Wirtschaftspolitik erst mit der Aufwertung der Lira begonnen hat. Anderer Meinung ist dagegen Gianni Toniolo, Alcune tendenze dello sviluppo economico italiano 1881–1940, in: *Lo Sviluppo economico italiano 1861–1940*, hrsg. von Gianni Toniolo, Bari 1973, S. 33.

8 Für diese und die folgenden Angaben s. ebd., S. 34.

9 Zusammengestellt nach *Industrialisation et commerce extérieur*, 1, Hrsg.: Société des Nations, Départment économique, financier et du transit, Genf 1945, S. 160–162.

2. *Krisenhafte Zuspitzung des Booms und Umschlag: Die Wende 1925/26*

Der schnelle konjunkturelle Aufschwung hatte die spezifischen Schwächen und Widersprüche in der Wirtschaft verschärft und zum Teil auf neue Ebenen verlagert. Sie traten zutage, als sich die außenwirtschaftlichen Bedingungen wieder verschlechterten.

Gleichzeitig, und z.T. noch beschleunigt durch die Phase der Erholung, hatten sie die Interessengegensätze zugespitzt: zwischen der in der Confindustria tonangebenden Großindustrie und den Mittel- und Kleinbetrieben; zwischen den primär am Weltmarkt orientierten Fertigungsindustrien und den im Aufschwung befindlichen Basis- und Grundstoffindustrien; zwischen Industrie und Banken und zwischen Industrie und Landwirtschaft.

Die auf Druck des Industriellenverbandes erfolgte Ablösung De Stefanis[10] und die Ernennung Giuseppe Volpis zu seinem Nachfolger, der der Banca Commerciale und der Elektroenergiewirtschaft besonders nahe stand[11], signalisierten daher nicht nur das Vordringen einer bestimmten Kräftegruppierung im faschistischen Herrschaftsbündnis, sondern es handelte sich vielmehr um eine grundlegende Wende in der Entwicklung des italienischen Kapitalismus. Diese Einschätzung scheint in der Literatur kaum umstritten zu sein.

Die für Wirtschaft und Gesellschaft kennzeichnenden Krisenherde waren, kurz gefaßt, die folgenden 1925/26: (a) Zunahme des Außenhandelsdefizits; (b) rückläufige Auswandererrimessen; (c) eine mit vergleichsweise hohen Kosten arbeitende Industrie; (d) beginnende Agrarkrise; (e) Pauperisierung der Arbeiterschaft und der kleinen und mittleren Bauern; (f) rückläufige Spareinlagen[12]; (g) Zunahme von Steuerdruck und Binnenverschuldung des Staates; (h) eine galoppierende Inflation, die den anfangs noch dosierten Preisauftrieb ablöste und zu hohen Kursverlusten der Lira führte[13]; (i) Wiederaufleben von Unruhen und Streiks in den Betrieben (Metallarbeiterstreik im Februar 1925)[14]; und schließlich als auslösendes Moment (d) die dem Börsenboom und der Spekulationswelle auf den Fuß folgende Börsenkrise.

10 Vgl. Lyttelton, *La conquista* (Anm. 1), S. 546.

11 Graf Giuseppe Volpi di Misurata, Repräsentant italienischer Finanzkapitalinteressen, war auf der politischen Bühne bekannt geworden als enger Mitarbeiter von Giolitti, der ihm die Würden eines Gouverneurs von Libyen und italienischen Senators verlieh. Seine Ernennung war der Faschistischen Partei zwar nicht unbedingt willkommen, denn man sah in ihm das Symbol der „internationalen Plurokratie" und der Kontinuität mit dem bürgerlich-liberalen Italien. Um so günstigere Voraussetzungen bot sie jedoch dem faschistischen Regime, um die eigene Reputation und Kreditwürdigkeit in den internationalen Finanzkreisen zu festigen.

12 Die Spareinlagen beliefen sich 1913 auf 4.635 Goldlire, 1926 waren es nur noch 4.356 Goldlire (Varga, Der Weg [Anm. 7], S. 1678, Anm. 43). Dabei ist zu berücksichtigen, daß die Zahl der anwesenden Bevölkerung im gleichen Zeitraum um 13 % gestiegen war.

13 Der Index für Konsumpreise war von 100 (1924) auf 112 (1925) und auf 121 (1926) gestiegen, s. Piero Melograni, *Gli industriali e Mussolini, Rapporti fra Confindustria e fascismo dal 1919 al 1929*, Mailand 1972, S. 174.

14 Vgl. u.a. Santarelli, *Storia del fascismo* (Anm. 1), S. 22 ff.

Diese Knotenpunkte der Entwicklung, die der Boom lediglich überdeckt hatte, lassen sich grosso modo auf drei Erklärungszusammenhänge zurückführen: (A) Eine vielschichtige und zugleich abhängig-subalterne Form der Integration in den Weltmarkt, die, damit sie überhaupt funktionieren konnte, ihrerseits das relativ reibungslose Funktionieren der internationalen Zirkulation von Kapital, Waren und Arbeitskräften voraussetzte; (B) die Aufnahmeschwäche des italienischen Binnenmarktes, der gegen ausländische Einfuhren durch eine ausgeklügelte Handelspolitik geschützt werden mußte, während seine Beschränktheit die italienischen Waren gleichzeitig auf die Auslandsmärkte trieb; (C) schließlich das Problem der Rentabilität der Landwirtschaft und insbesondere der Nahrungsmittelversorgung der Bevölkerung[15].

3. Stabilisierung und Aufwertung der Lira: Die „quota novanta"

Zusammen mit dem französischen und dem belgischen Franc gehörte die Lira zu den letzten europäischen Währungen in der Serie der Währungsstabilisierungen, die saniert wurden[16]. So liegt es nahe, die italienische Währungsreform zunächst im Rahmen der allgemeinen Bemühungen zu betrachten, zu einem funktionierenden internationalen Geld- und Währungssystem, beruhend auf festen Paritäten und auf der Disponibilität von Gold- oder äquivalenten Reserven, zurückzukehren.

Die Politik der Stabilisierung und der Wiederherstellung des gold exchange standard wurde vorrangig von den USA betrieben. Der amerikanischen Währungspolitik in Europa war Italien ein verhältnismäßig unkomplizierter Verhandlungspartner infolge seiner politischen Stabilität und relativ klarer Entscheidungsstrukturen, anders als beispielsweise das Frankreich der III. Republik, wie man in Rom gern hervorhob.

Zusammen mit den USA, aber gewissermaßen im zweiten Glied, verfocht auch London gegenüber Rom eine entschlossene Stabilisierungspolitik. Vorrangig ging es der Londoner city dabei um die Wiedereroberung ihrer Vorkriegsposition als Weltfinanzzentrum. Gerade am Beispiel Italien und namentlich der Bemühungen um Einflußnahme auf die Banca d'Italia läßt sich der Konkurrenzkampf zwischen der alten Finanzhochburg auf dem New Yorker Markt deutlich verfolgen, ebenso wie auch die Führungskonflikte zwischen der Bank von Frankreich und der von England bei den Stabilisierungsprogrammen der kleineren europäischen Länder nicht zu übersehen sind.

15 Vgl. Domenico Preti, La politica agraria del fascismo: note introduttive, in: *Studi Storici*, XIV. Jg., 4/1973, S. 802–869, hier S. 810.

16 Siehe Charles P. Kindleberger, *Die Weltwirtschaftskrise 1929–1939*, München 1973, S. 42–54.

Die wichtigsten Etappen auf dem Weg der Währungsstabilisierung in Italien[17] waren im einzelnen: (a) Regelung der Kriegsschuldenfrage mit den USA und Großbritannien (1925)[18], der die Aufnahme einer Anleihe von nominal 100 Mill. Dollar („prestito obbligazionario") an den italienischen Staat zur Aufstockung seiner Währungsreserven und kurz darauf eine erste Anleihe an ein Industrieunternehmen (Edison) auf dem Fuß folgten. Dieses Hand in Hand von Stabilisierung der Währung und Kreditaufnahme namhafter Firmen und Konzerne wird auch die nachfolgende Entwicklung kennzeichnen; (b) Regelung der Binnenverschuldung des Staates; (c) Zentralisierung der Notenemission in der Hand der Banca d'Italia (Mai 1926). Bis dahin hatten das Emissionsrecht noch zwei weitere Banken inne, der Banco di Napoli und der Banco di Sicilia; (d) Aufhebung des seit 1866 bestehenden Zwangskurses („corso forzoso") und gesetzliche Festsetzung des Goldstandards (Dezember 1927). Die neuen Paritäten betrugen nunmehr: 92,46 Lire pro Pfund Sterling; 19 Lire pro Dollar und 3,66 pro 1 Vorkriegslira. Mit gleichem Dekret wurde die Goldparität auf 7,919 g Gold für 100 Lire festgesetzt[19].

17 Für den folgenden Überblick vgl. ausführlich (a) zur internationalen Dimension der Währungsreform: Gian Giacomo Migone, Aspetti internazionali della stabilizzazione della lira: il piano Leffingwell, in: *Problemi di storia nei rapporti tra Italia e Stati Uniti*, Turin 1971; ders., La stabilizzazione della lira: la finanza americana e Mussolini, in: *Rivista di storia contemporanea*, II. Jg., (1973), H. 2, S. 145–185; Giancarlo Falco/Marina Storaci, Il ritorno all'oro in Belgio, Francia e Italia: stabilizzazione sociale e politiche monetarie (1926–1928), in: *Italia Contemporanea*, Januar–März 1977, S. 3–44; Richard H. Meyer, *Bankers' Diplomacy. Monetary Stabilization in the Twenties*, N.Y./London 1970, bes. Kap. III. – (b) zum Entscheidungsprozeß in Rom, Renzo De Felice, I lineamenti politici della „quota novanta" attraverso i documenti di Mussolini e di Volpi, in: *Il Nuovo Osservatore Politico Economico Sociale*, 1966, H. 46–51, S. 370–420; Melograni, *Gli industriali* (Anm. 13); Roland Sarti, Mussolini and the italian industrial leadership in the battle of the lira 1925–1927, in: *Past and Present*, 1970, Nr. 47, S. 47–97; Grifone, *Il Capitale* (Anm. 1). – (c) zur Gesamteinschätzung, s. die zitierten Arbeiten von Castronovo, Fano und Lyttelton; s. auch Jon S. Cohen, La rivalutazione della lira del 1927: Uno studio sulla politica economica fascista, in: *Lo Sviluppo economico* (Anm. 7), S. 327–350 (zuerst erschienen unter dem Titel: The 1927 Revaluation of the lira: A study in political economy, in: *The Economic History Review*, London, XXV Jg., Nr. 4, 1972); s. ferner die im Text angegebene Literatur.

18 Die Verhandlungen zwischen Rom, Washington und London brachten für Italien eine Reduzierung der Schuldenlast und progressive Annuitäten. Im Ganzen betrug die Kriegsschuld Italiens gegenüber den USA 2.042 Mill. Dollar Kapitalschuld und 365 Mill. Dollar Zinsen, und gegenüber Großbritannien 275,7 Mill. Pfund. Die Reparationsleistungen von Deutschland an Italien wurden seinerzeit auf umgerechnet 660 Mill. Dollar geschätzt. Die in Rom neu errichtete Amortisationskasse sollte den Schuldendienst auf der Grundlage dieser Abkommen besorgen. Vgl. hierzu Benvenuto Griziotti, Italien in seiner Stellung als Schuldner und Gläubiger innerhalb der Weltwirtschaft seit Kriegsende, in: *Schriften des Vereins für Sozialpolitik*, 1928, Nr. 174, S. 153–196, hier S. 181; Gerhard Dobbert, Die staatliche Finanzwirtschaft, in: *Die faschistische Wirtschaft*, hrsg. von G. Dobbert, 1934, S. 131–146, hier S. 141; Lello Gangemi, Die Entwicklung der italienischen Finanzpolitik von 1922 bis 1928, in: *Weltwirtschaftliches Archiv* (zukünftig: *W.W.A.*), 29. Bd. (1929 I), S. 102–139, hier S. 122.

19 Die Periode des so stabilisierten Lirakurses dauerte formal bis zur Abwertung im Oktober 1936: Sie betrug ca. 40 % und leitete den Übergang zur sog. Währungsautonomie („autonomia valutaria") ein. Tatsächlich aber waren für die Entwicklung seit der Währungsstabilisierung einmal die erhebliche Differenz zwischen äußeren und inneren Preisen und ferner

Die endgültige Stabilisierung der Lira vollzog sich auf einem umstritten hohen Aufwertungsniveau: der „Quote 90" oder „quota novanta" – als solche ging die neue Lira-Parität zum englischen Pfund schlagwortartig in die politische Auseinandersetzung und in die Publizistik ein.

Bei der Beurteilung der Währungsreform muß man zwischen Stabilisierung der Währung, Aufwertung der Lira und nachfolgender Deflationspolitik deutlich unterscheiden.

Während kaum Zweifel darüber bestehen, daß die Währungsstabilisierung als notwendige Maßnahme allgemein akzeptiert wurde, in dem Maße, wie Ende 1924/Anfang 1925 das Loch in der Handelsbilanz und der Kursverfall der Lira dramatische Formen annahmen, und allein das Eingehen auf die amerikanische Forderung nach Regelung der Kriegsschulden und Sanierung der Währung den dringend benötigten Zugang zu dem internationalen Kapitalmarkt zu öffnen versprach. Anders der Aufwertungssatz, die „quota novanta" also. Sie war und blieb überaus heftig umstritten, und auch in der Forschung kann ihr Zustandekommen kaum als zufriedenstellend geklärt gelten.

Wohl auch infolge der heftigen Auseinandersetzungen um den Aufwertungssatz hatte sich die Währungsreform in die Länge gezogen. Mehrere Etappen lassen sich unterscheiden. Zunächst hatte es den Anschein, daß die von dem neuen Finanzminister Volpi durchgesetzte „Quote 120" einen Kompromiß darzustellen vermochte zwischen den überwiegend aus dem Lager der Exportinteressen kommenden Befürworter einer leichten Aufwertung sowie nachfolgend eines gemäßigten Inflationskurses und denjenigen, die einer rigorosen Deflationspolitik das Wort redeten[20]. Erst als sich Anfang 1926 der Kursverfall der Lira beschleunigte, und das italienische Schatzamt seine Stützungskäufe aufgeben mußte, kam es zu dem Umschwung, der die überhöhte Aufwertung brachte und die Deflationspolitik auslöste.

Zur gleichen Zeit eröffnete Mussolini die politisch-publizistische „Schlacht um die Lira bis zum letzten Blutstropfen" (Rede in Pesaro, August 1926). Das war eine jener zahlreichen „Schlachten" an der italienischen Front, die den Kurswechsel kennzeichneten. Neue Sondergesetze traten in Kraft. Sie betrafen die Auflösung der Parteien, das Verbot antifaschistischer Zeitungen, die Schaffung des „confino di polizia" für politische Gegner, die die Verbannung unter polizeilicher Aufsicht antre-

Fortsetzung Fußnote 19
eine widersprüchliche Preisentwicklung auf den Inlandsmarkt kennzeichnend – Folge sowohl der strikten staatlichen Deflationspolitik als auch der zunehmenden expansiven staatlichen Wirtschaftspolitik (öffentliche Arbeiten und Aufrüstung). Faktisch gab es einen ausgesprochenen Dualismus in der Preisentwicklung, der schon ab Mitte 1934 zu einem Wiederanstieg der Preise führte, so daß die Lira 11,4 % ihres Goldwertes bis Sept. 1936 verloren hatte. Vgl. hierzu Albert Wissler, Binnenmarkt und Außenwirtschaft im Neuaufbau der faschistischen Wirtschaft, in: *Vierteljahreshefte zur Wirtschaftsforschung*, 12. Jg. (1937/38), H. 4, N.F., S. 427–452.

20 Für diese Phase der Währungsreform bleibt z.B. ungeklärt, ob – wie man vermuten könnte – die Deflationsbefürworter aus den Reihen der überwiegend am Binnenmarkt, vor allem an Staatsaufträgen orientierten Importinteressen stammten: Elektroenergie, Basischemie, Schwerindustrie; s. u. a. Melograni, *Gli industriali* (Anm. 13), S. 177.

ten mußten, und ferner erste korporative Einrichtungen, vor allem die Verabschiedung der „Carta del Lavoro", die die gesetzliche Regelung des Verhältnisses Arbeit – Kapital – Staat beinhaltet. Die Hinweise auf die allgemeinen politischen Zusammenhänge mögen an dieser Stelle genügen.

Seit Herbst 1926 spitzten sich die Auseinandersetzungen zwischen Gegnern und Befürwortern einer überhöhten Aufwertung immer unverhüllter zu[21]. Im Dezember 1927 wurde endlich das Stabilisierungsdekret erlassen, nachdem es zuvor offensichtlich zu einer grundlegenden Annäherung der divergierenden Standpunkte gekommen war, vermutlich auf der Basis weitreichender Zusagen des Staates. Diese stellten als erstes erhebliche Steuererleichterungen in Aussicht (bis zu 1 Mrd. L), sofort wirksam werdende Lohnkürzungen (Mai und Oktober 1927) und die Errichtung einer Amortisationskasse für die innere Staatsschuld. Daraufhin flauten die Auseinandersetzungen ab.

Der skizzierte Sachverhalt macht deutlich, daß Ausagen über die „Politik der quota novanta" und das sie tragende Kräftespektrum schlechterdings nicht möglich sind, ohne zugleich das Paket der die Währungsreform und vor allem die Überbewertung flankierenden bzw. „korrigierenden" wirtschaftspolitischen Maßnahmen mit in die Betrachtung einzubeziehen. Hierbei bildeten in der Tat die anderen monetären Maßnahmen, vor allem die Regelung der Steuern und der Staatsschulden, einen zentralen Komplex; hinzu kam die neue Rolle des Staates auf dem Geld- und Kapitalmarkt. Von nicht geringerer Bedeutung waren darüber hinaus die drastischen Maßnahmen zur Senkung der Löhne ebenso wie die regulierenden Eingriffe des Staates auf dem Arbeitsmarkt und in Sachen Binnenwanderung und Auswanderung. Auf dieser Grundlage vollzog sich der ökonomische Umstrukturierungsprozeß. So gesehen, bildete die Politik der „Quote Neunzig" lediglich einen, wenngleich neuralgischen Aspekt im Rahmen des Umschwungs von 1925/27.

II Mobilisierung des Geld- und Kapitalmarkts durch den Staat

1. *Ausbau der produktionsfördernden Steuerpolitik*

Aus der Ära De Stefani konnte der neue Finanzminister Volpi einen formal ausgeglichenen Haushalt übernehmen, der seit dem Rechnungsjahr 1924/25 leichte Überschüsse aufwies. Diese Entwicklung hielt bis 1929/30 an.

Dieser Sachverhalt war die Folge von finanztechnischen Maßnahmen (Reorganisation des Steuerveranlagungsverfahrens, Vereinfachung der fiskalischen Steuerpraxis u.ä.), der Drosselung von Staatsausgaben (Zusammenlegung einzelner Ministe-

21 Vgl. dazu ebd., Kap. 5 u. 6. Nach bisherigen Kenntnissen waren heftigste Kritiker der überhöhten Aufwertung die Textil- und Bekleidungsindustrie, die neue Kunstfaserherstellung, die Auto- und Fahrzeugbranche und die Banca Commerciale. (Vgl. Ettore Conti, *Dal taccuino di un borghese*, Mailand 1948/1971.)

rien, Verminderung des Personalbestands um 40.000 Personen) und der Reprivatisierung bislang öffentlicher Betriebe (z.B. Telefon)[22].

Der von De Stefani in der Steuerpolitik eingeschlagene Kurs sollte auch über die ersten drei Jahre Faschismus hinaus wegweisend bleiben. Seine Grundzüge sind einfach zu kennzeichnen: Auf der einen Seite führten sie durch eine Verbreiterung der Steuerbasis zu steuerlicher Mehrbelastung weiterer Schichten von Lohnabhängigen und Gehaltsempfängern, auf der anderen Seite bewirkten sie die steuerliche Entlastung vor allem des Industriekapitals. Die diesbezüglich wichtigsten Erleichterungen waren im einzelnen die Aufhebung der hohen Vermögens-, Aufsichtsrats- und Kriegssteuern und der Luxusabgaben.

Tabelle 3: Einnahmen und Ausgaben des italienischen Staates in den Jahren 1918/19 –1936/37[23]

	in Mrd. Lire		
Jahr	Einnahmen	Ausgaben	Überschuß Defizit (–)
1918/19	9,676	32,452	– 22,776
1919/20	15,207	23,093	– 7,886
1920/21	18,820	36,229	– 17,409
1921/22	19,701	35,461	– 15,760
1922/23	18,804	21,832	– 3,028
1923/24	20,581	21,000	– 0,419
1924/25	20,440	20,023	0,417
1925/26	21,044	20,575	0,469
1926/27	21,450	21,014	0,436
1927/28	20,072	19,574	0,497
1928/29	20,201	19,646	0,555
1929/30	19,838	19,668	0,170
1930/31	20,387	20,891	– 0,504
1931/32	19,324	23,191	– 3,867
1932/33	18,217	21,766	– 3,549
1933/34	18,057	24,434	– 6,377
1934/35	18,818	20,847	– 2,029
1935/36	20,371	33,057	– 12,686
1936/37	24,702	40,932	– 16,230

22 Für die genannten Angaben habe ich herangezogen Dobbert, Die staatliche Finanzwirtschaft (Anm. 18); Gangemi, Entwicklung (Anm. 18); Griziotti, Italien (Anm. 18); Woldemar Koch, Wirtschaftsentwicklung und Steuerpolitik im faschistischen Italien, in: *Finanzarchiv*, N.F., Bd. 2 (1934), S. 447–500; ders., Die Finanzen Italiens nach dem Kriege, in: *Wirtschaft und Statistik*, 1934, H. 9, S. 287–290.

23 M. Treviranus, Die Vermögens- und Einkommensabgabe zu Zwecken der Rüstungssteigerung in Italien, in: *Jahrbücher für Nationalökonomie und Statistik*, Bd. 150, 1939, Tabelle S. 723.

Im Gegensatz zum Abbau der direkten Steuern erhöhte sich der Anteil der indirekten Steuern, der mittlere und kleine Einkommen und die Verbraucher unvehältnismäßig stärker belastete. Während der Anteil der direkten Steuern am Steueraufkommen 1920–28 um 5 Punkte zurückging, kletterte derjenige der indirekten Steuern um 2 Punkte; 1929–34 sank ersterer noch einmal um 2 Punkte, während sich der Anteil der indirekten Steuern um 3 Punkte erhöhte; erst 1935–38 erhöhte sich wieder der Anteil der direkten Steuern um 1 Punkt, derjenige der indirekten Steuern stieg um nocheinmal 2 Punkte[24].

Die Umschichtung in der Steuerbelastung unmittelbar nach der faschistischen Regierungsübernahme führte binnen weniger Jahre zu einer enormen Verschärfung des ungleichmäßigen Steuerdrucks. Betrug das Steueraufkommen am Nationaleinkommen 1913 noch 12 %–13 %, so waren es 1925–26 schon 20 %, 1929/30 25 % und 1932/33 29 %. Mit 25 % Steueranteil bei einem durchschnittlichen Einkommen von 2.200 L (1929/30) war die steuerliche Belastung in Italien im Vergleich zu den Hauptländern am höchsten[25].

Der steuerpolitische Kurs orientierte sich erklärtermaßen an dem Prinzip des „produttivismo". Und die Vorherrschaft des „concetto produttivistico" bedeutete zwangsläufig – so wurde in der politischen Öffentlichkeit mit Nachdruck vertreten – die Ablehnung sozialpolitischer Kriterien bei der Besteuerung. Nach einer Formulierung De Stefanis sollte sich Italien vielmehr in eine „Oase" verwandeln, in der „das Kapital und die Privatunternehmen und die ehrlichen Gewinne die besten Bedingungen für ihre Produktivität und den ihnen gebührenden Schutz" fänden[26].

2. *Politik der Staatsverschuldung*

2.1. Auch der neue Finanzminister Volpi setzte die kapitalfreundliche Steuerpolitik seines Vorgängers fort. Er veranlaßte die Steuerbefreiung für Gesellschaften hinsichtlich ihrer durch Aktienausgabe erzielten Einnahmen; die Abschaffung der außerordentlichen 15 % Coupon- und Prämiensteuer von Wertpapieren, die von Aktiengesellschaften, von Kommunen, Provinzen etc. ausgegeben wurden; die Steuerbefreiung unter besonderen Bedingungen für Aktien- und Kommanditgesellschaften, für Kreditinstitute und Sparkassen; Steuererleichterungen für Neubauten sowie die Abschaffung der Gebühren für die Fusionierung von Aktiengesellschaften – um nur die wichtigsten zu nennen.

Aus dem Rahmen der produktivistischen Steuerpolitik schien einzig die Einführung der Junggesellensteuer („imposta sui celibi") zu fallen, die 1928 und 1934 noch einmal stark heraufgesetzt wurde, doch nur dem Anschein nach. Brachte sie

24 Vgl. Ester Fano, Problemi e vicende dell'agricoltura italiana tra le due guerre, in L'Economia italiana nel periodo fascista, in: *Quaderni Storici*, (1975), H. 29/30, S. 468–496, hier S. 477, Tabelle 1.

25 Vgl. Grifone, *Il capitale* (Anm. 1), S. 81; Dobbert, Die staatliche Finanzwirtschaft (Anm. 18), S. 146.

26 Zit. nach Koch, Wirtschaftsentwicklung (Anm. 22).

doch tatsächlich die gesellschaftlich umfassendere Zielrichtung des „concetto produttivistico" zum Ausdruck, dem es nicht allein um die Forcierung der wirtschaftlichen Entwicklung ging, sondern im Ganzen um die Potenzierung der Nation, gerade auch auf der Basis einer beschleunigten Vermehrung der Gesamtbevölkerung. Auf diese Zusammenhänge, die in der korporativen Bewegung eine zentrale Rolle spielten, werde ich noch zurückkommen.

Doch auch noch in anderer Hinsicht erfuhr der „concetto produttivistico" im Zusammenhang mit der Politik der „Quote 90" eine qualitative Ausweitung über die Steuerpolitik hinaus. Dies zeigte sich an der Herausbildung der „produktivistischen" Finanzpolitik des Staates, als dieser dazu überging, mit Finanzmaßnahmen in die Wirtschaft einzugreifen. Es entstand jener als Wirtschaftssubjekt agierende Staat, von dem Carl Schmitt sagte, er erscheine „in allen denkbaren Kostümierungen, öffentlich-rechtlichen, privatrechtlichen, als Staat, als Fiskus, als Hoheit, als G.m.b.H. und als Aktionär[27]."

2.2. In Verbindung mit der Währungssanierung, aber vor allem auch mit dem sprunghaft angeschwollenen Finanzbedarf des Staates, der „economia di stato", wurde die Regelung der aufgelaufenen Staatsschulden unaufschiebbar.

Die 1925 begonnene Aushandlung der Kriegsschuldenfrage mit den Vereinigten Staaten und Großbritannien fiel für Italien vergleichsweise günstig aus[28] und befreite die italienischen Staatsfinanzen weitgehend von dem Druck der auswärtigen Schulden. Die Bereinigung der auswärtigen Schuldenfrage hatte die Bereitschaft vor allem des U.S.-amerikanischen Marktes geweckt, Papiere italienischer Aktiengesellschaften aufzunehmen. Außerdem sind die Kredite zu nennen, die italienische Firmen und öffentliche Körperschaften im Ausland aufnahmen. Sie beliefen sich im Februar 1928 auf insgesamt 6.975 Mill. Lire[29].

Aber diese Operationen blieben nicht nur ihrem Umfang nach verhältnismäßig beschränkt, auch der Zeitraum, in dem sie getätigt wurden, war kurz: Die Bewegungen begannen Ende 1925, brachen Mitte 1927 auf dem Höhepunkt der Lira-Krise ab und wurden nur wieder mit Vorsicht aufgenommen. Ab 1928 wurde schließlich jede neue Kreditaufnahme im Ausland streng geregelt und auf kurzfristige Operationen eingegrenzt. Außerdem unterlag der Zustrom ausländischen Kapitals in Italien erheblichen Beschränkungen, wozu der niedrige Zinssatz und das Nachlassen der Lira-Spekulation infolge der Währungsstabilisierung das ihre beitrugen.

2.3. In der Zwischenzeit hatte sich ein positiver Wandel in der Aufnahmefähigkeit des italienischen Marktes bemerkbar gemacht, der für unsere Fragestellung von besonderem Interesse ist. Denn während die Kreditaufnahme im Ausland nur noch wenigen Begünstigten zugänglich war, hatte der inländische Markt damit begonnen, Emissionen von Industrieobligationen in bemerkenswertem Umfang aufzunehmen,

27 Zit. nach Dobbert, Die staatliche Finanzwirtschaft (Anm. 18), S. 133.
28 Vgl. Gangemi, Entwicklung (Anm. 18), S. 122.
29 Einen Überblick über die Kapitalverflechtung gibt Griziotti, Italien (Anm. 18).

deren Unterbringung man zunächst zum größten Teil im Ausland geplant hatte. Mit Genugtuung konnte daher Volpi feststellen: „Verschiedene sechsprozentige Effekten sind zum Kurs 475 für nominell 500 untergebracht worden. Zu diesen Bedingungen erhält Italien auch augenblicklich nicht Anleihen im Ausland[30]." Dieser Vorgang war für den italienischen Kapitalmarkt aufgrund der tiefwurzelnden Skepsis gerade des breiten Sparerpublikums gegenüber den Emissionen heimischer Banken und Industrieunternehmen an sich ungewöhnlich. Eine der hauptsächlichen Zielsetzungen der Politik der „quota novanta" war in der Tat die Mobilisierung des inländischen Sparkapitals und namentlich des kleinen und mittleren Sparers aus den Reihen der „ceti medi", der Zwischenschichten, vermittelt über den Staat, um auf diese Weise den italienischen Sparer für den „Produktivismus" zu gewinnen.

Neben der Währungsstabilisierung bildete infolgedessen die Regelung der Binnenverschuldung des Staates eine weitere Vorbedingung für die Schaffung eines Klimas des Vertrauens und für die Kreditfähigkeit des Staates.

Die Gesamtsumme der inneren Staatsschuld, die seit der faschistischen Machtübernahme stetig anschwoll, belief sich 1925 auf 90,85 Mrd. Lire und erreichte 1926 91,31 Mrd. Lire. In den Jahren 1927 und 1928 konnte sie gesenkt werden: auf 83,67 Mrd. Lire und auf 86,45 Mrd. Lire. Danach stieg sie wieder sprunghaft an[31].

Der bei der Sanierung der öffentlichen Verschuldung eingeschlagene Weg wurde maßgeblich von dem Finanzfachmann A. Beneduce bestimmt. Die wichtigsten Maßnahmen[32], die zur Konsolidierung der Staatsschuld ergriffen wurden, bestanden in der Zwangskonvertierung der Schatzwechsel und der freiwilligen Umwandlung der neunjährigen in die „Liktorenanleihe". Außerdem errichtete man mit den Überschüssen des Haushaltsjahres 1926/27 eine Tilgungskasse für die innere Schuld. Wie erinnerlich, war die „cassa d'ammortamento" eine der ersten Zusicherungen, die sich die Aufwertungsgegner als Gegenleistung erstritten hatten. Doch konnte sie langfristig kaum Bedeutung erlangen, da der Haushalt ab 1930 wieder in die roten Zahlen geriet.

Aber zurück zur Konsolidierung der schwebenden Schuld. Hier hatten sich die kurzfristigen Schulden in der Form von Schatzanweisungen („buoni del tesoro") zu einer brisanten Belastung entwickelt. Denn während noch 1914 gewöhnliche Schatzanweisungen mit zwei Jahren Laufzeit für nur ca. 400 Mill. Lire im Umlauf waren und lediglich für ihre übliche Aufgabe herangezogen wurden, nämlich kurzfristige Finanzierungsengpässe des Staates zu überbrücken, war hier nach dem Krieg ein grundlegender Wandel eingetreten. Die schwebenden Schulden, zu denen inzwischen fünf-, sieben- und neunjährige Anweisungen hinzugekommen waren, hatten im Oktober 1926 27,7 Mrd. Lire erreicht (davon für 15,4 Mrd. Lire gewöhnliche

30 Ebd., S. 168.

31 Vgl. Gangemi, Entwicklung (Anm. 18), S. 116; Dobbert, Die staatliche Finanzwirtschaft (Anm. 18), S. 145 f.

32 Zu den folgenden Angaben vgl. Koch, Finanzen (Anm. 22); Dobbert, Die staatliche Finanzwirtschaft (Anm. 18); Gangemi, Entwicklung (Anm. 18).

und für 12,3 Mrd. Lire mehrjährige). Diese Summe entsprach etwa einem Drittel der gesamten öffentlichen Schuld. Oder anders ausgedrückt: „Es war, als ob ein Drittel der Fabrikanlagen eines Industriellen durch kurzfristige Wechsel repräsentiert würde[33]." Anstatt nun die fälligen Schatzanweisungen mit Banknoten einzulösen, schritten die staatlichen Instanzen – unter Berufung auf die Stabilitäts- und Deflationspolitik – zur Konsolidierung der schwebenden Schuld: durch die zwangsweise Konvertierung der gewöhnlichen, der fünf- und der siebenjährigen Schatzscheine und der fakultativen Konvertierung der neunjährigen und ihre Umwandlung in 5 %-Obligationen der neu aufgelegten nationalen Anleihe („Liktorenanleihe") zum Kurs von 87,5. Im Klartext, so schrieb ein zeitgenössischer Beobachter, handelte es sich darum, „der Banca d'Italia Summen zuzuführen, aus denen sie den kapitalbedürftigen Kreisen gegen Hinterlegung der Anleihetitel Vorschüsse gewähren sollte. So konnte der Unternehmer, der mit der Einlösung der Schatzanweisung gerechnet hatte, das Geld dennoch erhalten, indem er die empfangenen Anleihetitel hinterlegte."[34]

Die Zwangskonvertierung, um die es sich fast ausschließlich handelte, wurde von Zeitgenossen als eine ökonomisch zwar nicht unbedenkliche, aber doch „im faschistischen Sinn durchaus einwandfreie Methode" bezeichnet, mit der Begründung: „Die Regierung verteidigte die Lira im Interesse der Nation, also mußte die Nation auch ihrerseits an diesem Werk mitwirken, auch wenn es weiten Kreisen Opfer auferlegte[35]."

Noch einmal – 1934 – fand eine ähnliche Operation statt, die, zielstrebiger noch als die erste, zu einer politischen Vertrauenskundgebung für das faschistische Regime umgemünzt wurde. Angesichts der hohen Ausgaben für den Staatsschuldendienst wollte man durch Zinssenkungen Einsparungen vornehmen: Im Februar 1934 erfolgte die Konversion von 61,4 Mrd. Lire 5 %-Liktoren- und National-(Kriegs-)Anleihen auf 3 1/2 %. Das ergab für den Staatshaushalt eine jährliche Ersparnis an Zinsen von rd. 900 Mill. Lire[36].

Doch mindestens ebenso wichtig wie die finanztechnischen Aspekte der staatlichen Schuldentilgung und Geldbeschaffungsmaßnahmen war die sozioökonomische und politische Dimension, die sich hier abzeichnete. Denn die Politik der Stabilisierung der Währung, der Sanierung des Haushalts und der öffentlichen Schulden schuf ein Klima des Vertrauens in die Solidität der Finanzpolitik des Staates, auf das die Politik der „Quote 90" in hohem Maße setzte gegenüber den Empfängern fester Einkommen, den Vermögensbeziehern und dem breiten Sparerpublikum. Die staatlichen Appelle an diese Schichten im Rahmen der „Schlacht um die Lira" können

33 Nach einem Ausspruch von Giuseppe Volpi, zit. v. Gangemi, Entwicklung (Anm. 18), S. 124.

34 Ebd., S. 125.

35 Dobbert, Die staatliche Finanzwirtschaft (Anm. 18), S. 142.

36 Detaillierte Angaben macht Willi Tomberg, Die Wirtschaftslage Italiens Mitte März 1934, in: *Reichs-Kredit-Gesellschaft*, Archiv-Bericht v. 3.4.1934, 13 S., hier S. 10 f.; s. auch Dobbert, Die staatliche Finanzwirtschaft (Anm. 18), S. 143; Koch, Die Finanzen Italiens (Anm. 22), S. 289.

daher nicht lediglich als bloße Demagogie abgetan werden. Vielmehr bildeten die Lira-Aufwertung und die Deflationspolitik, die die Kaufkraft der Lira erhöhten und diesen Gruppen dadurch eine beachtliche Prämie verschafften, einen gemeinsamen Zusammenhang mit der in diesem Umfang bislang unbekannten Mobilisierung des Sparers durch den Staat. Ein zeitgenössischer Beobachter formulierte:

„Es ist bezeichnend für den faschistischen Staat, daß er das Sparkapital als Finanzierungsquelle staatlicher Wirtschaftsmaßnahmen in rigoroser Weise und in einem ganz außerordentlichen Ausmaß in Anspruch nimmt, um es systematisch in den Dienst seines Wirtschaftsprogramms zu stellen[37]."

Zusammenfassend kann gefolgert werden, daß die Kapitalvermittlerrolle des Staates zwischen der breiten Schicht der Sparer und der kapitalhungrigen Industrie die eigentliche Achse bildete, um die sich die rigorose Stabilisierungspolitik drehte. Unabdingbare Voraussetzung dieser Politik war infolgedessen das Vertrauen, das sich der faschistische Staat qua Staat zu sichern vermochte, und das im Falle der Währungsreform in dem hohen Aufwertungssatz der Lira und in ihrer betont „starken" Stellung im Vergleich zu anderen internationalen Währungen, vor allem zum französischen Franc, zu Buche schlug. Die überhöhte Aufwertung lediglich Mussolinis Prestigesucht zuzuschreiben oder auch die Währungsreform zur Begründung eines Primats der Politik gegenüber der Ökonomie heranziehen zu wollen, hieße folglich das verblüffend tragfähige Zusammenspiel von bestimmten Kapitalstrategien und der politischen Eitelkeit des „duce" übersehen[38].

3. Reorganisation des Geld- und Kapitalmarktes: der Staat als Kapitalvermittler

Einen wesentlichen Eckpfeiler in der Politik der „quota novanta" bildete die Herausbildung der Struktur des „stato di intervento" (F. Forte), in der sich, wie zu einem bunten Strauß, private Monopolinteressen mit öffentlichen Eingriffen mischten: d.i. jene spezifische Konfiguration eines öffentlichen Sektors, bestehend aus öffentlichen und privaten Einrichtungen, den „enti", die als Körperschaften, Verbänden, Konsortien u.ä. zu Figuren des öffentlichen Rechts erklärt und denen öffentliches Interesse zugesprochen wurde. Für die zukünftige Ausformung des öffentlichen Sektors in Italien sollten diese konkret-historischen Bedingungen seiner Entstehung bestimmend bleiben[39].

Kennzeichnend für die Staatsinterventionspolitik nach 1925 war vor allem zweierlei. Der Staat griff nach wie vor stützend bzw. klärend dort ein, wo Engpässe

37 Dobbert, Die staatliche Finanzwirtschaft (Anm. 18), S. 134.

38 Zur „quota novanta" als einer letztlich auf das Prestigedenken Mussolinis zurückführbaren Entscheidung vgl. im einzelnen die zitierten Arbeiten von De Felice, Melograni und Cohen; zumindest ambivalent: Karin Priester, *Der italienische Faschismus. Ökonomische und ideologische Grundlagen*, Köln 1972, S. 251 f.

39 Francesco Forte, *Le imprese pubbliche in Italia dalla prima guerre mondiale al 1957*, Mailand 1957, S. 65–69, Zitat S. 69.

entstanden. Zum anderen aber erfolgten zunehmend mehr Maßnahmen in einer Weise, die insgesamt, bei Aufrechterhaltung der privatwirtschaftlichen Produktionsweise, eine Modifizierung in der Grundstruktur des Entwicklungszyklus herbeiführten. Die mit der Währungsreform eingeleitete Wende ist in der Tat ganz wesentlich auf die neue Rolle des Staates bzw. auf das veränderte Verhältnis Staat-Wirtschaft zurückzuführen.

Die Herausbildung neuer Strukturen und infolgedessen die Ablösung von der Ära der punktuellen staatlichen Stützungsaktionen vollzog sich, wie es scheint, zuerst auf dem Kredit- und Kapitalmarkt[40]. Auf die hier zutage getretenen Veränderungen möchte ich kurz eingehen, weil gerade an ihrem Beispiel[41] der Zusammenhang zwischen der Politik der „Quote 90" und den neuen Formen der über den Staat vermittelten Industriefinanzierung unmittelbar deutlich wird. Darüber hinaus bildeten sich zu Beginn der neuen Praxis jene Privilegienstrukturen hinsichtlich der Finanzierung im einzelnen heraus, auf die die ungleichgewichtige, selektive Entwicklung in den folgenden Jahren entscheidend zurückzuführen ist.

Es war eine ganze Reihe von Gründen und Anlässen, die dazu führten, daß sich gerade im Bereich des Finanzsystems die Form der „economia mista" relativ früh herauszubilden begann, die dann im Laufe der Weltwirtschaftskrise und mit der Aufrüstungspolitik systematisch weiterentwickelt wurde. Solange der ungehinderte Zugang zum internationalen Kapitalmarkt bestand, blieben die Schwächen des italienischen Marktes und namentlich das äußerst labile Verhältnis zwischen Banken und Industrie zumindest ohne katastrophale Folgen. Doch mit der weitgehenden Unterbindung der Inanspruchnahme internationaler Gelder, die ab Mitte 1928 praktiziert wurde, trat die Reorganisierung des inländischen Finanzmarktes auf die Tagesordnung.

Zu einem akuten Problem war sie aber auch schon deswegen geworden, weil der Staat aufgrund seiner gewachsenen Interventionstätigkeit inzwischen dazu übergegangen war, hierfür in zunehmendem Maße außeretatmäßige Mittel auf dem Kreditwege zu mobilisieren. Da der Hauptposten der außerordentlichen Ausgaben des Staates also außerhalb der etatmäßigen Sphäre aufgebracht wurde, erschien der Staat nunmehr potentiell als bedrohlicher Konkurrent für die privaten Unternehmer auf dem ohnehin ungenügend funktionierenden Kapitalmarkt.

40 Es wurden folgende Arbeiten herangezogen: Forte, *Le imprese* (Anm. 39); Fano, Capitale e regime (Anm. 4); Tomberg, Wirtschaftslage (Anm. 36); Koch, Die Finanzen (Anm. 22); Dobbert, die staatliche Finanzwirtschaft (Anm. 18); Alberto De Stefani, Das Geld- und Kreditwesen, in: *Die faschistische Wirtschaft* (Anm. 18), S. 121–130; Francesco Vito, Das Zwangssparen als Mittel der Kriegsfinanzierung, in: *W.W.A.*, Bd. 54, 1941, S. 481–507; s. auch M. V. Posner/S. J. Woolf, *L'impresa pubblica nell'esperienza italiana*, Turin 1967; ferner R. Maria Russo, *La politica dell'assistenza. Storia dello sviluppo capitalistico e del sottosviluppo assistenziale in Italia dal 1860 ai giorni nostri*, Rimini/Florenz 1974.

41 Etwas allgemeiner formuliert kann man auch sagen, daß „das Finanzsystem eines Landes gleichsam als ökonomisches Brennglas der gesamtwirtschaftlichen Situation fungiert, in dem sich die verschiedenen Tendenzen bündeln und sichtbar werden" – es bietet sich daher als erste Analyseebene an. Siehe Thomas Bieling, *Rolle und Funktion des Systems der Staatsbeteiligungen in der italienischen Wirtschaft*, Dipl.-Arb. (VWL), Berlin 1978, S. 18.

Die Situation erschwerend kam ein Phänomen hinzu, das von interessierter Seite von jeher als Schwäche des binnenländischen Geldmarktes beklagt wurde, nämlich die traditionell deutliche Zurückhaltung des breiten Sparerpublikums bei direkten Anleihezeichnungen. Die in zeitgenössischen Berichten gerühmte „große Sparwilligkeit des italienischen Volkes"[42] kontrastierte auffällig mit der ausgeprägten Skepsis gegenüber Emissionen der Privatwirtschaft und der italienischen Banken; hier wollte man durch die Vermittlung des Staates eine grundlegende Änderung herbeiführen. Und schließlich das Verhältnis Banken–Industrie. Seit seinem Eintritt in die Ära der beschleunigten Industrialisierung besaß Italien ein gemischtes Bankensystem, das mehrfach zu Bankenkrisen und anschließenden kostspieligen Stützungsaktionen des Staates geführt hatte[43]. Ab 1925 hatten sich die drei großen Banken (Banca Commerciale, Credito Italiano und Banco di Roma), die kurz- und langfristige Kredite vergaben, mit ihren Wertpapierbeständen immobilisiert, so daß staatliches Einspringen einmal mehr zur Diskussion stand. Die Zuspitzung der Lage 1931 lieferte schließlich den Anlaß, die drei genannten Banken aus dem Emissionsgeschäft auszuschalten, sie auf die Aufgaben reiner Handelskreditinstitute zu beschränken und eine Reorganisation des gesamten Kreditsektors vorzunehmen, dessen hauptsächliche Entscheidungszentren in Zukunft beim Staat und bei der Banca d'Italia lagen, zugunsten einer dezidierten Industriefinanzierung. Das Bankengesetz von 1936 verschaffte dieser Entwicklung nachträglich die gesetzliche Grundlage.

Im Ausland wurde übrigens die in der Folge der Entflechtung von Banken und Industrie entstandene „neuartige Organisation des Industriekredits" mit Aufmerksamkeit verfolgt, zumal man den neuen Methoden bescheinigen mußte, „sich bisher außerordentlich bewährt" zu haben[44].

Die Effektenbestände und eingefrorenen Kredite der drei Banken wurden von halbstaatlichen Kreditinstituten übernommen, die Industriehypothekenbanken entsprachen, und zwar zunächst vom IMI (1931, Istituto Mobiliare Italiano) und dann dem IRI (1933, Istituto per la Ricostruzione Industriale). Sie besorgten darüber hinaus die langfristige Kreditvergabe an die Industrie[45].

Die Politik der Mobilisierung von Sparkapital durch den Staat und seine Funktion als Kapitalvermittler lassen sich an zahlreichen Beispielen aufzeigen. Eine wichtige Rolle spielte zunächst die Ausgabe von Staats- bzw. staatlich garantierten Anleihen, die nahezu eine Monopolstellung an der Börse einnahmen. Aufgrund des vergleichsweise großen Vertrauens, das der Staat auf dem Kapitalmarkt genoß, kam es in der Tat zu einer lebhaften Emissionstätigkeit. Mit Hilfe von Staatsanleihen finan-

42 Vgl. Tomberg, Wirtschaftslage (Anm. 36), S. 7.

43 Besonders zur Entwicklung nach dem Ersten Weltkrieg vgl. Fano, Capitale e regime (Anm. 4), S. 113 ff.; Nicola Tridente, *La concentrazione bancaria dalla prima guerra mondiale ai giorni nostri*, Bari [3]1956, bes. Kap. I; einen allgemeinen Überblick gibt Francesco Parrillo, Il ruolo delle banche nello sviluppo economico italiano, in: *Ricerche storiche ed economiche in memoria di C. Barbagallo*, hrsg. von Luigi De Rosa, Neapel 1970, S. 489–514.

44 Vgl. Tomberg, Wirtschaftslage (Anm. 36), S. 5 f.

45 Siehe dazu die Aufsätze i. d. Sammelband, *Industria e banca nella grande crisi 1929–1934*, hrsg. v. Gianni Toniolo, Mailand 1978; die Überblicke bei Bieling, *Rolle* (Anm. 41); und Priester, *Der italienische Faschismus* (Anm. 38).

zierten sich beispielsweise Einrichtungen wie das IRI. Außerdem kam es zu Operationen mit indirekter staatlicher Unterstützung, indem IMI und IRI ermächtigt wurden, sich bei der Ausgabe von Obligationen der Garantie des Staates zu bedienen. De Stefani kommentierte diesen Sachverhalt so:

„Die Sparer, die diese Obligationen zeichnen, haben nicht mehr diese oder jene Industrie als Schuldner vor sich, sondern ein Institut, das vom Staate geleitet wird. Diese Institute genießen auch in den Fällen, wo eine besondere juridische Garantie des Staates fehlt, immer seine moralische Garantie."[46]

Neben diesen Kanälen der direkten und indirekten Bewirtschaftung der langfristigen Kreditvergabe durch den Staat kam den gewöhnlichen Sparkassen und den Postsparkassen eine herausragende Stellung im italienischen Finanzierungssystem zu. Es waren vor allem die „casse postali di risparmio", die zusammen mit den staatlichen Versicherungsanstalten dem Staat langfristig die Handhabe boten, besonders das kleine Sparkapital unter seine Kontrolle zu bringen und gezielt weiterzuleiten. Demgegenüber verloren die Anleiheoperationen auf dem Kapitalmarkt langfristig an Bedeutung[47]. Die Kontrolle des Staates über die Postsparkassen war besonders intensiv. Am Beispiel von deren kreditpolitischer Förderung, die eindeutig zu Lasten der gewöhnlichen Sparkassen ging, werden die zur Lenkung des Sparkapitals verwandten Methoden deutlich. Ergebnis war, daß die Einlagen bei den gewöhnlichen Sparkassen von 1930 zu 1934 nur um 1375 Mill. Lire anstiegen, während die Postsparkassen eine Zunahme von 9282 Mill. Lire verzeichneten.

Tabelle 4: Der Verlauf der Depositen in den gewöhnlichen und den Postsparkassen Italiens 1930–1936 (Mill. Lire)[48]

Jahr	Gewöhnliche Sparkassen	Postsparkassen	
		Depositen gesamt	Zinstragende Bons
1930	17 372	13 032	4 309
1931	18 181	14 676	6 024
1932	18 743	17 016	8 450
1933	19 524	19 403	10 802
1934	19 573	20 427	11 791
1935	18 597	19 958	11 622
1936	18 747	22 314	13 836

Quelle: *L'economia italiana nel sessennio 1931–1936*, hrsg. von der Banca d'Italia, Rom 1938, T. I, S. 160.

46 De Stefani, Das Geld- und Kreditwesen (Anm. 40), S. 129.

47 Bis 1941 verlief die Entwicklung in der Weise, daß von ca. 115 Mrd. Lire, die bei den italienischen Kreditinstituten (Postsparkassen, Kreditinstituten des öffentlichen Rechts, gewöhnl. Sparkassen, Pfandleihbanken u.ä.) deponiert waren, knapp 100 Mrd. Lire in den staatlichen bzw. halbstaatlichen Sektor flossen. Vgl. Vito, Zwangssparen (Anm. 40), S. 486 f.

48 Ebd., Tab. 1, S. 488.

Von Anbeginn ihrer Gründung (1870/76) war die Verfügung über die von den „casse postali" eingesammelten Gelder politisch heftig umstritten[49]. Denn aufgrund der kapillaren Verzweigung des Postsparkassenwesens in den ländlichen Gegenden und im Süden Italiens, dem Mezzogiorno, wo es faktisch eine Monopolstellung innehatte, die sich für extrem niedrige Zinssätze geradezu anbot[50], handelte es sich hier um eine überaus wirksame Form der Dränage von Kapital: vom Land in die Stadt, vom primären Sektor in den sekundären, von den relativ weniger entwickelten in die entwickelteren Gebiete[51]. In der Periode des Faschismus, besonders ab der zweiten Hälfte der zwanziger Jahre, wurden die Möglichkeiten, die dieses System der Industriefinanzierung bot, systematisch ausgeschöpft.

In der „Cassa Depositi e Prestiti", der zentralen staatlichen Depositen- und Anleihekasse, flossen die Gelder der Sparkassen und die Prämienquoten der zahlreichen Sozialversicherungsanstalten zusammen. Ebenfalls begannen die Sozialversicherungsträger in der Tat eine herausragende Stellung in der Gläubigerstruktur des faschistischen Staates einzunehmen. Ihre Entwicklung zu staatlichen Finanzierungsinstituten, die aus der langfristigen Industriefinanzierung ebensowenig wegzudenken waren wie aus der Kapitalgrundlage von „nationalen Einrichtungen" wie IMI und IRI[52], entsprach im übrigen derselben Logik, die schon dem Ausbau des Postsparkassenwesens zugrundelag. Dank der Vermittlung des Staates, seiner „Politik der starken Lira" und des staatlich garantierten Zwangssparens (Pflichtversicherungen), hatte man Wege gefunden, die es ermöglichten, das traditionell und aus gegebenen Anlässen vorhandene Mißtrauen des kleinen Sparers gegenüber der Privatwirtschaft zu umschiffen. Darüber hinaus war es gelungen, über die Erhebung von Pflichtversicherungsbeiträgen zusätzliche Mittel aus der breiten Schicht der Bevölkerung herauszupressen. Um die Relationen an einem Beispiel zu verdeutlichen: Das Plus an Einnahmen der Sozialversicherungsanstalt (INPS), das nicht wieder Versicherungszwecken zugeführt wurde, belief sich in 19 Jahren (1922–40) auf mehr als 15 Mrd. Lire[53].

49 Vgl. dazu Forte, *Le imprese* (Anm. 39), bes. S. 43–46. S. d. f. d. politischen Auseinandersetzungen um die „casse postali", als sich sehr schnell ihre Verwendbarkeit zur „Kapitaldränage von der Peripherie ins Zentrum" abzuzeichnen begann.

50 Vgl. Forte, *Le imprese* (Anm. 39), S. 44; Tomberg, Wirtschaftslage (Anm. 36), S. 7. Sie betrugen in der vorfaschistischen Zeit 2,64 % und wurden 1934 noch einmal auf 1 1/2 % gesenkt.

51 Zur Bedeutung der „casse postali" für den Agrarsektor s. auch Paul Corner, Rapporti tra agricoltura e industria durante il fascismo, in: *Problemi del socialismo*, dritte Serie, XIV Jg., (1972), H. 11/12, S. 721–745, bes. S. 737 ff. und die dort angegebene Literatur.

52 Fano, Capitale e regime (Anm. 4), S. 117 ff.

53 Siehe Bruno Buozzi, *Le condizioni della classe lavoratrice in Italia 1922–1943*, Istituto G. Feltrinelli (Hrsg.), Mailand 1973, S. 86; vgl. auch De Benedetto, La classe operaia (Anm. 4), S. 142 und die dort angegebene Literatur; M. Slobodskoj, *Der italienische Faschismus und sein Zusammenbruch*, Berlin 1948, S. 184 u. passim.

Die Umlenkung und Verwendung der Aktiva von staatlichen Sozial- und Pflichtversicherungseinrichtungen[54] in erster Linie zugunsten der Investitionsfinanzierung, ferner in Form von Anleihen an Provinzen und Kommunen, an Konsortien für Bodenverbesserung und für den Ankauf von Immobilien, ging in ihren Anfängen auf eine während der Ära Giolitti geübte Praxis zurück. In der Periode des Faschismus kam es von neuem, besonders ab 1928, zu einer raschen Vermehrung von Wohlfahrts- und Sozialversicherungsanstalten[55]. Gleichzeitig erfolgte die Einführung der Pflichtversicherung (1930).

54 Es handelte sich in erster Linie um das „Istituto Nazionale Assicurazioni" (INA, Nationale Versicherungsanstalt), das „Istituto Nazionale per la Previdenza sociale" (heute: INPS, Sozialversicherung) und das „Istituto Nazionale per l'Assicurazione sugli Infortuni sul lavoro" (INAIL, Unfallversicherung). Zur historischen Entwicklung besonders von INA und INPS in ihrer Eigenschaft als wirkungsvolle Sammel- und Umverteilungsstätten von finanziellen Ressourcen s. Forte, *Le imprese* (Anm. 39), bes. S. 10–26.

55 Vgl. hierzu den Überblick von Russo, *La politica* (Anm. 40), S. 41–45. Der A. arbeitet die enge Verknüpfung heraus zwischen dem Ausbau des Netzes staatlicher und privater Wohlfahrts- und Fürsorgeeinrichtungen und der Finanzierung der staatlichen Aufrüstungspolitik.

2. Kapitel: Ökonomischer Kurswechsel 1925/27. Bedingungen und Maßnahmen staatlicher Stabilisierungspolitik

Die Währungsreform in Italien ging in hohem Maße auf die Einflußnahme US-Amerikas zurück. Inwieweit sich die amerikanischen Vorstellungen im einzelnen in den Modalitäten der Lirastabilisierung und -aufwertung niedergeschlagen haben und welche Rolle sie bei der anschließenden monetären Reorganisation spielten, braucht hier nicht erörtert zu werden. Im Ganzen gesehen ist es wichtig festzuhalten, daß es sich bei dem Vorgang um eine neuerliche Etappe auf dem Wege der sukzessiven Einbindung Italiens in die amerikanische Einflußsphäre handelte[56].

Doch kann im Falle der Währungsreform kaum von einem amerikanischen „Diktat"[57] die Rede sein. Die Politik der Stabilisierung und überhöhten Aufwertung der Lira entsprach vielmehr spezifischen Interessen im italienischen Kapital ebenso wie bestimmten politischen Zielvorstellungen des faschistischen Staates, die sich beide im Bündnis mit der amerikanischen Stabilisierungspolitik in Europa durchzusetzen vermochten.

Die Rückkehr der Lira zum Goldstandard und ihre verstärkte Einbeziehung in den Einflußbereich des Dollar, alles andere als ein Signal für die Herauslösung aus dem Weltmarkt, bildeten die Voraussetzung für die Reintegration Italiens in die internationale Arbeitsteilung auf *neuer* Stufenleiter. Dies im Detail nachzuweisen wird hier Aufgabe späterer Ausführungen sein. Die andere Seite dieser Strategie, gewissermaßen ihre Binnendimension, bildete der binnenwirtschaftliche Restrukturierungsprozeß, der in seinen Grundzügen anschließend beschrieben wird.

Voraussetzung für die Tragfähigkeit des gesamten Reorganisationsprozesses schlechthin bildete die veränderte Funktion des Staates, der „stato di intervento", mit seinem Kernbereich, dem als öffentlichem Sektor neugeordneten Finanzsystem. Nach zunächst eher provisorischen Eingriffen in das Wirtschaftssystem mithilfe punktueller Rettungs- und Sanierungsaktionen war der Staat zum organischen Kapi-

56 Diese Entwicklung hatte einen ersten Höhepunkt während des Ersten Weltkriegs erreicht; sie wurde durch das Vordringen NS-Deutschlands in der zweiten Hälfte der dreißiger Jahre bis hinein in den Zweiten Weltkrieg unterbrochen („Achsenbildung" Rom–Berlin) und sollte schließlich in der zweiten Nachkriegsperiode allgemein prägend werden: d.h. Italien „in jeder Hinsicht ein Teil des ‚universo americano'" (M. Teodori); vgl. hierzu den Sammelband *Italia e America dalla grande guerra a oggi*, hrsg. v. G. Spini/G. G. Migone/M. Teodori, Mailand 1976, Zitat S. 181; Ernesto Galli della Loggia, La grande guerra e i nuovi equilibri del capitalismo, in: *Conflitti sociali* (Anm. 4), S. 61–78; Enrico Mantovani, Dall' economia di guerra alla ricostruzione, in: L'economia italiana nel periodo fascista (Anm. 24), S. 631–655.

57 So zumindest mißverständlich Fano, Capitale e regime (Anm. 4), S. 97.

talvermittler geworden. Er mobilisierte in einem bis dahin unbekanntem Ausmaß insbesondere das mittlere und kleine Sparkapital und organisierte in öffentlicher Hand die Vergabe mittlerer und langfristiger Kredite vorwiegend an die Industrie. Doch nicht nur eine Verlagerung im Verhältnis Banken–Industrie war die Folge der Interventionspolitik des Staates; darüber hinaus waren Modifikationen im Kräfteverhältnis zwischen den einzelnen Kapitalgruppen eingetreten, zwischen Staat und Kapital, zwischen Kapital – Staat – Arbeit und hinsichtlich der Bedeutung und Funktion der „ceti medi" für den neuen Kurs.

Auf diese sich ab 1925/27 abzeichnenden Veränderungen in der sozioökonomischen Landschaft will ich im Anschluß hieran näher eingehen. Dazu stelle ich als erstes das Paket der die monetäre Reorganisation flankierenden Maßnahmen in einem Überblick dar. Erst sie zusammen betrachtet mit der Währungsreform erlauben es, von einem grundlegenden wirtschafts- und gesellschaftspolitischen Kurswechsel zu sprechen. Darüber hinaus schufen sie die materiale Basis für den diesem Kurswechsel zugrundeligenden Herrschaftskompromiß.

I Lohnentwicklung

1. Lohnabbau

Wie erinnerlich, schuf die Freigabe der Löhne auf dem Höhepunkt der Auseinandersetzungen um die Lira-Aufwertung eine der entscheidenden Voraussetzungen für die Annäherung zwischen Aufwertungsgegnern und -befürwortern. Allgemeine Lohnkürzungen fanden daraufhin in drei Etappen statt: 1927, 1930, 1934.

Eine 1926 breit einsetzende propagandistische Kampagne, die zu einem Wettlauf freiwillig beschlossener Lohnsenkungen als Anpassung an die gesunkenen Preise führen sollte, brachte im Mai 1927 eine erste Lohnkürzung von ca. 10 %. Nachdem der auf diese Weise bewirkte Lohnverzicht jedoch nicht zu den gewünschten Ergebnissen geführt hatte, gab das „direttorio nazionale" der Faschistischen Partei grünes Licht für weitergehende Lohnkürzungen bis zu 20 % (Oktober 1927). Sie gingen in den folgenden Jahren noch oftmals darüber hinaus[58], nach wie vor mit der Begründung, die Produktionskosten dem gestiegenen Wert der Lira anpassen zu müssen. So hatte die Forderung der Unternehmer gelautet. Eine zweite generelle Lohnkürzung von ca. 8 % fand im November 1930 statt. Gegenüber den Jahren 1920/21 betrug der Reallohnabbau inzwischen 15–40 %[59]. Die dritte generelle Lohnsenkung erfolgte im Frühjahr 1934 und betrug, nach unterschiedlichen Angaben, 7 % bzw. 12 % der Nominallöhne[60].

58 Die Löhne der Seeleute im Hafen von Genua beispielsweise wurden um 24 % (1928–29) herabgesetzt und um 30 % in den anderen Häfen. Für diese und die folgenden Angaben s. Gianni Merlin, *Com'erano pagati i lavoratori durante il fascismo*, Rom 1970; detaillierte Angaben macht auch Buozzi, *Le condizioni* (Anm. 53).

59 Vgl. ebd., S. 54; s. auch Vera Zamagni, La dinamica dei salari nel settore industriale, in: L'economia italiana nel periodo fascista (Anm. 24), S. 338.

60 Vgl. ebd.

In den beiden zuletzt genannten Fällen handelte es sich im wesentlichen um eine Anpassung der allgemeinen Lohnentwicklung an das gesunkene allgemeine Preisniveau[61]. Für eine differenzierte Beurteilung der Situation müssen allerdings folgende Umstände mitberücksichtigt werden:

(a) Bei den Berechnungen wurde der Index für Großhandelspreise zugrundegelegt, während demgegenüber die Einzelhandelspreise, die für den Durchschnittskonsumenten schließlich ausschlaggebend sind, vergleichsweise weniger zurückgegangen waren[62].

(b) die jeweilige Anpassung an das Preisniveau erfolgte auf einem ohnehin äußerst niedrigen Gesamtlohnniveau[63], das in diesem Ausmaß auf die Politik der „quota novanta" zurückging und besonders deutlich in dem Rückgang der Kaufkraft für die wichtigsten Lebensmittel breiter Bevölkerungsschichten zum Ausdruck kam[64].

(c) die tatsächliche Lohnentwicklung wies in den einzelnen Branchen, aber auch in den verschiedenen Regionen ganz erhebliche Unterschiede auf und lag teilweise be-

61 Genauer: um eine Senkung des allgemeinen Lohnniveaus *im Vorgriff* auf die nachfolgende (selektive) Senkung des Preisniveaus. Das timing der Deflationspolitik – zuerst Lohnabbau, dann Preisrückgang – war genuiner Ausdruck der bestehenden Herrschaftskonstellation. Charles Billet, *La Lire et la politique economique du gouvernement fasciste*, Paris 1935, S. 142, 2.

62 Der Index für Großhandelspreise (1928 = 100) sank kontinuierlich bis 1934 (62) um insgesamt 38 Punkte, in einigen Jahren (1930/31) sogar um jeweils 10 Punkte; der Index für die Lebenshaltungskosten (1928 = 92) kletterte demgegenüber 1929 noch einmal auf 94 Punkte und sank bis 1934 um lediglich 23 Punkte; vgl. *Annuario Statistico Italiano*, 1935, 4. Serie, Bd. II, S. 93 u. 95. Insgesamt scheint Skepsis gegenüber den offiziellen bzw. offiziösen (Confindustria) Statistiken angebracht; s. die Anmerkungen hierzu von Zamagni, La dinamica (Anm. 59), passim.

63 Dies auch im internationalen Vergleich: Nach Berechnungen des Bureau International du Travail (wahrscheinlich 1930/31) und gemessen an der durchschnittlichen Kaufkraft des Lohns eines britischen Arbeiters (= 100) beliefen sich die Ziffern für Deutschland auf 73, für Österreich auf 48, für Spanien auf 40 und für Italien auf 39. Siehe Paolo Spriano, *Storia del partito comunista italiano*, Bd. II: *Gli anni della clandestinità (1926–1935)*, Turin 1969, S. 317.

64 *Tab. 5:* Index für den Pro-Kopf-Verbrauch der hauptsächlichen Lebensmittel, durchschnittliche Werte, 1922–38*

	Getreide	Gemüse, Obst	Zucker	Wein	Kaffee	Fleisch	Fette	Tabak	Mais	Fisch	Milch
1922–29	100	105	107	123	96	107	109	99	106	97	114
1930–38	91	88	96	101	76	105	98	81	109	107	121

* Aus: Ministero per la Costituente, *Rapporto della Commissione Economica, Presentato all'Assemblea Costituente*, Teil II: *Industria I, Relazione* (zukünftig: *RAC II*), 1. Bd., Rom 1947, S. 18. Dort auch ausführlich zum Unterkonsum. Vgl. ferner Fano Damascelli, La „Restaurazione" antifascista (Anm. 3), S. 52 f.

trächtlich unter dem nationalen Durchschnitt (Textil-, Nahrungsmittel-, Holzverarbeitung)[65];
(d) die Reallohnentwicklung hatte für die Dauer der faschistischen Periode insgesamt abnehmende Tendenz, wie sich unschwer an der Entwicklung der Tageslöhne ablesen läßt[66].

Tabelle 6: Löhne, Arbeitsstunden, Beschäftigung in der italienischen Industrie 1911–39[67]

Jahre	Real-Tages-Löhne Lire 1938 (1)	Index (1) 1913 = 100 (2)	Real-Stunden-löhne Lire 1938 (4)	Index (4) 1913 = 100 (5)	Index Beschäftigte 1929 = 100 (6)	geleistete Arbeits-stunden (7)
1911	10,77	84	1,08	84	–	10
1912	12,02	93	1,20	93	–	10
1913	12,87	100	1,29	100	–	10
1914	14,00	109	1,40	109	–	10
1915	14,42	112	1,44	112	–	10
1916	12,60	98	1,15	89	–	11
1917	12,07	94	1,10	85	–	11
1918	11,60	90	1,05	81	–	11
1919	15,14	118	1,89	147	–	8
1920	16,69	130	2,09	162	93	8
1921	17,34	135	2,31	179	81	7,5
1922	16,45	128	2,11	160	83	7,8
1923	17,12	133	2,09	164	84	8,2
1924	17,02	132	2,00	155	92	8,5
1925	16,25	126	1,91	148	100	8,5
1926	15,84	123	1,84	143	102	8,6
1927	16,08	125	2,09	162	94	7,7
1928	14,39	112	2,08	161	98	6,9
1929	14,14	110	2,02	157	100	7,0
1930	14,06	109	2,09	162	98	6,7
1931	14,17	110	2,17	168	89	6,5
1932	14,21	110	2,20	170	78	6,4
1933	15,18	118	2,27	176	79	6,7
1934	15,26	119	2,31	179	83	6,6
1935	13,78	107	2,26	175	94	6,1
1936	13,49	105	2,23	173	95	6,05
1937	14,07	109	2,27	176	104	6,2
1938	13,67	106	2,26	175	111	6,05
1939	14,93	116	2,37	184	114	6,3

65 Vgl. Zamagni, La dinamica (Anm. 59), S. 374, Tab. B 9; vgl. auch Statistisches Reichsamt (Hrsg.), Arbeitsverdienste in Italien, in: *Wirtschaft und Statistik*, 13. Jg., Berlin 1933, S. 371–374, hier S. 371, 372.
66 Vgl. Zamagni, La dinamica (Anm. 59), S. 346 ff. u. Tab. 6.
67 Zusammengestellt nach ebd., Tab. 1, 3 u. 4, S. 331, 339, 342.

Über die allgemeinen Lohnkürzungen hinaus wurde eine ganze Reihe von Maßnahmen zur Reduzierung der Lohnsumme ergriffen (1926/27), deren Auswirkungen sich nicht unmittelbar in der Statistik niederschlugen. Am einschneidendsten war die Abschaffung der „scala mobile" (Lohngleitskala), eine der wichtigsten Errungenschaften der Arbeiter während des „biennio rosso"; hinzukam die Durchlöcherung der Teuerungszulage („indennità caroviveri")[68].

2. *Wiederherstellung der Mobilität der Arbeitskraft*

Im Rahmen des allgemein durchgeführten und mit viel propagandistischer Konsensusarbeit seitens staatlicher Instanzen, der Partei und der faschistischen Gewerkschaften verbundenen Lohnabbaus trat ein weiterer Aspekt in Erscheinung, der ebenfalls konstitutiv für die „Politik der quota novanta" war. 1926/27 begann diejenige Entwicklung im italienischen Faschismus, die ich zunächst stichwortartig als Durchkorporierung von Staat, Wirtschaft und Gesellschaft bezeichne und die Thema des 4. Teils dieser Arbeit ist. Parallel zu dem organisatorischen Aufbau des Korporativsystems – namentlich die „Carta del lavoro" (1927) sei hier angeführt – erfuhr die zielgerichtete Propagierung der korporativen Ideologie in Verbindung mit dem Lohnabbau einen ersten Höhepunkt: Es wurde an das Allgemeinwohl und an die Notwendigkeit der Klassenzusammenarbeit im Interesse der nationalen Produktion appelliert, da diese das allgemeine Interesse verkörpere. Es war außerdem kein bloßer Zufall, daß mit den propagandistischen Kampagnen zum Lohnabbau auch das erste Mal der Begriff „salario corporativo" in einer breiteren Öffentlichkeit auftauchte[69]. Dieser Begriff sollte, das wird noch ausführlich darzulegen sein, die Solidarität der Beschäftigten mit ihrem Betrieb und darüber hinaus die konsensuale Einbindung aller produktiv Tätigen, der „producenti", in die korporative Gesellschaft zum Ausdruck bringen; und er sollte insbesondere die Herauslösung der Lohnfindung aus der ökonomischen Sphäre signalisieren.

Diese Bestrebungen entsprachen schließlich der Forderung von Unternehmerseite, die eigene unternehmerische Verfügungsgewalt über die ökonomische Variable Arbeitskraft ohne Wenn und Aber herzustellen. Die Regelung der Lohnfrage bildete in der Tat nur einen Aspekt im Rahmen des allgemeinen und nach wie vor akut anstehenden Problems der Herrschaft im Betrieb.

Im März 1925 hatte es eine Reihe von Streiks mit breiter Beteiligung (75 %–80 %) im norditalienischen Industriedreieck gegeben, zunächst sogar mit aktiver Un-

68 Vgl. De Benedetto, La classe (Anm. 4), S. 132; einen Überblick über die Lohnentwicklung in nicht-industriellen Bereichen gibt Valerio Castronovo, Fascismo e classi sociali, in: *Fascismo e capitalismo*, hrsg. von Nicola Tranfaglia, Mailand 1976, S. 91–136, dort auch weitere Literaturangaben; zur Entwicklung der Verdienste speziell im Handel s. Alberto Mortara, Osservazioni sulla politica dei „tagli salariali" nel decennio 1927–1936, in: Industria e banca (Anm. 45), S. 65–71.

69 Auf diesen Zusammenhang macht auch De Benedetto, La classe (Anm. 4), S. 133, aufmerksam.

terstützung der faschistischen Syndikate (Bergamo), zu denen die CGIL aufgerufen hatte[70]. Dieses neuerliche Aufleben der Arbeiterkämpfe, wobei die Märzstreiks nur die Spitze eines Eisberges bildeten, war der letzte Anstoß für die Unternehmer, im Rahmen des generellen Restrukturierungsprozesses das Verhältnis Arbeit – Kapital, Belegschaft – Betrieb neu zu fundieren und dabei auch die faschistischen Syndikate wieder zur Ordnung zu rufen. Nachdem mit Hilfe staatlicher und gesellschaftlicher Organisationen der generelle Lohnabbau in die Wege geleitet war, sollte nun die alleinige Verfügungsgewalt eines jeden Unternehmers in *seinem* Betrieb gesichert werden: durch die weitgehende Aushöhlung nationaler Tarifverträge, an deren Stelle einzelbetriebliche Vereinbarungen traten; durch die Abschaffung eines allgemein verbindlichen Mindestlohns; durch die Aufhebung allgemein gültiger Lohngruppen, Qualifikationsmerkmale, Akkordnormen, Stellenpläne u.ä. Außerdem bekamen die Unternehmer von Mussolini das Recht eingeräumt (Juni 1926), die Länge des Arbeitstages nach Bedarf zu bestimmen, wobei es zunächst noch, bis in die Weltwirtschaftskrise hinein, überwiegend um die Verlängerung des 8-Stunden-Tages ging[71]. Alles in allem war es das Ziel, die absolute Mobilität der Arbeitskraft zur Disposition des Einzelunternehmers wiederherzustellen[72].

Eine weit bis in die zweite Nachkriegsperiode hineinreichende Folge der Entwicklung war die Herausbildung einer überaus heterogenen Lohnstruktur auf einer neuen Stufe der Entwicklung. Auf die branchenspezifischen ebenso wie auf die regionalen Unterschiedlichkeiten ist die auf den ersten Blick verwirrende Geographie der Arbeitsverhältnisse zurückzuführen, hinter der sich die Heterogenität der Produktionsverhältnisse in Industrie und Landwirtschaft verbarg. Eine heterogene Lohn- und Produktionsstruktur, die nicht nur Handhabe für eine systematische Spaltungspolitik gegenüber der Arbeiterschaft bot, sondern die überdies Elemente zusätzlicher Konkurrenz in das Lager der Unternehmer trug: Die konnten sich zwar auf eine allgemeine Linie des Lohnabbaus einigen, spalteten sich aber zugleich wieder über dessen Ausmaß und Modalitäten.

Ein weiterer Aspekt der Restrukturierungsmaßnahmen ist abschließend zu nennen, der ebenfalls mit der „Politik der quota novanta" seinen Ausgang nahm, doch erst während der Weltwirtschaftskrise richtig zum Tragen kam. Angeregt nicht zuletzt durch die Entwicklungen in den modernen Industriestaaten, begann man auch

70 Vgl. ebd., S. 131; vgl. auch Vittorio Foa, Sindacati e lotte sociali, in: *Storia d'Italia*, 5. Bd., I: *Documenti*, Turin 1973, S. 1783–1828, bes. S. 1811 ff.

71 Zu den Errungenschaften von 1919 gehörte die Einführung der 40-Stunden-Woche; vgl. Zamagni, La dinamica (Anm. 59), S. 332, 336 u. passim. Freie Verfügbarkeit der Unternehmer über die Arbeitszeit bedeutete u.a. Herabsetzung der Wochenarbeitszeit. Mit der Krise von 1927 setzte in der Tat vielfach die Praxis ein, die Betriebe tageweise zu schließen, gewöhnlich bis auf 3–4 Tage. Vgl. Falco/Storaci, Il ritorno (Anm. 17), S. 41; zur unterschiedlichen Index-Entwicklung von Stundenlöhnen und Tageslöhnen s. Tab. 6, Spalten (2) u. (5).

72 Vgl. dazu De Benedetto, La classe (Anm. 4), S. 133 ff.; am Beispiel eines Betriebes der Schwerindustrie s. Massimo Ilardi, Ristrutturazione aziendale e classe operaia sotto il fascismo. La società Terni (1928–1932), in: *Il Movimento di Liberazione in Italia*, XXV. Jg., 1973, H. 112, S. 31–51.

in Italien der neuen Arbeitswissenschaft breites Interesse entgegenzubringen. Der Diskussion über das Taylor-System nahm sich sehr schnell die Confindustria an, unter deren Leitung es 1926 zur Gründung des „Ente Nazionale per l'Organizzazione Scientifica" (ENIOS) kam und zu einer zusammen mit der Confindustria-Spitze herausgegebenen Zeitschrift, „Organizzazione Scientifica del Lavoro". Dies sich vor Augen zu führen ist wichtig, da im allgemeinen die Übernahme der modernen arbeitswissenschaftlichen Methoden in der italienischen Unternehmerschaft äußerst umstritten war und es bleiben sollte. Auf die spezifischen Anwendungsformen des Taylorismus in Italien (Bedaux-System) in der Periode des Faschismus werde ich gesondert eingehen, zumal sie Bestandteil der allgemeinen Rationalisierungs- und Konzentrationsvorgänge in der Produktion bildeten.

An dieser Stelle bleibt zusammenfassend festzuhalten, daß sich in den Jahren 1926/27 die für die historische Entwicklung des italienischen Kapitalismus kennzeichnende Akkumulationsform, die „via italiana all'accumulazione" (V. Zamagni), in ausschließlicher Form durchsetzte, abgesichert und eingepaßt in ein allgemeines Restrukturierungsprogramm, die sich überwiegend aus der Komprimierung der Löhne speiste[73].

II Krise auf dem Arbeitsmarkt und Anwachsen der relativen Überbevölkerung

1. Auswanderung und Binnenwanderung

Die langandauernde Währungsinstabilität und die überhöhte Aufwertung der Lira hatten im Ganzen deutliche Produktionsrückgänge in Industrie und Landwirtschaft zur Folge, wenn auch in sehr unterschiedlichem Ausmaß; hinzu kam eine ins Stokken geratene Investitionstätigkeit und ein Nachlassen der privaten Nachfrage. Das Ergebnis war ein sprunghafter Anstieg von Arbeitslosigkeit und Unterbeschäftigung. Verschärft wurde die Situation auf dem Arbeitsmarkt noch durch einen drastischen (Netto-)Rückgang der Auswanderung von Arbeitsuchenden.

Der Export von Arbeitskräften und die Rücküberweisung eines hohen Anteils der Löhne und Einkünfte gehörten mittlerweile zu den ökonomischen Konstanten der kapitalistischen Entwicklung in Italien. Sie fungierten überdies als soziales Sicherheitsventil vor allem in Phasen zugespitzter Arbeitsmarktlage. Das Fortfallen dieser zunächst als Notlösung gerechtfertigten, schließlich aber zum Dauerzustand gewordenen Form der Reproduktion des italienischen Kapitals[74] selbst in Zeiten des

73 Zum italienischen Entwicklungsmodell eines Kapitalismus, für den Löhne überwiegend ein Kostenelement darstellen, bei Vernachlässigung der Nachfrageseite, s. grunds. Francesco Farina, Modelli interpretativi e caratteri del capitalismo italiano, in: *Quaderni Storici*, 1976, Nr. 32, S. 487–514; s. auch die Überlegungen von Zamagni, La dinamica (Anm. 59), S. 350 ff.

74 Allgemeine Überlegungen hierzu macht Pier Paolo D'Attorre, L'evoluzione storica dell' emigrazione attraverso alcune analisi del movimento operaio, in: *Affari sociali internazionali*, II. Jg., 1974, Nr. 1–2, S. 111–143.

Booms[75] verschärfte die ohnehin angespannte soziale Lage. Um den gesellschaftlich reibungslosen Ablauf des Restrukturierungsprozesses sicherzustellen bzw. bedrohliche Spannungen rechtzeitig aufzufangen, wurden infolgedessen bis dahin eher naturwüchsige Entwicklungen und Phänomene – Binnenwanderung, Landflucht, Auswanderung, Bevölkerungswachstum u.ä, – nun der staatlichen Kontrolle und Steuerung unterworfen, wobei ad-hoc-Maßnahmen und die Realisierung von in der faschistischen Bewegung lange gehegten Plänen ein verflochtenes Bündel ergaben.

Im Anschluß an die restriktive Einwanderungspolitik der USA (1921–24) und die nachlassende Aufnahmefähigkeit der Arbeitsmärkte in den lateinamerikanischen Ländern[76] verkündete Rom seinerseits 1927 eine neue und ganz autonome – so sagte man – Auswanderungspolitik als Teil seiner genuin faschistischen Bevölkerungspolitik. Das Ziel war die definitive Form der Auswanderung möglichst zu unterbinden und allenfalls eine vorübergehende Emigration in die europäischen Nachbarländer zuzulassen[77]. Betrachtet man die Auswanderungsbewegungen über einen längeren Zeitraum, so war die Netto-Emigration in unserem Untersuchungszeitraum auffallend niedrig, sieht man von den Kriegsjahren ab: Sie betrug in den Jahren 1881–1901 ca. 35 % des natürlichen Bevölkerungszuwachses, 1901–11 ca. 43 %, 1911–21 ca. 18 %, 1921–1931 ca. 25 %, 1931–36 15 %, 1936–51 12 % und 1951–61 35 %[78].

Demgegenüber hatte der natürliche Bevölkerungszuwachs in demselben Zeitraum vergleichsweise stark zugenommen: Die seit 1801 höchsten jährlichen Zuwachsraten mit 11,4 im Durchschnitt (pro Tausend Einwohner) wurden 1921–31 erreicht, 1931–36 betrugen sie 9,7 %[79]. In absoluten Zahlen betrug der jährliche Bevölkerungsanstieg im Durchschnitt[80]: 1911–1921 = 165.700, 1921–1931 = 341.000 und 1931–1936 = 348.400. Inwieweit dieses Phänomen das Ergebnis der bevölkerungspolitischen Kampagnen des faschistischen Regimes war, soll hier nicht disku-

75 Siehe Ercole Sori, Emigrazione all'estero e migrazioni interne in Italia fra la due guerre, in: *Quaderni storici*, 1975, H. 29/30, S. 579–606, hier S. 581; Fano Damascelli, La „Restaurazione antifascista“ (Anm. 3), S. 54 ff.

76 Das Problem der italienischen Auswanderung in der Zwischenkriegszeit behandelt ausführlich Ercole Sori, Emigrazione (Anm. 75), S. 579–606 s. auch Annunziata Nobile, Politica migratoria e vicende dell'emigrazione durante il fascismo, in: *Il Ponte*, 1974, Nr. 11/12, S. 1322–1341.

77 Freilich in Anerkennung der inzwischen faktischen Verlagerung der Auswandererströme, die weit mehr von den Aufnahmemöglichkeiten der ausländischen Arbeitsmärkte als von der Politik Roms bestimmt wurden: Die Auswanderung in außereuropäische Länder war in der Tat stark zurückgegangen (1927: 132.500 ca., 1928: ca. 72.000), die Auswandererzahlen nach Europa (besonders nach Frankreich und in die Schweiz) hatten sich hingegen erhöht (1927: ca. 86.000; 1928: 90.000, 1929: ca. 112.000, 1930: ca. 260.000, 1931: ca. 125.000; 1932: ca. 59.000, 1936: ca. 22.000, 1940: ca. 7.000). Das kurze Emporschnellen der Ziffer im Jahr 1930 ging auf eine plötzliche Anordnung Mussolinis zurück, in Anbetracht der wachsenden sozialen Spannungen das Sicherheitsventil „Emigration“ vorübergehend wieder zu öffnen.

78 Nach Berechnungen von Fano Damascelli, La „Restaurazione antifascista“ (Anm. 3), S. 65 f.

79 Vgl. ebd., S. 56, Tab. 4.

80 Siehe Preti, La politica (Anm. 15), S. 836.

tiert und kann allein auf der Grundlage statistischer Daten wohl auch nicht entschieden werden.

Einen Einblick in die Auswirkungen der Arbeitslosigkeit im einzelnen und die wachsenden sozialen Spannungen geben der Wandel in der Emigrantenstruktur und das Phänomen der Binnenwanderung. Inwieweit die Verlagerungen in der Zusammensetzung der Emigranten auf die neue Auswanderungspolitik zurückgingen, kann nicht schlüssig nachgewiesen werden. Doch ist es eine Tatsache, daß der größte Teil der Auswanderer neuerdings (seit 1927/28) aus Norditalien kam und von Industriearbeitern und Handwerkern gebildet wurde. Demgegenüber nahm der Anteil der aus der Landbevölkerung stammenden Emigranten aus Mittel-, Süd- und Inselitalien relativ wie absolut ab[81]. Von anderen Gründen abgesehen, kam in der Verlagerung der sprunghafte Anstieg der Arbeitslosigkeit in den norditalienischen Industriegebieten (Piemont, Ligurien, Lombardei, Venetien) zum Ausdruck. Sie hielt von 1927 bis 1934 unvermindert an und war einmal auf die Krisensituation und die zahlreichen Schließungen kleiner und mittlerer Fertigungsbetriebe im traditionellen, besonders arbeitsintensiven Sektor (Textil, Bekleidung, Lebensmittel, Leder) zurückzuführen, zum anderen auf die Rationalisierungsmaßnahmen in den modernen Mittel- und Großbetrieben. Vor allem aus dem modernen Maschinenbau und der Metallfertigung, ferner aus dem Bausektor kam das Gros der Auswanderer männlichen Geschlechts. Anders der Hauptteil der im traditionellen Sektor entlassenen Arbeitskräfte. Hierbei handelte es sich zumeist um Frauen mit prekärer Beschäftigung (Heimarbeit, Saisonarbeit): Sie wanderten nicht aus ins Ausland, sondern zurück an Herd und Krippe. Die zur selben Zeit einsetzenden bevölkerungspolitischen Kampagnen in Verbindung mit den zahlreichen finanziellen Anreizen legen es nahe, in diesem Bereich von einer weitgehend gesteuerten Wanderungsbewegung zu sprechen.

Neben der Auswanderung und der Herausdrängung der Frauen aus dem Arbeitsmarkt bildete das Anschwellen der Binnenwanderung eine weitere Folge von Arbeitslosigkeit und Unterbeschäftigung. Parallel zur staatlichen Steuerung der Auswanderung ab 1927 entstand ein ausgeklügeltes System zur Kontrolle der Wanderungsbewegung vor allem von landwirtschaftlichen Arbeitskräften, die zwischen 1928 und 1938 fast die doppelte Anzahl Menschen ergriff[82]. Mit Hilfe eines ganzen Bündels von Maßnahmen und Vorkehrungen versuchte man, die Binnenwanderung im Griff zu behalten, besonders die Landbevölkerung auf dem Lande. Der Erlaß einer allgemeinen Zuzugssperre für Städte ist hier zu nennen, ebenso die Politik der Meliorations- und Urbarmachungsarbeiten, die Binnenkolonisation und die breite Propagierung der Ideologie des „Ruralismus“, worauf im einzelnen noch zurückzukommen ist. Doch trotz aller massiven politisch-administrativen und politisch-ideologischen Bemühungen des Regimes, gleichsam mit einem „chirurgischen Schnitt ei-

81 Vgl. Sori, Emigrazione (Anm. 75), S. 584.

82 Hierzu und zum Folgenden vgl. ebd., S. 588 u. passim. In Zahlen: In den dreißiger Jahren wechselten 1.200.000 Menschen im Jahresdurchschnitt ihren Wohnsitz, gegenüber 800.000 in den Jahren 1923–26. Weitere Angaben und Literaturhinweise: Castronovo, La storia economica (Anm. 4), S. 319 ff.

ne Trennung im Verhältnis Stadt – Land" (E. Sori) zu bewirken, hat sich der Verstädterungsprozeß weiter fortgesetzt, wie Untersuchungen unlängst nachgewiesen haben. Die städtische Bevölkerung wuchs in den Jahren 1921–36 von 45 % auf fast 55 % an. Das schnelle Wachstum der Hochburgen des tertiären Sektors, Rom, Florenz und Bologna, verdeutlich diese Entwicklung.

Außerdem bildete sich bis Mitte der dreißiger Jahre jener stete Wanderungsfluß vom Süden in den Norden heraus, der ein konstitutives Element für die Entwicklung nach dem Zweiten Weltkrieg werden sollte[83].

2. *Arbeitsmarkt und Arbeitslosigkeit*

Neben offener Arbeitslosigkeit und Unterbeschäftigung bildeten in Italien also Auswanderung und Binnenwanderung die Formen, in denen sich, je nach Gesamtsituation, das Phänomen Arbeitslosigkeit manifestierte[84]. Während der gesamten Periode des Faschismus war die Lage außerordentlich angespannt, wobei sie sich zum Zeitpunkt der faschistischen Machtübernahme noch vergleichsweise am günstigsten darstellte. Eine eindeutige Verschlechterung trat als Folge der Wirtschaftspolitik des faschistischen Staates ab 1926/27 ein.

Der neue wirtschaftspolitische Kurs hatte folglich ein Problem verschärft, das eine Konstante kapitalistischer Entwicklung in Italien war: Betrachtet man den Verlauf der Beschäftigungsquote über einen längeren Zeitraum hinweg, so zeigt sich, daß der Anteil der Beschäftigten an der Gesamtbevölkerung ab 1901 nahezu konstant zurückging[85].

Für die Entwicklung von 1911 bis 1936 der folgende tabellarische Überblick:

Tabelle 7: Gesamtbevölkerung und Beschäftigungsquote, 1911–36[86]

Jahre	Gesamtbevölkerung 000	aktiv 000	nicht aktiv 000	Indizes (1881 = 100) Gesamtbevölkerung	Indizes (1881 = 100) aktiv	allgemeine Beschäftigungsquote (in %)
1911	34 671	16 357	18 314	121,8	107,4	47,2
1921	37 974	18 067	19 907	133,4	116,1	47,6
1931	41 177	18 341	22 836	144,8	117,4	44,5
1936	42 919	18 802	24 117	150,8	119,4	43,8

83 So Sori, Emigrazione (Anm. 75), S. 589, 586 ff. Zur Auswanderung in die italienischen Kolonien s. S. 585: Im Ganzen kommt der Artikel zu dem Ergebnis, daß sich die italienischen Kolonien (einschließlich Abessiniens) entgegen den vom Faschismus geschürten Hoffnungen bis 1938 nicht als Bevölkerungskolonien bewährt haben.

84 Vgl. Sori, Emigrazione (Anm. 75), S. 594 ff.

85 Hierzu ausführlich Patrizia Sabbatucci Severini/Angelo Trento, Alcuni cenni sul mercato del lavoro durante il fascismo, in: *Quaderni storici*, 1975, H. 29/30, S. 550–578, hier S. 550.

86 Preti, La politica (Anm. 15), S. 836.

Betrachtet man die Entwicklung in den einzelnen Wirtschaftssektoren – Landwirtschaft, Industrie und Dienstleistungssektor –, so ergibt sich folgendes Bild. Die Hauptlast des Beschäftigungsrückgangs trugen in der Periode des Faschismus die Erwerbstätigen in der Landwirtschaft: Hier sank die Quote um 6,4 Punkte in den Jahren 1921 (37,6 %) auf 1936 (31,2 %) und um 8,4 Punkte von 1936 auf 1951[87]. Diese Entwicklung, die nicht zuletzt auf die Zerstörung des kleinen bäuerlichen Besitzes zurückging, stand in krassem Gegensatz zur deklarierten Politik der Reagrarisierung und der offiziellen Ideologie des Ruralismus, die der italienische Faschismus auf seine Fahnen geschrieben hatte.

Die Entwicklung der Beschäftigungssituation in der Industrie konnte, im Ganzen gesehen, den mehr als eine Million (1921–36) Arbeitsuchenden aus dem Agrarsektor kaum eine neue Tätigkeit bieten.

Hier hatte sich die Beschäftigungsquote wie folgt entwickelt:

1911 = 15,9 %
1921 = 14,3 %
1931 = 15,6 %
1936 = 15,3 %
1951 = 16,0 %
1961 = 18,8 %

Anders und abweichend gegenüber der vorangegangenen Entwicklung, und lediglich vergleichbar mit der Periode 1951–61, entwickelte sich demgegenüber die Beschäftigungslage im tertiären Sektor:

Hier erhöhte sich die jährliche Quote um 1,8 Punkte zwischen 1921 und 1936 und stieg anschließend noch einmal um 0,7 Punkte bis 1951. Im Vergleich dazu betrug die Steigerung von 1901 bis 1921 nur 0,3 Punkte. Inwieweit allerdings die Tendenz zur Tertiarisierung des Arbeitsmarktes, die sich besonders in der Aufblähung des Handels, des Klein- und ambulanten Handels, des Transport- und Kommunikationsbereichs und der öffentlichen Verwaltung manifestierte, einer Absorbierung der von dem Land in die Städte ziehenden Arbeitslosen zugute kam, muß hier offen bleiben.

Eine genauere Betrachtung der infolge des Restrukturierungsprozesses in der Industrie entstandenen Arbeitslosigkeit ergibt folgendes Bild: Hier setzte der Arbeitslosenanstieg unübersehbar 1926/27 ein und hielt bis 1934 unvermindert an. Als erstes wurden Frauen entlassen, die mehrheitlich in den Klein- und Kleinstbetrieben des traditionellen Sektors eine prekäre und/oder saisonale Beschäftigung gefunden hatten. Der Index der Arbeitslosigkeit von Frauen in den Jahren 1926–32 lag daher auch konstant über dem von Männern, und dies, obwohl viele der entlassenen Frauen gar nicht mehr als Arbeitsuchende auf dem Arbeitsmarkt auftauchten, sondern den Appellen der demographischen Kampagne Folge leisteten und damit für die offizielle Statistik und die ökonomische Publizistik so gut wie nicht mehr vorhanden waren.

87 Vgl. Sabbatucci Severini/Trento, Alcuni cenni (Anm. 85).

Die Beschäftigungsquote im Norden des Landes lag nicht nur konstant über der im Mezzogiorno; hinzu kamen noch die Auswirkungen des Produktions- und Beschäftigungsrückgangs ab 1926/27, die die im Süden angesiedelten Betriebe und die dort Beschäftigten besonders schwer trafen. Die Folge war hier eine weit über dem nationalen Durchschnitt liegende Arbeitslosigkeit von Frauen, die Ausdehnung von Heimarbeit und kleinsten Handwerksbetrieben und insgesamt die Verschärfung des sozioökonomischen Nord-Süd Gefälles[88].

III Polivalente Stabilisierungspolitik des Staates

1. *Zivile und militärische Arbeitsbeschaffung*

Zusätzlich und zum Teil eng verzahnt mit dem unter der Kontrolle des Staates reorganisierten Kredit- und Kapitalmarkt war ab 1926/27 ein weiterer, kaum präzise eingrenzbarer Bereich mit vorrangig staatlicher Interventionstätigkeit entstanden. Die eigentliche Funktion des Staates läßt sich hier am ehesten als die des obersten Garanten der *Stabilität* des Regimes umschreiben. Seine Aufgabe bestand darin, mit einem Bündel überaus heterogener Maßnahmen und letztlich widersprüchlichen Politiken die für das prekäre politisch-gesellschaftliche Gleichgewicht bedrohlichsten Auswirkungen der Restrukturierungs- und Deflationskrise aufzufangen.

Vor diesem Hintergrund muß man sich immer wieder den Aufschwung vergegenwärtigen, den die korporative Bewegung in jenen Jahren erlebte. Die Zielsetzung ihrer kulturell-ideologischen Überzeugungsarbeit war es, einen gesellschaftlich breit gefächerten Konsens für das Projekt eines genuin korporativ-faschistischen und in seiner Weise eigenen Weges Italiens in die moderne Industrie- und Massengesellschaft zu schaffen, der natürlich auch Opfer abverlange. Die Krise von 1927 konnte in dieser Perspektive als notwendiger, wenn auch leidvoller Schritt auf dem Weg zu neuen Ufern dargestellt werden. Diese Zusammenhänge von ökonomischer Krise, Legitimationsbestrebungen des Faschismus und Korporativismus bedürfen allerdings ausführlicher Erörterung, die an anderer Stelle erfolgt (4. Teil),während hier zunächst das breite Spektrum der Stabilisierungspolitik des Staates im Mittelpunkt der Betrachtung steht.

Als erstes ist das Programm der öffentlichen Arbeiten zu nennen, das 1927/28 erheblich aufgestockt wurde. Öffentliche Arbeitsbeschaffung spielte zwar in Italien angesichts der Nachfragestruktur und der Beschäftigungslage traditionell eine wichtige Rolle[89], gleichwohl trat anläßlich der Bereitstellung von rund 2 Mrd. Lire im

88 Hierzu ausführlich Francesco Barbagallo, *Lavoro ed esodo nel sud 1861–1971*, Neapel 1973, bes. Kap. IV; Valerio Castronovo, La storia economica del fascismo e il mezzogiorno, in: *Studi Storici*, 17. Jg. (1976), H. 3, S. 25–39.

89 Vgl. u.a. Santarelli, *Storia del fascismo*, Bd. II: *La dittatura capitalistica*, Rom ^{2}1973, S. 199 ff.

Haushalt 1927–28 (etwa 8 % der Gesamtausgaben)[90] die Finanzbeschaffungsproblematik durch den Staat erstmalig in größerem Umfang zutage. In absoluten Zahlen betrug die im Herbst 1927 bereit gestellte Summe für öffentliche Arbeiten zwischen 12,5 und 15 Mrd. Lire[91], wobei die *außeretatmäßige* Finanzierung die Hauptrolle spielte. Schwerpunkte bei der Vergabe der Mittel waren: die Sanierung und technische Erneuerung der Staatsbahnen und die erhebliche Ausweitung ihrer Elektrifizierung; die Ausbau- und Erneuerungsarbeiten in den großen Häfen (Genua, Neapel, Triest) und die Schaffung einer Industriezone vor den Toren Venedigs (Hafen von Marghera)[92]. Einen beachtlichen Posten stellten ferner die Ausgaben für die von der Autoindustrie und namentlich von Fiat geforderte Erweiterung des Straßennetzes dar[93].

Insgesamt ist festzuhalten, daß die 1926/27 inaugurierte Politik der öffentlichen Arbeiten, die Bonifizierung miteinbezogen, vor allem der Autoindustrie, dem Bausektor, der Schwerindusrtrie und dem Maschinenbau sowie der Elektroenergie aus ihrem Produktionstief heraushalfen bzw. ein solches erst gar nicht entstehen ließen[94].

Als eine natürlich nicht nur im Zusammenhang mit der Wirtschaftskrise 1926/27 stehende Maßnahme ist die Erhöhung der Ausgaben für militärische Zwecke zu sehen. Auf das Problem der fließenden Übergänge zwischen ziviler und militärischer Absatzankurbelung und Arbeitsbeschaffung kann hier nicht eingegangen werden. Hervorzuheben ist aber der Tatbestand der zunehmenden Vergabe direkter Staatsaufträge an einzelne Firmen (Maschinenbau, Schwerindustrie, Werften) und insgesamt der absoluten wie anteilmäßigen Steigerung der Militärausgaben im Rahmen des Restrukturierungsprozesses[95].

90 1928–29 ca. 1,9 Mrd. L (ca. 7 %), 1929–30 ca. 1,5 Mrd. L (ca. 8,7 %); s. Santarelli, *Storia* (Anm. 89), S. 201.

91 Vgl. Salvatore La Francesca, *La politica economica del fascismo*, Bari 1972, S. 29; Falco/Storaci, Il ritorno (Anm. 17), S. 40.

92 Vgl. La Francesca, *La politica* (Anm. 91), S. 28.

93 1929–30 = ca. 800 Mill. Lire, 1930–31 = ca. 1.250 Mill. Lire und 1931–32 = ca. 1.700 Mill. Lire; vgl. Santarelli, *Storia* (Anm. 89), S. 202; La Francesca, *La politica* (Anm. 91), S. 29.

94 Siehe auch Santarelli, *Storia* (Anm. 89), S. 205. Das '27er Programm der öffentlichen Arbeiten galt vorrangig Norditalien; es führte zu keiner nachhaltigen Verbesserung der sozioökonomischen Struktur im Mezzogiorno, sondern trug vielmehr zu einer Zementierung der Nord-Süd-Kluft bei; vgl. Santarelli, *Storia*, S. 200 u. passim; La Francesca, *La politica* (Anm. 91), S. 29.

95 Vgl. Falco/Storaci, Il ritorno (Anm. 71), S. 40 f.; zur massiven Subventionspolitik 1926/27 ff. zugunsten von Werften und Reedereien s. La Francesca, *La politica* (Anm. 91), S. 28.

Die nachstehende Tabelle soll einen Überblick über die Größenordnung der Entwicklung im internationalen Vergleich ermöglichen.

Tabelle 8: Militärhaushalt von 6 ausgesuchten Ländern, 1923–28 (in Mill. Dollar)[96]

Länder	1923–24 +	1927 +	1928 +	Anteil von Gesamt-haushalten in %	Ausgaben pro Einwohner
Frankreich	300	300	346	21,1	8,7
Großbritannien	690	578	561	15,0	11,5
USA	580	685	653	18,4	5,7
Italien	136	203	254	23,8	6,3
Japan	187	229	235	27,8	3,9
Deutschland	109	169	168	8,3	2,7

+ absolute Zahlen

2. *Bevölkerungspolitische Kampagne*

Die „campagna demografica", die zusammen mit dem Ruralismus seit 1928 zu den großen Themen der faschistischen Propaganda und der ideologischen Formierungsarbeit gehörte, nahm einen zentralen Platz in dem Spektrum der Stabilisierungsmaßnahmen des faschistischen Regimes ein, und sicherlich bildete sie eine ihrer widersprüchlichsten Komponenten[97]. Hier soll nicht die Problematik in der an sich gebotenen Breite aufgerollt, sondern lediglich ein dafür zentraler Aspekt hervorgehoben und daran an vorherige Ausführungen angeknüpft werden, weil er die gesellschaftlich umfassenden, d.h. über die bloße ökonomische Stabilisierung hinausweisenden Tendenzen der Formierung besonders deutlich macht.

Parallel zu der überdurchschnittlichen Entlassung von weiblichen Arbeitskräften 1926/27–1934 hatte eine breit gefächerte Kampagne und Überzeugungsarbeit damit begonnen, die italienischen Frauen für die „battaglia demografica" zu gewinnen. Letztere wurde gleich an mehreren „Fronten" geschlagen: einmal an der ideologisch-propagandistischen Front, wo eine generelle Aufwertung der Mutterschaft erfolgte, die einherging mit der Lobpreisung ihres „stets heiligen Charakters" (B.

96 Vgl. Pietro Negro, Tutto il mondo si arma, in: *Lo stato operaio*, 1929, S. 494–506, Tab. S. 497.

97 Zur allgemeinen Einschätzung vgl. Preti, La politica (Anm. 15), S. 834 f., 849 ff.

Mussolini), egal ob ehelich oder unehelich[98], und die begleitet war von publizistischen „Feldzügen“, bei denen Mussolini großen Einsatz zeigte, und die noch vor der offiziellen Versöhnung zwischen dem Vatikan und dem italienischen Staat (Lateran-Verträge, 1929) hohe Kirchenvertreter zu lobenden Worten veranlaßte[99]; zum anderen in der alltäglichen Praxis, wo eine ganze Reihe von praktischen Einrichtungen und Vorkehrungen und finanziellen Anreizen geschaffen wurde. Eine besondere Rolle kam hier neben den bestehenden kommunalen Einrichtungen der Gründung der „Opera nazionale per la protezione della maternità“ zu. Ihr Aufgabenbereich erstreckte sich auf den Mutter- und Säuglingsschutz, auf medizinische Beratung und die Schaffung von Ferienkolonien. Weitere Anreize bestanden ab 1927 in der Gewährung von Beihilfen für stillende Mütter; kinderreiche Ehepaare sollten künftig bei der Vergabe bestimmter Stellen (Hauswart) den Vorrang erhalten; ferner wurde ein Prämiensystem eingerichtet. Und schließlich stellten sich auch „die Verkehrsmittel in den Dienst der Sache durch Erleichterung der Hochzeitsreisen aufgrund von 80 v.H. Rabatt der Fahrpreise auf der Eisenbahn und Gratisfahrten mit den städtischen Verkehrsmitteln[100].“

3. *Primärer und tertiärer Sektor als Auffangbecken*

Schließlich ist ein weiterer Komplex von Maßnahmen im Rahmen des sozioökonomischen Stabilisierungsprogramms zu nennen, der insgesamt zu einer in dem Maße bis dahin unbekannten Aufblähung des tertiären Sektors geführt hat. Namentlich die enorme Ausweitung der öffentlichen Verwaltung („Pubblica Amministrazione“) mit klientelarer Funktion ist im Zusammenhang mit den Konsolidierungsbestrebungen des faschistischen Regimes zu sehen. Sie fungierte als Auffangbecken besonders für die den „ceti medi“ angehörenden männlichen Arbeitsuchenden.

Eine weitere Rolle im Rahmen der Stabilisierungspolitik spielt der Agrarsektor. Hinsichtlich des Verhältnisses von italienischem Faschismus und primären Sektor

98 So Mussolini in einer von Robert Michels zitierten Rede, „Die Bevölkerungspolitik“, in: *Die faschistische Wirtschaft* (Anm. 18), S. 39–50, hier S. 49. Michels hebt das politische und gesellschaftliche Kalkül dieser ansonsten auf „reinster Menschlichkeit“ beruhenden Haltung hervor, indem er kommentiert: „Die Fürsorge für die Unehelichen liegt im Interesse mehrerer wichtiger Faktoren: der Hebung der Militärmacht und der Vereinheitlichung des nationalen Gedankens durch Schaffung einer alle Klassen und alle aus Mutterschoß Geborenen umfassenden Dankbarkeit zum Staate.“ (Ebd., S. 48 f.) In der Frage der Ehe drohte ein Konflikt zwischen faschistischem Staat und Katholischer Kirche auszubrechen, da diese im Interesse der Wahrung der Institution Familie auf der Eheschließung bestand und sei es um den Preis von Eheschließungen Jugendlicher. Als Ergebnis der Annäherung der staatlichen und kirchlichen Instanzen erfolgte im Kondordat die Regelung des Mindestheiratsalters, das herabgesetzt wurde: vom 18. auf das 16. Lebensjahr für Männer/Jungen und vom 15. auf das 14. für Frauen/Mädchen. (Ebd., S. 45.)

99 Siehe beispielsweise Preti, La politica (Anm. 15), S. 849 ff.

100 Michels, Bevölkerungspolitik (Anm. 98), S. 44. Michels führt an, daß in den (Hauptkrisen-)Jahren Juli 1932–Juli 1934 „auf den alleinigen Strecken nach Rom [...] auf diese Weise 50.347 Hochzeitsreisenfahrkarten [...] zum Verkauf gekommen“ waren.

scheint in der Forschung weitgehend Einigkeit darüber zu bestehen, daß bei aller im einzelnen nachweisbaren ökonomischen Unterordnung des primären unter den sekundären Sektor ersterem im Rahmen der gesellschaftspolitischen Stabilisierungspolitik des faschistischen Staates eine erstrangige Rolle zukam. Nicht zuletzt aus diesem Spannungsverhältnis resultierte das für die Periode des Faschismus typische Konkurrenzverhältnis zwischen Landwirtschaft und Industrie: zwischen einerseits „Ruralismus", Anti-Verstädterungsgesetzgebung und bevölkerungspolitischen Kampagnen als den „großen Themen der Wirtschaftspolitik und der Propaganda des Faschismus" (D. Preti) und andrerseits der tatsächlich privilegierten ökonomischen Förderung des Industrialisierungsprozesses.

3. Kapitel: Entwicklung in Grundzügen. Die Landwirtschaft im Restrukturierungsprozeß

Im binnenwirtschaftlichen Verlagerungs- und Restrukturierungsprozeß spielte der Agrarsektor eine in mehrfacher Hinsicht zentrale Rolle. Und auch in diesem Bereich erfolgten die entscheidenden Weichenstellungen schon in der zweiten Hälfte der zwanziger Jahre, also noch vor Ausbruch der Weltwirtschaftskrise.

Angesichts des wachsenden Interesses, mit dem die Forschung die Frage nach der Stellung der Landwirtschaft im italienischen Faschismus verfolgt, was im letzten Jahrzehnt zu zahlreichen Veröffentlichungen geführt hat[101], kann ich mich darauf beschränken, einigen in direktem Zusammenhang mit dem Restrukturierungsprozeß von 1927 stehenden Fragestellungen nachzugehen, die kurz gefaßt so lauten:

(a) Rolle des Agrarsektors als Auffangbecken für Arbeitslosigkeit und insgesamt, vermittelt über die Ideologie des „Ruralismus", in seiner Bedeutung für die gesellschaftlich-politische Stabilisierungspolitik;

(b) Schaffung bzw. Erweiterung des Binnenmarktes für bestimmte Produktionszweige der Industrie;

(c) unterschiedliche Entwicklungsbedingungen für die am Binnenmarkt und für die am Export ausgerichteten Agrarinteressen;

(d) Zutagetreten eines „endogenen Autarkieherdes" im Agrarbereich (F. Pollock).

I Allgemeiner Überblick

1. Zur Geographie der Agrarverhältnisse

Die extremen Unterschiede in den agrarischen Produktionsverhältnissen stehen ebenso wie die in der Produktionsstruktur, für die oftmals geographische und zum Teil recht vage historische Gründe als ausschlaggebend angenommen werden, im Zusammenhang mit den höchst unterschiedlichen und teilweise diametral entgegengesetzten Interessen, die die Entwicklung in diesem Sektor seit der Einigung Italiens bestimmt haben.

101 Es wurden herangezogen: Mario Bandini, *Cento anni di storia agraria italiana*, Rom ²1963; Emilio Sereni, *La questione agraria nella rinascita nazionale italiana*, Turin ²1975; Domenico Preti, La politica agraria del fascismo: note introduttive, in: *Studi Storici*, XIV. Jg. (1973), Nr. 4, S. 802–869; Fano, Problemi e vicende (Anm. 24); Alberto Cadeddu/Stefano Lepre/Francesca Socrate, Ristagno e sviluppo nel settore agricolo italiano (1918–1939), in: *Quaderni Storici*, 1975, H. 29/30, S. 497–518 und die im Text angegebene Literatur.

Die charakteristische geographische Nord-Süd-Ausdehnung, die unterschiedliche Bodenbeschaffenheit zusammen mit den ganz verschiedenen Bebauungsmethoden und Betriebsformen sind hier ebenso zu nennen, wie das breite Spektrum landwirtschaftlicher Erzeugnisse: Reis, Mais, Weizen, Maulbeerblätter für Seidenraupen, Hanf, Zuckerrüben, Weintrauben, Agrumen, Oliven, sonstiges Tafelobst und Gemüse[102]. Die Viehwirtschaft konzentrierte sich auf die Aufzucht von Rindern, Schweinen, Schafen, Ziegen und Federvieh.

Allgemein kennzeichnend für die gesellschaftlichen Verhältnisse auf dem Lande waren zum einen die Polarisierung zwischen großen und kleinen Betrieben[103] und zum anderen die extreme Pulverisierung der Klein- und Kleinstbetriebe[104]. Diese Tendenzen zu Konzentration und Zersplitterung, die nach dem Ersten Weltkrieg zunächst durch die konstante Zunahme von Klein- und Mittelbetrieben eine Umkehrung erlebt hatten, verschärften sich ab 1926/27 sprunghaft vor dem Hintergrund des Verfalls der Agrarpreise, der Liraaufwertung und der ersten Auswirkungen des neuen agrarpolitischen Kurses des faschistischen Staates. Damit wurde eine Entwicklung wieder verstärkt vorangebracht, die zur Umverteilung im Agrarsektor in erster Linie auf Kosten der mittleren Schichten, der Halbpacht und der Teilpacht, ebenso wie der Lohnabhängigen gehen sollte, also derjenigen Gruppen, die durch die Landbesetzung und -umverteilung unmittelbar nach dem Ersten Weltkrieg („biennio rosso") ihre sozioökonomische Lage hatten verbessern können.

Die Geographie der Agrarverhältnisse stellte sich folgendermaßen dar: Im Norden des Landes dominierte die Agrarbourgeoisie, bestehend vorwiegend aus Großgrundbesitzern, die ihre ausgedehnten Ländereien entweder mit Lohnarbeitern (zumeist Tagelöhnern) bewirtschafteten oder die die Bewirtschaftung großen und mittleren Pächtern überließen; es überwogen der Anbau von großen Kulturen (Weizen, Mais und Reis, Hanf, Maulbeerblätter, Zuckerrüben) und die Viehzucht; die Bodennutzung galt allgemein als fortschrittlich und intensiv. Dies traf ebenfalls auf die Kleinbetriebe zu, die sich, soweit sie ihre Stellung überhaupt hatten halten können, in erster Linie auf den Anbau von Gartenbauprodukten spezialisierten (Obst, Gemüse, Blumen, Wein) und Kleinvieh züchteten.

In Mittelitalien galten die Verhältnisse als am meisten ausgeglichen; es überwogen das Mittel- und Kleineigentum und besonders die Halbpacht („mezzadria"); die Bewirtschaftung war zum Teil außerordentlich intensiv, im Mittelpunkt stand der Anbau von Wein, Oliven und Gartenbauprodukten; ebenso spielte die Viehhaltung eine Rolle.

Im Süden des Landes, im Mezzogiorno, dominierte der Großgrundbesitz; die Bewirtschaftung spezialisierte sich auf einige wenige Kulturen (Weizen, Agrumen, Wein und Viehhaltung). Zumeist waren die Latifundien der in den Städten lebenden Eigentümer (Phänomen des Absentismus) durch eine Vielzahl von Pachten und Unterpachten aufgeteilt. Die Pachtverträge wurden jeweils nur für eine kurze Periode

102 Bandini, *Cento anni* (Anm. 101), S. 134.
103 Poulantzas, *Faschismus* (Anm. 1), S. 311 ff.
104 Corner, Rapporti (Anm. 51), S. 729.

ausgehandelt (sie überdauerten selten eine Anbauphase) und regelten die Aufteilung der Ernte zwischen Eigentümer und Teilpächter bzw. diesem und dem Unterpächter; sie wurden in Geld wie in Naturalien vorgenommen. Pächter und Unterpächter, die sich aus der persönlich-politischen Klientel des Eigentümers bzw. des Großpächters rekrutierten, bezogen ihre spezifische gesellschaftliche Machtstellung aus dem tageweise vorgenommenen Ankauf von Lohnarbeitern („braccianti"), wobei die Lohnhöhe wiederum von Lohnzone zu Lohnzone variierte, in Verbindung mit den unterschiedlichen Pachtbeziehungen und der jeweiligen Machtstellung des Pächters. Diesen Verhältnissen entsprechend, war die Bodennutzung zumeist rückständig; es herrschten extensive und vorwiegend arbeitsintensive Formen der Bewirtschaftung vor; Mechanisierung, der Einsatz technischer Geräte und der Gebrauch von Düngemitteln waren kaum verbreitet, Ertragsniveau und Arbeitsproduktivität extrem niedrig. Das traf besonders für die Klein- und Kleinstbetriebe zu, deren Eigentümer häufig noch anderswo als Tagelöhner arbeiteten oder die Bewirtschaftung zusätzlichen Bodens in Unterpacht nehmen mußten[105].

Diese erhebliche Verschiedenartigkeit in den agrarischen Produktionsverhältnissen, die sich in den ausgeprägten gesellschaftlich-politischen Gegensätzen auf dem Land unübersehbar manifestierten, bot die Voraussetzung dafür, daß die staatliche Politik des „divide et impera" zugunsten ganz bestimmter Agrarinteressen greifen konnte. Darüber hinaus bildete sie das Terrain für die wechselnde Bündnispolitik zwischen Agrarinteressen und Industrieinteressen unter der Hegemonie letzterer.

2. *Am Vorabend des Kurswechsels*

Auch nach dem Ersten Weltkrieg behauptete der Agrarsektor seine zentrale Stellung im italienischen Wirtschaftssystem, nimmt man als Maßstab (a) seinen relativen Anteil an der Erstellung des Bruttosozialprodukts, (b) den des Nationaleinkommens und (c) die Anzahl der in ihm Beschäftigten:

(a) Zum Bruttosozialprodukt beigetragen hat der Agrarsektor in Prozent: 1921 zu 43, 1922 zu 39,9, 1924 zu 34,3, 1925 zu 36,3, 1927 zu 33,9, 1930 zu 28,8, 1931 zu 28,3, 1933 zu 25,8 und 1936 zu 23,9[106].

(b) Der Anteil am Nationaleinkommen betrug 1911–20 in Prozent: 45,9, 1921–30: 38,2 und 1931–40: 29,8[107].

(c) Schätzungen haben ergeben, daß sich die Anzahl der in der Landwirtschaft Beschäftigten in der Zeit von 1871 bis 1936 etwa konstant bei 8,5 Millionen gehalten hat. Bezogen auf die gesamte Beschäftigungsquote, entsprach diese Zahl 1921 56,2 %, 1931 51 % und 1936 48,2 %[108].

Obwohl sich das anteilige Verhältnis am Bruttosozialprodukt erst zu Beginn der dreißiger Jahre (1930–33) zugunsten des sekundären Sektors verschob, kann man

105 Poulantzas, *Faschismus* (Anm. 1), S. 311 f.

106 Vgl. Istituto Centrale di Statistica (künftig: ISTAT), *Sommario di statistische storiche italiane 1861–1965*, Rom 1968, S. 143.

107 Vgl. Fano Damascelli, La „Restaurazione" (Anm. 3), S. 53.

108 Vgl. ebd.; Preti, La politica (Anm. 15), S. 837.

dennoch davon ausgehen, daß die gesamtwirtschaftliche Entwicklung Italiens seit Kriegsende unter dem Primat der Industrie stand. Die Expansion der Industriestruktur bildete die Dominante und bestimmte in hohem Maße auch die weitere Entwicklung im Agrarbereich. Diese Entwicklung, ein im Prozeß kapitalistischer Entfaltung an sich üblicher Vorgang, hatte in Italien angesichts der nach wie vor gewichtigen Stellung des primären Sektors im Wirtschaftsleben und seiner Rolle im Herrschaftsbündnis besondere Formen angenommen[109].

In der Periode des Faschismus wurde diese Form der Entwicklung noch verstärkt. Es dominierte zwar ohne Zweifel die Logik der Industrie und ihrer Expansion, während dem Agrarsektor hierbei subalterne Funktion zukam, doch behielt dieser eine Stellung bei, die es ihm erlaubte, die industriewirtschaftliche ebenso wie die Gesamtentwicklung in relevantem Maße mitzuprägen.

II Auswirkungen der „Politik der Quote 90"

1. Hauptlinien der Entwicklung

Unmittelbare Folge der „quota novanta" und des wirtschaftspolitischen Kurswechsels war eine schwere Agrarkrise, die bis etwa 1934 in akuter Form anhielt[110] und insgesamt zu erheblichen Verschiebungen im Kräfteverhältnis der Agrarinteressen führte. Im Jahr 1927 setzte ein deutliches Absinken der Agrarpreise ein, wenn auch in sehr unterschiedlichem Ausmaß, nachdem sie 1926 ihren Höchststand seit dem Ersten Weltkrieg erreicht hatten[111]. Unmittelbare Folgen waren rückläufige Beschäftigtenzahlen und sinkende Agrareinkommen. Kombiniert mit dem unterschiedlichen Verlauf des Preisverfalls, begann eine selektive Stützungspolitik, die überwiegend dem Getreideanbau (Weizen vor allem, auch Mais und Reis) und dem Anbau von Industriekulturen (Zuckerrübe, Tabak und Hanf) zugute kam. Bei diesen von der Wirtschaftspolitik favorisierten Agrarerzeugnissen sollte es künftig zu Produktionssteigerungen und zur Ausweitung der Anbaufläche kommen. Demgegenüber ging der agrarpolitische Kurswechsel zu Lasten der Qualitätskulturen (Wein, Oliven, Agrumen, Gemüse, Seidenraupen), die überwiegend von kleinen und arbeitsintensiven Betrieben angebaut wurden und angesichts des aufnahmeschwachen Binnen-

109 Für einen Vergleich mit der Entwicklung in den USA und ausgewählten europäischen Ländern (Deutschland, England, Frankreich, Belgien, Rußland) s. Jean Dessirier, Indices comparés de la production industrielle et de la production agricole en divers pays de 1870 à 1928, in: *Bulletin de la Statistique générale de la France et du Service d'observation des Prix*, hrsg. v. Ministère du Traivail, de L'hygiène, de l'Assistance et de la Prévoyance sociales, XVIII. Bd. (1928), H. I, S. 65–110. Einen Überblick über die Entwicklung in Italien in den dreißiger Jahren gibt Lea D'Antone, La modernizzazione dell'agricoltura italiana degli Anni Trenta, in: *Studi Storici*, XXII Jg. (1981), H. 3, S. 603–629.

110 Vgl. Preti, La politica (Anm. 15), S. 838, 841 u. passim.

111 Vgl. ISTAT, *Sommario* (Anm. 106), S. 110–114; zum Folgenden vgl. Fano, Problemi e vicende (Anm. 24); Cadeddu et al., Ristagno (Anm. 101).

marktes für den Export bestimmt waren, außerdem zu Lasten der Viehwirtschaft, die den dritten agrarischen Schwerpunktbereich bildete (Rinder, Schafe, Ziegen).

Zwar hatte die Agrarproduktion nach dem Rückgang 1927/28 mengenmäßig im Ganzen wieder stark zugenommen[112], doch verstärkte sich das ungleichgewichtige Verhältnis gegenüber der Industrie noch weiter, als die Auswirkungen der Währungskrise sich mit denen der Weltwirtschaftskrise kumulierten: Man hat errechnet, daß die Preise der wichtigsten Agrarprodukte in den Jahren 1928–1934 um 44 % zurückgingen, während die der wichtigsten Industrieprodukte nur um 29 % fielen[113].

Die auf den ersten Blick relativ geringfügigen Auswirkungen der Weltwirtschaftskrise auf die Agrarproduktion[114] sind realiter darauf zurückzuführen, daß der agrarische Restrukturierungsprozeß in Richtung auf einen geschützten und am Binnenmarkt orientierten Sektor bei Hintanstellung des Exportsektors bereits stattgefunden hatte, ehe die weltweite Krise ausbrach.

Zur Verschärfung der ökonomischen Krise, insbesondere der des Marktes, trugen darüber hinaus die am Rande bzw. außerhalb des Marktes produzierenden Agrarbereiche bei: Dies waren in erster Linie kleinere Familienbetriebe auf subsistenzwirtschaftlicher und überaus arbeitsintensiver Basis, die während der Krise 1930–34 zwar kaum an Bodenfläche dazugewannen, denen aber angesichts von Bevölkerungswachstum und steigender Arbeitslosigkeit erhebliche gesellschaftspolitische Bedeutung zukam[115].

Abschließend sei ein Überblick über die Verteilung des bewirtschaftbaren Bodens im Jahre 1930 gegeben (Tab. 9). Danach machten die Kleinst- und Kleinbetriebe (bis zu 10 ha) ca. 90 % aller Betriebe aus: Sie bewirtschafteten knapp 40 % der Gesamtfläche. Demgegenüber betrug der Anteil der Großen und Größten (über 20 ha) knapp 4 %: Sie verfügten über ca. 54 % der Gesamtfläche.

Tabelle 9: Verteilung der Bodenfläche nach Betriebsgruppen[116]

Fläche der Betriebe	Anzahl der Betriebe	in % im Vergleich zur Gesamtzahl	Gesamtfläche (in ha)	in % im Vergleich zur Gesamtfläche
bis 3 ha	2 763 671	65,8	3 043 782	11,6
von 3– 10 ha	1 025 036	24,4	5 574 407	21,3
von 10– 20 ha	253 959	6,1	3 535 864	13,5
von 20–100 ha	132 536	3,1	4 970 718	18,9
über 100 ha	21 064	0,6	9 126 963	34,7
Insgesamt	4 196 266	100,0	26 251 734	100,0

112 Bandini, *Cento anni* (Anm. 101), S. 134f.

113 Fano, Problemi e vicende (Anm. 24), S. 484.

114 Gemessen am Bruttosozialprodukt des Sektors, das sich 1930–34 im Durchschnitt auf ca. 38 Mrd. Lire belief (Lire 1938), gegenüber ca. 39,5 Mrd. Lire 1926–29 und ca. 38,5 Mrd. Lire 1922–25. Cadeddu et al., Ristagno (Anm. 101), S. 510f.

115 Ebd., Fano, Problemi e vicende (Anm. 24), S. 487f., 491 u. passim.

116 S. M. Slobodskoj, *Der italienische Faschismus und sein Zusammenbruch*, Berlin 1948, S. 172.

2. *Etappen der selektiven Stützungspolitik*

Hauptetappen der selektiven Agrarpolitik (1925–34) bildeten die „Getreideschlacht" („battaglia del grano", 1925) und der „Feldzug zur Bonifizierung" („bonifica integrale", 1928). Beide „Schlachten" waren Bestandteil jener mit einem riesigen propagandistischen Aufwand betriebenen politisch-ideologischen „Ruralismus"-Kampagne des faschistischen Regimes, die die allgemeinen Tendenzen der Reagrarisierung, die in anderen Ländern vor allem nach Ausbruch der Weltwirtschaftskrise hervortraten, vorwegnahmen. Ihnen folgten Maßnahmen zur Bindung der Tagelöhner an den Boden durch ihre Umwandlung in Parzellenbauern („sbracciantizzazione") und insgesamt zur Binnenkolonisation (1929).

Der erste Kursumschwung in der Agrarpolitik erfolgte also 1925 mit der „battaglia del grano". Die Verschlechterung der Nahrungsmittelbilanz hat als auslösendes Moment hierbei sicherlich die entscheidende Rolle gespielt. Denn während im Jahrfünft 1910–14 die italienische Nahrungsmittelausfuhr einen Überschuß erwirtschaften konnte, kehrte sich die Situation im Krieg um und verschärfte sich noch in den Nachkriegsjahren[117]: Zusammen mit Kohle und Rohbaumwolle bildete die Korneinfuhr nunmehr einen der drei Hauptposten, die die Handelsbilanz unverhältnismäßig stark belasteten[118].

In seiner Eigenschaft als Grundnahrungsmittel (Teigwaren und Brot) kam dem Weizen von allen angebauten Getreidesorten eine überragende Stellung zu[119]. Die folgenden Tabellen verdeutlichen die Entwicklung der Weizenversorgung, d. h. der Eigenversorgung und der Einfuhr von Weizen im Rahmen der Handelsbilanzentwicklung.

Knapp 50 % des hohen Passivsaldos der Handelsbilanz entfiel in den Jahren 1922–26 also auf die Weizeneinfuhr, die 1927 mit über 60 % eine Spitzenstellung erreichte.

Unmittelbar nach der Beendigung des Ersten Weltkrieges unterlag die gesamte Weizenwirtschaft der Zwangsbewirtschaftung; sie wurde 1921/22 aufgelockert, bis 1923 erfolgte dann eine allmähliche Rückkehr zum freien Weizenmarkt. Eine der ersten Maßnahmen der „Getreideschlacht" bestand in der Wiedereinführung des

117 Vgl. Preti, la politica (Anm. 15), S. 810 ff.

118 Vgl. Friedrich Vöchting, Die italienische Getreideschlacht, in: *Schmollers Jahrbuch für Gesetzgebung, Verwaltung und Volkswirtschaft im Deutschen Reiche*, 54. Jg., II. Halbbd., 1930, S. 1–62, hier S. 6, Tab.

119 Man hat errechnet, daß bei einer Bevölkerung von 40 Mill. im Jahr 1926 und einem jährlichen pro-Kopf-Verbrauch von durchschnittlich 180 kg sich ein Gesamtbedarf von 72 Mill. dz ergab, dem noch ca. 6 Mill. dz Saatbedarf hinzuzufügen waren, so daß der jährliche Weizenbedarf insgesamt 78–80 Mill. dz betrug. Wie aus den Tabellen ersichtlich, deckte die inländische Erzeugung den Bedarf nur zum Teil; in den Jahren 1921–26 z.B. lag die Durchschnittserzeugung mit 55 Mill. dz weit unter dem tatsächlichen Bedarf. Vgl. A. W. Schüttauf, Strukturpolitik und Marktregulierungen in der italienischen Weizenwirtschaft, in: *W.W.A.*, 44. Bd. (1936 II), 1936, S. 530–548.

Tabelle 10: Weizenernte und Weizeneinfuhr Italiens 1922–33 (in Mill. dz)[120]

Jahre	Weizenernte	Einfuhr
1922	44,0	26,5
1923	61,2	27,0
1924	46,3	20,2
1925	65,5	22,2
1926	60,1	21,5
1927	53,3	23,0
1928	62,2	27,5
1929	70,8	18,9
1930	57,4	19,4
1931	67,3	14,8
1932	75,2	4,7
1933	65,0	10,7

Tabelle 11: Weizeneinfuhr und Handelsbilanz, 1922–35[121]

Jahre	Mill. Lire	% des gesamten Einfuhrüberschusses	% der Gesamteinfuhr
1922	3056	47,3	19,4
1923	3039	49,9	17,7
1924	2483	49,6	12,8
1925	3843	48,5	14,7
1926	3536	49,0	13,7
1927	3002	63,3	14,7
1928	2955	40,1	13,5
1929	1718	26,8	8,1
1930	1567	30,0	9,0
1931	836	58,3	7,2
1932	504	34,6	6,1
1933	206	14,3	2,8
1934	185	7,6	2,4
1935	199	7,8	2,6

Kornzolls (1925 = 37 L pro dz); er wurde in den darauffolgenden Jahren weiter aufgestockt und betrug ab 1933 = 75 L pro dz[122].

Auch der Zuckerzoll wurde 1925 wieder eingeführt und 1928 nocheinmal erhöht. Gleichzeitig war man bestrebt, mit Hilfe von Exportbeschränkungen die Aus-

120 Siehe Caroline Stübel, *Der Einfluß der faschistischen Wirtschafts- und Staatspolitik auf den italienischen Außenhandel*, Diss., Dresden 1935, S. 36.
121 Siehe Schüttauf, Strukturpolitik (Anm. 119), S. 533.
122 Vgl. Bandini, *Cento anni* (Anm. 101), S. 137, Tab.

fuhr von Weizen, Reis, Hanf und Rindern herabzudrücken und sie über die Hochhaltung des Binnenpreisniveaus dem inländischen Verbrauch zuzuführen[123].

Schaffung eines Binnenmarktes für bevorzugte Produkte der heimischen Agrarwirtschaft, Abbau der „Auslandsabhängigkeit im Brot" und grundsätzlich die Absicht, der Selbstversorgung mit Nahrungsmitteln einen beträchtlichen Schritt näherzukommen –, dies waren die eigentlichen Ziele der ersten agrarwirtschaftlichen Kampagne des Faschismus. Sie löste eine massive Interventionstätigkeit des Staates im Agrarbereich aus, die in der Abschirmung und Reservierung des Binnenmarktes bestand und überdies in der Schaffung eines adäquaten politisch-ideologischen Klimas[124].

In Anbetracht der Drosselung der Weizeneinfuhr bei wachsenden Bevölkerungszahlen mußten Maßnahmen zur Steigerung der einheimischen Produktion ergriffen werden. Sieht man sich die Absichtserklärungen zu Beginn der „Schlacht" an, so war geplant, die Anhebung der Weizenerzeugung in erster Linie durch eine Steigerung der Hektarerträge zu erreichen. Dies erschien plausibel, da der Weizenanbau in Italien ohnehin eine größere Bodenfläche in Anspruch nahm als in jedem anderen vergleichbaren Land Mittel- und Westeuropas[125], während der Hektarertrag mit 10 dz pro ha im Landesdurchschnitt vergleichsweise niedrig war[126]. Das Ziel lautete daher, durch erhöhten Einsatz von Kapital und Technik die Intensivierung der Produktion zu erreichen. Doch trotz der Bereitstellung hoher Finanzierungsmittel und trotz verbesserter Agrartechnik zeichnete sich schon sehr bald ab, daß die Ertragssteigerung nach wie vor unterhalb des europäischen Durchschnitts blieb[127]. Der tatsächliche Ertragszuwachs war stattdessen weitgehend auf die Ausdehnung der Anbaufläche zurückzuführen, die auf Kosten anderer landwirtschaftlicher Erzeugnisse erfolgte. In der Tat betrug die Ausweitung der Weizenanbaufläche in den ersten fünf Jahren „Getreideschlacht" durchschnittlich 6,8 % (= 314 620 ha) gegenüber den

123 Vgl. ebd., S. 130 f. – Einen vergleichenden Überblick über die Entwicklung und die Verlagerungen in der Weizenproduktion im Weltmaßstab unter besonderer Berücksichtigung der Produktionsintensivierung in den Weizen-Import-Ländern gibt Filippo Virgili, Produzione e consumo mondiale del grano, in: *Rivista di politica economica*, XXIX. Jg., 1939, H. V, S. 479–482.

124 Der Beginn der „Weizenschlacht" schon im Jahr 1925 unterschied die italienische grundlegend von den Marktregulierungen, die die Getreideausfuhr- und -einfuhrländer in ihrer Mehrzahl erst im Gefolge der Agrarkrise nach 1926 vornahmen; vgl. Schüttauf, Strukturpolitik (Anm. 119), S. 531.

125 Sie lag in Italien bei 16,5 %, in Frankreich bei 12,2 % und in Deutschland bei 3,4 %; vgl. Vöchting, Getreideschlacht (Anm. 118), S. 2 u. Anm. 2.

126 Vgl. V. Francescon-Centa, *Die Außenhandelspolitik des neuen Italiens*, Hamburg 1937, S. 50, Anm. 80.

127 *Tab. 12:* Weizenerträge (in dz pro ha) in einigen ausgewählten Ländern Europas, 1924–33

Italien	13,4	Österreich	15,5	Großbritannien	21,8
Ungarn	13,5	Schweiz	21,0	Belgien	25,5
Luxemburg	14,2	Malta	21,1	Niederlande	28,3
Frankreich	14,9	Deutschland	21,3	Dänemark	28,4

Zusammengestellt nach Francescon-Centa, *Außenhandelspolitik* (Anm. 126), S. 50, Anm. 80.

Jahren 1921–25 (insgesamt 4.644.000 ha): Dies entsprach in etwa der Größe einer mittleren Provinz[128].

Die Hochhaltung des Weizenpreises, Vorkehrungen wie der Beimahlungszwang für inländisches Getreide und Krediterleichterungen speziell für den Weizenanbau führten in den frühen dreißiger Jahren zu einer weiteren extensiven Ausdehnung der Anbaufläche. Dies geschah noch einmal auf Kosten der Viehwirtschaft und des Anbaus von Veredelungskulturen. Aufgrund der Höchstpreise ging sie natürlich zu Lasten der Konsumenten.

Unmittelbare Nutznießer dieser im Zeichen der Bestrebungen nach Nahrungsmittelautarkie stehenden Entwicklung waren die modernen Großbetriebe im Norden des Landes sowie der absentistische Latifundienbesitz im Mezzogiorno[129].

Die nächstfolgende landwirtschaftliche Kampagne war die 1928 ebenfalls mit großem propagandistischen Aufwand inaugurierte „bonifica integrale". Mit dem Programm der Urbarmachung und der Bodenmelioration, dem Herzstück der Agrarpolitik des Faschismus, war beabsichtigt, ein neues fruchtbares Verhältnis zwischen Landwirtschaft und Industrie herzustellen, alte Versprechungen der faschistischen Bewegung einzulösen und nicht zuletzt die sich infolge der Restrukturierungsvorgänge verschärfenden sozialen Spannungen aufzufangen. Die Zielsetzungen waren im einzelnen[130]: (a) durch verstärkte Mechanisierung und Technisierung der Landwirtschaft eine intensivere Bodennutzung und überdies eine Ausweitung des Absatzmarktes für Waren der Industrieproduktion zu erreichen; (b) mit der Schaffung neuer Arbeitsplätze die Arbeitslosigkeit unter Kontrolle zu halten und das weit verbreitete Phänomen der Unterbeschäftigung zu mildern; (c) durch die Urbarmachung zusätzlichen Bodens das Projekt der Binnenkolonisation („sbracciantizzazione") voranzubringen und, vermittelt über die Ideologie des „Ruralismus", dadurch breitere bäuerliche Schichten an den Faschismus zu binden; (d) durch staatlich finanzierte Infrastrukturverbesserungen (Straßenbau, Strom- und Wasserversorgung u. ä.) die widerstrebenden Großgrundbesitzer dazu zu bewegen, sich an den Meliorationsarbeiten zu beteiligen[131].

Die hohen ausgewiesenen Aufwendungen für die „bonifica integrale" mit knapp acht Mrd. Lire von 1922 bis 1934[132] lassen die Urbarmachungs- und Meliorationspolitik auf den ersten Blick in günstigem Licht erscheinen. Genauere Untersuchungen ergeben jedoch, daß das tatsächliche Resultat insgesamt eher bescheiden blieb: Lediglich etwa 58 % der in Angriff genommenen Arbeiten wurden zu Ende ge-

128 Vgl. Vöchting, Getreideschlacht (Anm. 118), S. 12.

129 Vgl. Fano, Problemi e vicende (Anm. 24), S. 473, 480 f. u. passim.

130 Vgl. Preti, La politica (Anm. 101), S. 855 f.; s. auch Roberto Cerri, Note sulla politica della bonifica integrale del fascismo – 1928–1934, in: *Italia Contemporanea,* XXXI. Jg., Nr. 137, 1979, S. 35–36.

131 Laut Gesetz war vorgesehen, daß bei staatlichen Aufwendungen von über 4,3 Mrd. Lire die Grundbesitzer knapp 2,7 Mrd. Lire aufzubringen hatten; vgl. Valerio Castronovo, La storia economica, in: *Storia d'Italia. Dall'Unità a oggi,* Bd. IV, Turin 1975, S. 277.

132 Vgl. Fano, Problemi e vicende (Anm. 24), S. 485.

bracht, bei den Bewässerungsarbeiten waren es nur 32 %[133]; der Hauptanteil der öffentlichen Arbeiten wurde in den Jahren 1926–28 getätigt, während dagegen 1932, auf dem Höhepunkt der Weltwirtschaftskrise, die Ausgaben noch hinter den Stand von 1928–29 zurückfielen; weniger als 10 % der Arbeitslosen fanden durch die Bonifizierungsarbeiten eine Beschäftigung in den Krisenjahren 1931–35; und schließlich waren die Gesamtausgaben in Höhe von acht Mrd. Lire nur halb so hoch wie diejenige Summe, die während der Krise für direkte Stützungsaktionen der Industrie aufgebracht wurde[134].

Die offensichtliche Kluft zwischen den mit der „bonifica integrale" verbundenen Zielsetzungen, die ihrerseits zahlreiche anerkannte Fachleute zur Mitarbeit bewogen hatten, allen voran Arrigo Serpieri, und den tatsächlichen Resultaten, ist auf erhebliche Widerstände zurückzuführen: in erster Linie auf die der Großgrundbesitzer, die den öffentlich finanzierten Teil der „bonifica" natürlich begrüßten, denen es aber dann gelang, die Fertigstellung der Arbeiten zu verzögern bzw. zu verhindern, indem sie „ihren" Teil der Meliorationsarbeiten im Anschluß an den staatlichen Teil nicht ausführten[135].

Den anderen entscheidenden Konfliktherd bildete die Finanzierungsfrage. Hier standen die Industrieinteressen denen der Agrarier unversöhnlich gegenüber. Trotz der Bereitstellung von ordentlichen und außerordentlichen Haushaltsmitteln und einer Reform des agrarischen Betriebskreditwesens („credito agrario", 1927), trotz Steuerbefreiungen und anderer fiskalischer Erleichterungen[136], blieben die tatsächlichen Aufwendungen für den Agrarsektor weit hinter denen für die Industrie zurück. Das fast völlige Fehlen von Eigenmitteln, die Kreditverknappung infolge der Deflationspolitik[137] und eine die Industrie begünstigende Kapitalbildungspolitik leisteten alles in allem einem eindeutigen Primat der Industriefinanzierung Vorschub, obwohl die eigentliche „technische Organisation des Agrarkredits [. . .] als solche nichts zu wünschen" übrig ließ[138]. Der Konflikt um die ohnehin beschränkten Finanzquellen war ein politischer, und er ging eindeutig zugunsten der Industrieinteressen aus.

133 Vgl. Corner, Rapporti (Anm. 51), S. 732.

134 Vgl. Fano, Problemi e vicendi (Anm. 24), S. 486 f.

135 Vgl. Corner, Rapporti (Anm. 51), S. 732 f.; Fano, Problemi e vicendi (Anm. 24), S. 486 f.; Preti, La politica (Anm. 101), S. 864. Die nachhaltige Verwässerung der ursprünglichen, auf Serpieri zurückgehenden Konzeption war schon 1925 eingetreten, nachdem es den Grundbesitzern gelungen war, sich entscheidende Mitspracherechte bei der Durchführung der „bonifica" und bei der Verhängung von Sanktionen (Enteignung!) zu sichern. Die tatsächliche Praxis der „bonifica" behandelt ausführlich Uta Drews, *Zur Agrarpolitik des Faschismus in Italien*. Dipl.-Arb. FU Berlin 1977, S. 62–72.

136 Ausführliche Angaben macht Paul Ucker, *Die italienische Außenpolitik seit 1925 unter besonderer Berücksichtigung des „Kampfes um das Getreide"*, Diss., Aarau 1935, S. 76–80. – Insgesamt wurden bis 1932 ca. 850 Mill. Lire für Betriebs- und 530 Mill. Lire für Meliorationskredite von den Instituten des „credito agrario" ausgegeben. Die sechs größten Banken gewährten pro Jahr etwa eine halbe Milliarde Lire landwirtschaftlicher Kredite, zweimal so viel wie 1922. (Vgl. ebd., S. 80.)

137 Preti, La politica (Anm. 101), S. 864 f.

138 So das Urteil eines zeitgenössischen Beobachters: Friedrich Vöchting, Die Agrarpolitik, in: *Die faschistische Wirtschaft* (Anm. 18), S. 51–65, hier S. 63.

3. Die agrarischen Exportinteressen

Dem sich um Weizen, Zucker und einigen wenigen Industriekulturen formierenden Lager von Interessen, die die Abschirmung des Binnenmarktes mit protektionistischen Mitteln betrieben, standen im Agrarbereich die traditionell weltmarktorientierten Interessen gegenüber: Tafelobst, Agrumen, Gemüse, Olivenöl, Wein, Reis, Milchprodukte, die in den ersten Jahren des Faschismus, begünstigt vom Preisauftrieb und vom freihändlerischen Kurs, einen unvergleichlichen Aufschwung erlebten[139].

Die hohe Liraaufwertung und anschließend der ungehinderte Preisverfall für diese Produkte auf dem Inlandsmarkt, denen im Gegensatz zu den von der faschistischen Agrarpolitik favorisierten Agrarprodukten keinerlei preisstützende Maßnahmen zugute kamen, bewirkten eine einschneidende Wende für diesen Teil des Agrarsektors. Im Ganzen löste die „quota novanta", in Kombination mit den flankierend ergriffenen Maßnahmen, auch hier einen Prozeß der Restrukturierung aus, der dem exportorientierten Agrarsektor nach Überwindung der Bereinigungskrise eine gewisse Krisenfestigkeit, wie sich während der Weltwirtschaftskrise zeigen sollte, verlieh. Doch ging er zugleich auf Kosten der relativ breiten Schicht bäuerlichen Kleinbesitzes und arbeitsintensiver Formen der „compartecipazione", die dem Preisverfall auf Dauer nicht standhalten und mit den Dumpingpreisen auf den Auslandsmärkten nicht mithalten konnten.

Die gesellschaftlichen und politischen Implikationen des ökonomischen Restrukturierungsprozesses im Agrarsektor waren nicht zuletzt für das Kräfteverhältnis im faschistischen Herrschaftsbündnis von weitreichender Bedeutung. Überdies lösten sie eine ganze Reihe von neuen Widersprüchen aus, die sich in den dreißiger Jahren noch verschärfen sollten.

Die gesellschaftlich am meisten einschneidende Folge der „quota novanta" und des agrarpolitischen Kurswechsels war die Dezimierung vor allem jener breiten Schicht von selbständigen Klein- und Mittelbetrieben (und auch Klein-, Teil- und Halbpächtern), die sich in den Jahren des Konjunkturaufschwungs einen gewissen Spielraum hatte erwirtschaften können. Hier wurde eine Entwicklung zurückgedreht, die in der Giolitti-Ära begonnen und dann im „roten Biennium" einen lebhaften Aufschwung genommen hatte. Sie führte von 1911 bis 1921 zu einer Verdoppelung der kleinen Selbständigen – ihre Zahl stieg von 1 750 260 auf 3 427 522 an –, und im Ganzen zu einer Beschleunigung der Durchdringung der italienischen Landwirtschaft mit kapitalistischen Marktstrukturen infolge der Erosion vorkapitalistischer Produktionsformen und entsprechender Herrschaftsverhältnisse. Dies traf insbesondere für den Mezzogiorno und die Inseln zu, und betroffen war vor allem der Latifundienbesitz[140]. Hand in Hand mit der Bildung von bäuerlichem Kleinbe-

139 Vgl. zum Folgenden Bandini, *Cento anni* (Anm. 101), S. 130 f.; Fano, Problemi e vicende (Anm. 24); Cadeddu et al., Ristagno (Anm. 101).
140 Vgl. ebd., S. 497–502.

sitz hatte damals eine Ausweitung des Anbaus von Veredelungs- und anderer für die Ausfuhr bestimmter Kulturen stattgefunden. „Gezogen" von dem Exportaufschwung nach der Krise 1921/22 setzte sich diese Entwicklung bis 1925 weiter fort: von Norden nach Süden in wachsendem Maße.

Allerdings blieb dieser Sektor der Agrarwirtschaft in der Phase des allgemeinen wirtschaftlichen Aufschwungs nach wie vor „das schwächste Glied in der Kette", angesichts seiner Weltmarktexponiertheit und überdies seiner Verankerung im Klein- und Mittelbesitz. Denn dieser wirtschaftete zumeist auf Familienbasis außerordentlich arbeitsintensiv und litt unter chronischer Kapitalknappheit, die zunächst durch den inflationären Preisauftrieb gemildert war. „Quota novanta" bedeutete den Ruin besonders des bäuerlichen Kleinbesitzes. Preisverfall, Exportschwierigkeiten (Verteuerung der Preise!) und Kreditverknappung führten zu Verkäufen, im Süden dreimal so viel wie im Norden[141].

Dessen ungeachtet sollte dem agrarischen Exportsektor in Zukunft eine zentrale Rolle für die Handelsbilanz zukommen. Die Agrarexporte vermochten die Nahrungsmittelbilanz bis 1932 in der Tat auszugleichen und darüber hinaus mit Hilfe von Niedrigst- und Dumpingpreisen einen wachsenden Teil der Rohstoffeinfuhren zu bezahlen, und das sogar noch auf der Basis sich verschlechternder realer Austauschbedingungen (terms of trade)[142].

Es gehörte zweifellos zu den Widersprüchen der faschistischen Agrarpolitik, die mit Verlagerungen im Herrschaftsbündnis einhergingen, daß der exportorientierte Agrarsektor zwar zu den „Opfern" der Restrukturierung gehörte, was in der Schmälerung seiner materialen Basis zum Ausdruck kam: Reduzierung der Anbaufläche, rückläufiger Einsatz von Kapital, Technik, Düngemitteln, sinkende Hektarerträge[143]. Zugleich aber wurde – und hierin lag der Widerspruch – mit der Aufwertung ein Bündel von gezielten Maßnahmen bereitgestellt, um den agrarischen Ausfuhrsektor mit in die 1925/27 beginnende systematische Exportoffensive einzubeziehen.

Zu den die Währungsreform ergänzenden Maßnahmen gehörte die Inaugurierung der sogenannten „Exportschlacht", auf die noch ausführlich zurückzukommen ist. Hier sei vorwegnehmend lediglich festgehalten, daß der Restrukturierungsprozeß 1925/27 also *nicht ausschließlich* die Hinwendung zum Binnenmarkt zum Ziel hatte, sondern daß er, wenn auch bei unterschiedlicher Gewichtung, eine Neuordnung des Exportsektors mit dem Ziel seiner Reintegration in den Weltmarkt auf neuer Stufenleiter intendierte. Dies läßt sich sowohl für den primären Sektor als auch für den sekundären nachweisen; beidesmal aber gilt, daß die jeweiligen Binnenmarktinteressen Favoriten der faschistischen Wirtschaftspolitik waren.

Ohne die „Exportschlacht" wären die Folgen der Krise von 1927 und 1929 für die agrarische Ausfuhr noch verheerender gewesen[144]. Die staatlichen Maßnahmen galten besonders der Ausfuhr von Obst und Frischgemüse, auf die 10 %–12 % der

141 Vgl. ebd., S. 505 ff.
142 Vgl. auch zusammenfassend Fano, Problemi e vicende (Anm. 24), S. 482 ff.
143 Hierzu ausführlich Cadeddu et al., Ristagno (Anm. 101), S. 510.
144 Siehe im einzelnen Bandini, *Cento anni* (Anm. 101), S. 142–150.

Gesamtausfuhr entfielen, und sie leiteten insgesamt eine radikale Wende in der bisherigen Ausfuhrpraxis der italienischen Frischobst- und Frischgemüseausfuhr ein[145]. Die zentrale Erfassung durch Verkaufsinstitute und Exportzentralen, die Standardisierung von Aufmachung und Verpackung, Qualitätskontrollen und die Ausrichtung der Produktion an den Vorlieben ausländischer Abnehmer bildeten die Grundzüge dieser Umstellung. Sie sollte alles in allem die Verbesserung der Wettbewerbschancen Italiens besonders gegenüber der mittlerweile hochstandardisierten Ausfuhr Hollands und der USA ermöglichen.

In der Folge der mit massiver staatlicher Unterstützung betriebenen Neuordnung der agrarischen Ausfuhr, die also in erster Linie unter dem Druck der vom Weltmarkt ausgehenden Wettbewerbsanforderungen erfolgte, kam es zu Anpassungsvorgängen produktionstechnischer und absatzstrategischer Natur, die schließlich auch politische Folgen hatten. Es mag paradox erscheinen: Anders als in der vorangegangenen Situation hatten sich die agrarischen Ausfuhrinteressen nunmehr gesammelt und organisiert, wobei das 1926 gegründete Exportinstitut als Orientierungsinstanz eine wesentliche Rolle gespielt haben dürfte. Sie bildeten von nun an eine politisch schlagkräftige Interessengruppierung. Ihr sollte zukünftig ein nicht zu unterschätzendes Gewicht gegen den protektionistischen Kurs zukommen, der von dem binnenmarktorientierten Lager forciert wurde, ferner gegenüber staatlichen Maßnahmen immer dann, wenn sie den eigenen (Export-)Interessen zuwiderliefen.

Im Ganzen bleibt für die Entwicklung im Agrarbereich am Vorabend der Weltwirtschaftskrise zusammenfassend festzuhalten, daß sich hier die Tendenzen, wie sie auch im sekundären Sektor festzustellen sind, besonders deutlich abzeichneten: Das ist die schwerpunktmäßige Herausbildung zweier Lager, die sich in ihrer Marktstrategie tendenziell konträr verhielten und die darin von staatlicher Seite mit Hilfe einer Politik sowohl der Ankurbelung der Binnenmarktnachfrage als auch der Exportförderung unterstützt und gefördert wurden. Entscheidende Voraussetzung für den Erfolg dieser zweigleisigen Marktstrategie bildete – wie auch im Fall des sekundären Sektors – das Fortbestehen der weltweiten konjunkturellen Schönwetterlage, die es in der Tat den von der „Exportschlacht" gestützten Agrarausfuhren ermöglichte, die Krise 1927 ohne noch größere Verluste durchzustehen.

Darüber hinaus ist festzuhalten, daß im Agrarsektor tendenziell eine objektive (strukturelle) Schmälerung der ökonomischen Basis der Exportinteressen zu beobachten ist, trotz aller Exportstützungsmaßnahmen im einzelnen.

4. *Die Agrarinteressen im Herrschaftsbündnis*

Bei der Beurteilung der Stellung des Agrarsektors im faschistischen Herrschaftsbündnis muß man unterscheiden – soweit dies analytisch überhaupt möglich ist – zwischen den gesamtgesellschaftlichen Stabilitätsinteressen des Regimes im Ganzen und dem Verhältnis der ökonomischen Kräfte. Die tatsächliche ökonomische Unter-

145 Vgl. Stübel, *Einfluß* (Anm. 120), S. 38–41.

ordnung und, in seiner Gesamtheit betrachtet, Funktionalisierung des Agrarsektors für die Belange des Industrialisierungsprozesses scheint in der Forschung kaum noch umstritten zu sein[146]. Allein die Gegenüberstellung der Tatsache, daß die Landwirtschaft bis in die erste Hälfte der dreißiger Jahre den Hauptteil des Bruttosozialprodukts erstellte, ihr aber weniger als 5 % der gesamten Investitionen zuflossen, spricht eine deutliche Sprache. Auf die mannigfachen vom Staat angewandten Mittel bzw. die von ihm konstruierten Kanäle zur Abschöpfung von brachliegendem Kapital, um auf diese Weise eine Umverteilung der Ressourcen hin in die Kassen der Industrie zu bewirken, ist schon hingewiesen worden.

Detaillierte empirische Untersuchungen stehen nach wie vor aus. Dennoch kann angenommen werden, daß die infolge der faschistischen Agrarpolitik erheblich verbesserte Einkommenslage von Großgrundbesitzern und großen Pächtern und überdies der weitgehende Ersatz von privaten durch öffentliche Investitionen im Agrarbereich darüber hinaus zu einer stärkeren Anlagetätigkeit der Agrarier in Industrieunternehmen und Banken geführt hat. Darauf weisen die in den Verwaltungsräten von Aktiengesellschaften zahlreicher gewordenen Vertreter der Agrararistokratie hin, ebenso die stärkere Durchdringung der Landwirtschaft durch das Finanzkapital[147].

Zusätzlich zu der systematischen Politik der Kapital-Dränage zum Vorteil des Industriesektors in seiner Gesamtheit spielte die staatliche Agrarpolitik für die Ausweitung bzw. Schaffung eines lohnenden Binnenmarktes zugunsten einzelner Industrieinteressen eine entscheidende Rolle. Zweierlei ist hierbei zu unterscheiden: einmal die materiale Ausweitung des Absatzmarktes und dann die günstige Kaufkraftentwicklung für die an Landwirte, Agrarkonsortien usw. verkauften Industrieerzeugnisse.

Die zunehmende Verschlechterung der Kaufkraft landwirtschaftlicher Produkte im Verhältnis zu Industriewaren illustriert Tabelle 13.

Die Scherenbildung zwischen Agrar- und Industriepreisen gehörte allenthalben zu den kennzeichnenden Merkmalen der Weltwirtschaftskrise[148], doch war das Ungleichgewicht in der Preisbildung in Italien schon *vor* der großen Krise ausgebildet[149]. Zurückzuführen ist diese Entwicklung auf die monopolistische oder quasimonopolistische Stellung einiger weniger Konzerne und Unternehmen, die sich den neuen Markt reservieren und hinter dem Schutz hoher Zollmauern die Preise diktie-

146 Vgl. zu den folgenden Ausführungen Corner, Rapporti (Anm. 51), passim; Castronovo, La storia (Anm. 131), S. 313 ff.

147 Die im Agrarsektor operierenden Aktiengesellschaften sind von 77 (1922, mit einem Kapital von knapp 400 Mill. L) auf 129 (1933, ca. 450 Mill. L) und auf 807 (1938, ca. 1.100 Mill. L) gestiegen; vgl. Sereni, *La questione* (Anm. 101), S. 195; vgl. auch Corner, Rapporti (Anm. 51), S. 741 f.

148 Vgl. Maurice Dobb, Der Kapitalismus zwischen den Kriegen, in: ders., *Organisierter Kapitalismus. Fünf Beiträge zur politischen Ökonomie*, Frankfurt a.M. 1966, S. 74–166, hier S. 84 ff.

149 Dies betont Sereni, *La questione* (Anm. 101), S. 205.

ren konnten[150]. Hier sind an erster Stelle der Chemiekonzern Montecatini (Düngemittel, Produkte zur Schädlingsbekämpfung) und Fiat mit seinen Zulieferbetrieben (landwirtschaftliche Geräte und Maschinen) zu nennen, ferner der Elektroenergiesektor, die Bauwirtschaft und insgesamt der Maschinenbau. Der Produktionszuwachs dieser Branchen war in der zweiten Hälfte der zwanziger Jahre vergleichsweise hoch, gemessen am Gesamtindex der italienischen Industrieproduktion. Und auch hier hatte der Staat fördernd eingegriffen, indem er Subventionen für die Anschaffung von Maschinen, Treibstoff und Düngemittel bereitstellte[151].

Tabelle 13: Preisindex der von der Landwirtschaft gekauften und verkauften Produkte[152]

Jahre	verkaufte Produkte	gekaufte Produkte	Kaufkraft der verkauften Produkte
1928	100,0	100,0	100,0
1929	93,0	99,2	93,8
1930	80,2	93,1	86,1
1931	69,0	82,7	83,4
1932	65,0	77,7	83,7
1933	55,4	73,7	75,2
1934	55,8	71,6	77,9
1935	64,5	73,8	87,4
1936	70,0	79,9	87,6
1937	82,8	89,5	92,5
1938	86,6	96,6	89,6

Zusammenfassend kann festgehalten werden, daß die agrarpolitische Wende und der Restrukturierungsprozeß in der Folge der „quota novanta" zu einer Neuauflage auf neuer Stufenleiter des Unterordnungsverhältnisses der Landwirtschaft unter die Belange der Industrie führten. Derart pauschal formuliert trifft dieser Sachverhalt

150 Zu den Zusammenhängen von Preisentwicklung und monopolistischen Strukturen und insgesamt zur Herausbildung des Phänomens des „monopolistischen Wettbewerbs, der danach trachtet, für alles einen eigenen privaten Markt [...] zu schaffen [...], anstatt in der Preissenkung zu wetteifern", s. Dobb, *Kapitalismus* (Anm. 148), passim.

151 Vgl. Schüttauf, Strukturpolitik (Anm. 119), S. 536. Trotz ihrer Bedeutung kann an dieser Stelle nur auf die breite Palette erzieherischer Maßnahmen hingewiesen werden, die ergriffen wurden, um über die modernen Anbaumethoden in der Agrarwirtschaft zu informieren. Auch hier waren es wieder in erster Linie staatliche Instanzen, die die Erziehungspolitik in die Hände nahmen und mit Hilfe von Wanderlehrstühlen („cattedre ambulanti"), Wettbewerben, Prämien u.ä. die Anwendung von Sämaschinen propagierten, den Gebrauch von chemischen Düngemitteln gegen die Skepsis der Bauern durchsetzten und die Einschränkung des Gebrauchs technischer Hilfsmittel als eine gegen die Interessen der Nation gerichtete Unterlassung verurteilten. Siehe hierzu Ucker, *Die italienische Agrarpolitik* (Anm. 136), S. 80 ff.; Stübel, *Einfluß* (Anm. 120), S. 32 ff.; Schüttauf, Strukturpolitik (Anm. 119), S. 534 ff.

152 Vgl. Sereni, *La questione* (Anm. 101), S. 205.

für den primären Sektor in seiner Gesamtheit zu: Die Preisschere zwischen agrarischen und industriellen Waren spricht eine deutliche Sprache. Doch fand zugleich ein Prozeß der Umverteilung von Ressourcen innerhalb des primären Sektors statt, der zu einer Relativierung dieser Aussage zwingt: Es kam zu einer Verlagerung zu Lasten des bäuerlichen Klein- und Mittelbesitzes (Veredelungskulturen und Viehwirtschaft), zu hoher Arbeitslosigkeit unter den Landarbeitern und zur Pauperisierung breiter bäuerlicher Schichten. Demgegenüber führte die agrarpolitische Begünstigung von Getreide, Zucker und Industriekulturen zu einer ökonomischen und politischen Stärkung des Großgrundbesitzes, des kapitalistischen Großgrundbesitzes und der Großpächter im Norden Italiens ebenso wie – wenn auch unter anderen Bedingungen – der Latifundienbesitzer im Mezzogiorno.

Kennzeichnend für die Entwicklung im Agrarsektor während des Faschismus war darüber hinaus die neuerliche Stärkung der „residui feudali", das sind die noch stark feudal geprägten Produktionsverhältnisse und Bewirtschaftungsformen, namentlich das Latifundium und die Subsistenzwirtschaft in allen ihren möglichen Formen[153]. Der Begriff „feudale" oder auch vorkapitalistische (Residual-)Formen darf allerdings nicht darüber hinwegtäuschen, daß diese ihre Reaktivierung in nicht-kapitalistischem Gewande ganz der Logik der kapitalistischen Reproduktion des Gesamtsystems unterlag. Dem Agrarsektor kam in der Gesamtökonomie des italienischen Faschismus in hohem Maße die Funktion eines nach Bedarf verwendbaren Auffangbeckens für Arbeitslosigkeit zu, als „Parkplatz" für die wachsende industrielle Reservearmee und insgesamt als Pufferzone für die sich verschärfenden sozialen Spannungen infolge des forcierten und ungleichgewichtigen Industrialisierungsprozesses. Die von Zeitgenossen nicht selten gerühmte Krisenfestigkeit der italienischen Landwirtschaft rührte nicht wenig aus jener vorkapitalistischen Subsistenzwirtschaft, die mit den Formen der offenen und versteckten Arbeitslosigkeit fertig werden mußte[154].

Darüber hinaus fundierte die agrarpolitische Spezialisierung des Faschismus mit der Wiederherstellung der Privilegien für den Großgrundbesitz allgemein, wie mit derjenigen des Latifundienbesitzes im besonderen dessen starke Stellung im Herrschaftsbündnis. Grundlegende, d.h. den eigenen ökonomisch-politischen Besitzstand antastende Veränderungen vermochten die Großagrarier von Mal zu Mal abzu-

153 Zum Problem der „residui feudali" und deren Beurteilung s. Drews, *Agrarpolitik* (Anm. 135) und die dort angegebene Literatur.

154 S. Preti, La politica (Anm. 101), S. 834 f., 855 u. passim. Die Folge war ein sprunghafter Anstieg der Unterbeschäftigung auf dem Lande, die in den dreißiger Jahren noch zunahm. Im Vergleich (1936): Während in Italien 42 Personen (30 M + 12 F) 1 km^2 Boden bewirtschafteten, betrug das Verhältnis in den USA 8 : 1 (7 M + 1 F), in den Niederlanden 28 : 1 (23 M + 5 F), und in Deutschland und Frankreich lag es bei ca. 20 : 1 (S. 839 f.). Für die Binnenkolonisation und die „sbracciantizzazione" vgl. ebenfalls Preti (ebd., S. 859 ff.), der insbesondere die staatlichen Bestrebungen hervorhebt, eine Wanderungsbewegung vom Norden in den Süden des Landes in Gang zu setzen und namentlich die südlichsten Regionen der „colonizzazione interna" zu öffnen. Siehe auch Drews, *Agrarpolitik* (Anm. 135), S. 79–88. Einen Überblick aus zeitgenössischer Perspektive gibt Friedrich Vöchting, Die Binnenkolonisation in Italien, in: *Kieler Vorträge*, Jena 1941. Vöchting geht u.a. auf die Zusammenhänge von „Binnensiedlung" und „Außensiedlung" ein.

fangen bzw. in weniger bedrohliche Bahnen umzulenken, wie die tatsächlichen Ergebnisse der „battaglia del grano" und der „bonifica integrale" gezeigt haben[155].

Weiterhin war die neue Bündniskonstellation zwischen Agrar- und Industrieinteressen für die (vorübergehende) politische Stabilisierung der großagrarischen Position im faschistischen Herrschaftsbündnis bestimmend gewesen. Die ökonomische Kehrseite bestand darin, daß angesichts der tatsächlichen Herrschaftsverhältnisse im Agrarsektor die unvorteilhaften Bedingungen des Gesamtsektors Landwirtschaft den Großgrundbesitz weitaus geringer trafen, und zwar in dem Maße, wie er erstens die Lasten auf die anderen agrarischen Schichten und Klassen abzuwälzen vermochte, er zweitens über einen privilegierten Zugang zu den (staatlichen) Kreditkassen verfügte und in den Genuß von Steuererleichterungen kam und schließlich in dem Maße, wie er an den im Agrarbereich tätigen Industriezweigen, Banken usw. selbst wieder beteiligt war[156].

155 Die Entwicklung im Zusammenhang mit dem Abessinienkrieg, insbesondere die Einführung einer Sondersteuer für Grundbesitz, die Verpflichtung der Grundbesitzer, Staatsanleihen in einer bestimmten Höhe zu zeichnen, ferner die Einführung der staatlichen Zwangsbevorratung von Agrarprodukten, führte seit Ende 1936 dazu, daß erstmals auch die Privilegien der Großagrarier angestastet wurden; vgl. Drews, *Agrarpolitik* (Anm. 135), S. 98 f.

156 Vgl. Corner, Rapporti (Anm. 51), S. 742 f.; s. auch Castronovo, La storia (Anm. 131), S. 280, 283 f.

4. Kapitel: Entwicklung in Grundzügen. Die Industrie im Restrukturierungsprozeß

Der mit dem wirtschaftspolitischen Kurswechsel in Gang gekommene industriewirtschaftliche Strukturwandel sollte nicht nur die mittlere Phase im Faschismus (1925/27–1934/36) in besonderem Maße prägen, sondern darüber hinaus die Weichen für die Zweite Nachkriegsentwicklung stellen. Ein derart tiefgreifender struktureller Wandel läßt sich freilich nicht in seiner Genese auf wenige Jahre eingrenzen. Der „Umschwung" ist in der Tat eher als Forcierung einer bestimmten Entwicklungsrichtung zu begreifen, die in den Jahren 1915–28 endgültig zum Durchbruch gelangte[157] und für deren Ausformung die Entwicklung im Ersten Weltkrieg eine zentrale Rolle gespielt hat.

Diese Zusammenhänge können allerdings im folgenden nur durch gelegentliche Hinweise mitreflektiert werden, während im Mittelpunkt der Ausführungen zunächst das die „quota novanta" flankierende Bündel wirtschaftspolitischer Maßnahmen steht. Im Anschluß hieran wird der Wandel in der Produktionsstruktur, der noch durch die Auswirkungen der Weltwirtschaftskrise, die Rüstungskonjunktur und die Autarkieplanung verstärkt wurde, am Beispiel einiger relevanter Zahlenüberblicke dargestellt. Auf der Grundlage des zusammengestellten Datenmaterials wird anschließend die qualitative Dimension des Entwicklungsschubs herausgearbeitet, die der Verlagerung des Kräftegleichgewichts im italienischen Kapital zugrundelag und zugleich deren Ausdruck war. Abschließend erfolgt im Hinblick auf den weiteren Gang der Darstellung eine allgemeine Betrachtung zum Problem des Marktes.

I Kennzeichen des neuen industriewirtschaftlichen Kurses

1. Selektive Kreditpolitik

Die 1926/27 eingeleitete allgemeine Kreditverknappung hatte unterschiedliche Auswirkungen zur Folge. Während kleine und mittlere Betriebe nicht nur im traditionellen Exportsektor (Textil, Nahrungsmittel), sondern auch in dem geschützten Bereich (besonders Maschinenbau und Metallverarbeitung) durch die plötzliche Kreditklemme zur Schließung gezwungen wurden[158], bedeutete die neue Kreditpolitik

157 So Rodolfo Morandi, *Storia della grande industria in Italia*, Turin 1966, 7. Kap.

158 Die Anzahl der Konkurse stieg 1927 sprunghaft an: 1925 waren es 7.095, 1926: 7.631; 1927: 10.366, 1928: 11.197 und 1929: 11.478; zu weiteren Angaben s. Emilio Sereni, Sul carattere della crisi italiana, in: *Lo stato operaio*, V. Jg., 6/1931, S. 319–332, u. 7-8/1931, S. 418–427.

für die Großindustrie die Sicherstellung ihrer Finanzierungsquellen[159]. Sie gipfelte schließlich in der Industriefinanzierung durch die halbstaatlichen Finanzierungsinstitute IMI und IRI.

In den neugeordneten nationalen Kredit- und Kapitalmarkt teilten sich nunmehr die Großindustrien aus dem Elektroenergiebereich, aus der Schwerindustrie, aus Maschinenbau und Metallverarbeitung, aus Chemie und Baumittelindustrie. Die Kreditaufnahme im Ausland wurde ebenfalls der rigorosen staatlichen Kontrolle unterstellt (Dekret Januar 1928), und Genehmigungen erhielten fortan nur die Großindustrien[160].

Der folgende Überblick über die anteilige Inanspruchnahme der Auslandskredite dokumentiert die diesbezügliche Praxis des Staates. Einige Branchen schnitten besonders günstig ab: vorrangig die Industriezweige mit höchster Konzentrationsrate, die neuen Wachstumsindustrien und mehrheitlich diejenigen mit ausgeprägter Binnenmarktorientierung.

Tabelle 14: Verteilung der im Ausland aufgenommenen Anleihen, 1925–31 (Mill. L)[161]

Staat und Kommunen	3201,5
gemeinnützige Körperschaften	755,9
Elektrizitätsgesellschaften	2322,0
Maschinenbau und Metallverarbeitung	470,5
Chemie	340,4
Schiffahrtsgesellschaften	265,5
Kunstfaserindustrien	152,3
Gummiverarbeitung	76,0
Textilindustrie	48,9
sonstige Industrien	65,3
sonstige (Kredit- und Finanzgruppen)	189,4
insgesamt	7887,7

159 Vgl. Castronovo, La storia (Anm. 131), S. 275 f., 284 ff. Die hieraus resultierende Überkapitalisation in einigen Produktionszweigen, begleitet von Kapitalmangel in anderen nicht-kartellierten Branchen, so daß hier die Profitrate unter dem Durchschnitt lag, hebt hervor: Vittorio Agreste [E. Sereni], Il capitale finanziario in Italia, in: *Lo stato operaio*, 1930, S. 411–434, bes. S. 431 (weitere Angaben s. dort).

160 Das Kriterium für eine Ermächtigung zur Kreditaufnahme sollte das „Interesse der Produktion" bilden, das gemäß Art. 4 dieses Dekrets seinen Ausdruck in der Verbesserung des Arbeitsmarktes, der Steigerung der Exporttätigkeit und der Importsubstitution findet. Zur Politik der Kapitaleinfuhr ab 1925 vgl. Ministero per la Costituente, *Rapporto della Commissione Economica, Presentato all'Assemblea Economica*, III: *Problemi monetari e commercio estero, I. Relazione*, Rom 1946 (im folgenden zit. *RAC, PMC*), bes. S. 59–75; vgl. auch Preti, La politica (Anm. 101), S. 822, Anm. 53.

161 *RAC*, II, (Anm. 64), S. 95.

Der Löwenanteil der staatlich garantierten Auslandskredite fiel offensichtlich der Elektroenergieerzeugung zu. In der Tat erfolgte der Ausbau der inländischen Elektroenergieversorgung, die hauptsächlich auf der Nutzung von Wasserkraft beruht, auf der Basis hoher Auslandsverschuldung[162].

Keine Hinweise ließen sich in der Literatur darüber finden, inwieweit der Agrarsektor an den einfließenden Auslandsgeldern partizipierte. Auch muß offen bleiben, welchen Zwecken eigentlich die von den Kommunen Rom und Mailand aufgenommenen Kredite von zusammen 87 Mill. Dollar (1927 und 1928) dienten[163].

Der mit Abstand wichtigste Geldgeber für Italien wurden die USA mit insgesamt 395 Mill. Dollar; es folgten die Schweiz mit 80,5 Mill. Franken, Großbritannien mit 3,05 Mill. Pfund Sterling und die Niederlande mit 5,3 Mill. holländischer Franken[164].

2. *Staatliche Förderung von Konzentrationsprozessen, Investitionskontrolle und selektive Rationalisierung*

Zu den monetären Hebeln, die die Restrukturierungsvorgänge in bestimmte Bahnen lenkten, gehörte ferner die steuerliche Begünstigung von Konzentrationsprozessen in der Industrie: Ab Juni 1927 wurde per Gesetzesdekret Steuernachlaß für Fusionen ebenso wie für den Ankauf und die Beteiligungen an Betrieben gewährt. Daraufhin stieg der Konzentrationsprozeß sprunghaft an: Während in den Jahren 1918–27 19 Fusionen im Jahresdurchschnitt vorgenommen wurden, waren es 1928 plötzlich 105, die 266 Gesellschaften betrafen, und 1929 102 (245 Gesellschaften betreffend)[165].

Die schon vor dem Ersten Weltkrieg begonnene Entwicklung der Kapitalaufstockung bei Aktiengesellschaften, der Zentralisierung des Kapitals, der Konzentration der Industrieproduktion und der Rationalisierung der Produktionsprozesse nahm in der zweiten Hälfte der zwanziger Jahre rapide zu. Auf die realwirtschaftlichen Auswirkungen wird später noch eingegangen. Hier ist zunächst hervorzuheben,

162 1929 kamen hier 60 % des Auslandskapitals aus den USA; vertreten war außerdem englisches und Schweizer Kapital, während deutsche Beteiligungen (AEG und Siemens-Schuckert) nach dem Krieg zurückgegangen waren; vgl. Stübel, *Einfluß* (Anm. 120), S. 23.

163 Wobei Rom mit 57 Mill. Dollar den größten Anteil bekam, vgl. *RAC, PMC*, (Anm. 160), S. 66. – Die Transaktionen wurden im Senat als verschleierte Kreditaufnahme des Staates lebhaft bekämpft, von welcher Seite ist mir nicht klar. Der Nachfolger des Finanzministers Volpi, Mosconi, verfügte jedenfalls (Dekret, März 1929), daß Provinzen und Gemeinden fortan keine Kredite im Ausland mehr aufnehmen durften, auch nicht für öffentliche Arbeiten. Ungeklärt muß auch bleiben, inwieweit Teile dieser Mittel in die Aufrüstung flossen: Diese Frage drängt sich angesichts der ab 1927 absolut wie relativ deutlich gestiegenen Ausgaben für militärische Zwecke auf.

164 *RAC*, II (Anm. 64), S. 96.

165 Vgl. Gualberto Gualerni, *La politica industriale fascista*, Bd. 1: *1922–1935*, Mailand 1956, S. 13; leicht abweichende Angaben bei Grifone, *Il capitale* (Anm. 1), S. 73.

daß die „Gesundungs"-Politik[166], durchgeführt mit der erklärten Absicht, überflüssige Kapazitäten auszuschalten und die – wie es hieß – mit dem freien Wettbewerb einhergehende Vergeudung zu beseitigen, bis hinein in die dreißiger Jahre auf der Basis legislativer Maßnahmen vorangetrieben wurde.

Die systematische staatliche Förderung des Konzentrationsprozesses bildete hierbei einen integralen Bestandteil des mit der „quota novanta" eingeleiteten Wirtschaftskurses. Die nächsten Etappen auf dem Wege der staatlichen Politik der Betriebsneugründungen bildeten zwei Gesetze, das eine von 1927, das andere von 1929[167]. Es folgte 1932/1933 die gesetzliche Regelung der Bildung von Zwangskartellen und der Investitionskontrolle, die den Vertretern von 70 % der Produktion eines Industriezweiges die Handhabe bot, mit Hilfe staatlicher Maßnahmen die gesamte Branche zu kontrollieren[168]. Ein Überblick über die zwischen 1922 und 1937 geübte Genehmigungspraxis zeigt, daß der Anteil der abgewiesenen Anträge nicht nur beachtlich war (30 : 70), sondern auch, daß er in erster Linie zu Lasten kleiner und mittlerer Betriebe ging[169].

Zusammen mit der Konsolidierung bzw. Expansion monopolistischer Strukturen war der Restrukturierungsprozeß überdies von vielfältigen Versuchen zur Durchrationalisierung der Arbeitsprozesse gekennzeichnet. Insofern hatte die in Italien stattfindende Entwicklung durchaus an der allgemeinen Rationalisierungskonjunktur in Europa teil, wenn auch erhebliche Abweichungen gegenüber der allgemeinen Tendenz zu beobachten sind. Die besonders in Ländern wie Deutschland, Frankreich und den USA neu entwickelten Methoden der Arbeitsorganisation (Taylorismus, Bedaux-System, REFA, scientific management) wurden hier mit größter Aufmerksamkeit verfolgt, doch schlug man in der Praxis eigene Wege ein. Keine Frage, daß die im Ausland mit staatlicher Garantie und von allen Steuern befreit aufgenommenen Kredite die Rationalisierungsmaßnahmen in Italien finanzieren halfen. Technologische Neuerungen in nennenswertem Umfang fanden vor allem im Elektroenergiebereich Anwendung, im Maschinen- und Apparatebau, in der Autofertigung, der Zementherstellung, der Chemie und besonders in der Kunstfaserfertigung[170]. Doch unterhielten lediglich einige wenige Unternehmen, wie Fiat, Pirelli

166 „Risanamento della produzione", „economia sana", „regime monetario sano", „Entfernung der Parasiten aus der Produktion": Formulierungen und Bilder, die in jener Zeit häufig in öffentlichen Stellungnahmen (Mussolini) und in der Publizistik anläßlich der Inaugurierung der „quota novanta" und der „Produktivismus"-Kampagnen auftauchten. Stellvertretend für viele vgl. die Schriften und Reden des ab 1925 amtierenden Wirtschaftsministers Giuseppe Belluzzo, abgedr. in: *Economia fascista*, Rom 1928; s. auch Preti, La politica (Anm. 101), passim. Auf diese Zusammenhänge werde ich anläßlich der Korporativismusdebatte ausführlich eingehen (4. Teil).

167 Siehe La Francesca, *La politica economica* (Anm. 91), S. 57.

168 Siehe hierzu auch für die Gesetzestexte, Gualerni, *La politica* (Anm. 165), S. 57; s. auch Joachim Ranke, *Faschismus und Korporativismus*, Würzburg 1942, S. 93, Anm. 35 u. S. 97, dort auch Beispiele für Zwangskartelle und weitere Literaturangaben; Grifone, *Il capitale* (Anm. 1), S. 87 f.; s. auch Francesco Vito, *Die industriellen Unternehmerzusammenschlüsse und ihre Regelung in der korporativen Wirtschaft*, Jena 1941, bes. S. 179 ff.

169 Siehe Ranke, *Faschismus* (Anm. 168), S. 97 f. u. Anm. 43 f.

170 Siehe Preti, La politica (Anm. 101), S. 824 ff.

und Snia Viscosa (Kunstfaser) Kontakte zu internationalen Verbänden, die die wissenschaftlich-technische Zusammenarbeit pflegten, und waren somit in der Lage, sich am internationalen Austausch von know how zu beteiligen. Insgesamt war es vielmehr so, daß der technologische Rationalisierungsprozeß außerordentlich diskontinuierlich verlief und dadurch die ohnehin selektive Wirtschaftspolitik in ihren Auswirkungen noch verstärkte, mit dem Ergebnis, daß als Folge der Bestrebungen nach Reintegration auf erweiterter Stufenleiter in die internationale Arbeitsteilung sich die heterogene Produktionsstruktur in Italien selbst um eine zusätzliche Dimension erweiterte. Es kam hinzu, daß im Vergleich zu den technologischen Neuerungen die neuen Methoden zur Intensivierung der Arbeit eine weit wichtigere Rolle im Rationalisierungsprozeß einzunehmen begannen. Dies traf vor allem auf die verarbeitende Industrie zu, wo die Steigerung der Arbeitsproduktivität vergleichsweise hoch lag[171].

Ein weiteres, in seiner Bedeutung nicht hoch genug zu veranschlagendes Entwicklungsmoment soll zunächst nur skizziert werden. Die Rationalisierung im Betrieb, die Reorganisation der Arbeitsprozesse und nicht zuletzt die breite Welle der Lohnsenkungen hatten das Verhältnis Arbeit – Kapital/Belegschaft – Unternehmer auf neuen Boden gestellt, neu auch im Kontext der Herrschaftsentfaltung des Faschismus in Italien. Die Situation verlangte nach einer dringlichen Lösung überdies aufgrund der Tatsache, daß mit der Zerschlagung der Organisationen der Arbeiterschaft (Gewerkschaften, Betriebsvertretungen der Belegschaft, der „commissioni interne", u.ä.) auch ein zentrales und erprobtes Instrumentarium der gesellschaftlichen und politischen Vermittlung zerstört war. In einer Situation nun, in der über die lediglich negativ-repressive Politik hinaus die Neufundierung des neuen Verhältnisses zwischen Belegschaften und Betrieb anstand, in hohem Maße bedingt durch die sich verändernden Formen der Produktion, die der Belegschaft *auch* positive, loyale Bindungen an den Betrieb abverlangten, in dieser Situation also galt es, sehr schnell das gefährlich sich auftuende politische und gesellschaftliche Vakuum aufzufüllen. In diesem Kontext ist der Aufschwung der Korporativbewegung zu sehen, deren historische Bedeutung in der Periode des Faschismus darin bestand, diese Zusammenhänge frühzeitig begriffen und positive Lösungsvorschläge entwickelt zu haben.

3. *Ansätze staatlicher Absatzregulierung, Ausbau öffentlicher Binnennachfrage und Exportoffensive auf neuer Stufenleiter*

Kennzeichnend für den neuen Entwicklungszyklus war die sich auf der Grundlage staatlicher Eingriffe vollziehende Ausweitung der Binnennachfrage, der eine private Nachfrage gegenüberstand, die bis auf wenige Ausnahmen nur eine vergleichsweise unbedeutende Rolle spielte.

171 Siehe Castronovo, La storia (Anm. 131), S. 287.

In der Struktur etwas Analoges vollzog sich in der Reorganisierung der Außenwirtschaft, wo der Staat eine bislang so nicht gekannte Funktion einzunehmen begann[172].

Die überhöhte Aufwertung der Lira hatte ohne Zweifel die am Import interessierten Wirtschaftsinteressen begünstigt[173]: Namentlich die Rohstoffeinfuhren schnitten überdurchschnittlich gut ab, wie an anderer Stelle noch dokumentiert werden wird. Die „quota novanta“ hatte man durch eine breite Palette zollpolitischer und anderer staatlicher Maßnahmen zu korrigieren versucht in der Absicht, die negativen Auswirkungen der Währungsreform auf bestimmte Exportinteressen kompensierend aufzufangen. Im Mittelpunkt der diesbezüglichen Bemühungen stand die Fertigwarenausfuhr mit ihrer schwieriger gewordenen Ausfuhrtätigkeit[174]. Zunächst sei eine tabellarische Übersicht zur Verdeutlichung der Stellung gegeben, die die Fertigwarenproduktion mittlerweile auch im italienischen Außenhandel erreicht hatte. Aufgrund dieser Entwicklung war Italien der Tendenz nach in den Rang eines modernen Industriestaates getreten, in deutlichem Kontrast zu seiner noch kaum abgeschlossenen Vergangenheit als überwiegendem Agrarexportland.

Tabelle 15: Warenzusammensetzung des italienischen Außenhandels 1871–1927 (Mill. Lire)[175]

Waren-gruppen	1871–73 Import	1871–73 Export	1911–13 Import	1911–13 Export	1925–27 Import	1925–27 Export
Lebensmittel	217,5	385,8	716,4	712,5	902,2	777,2
Lebende Tiere		+ 168,3		– 3,9		– 133,0
Industrielle	243,3	153,5	1355,5	341,5	1611,8	383,0
Rohstoffe		– 89,8		– 1014,0		– 1228,8
Halbfertig-	115,2	231,8	668,2	566,3	871,5	755,2
waren		+ 76,6		– 101,9		– 116,3
Fertig-	249,9	104,8	838,8	731,0	741,9	1555,9
waren		– 145,1		– 107,8		+ 814,0

Aus der Übersicht wird deutlich, daß sich die industriellen Rohstoffe seit 1911 zunehmend zum Hauptposten unter den Einfuhren entwickelt hatten, während die Fertigwarenausfuhr als einzige in den Jahren 1925–27 eine positive Bilanz aufwies.

172 Siehe z.B. Castronovo, Fascismo e classi sociali, in: *Fascismo e capitalismo*, hrsg. v. Nicola Tranfaglia, Mailand 1976, S. 91–136, hier S. 117.

173 Grifone schreibt: „Die an der Einfuhr interessierten Gruppen waren bei weitem mächtiger, als die an der Ausfuhr interessierten: nur folgerichtig, daß sie auch diesmal als Sieger hervorgingen“ (*Il capitale*, S. 57); vgl. dazu auch Castronovo, *Giovanni Agnelli*, Turin 1971, S. 433.

174 Vgl. Grifone, *Il capitale* (Anm. 1), S. 74.

175 Confederazione Generale fascista dell'industria italiana (Hrsg.), *L'industria italiana*, 1929, S. 32.

Noch vor Abschluß der Währungsreform gelang es der verarbeitenden Industrie rasch, im Kielwasser der Einführung protektionistischer Korn- und Zuckerzölle Importrestriktionen auch für Fertigwaren zu verhängen (Gesetzesdekret, August 1926)[176], um sich auf diese Weise den Binnenmarkt für den eigenen Absatz zu reservieren. Die Gründung eines „Comitato del prodotto italiano" im Dienste der nationalen Produktion folgte auf dem Fuß. Auf Einzelmaßnahmen wird noch am Beispiel von Fiat zurückzukommen sein.

Im Mittelpunkt der Absatzstrategie des Fertigwarensektors stand die Exportoffensive. Die „Exportschlacht" umfaßte alle diejenigen Maßnahmen, die zur Ankurbelung der italienischen Ausfuhr ab 1925/26 ergriffen wurden. Sie bedeuteten in ihrer Gesamtheit einen deutlichen Schritt hin zur staatlichen Lenkung des Exports im Interesse bestimmter Einzelinteressen: vornehmlich der modernen Wachstumsindustrien (Maschinenbau, mechanische Industrie, Autobranche, Kunstfaserherstellung), dann der traditionellen Textil- und Nahrungsmittelindustrien und schließlich der Agrarprodukte. Aus der Fülle der Einzelmaßnahmen seien lediglich die Einführung von Exporteur-Berufslisten, die Förderung des Messe- und Ausstellungswesens und schließlich zahlreiche zollpolitische Vergünstigungen, wie beispielsweise das Zollrückvergütungsverfahren, genannt.

Von besonderer Bedeutung für den hier interessierenden Zusammenhang war das Präferenzsystem für die Veredelungseinfuhr („importazione temporanea"), das auf die spezifische Interessenlage ganz bestimmter exportorientierter Produktionszweige zugeschnitten war. Die zollfreie Ein- und Ausfuhr zu Veredelungszwecken kam naturgemäß denjenigen Branchen zugute, die mit ganz oder teilweise importierten Rohstoffen und Halbfabrikaten vorwiegend für den Export arbeiteten: der Textilindustrie (Wolle, Baumwolle), der Kunstfaserindustrie (Zellulose), dem Maschinenbau und der Metallverarbeitung. Ihnen sollte auf diese Weise eine bessere Auslastung von Produktionskapazitäten und Arbeitskräften ermöglicht werden, unter Umgehung des chronischen und nun besonders akuten Problems der Binnenmarktenge. Die Koordinierung der „Exportschlacht" lag bei dem 1926 gegründeten „Istituto nazionale per le esportazioni" (INE), das halbstaatlichen Charakter hatte; seine Leitung übernahm der Vertreter eines der führenden Import-Export-Häuser, Guido Jung[177], nachdem zunächst Alberto Pirelli den Aufbau des Amtes in die Wege geleitet hatte[178].

176 Vgl. Ugo Calderoni, *I cento anni della politica doganale italiana*, mit einer Einführung von G. Pella, Padua 1961, S. 150.

177 Siehe Grifone, *Il capitale* (Anm. 1), S. 75; zur veränderten Rolle des Staates im Zusammenhang mit dem Aufbau des INE s. Forte, *Le imprese* (Anm. 39), S. 83.

178 Zum organisatorischen Aufbau, zur Konzeption und zur Geschichte dieser Einrichtung s. Giuseppe Frisella-Vella, L'Istituto Nazionale per le Esportazioni ed il problema del commercio estero dell'Italia, in: *La Riforma Sociale*, 7-8/1926, S. 342–356. In den Spalten dieser von führenden Wirtschaftsliberalen wie L. Einaudi, P. Jannaccone, F. A. Rèpaci herausgegebenen Zeitschrift meldeten sich gerade in der Umbruchphase 1925/1927 ff. verstärkt die Verfechter des Freihandels zu Wort, um für „mehr Spezialisierung" und „mehr internationale Arbeitsteilung" einzutreten. Für Italien hätte dies die verstärkte Einbeziehung in die US-amerikanische Einflußsphäre zur Folge gehabt – so wurde argumentiert –,

Die „battaglia delle esportazioni“ wurde aber nicht nur mit Blick auf die Außenmärkte geschlagen; sie hatte zugleich erhebliche binnenstrukturelle Veränderungen zur Folge. Denn die verschiedenen Maßnahmen und Vorkehrungen zur Stützung des Außenhandels waren fast stets auch solche, die den Weg für die Zusammenfassung, Organisation und Regulierung der in welcher Form auch immer am Außenhandel interessierten Wirtschaftsgruppen freimachten. Ob es sich um die verarbeitenden Industrien, um agrarische Schutzzölle oder um Maßnahmen zur Steigerung der Nahrungsmittelausfuhr handelte, ob Institute, Verbände und ähnliche Einrichtungen geschaffen wurden für einzelne Wirtschaftszweige (beispielsweise das „Ente nazionale per le piccole industrie italiane“, das „Ente nazionale serico“, u.ä.)[179] mit der Aufgabe, über die Marktentwicklung im Ausland und über die Auftragslage dort zu informieren – zwei Entwicklungslinien traten in der Regel zutage: einmal die Tendenz zu staatlicher Erfassung, Kontrolle und Planung, zum anderen die tendenzielle Herausbildung von hierarchisch strukturierten, oft monopolähnlichen Zusammenschlüssen, die von den Großen des jeweiligen Industriezweiges fest in den Griff genommen wurden.

Wenn man also zusammenfassend die Politik der „quota novanta“ in ihrer Gesamtheit betrachtet – die Währungsreform und das sie flankierende Maßnahmenbündel – so besteht kein Zweifel, daß es sich um eine *Politik des „sowohl als auch“* handelte: sowohl der Stärkung der Binnenmarkt- und Importinteressen als auch der Stützung der die Reintegration in den Weltmarkt betreibenden Kräfte, wenngleich mit unterschiedlicher Gewichtsverteilung[180].

Diese Entwicklung zeitigte widersprüchliche politische Folgen. Denn der Prozeß der Sammlung und Organisation der Exportinteressen verhalf diesen Kräften zu einer gerade auch politischen Stärkung und Durchschlagskraft, die sie vorher so nicht besessen hatten. Dies geschah jedoch in einer Situation des gesamtwirtschaftlichen Strukturwandels, der maßgeblich, wenn auch nicht ausschließlich, von den (langfristig oder auch nur vorübergehend) am Binnenmarkt interessierten Kräften bestimmt wurde. Die staatliche Marktpolitik des „sowohl aus auch“, die auf diese Weise besonders den Wachstumsbranchen der verarbeitenden Industrie Spielräume für ihre Expansionsbestrebungen verschaffte, konnte jedoch nur funktionieren, solange das

Fortsetzung Fußnote 178

auch auf die Gefahr eines verlangsamten Industrialisierungsprozesses in Italien selbst hin. Es hätte aber vor allem geheißen, Abschied vom „sogno tedesco“ zu nehmen, vom Traum, es den Deutschen gleich zu tun. Zur Kritik an den italienischen Protektionismus-Befürwortern und ihrem Schielen nach dem Beispiel Deutschlands und demgegenüber zur Forderung, die Politik Cavours wiederaufleben zu lassen, diesmal in Zusammenarbeit mit der neuen Führungsmacht, den USA, s. die Aufsätze von Frisella-Vella, Il „Memorandum“ sulla protezione e il commercio mondiale, in: *La Riforma Sociale*, 1-2/1928, S. 34–51; s. auch Edoardo u. Luciano Giretti, *Il protezionismo e la crisi*, Turin 1935. Diese Zusammenhänge, die hier lediglich angedeutet werden können, bilden Momente aus der Frühgeschichte der Reintegration Italiens in den Einflußbereich US-Amerikas, die maßgeblich von den Wirtschaftsliberalen bewerkstelligt wurde.

179 Ausführlich hierzu Forte, *Le imprese* (Anm. 39), S. 83–99.

180 Zu dieser Einschätzung s. auch Preti, La politica (Anm. 101), S. 819 f.

konjunkturelle Hoch auf den Weltmärkten anhielt. Mit dem Hereinbrechen der Weltwirtschaftskrise geriet dieses eben erst aus der Taufe gehobene Entwicklungsmodell auch seinerseits gründlich in die Krise. Anders als geplant trat daraufhin eine Polarisierung innerhalb des ökonomischen Kräftespektrums in der Frage der Marktorientierung zutage in der Weise: Binnenmarktausweitung contra Weltmarktintegration, eine Tendenz zur Polarisierung, die – begünstigt noch durch die Desintegrationsvorgänge im Welthandel – den am Binnenmarkt interessierten Kräften langfristig zusätzliche Rückendeckung gab. In der mittleren Periode der faschistischen Herrschaft allerdings, bis etwa 1934/35, verfügten die Weltmarktinteressen (noch) über eine politisch relevante Stellung im „Block an der Macht". Und dies war das Ergebnis nicht zuletzt der *politischen* Organisierung dieser Interessen im Laufe des Restrukturierungsprozesses. Ihnen hatte besagte Entwicklung politische Hebel an die Hand gegeben für die Zukunft, als es darum gehen sollte, die von ihnen gewünschte informelle Expansionspolitik Italiens im Donau- und Balkanraum auszubauen. Diese Zusammenhänge lassen sich am Beispiel des Kampfes um den handelspolitischen Kurs 1930/31 nachweisen und mit der außenwirtschaftlichen Strategie von Fiat dokumentieren.

II Industriewirtschaftliche Entwicklung in Zahlen

1. Im internationalen und historischen Vergleich

In dem folgenden Überblick werden die wichtigsten Daten zur industriellen Entwicklung dokumentiert, um auf der Grundlage dieser Materialbasis die hauptsächlichen Strukturveränderungen herausarbeiten zu können.

Betrachtet man die Entwicklung der italienischen Industrie als Gesamtsektor in der Periode des Faschismus im historischen Kontext, d.h. seit Beginn der Industrialisierung und im internationalen Vergleich, so ergibt sich folgendes Bild: Der Anteil der italienischen Industrie am europäischen Produktionsvolumen war relativ niedrig, doch entsprach sein zyklischer Verlauf grosso modo dem der europäischen Industrienationen. Man kann infolgedessen davon ausgehen, daß „ihr zyklischer Verlauf den zyklischen Verlauf des internationalen kapitalistischen Marktes widergespiegelt" hat[181].

181 So Fano Damascelli, La „Restaurazione" (Anm. 3), S. 59. Diesen Tatbestand hervorzuheben, erscheint mir angesichts der breiten Diskussion in Italien über die Beurteilung der ökonomischen Entwicklung während des Faschismus geboten. Sie dreht sich um Fragen, wie: Stagnation oder Entwicklung, rückständiger oder moderner Charakter des italienischen Kapitalismus, Faschismus als „parentesi" und insbesondere als Phase der Abkapselung gegenüber dem Weltmarkt u.ä. Auf diese Zusammenhänge werde ich anläßlich der Erörterung von Gramscis Faschismustheorie zurückkommen (4. Teil).

Der Anteil Italiens an der westeuropäischen Industrieproduktion belief sich 1913 auf 6,7 %, 1929 auf 8,2 % und 1937 auf 8,0 %[182]. Sie nahm somit eine mittlere Position zwischen den großen westlichen Industrienationen ein, wie Großbritannien (1929 = 27,5 %), Deutschland (1929 = 21,5 %), Frankreich (1929 = 21,5 %) und Ländern wie Belgien, Schweden und Österreich, deren Anteil jeweils 5,4 %, 2,3 % und 2,1 % betrug. Vergleicht man die Wachstumstempi der italienischen Industrie mit denen der westeuropäischen Länder in ihrer Gesamtheit, so ergibt sich folgendes Bild:

Tabelle 16: Indizes der Industrieproduktion Italiens und Westeuropas*, 1901–55[183]

Jahre	1938 = 100 Italien	Westeuropa
1901	31	44
1913	57	69
1920	52	55
1929	88	86
1937	101	102
1948	102	101
1955	196	177

* Großbritannien, Frankreich, Deutschland, Belgien, Niederlande, Schweden, Norwegen, Dänemark, Österreich.

Der Erste Weltkrieg hatte den Industrialisierungsprozeß in Italien enorm beschleunigt[184], er lag 1920 aber nach wie vor unter dem Niveau der anderen westeuropäischen Länder. Erst in der Periode des Faschismus fand die italienische Industrie schließlich aufgrund überdurchschnittlicher Wachstumsraten den Anschluß an das europäische Niveau. Genau genommen waren es die Jahre zwischen 1920 und 1929, die mit einer Steigerungsrate von 60 % zu überdurchschnittlichen Resultaten führten, während die Industrieproduktion zwischen 1929 und 1937 um nur 15 % anstieg. Sie bewegte sich damit nahezu im zyklischen Rhythmus mit den anderen europäischen Ländern.

Mit etwas anderen Akzentsetzungen bestätigt sich dieses Bild, wenn man das industriewirtschaftliche Wachstum während des Faschismus vor dem Hintergrund der *historischen* Entwicklung betrachtet. Einer zunächst groben Aufschlüsselung folgend, kam es in der Periode 1918–29 zu einem vergleichsweise „starken" Anstieg

182 Nach V. Paretti/G. Bloch, La production industrielle en Europe Occidentale et aux Etats-Units de 1901 à 1955, in: *Moneta e Credito*, 1956, Nr. 36, S. 256–306, hier S. 261, Tab. 4.

183 Ebd., S. 268 f. u. Tab. 11.

184 Ausführlich hierzu u.a. Alberto Caracciolo, La grande industria nella prima guerra mondiale, in: *La Formazione dell'Italia industriale* (Hrsg.: Alberto Caracciolo), Bari 1969, S. 163–219.

des industriellen Wachstums, im Jahresdurchschnitt um 4,7 % (gewogener Durchschnitt)[185], vergleichbar mit der Periode 1881–91; die Krisenjahre 1929–35 führten zu einem Rückgang des Wachstums um durchschnittlich 6,8 % pro Jahr. Sie bedeuteten den größen Kriseneinbruch in der Geschichte des italienischen Industrialisierungsprozesses. Die Jahre 1935–38 verzeichneten dagegen ein „sehr starkes Wachstum", es betrug 15,3 % im Jahresdurchschnitt. Dies waren die höchsten Steigerungsraten in der italienischen Geschichte[186].

2. *In der Periode des Faschismus*

Lassen sich allein schon anhand dieser groben Vergleichsziffern Zweifel an der Stagnationsthese anmelden, ebenso wie an ihrer Folgethese von der Abnabelung Italiens vom Weltmarkt, so treten die einzelnen Etappen der Entwicklung und die weltwirtschaftlich bedingten Kriseneinbrüche bei einer Aufteilung in kürzere Abschnitte noch deutlicher hervor. Danach entwickelte sich der *Gesamtindex* der *Industrieproduktion*[187] wie folgt:

1906–10	478
1911–15	601
1916–20	681
1921–25	889
1926–30	1042
1931–35	781
1936–38	974

Der insgesamt beschleunigte, aber diskontinuierlich verlaufende Prozeß der Industrialisierung, der sich deutlich von dem vergleichsweise schwachen, aber kontinuierlichen Wachstum der Agrarproduktion abhob, lag dem wechselhaften Verlauf der Anteilbildung des sekundären Sektors an der Entstehung des Bruttosozialprodukts zugrunde. Jährlich betrugen die Industrieanteile prozentual[188]:

1921	23,5	1931	27,9
1922	27,1	1932	26,1
1923	28,7	1933	28,6
1924	32,4	1934	28,7
1925	32,6	1935	28,2
1926	31,0	1936	29,1
1927	29,5	1937	30,1
1928	29,4	1938	30,3
1929	29,3	1939	30,2
1930	30,0		

185 Aufgrund der teilweise erheblichen Unterschiede hinsichtlich der Steigerungsraten der Indizes einzelner Industriezweige ziehe ich die gewogenen Durchschnittsindizes heran. Die arithmetischen Indizes betrugen: 1918–29 = + 6 %, 1929–35 = – 5,8 %, 1935–38 = + 17,8 %.

186 Vgl. hierzu *RAC*, II (Anm. 64), S. 52, Tab. IX.

187 Nach ebd., S. 51, Tab. VIII.

188 Angaben aus ISTAT, *Sommario* (Anm. 106), S. 143, Tab. 110.

Die ausgeprägten Unterschiede im Wachstum der einzelnen Industriezweige, die infolge der selektiven staatlichen Wirtschaftspolitik ab 1925/27 noch verstärkt wurden, verdeutlicht die folgende Übersicht:

Tabelle 17: Indizes der italienischen Industrieproduktion 1923–29 (1922 = 100)[189]

Jahre	Gesamt-index	extraktiver Sektor	Metallverarb.	Textilind.	Papierind.	Elektroenergie u. Gas	Baumittelind.	Nahrungsmittelind.	Chemieind.
1923	116,0	120,6	118,8	111,6	70,1	116,6	146,9	103,6	116,9
1924	137,5	128,0	143,3	128,7	99,4	134,6	190,5	118,8	134,8
1925	157,3	149,4	193,3	139,8	150,9	151,0	240,5	83,2	156,0
1926	165,8	155,6	189,6	145,1	128,5	173,0	262,7	108,7	165,9
1927	163,7	159,1	169,6	152,9	112,7	180,0	248,7	106,3	177,5
1928	182,8	151,8	205,8	159,2	123,3	198,8	324,0	120,1	184,9
1929	204,5	161,5	225,5	175,8	130,0	211,5	439,9	127,6	187,2

Ein allgemeiner Produktionsrückgang 1927, in einzelnen Fällen auch schon 1926, ist offenkundig, doch begann 1928 rasch wieder ein kräftiger Produktionsanstieg, wobei lediglich der extraktive Sektor eine Ausnahme bildete. Eine Sonderstellung nahmen Elektroenergie und Chemie ein: Sie konnten ihren ohnehin überdurchschnittlichen Wachstumsprozeß auch in den Jahren der Krise ohne Unterbrechung fortsetzen. Der Metallindustrie gelang es, nach dem Tief von 1927 in den darauffolgenden Jahren wieder überdurchschnittliche Wachstumsraten zu erreichen. Demgegenüber blieben die traditionellen Branchen (Nahrungsmittel, Textilindustrie, Papierverarbeitung) zum Teil erheblich hinter dem durchschnittlichen Wachstumsniveau zurück.

Zur Gruppe der Wachstumsbranchen zählte auch die Baumittelindustrie, deren Steigerungsraten den Rahmen des Indexverlaufs buchstäblich sprengten. Diese explosionsgleiche Entwicklung war auf so unterschiedliche Phänome zurückzuführen, wie die Grundstücks- und Bauspekulation, die Urbarmachungs- und Meliorationsarbeiten auf dem Lande, die Errichtung von Wohngürteln um die großen Städte und ihnen vorgelagerte Siedlungsblöcke, die nach der Verhängung der Zuzugssperre für Städte wie aus dem Boden schossen[190]. Darüber hinaus waren es öffentliche Bauvorhaben, bei denen Ausgrabungen und Restaurierungsarbeiten geschichtsträchtiger Ruinen in Anknüpfung besonders an das imperiale Rom eine vorrangige Rolle spiel-

189 Alberto Capanna/Ottavio Messori, *Gli scambi commerciali dell'Italia con l'estero dalla costituzione del Regno ad oggi*, Rom 1940, S. 104 (zusammengestellt nach Angaben der Confindustria).

190 Ausführlich hierzu Lando Bortolotti, La proprietà edilizia e il fascismo, in: *Studi storici*, XII. Jg., 1971, H. 4, S. 718–778.

ten[191]; dann die Errichtung von Prestigebauten (Bahnhöfe), faschistischen Versammlungsstätten (die „casa del fascio"), von Denkmälern und ähnlichen Bauobjekten, die allesamt die Potenz des Faschismus augenfällig machen sollten[192].

Einen groben Überblick über die weitere Entwicklung der Industrieproduktion bis 1938 gibt die folgende Tabelle:

Tabelle 18: Index der italienischen Industrieproduktion, 1929–38 (Basis: 1928 = = 100)[193]

Jahre	Gesamtindex	Textilind.	Metall- u. Maschinenbau	Papier	Bausektor	Energie, Wärme, Beleuchtung	extraktiver Sektor	Chemie
1929	109,2	101,7	104,6	106,8	139,6	106,5	–	–
1930	100,3	91,4	94,8	105,6	130,8	110,9		
1931	84,7	81,9	82,5	98,7	87,7	109,6		
1932	73,0	67,4	70,7	103,0	78,9	100,3		
1933	80,5	76,3	72,8	110,5	93,4	119,2		
1934	87,3	73,6	76,7	120,5	136,0	125,5		
1935	102,4	76,8	102,6	139,7	162,3	135,8	89,9	99,6
1936	95,5	70,1	118,7	123,2	91,9	140,5	110,3	107,4
1937	108,7	83,7	130,1	150,0	95,9	154,6	127,8	133,2
1938	107,5	83,0	133,2	142,6	90,6	157,3	135,0	129,9

Die Auswirkungen der Weltwirtschaftskrise erreichten ihren Höhepunkt in der Industrie, als Gesamtsektor betrachtet, zwischen 1931 und 1932[194]. Allerdings war

191 So beispielsweise die Grabungen und Restaurierungsarbeiten an den „Fori Imperiali" in Rom, die 1924 verstärkt in Angriff genommen wurden und die den Aufmärschen und Siegeszügen eine spektakuläre Kulisse verschaffen sollten. Sie machen die sozialimperialistische Komponente des italienischen Faschismus gerade auch in ihrer kulturgeschichtlichen Dimension zum Greifen deutlich; ausführlich dazu: Guida d'Italia del Touring Club Italiano, *Roma e dintorni*, Mailand 1965, hier S. 142 ff.

192 Die Frage drängt sich auf, ob nicht ein Teil der im Ausland aufgenommenen und „Staat und Gemeinden" zugeflossenen Anleihen diesen ununterbrochenen Aufschwung im Bausektor mitfinanzieren half.

193 Nach: Capanna/Messori, *Gli scambi* (Anm. 189), S. 105. (Die Tabelle hat das Korporationsministerium zusammengestellt.)

194 Kennzeichnend für die industriewirtschaftliche Krise war besonders der starke Produktionsrückgang von Produktionsmitteln. 1931 kam die Produktion nahezu zum Stillstand, zusammen mit einem ausgeprägten Rückgang in der Einfuhr von industriellen Rohstoffen, von Halbfabrikaten und Ausrüstungsgütern. Zum ersten Mal seit 1920 kam es 1931 wieder zu einem Nettorückgang der Kapitalinvestition in Aktiengesellschaften. Die Nettodesinvestition von 1,1 Mrd. L resultierte nicht zuletzt aus dem niedrigen Auslastungsgrad der Produktionsanlagen: Ende 1931 lag er im Elektroenergiebereich bei 85 %, in der Textilindustrie zwischen 60 % und 70 %; 1930 waren von 12 Hochöfen lediglich 5 in Betrieb. Ausführlich dazu: Angelo Tasca, La crisi economica italiana alla fine del 1927, in: *Lo stato operaio*, 1928, S. 19–30; die Aufsatzfolge von Emilio Sereni, Sul carattere della crisi italiana, in: *Lo stato operaio*, V. Jg., 6/1931, S. 319–332; 7-8/1931, S. 418–427; 10-11/1931, S. 519–528; ferner [ohne Namensangabe], I piú evidenti segni della crisi nel 1931, in: *Lo stato operaio*, 1932, S. 272–280.

das *Krisengefälle* sehr ausgeprägt: außerordentlich stark der Produktionsrückgang im Bausektor (1929–32 = – 60,7 Punkte), erheblich in der Matallindustrie und im Maschinenbau (–33,9 Punkte) und in der Textilindustrie (–34,3 Punkte), vergleichsweise geringfügig in der Papierindustrie (–8,1 Punkte) und vor allem in der Energieerzeugung (–6,2 Punkte). Die Produktionseinbußen der hier nicht aufgeführten Chemieindustrie blieben im Vergleich ebenfalls mäßig[195].

In den Jahren 1933 und 1934 schlug die akute Krise in Italien um in eine Periode der Depression. Der Preisindex erreichte im August 1934 seinen tiefsten Stand[196]. Erst die Aufrüstungskonjunktur wird einen Weg aus der Stagnation weisen; dennoch wird es bis 1938 nicht wieder gelingen, das Produktionsniveau von 1929 zu erreichen. Soweit das allgemeine Bild, das namentlich von dem Zusammenbruch der arbeitsintensiven Textilindustrie und von der stockenden Entwicklung im Bausektor geprägt wurde. Auch dies ist ein Beleg dafür, daß die bauintensiven öffentlichen Arbeitsbeschaffungsmaßnahmen und die Meliorationsarbeiten gerade auf dem Höhepunkt der Krise ihr Ende fanden, von sporadischen Ausnahmen abgesehen.

In entgegengesetzte Richtung wies die Entwicklung im Elektroenergiebereich, der lediglich 1932 einen leichten Produktionsrückgang zu verzeichnen hatte und in dem 1933 eine Phase lebhaften Aufschwungs einsetzte. Weniger ausgeprägt, doch immer noch überdurchschnittlich günstig verlief die Entwicklung in der Metallindustrie und im Maschinenbau, die die Krise 1935/36 überwunden hatten. In der Chemieindustrie begann sich nach den vorliegenden Angaben eine deutliche Erholung erst 1936 abzuzeichnen[197].

3. Zentralisations- und Konzentrationsbewegung in Zahlen

Der Produktionsaufschwung 1927/1928/29, die relative Krisenunempfindlichkeit bei Ausbruch der Weltwirtschaftskrise und anschließend eine – wenn auch nur in Teilbereichen – schnelle Erholung, gingen Hand in Hand mit einem beschleunigten Prozeß der Zentralisation des Kapitals und der ökonomisch-technischen Konzentration unter staatlicher Ägide.

195 Hierzu vgl. Gualerni, *La politica industriale* (Anm. 165), S. 15, 20.

196 Vgl. Grifone, *Il capitale* (Anm. 1), S. 116. Eine ausführliche Analyse des Depressionsverlaufs und des ungleichmäßigen Produktionsanstiegs 1933 auf der Grundlage ausschließlich von Staatsaufträgen für Rüstungsmaterial gibt Ruggero Grieco, La marcia della crisi della economia italiana, in: *Lo stato operaio*, 1934, S. 310–324; s. auch Mario Maggi (Egidio Gennari), La situazione economica in Italia alla fine del 1935, in: *Lo stato operaio*, IX. Jg., 3/1936, S. 168–180; ders., Note sull'economia di guerra e sulle sue consequenze per il popolo italiano, in: *Lo stato operaio*, IX. Jg., 10/1935, S. 646–655.

197 Nach anderen Angaben begann in der Chemieindustrie bereits 1933 eine sprunghafte Aufwärtsentwicklung: 1932 = 119, 1933 = 150, 1934 = 164, 1935 = 178, so daß die Krise schon 1933/34 überwunden war (s. Gualerni, *La politica industriale* (Anm. 165), S. 20). Zur Erklärung der unterschiedlichen Angaben ließe sich vermutlich anführen, daß in dem vorliegenden Index die Papiererzeugung bereits mitenthalten ist.

An dem Verlauf der Fusionen kam bereits der tatsächlich erreichte Grad der Konzentration zum Ausdruck. Die Bewegung führte zu einer mächtigen Zentralisierung des Kapitals, die sich in dem wachsenden Gewicht von Aktiengesellschaften und der Ausdehnung ihrer Kontrolle über das nationale Industrievermögen niederschlug. Die Entwicklung war in den Jahren 1930–33 vorherrschende Tendenz[198].

1922 gab es in Italien 6.850 Aktiengesellschaften, 1941 waren es 27.062, bei einer Steigerung des Gesamtkapitals von 21 Mrd. L auf 68 Mrd. L. Bezeichnenderweise entwickelte sich dieser Zuwachs erheblich rascher als der der Industrieproduktion selbst: Der Kapitalindex der Aktiengesellschaften betrug 1940 266 (1920 = 100), während der Index der Industrieproduktion im gleichen Zeitraum nur auf 178 anstieg[199].

Man hat errechnet, daß 1938 von insgesamt 120 Mrd. L, die für Investitionen in der Industrie aufgebracht wurden, über 70 Mrd. L auf Aktiengesellschaften entfielen: Diese repräsentierten zwar nur 13,8 % der Betriebe, zogen aber über 60 % aller Industrieinvestitionen auf sich. Im Verhältnis zu den Einzelunternehmen war der Anteil der Aktiengesellschaften besonders hoch in folgenden Zweigen: Elektroenergiebereich, Telefon, Chemie, Maschinenbau und mechanische Industrie, Kunstseide und Gummi – d.h. überall dort, wo die Konzentration der Produktion am weitesten fortgeschritten war.

Auch bei den Aktiengesellschaften selbst läßt sich ein kontinuierlicher Verlagerungsprozeß zugunsten der Großen und Größten beobachten. Die kleinen Aktiengesellschaften (bis zu 1 Mill. L Kapital) vereinigten 1916 12 % des gesamten Aktienkapitals auf sich, 1944 waren es nur noch 8,5 %; die Gesellschaften mittlerer Größe besaßen 1916 69 % des Kapitals, 1944 waren es noch 28 % der Gesamtsumme; die großen Gesellschaften (über 50 Mill. L Kapital) machten 1916 zusammen nur 0,3 % aller Aktiengesellschaften aus und vereinigten 19 % des Gesamtkapitals auf sich, 1944 repräsentierten sie 0,8 % aller Gesellschaften, aber 63 % des Gesamtkapitals. Der Konzentrationsprozeß zugunsten der Großen hatte sich auch hier besonders während der Krise und der Depression beschleunigt.

Auch die Herausbildung monopolistischer und oligopolistischer Strukturen in der Industrie erlebte ab 1927 einen enormen Aufschwung. Am Beispiel der Tendenz zur Konzentration der Industriearbeiter auf Großbetriebe wird diese Entwicklung deutlich (Tab. 19).

Auch hier ist wieder die allgemeine Tendenz zum Großbetrieb sichtbar. Die Betriebe der Kategorie I und II nahmen in den Jahren 1927–37/39 zahlenmäßig ab bzw. nur geringfügig zu, während die Anzahl der großen Betriebe (Kat. III und IV) um 20 % bzw. um 53 %–55 % stieg. Während in Folge der durch den Konzentrationsprozeß bewirkten Zerstörung von kleinen und mittleren Unternehmen die Gesamtzahl der Betriebe zurückging wuchs die absolute Zahl der Arbeiter von 3 097 000

198 So Grifone, *Il capitale* (Anm. 1), S. 78.

199 Für diese und die folgenden Angaben vgl. Giuseppe Regis/Eugenio Falco, Capitale finanziario e monopoli in Italia sotto il fascismo, in: *Società*, III. Jg., (1947), Bd. I, S. 353–379; Bd. II, IV. Jg., S. 247–263, hier Bd. I, S. 361.

Tabelle 19: Verteilung der Industriearbeiter, 1927–39[200]

Art des	1927				1937–39			
Betriebes	Betriebe		Arbeiter		Betriebe		Arbeiter	
Arbeiter	abs.	%	abs.	%	abs.	%	abs.	%
I 2–10	291 809	89,6	963 314	31,1	278 865	88,7	879 512	24,3
II 11–100	29 675	9,1	820 308	26,5	30 384	9,7	920 990	25,4
III 101–1000	3 933	1,2	983 448	31,7	4 702	1,5	1 214 921	43,6
IV üb. 1000	200	0,1	330 746	10,7	307	0,1	606 072	16,7
insges.	325 617	100,0	3 097 816	100,0	314 258	100,0	3 621 495	100,0

auf 3 621 500 an. Doch fiel der Zuwachs von Beschäftigten in der Industrie von insgesamt 523 697 Personen im Laufe von elf Jahren intensiven Industrialisierungsprozesses[201] vergleichsweise gering aus: Im Jahresdurchschnitt fanden lediglich 47 609 Personen einen neuen Arbeitsplatz in der Industrie, während die Zahl der aktiven Bevölkerung jährlich um 200 000 bis 300 000 Personen anstieg.

Die Aufnahmefähigkeit der einzelnen Industriezweige war sehr unterschiedlich: Allein 50 % der zusätzlichen Arbeitsplätze (277 634) stellten der Maschinenbau und die Metallverarbeitung, hauptsächlich in den Großbetrieben; 240 038 Arbeitsplätze waren es im Bausektor (45 %)[202]. Dagegen erfolgte ein Nettoabbau von Arbeitsplätzen in der Holz-, Leder- und Häuteverarbeitung sowie in der Textilindustrie, also im Bereich der traditionellen Verarbeitungsindustrien[203]. Nicht unerheblich ist in diesem Zusammenhang, daß die Wachstumsindustrien Metall und Maschinenbau den größten Anteil am Zuwachs der Mechanisierung auf sich vereinten (50 %), gefolgt von der chemischen Industrie (10 %) und der Textilindustrie (8 %)[204].

Hinsichtlich des Konzentrationsprozesses ist noch anzumerken, daß der höchste Konzentrationsgrad erreicht wurde in den Bereichen bzw. für einzelne Produkte wie: Elektroenergie und Gas, Metall und Maschinenbau (Motoren, Kriegsmaterial, Eisenbahnbau), extraktiver Sektor (Kohle), Textil (Kunstfaserverarbeitung), Gummi, Chemie (Stickstoff, Karbid, Chlor, synthetische Farben und Kunstfaserherstellung) und Zucker[205].

200 Zusammengestellt nach ebd., Bd. I, S. 355 f.

201 Auf der Grundlage einer etwas modifizierten Zahlenbasis wurde errechnet, daß im Zeitraum 1927–1937/39 der Beschäftigtenanstieg in der Industrie 22 % betrug gegenüber einer Steigerung des Mechanisierungsgrades um 62,1 % – also ist der Mechanisierungsprozeß erheblich intensiver geworden, s. *RAC, Industria*, II (Anm. 64), S. 255.

202 Zu den Zahlenangaben vgl. ebd., S. 258.

203 Vgl. ebd., S. 255.

204 Ebd., S. 255 f. Nicht zuletzt vor dem Hintergrund des Ausbaus der Elektroenergiewirtschaft ist dabei der Grad der Elektrifizierung hervorzuheben, den die italienische Industrie 1937–39 erreicht hatte: Er betrug 85 % des Energieverbrauchs. In Großbritannien lag dieser Koeffizient bei 60,6 %, in Deutschland bei 71,1 %, lediglich in der Schweiz lag er mit 94,4 % höher. (Vgl. ebd., S. 216.)

205 Ausführlich: Regis/Falco, Capitale (Anm. 199), S. 357 f.

4. *Daten zur Herausbildung des öffentlichen Sektors*

Der angeführte Datenkranz zur Dokumentation der industriellen Entwicklung in Italien in der Periode des Faschismus bliebe unvollständig ohne einen zumindest groben Überblick über das quantitative Verhältnis von privatem und staatlichen Sektor. Ich möchte mich hierbei auf das Beispiel von IRI beschränken, dem sicherlich bedeutendsten, das die Richtung der Entwicklung augenfällig verkörperte. Zunächst als „Lazarett“ bzw. „Sanatorium“ (Mussolini) geschaffen in der Absicht, die übernommenen bankrotten Unternehmen und Banken zu sanieren und anschließend der privaten Hand zurückzugeben, entwickelte sich das „Istituto per la ricostruzione industriale“ sehr schnell faktisch zu einer Dauereinrichtung, die 1936 durch Gesetz nachträglich bestätigt wurde. Mit IRI besaß der Staat eine Art Dachgesellschaft, über die er seine zum Teil maßgeblichen Beteiligungen an Konzernen, Unternehmen und Banken abwickeln und seine Kontrolle ausüben konnte. Binnen weniger Jahre wurde sie zum Leitsektor für den vom Staat insgesamt kontrollierten Industriebereich[206]. Auf der Grundlage von 1945 angestellten Berechnungen[207], waren die durch den Staat kontrollierten Betriebe am Aktienkapital wie folgt beteiligt: zu 66,5 % im extraktiven Sektor, zu 47 % in der Metallindustrie, zu 43,9 % am Telefonbetrieb und zu 36,8 % am Transportbereich. Eine monopolähnliche bzw. oligopolistische Stellung hatte der Staat im einzelnen in folgenden Industriezweigen erlangt: zu 99 % an Steinkohle, zu 100 % an Antimon und Nickel, zu 80 % an Gußeisen, zu 70 % an Zinn, zu 65 % an Stahl, zu 100 % an der Produktion von Tabak, Salz und Chinin; zu 80 % an Werften und Schiffbau, zu 24 % an der Elektroenergieherstellung, zu 80 % am Telefonbetrieb, zu 40 % an Reedereien, zu 73 % am Eisenbahn- und zu 90 % am Flugbetrieb[208].

Im Ganzen kann also festgehalten werden, daß die Staatsbeteiligungen am höchsten waren: im Bergbau, in der Eisen- und Rüstungsindustrie und bei Werften; ferner im öffentlichen Kommunikations- und Transportbereich. Fest in privaten Händen dagegen blieben der Großteil der Chemie und der Elektroenergie sowie Fiat[209].

Über die herausragende Rolle, die IRI für die Aufrüstung erlangt hatte, bestehen keine Zweifel. Doch kann auf die weitgespannte Problematik, die die Autarkieplanung ebenso wie die Frage nach der korporativstaatlichen Neuordnung miteinschließt, hier nicht eingegangen werden[210].

206 Zu den anderen staatlichen Bereichen vgl. *RAC, Industria,* II (Anm. 64), S. 384 u. passim.
207 Zu diesen und den folgenden Angaben vgl. ebd., S. 386.
208 Ebd., S. 386. Zu einer Aufschlüsselung der Angaben vgl. Ranke, *Faschismus* (Anm. 168), S. 105 ff. u. Anm. 57, 58; zur Einschätzung des Verhältnisses ‚privat'/‚öffentlich' am Beispiel von IRI vgl. Priester, *Der italienische Faschismus* (Anm. 38), S. 265 ff. u. passim.
209 Siehe Fano, Capitale e regime (Anm. 4), S. 117 f.
210 Aus der zahlreichen Literatur vgl. v.a. Forte, *Le imprese* (Anm. 39), S. 105 ff.; Grifone, *Il capitale* (Anm. 1), Kap. VII, VIII; Nicola Gallerano, L'autarchia e la guerra, in: *Conflitti sociali* (Anm. 4), S. 147–154; Angela Raspin, Wirtschaftliche und politische Aspekte der italienischen Aufrüstung Anfang der dreißiger Jahre bis 1940, in: *Wirtschaft und Rüstung am Vorabend des Zweiten Weltkriegs*, hrsg. v. F. Fortmeier/H.-E. Volkmann, Düsseldorf 1975, S. 202–221; Franco Catalano, *L'economia italiana di guerra. La politica economico-finanziaria del fascismo dalla guerra d'Etiopia alla caduta del regime 1935–1943*, Mailand

III Hauptmomente des Strukturwandels und neue Widersprüche

1. Verlagerung versus Grundstoff- und Basisindustrie. Neue Rolle des Staates

Aus den bisher aufgeführten Daten läßt sich bereits eine ganze Reihe von Schlüssen ziehen, die die vorab aufgestellte *These* belegen, wonach der auf 1925/27 datierte wirtschaftspolitische Kursumschwung die mittlere Phase (und Hochzeit) im italienischen Faschismus, bis etwa 1934/36, maßgeblich bestimmt hat. Darüber hinaus leiteten die Strukturveränderungen, die in diesem Zeitabschnitt zum Tragen kamen oder doch angelegt wurden, einen neuen Entwicklungszyklus in der Geschichte des italienischen Kapitalismus ein. Die Wurzeln späterer, besonders nach dem Zweiten Weltkrieg und in der Aufbauphase der italienischen Republik getroffener Entscheidungen – so hinsichtlich der spezifischen Formen der Weltmarktintegration Italiens, in der Bündnisfrage, der Organisierung des Finanzmarktes, hin bis zu Momenten der gesamtgesellschaftlichen Orientierung – gehen wesentlich auf diese Epoche italienischer Geschichte zurück.

Die durch die Zentralisations- und Konzentrationsbewegungen bewirkte Polarisierung in der Produktionsstruktur führte zu einer Fortsetzung des nicht homogenen Industriewachstums auf neuer Stufenleiter. Dieser Tatbestand läßt sich schlaglichtartig durch folgende Ziffern kennzeichnen: Die eigentlich moderne Industrietätigkeit beschränkte sich auf kaum mehr als 5.000 große Betriebe mit mehr als 100 Beschäftigten; ihr Anteil an der Gesamtzahl der Betriebe lag bei 2,4 %, sie beschäftigten 58 % aller Arbeiter und ihr Anteil an der Mechanisierung betrug 67,2 %[211].

Zugleich fanden erhebliche Verlagerungen innerhalb der Produktionsstruktur selbst statt. Auf der Grundlage der beschriebenen Zusammenballung von Arbeitskräften, von Mechanisierung und Konzentrationsbewegung in der Basis- und Grundstoffindustrie hatte zwischen 1927 und 1937/39 eine spürbare Verschiebung von der traditionellen Konsumgüterindustrie zugunsten der ersten Gruppe stattgefunden. Diese Entwicklung gilt als maßgeblicher Ausdruck eines qualitativen „Sprungs nach vorn" in der Geschichte der italienischen Industrie[212]. Die *unterschiedlichen*

Fortsetzung Fußnote 210
1969; ders., Les ambitions mussoliniennes et la réalité économique de l'Italie, in: *Revue d'histoire de la deuxième guerre mondiale*, 1969, Sonder-Nr. 76, S. 15–38; Louis Rosenstock Franck, *Les étapes de l'économie fasciste italienne. Du corporatisme à l'économie de guerre*, Paris 1939.

211 Vgl. *RAC, Industria*, II (Anm. 64), S. 264. Das Nebeneinander von einem kartellierten Sektor und den nach wie vor bestehenden „Konkurrenzindustrien" ebenso wie die daraus resultierenden Friktionen arbeiten besonders heraus: Agreste, Il capitale (Anm. 159); Maggi, La situazione economica in Italia (Anm. 196).

212 So *RAC, Industria*, II (Anm. 64), S. 260. Zur Frage des qualitativen Wandels s. insbes. Giorgio Mori, Processo d'industrializzazione e storia d'Italia und Per una storia dell'industria italiana durante il fascismo, beide abgedr. in: Giorgio Mori, *Il capitalismo industriale in Italia*, Rom 1977, S. 15–43 bzw. 219–249; Fano Damascelli, La „Restaurazione" (Anm. 3); Mantovani, Dall'economia (Anm. 56); Alberto Caracciolo, Il processo d'industrializzazione, in: *Lo sviluppo economico in Italia. Storia dell'economia Italiana negli ultimi cento anni*, Bd. III: *Studi di settore e Documentazione di base*, hrsg. v. Giorgio Fuà, Mailand 1969, S. 104–191, ferner die im Text angegebene Literatur.

Entwicklungstempi innerhalb der beiden Produktionsbereiche verdeutlicht die folgende Gegenüberstellung:

Tabelle 20: Anzahl der Beschäftigten nach Industriegruppen 1927–1937/39[213]

Industriegruppen	abs. 1927	abs. 1937/39	% 1927	% 1937/39	Indizes (1927 = 100)
Produktionsgüter	1 377 631	2 078 849	40,9	48,6	150,9
Konsumgüter	1 991 362	2 194 681	59,1	51,4	110,2
insgesamt	3 368 993	4 273 530	100,0	100,0	126,8

Daß es sich bei dem Wachstumsschub der Abteilung I nicht um einen gleichmäßigen, homogenen Entwicklungsprozeß handelte, wird sich auch noch bei der Betrachtung der Einfuhr von Fertigwaren zeigen. Der „Sprung nach vorn" beschränkte sich lediglich auf einige wenige Branchen, ja sogar einzelne Produkte, so daß Italien nach wie vor Ausrüstungsgüter, Maschinen, Apparate u.ä. in nennenswertem Umfang aus dem Ausland importieren mußte[214]. Erst vor diesem Hintergrund erklären sich so widersprüchliche Phänomene wie beispielsweise die Tatsache, daß Branchen wie Metall, Maschinenbau und Chemie in Italien *relativ* ein größeres Gewicht zukamen als etwa in den USA; oder auch, daß die Chemie in der italienischen Industriestruktur im Verhältnis größere Bedeutung hatte als beispielsweise in Deutschland[215]. Die Branchen, denen Pilotfunktion zukam, waren in der Reihenfolge: Chemie, Elektroenergie und Schwerindustrie/Maschinenbau[216].

Historisch lassen sich hierbei unterschiedliche Phasen unterscheiden: Im Verlauf der ersten liberal-freihändlerischen Phase unter De Stefani gewannen vor allem Chemie und Elektroenergie die Oberhand (der Maschinenbau konnte seine angestammte

213 *RAC, Industria*, II (Anm. 64), S. 260.

214 Siehe auch grundsätzlich Caracciolo, Il processo (Anm. 212), S. 103 f.

215 Zu internationalen Vergleichszahlen s. *RAC, Industria*, II (Anm. 64), S. 233. Nach den Berechnungen von Paretti/Bloch betrug der Anteil der chemischen Industrie an der Fertigwarenindustrie Italiens 7 % (1913), 13 % (1929) und 18 % (1937). Im Vergleich dazu die entsprechenden Ziffern für Deutschland: 6 % (1913), 12 % (1929) und 12 % (1937); Großbritannien: 6 % (1913), 8 % (1929), 7 % (1937); Frankreich: 6 % (1913), 10 % (1929), 11 % (1937). (Paretti/Bloch, La production (Anm. 182), S. 286, Tab. 27; weitere Angaben s. dort.)

216 So Caracciolo, Il processo (Anm. 212), S. 106. Nach Caracciolo stand der vorangegangene zwanzigjährige Entwicklungszyklus bis zum Ausbruch des Ersten Weltkrieges unter der Dominanz von Metall/Schwerindustrie (Maschinenbau) und Elektroenergie. Die Entwicklung nach dem Zweiten Weltkrieg brachte als Leitindustrien in der Reihenfolge: Chemie, Metall und Schwerindustrie (Maschinenbau) hervor (ebd., S. 106). Detaillierte Angaben zur Entwicklung der Pilot-Branchen bei Bruno Caizzi, *Storia dell'industria italiana dal XVIII secolo ai giorni nostri*, Turin 1965, bes. Kap. IV u. V; Eugenio Scalfari, *Storia segreta dell'industria elettrica*, Bari 1963; am Beispiel eines Großkonzerns der Eisen- und Stahlindustrie: Franco Bonelli, *Lo sviluppo di una grande impresa in Italia. La Terni dal 1884 al 1962*, Turin 1975.

Stellung behaupten) im Verbund mit „ihren" Geschäftsbanken, dem Credito Italiano und der Banca Commerciale[217]. Die deflatorische Wende 1926/27 bedeutete demgegenüber eine Verlagerung in der Führungsspitze der italienischen Industrie. Gezielte empirische Untersuchungen zu diesen Zusammenhängen liegen nicht vor; so kann mit G. Mori lediglich hypothetisch festgehalten werden, daß sich „die Führungsgruppe in ihrem innersten Kern gewandelt hatte und nun beherrscht wurde von der hyperbolischen Macht der Elektriker und den überschäumenden Kräften von Montecatini, daneben und womöglich rangniederer von der stattlichen Erscheinung des Senators Giovanni Agnelli . . ."[218].

Die sich anschließend verschärfenden Verzerrungen in der Produktionsstruktur sind ebenfalls im Lichte der Richtungskämpfe und der Machtverschiebungen innerhalb der Führungsgruppe der italienischen Industrie zu sehen, auf die anläßlich der Auseinandersetzungen um den Außenwirtschaftskurs 1931/34, außerdem in der Lohnfrage und in der Korporativismus-Debatte noch zurückzukommen sein wird.

Zieht man darüber hinaus das grundlegend veränderte Verhältnis von Staat und Industrie mit in die Betrachtung ein, so kann zusammenfassend festgehalten werden: Infolge der Trennung zwischen Geschäftsbanken und Finanzierungsinstituten trat an die Stelle der zunächst dominanten „banca mista" der „stato banchiere" mit 98 % des Bankenkapitals; und neben und verschränkt mit der Privatindustrie stand der „stato imprenditore", mit 25 % des Industriekapitals[219]. Dieser

> „Tatbestand kannte keine nennenswerten Präzedenzfälle, weder in Italien noch überhaupt in der Entwicklung der kapitalistischen Produktionsweise, möglicherweise mit Ausnahme Japans in der Meiji Restauration. Und diese Tatsache sollte [. . .] der ganzen zukünftigen Geschichte und nicht nur der sogenannten Wirtschaftsgeschichte ihr Zeichen einbrennen. Wohl niemals zuvor wie an diesem Beispiel entpuppte sich der Begriff ‚Staat' als Euphemismus. Denn einerseits braucht man bloß die Listen der Verwaltungsräte der ‚IRIsierten' Gesellschaften durchzugehen und gleichzeitig einen Blick auf die Listen der großen privaten Unternehmen zu werfen, um viele Namen gleichermaßen hier wie dort anzutreffen. Andrerseits bedeuteten die neuen Prärogativen der öffentlichen Gewalt, die für die erweiterte Reproduktion des Kapitals schlechterdings unentbehrlich wurden, dennoch in keiner Weise, daß sich Formen der Kontrolle von außen über seine Modalitäten und seine Zielsetzungen abzeichneten."[220]

Für den hier interessierenden Zeitabschnitt bleibt noch ergänzend hinzuzufügen, daß die neuen staatlichen Interventionsformen in erster Linie für insolvente, unrentable und zumeist für die Aufrüstung arbeitende Unternehmen und ganze Produktionszweige einen Rettunganker bildeten.

217 Zurückgedrängt in ihrer Bedeutung war demgegenüber die Schwerindustrie (Ansaldo) mit der Banca Italiana di Sconto; vgl. Fano, Capitale e regime (Anm. 4), S. 95 u. passim.
218 Vgl. Mori, Per una storia (Anm. 212), S. 234.
219 Siehe Mori, Processo (Anm. 212), S. 34.
220 Ebd. Dort auch weiterführende Überlegungen zu den angeschnittenen Zusammenhängen, die hier nicht weiter verfolgt werden können.

2. *Herausbildung moderner Wachstumsindustrien in der Weiterverarbeitung*

Neben der unterschiedlichen Entwicklung von traditioneller Leichtindustrie und Schwerindustrie[221] ist noch ein weiteres zentrales Moment des Strukturwandels hervorzuheben. Zum Teil eng verzahnt mit dem Aufschwung in der Basis- und Grundstoffindustrie trat im Bereich der weiterverarbeitenden Industrie, und in diesem Ausmaß gänzlich neu in der italienischen Industrielandschaft, eine relativ breite Palette modernster Herstellungszweige und Industrieprodukte in den Vordergrund: synthetische Farbstoffe, Kunstfasererzeugung, Autos (Kleinwagen), Elektromaschinen, Flugzeugbau, Gummi, Petrochemie, um nur die wichtigsten zu nennen[222].

In diesem Produktionsbereich war fraglos das Gros der Wachstumsindustrien angesiedelt. Als selbstbewußte Repräsentanten des neuen aufstrebenden Sektors lernte die italienische Öffentlichkeit nunmehr zahlreiche Unternehmerpersönlichkeiten kennen – Agnelli, Gualino und Marinotti (Kunstfaser), Pirelli (Gummi, Kabel), Beneduce (Elektro) –, die bestrebt waren, in Rom in den engeren politischen Entscheidungsprozeß aus gegebenen Anlässen einzugreifen, um sich nicht zuletzt auf diesem Umweg Gehör im Konzert der italienischen Industrieinteressen zu verschaffen. Am Beispiel Fiat/Agnelli werde ich versuchen, Zielsetzungen aber auch Grenzen der Expansionsstrategie dieser Gruppierung herauszuarbeiten. Sie läßt sich nicht, so viel sei vorweggenommen, auf eine einlinige Marktstrategie reduzieren, auf entweder Binnenmarkt- oder Weltmarktorientierung, vielmehr verfolgte die Gruppierung konsequenterweise eine Strategie der konsumorientierten Binnenmarktausweitung ebenso wie der Reintegration in den Weltmarkt auf neuer Stufenleiter auf der Grundlage ihrer Reproduktionsnotwendigkeiten: Einfuhr von Rohstoffen und Kapital und Ausfuhr von Fertigwaren, wobei besonders die Märkte der sich entwikkelnden Industrieländer in Europa von Interesse waren.

Der Tendenz nach ging die Herausbildung dieses intermediären Produktionssektors auf die ersten zwanzig Jahre dieses Jahrhunderts zurück. Zusammen mit den neuen Produktionszweigen war nunmehr innerhalb der inhomogenen Führungsschicht der italienischen Industrie, deren einzelne Interessenlager sich erbitterte Flügelkämpfe lieferten, eine „junge und aggressive Industriebourgeoisie" (G. Mori) herangewachsen, die sich von der traditionellen italienischen Industriebourgeoisie durch ihr betont nationales Selbstbewußtsein und einen entsprechenden politischen Stil deutlich abhob[223].

Der Begriff „industria nazionale", der Ende der zwanziger Jahre wieder auftauchte – er hatte seine erste Blütezeit im Ersten Weltkrieg erlebt[224] –, ist in seiner ökonomischen und politisch-ideologischen Genese maßgeblich zurückzuführen auf

221 Ausführlich dazu Mantovani, Dall'economia (Anm. 56), der die Entwicklung bis 1951 zum Teil nachzeichnet.

222 Siehe v.a. Mori, Per una storia (Anm. 212), S. 230 et passim; Preti, La politica (Anm. 101), S. 817; Castronovo, La storia (Anm. 131), S. 287.

223 So Fano Damascelli, La „Restaurazione" (Anm. 3), S. 69; für grundsätzliche Überlegungen s. Mori, Processo (Anm. 212), S. 28 ff.

224 Siehe Foa, Einleitung zu Grifone, *Il capitale* (Anm. 1), S. VII–LVV, XXX.

das Hervortreten dieser sich besonders eng mit dem nationalen Interesse verbunden fühlenden Unternehmerschicht. Sie sah sich in ihrem Expansionsdrang durch die spezifischen Formen der Auslandsabhängigkeit, in der sich der Industrialisierungsprozeß in Italien seit jeher entfaltet hatte, wenn nicht behindert, so doch erheblich konditioniert. Um die Jahrhundertwende hatte sich Italiens ökonomische Entwicklung überwiegend im Rahmen der Einflußsphäre Deutschlands vollzogen, wofür die Übernahme des gemischten Banksystems nach deutschem Vorbild einer der deutlich sichtbaren Beweise war. Deutschlands Rolle sowohl als „Modell" als auch als gefährlichster Konkurrent, die in den Reihen der Nationalisten und Korporativisten nun zunehmend thematisiert wurde, findet ihre materiale Basis in diesen Zusammenhängen[225]. Es kam daher nicht von ungefähr, daß einer der Wortführer der Neuen, Agnelli/Fiat, in Rom mit Erfolg dafür sorgte, dem eigenen Turiner Familienkonzern den Rang und den Appellativ einer „industria nazionale" offiziell zusprechen zu lassen (1929). Die Vorstellung von der „spezifisch italienischen" und *deshalb* weltmarkttüchtigen nationalen Industrie spielte überdies eine erhebliche Rolle in den Konzepten der modernistisch-technokratischen Korporativisten, wie noch ausführlich zu zeigen sein wird.

3. Verschärfung vorhandener und Herausbildung neuer Widersprüche

Mit dem forcierten Ausbau der modernen Wachstumsindustrien entstanden nach der deflatorischen Wende 1925/27 neue konkurrierende Interessenrichtungen innerhalb des modernen Sektors, die bereits während der Weltwirtschaftskrise zutage treten sollten[226]. Hier werden zunächst einige gegensätzliche Tendenzen struktureller Art herausgestellt, die die Entwicklung während des Faschismus hervorgebracht bzw. noch verschärft hat und die selbst wieder zu einer Differenzierung der Interessen bzw. zu Spaltungstendenzen im modernen Sektor des italienischen Kapitals führten.

Besondere Bedeutung in der vorliegenden Untersuchung wird jenem Komplex von Widersprüchen zukommen, die sich zwischen der an modernen internationalen technologischen und gesellschaftlichen Erfordernissen sich orientierenden Unternehmergruppierung einerseits und den tatsächlichen Hindernissen andererseits auftaten, die die reale ökonomische und gesellschaftliche Entwicklung im Faschismus produzierte bzw. noch verstärkte.

Als erstes ist die ungleichmäßige, auf wenige „Inseln" im Industrienetz beschränkte technologische Rationalisierung zu nennen[227]. Die gewaltsame Unter-

225 Für grundsätzliche Überlegungen hierzu vgl. Mori, Banche, industria e imperialismo nell' „età giolittiana", abgedr. in: Mori, *Il capitalismo industriale* (Anm. 212), S. 83–110.

226 Vgl. Castronovo, Potere economico e fascismo, in: *Rivista di storia contemporanea*, 9/1972, S. 273–313, hier S. 299 f.

227 Ausführlich dazu Enzo Santarelli, Dittatura fascista e razionalizzazione capitalistica, in: *Problemi del socialismo*, XIV. Jg., 1972 (Serie III), H. 11/12, S. 693–720; für die folgenden Überlegungen s. auch Mori, Per una storia (Anm. 212), S. 234 f.

drückung jeder Klassenauseinandersetzung bewirkte nicht zuletzt, daß der Stimulus zu technischen Neuerungen und insgesamt zur Steigerung der organischen Zusammensetzung des Kapitals durch Erhöhung des Anteils an Maschinen und „stummer Energie" weitestgehend ausblieb. Das Niedriglohnniveau, eine wachsende industrielle Reservearmee, gewaltsam befriedete Belegschaften, freilich auch die chronische Kapitalknappheit bildeten entscheidende Bedingungen dafür, daß die technologischen Innovationen zwar in einigen wenigen Branchen[228] Spitzenniveau erreichten, daß sie aber in der italienischen Industrie im Ganzen hinter dem Rationalisierungsniveau hoch entwickelter kapitalistischer Industrieländer weit zurückblieben. Die Folgen für die italienische Konkurrenzposition in der internationalen Arbeitsteilung waren hierdurch vorgezeichnet: Ein erhebliches Technologiegefälle, bis auf wenige Ausnahmen, im Vergleich zu den modernen Industrienationen, war begleitet von Verzerrungen in der Binnenproduktionsstruktur; infolgedessen wurde der Konkurrenzkampf auf die Ebene der Lohnkosten verlagert.

Daraufhin konzentrierten sich alle Anstrengungen auf das Gebiet der Arbeit, der Organisation der Arbeit und der Steigerung der Arbeitsleistung pro Zeiteinheit, um die Produktivität zu steigern. Dieser Umstand, der zwar schon in zeitgenössischen Analysen, doch dann erst wieder in jüngster Zeit verstärkt Aufmerksamkeit in der Forschung gefunden hat[229], markiert besonders deutlich den faschistischen Gehalt der Rationalisierungsvariante in Italien: Produktivitätssteigerung beinhaltet hier zunächst und vor allem Intensivierung der Arbeit durch Beschleunigung des Arbeitsrhythmus und erst in zweiter Linie „Modernisierung" im Sinne von Einführung neuer Maschinen und Übergang zu rationaler Betriebsführung. In den fortgeschrittenen kapitalistischen Ländern und vornehmlich in den USA war die Einführung neuer Methoden der Arbeitsorganisation von technologischen Neuerungen begleitet, die tendenziell den gesamten Bereich der Produktion und des Konsums miteinbezogen und dadurch das Kapital in die Lage versetzten, auf die Profit*masse* zu setzen: auf eine Produktion für den Massenkonsum, verbunden mit einer umfangreichen Absorption von Arbeitskräften und einer Umverteilung von Einkommen, eingeleitet von einer Anfangsphase mit hohen Löhnen. Demgegenüber verlief die Entwicklung in Italien in anderen Bahnen. Hier setzte das Kapital überwiegend auf die Profit*rate* und zwar in dem Maße, wie die Politik der Lohn- und Konsumdrosselung die Grundlage für die Kapitalakkumulation bildete[230].

228 Einen Überblick gibt Preti, La politica (Anm. 101), S. 828 ff. Es fällt auf, daß hierbei die Produktion langlebiger Gebrauchsgüter einen beachtlichen Anteil ausmachte: Auffallend hoch sind die technologischen Neuerungen in der Kunstfaserfertigung und in der Autobranche.

229 Mittlerweile ein „Klassiker" ist der Aufsatz von Paola Fiorentini, Ristrutturazione capitalistica e sfruttamento operaio in Italia negli anni '20, in: *Rivista storica del socialismo*, H. 30, 1967, S. 134–154; außerdem: *Materiali per lo studio dell'organizzazione del lavoro durante il regime fascista*, hrsg. v. G. Buselli/R. Finzi/G. Pedrocco, Bologna 1976; *L'organizzazione del lavoro in Italia*, hrsg. v. M. Lichtner, Rom 1975 Giulio Sapelli, *Organizzazione, lavoro e innovazione industriale nell'Italia tra le due guerre*, Turin 1978.

230 So Fiorentini, Ristrutturazione (Anm. 229), S. 144 f.

Entlang dieser Linie bewegten sich die zur Anwendung gekommenen Systeme zur „wissenschaftlichen Organisation der Arbeit". Nur in Ausnahmefällen handelte es sich dabei um eine durchgängige Neuordnung des Produktionsprozesses; im wesentlichen ging es um die Intensivierung der Arbeit durch „die rationelle, intensive und vollständige Nutzbarmachung menschlicher Arbeit, d.s. unsere Arbeitskräfte[231]." Das Problem der Senkung der Produktionskosten wurde auf das Problem der Senkung von Lohnkosten reduziert[232].

Zu den konstanten Widersprüchen der kapitalistischen Entwicklung in Italien, die in der Periode des Faschismus fraglos verschärft wurden, gehörte die „erstickende Enge" des Binnenmarktes (G. Mori)[233].

Trotz des Entwicklungsschubs in der Produktionsstruktur und eben aufgrund der partiellen Ausweitung der inländischen Nachfrage zugunsten einzelner Branchen und agrarischer Interessen blieb das Problem der Binnenmarktenge grundsätzlich bestehen. Und auch der Ausweitung der staatlichen Nachfrage gelang es nur sektoral und über kurze Zeiten hinweg, dem Grundproblem kapitalistischer Wirtschaft in Italien Milderung zu schaffen. Bei allen Modifikationen im einzelnen bildete die Aufrechterhaltung der überlieferten sozioökonomischen und politischen Kräfteverhältnisse — Grundlage nicht zuletzt des Faschismus — die unverrückbare Barriere, die quer zu jeglichem im Kapitalinteresse selbst liegenden notwendigen gesamtgesellschaftlichen Wandel stand. Denn erst ein solcher konnte eine strukturelle Ausweitung des Binnenmarktes bewirken: Ausweitung und Anhebung des Konsums, eine veränderte Verbraucherstruktur und insgesamt eine breit gefächerte Neuzusammensetzung der Nachfrage, entsprechend dem weltweiten Wandel im Produktionsprozeß und diesen in Fluß haltend.

Binnenmarktenge als Ausdruck der Produktionsverhältnisse: Das war zunächst das Verhältnis Arbeit — Kapital. Die allgemeine Lohnkomprimierung, wachsende Arbeitslosigkeit, endemische Unterbeschäftigung und dazu noch die Verteuerung von Grundlebensmitteln bremsten jede Nachfragesteigerung und schon gar eine solche nach zusätzlichem Konsum. Neu hinzu trat das Problem des Massenabsatzes für die mit neuen Fertigungsmethoden (Fließbandarbeit) arbeitenden Branchen (Kunstfaser, Autos, langlebige Gebrauchswaren). Die mangelhafte Binnennachfrage wurde in der Tat als entscheidender Hemmschuh für den Expansionsdrang gerade der neuen Großindustrie angeprangert, in den Auslandsmärkten daher der notwendige Ausweg gesehen: In Italien bedeutet „Großindustrie zwangsläufig Exportindustrie,

231 So ein zeitgenössischer Befürworter des Bedaux-Systems, zit. von Preti, La politica (Anm. 101), S. 823. Zur Illustrierung des Tatbestands, daß es sich hierbei sowohl um Intensivierung der Arbeit als auch um Verschärfung der Arbeitslosigkeit handelte, das folgende Beispiel: In der Kunstseidenfabrik „Viscosa" (Rom) produzierten 1930 2.383 Arbeiter 3.000 kg Seide pro Tag; im Juli desselben Jahres betrug die Tagesproduktion 7.000 kg, während die Belegschaft auf 1.339 Arbeiter geschrumpft war und zwischenzeitlich keinerlei Veränderungen (Verbesserungen) an der technischen Ausrüstung des Betriebes vorgenommen worden waren. (Ausführlich dazu Giuseppe Di Vittorio, Il nuovo piano di attacco contro la classe operaia italiana, in: *Lo stato operaio*, VI. Jg., 8/1932, S. 444–451, 448.)

232 Fiorentini, Ristrutturazione (Anm. 229), S. 145; zum Bedaux-System vgl. den 2. Exkurs.

233 Für grundsätzliche Überlegungen s. die zitierten Aufsätze von Mori (Anm. 212).

da das Ausmaß unseres Inlandsmarktes zu gering ist, um allein eine solide Basis für die Massenproduktion abzugeben."[234]

Hinzu kam die spezifische Konfiguration des Abhängigkeits- und Gegensatzverhältnisses von Landwirtschaft und Industrie, auf die sich das faschistische Regime gleichermaßen stützte:

„Gerade die Wiederherstellung der Privilegien der Großgrundbesitzer verhinderte eine ausgeglichene Entwicklung der agrarischen Produktionsstrukturen in einer Weise, die zu einer kontinuierlichen Nachfrage hätte führen können. Die massive Durchsetzung der Interessen der kapitalistischen Großgrundbesitzer und Großpächter Norditaliens schuf zwar einen begrenzten Absatzmarkt für Produkte der Industrie, ließ aber andererseits die Arbeitslosigkeit bei den Tagelöhnern in einem Ausmaß ansteigen, das die Steigerung der Nachfrage nach Konsumgütern jeder Art verhinderte, eine Entwicklung, die durch die Pauperisierung von Klein- und Mittelbauern noch verstärkt wurde."[235]

Das Problem der Binnenmarktenge resultiert aber noch aus einem anderen Umstand. Trotz der teilweise hohen Produktionssteigerungsraten einzelner Industriezweige und bestimmter Unternehmen blieb das Industriewachstum im Ganzen, bezogen auf das Wachstum der Bevölkerung, überaus niedrig. Dazu die folgenden Vergleichszahlen:

Tabelle 21: Industrieproduktion pro Kopf ausgewählter Länder, 1901–55[236]

Länder	1901	1913	1929	1937	1955
Italien	12	20	28	31	55
Westeuropa	37	51	60	67	100
USA	74	109	165	160	285
Großbritannien	63	77	84	109	166
Deutschland	55	77	82	95	134
Frankreich	35	55	72	64	92
Österreich	24	34	42	42	90
Niederlande	33	46	51	53	96

Die These von der Periode des Faschismus als einem „periodo di stagnazione" samt den daraus ableitbaren historisch-politischen Implikationen stützt sich auf diesen unbestreitbaren Sachverhalt. Nimmt man ihn jedoch absolut, so versperrt er den Blick für die grundlegenden Strukturveränderungen, die gleichwohl im Laufe des gebremsten Entwicklungszyklus zum Durchbruch gelangten, zusammen mit ihren sozioökonomischen und politischen „Spät"-folgen[237].

234 So Felice Guarneri (1926), zit. von Fiorentini, Ristrutturazione (Anm. 229), S. 139.
235 Drews, *Agrarpolitik* (Anm. 135), S. 101.
236 Zusammengestellt nach Paretti/Bloch, La production (Anm. 182), S. 289, Tab. 30.
237 Für theoretisch-methodologische Überlegungen, die eine „endogene" Erklärung für die typische Funktionsweise des kapitalistischen Akkumulationsprozesses in Italien versuchen, im Gegensatz zu jenen Interpretationsschemata, die demgegenüber die „störenden" Elemente in diesem Prozeß im Vergleich zu einem wie immer „klassisch" angenommenen Modell herausstellen, s. den zitierten Aufsatz von Farina, Modelli interpretativi (Anm. 73).

Eine weitere grundlegende Veränderung struktureller Art bedeutete die Aufblähung des tertiären Sektors, namentlich der öffentlichen Verwaltung. Zu den herausragenden Kennzeichen der gesellschaftlichen Stabilisierungspolitik des faschistischen Staates gehörte in der Tat, daß ein ansehnlicher Teil der vom „stato banchiere" kontrollierten Finanzmittel in die Taschen der in unproduktiven Bereichen Erwerbstätigen wanderte und infolgedessen möglichen produktiven Investitionsvorhaben in der Landwirtschaft und der Industrie entzogen wurde. Damit erweiterte sich aber die Gruppe jener ökonomisch „parasitären"[238], d.h. auf dem Akkumulationsprozeß in Italien traditionell lastenden und ihn hemmenden Schichten, um eine zusätzliche und nunmehr moderne Schicht – modern in dem Sinne, daß sie für den gesamtgesellschaftlichen Zusammenhalt des faschistischen Regimes überaus funktional war.

Zu den Widersprüchen der ökonomischen und gesellschaftlichen Entwicklung in Italien, die während des Faschismus beibehalten bzw. noch vertieft wurden, gehörte schließlich das Nord-Süd-Gefälle. Hatten sich die süditalienischen Regionen zum Auffangbecken eines von hoher offener und versteckter Arbeitslosigkeit sowie endemischer Unterbeschäftigung gekennzeichneten Herrschaftssystems entwickelt und bildeten sie in der Weise ein notwendiges Sicherheitsventil für dessen Aufrechterhaltung, so bedeutete diese Entwicklung für die binnenwirtschaftliche Nachfragesituation eine zusätzliche Belastung. Besonders in ländlichen Gebieten bewirkte das mit der Krise einhergehende Wiederaufleben subsistenzwirtschaftlicher Produktions- und Lebensweisen eine partielle Aufhebung von Marktmechanismen überhaupt. Diese Entwicklung schlug sich u.a. in der erheblichen Verschlechterung des allgemeinen Konsumniveaus nieder[239], ferner in einem absoluten Rückgang der Beschäftigung: Zwischen 1921 und 1936 wuchs die Gesamtbevölkerung im Süden von 9 Mill. auf ca. 10 Mill., während die Beschäftigtenquote von 46,6 % auf 38,8 % zurückfiel. Darüber hinaus kam es zu einem Anwachsen des realen Lohngefälles bei den Beschäftigten: 1910 betrug die Differenz zwischen dem Lohn beispielsweise eines norditalienischen und eines süditalienischen Tagelöhners 12 %, 1939 waren es 26 %. Und auch der Beschäftigtenzuwachs in der verarbeitenden Industrie, der einzige von nennenswertem Umfang, wirkte sich kaum auf die süditalienischen Regionen aus, da er sich überwiegend auf das norditalienische Industriedreieck konzentrierte[240].

238 Auf diesen von Gramsci verwandten Begriff werde ich im 4. Teil dieser Arbeit ausführlich zurückkommen.

239 So erklärt sich auch, weshalb es trotz der Steigerung des Nationaleinkommens nicht zu einer deutlichen Verbesserung des Lebensstandards kam. In der Tat lag der private Pro-Kopf-Verbrauch mit 2.522 Lire 1936–40 unterhalb dem der Jahre 1926–30. Vgl. Castronovo, La storia (Anm. 131), S. 322 und die dort angegebene Literatur.

240 Zu den Zahlenangaben s. ebd.

1. *Exkurs: Zur begrifflichen Präzisierung: Binnenmarkt- und Weltmarktinteressen, Protektionismus, Autarkie*

Eine Reihe guter Gründe läßt es plausibel erscheinen, die Dimension „Markt" in das analytische Zentrum der vorliegenden Untersuchung zu rücken: den „Markt" gewissermaßen zum Schnittpunkt von konkret-historischer Analyse und theoretisch-methodischer Reflexion zu machen. Sicherlich bildet dieser analytische Zugang nur eine von mehreren Möglichkeiten, die Aufarbeitung empirisch-historischen Materials sinnvoll mit theoretischen Fragestellungen zu verknüpfen. Er scheint mir allerdings im vorliegenden Fall besonders naheliegend zu sein: zum einen aufgrund der realen Bedeutung, die dem Problem der Marktorientierung und der Marktintensität in der historischen Entwicklung des italienischen Kapitals zukam und zum anderen in Anbetracht der Natur der Weltwirtschaftskrise, die mit der Zerstörung der realen Einheit des internationalen kapitalistischen Marktes auch zum Untergang eines bestimmten und bis dahin vorherrschenden Markttypus geführt hat[241].

Im historischen Prozeß der Entfaltung des italienischen Kapitals hatte sich innerhalb desselben die jeweilige Intensität der Marktorientierung zu einem wesentlichen Differenzierungskriterium hinsichtlich der unterschiedlichen Interessenlagen einzelner Kapitalgruppierungen entwickelt. Zwar nicht grundsätzlich, aber doch in der erreichten Ausprägung handelte es sich hierbei um eine spezifische Eigenart des italienischen Kapitalismus, die sich immer wieder als determinierend für die *Außen*orientierung des Landes erweisen sollte[242].

Geht man von der Oberflächenbewegung aus, so kann man von einem ausgeprägten Dualismus in der Wirtschaftsstruktur des Landes sprechen, bestehend aus einem von Geburt an eng mit dem Staat verschlungenen, stark kartellierten Sektor (ursprünglich: Werften, Reedereien, Schwerindustrie, Getreide, Zucker) und aus einem

241 Am Beispiel Italien heben diese Zusammenhänge hervor: Santarelli, *Storia del fascismo* (Anm. 1), bes. S. 218 f. u. passim; Giampiero Carocci, *Storia d'Italia dall'Unità ad oggi*, Mailand 1975, passim; zu Gramscis Auseinandersetzung mit der spezifischen Konfiguration des Marktes, deren Krisensituation und damit im Zusammenhang der gesamtgesellschaftlichen, der „organischen" Krise s. grundsätzlich Franco De Felice, Rivoluzione passiva, fascismo, americanismo in Gramsci, in: *Politica e storia in Gramsci*, Bd. I, Rom 1977, S. 161–220, z.B. S. 203 f. Für grundsätzliche Überlegungen zur Weltwirtschaftskrise verstanden als Weltmarktkrise, insbesondere als Zerstörung der Weltmarktbeziehungen der nationalen Kapitale, wurde herangezogen: Johannes Knobel, Die Verschärfung des Marktproblems in der allgemeinen Krise des Kapitalismus, I u. II, in: *Wissenschaftliche Zeitschrift der Universität Rostock, Gesellschafts- und sprachwissenschaftliche Reihe*, 5. Jg., 1955/56, H. 3, S. 337–374 u. 6. Jg., 1956/57, H. 1, S. 85–185; s. auch die Kurzfassung des Autors, Zur Vertiefung der Widersprüche auf dem kapitalistischen Weltmarkt insbesondere in der Periode zwischen den beiden Weltkriegen, in: ebd., 11. Jg., 1962, H. 1/2, S. 29–36; sodann Eugen Varga, *Die Krise des Kapitalismus und ihre politischen Folgen*, hrsg. u. eingel. von Elmar Altvater, Frankfurt a. M./Wien 1969; Nicolai Bucharin, *Die kapitalistische Stabilisierung und die proletarische Revolution*, Ekki-Moskau 1926 (Feltrinelli Reprint), bes. S. 33–41, 66 f., zur Aufnahmefähigkeit der Märkte angesichts der anlaufenden Massenproduktion; Christel Neusüss, *Imperialismus und Weltmarktbewegung des Kapitals*, Erlangen 1972.

242 Ausführlich hierzu Carocci, *Storia* (Anm. 241), S. 75 ff., 178 f. u. passim.

überwiegend an der über den Markt vermittelten Konkurrenz ausgerichteten Sektor (ursprünglich: vorwiegend Klein- und Kleinstbetriebe im Bereich der Textil- und Nahrungsmittelherstellung, dann mechanische Industrie und z.T. Maschinenbau), beide historisch fest verankert im sozioökonomischen Gewebe und im politischen Herrschaftsbündnis. Die Eigenart bestand nun darin, daß die beiden Sektoren in ganz geringem Maße miteinander integriert waren und somit nur ansatzweise ein komplementäres Verhältnis zueinander hatten.

Das Problem zweier Sektoren mit unterschiedlichen Entwicklungsbedingungen und folglich auch verschiedener Entwicklungsdynamik spitzte sich noch zu, als im ersten Jahrzehnt dieses Jahrhunderts Großbetriebe und monopolistische Strukturen auch in dem – nennen wir ihn verkürzend – Marktsektor herangewachsen waren (v.a. Chemie, Maschinen- und Apparatebau, langlebige Gebrauchswarenproduktion), die zu jenem hier am Beispiel Fiat dargestellten Doppelcharakter führten: einer sowohl ausgeprägten Markt- als auch Staatsorientierung. Das grundlegende Spannungsverhältnis zwischen beiden Sektoren wurde infolgedessen durch die weitere Entwicklung nicht aufgehoben, sondern lediglich modifiziert – nicht zuletzt zugunsten der Rolle des Staates und insbesondere seines relativ autonomen Handlungsspielraums.

Diese hinsichtlich der Marktorientierung ausgeprägt heterogene und diskontinuierliche Produktionsstruktur stellte traditionell die materiale Basis für die Widersprüchlichkeit nicht zuletzt der italienischen Außenpolitik dar. Anders ausgedrückt, bildete die Frage der außenpolitischen und außenwirtschaftlichen Orientierung des Landes Diskriminante wie auch Aggregationspol für ansonsten ganz unterschiedliche Kräftegruppen[243].

Für den hier untersuchten Zusammenhang noch wichtiger war indessen der Tatbestand, daß sich hinter der nach dem Ersten Weltkrieg allenthalben erhobenen Forderung nach Protektionismus noch einmal ein heterogenes Interessenspektrum verbarg, so daß zwischen verschiedenen Ausprägungen von Protektionismus mit unterschiedlicher Genese und Zielsetzung unterschieden werden muß. Das gilt auch für den auf protektionistischen Vorstellungen beruhenden „nazionalismo economico" der Nationalisten, und insbesondere ihren korporativen Flügel.

Auf der Grundlage dieser historisch gewachsenen und diskontinuierlichen Marktstruktur waren nach dem Ersten Weltkrieg sehr unterschiedliche sozioökonomische Protektionismusstrategien politisch zum Tragen gekommen, Richtungen, die wahrscheinlich in Italien eindeutiger lokalisierbar waren, weil ausgeprägter als in vergleichbaren anderen Ländern. In zeitgenössischen Analysen zur Entwicklung der Weltwirtschaft ist vereinzelt[244] darauf aufmerksam gemacht worden, daß die überall

243 Außer Carocci vgl. Silvio Lanaro, Nazionalismo e ideologia del blocco corporativo-protezionista in Italia, in: *Ideologie, quaderni di storia contemporanea*, 2/1967, S. 36–93.

244 Andreas Predöhl, Die Beziehungen zwischen Währung und Handelspolitik, in: *Zeitschrift für die gesamte Staatswissenschaft*, 97. Bd., 1937, S. 71–84; Kurt Baumann (für: Friedrich Pollock/Kurt Mandelbaum), Autarkie und Planwirtschaft, in: *Zeitschrift für Sozialforschung*, II. Jg., 1933, S. 79–103; zur theoretischen Auseinandersetzung mit der Theorie Pollocks (und Mandelbaums) s. Giacomo Marramao, Zum Verhältnis von Politischer Ökonomie und politischer Theorie, in: *Ästhetik und Kommunikation*, H. 11, 1973, Jg. 4, S. 79–93.

zu beobachtende Einführung protektionistischer Maßnahmen, also die Umsetzung der Forderung nach autonomer Wirtschaftspolitik, nach Primatsetzung des Binnenmarktes und in letzter Konsequenz nach Autarkie sich nicht über einen Kamm scheren ließen, daß vielmehr von verschiedenartigen Protektionismusherden ausgegangen werden muß. Danach scheint für den hier interessierenden Zusammenhang folgende Differenzierung aufschlußreich zu sein.

(a) *Einen* „strukturellen" Protektionismusherd bildete nach Pollock und Mandelbaum der kontinentaleuropäische Getreideanbau. Die Autoren führen den deutschen als Beispiel an, ihre Beobachtungen lassen sich aber auch auf den italienischen Getreideanbau ausweiten, denn die mit ihm verknüpften Agrarinteressen bildeten das Gravitationszentrum einer breit gefächerten Kräftegruppierung, die nahezu gleichlautende Forderungen erhob und ähnlich argumentierte. Im Einklang mit der Forderung nach „Nahrungsfreiheit", nach „pane italiano", hatten sich offensichtlich in Deutschland wie Italien jene Befürworter von Protektionismus und letztlich Autarkie zusammengefunden, die den weltwirtschaftlichen Krisenerscheinungen und dem Methodenwandel in der Handelspolitik säkulares Gewicht beimaßen, als sie hier „Symptome einer Wirtschafts- und Zeitenwende" zu erkennen glaubten. Hinter den einzelnen Vorstellungen stand die grundsätzliche Auffassung, derzufolge die Durchkapitalisierung der Wirtschaft im Weltmaßstab und die territoriale Ausbreitung des Industriesystems letztlich zu einer strukturellen Abnahme der Außenhandelsquote sowie zu einer Rückbildung der internationalen Arbeitsteilung führen werde, die am Ende die völlige Auflösung der Weltwirtschaft zur Folge hätte. Man argumentierte: „Agrarische Überschußgebiete würden die Landwirtschaft restringieren und die freiwerdenden Produktionsfaktoren in der Industrie ansetzen, Zuschußgebiete müßten durch die Reagrarisierung umgekehrt verfahren, bis durch die planmäßige Abrundung der Wirtschaftskörper weitgehende Selbstversorgung erreicht ist."[245]

In grundsätzlich dieselbe Richtung wiesen die Vorstellungen von einem auf dem Prinzip der Komplementarität beruhenden Großwirtschaftsraum[246].

Angesichts dieser Argumentationsrichtung lassen sich Protektionismus und Rückbildung der internationalen Arbeitsteilung als die beiden interdependenten Kennzeichen des großraumwirtschaftlich-annexionistisch orientierten Autarkiekomplexes charakterisieren.

(b) Dieser Komplex wurde seinerseits überlagert und im Laufe der Weltwirtschaftskrise noch verstärkt von einem in seinen Ursachen und seiner Finalität gänzlich anderen Protektionismuskomplex. Beiden Richtungen war die Aushöhlung des Freihandelsprinzips und der Abbau der weltwirtschaftlichen Strukturen traditioneller

245 Baumann, Autarkie (Anm. 244), S. 82.

246 Siehe für viele Klaus Heinrich, Zollunionen und Großwirtschaftsräume, in: *Schmollers Jahrbuch für Gesetzgebung, Verwaltung und Volkswirtschaft im Deutschen Reiche*, 65. Jg., I. Halbbd., (1941), S. 25–45; Friedrich Vöchting, Vom Welthandel zur Großraumwirtschaft, in: *W.W.A.*, 55. Bd., 1942, S. 1–30.

Prägung ein zentrales Ziel, und ihre Gemeinsamkeiten reichten bis zu einem nahezu gleichlautenden Vokabular. Doch lagen die Beweggründe des zweiten Protektionismusherdes in den binnenwirtschaftlichen Strukturveränderungen und zwar bei den neuentstandenen Basis- und Grundstoffindustrien vor allem in den Industrieländern der zweiten und dritten Generation. Das herausragende Beispiel in dieser Gruppe bildete für Pollock und Mandelbaum Italien, angesichts der überdurchschnittlichen Steigerungsraten seiner Industrieproduktion, insbesondere denen der Abteilung I.

Bei dieser zweiten Gruppe handelte es sich um eine Spielart des Protektionismus (uneigentlich der Autarkie), die, anders als der agrarische Protektionismus, aufgrund des eklatanten Mangels an Kapital und Rohstoffen durchaus Verbindungen zu den Auslandsmärkten benötigte. Auf eine Formel gebracht, kann daher die hier angesprochene Konstellation mit dem Begriffspaar Protektionismus *und* Weltmarktverflechtung gekennzeichnet werden, wobei offen bleibt, in welcher Weise der projektierte Zugang zu den Auslandsmärkten erfolgen sollte, ob durch Handel und/oder Krieg bzw. Annexion.

Für den uns interessierenden Zusammenhang ist vielmehr von zentraler Bedeutung, daß die allgemein für die weltwirtschaftliche Entwicklung der Zwischenkriegszeit charakteristische Überlagerung von Protektionismustendenzen, die sich in ihrer Genese und ihrer Dynamik unterschieden, gerade in Italien in ausgeprägter Form vorhanden war. Der Umstand, daß in seinem sozioökonomischen System beide strukturellen Protektionismusherde angesiedelt waren, beide ausgeprägt und politisch relevant, verursachte nicht zuletzt Italiens eigenartig widerspruchsvolle Stellung in der internationalen Arbeitsteilung.

(c) Die angeführten Schutz- und Absperrungstendenzen zugunsten der meist in den Kinderschuhen steckenden und durch Privilegien und Subventionen des Staates massiv geförderten Grundstoffindustrien überlagerten sich ihrerseits prima vista mit den von anderer Seite erhobenen Forderungen nach protektionistischer Exportförderung: d.h. mit dem zumeist devisenpolitisch begründeten Protektionismus der bereits im besten Erwachsenenalter befindlichen und tendenziell für den Massenkonsum produzierenden „monopolreifen Wirtschaft". Während die Schutzinteressen der jungen und alten Grundstoffindustrie (Basischemie, Elektroenergie, Schwerindustrie) unterschiedlich ausgeprägt waren, verhielt sich der „Monopolprotektionismus" (Pollock/Mandelbaum) demgegenüber nicht eigentlich autarkistisch, da er im Gegenteil unter dem Zwang der Kapazitätsauslastung (Serienfertigung!) auf die Auslandsmärkte drängte. Innerhalb dieses Kräftespektrums befanden sich die hier vorrangig interessierenden, unter dem Etikett „Weltmarktinteressen" subsumierten Kapitalinteressen, die, gestützt durch eine protektionistische Exportförderungspolitik die Reintegration auf neuer Stufenleiter in den Weltmarkt zum Ziel hatten. Bezeichnungen wie „Monopolprotektionismus", „monopolistischer Wettbewerb" werden – ob zutreffend oder nicht – in der Literatur vielfach für diese Strategie verwendet. Der sich in der Außenwirtschaftspolitik damals abzeichnende generelle Wandel, der die Loslösung vom Freihandel signalisierte und am Anfang einer Epoche bislang unbekannten Verzahnung von Binnen- und Außenmärkten, von Binnen- und Außenwirtschaftspolitik stand, wurde in besonderem Maße von diesen Interessen „getragen". Das Beispiel „Fiat" wird diesen Sachverhalt verdeutlichen (3. Teil).

Die Begriffe Binnenmarktorientierung und Weltmarktorientierung, so wie sie hier verstanden werden, bezeichnen einen *prozeßhaften* Vorgang, wobei jeweils von unterschiedlichen Intensitäten in der Orientierung ausgangen wird. Mit anderen Worten: Um einen relativ festen Kern von einigen wenigen Wirtschaftsinteressen, die aufgrund von sehr unterschiedlichen Ursachen verhältnismäßig konstant eine bestimmte Marktorientierung verfolgen, gruppiert sich mehr oder weniger locker der größere Teil der industrie- und agrarwirtschaftlichen Interessen mit weniger eindeutig festgelegten Marktschwerpunkten. Deren Orientierung wird vielmehr überwiegend von konjunkturellen Marktschwankungen u.ä. bestimmt, und sie werden von derartigen Schwankungen auch erst zur Polarisierung gezwungen.

2. *Exkurs: Zum faschistischen Charakter der Rationalisierung – Das Bedaux-System*

Nicht auf Taylor und den Taylorismus, sondern auf Bedaux und das von ihm entwickelte System der Berechnung des Akkordlohns schaute man in Italien bei der Einführung der in den hochentwickelten kapitalistischen Ländern entwickelten Methoden der Arbeitsorganisation und der Lohnanreizsysteme. Dies trifft besonders für die Zeit nach dem Kursumschwung von 1927 zu.

Die realen Unterschiede zwischen den verschiedenen arbeitswissenschaftlichen Methoden bei ihrer Umsetzung in die Praxis klar herauszustellen, erscheint mir außerordentlich wichtig, da die tatsächlich zur Anwendung gekommenen Formen der Rationalisierung im Betrieb präzise Auskunft geben über den konkret-historischen Stand des gesellschaftlichen Kräfteverhältnisses in unterschiedlichen kapitalistischen Staaten.

Diese Zusammenhänge, d.h. die *allgemeine*, seit dem ausgehenden 19. Jahrhundert zu beobachtende Tendenz zur Einführung der „wissenschaftlichen Betriebsführung" (F.W. Taylor) im Verbund mit dem Aufstieg des Großbetriebes und des Übergangs zur Massenproduktion und demgegenüber ihre *spezifische* Ausprägung in Italien, wurden sehr klar von interessierten Zeitgenossen und v.a. von Betroffenen erkannt und zum Ausdruck gebracht, so daß ich mich bei der Darstellung des Bedaux-Systems in erster Linie auf zeitgenössische Stimmen beschränke.

Von den unterschiedlichen Strategien der Arbeitsintensivierung, die die neuentstandene Arbeitswissenschaft für den verschärft entbrannten Kampf um die Kosten zwischen den kapitalistischen Staaten bereitstellte, wählten die (meisten) italienischen Unternehmer diejenige Strategie, die ihnen den größten Kostenvorteil versprach und deren Durchsetzung dank der Stabilisierung des faschistischen Regimes fortan gesichert schien. Im Klartext formulierte Gino Olivetti (Generalsekretär der Confindustria) auf der Internationalen Wirtschaftskonferenz in Prag (1928):

> „Réflechissez à ceci: il y a de pays qui n'ont que cette ressource: la main d'ouvre en surabondance, et qui n'ont pas de matières premières, de combustible. Vous demandez que ces pays,

dans le prix de revient, fasse figurer la rémunération du travail humain au même niveau que dans les autres pays plus riches et disposant de touts les éléments nécessaires pour la vie économique . . ."[247].

Das von dem in die USA emigrierten Franzosen Charles Bedaux (Bedeaux) entwickelte System der Akkordlohnberechnung, das 1925 über die C. Bedaux Company N.Y. seinen Einzug in Europa hielt, stellte einzig ab auf die Messung der menschlichen Arbeitskraft, ohne sich dabei um die Arbeitsmittel und -methoden und schon gar nicht um die gesamte Organisation des Arbeitsprozesses zu kümmern. Anders also als die in der Folge des Taylorschen Konzepts entwickelten Methoden zur Steigerung der Arbeitsproduktivität (Fordismus, REFA), die durch eine systematische Rationalisierung, Mechanisierung und Verbesserung der Arbeitsorganisation die Intensivierung der Arbeit erreichten, ist das Bedaux-System ausschließlich darauf aus, „die Menge an Arbeitskraft, die ein Arbeiter in einem bestimmten Zeitabschnitt zu verausgaben gezwungen ist, zu erhöhen[248].

Um das Produktionsquantum eines Arbeiters zu steigern, ohne zusätzliches Kapital in die Verbesserung der Anlagen und in die Rationalisierung des Arbeitsprozesses zu investieren, greifen die Unternehmer im allgemeinen auf die Verlängerung des Arbeitstages zurück. Doch dank des Bedaux-Systems erübrigt sich diese Maßnahme, zum doppelten Vorteil des Betriebsbesitzers:

„mit Hilfe des Bedaux-Systems wird ein Produktionsanstieg pro Arbeiter erzielt, ohne daß die Arbeitsbedingungen verändert werden (Maschinenausrüstung, Werkzeug, Arbeitsteilung etc.). Doch während die in der Folge der Ausdehnung der Arbeitszeit durch Überstunden mehr als gewöhnlich geleistete Arbeit mit einem entsprechenden Aufschlag bezahlt wird, wird die Mehrarbeit, die der Arbeiter auf der Grundlage des Bedaux-Systems leistet [. . .] – wenn er sie überhaupt schafft! – nicht nur nicht bezahlt mit irgendeinem Aufschlag, sondern sie wird ihm [. . .] weniger als die normale Arbeit bezahlt."[249].

Worin besteht also das Bedaux-System? Mit seiner Hilfe wird jeder Arbeitsvorgang in seine einzelnen Elemente zerlegt, um auf diese Weise die „Pausen", d.h. die für den Arbeitsvorgang nicht genutzten Momente zu ermitteln. Ziel des Bedaux-Systems ist es, diese „Pausen" weitgehend abzubauen. Das geschieht aber nicht in der Weise, wie beispielsweise durch das Taylor-System oder das Fließband, „indem die ‚wissenschaftlich unnützen' Bewegungen und die damit verbundene Anstrengung und Mühsal abgestellt werden, sondern man ist lediglich darauf aus, [. . .] die Bewegungen zu beschleunigen und sie zahlenmäßig zu steigern innerhalb ein und desselben Zeitabschnitts."[250]

Auf der Grundlage dieses Kleinstzeitverfahrens wird der Arbeiter dazu gebracht, „konzentrierte" Arbeit zu leisten, d.h. ein größeres Quantum an Bewegungen, an Anstrengung, an Aufmerksamkeit, an nervlicher Anspannung. „Nicht von ungefähr

247 Zit. nach Giulio Sapelli, Organizzazione „scientifica" del lavoro e innovazione tecnologica durante il fascismo, in: *Italia contemporanea*, XXVIII. Jg., 1976, Nr. 125, S. 13.

248 Mario Montagnana, Il sistema Bedaux e la classe operaia, in: *Lo stato operaio*, VII. Jg., 7/1933, S. 423–431, hier S. 425.

249 Ebd.

250 Ebd.

werden in den Betrieben, wo das Bedaux-System Anwendung findet, keine über 40jährigen Arbeiter mehr eingestellt, und die, die älter sind, werden schleunigst ausgeschieden."[251]

Zusätzlich zu dieser Mehrarbeit innerhalb ein und derselben Zeitspanne ermöglicht die Anwendung des Bedaux-Systems ein größeres Quantum an nicht bezahlter Arbeit. Jeder Arbeiter muß mindestens 60 „Bedaux"/Einheiten pro Stunde leisten; schafft er bei unmenschlicher Anstrengung mehr, „so wird ihm diese Differenz zusätzlich zu seinem Stundenlohn bezahlt, aber nur zu 75 %: die anderen 25 % bekommt nicht der Arbeiter, sondern das Aufsichtspersonal, das auf diese Weise einen besonderen Anreiz hat, den Druck auf den Arbeiter zu verstärken . . ."[252]

Das Bedaux-System, das zu einer kaum vorstellbaren Leistungsverdichtung führte, war wie geschaffen besonders für die kleinen und mittleren, technologisch rückständigen, kapitalarmen und arbeitsintensiven Betriebe in Italien: An Stelle von technologischer Automatisierung von ständig sich wiederholenden Arbeitsabläufen, für die die Investitionen vergleichsweise zu kostpielig waren, trat die verschärfte Ausbeutung menschlicher Arbeitskraft.[253] Dieser Umstand erklärt die außerordentlich breite und rasche Anwendung des Bedaux-Systems: in der Textilindustrie, im Maschinenbau und der Metallverarbeitung, im extraktiven Sektor, in der chemischen Branche, in der Schuhfabrikation, bei der Herstellung von Akkumulatoren, Schokolade, Hüten, Glas usw. Setzt man die Anzahl der Betriebe, in denen das Bedaux-System Anfang 1927 Anwendung fand, gleich 100, so schnellten die Indizes empor: 1928 auf 300, 1929 auf 566, 1930 auf 766, 1931 auf 1.032 und 1932 auf 1.332[254].

Aber auch in den Großbetrieben Breda und Fiat fand das Bedaux-System schnell Anwendung. Von dort aus sollten 1931/32 gegen dieses System gerichtete Kämpfe der Belegschaften ihren Ausgang nehmen, die möglicherweise die bedeutsamsten der Arbeiterklasse zu jener Zeit waren[255].

251 Montagnana, Il sistema (Anm. 248), S. 427.
252 Ebd.
253 Sapelli, Organizzazione (Anm. 229), S. 166 u. passim.
254 Montagnana, Il sistema (Anm. 248), S. 429.
255 Vgl. hierzu Fiorentini, Ristrutturazione (Anm. 229), S. 148, Anm. 37 u. passim; Castronovo, *Giovanni Agnelli* (Anm. 173), S. 495–497; De Benedetto, La classe (Anm. 4), S. 136–140; sehr informativ auch eine von Arbeitern angefertigte Untersuchung über das „sistema Bedaux", abgedr. in: *Lo stato operaio*, VII. Jg., 8/1933, S. 520–525. Allgemein zum Problem des Lohns habe ich herangezogen Vittorio Foa, *La struttura del salario*, Rom 1976.

5. Kapitel: Entwicklung in Grundzügen. Der tertiäre Sektor im Restrukturierungsprozeß

Zu den tiefgreifenden Veränderungen, die in der Folge des Kursumschwungs mit ihren bis in die Gegenwart hineinreichenden Folgen hervortraten, zählt auch ein Phänomen, das als Tertiarisierung der italienischen Wirtschaft bezeichnet wird. Sicherlich gehört die Entwicklung an sich, d.h. das wachsende Gewicht des Dienstleistungssektors (Handel, Kredit, persönlicher Dienstleistungsbereich, öffentliche Verwaltung), das dieser im Zuge der Differenzierung der Gesamtwirtschaft im Vergleich zu Landwirtschaft und Industrie gewinnt, zu den „normalen" Vorgängen im historischen Entfaltungsprozeß kapitalistischer Gesellschaften und soll infolgedessen nicht grundsätzlich zur Debatte stehen. Ich möchte mich hier auf einen bestimmten Aspekt konzentrieren, der mir die spezifische Form kapitalistischer Entwicklung in Italien besonders deutlich zu kennzeichnen scheint und dessen Wurzeln hauptsächlich in die ersten zehn Jahre faschistischer Herrschaft zurückreichen. Gemeint ist die hypertrophe Ausweitung der öffentlichen und halböffentlichen Verwaltung, der „pubblica amministrazione". Sie sollte sich über die Periode des Faschismus hinaus zu einem konstitutiven Systemmerkmal in der italienischen Nachkriegsrepublik auswachsen, über dessen systemstabilisierende und zugleich systemdysfunktionalen Momente eine heftige politische und wissenschaftliche Diskussion in den siebziger Jahren entbrannt ist[256]. Im Mittelpunkt der Diskussion und auch unseres Interesses steht die sozioökonomische Stellung und die politische und ideologische Funktion der „ceti medi", der Zwischenschichten, und namentlich das Phänomen „borghesia di stato": Dieser Begriff bezeichnet die breite, überwiegend aus den „ceti medi" kommende Schicht mittlerer und leitender Angestellter in der staatlichen und parastaatlichen Bürokratie, die mit der Aufblähung der staatlichen Verwaltung sprunghaft zunahm.

In der Periode des Faschismus entsprang diese Entwicklung zunächst dem dirigistisch-protektionistischen Wirtschaftskurs seit 1925/27, in Verbindung mit der systematischen Interventionspolitik des Staates, der neue Ämter und Arbeitsstellen

256 Ausgelöst v.a. von Paolo Sylos Labinis Schrift, *Saggio sulle classi sociali*, Bari 1974; s. für die hier interessierenden Zusammenhänge auch Alessandro Pizzorno, I ceti medi nei meccanismi del consenso, in: *Il caso italiano*, hrsg. v. Fabio Luca Cavazza/Stephan R. Graubard, Bd. II, Mailand 1974, S. 315–338 u. d. d. angeg. Lit.; Saverio Caruso, Burocrazia statale e borghesia in Italia, in: *Inchiesta*, III. Jg., 11/1973, S. 29–44. Einen zusammenfassenden Überblick über den Diskussionsverlauf geben: Paolo Pezzino, Sviluppo capitalistico e classi sociali in Italia. Note per un dibattito, in: *Italia Contemporanea*, XXVI. Jg., 1975, Nr. 120, S. 65–83; Sergio Scamuzzi, Sociologica e analisi delle classi in Italia, in: *Rivista di storia contemporanea*, 1976, H. 1, S. 104–135.

wie Pilze aus dem Boden trieb und gewissermaßen per Zellteilung zu einer Aufstockung bzw. Erweiterung der bestehenden staatlichen und halbstaatlichen Einrichtungen führte. Doch neben dieser, oberflächlich betrachtet, naturwüchsigen Genese[257], kam der Entwicklung präzise gesellschaftlich-politische Funktion[258] zu, im Faschismus ebenso wie in der zweiten Nachkriegsentwicklung.

I Tendenz zur Tertiarisierung auf dem Arbeitsmarkt

1. *Allgemeine Kennzeichen*

Die allgemeine Beschäftigungsquote hatte sich seit 1921 rückläufig entwickelt, doch nahm die Entwicklung in den drei großen Sektoren einen sehr unterschiedlichen Verlauf. Während die Erwerbstätigkeit in der Landwirtschaft relativ zurückging, wie erinnerlich, und in der Industrie nur schleppend zunahm, verzeichnete sie dagegen im tertiären Sektor deutliche Steigerungsraten: In den Jahren 1921–36 stieg sie jährlich um 1,8 Punkte; demgegenüber hatte sie in den Jahren zuvor (1901–21) nur um 0,3 Punkte zugenommen, danach (1936–51) sank sie sogar wieder um 0,7 Punkte[259]. Im Verhältnis zur Gesamtentwicklung auf dem Arbeitsmarkt verlief die Entwicklung im tertiären Sektor demnach „gänzlich anormal" (Sabbatucci et al.) und führte auf diese Weise zu einem Anstieg der hier Beschäftigten auf 5 Millionen (1936) gegenüber 1 1/2 Millionen im Jahr 1921.

Explosionsähnliche Zuwachsraten hatten ebenfalls der Kleinhandel und das ambulante Gewerbe zu verzeichnen, die sich als prekäres Auffangbecken für die von Landwirtschaft und Industrie freigesetzten Arbeitssuchenden auftaten. Ähnlich ist

257 Wird diese Seite der Entwicklung überbetont, so schleicht sich leicht die Vorstellung einer – um im Bilde zu bleiben – „pathologischen" Entwicklung ein: s. z.B. Sylos Labini, *Saggio* (Anm. 256), S. 48 f. u. passim.

258 Castronovo spricht von einem „Ensemble von Kräften mit zwar subalterner Stellung im System, die aber, nachdem sie ihren Platz einmal gefunden hatten, ihre Rolle zu rechtfertigen versuchten, indem sie ein eigenes hierarchisches System von Werten und Verhaltensmustern schufen ...". Und weiter: „Es war diese mit unterschiedlichen Privilegien ausgestattete ‚borghesia di stato', mit der sich die Hauptindustriegruppen verbanden, zum Preis gewisser Zugeständnisse an die Macht des bürokratischen Apparats, um daraufhin gemeinsam auf gedeihliche Weise das Wirtschaftsleben des Landes zu beaufsichtigen und neue Formen der Kontrolle und der Stabilisierung von oben zu praktizieren oder gar neu zu erproben." (Castronovo, La storia [Anm. 131], S. 329.) Folgt man Castronovo, einem der wenigen Faschismusforscher, der sozialgeschichtlichen und auch klassenanalytischen Fragestellungen in seinen Arbeiten empirisch nachgeht, so beruhte besonders in den dreißiger Jahren der „blocco sociale", zumindest seine Führungsspitze, auf dem Zusammenschluß von Großindustrie und staatlicher Bürokratie (vgl. ebd., S. 331 u. passim). Siehe auch ders., Fascismo e classi sociali, in: *Fascismo e capitalismo*, hrsg. v. Nicola Tranfaglia, Mailand 1976, S. 91–136; für eine breitgefächerte Anthologie mit sozialgeschichtlichen und klassenanalytischen Texten zeitgenössischer Autoren s. Orlando Lentini, *L'analisi sociale durante il fascismo*, Neapel 1974.

259 Siehe Sabbatucci Severini/Trento, Alcuni cenni (Anm. 85), S. 555. Nach den Angaben von Preti (La politica [Anm. 15], S. 837) betrug der Anteil der im tertiären Sektor Erwerbstätigen 1921: 15,2 %, 1931: 17,8 % und 1936: 20 %.

auch der sprunghafte Anstieg (1921–36) der in Haushalten, im Gaststättenwesen und für persönliche Dienste Beschäftigten zu bewerten. Dieser Bereich war im übrigen der einzige, in dem die Beschäftigung von Frauen einen nennenswerten Anteil ausmachte[260].

In dem dritten großen Teilbereich des Dienstleistungssektors, der „pubblica amministrazione", fand ein deutliches Anschwellen der Beschäftigung statt, das parallel zu einer massiven Entlassungswelle von Frauen aus der öffentlichen Verwaltung verlief. Das wird im Zusammenhang mit dem klientelaren Charakter gedeutet, der der Stellenausweitung offenkundig zugrundelag[261].

Insgesamt setzte sich hier eine schon in den Jahren zuvor (1911–21) begonnene Entwicklung in verstärktem Maße fort, die in den ersten zehn Jahren faschistischer Herrschaft zu deren Konsolidierung maßgeblich beitrug[262].

2. *Zur extensiven Ausweitung des Staatspersonals*

In absoluten Zahlen hatte sich die Gesamtzahl der im öffentlichen Dienst stehenden Angestellten und Beamten zwischen 1923 und 1932 nahezu verdoppelt. In den darauf folgenden acht Jahren wuchs sie noch einmal von ca. 640.000 auf über 990.000 Personen an[263]. Nicht mitgerechnet ist die hauptamtlich tätige Funktionärsschicht in der Faschistischen Partei, den faschistischen Syndikaten und den mit der Kriegswirtschaft entstandenen Verwaltungsapparaten.

Zu den allgemeinen Ursachen, die zu der bis dahin so nicht bekannten extensiven Ausweitung der öffentlichen Verwaltung geführt haben – hier ist in erster Linie die Tendenz zur Bürokratisierung zu nennen –, kam in Italien als spezifisches Moment die außerordentliche Vielfalt an staatlichen und halbstaatlichen Apparaten hinzu, die mit der Ausdehnung des Staatssektors einherging. Insbesondere ist in diesem Zusammenhang die Überlagerung von Doppel- und Mehrfachstrukturen zu nennen, die allein schon durch das Nebeneinander von traditioneller Ministerialbürokratie und neuen korporativen Einrichtungen entstand, dann aber auch durch die nicht mehr beizulegenden Konflikte zwischen den rivalisierenden Wirtschaftsgruppen, die danach trachteten, Teilbereiche der staatlichen Verwaltung unter ihre Kontrolle zu bekommen und auf diese Weise deren Ausweitung betrieben[264]. Hinzu kam schließlich

260 Vgl. Sabbatucci Severini/Trento, Alcuni cenni (Anm. 85), S. 570.

261 Auf die klientelare Funktion als einem wesentlichen Grund für die enorme Ausweitung der staatlichen Angestellten- und Beamtenschicht verweist auch Sylos Labini, *Saggio* (Anm. 256), S. 48 f. Nach den von Preti (La politica [Anm. 15], S. 837) angeführten Berechnungen betrug die relative Steigerungsrate der Beschäftigten in der öffentlichen Verwaltung 1921–31 11,6 % gegenüber 10,9 % in der Industrie und 1931–36 9,3 % (4,3 % in der Industrie).

262 Zu einzelnen Maßnahmen, die nach der faschistischen Regierungsübernahme zugunsten bestimmter Teile der Zwischenschichten ergriffen wurden, s. Sylos Labini, *Saggio* (Anm. 256), S. 75 ff.

263 Vgl. Castronovo, La storia (Anm. 131), S. 329 f.

264 Auf die „Refeudalisierung" des Staatsapparates am Beispiel der Organisation des Außenhandels werde ich an anderer Stelle detailliert zurückkommen (3. Teil, 3. Kap.).

eine nur schwer überschaubare Anzahl von Ämtern und Einrichtungen mit wohlfahrtsstaatlichem Charakter, die besonders seit der zweiten Hälfte der zwanziger Jahre entstanden: teilweise als „Ersatz" für die zerschlagenen gewerkschaftlichen und genossenschaftlichen Institutionen, teilweise als Neuschöpfungen des Fachismus und teilweise infolge eines Arrangements mit der Katholischen Kirche, die traditionell das eigentliche Zentrum der Wohlfahrts- und Fürsorgeeinrichtungen in Italien bildete[265].

Auf das engste verschränkt mit den letztlich politischen Ursachen für die Aufblähung des Personals in den öffentlichen Verwaltungen war das Phänomen des Klientelismus. Für die zweite Nachkriegszeit wurde hierzu festgestellt – und dies gilt mehr noch für die Periode des Faschismus –, daß ein wachsender Personenkreis aus den Zwischenschichten mit mittlerer und höherer Ausbildung dank klientelarer, d.h. politisch-persönlicher „Empfehlungen", einen Platz irgendwo in der Bürokratie fand. Ergebnis war, daß „nicht die Verwaltungsbeamten im Dienste der Öffentlichkeit, sondern die Öffentlichkeit im Dienste der ‚funzionari' " stand[266]. In diesen Fällen bildeten die Bezüge eine verschleierte Form der Arbeitslosenunterstützung: „letztlich waren sie die Folge einer besonderen Operation der sozialen und politischen Stabilisierung" (Sylos Labini). Verwaltungschaos, Behördenschlamperei und ein in allen Poren nistender „parassitismo" (V. Castronovo et al.) waren die offensichtlichsten Erscheinungen dieses Phänomens.

Zusammen mit der Währungsreform, die von den Sparern in den Reihen der Zwischenschichten vorbehaltlos begrüßt wurde, war es also der Stellenausbau im öffentlichen Sektor, der weite Teile dieser Schichten an den faschistischen Staat band und zwar allein schon aufgrund der Erwartungen, die er zu erzeugen verstand. Hinzu kam, daß im Laufe der Weltwirtschaftskrise die Gehaltskürzungen der staatlichen Angestellten und Beamten weit weniger drastisch ausfielen als die Lohnkürzungen. Auch die Phase der Erholung 1936/37 sah für die Staatsbediensteten vergleichsweise günstiger aus[267]. Auf der Grundlage grober Schätzungen ist hinsichtlich des Verhältnisses von Gesamtlohnaufkommen und Gesamtsumme der Gehälter errechnet worden, daß gegenüber einer prozentualen Verringerung der Reallohnsumme um 10 % bis 15 % in der Periode des Faschismus die Summe realer Einkommen öffentlicher und privater Angestellter enorm anwuchs und zwar durch die Kombination von realem Zuwachs an persönlichem Einkommen mit der Verdoppelung der Gesamtzahl der öffentlich Beschäftigten.

Anders als in Deutschland und Österreich haben daher in Italien die Auswirkungen der Weltwirtschaftskrise für die „ceti medi" nicht derart verheerende Züge angenommen. Mehr noch: Der langanhaltende Trend der Verringerung des Gefälles zwischen Löhnen und Gehältern, der ab 1880 stetig vorangeschritten war[268], kehrte

265 Siehe Roberto Maria Russo, *La politica dell'assistenza. Storia dello sviluppo capitalistico e del sottosviluppo assistenziale in Italia dal 1860 ai nostri giorni*, Florenz 1974, bes. S. 33–45.

266 Siehe Sylos Labini, *Saggio* (Anm. 256), S. 48.

267 Siehe auch Castronovo, La storia (Anm. 131), S. 325 f.; Sylos Labini, *Saggio* (Anm. 256), S. 77, 145 f. u. Tab. 1.1., 5.3.

sich während des Faschismus deutlich um und wies in den Jahren 1922–36 in entgegengesetzte Richtung. Bei dieser dem neuen Wirtschaftskurs zugrundeliegenden Einkommensumverteilung standen also die Gehaltsempfänger im öffentlichen Sektor eindeutig auf der Seite der Gewinner, wenngleich in subalterner Position gegenüber Profit und Grundrente. Anders formuliert, hatten relevante Gruppen der Zwischenschichten alles in allem „teil an der Aufteilung jener Quote des Nationaleinkommens, die der Lohnarbeit, der Schwachstelle des faschistischen Italien, und dem gesamten Akkumulationsprozeß des Kapitals entzogen wurde ...“[269].

II Zwischen gesellschaftspolitischer Stabilisierung und ökonomischer Belastung: Widersprüchlichkeit der „ceti-medi“-Politik

Zusammenfassend lassen sich als Ergebnis der bisherigen Darstellung zwei gegensätzliche Entwicklungsrichtungen hervorheben.

1. Anknüpfend an bereits vorhandene Ansätze aus der vorfaschistischen Zeit, betrieb der faschistische Staat in dem Maße, wie er seinen Charakter als „movimento“ abstreifte und „regime“ wurde, eine zielstrebige Politik der Rekrutierung einer eigenen Massenbasis, deren Adressaten die Zwischenschichten bildeten. Die „Politik der Teilhabe“ mußte in erster Linie ökonomisch abgesichert werden: beginnend mit der Einrichtung neuer Stellen, der Aufbesserung von Gehältern, der Schaffung unkündbarer Planstellen, über die Aufwertung von Sparguthaben und der Kaufkraftaufwertung fester Gehälter hin bis zur Konstanthaltung der Zinssätze namentlich für Staatsschuldentitel, der „klassischen Zufluchtsstätte“ (V. Castronovo) für das kleine und mittlere Sparkapital; hinzu kam eine gezielte Wohnungsbaupolitik. Darüber hinaus erschloß die faschistische Politik den „ceti medi“ die Teilhabe an den mannigfachen Formen sozialer Kontrolle, die seit Mitte der zwanziger Jahre zum Einsatz kamen. Der Ausbau und die Intensivierung der sozialen Kontrollmechanismen im italienischen Faschismus und die Politik der Begünstigung der „ceti medi“ mit dem Ziel ihrer politischen und ideologischen Rekrutierung verliefen offensichtlich Hand in Hand.

2. Die andere Seite der Medaille war das Kostenproblem. Denn die Bedeutung der „ceti medi“ in ihrer gesellschaftspolitischen Funktion für die Stabilisierung des faschistischen Herrschaftssystems und damit für seine gesamtgesellschaftliche Reproduktion stand im deutlichen Gegensatz zu den ökonomischen Kosten, die diese Politik erforderte und die eine nicht unerhebliche Belastung für den Akkumulationsprozeß des Kapitals bildeten. Angesichts der hohen chronischen Kapitalknappheit Italiens und seiner zu jeder Zeit niedrigen Auslandsverschuldung war, nach den folgenden Zahlen zu urteilen, das Ausmaß der finanziellen Belastung recht hoch: Der Anteil der „pubblica amministrazione“ am Bruttosozialprodukt kletterte von 6,6 % (1922) auf 14,5 % (1934), wenn auch mit einigen Schwankungen[270]; in absoluten

268 Vgl. ebd., Tab. 5.3, dritte Sp.; Castronovo, Fascismo e classi sociali (Anm. 258), S. 113.
269 So Castronovo, La storia (Anm. 131), S. 327 ff., 295.
270 ISTAT, *Sommario* (Anm. 106), S. 143, Tab. 110.

Zahlen ausgedrückt, wuchsen die Ausgaben des Staates für sein Personal zwischen 1922/23 und 1927/28 von 3.558 Mill. L auf 4.376 Mill. L (laufende Preise); gleichzeitig verdoppelten sich die Pensionen; im Verhältnis zu den gesamten Staatsausgaben erhöhte sich der Anteil für Verwaltung und öffentliche Zinslast zusammen von 15 % (1913–19) auf 32 % (1920–28) und auf 39 % (1929–34)[271].

Die Politik der Einkommensumverteilung und der Teilhabe für breite Teile der Zwischenschichten ging somit insgesamt zu Lasten eines beschleunigten, gerade auch von Unternehmerseite geforderten unbehinderten Akkumulationsprozesses. Dies war ein gravierender, allerdings aus der Natur der Reproduktionsnotwendigkeit des *gesamten* Herrschaftssystems resultierender Widerspruch, der sich in der Folge der Restrukturierung noch verschärfen und die zukünftige Entwicklung im Italien nach dem Zweiten Weltkrieg nachhaltig bestimmen sollte.

271 Vgl. Castronovo, Fascismo e classi sociali (Anm. 258), S. 122.

6. Kapitel: Struktur der italienischen Außenwirtschaftsverflechtung, 1925/27–1929/30

Die Darstellung des sozioökonomischen Umstrukturierungsprozesses in Italien und darin die Herausarbeitung der binnenwirtschaftlichen und innenpolitischen Dimension hat bislang den weltwirtschaftlichen Zusammenhängen und den von dort auf die nationalen Ökonomien einwirkenden Impulsen eine, wie es scheinen mag, sekundäre Bedeutung zugewiesen, die sie in Wirklichkeit natürlich nicht haben. Das Auseinanderreißen[272] des realen Zusammenhangs von weltwirtschaftlicher und nationalwirtschaftlicher Entwicklung, von internationalen und internen kapitalistischen Marktverhältnissen resultiert lediglich aus dem Gang der Darstellung; von der Sache her also hätten die folgenden beiden Kapitel auch am Anfang dieses Teils der Untersuchung stehen können.

„Die gesamte Wirtschaftstätigkeit eines Landes läßt sich nur im Verhältnis zum internationalen Markt beurteilen, sie ‚gibt es' und sie ist bewertbar insoweit, als sie in eine internationale Einheit eingefügt ist."[273] Es ist beeindruckend, wie weit verbreitet in der *zeitgenössischen* italienischen Publizistik das Bewußtsein von der tiefgreifenden Bedeutung der im Gang befindlichen Wende in der Weltwirtschaft für das eigene Land war. Ob man sich die Staats- und Gesellschaftskonzepte einflußreicher Korporativisten aus jenen Jahren anschaut, die mit „nationalen Antworten" auf die internationalen Herausforderungen aufwarteten, ob man Verlautbarungen von Mussolini und anderen Politikern analysiert, in denen die Überzeugung zum Ausdruck kam, daß nicht nur eine wirtschaftliche Umverteilung im Weltmaßstab im Gange war, sondern daß sich darüber hinaus eine neue internationale Ordnung herausbildete[274], oder ob man schließlich die Wirtschaftspresse verschiedener politischer Richtungen durchgeht: stets werden die im Gang befindlichen Veränderungen in der Struktur der Weltwirtschaft als Zerstörung eines grundlegenden Gleichgewichts begriffen, eines Gleichgewichts, das nicht zuletzt die Voraussetzung dafür gewesen war, daß Italiens Wirtschaft und Gesellschaft, vielfältig verknüpft mit den ausländischen Waren-, Kapital- und Arbeitsmärkten, sich in einer bestimmten Form hatte reproduzieren können.

272 Am Beispiel der Währungsreform von 1926/27 hebt Mori die verzerrten Aussagen hervor, die aus der Überbewertung der nationalen Dimension resultieren: vgl. Storia nazionale e modo di produzione capitalistico, in: *La ricerca storica marxista in Italia*, hrsg. v. Ottavio Cecchi, Rom 1974, S. 119–135, hier S. 128 f.

273 A. Gramsci, *Note sul Machiavelli, sulla politica e sulla stato moderno*, Turin [4]1955, S. 185.

274 Ausführlich dazu: Santarelli, *Storia del fascismo* (Anm. 1), S. 307 u. passim.

In den Jahren von ca. 1875 bis 1914 hatten sich der kapitalistische Weltmarkt vollständig herausgebildet und der internationale Handel seine universelle Ausbreitung erfahren[275]. Mit der internationalen Entwicklung eng verzahnt vollzog sich der Industrialisierungsprozeß in Italien und anschließend sein wirtschaftlicher Aufschwung bis zum Ersten Weltkrieg: auf der Grundlage steigender Einfuhren von Rohstoffen, Ausrüstungsgütern und Kapital, denen die Ausfuhr von Agrarprodukten und Fertigwaren einfacher Ordnung gegenüberstand; hinzu kamen die Rücküberweisungen der Arbeitsemigranten und die Einnahmen aus Frachten und Tourismus, die das chronische Defizit der Warenbilanz in der Regel auszugleichen vermochten. Mit dem Ersten Weltkrieg aber war der Weltmarkt, so wie er sich historisch herausgebildet hatte, aus den Fugen geraten. Die ersten Jahre der Umstellung auf den Frieden konnten die tatsächlich erfolgten Veränderungen, nämlich die relative Einengung und Aufsplitterung des Weltmarkts und die brüchig gewordenen internationalen Spielregeln, nur noch notdürftig überdecken. Italiens kurzatmige Erholung und sein außenwirtschaftlicher Aufschwung in der ersten Hälfte der zwanziger Jahre konnten infolgedessen nicht von Dauer sein. Langfristig von ungleich größerer Bedeutung sollten sich hingegen die Strukturverlagerungen im ökonomischen und gesellschaftlichen Kontext erweisen. Diese hatten allerdings in dem hier untersuchten Zeitraum oftmals noch keine deutlichen Konturen angenommen, so daß es nicht selten vorkommt, daß sie durch das Sieb eines sich eher an den vordergründig-makroskopischen Vorgängen haltenden Betrachters fallen.

Untersucht man dagegen die spezielle Entwicklung Italiens im Lichte der Weltwirtschaft, so läßt sich erkennen, daß bestimmte Entwicklungsmomente, die dort noch verdeckt bzw. keimhaft erschienen, durchaus Zukunft haben sollten insofern, als sie die nationale Ausprägung von qualitativen Veränderungen in der Struktur der Weltwirtschaft waren. Ehe jedoch auf diese Zusammenhänge eingegangen werden kann, gilt es zunächst, sich Italiens Außenwirtschaftsverflechtung konkret vor Augen zu führen.

Als erstes erfolgt ein Überblick über die außenwirtschaftliche Entwicklung während des Umstrukturierungsprozesses und anschließend ein Überblick über die Auswirkungen der Weltwirtschaftskrise auf die Außenwirtschaftsverflechtung des Landes. *These* ist, daß der überlieferte Typus der Verflechtung schon vor Ausbruch der weltweiten Krise gründlich gestört war und daß demgegenüber die Krise von 1929–32/34 den Kulminationspunkt einer Entwicklung bildete, in deren Verlauf sich bereits neue Entwicklungslinien, also die neuen Antworten auf den Niedergang des alten Entwicklungszyklus, abzuzeichnen begannen.

275 Zu diesen und den folgenden Angaben s. Ernest Mandel, *Marxistische Wirtschaftstheorie*, o. O./o. D., S. 505 ff.; für eine breit angelegte Dokumentation zum Zusammenhang von Ausweitung des multilateralen Welthandels und nationalwirtschaftlichen Industrialisierungsprozessen s. Société des Nations, Département économique, financier et du transit (Hrsg.), *Industrialisation et commerce extérieur*, Genf 1945.

I Außenwirtschaftliche Entwicklung zwischen Stabilisierungskrise und Weltwirtschaftskrise

1. Allgemeine Grundzüge

Vergleicht man den italienischen Außenhandel in den zwanziger Jahren mit der Entwicklung des Welthandels, so zeigt sich, daß der nationale Handel bis 1926 der Tendenz des internationalen Handels in etwa folgte, er dann allerdings eine Sonderentwicklung einschlug; dies trifft besonders für die Ausfuhrtätigkeit zu. Denn während sich der Welthandel ab 1925/26 in einer Phase des Aufschwungs befand, geriet der italienische Handel mit dem wirtschaftspolitischen Kurswechsel[276] und der überhöhten Liraaufwertung in eine gegenläufige Entwicklung, die sich 1928/29 nur mühsam wieder der internationalen Entwicklung anzugleichen schien.

Wie die folgenden Diagramme veranschaulichen, entsprach der Verlauf der italienischen Einfuhren bis 1928 in etwa dem der Welteinfuhr, ging dann anschließend zurück, während die Welteinfuhr ihre Aufwärtsentwicklung fortsetzte. Auf der Seite der Ausfuhren zeichnete sich die Sonderentwicklung gegenüber der Weltausfuhr noch deutlicher ab: Die italienischen Ausfuhren nahmen zwischen 1926–28 wertmäßig ab, die Weltausfuhr stieg in demselben Zeitraum hingegen stark; erst 1928 konnten sich die italienischen Ausfuhren wieder verbessern, im Weltmaßstab jedoch stagnierten sie.

Im ganzen reagierte der italienische Außenhandel empfindlich auf die Stabilisierungs- und Aufwertungsmaßnahmen, wobei für den hier interessierenden Zusammenhang von Wichtigkeit ist, daß Tendenzen und Entwicklungslinien, die während der Weltwirtschaftskrise unübersehbar wurden – namentlich die zunehmende Binnenmarktorientierung, der Rückgang der Fertigwarenexporte ebenso wie der Agrarimporte, Verlagerungen in den Bezugs- und Absatzmärkten, um nur einige zu nennen –, bereits mit und nach dem währungspolitischen Umschwung zutage traten. Will man mit dem Begriff der Zäsur arbeiten, bildete infolgedessen nicht die Weltwirtschaftskrise den eigentlichen Einschnitt in der wirtschaftlichen Entwicklung Italiens zwischen den beiden Weltkriegen. Man muß vielmehr davon ausgehen, daß die internationale Krise auf Entwicklungstendenzen in Italien einwirkte, die sich hier schon mit dem Aufwertungs- und Deflationskurs abzuzeichnen begannen und die durch die internationale Krise kompliziert und potenziert wurden.

Betrachtet man die Entwicklung der Einfuhren und Ausfuhren seit 1926 und vergleicht beide Entwicklungslinien mit den fünf Jahren vor der Währungsreform, so wird deutlich, daß beide Bewegungen in ihrer bis 1925 andauernden Aufwärtstendenz unterbrochen wurden: Der Rückgang der Importe im Jahr 1927 war mit ca. 20 % besonders groß, sie schienen sich aber in den folgenden beiden Jahren auf einem relativ hohen Niveau zu stabilisieren; die Ausfuhrtätigkeit erreichte dagegen 1926 ihr Maximum und entwickelte sich daraufhin rückläufig.

276 Ugo Calderoni, *I cento anni della politica doganale italiana*, Padua 1961, S. 150 f.

Tabelle 22: Entwicklung des italienischen Außenhandels und des Welthandels[277]

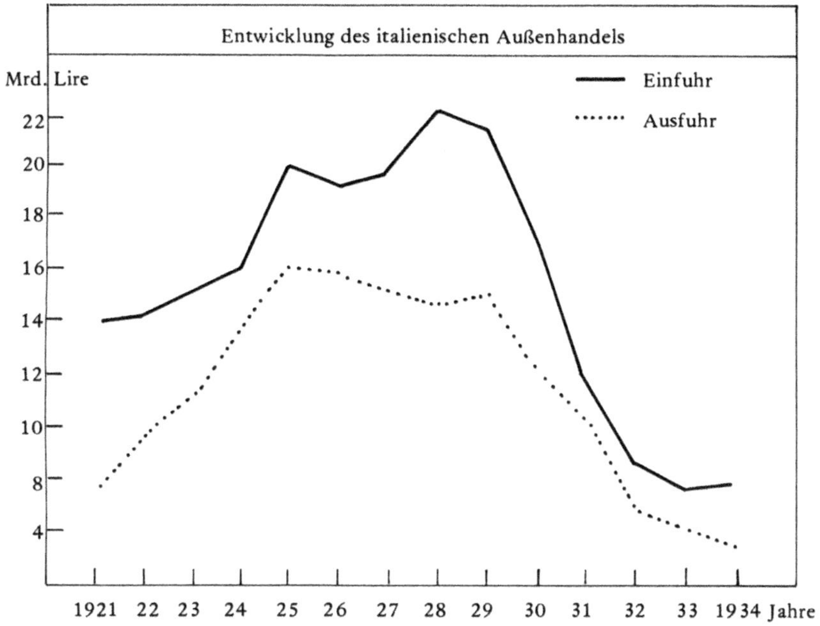

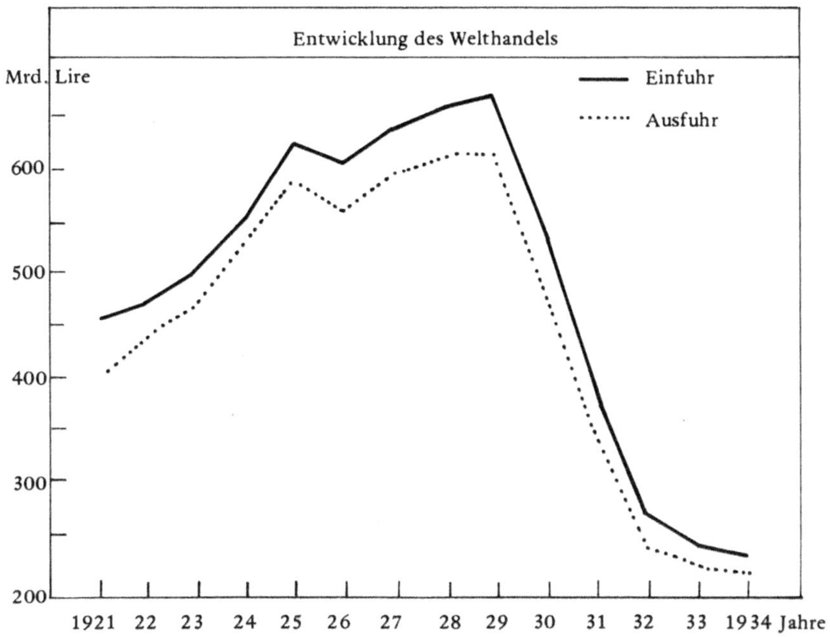

277 Vgl. Francescon-Centa, *Außenhandelspolitik* (Anm. 126), S. 45.

Tabelle 23: Spezialhandel 1921–29 (ohne Edelmetalle) in Mill. Lire[278]

Jahre	Import	Export	Export – Import
1921	16 926,0	8 278,6	– 8 647,4
1922	15 764,8	9 302,4	– 6 462,4
1923	17 189,2	11 093,0	– 6 096,2
1924	19 380,7	14 373,0	– 5 007,7
1925	26 200,5	18 274,3	– 7 926,2
1926	25 878,9	18 664,5	– 7 214,4
1927	20 374,8	15 634,0	– 4 740,8
1928	21 920,4	14 555,5	– 7 364,9
1929	21 303,2	14 884,4	– 6 418,8

Tabelle 24: Preisindizes der Ein- und Ausfuhren nach Warengruppen[279]

	Einfuhr				*Ausfuhr*			
Jahre	Lebensmittel	Rohstoffe	Fertigwaren	insgesamt	Lebensmittel	Rohstoffe	Fertigwaren	insgesamt
1925	100,00	100,00	100,00	100,00	100,00	100,00	100,00	100,00
1926	98,27	98,12	104,89	100,54	108,36	96,08	105,99	105,47
1927	78,81	74,63	90,27	80,91	92,84	76,06	84,11	85,06
1928	73,78	70,10	80,47	74,71	86,77	77,81	74,49	77,73
1929	69,80	'67,28	81,89	77,03	82,91	73,03	68,68	72,45

Ein Vergleich der Preisindizes einzelner Warengruppen auf der Einfuhr- und Ausfuhrseite zeigt, daß sich die Veränderungen allerdings unterschiedlich verteilten. Die Preise für die Einfuhren sanken in den Jahren 1926–29 um durchschnittlich 23,51 Punkte. Dabei bewegte sich der Index für die Fertigwarenimporte kontinuierlich und erheblich über dem Durchschnitt, während die Indizes für Lebensmittel- und Rohstoffimporte unterhalb dieser Schwelle lagen. Der Index für Rohstoffimporte war am stärksten gesunken.

In demselben Zeitraum sank auch der Preisindex für alle Ausfuhrgruppen und zwar mit 33,02 Punkten sogar noch stärker als der Importpreisindex. Die Abwärtsbewegung dieses Preisindexes, die die breite Anwendung von Dumpingpreisen dokumentiert, läßt sich nur vor dem Hintergrund der großangelegten Exportoffensive mit ihren Ankurbelungs- und Subventionsmaßnahmen begreifen. Dieser Aspekt wird noch deutlicher bei dem Vergleich zwischen Preisindex- und Mengenindexentwicklung.

Im einzelnen lassen sich auch bei den Ausfuhrgruppen erhebliche Unterschiede feststellen. Mit Ausnahme der Rohstoffexporte setzte die Abwärtsbewegung des

278 Nach Capanna/Messori, *Gli scambi* (Anm. 189), S. 152.
279 *Annuario Statistico Italiano*, 1931, Bd. V, S. 302.

Indexes erst 1927 ein; sie war bei den Fertigwaren bezeichnenderweise am stärksten, während sich der Index der Lebensmittelexporte weit über dem Durchschnitt halten konnte und folglich am günstigsten abschnitt. Der Index für die Rohstoffausfuhren lag in den beiden Jahren der Währungsinstabilität (1926/27) unter dem Durchschnitt und folgte dann im Gegensatz zu den beiden anderen Gruppen dem durchschnittlichen Verlauf. Im folgenden ein Vergleich zwischen der Entwicklung der Preise und Mengen:

Tabelle 25: Mengenindizes der Ein- und Ausfuhren nach Warengruppen[280]

	Einfuhr				*Ausfuhr*			
Jahre	Lebensmittel	Rohstoffe	Fertigwaren	insgesamt	Lebensmittel	Rohstoffe	Fertigwaren	insgesamt
1925	100,00	100,00	100,00	100,00	100,00	100,00	100,00	100,00
1926	97,89	100,79	95,66	98,48	93,20	106,74	96,74	96,83
1927	106,49	99,09	86,13	96,12	89,41	131,57	100,17	100,58
1928	132,73	105,51	107,03	112,88	86,04	121,41	110,44	105,46
1929	108,34	116,80	109,38	112,12	96,85	118,20	121,16	114,94

Bei den Einfuhren fällt auf, daß in den Jahren der Währungsinstabilität die Importmengen zunächst zurückgingen und 1928 und 1929 deutlich wieder zunahmen, wobei die Zunahme bei den Gruppen Lebensmittel (1928) und Rohstoffe (1929) stärker war, während die Importmengen der Fertigwaren kontinuierlich unter dem Durchschnitt blieben. Nur im Jahr 1926 waren die Ausfuhren aller Gruppen mit Ausnahme der Rohstoffe rückläufig; sie stiegen dann ab 1927 wieder an, wobei die Lebensmittelausfuhren die niedrigsten Steigerungsraten zu verzeichnen hatten.

Vergleicht man schließlich die Bewegung der Preise mit denen der Mengen, so wird auf der Importseite deutlich, daß die Einfuhrmengen insgesamt gesteigert wurden. Dieser Tatbestand bringt die Auswirkung der Liraaufwertung besonders klar zum Ausdruck. Diese vorteilhafte Relation läßt sich v.a. bei der Entwicklung der Rohstoff- und Lebensmittelimporte, weniger dagegen bei den Fertigwarenimporten feststellen. Hinsichtlich der Ausfuhren ist zu erkennen, daß ihrer mengenmäßigen Steigerung ein ebenso deutlicher Rückgang des Preisindexes im gleichen Zeitraum gegenüberstand. Mit anderen Worten: Trotz Aufwertung war es gelungen, die Ausfuhrmengen zwar zu steigern, doch konnte die Steigerung nur durch sinkende Ausfuhrerlöse erzielt werden. Die Differenz zwischen Mengensteigerung und Preisrückgang wird in erster Linie bei den Fertigwaren, ferner auch bei den Rohstoffen, in geringerem Ausmaß dagegen bei den Lebensmitteln deutlich.

Angesichts der sehr unterschiedlichen Dynamik der einzelnen Warengruppen hinsichtlich ihrer Preis- und Mengenentwicklung sowie ihrer Eigenschaft als Ein- und

280 Ebd.

Ausfuhrwaren, stellt sich nun die Frage nach der anteilmäßigen Entwicklung der Warengruppen am italienischen Außenhandel unter den Auswirkungen der Aufwertung und der Deflationspolitik.

Tabelle 26: Anteilswerte am italienischen Außenhandel[281]

Jahre	%-Anteil an Gesamteinfuhr				%-Anteil an Gesamtausfuhr			
	Lebensmittel und lebende Tiere	Rohstoffe	Halbfertigwaren	Fertigwaren	Lebensmittel und lebende Tiere	Rohstoffe	Halbfertigwaren	Fertigwaren
1921	39,4	31,6	14,0	15,0	20,0	10,2	30,3	39,5
1922	30,8	35,1	19,6	14,5	23,2	12,1	30,8	33,9
1923	28,1	39,0	18,6	14,3	22,7	11,2	29,0	37,1
1924	33,1	42,7	20,1	14,1	27,2	11,2	26,0	35,6
1925	24,2	39,4	21,0	15,4	26,4	10,0	23,9	39,7
1926	23,7	40,1	20,3	15,9	26,8	9,9	23,1	40,2
1927	26,3	38,2	20,0	15,5	26,3	11,6	22,3	39,8
1928	27,9	35,3	19,8	17,0	24,4	11,5	22,7	41,4
1929	22,3	38,2	20,2	19,3	25,8	10,4	21,5	42,3

Bei einem in Preisen ausgedrückt rückläufigen bzw. stationären Verlauf der Einfuhren ab 1926 sank der Anteil der Lebensmittel insgesamt trotz der erreichten Spitzen 1927/28 und setzte infolgedessen den seit Beginn der zwanziger Jahre beobachtbaren Trend fort; demgegenüber konnten die drei anderen Einfuhrgruppen ihre anteilmäßigen Positionen nach vorübergehenden Rückgängen (besonders 1927/28) noch erhöhen und setzten so ebenfalls ihren begonnenen Trend fort.

Aus dem Überblick über die Ausfuhren geht deutlich hervor, daß die Gruppe der Fertigwaren ihren Anteil an dem ab 1927 sinkenden Exporterlös noch steigern und so ihren Aufwärtstrend fortsetzen konnte; demgegenüber war der Anteil der Lebensmittelexporte 1927/28 rückläufig; die Rohstoffexporte hielten in etwa ihren Anteil, während derjenige der Halbfertigfabrikate dem Abwärtstrend folgend weiter sank.

2. *Kennzeichen der abhängigen und subalternen Position Italiens in der Hierarchie der internationalen Arbeitsteilung*

Die unterschiedliche Dynamik der Import- und Exportpreise in der Zeit von der Lira-Aufwertung bis zum Ausbruch der Weltwirtschaftskrise legt es nahe, das Verhältnis dieser beiden Preisgruppen genauer zu betrachten, um zu klären, inwieweit die

281 Nach Capanna/Messori, *Gli scambi* (Anm. 189), Tab. E.

Entwicklung der terms of trade Auskunft über die *spezifische* außenwirtschaftliche Position Italiens geben kann.

Der Überblick über die Preisindexentwicklung hatte gezeigt, daß sowohl die Ein- wie die Ausfuhrpreise ab 1927 sanken, allerdings in unterschiedlichem Ausmaß; diese Unterschiede werden noch deutlicher, wenn man sich das Preisverhältnis der einzelnen Warengruppen ansieht.

Tabelle 27: Preisindizes der Ein- und Ausfuhren und ihr Verhältnis[282]

Jahre	Import	Export	Export/Import
1925	100,00	100,00	1,00
1926	100,54	105,47	1,05
1927	80,91	85,06	1,05
1928	74,71	77,73	1,04
1929	73,03	72,45	0,99

Tabelle 28: Verhältnis der Ein- und Ausfuhrpreisindizes nach Warengruppen[283]

Jahre	Lebensmittel	Rohstoffe	Fertigwaren
1925	1,00	1,00	1,00
1926	1,10	0,98	1,01
1927	1,18	1,02	0,93
1928	1,18	1,11	0,93
1929	1,19	1,09	0,84

Ein Vergleich der Tabellen macht deutlich, daß sich die Austauschrelation insgesamt in den Jahren der Stabilisierungskrise verbessert hat und daß sich dieses Verhältnis 1929 wieder umkehrte. Weiterhin wird deutlich, daß sich die Austauschrelationen der einzelnen Warengruppen recht konstant entwickelten: Diejenigen der Lebensmittel und Rohstoffe blieben bis auf eine kurze Ausnahme konstant positiv, sie konnten sich in den beiden Jahren der Erholung verbessern (1928, 1929) und hielten sich danach konstant positiv bis 1936; 1937 dann, nach der Lira-Abwertung im Oktober 1936, verschlechterten sie sich (Lebensmittel: 1,03; Rohstoffe: 0,94). Demgegenüber verschlechterte sich das Tauschverhältnis der Fertigwaren seit der Aufwertung kontinuierlich und blieb konstant negativ: 1930: 0,74; 1931: 0,71; 1932: 0,72; 1933: 0,72; 1934: 0,71; 1935: 0,64; 1936: 0,58; 1937: 0,52.

282 Zusammengestellt nach Mario Saibante, Il rapporto fra gli indici dei prezzi all'importazione e gli indici dei prezzi all'esportazione e l'andamento del commercio con l'estero dell' Italia [zuerst 1937], abgedr. in: Mario Saibante, *Studi di economia statistica e sociologia*, Rom 1959, S. 359. Die Angaben pro Jahr basieren auf Monatswerten und stellen den Durchschnitt dar.

283 Nach ebd., S. 364.

Zusammenfassend kann festgehalten werden, daß, beginnend mit der Aufwertung und den gleichzeitig in Gang gesetzten Maßnahmen zur Lenkung der Außenwirtschaft, die realen Austauschrelationen für Lebensmittel und Rohstoffe bis 1936, d.h. bis zur Abwertung der Lira, sich konstant günstig entwickelten, während sie sich für den Fertigwarenaustausch zunehmend verschlechterten. Diese Entwicklungslinien wurden nicht grundsätzlich durch die Weltwirtschaftskrise verändert, vor allem aber wurden sie nicht von ihr hervorgerufen, wie es den Anschein haben könnte, wenn man, wie üblich, mit der Untersuchung erst 1929/30 ansetzt.

Ein Überblick über die Entwicklung der Preisindizes und der Mengenindizes veranschaulicht ebenfalls die grundsätzliche Kontinuität in der Entwicklung ab 1926/27, trotz einiger Unterbrechungen.

Tabelle 29: Preis- und Mengenindizes der Ein- und Ausfuhren[284]

	Preise		*Mengen*	
Jahre	Import	Export	Import	Export
1925	100,0	100,0	100,0	100,0
1926	100,5	105,5	98,5	96,8
1927	80,9	85,0	96,1	100,6
1928	74,7	77,7	112,9	105,5
1929	73,0	72,4	112,1	114,9
1930	63,9	60,6	103,7	109,3
1931	49,8	49,3	89,3	111,4
1932	39,1	40,1	80,0	91,1
1933	35,2	35,8	79,8	91,3
1934	34,0	32,9	84,7	84,0
1935	35,5	33,1	82,0	75,7
1936	43,0	37,0	51,5	56,4
1937	67,3	46,9	35,9	92,0

Sowohl die Preise als auch die Mengen der Ein- und Ausfuhren waren seit der Aufwertungs- und Stabilitätskrise tendenziell rückläufig; allerdings unterschieden sich die beiden Größen in ihrer Dynamik. Die Preise sanken von 1927 bis 1934 ununterbrochen und stiegen dann bis 1937 an, die Importpreise erheblich kräftiger als die Exportpreise, was insgesamt wieder zu einer Verschlechterung der realen Austauschbedingungen führte.

Die Mengen konnten trotz eindeutig rückläufiger Entwicklung einige Aufschwünge verzeichnen. Nach einem Rückgang vor allem der Importmengen während der Krisenjahre 1926/27 folgte ein kurzer Anstieg bis zum Ausbruch der Weltwirtschaftskrise; ab 1930 begannen die Importmengen bis 1936 zu sinken (mit einer kurzen Erholung 1934/35); während es auf der Exportseite 1931 noch eine Zunahme der Mengen gab, verringerten sie sich danach bis 1936 kontinuierlich.

284 Nach ebd., S. 353.

Die insgesamt rückläufige Entwicklung der Einfuhrmengen, der relativ höhere Ausfuhrmengen während zwei Drittel der Zeit gegenüberstanden (1927, 1929, 1930–33, 1936 und 1937), so daß das Mengenaustauschverhältnis in dieser Zeit – quantitativ gesehen – überwiegend positiv war, gilt jedoch allgemein als ein deutlich negativer Indikator für die binnenwirtschaftliche Situation im Lande[285]. Es ist ein Krisenindikator, denn deutlicher noch als das Tauschverhältnis der Preise, das zwar auch von der binnenwirtschaftlichen Situation, aber doch vor allem von der Preisentwicklung auf den Auslandsmärkten bestimmt wird, spiegeln demgegenüber das Mengenaustauschverhältnis und insbesondere die Einfuhrmengen eines so extrem rohstoffabhängigen Landes, wie Italien es ist, das eigene konjunkturelle Klima sehr genau wider. Gerade die traditionell außerordentlich große Differenz zwischen Ein- und Ausfuhrmengen gehört mehr noch als die Preisdifferenz zu den spezifischen Eigenheiten der italienischen Handelsbilanz, deren „verbesserte" Mengenaustauschrelation Ausdruck einer offenen binnenwirtschaftlichen Krise ist[286].

Hinsichtlich der Entwicklung der Austauschverhältnisse der Preise ist hervorzuheben, daß sie zwar Rückschlüsse auf die Position Italiens in der Hierarchie der internationalen Arbeitsteilung erlauben, sie aber allein noch nichts über seine absolute Stellung dort aussagen[287]: So führte zwar die Verbesserung der Austauschrelation der Preise, wie sie sich in den Krisenjahren 1926/27 abzeichnete, zu einer Reduzierung der Passivsalden der Handelsbilanz; gleichzeitig aber signalisierten die „Verbesserung" der terms of trade wie der Abbau der Außenhandelsverschuldung eine Verlangsamung wenn nicht gar Stockung in der binnenwirtschaftlichen Gesamtentwicklung, wobei zunächst offen bleiben kann, ob alle Sektoren und Branchen gleichmäßig davon betroffen waren.

In Anbetracht der Struktur des italienischen Außenhandels und seiner vielfältigen Verzahnung mit dem Weltmarkt überrascht es nicht, daß die Phasen binnenwirtschaftlichen konjunkturellen Aufschwungs traditionell mit einer hohen Außenhandelsverschuldung einhergingen und daß außerdem eine Ausweitung der Außenhandelsaktivitäten tendenziell zu einer Verschlechterung der terms of trade führte, eben aufgrund der spezifischen Nachfrage- und Angebots-Position der italienischen Wirtschaft auf dem internationalen Markt[288]. Man hat errechnet, daß über die Hälfte der italienischen Einfuhrwerte auf unentbehrliche agrarische und industrielle Rohstoffe entfielen, deren Einfuhrreduzierung also nur bis zu einer bestimmten Grenze möglich war, über die hinaus Preisveränderungen, Wechselkursschwankungen u.ä. kaum noch Einfluß auf die Einfuhrhöhe hatten. Der begrenzten bis starren Preiselastizität auf italienischer Seite stand jedoch eine elastische Nachfrage nach italienischen Ex-

285 Paola Maria Arcari, Gli indici dei prezzi all'esportazione e all'importazione in Italia nell' ultimo cinquantennio, in: *La vita economica italiana*, Juni 1932, S. 75–98, hier S. 96.

286 Giorgio Mortara, Die weltwirtschaftlichen Beziehungen Italiens, in: *W.W.A.*, 29. Bd. (1929 I), S. 258–305, hier S. 261.

287 So u.a. Corrado Gini, La posizione economica internazionale dell'Italia, in: *Movimento economico dell'Italia. Raccolta di notizie statistiche per l'anno 1927*, Mailand 1928, Bd. XVII, S. 359–386, hier S. 374.

288 Vgl. u.a. ebd., S. 366ff.

portwaren auf dem Weltmarkt gegenüber, deren Höhe Schwankungen unterworfen war, die von italienischer Seite natürlich in nur sehr beschränktem Maße beeinflußt werden konnten[289].

3. Zahlungsbilanz, Auslandsverschuldung und Kapitalexport

Geht man also davon aus, daß ungünstige terms of trade und eine chronisch defizitäre Handelsbilanz geradezu zu den konstanten Begleiterscheinungen der italienischen Außenhandelsentwicklung in ihren Aufschwungphasen gehören, so stellt sich die Frage, wie die laufend auf dem Weltmarkt entstandenen Schulden in der Regel abgetragen wurden; insbesondere ist zu klären, wie sich dieser Ausgleichsmodus, so wie er in der Zahlungsbilanz nachgewiesen ist, in den Jahren 1926/27 bis 1929 entwickelt hat.

Dazu sei im folgenden ein Überblick über die Salden der wichtigsten Posten der Zahlungsbilanz gegeben:

Tabelle 30: Salden der wichtigsten Posten der Zahlungsbilanz 1925–29 (in Mill. Lire)[290]

	1925	1926	1927	1928	1929
Waren	– 5185	– 4704	– 4741	– 7314	– 6429
Frachten	+ 1090	+ 1400	+ 1100	+ 1050	+ 1135
Tourismus	+ 3180	+ 2745	+ 2215	+ 2250	+ 2100
Rimessen	+ 3490	+ 3000	+ 2000	+ 2100	+ 210
Zinsen	– 225	– 800/ /950	– 900/ /980	– 950/ /1000	– 950/ /1050
Reparationen	+ 33	+ 36	+ 108	+ 226	+ 231

Die Aktivseite der Bilanz setzte sich aus den Überweisungen der Arbeiteremigranten, den Einkünften aus dem Fremdenverkehr und denen der Handelsmarine zusammen. Es handelt sich bei diesen wichtigsten „unsichtbaren" Deviseneinnahmen also um Erträge, deren Entwicklung vorwiegend außerhalb des Einflußbereiches der italienischen Wirtschaftspolitik lag und die zudem besonders empfindlich auf konjunkturelle Veränderungen des internationalen Klimas reagierten. Die Passivseite wurde in erster Linie durch den konstanten Warenimportüberschuß bestimmt und, allerdings in weit geringerem Maße, durch den Schuldendienst gegenüber ausländischen Kapitalgebern.

289 Paolo Kestenholz, *Außenhandel und Außenhandelspolitik Italiens in der Zeit von 1934 bis 1939*, Diss. Zürich, Zürich 1943, S. 65.

290 Zusammengestellt nach Silvio Golzio, *Sulla misura delle variazioni del reddito nazionale*, Turin 1951, S. 73; Francescon-Centa, *Außenhandelspolitik* (Anm. 126), S. 37 f.; zu allgemeinen Problemen der italienischen Zahlungsbilanz vgl. auch Kestenholz, *Außenhandel* (Anm. 289), S. 57 f.

Der Überblick macht deutlich, daß dem Defizitsaldo der Warenbilanz, der sich in den Krisenjahren 1926/27 verringert hatte und mit dem Aufschwung 1928/29 wieder anstieg, daß ihm seit 1926 kontinuierlich abnehmende Erträge auf der Aktivseite gegenüberstanden. Mit anderen Worten: Die rückläufige Entwicklung von zwei der drei hauptsächlichen Devisenströme, die sich mit der Weltwirtschaftskrise und der darauf folgenden überwiegend binnenmarktorientierten Konjunkturbelebung insgesamt verschärfen sollte, setzte offensichtlich schon in der zweiten Hälfte der zwanziger Jahre ein. Denn während der Saldo der Frachtenbilanz sein Niveau bis 1929 noch gut halten konnte, gingen die Einnahmen aus dem Reiseverkehr und vor allem die Rimessen ganz erheblich zurück. (Salden der drei Aktivposten zusammen: 1925 = 7760; 1926 = 7145; 1927 = 5315; 1928 = 5400; 1929 = 3445.)

Gleichzeitig stiegen die Zinsleistungen gegenüber dem Ausland um das drei- bis vierfache. Ihr sprunghafter Anstieg im Jahr 1926 ging auf die plötzliche und massive Aufnahme von ausländischem Kapital seit 1925 zurück, die nach vollzogener Stabilisierung jedoch wieder abnahm.

Im folgenden sei ein Überblick über die Entwicklung in Zahlen gegeben. Trotz der rückläufigen Zahlen drohte der Schuldendienst angesichts des Versiegens der wichtigsten Deviseneinnahmequellen zu einer erheblichen Belastung für die Zahlungsbilanz zu werden.

Tabelle 31: Auslandsverschuldung Italiens 1925–33[291]

Jahre	Mill. Lire
1925	2 090
1926	1 350
1927	3 088
1928	788
1929	232
1930	356
1931	223
1932	12,5
1933	4,4
insgesamt	8 053,9

Die Endsumme entsprach einem Gegenwert von 404 500 000 Dollar. Die Zahlungsbilanz war zwischen 1927 und 1940 mit insgesamt 7 267 Mill. Lire für den Schuldendienst belastet.

Für die bereits in Gang befindliche und künftig noch verstärkte Orientierung Italiens in Richtung Donau und Balkan ist schließlich noch seine Rolle als Kapitalexportland bemerkenswert. In Anbetracht der Politik der Kapitaleinfuhr Italiens ab

291 Ministero per la Costituente, *Rapporto della Commissione Economica. Presentato all'Assemblea Economica, III-Problemi monetari e commercio estero, I relazione*, Rom 1946, S. 173 f.

1925 handelte es sich dabei faktisch um eine Variante der „Politik des gepumpten Kapitalexports“[292]. Aus dem folgenden Überblick geht in der Tat hervor, daß reichlich ein Fünftel des per Schuldverschreibungen aufgenommenen Auslandskapitals zu teilweise ungünstigeren Bedingungen überwiegend an Donau- und Balkanländer vergeben wurde, wobei Österreich und Ungarn kontinuierlich einen Schwerpunkt bildeten.

Tabelle 32: Kapitalexport Italiens, 1923–33, Anleihen und Beteiligungen[293]

Jahr	Auslandsanleihen		ausländische Beteiligungen	Mill. Lire
1923	Österreich	6,50 %	–	200
1924	Polen	7 %	–	400
1924	Ungarn	7 %	–	170
1924	Deutschland	7 %	–	100
1925	Albanien		–	258
1926	Rumänien	7 %	–	200
1928	Bulgarien	7,5 %	–	28
1928	Griechenland	6 %	–	36
	....		verschiedene Beteiligungen	10
1929	Rumänien	7 %		152
1929	....		Steweag	66
1929	....		verschiedene Beteiligungen	10
1930	Ungarn	7,5 %	–	38
1930	San Paolo	7 %	–	46
1930	Deutschland	5,5 %	–	110
1930	Österreich	7 %	–	100
1930	Ungarn	7 %	–	92
1930	....		verschiedene Beteiligungen	25
1931	Anleihe		Sofia	19
1931	Anleihe		Berlin	27
1931	Griechenland	6 %	–	36
1931	....		verschiedene Beteiligungen	30
1933	Österreich	5 %	–	93,75
			insgesamt	2246,75

Rückläufige Einnahmen bei einem gleichzeitigen Weiterbestehen und teilweise sogar Anwachsen der Verbindlichkeiten führten ab 1927 zu einem ebenfalls kontinuierlichen Abbau der Bestände der Banca d'Italia:

292 Den Begriff verwendet Alfred Sohn-Rethel zur Kennzeichnung der Politik NS-Deutschlands im Donau- und Balkanraum während der dreißiger Jahre; vgl. Alfred Sohn-Rethel, *Ökonomie und Klassenstruktur des deutschen Faschismus. Aufzeichnungen und Analysen*, hrsg. v. J. Agnoli/B. Blanke/N. Kadritzke, Frankfurt a.M. 1973, S. 89 u. passim.

293 *RAC III* (Anm. 291), S. 102.

Tabelle 33: Bestände der Banca d'Italia, 1927–34 (Mill. Lire)[294]

1927	12 105,9
1928	11 070,8
1929	10 341,2
1930	9 624,3
1931	7 791,5
1932	7 144,0
1933	7 396,7
1934	5 883,7

4. *Verlagerungen in der geographischen Verflechtung*

Es bleibt schließlich noch zu klären, ob und inwieweit Veränderungen in der geographischen Außenhandelsverflechtung während der untersuchten Periode eingetreten waren, die in einem relevanten Zusammenhang zu den Entwicklungen in den dreißiger Jahren standen. Ein erster grober Überblick über die geographische Verteilung der Bezugs- und Absatzmärkte Italiens macht die Hauptentwicklungslinien deutlich.

Tabelle 34: Prozentualer Wertanteil an der Gesamtein- und -ausfuhr nach Kontinenten, 1916–38 (Durchschnittswerte)[295]

			Einfuhren		
Jahre	Europa	Asien	Afrika	Amerika	Ozeanien
1916–20	31,78	8,91	2,89	53,66	2,69
1921–25	43,95	9,29	3,72	38,84	4,04
1926–30	52,26	9,05	4,21	31,55	2,81
1931–35	60,71	7,58	6,57	22,38	2,55
			Ausfuhren		
Jahre	Europa	Asien	Afrika	Amerika	Ozeanien
1916–20	71,68	3,57	6,91	16,09	0,38
1921–25	66,46	4,82	5,74	20,95	0,67
1926–30	60,54	8,06	7,23	22,27	0,70
1931–35	64,68	5,40	10,47	18,05	0,59
1936–38	49,44	3,70	30,22	15,62	0,57

Ende der dreißiger Jahre hatten Europa und Amerika ihre Positionen als jeweils wichtigster bzw. zweitwichtigster Bezugsmarkt für Italien miteinander getauscht, wobei deutlich wird, daß sich der Reeuropäisierungsprozeß der italienischen Einfuhren am zügigsten in den zwanziger Jahren vollzog.

294 Ebd., S. 180.
295 Nach Capanna/Messori, *Gli scambi* (Anm. 126), Tab. U.

Bei der Entwicklung der Einfuhren aus den Überseemärkten Asiens und Afrikas hatte es ebenfalls Verlagerungen gegeben; der Anteil der asiatischen Bezugsmärkte war seit 1926/30 und dann v.a. während und nach der Weltwirtschaftskrise zurückgegangen im Gegensatz zu den Märkten Afrikas, deren Anteil stetig wuchs, insbesondere seit der Weltwirtschaftskrise.

Unter den Absatzmärkten Italiens waren die europäischen anteilmäßig am stärksten zurückgegangen, trotz der vorübergehenden Zunahme zwischen 1931–35. Der relativen Enteuropäisierung der italienischen Ausfuhren stand 1926/30 ein ganz erheblicher Zuwachs der Ausfuhren nach Afrika gegenüber, während sich die Ausfuhranteile nach Asien und nach Amerika ab 1931/35 verringerten.

Bemerkenswert ist schließlich, daß in den Jahren 1926/30 der anteilmäßige Ausfuhrrückgang nach Europa durch deutliche Zuwachsraten nach Asien, Afrika und Amerika kompensiert wurde; dagegen wurde der nach der Weltwirtschaftskrise neuerliche Rückgang der Europaexporte in den Jahren 1936–38 allein von den sprunghaft angestiegenen Exporten nach Afrika aufgefangen, während nun die Anteile, die nach Asien und Amerika gingen, weiter schrumpften.

Tabelle 35: Wertanteile an der Gesamtein- und -ausfuhr in %, bezogen auf Ländergruppen in Europa 1925–29[296]

	1925	1926	1927	1928	1929
*Kontinentaleuropa**					
Import	27,57	30,12	29,77	30,70	33,30
Export	39,23	38,97	39,12	36,79	35,69
Iberische Halbinsel					
Import	1,28	1,06	1,12	1,28	1,23
Export	1,95	2,02	1,87	2,02	2,02
Nordeuropa					
Import	1,33	1,37	1,34	1,42	1,83
Export	1,05	1,36	1,50	1,17	1,33
Balkan					
Import	5,15	7,75	6,25	5,77	5,55
Export	11,33	9,76	9,31	8,28	7,51
Nordosteuropa					
Import	1,19	2,42	3,42	1,81	2,29
Export	1,77	1,52	1,16	1,71	1,56
Großbritannien					
Import	10,42	7,28	8,96	8,19	9,59
Export	10,24	9,45	9,86	9,79	9,92

* Zu dieser Ländergruppe zählen: Belgien, Deutschland, Frankreich, Holland, Österreich, Schweiz, Tschechoslowakei, Ungarn.

296 Ebd., Tab. M. u. P.

Es vollzog sich also parallel zu dem Reeuropäisierungsprozeß der italienischen Bezugs- bzw. dem Enteuropäisierungsprozeß der italienischen Absatzmärkte im Ganzen eine Konzentration der Ein- wie der Ausfuhren auf Afrika, die auf der Ausfuhrseite besonders deutlich war: also ein geographischer Konzentrationsprozeß der italienischen Außenhandelsverflechtung, der zunächst in Relation zu sehen ist mit dem Desintegrationsprozeß des Weltmarkts, den anschließenden Reintegrationstendenzen und insbesondere als Ausdruck der spezifischen italienischen Expansionspolitik hierbei und ihrer Suche nach sicheren Märkten.

Die folgende Übersicht macht deutlich, daß sich die italienischen Bezugs- und Absatzmärkte in Europa in der Hauptsache auf drei Länder bzw. Ländergruppen konzentrierten – auf West- und Mitteleuropa (Kontinentaleuropa), Großbritannien und auf den Balkan – und daß mit der Inaugurierung der „Exportschlacht" auch hier der Konzentrationsvorgang der Märkte noch zunahm, was v.a. auf die Bezugsmärkte zutraf. Denn offenkundig war der Anteil Kontinentaleuropas an der Zunahme der italienischen Europaeinfuhren überproportional stark beteiligt, während die Marktanteile Großbritanniens sich insgesamt verringerten, und die des Balkans nur leicht anwuchsen. Zur Aufschlüsselung der geographischen Grobeinteilung s. die Tabellen 35 und 36.

Tabelle 36: Wertanteile an der Gesamtein- und -ausfuhr (in %), bezogen auf Ländergruppen außerhalb Europas 1925–29[297]

	1925	1926	1927	1928	1929
Britisches Empire					
Import	14,22	12,58	13,89	13,51	12,32
Export	3,51	5,64	5,31	5,63	5,19
USA					
Import	23,65	21,67	19,43	18,30	16,72
Export	10,38	10,36	10,50	10,45	11,54
Lateinamerika					
Import	8,40	9,02	8,49	11,86	10,12
Export	10,25	10,21	9,28	10,97	10,99
Zentralamerika					
Import	0,25	0,38	0,75	0,60	0,42
Export	0,77	0,78	0,71	0,61	0,69
Nordafrika					
Import	2,58	2,13	1,98	2,19	2,31
Export	4,41	3,96	3,99	4,32	5,09
Ostafrika					
Import	2,58	2,13	1,98	2,19	2,05
Export	1,53	2,38	2,68	3,22	3,09
Italienische Kolonien					
Import	0,54	0,56	0,48	0,53	0,49
Export	1,57	1,61	2,09	2,00	2,09

297 Ebd.

Die Übersicht verdeutlicht, daß Italien im Zuge des Verlagerungsprozesses seiner Absatzmärkte nach außerhalb Europas, Markteinbußen in allen seinen europäischen Marktschwerpunkten zu verzeichnen hatte, wobei der Rückgang in Großbritannien noch relativ geringfügig war.
Betrachtet man nun die Marktentwicklung außerhalb Europas, so wird sichtbar, daß von Italiens wichtigsten Märkten nur die lateinamerikanischen ihren Anteil als Lieferanten verbessern konnten – trotz des Verlagerungsprozesses versus Europa, während sich dieser Prozeß eindeutig auf Kosten der Anteile der USA und der Länder des britischen Empires vollzog. Die Suche nach neuen Absatzmärkten außerhalb Europas in demselben Zeitraum war v.a. im Britischen Empire erfolgreich und führte zu leichten Verbesserungen auch in den USA und in Lateinamerika.

Für die weitere Entwicklung während und nach der Weltwirtschaftskrise ist schließlich noch von erheblicher Bedeutung, daß sich im Zuge des Umstrukturierungsprozesses der italienischen Bezugs- und Absatzmärkte die Anteile der italienischen Kolonien in der Zeit zwischen 1926/27–1929 nicht nennenswert veränderten. Die verstärkte Einbeziehung Afrikas in das Bezugs- und Absatzmarktsystem Italiens galt nicht primär den eigenen Kolonien in Afrika, sondern vollzog sich außerhalb dieser in Nord- und Ostafrika und in den Gebieten des britischen Empire, also weitgehend in den Kolonialgebieten der anderen Länder.

5. *Zusammenfassung*

Für die weitere Analyse können abschließend folgende Ergebnisse festgehalten werden:

1. Die drastische Lira-Aufwertung an sich und allein genommen begünstigte die Einfuhrtätigkeit; sie schlug sich in einer Verbilligung der auf den Auslandsmärkten getätigten Einkäufe nieder, die teilweise sofort zum Ankauf jeweils größerer Mengen genutzt wurde. Diese Entwicklung kam in besonderem Maße den Rohstoffimporten zugute, der größten und unentbehrlichsten Warengruppe in der italienischen Einfuhr. (Ihr Anteilswert betrug 1925–29 durchschnittlich 38,2 %.) Hier verbilligten sich die Importe vergleichsweise am stärksten; gleichzeitig wuchsen die importierten Mengen überdurchschnittlich stark an; der positive Verlauf der terms of trade rundet das Bild von der insgesamt vorteilhaften Entwicklung für die Rohstoffeinfuhr ab.

Auch für die Lebensmitteleinfuhren wirkte sich die Aufwertung günstig aus, wenn auch weniger ausgeprägt. Ähnlich wie bei den Rohstoffeinfuhren drückte die Aufwertung die Preise der Lebensmittelimporte stark herab; ihr Preisindex bewegte sich kontinuierlich unterhalb der Durchschnittswerte, erreichte allerdings nie das niedrige Preisniveau der Rohstoffimporte.

Das starke Absinken der Einfuhrpreise wurde allerdings nicht zu einer mengenmäßigen Steigerung der Lebensmitteleinfuhren genutzt – im Gegenteil, trotz der Spitzen in den Jahren 1927 und 1928 wird hier bereits die Tendenz zur Drosselung von Lebensmittelimporten aus dem Ausland deutlich, die während und nach der Weltwirtschaftskrise noch zunahm. Überdies begannen sich 1929 der Weizen- und der Zuckerprotektionismus und die 1925/26 eingeleiteten Reagrarisierungsmaßnahmen, insbesondere die „Getreideschlacht", auszuwirken.

Für die Einfuhr von Fertigwaren leitete demgegenüber die Lira-Aufwertung eine Periode instabiler Entwicklung ein, die durch die Weltwirtschaftskrise noch verschärft werden sollte. Im Vergleich zu den beiden anderen Warengruppen wirkte sich hier die generelle Importverbilligung am wenigsten günstig aus. Da der größte Teil der italienischen Fertigwarenbezüge aus Investitionsgütern bestand, waren es also insbesondere die Auslandsbezüge an Produktionsmitteln, die von den positiven Auswirkungen der Aufwertung – Verbilligung und/oder Mengensteigerung – im Verhältnis am wenigsten profitierten.

2. Die Entwicklung der Ausfuhren nahm nach der Aufwertung einen überraschenden Verlauf, der sich allerdings nicht mehr mit der Wechselkursänderung allein, sondern mit der 1926/27 angelaufenen Exportoffensive sowie dem drastischen Lohnabbau erklären läßt. Die beiden tragenden Pfeiler des italienischen Exports – die Lebensmittel- und die Halbfertig-/Fertigwarenausfuhren – schnitten dabei sehr unterschiedlich ab. Generell läßt sich feststellen, daß der Mengenzuwachs der Ausfuhren nur zum Preis einer im Verhältnis viel stärkeren Senkung der Exporterlöse erzielt werden konnte.

Nimmt man die Preisentwicklung zum Maßstab, so war die Lage der Lebensmittelexporteure vergleichsweise am günstigsten; die Steigerungsrate der Ausfuhrmengen lag hier außerdem am niedrigsten. Sicherlich hat die zunehmende und forciert betriebene Binnenmarktorientierung der italienischen Agrarwirtschaft zu der rückläufigen Mengenausfuhr beigetragen, während es auf die anhaltend günstige internationale Konjunktur zurückzuführen ist, daß die Lebensmittelexporteure von noch größeren Preiseinbrüchen verschont blieben. Denn die Preise für die Haupteinfuhrposten Getreide und Zucker sanken auf dem Weltmarkt schneller als die der hauptsächlichen italienischen Ausfuhrwaren (Gartenbau-Erzeugnisse, Agrumen, Erzeugnisse der Nahrungsmittelindustrie).

Demgegenüber verlief die Entwicklung der Tauschrelation bei den Fertigwaren genau umgekehrt – sie entwickelte sich am stärksten negativ von allen Warengruppen. Da man davon ausgehen muß, daß Konsumgüter den Löwenanteil der italienischen Fertigwarenexporte, Produktionsgüter dagegen den der Importe bildeten, kann man folgern, daß die italienischen Käufer ausländische (v.a. deutsche) Investitionsgüter weiterhin teuer einkaufen mußten – teurer besonders im Vergleich zu den italienischen Verkäufern von Konsumgütern (besonders Textilien), deren Exportpreise ganz erheblich sanken. Allerdings vermochten sie auf diese Weise einen überdurchschnittlich hohen Mengenzuwachs zu erzielen.

II Zur Konkurrenzstruktur von Landwirtschaft und Industrie im Rahmen der Außenhandelsverflechtung Italiens

In der Warenzusammensetzung des italienischen Außenhandels spiegelt sich die binnenwirtschaftliche Struktur Italiens mit ihrer ausgeprägt agrarischen wie industriellen Komponente klar wider. Ausgehend von der Beobachtung, daß primärer Sektor und sekundärer Sektor auf jeweils unterschiedliche ausländische Bezugs- und Absatzmärkte angewiesen waren, soll im folgenden der Frage nachgegangen werden, inwieweit sich die Veränderungen in der Währungsparität, die Verlagerungen in der Außenhandelsverflechtung, in der Zollpolitik usw. auf die Position Italiens als Agrarland *und* als Industrieland ausgewirkt haben.

Es wurde gezeigt, daß die Austauschrelation für Lebensmittel 1927 stark positiv wurde und daß diese Entwicklung bis zur Abwertung 1936 andauerte; demgegenüber verschlechterte sich die Relation für Fertigwaren kontinuierlich seit der Aufwertung und blieb konstant negativ. Außerdem wurde ausgeführt, daß diese Entwicklung zu dem Zeitpunkt erfolgte, als sich Strukturverlagerungen in der geographischen Außenhandelsverflechtung Italiens vollzogen, die der Tendenz nach eine Reeuropäisierung der Bezugs-, eine Enteuropäisierung der Absatzmärkte Italiens sowie eine Konzentration seiner Ein- und Ausfuhren auf Afrika beinhalteten.

Anknüpfend nun an die signifikanten Verschiebungen beim Lebensmittel- und beim Fertigwarenaustausch werden im folgenden Grundlinien des traditionellen Spannungsverhältnisses zwischen italienischer Landwirtschaft und Industrie im Hinblick auf seine Relevanz für die Außenhandelsverflechtung des Landes aufgezeigt. Die Problematik ist deswegen von zentraler Bedeutung, weil sich dieser für Italiens geschichtliche Entwicklung immer wieder bestimmende Konflikt erheblich verschärfen sollte: zum einen aufgrund der faschistischen Industrialisierungs- und Reagrarisierungspolitik und deren eindeutig selektivem Charakter, zum anderen in der Folge des Zusammenbruchs der weltwirtschaftlichen Arbeitsteilung traditioneller Prägung. Ein kurzer Vergleich mit der Situation Großbritanniens, Frankreichs und Deutschlands verdeutlicht die Brisanz des Problems.

Während die Fertigwarenausfuhr bei den drei wichtigsten kapitalistischen Industrieländern Europas, deren Handelsvolumen dem vier- bis fünffachen des italienischen entsprach, den Hauptposten ihrer Ausfuhren bildete (Frankreich: 62,5 %, Großbritannien: 80 %) und die Lebensmittelausfuhr weit dahinter zurückblieb (Frankreich: 12 %; Deutschland: 5 %), betrug letztere im Falle Italiens 24,5 % (1926–29), während auf die Fertigwaren nur ein Anteil von 41,4 % entfiel.

Berücksichtigt man ferner die jeweiligen Anteile von Landwirtschaft und Industrie an der Entstehung des italienischen Bruttosozialprodukts (L = 37 %, I = 31,5 %, von 1926 bis 1929), so tritt vor diesem Hintergrund die grundsätzliche Konkurrenzsituation von Landwirtschaft und Industrie im italienischen Außenhandel deutlich hervor[298]. Während die hochindustrialisierten westeuropäischen Länder

298 Zu den folgenden Ausführungen vgl. Luigi Gallo [Luigi Longo], Vie e obbiettivi dell'imperialismo italiano, in: *Lo stato operaio*, VI. Jg., Nr. 5, 1932, S. 230–241.

die besten Abnehmer der italienischen Agrarexporte waren und von dieser ihrer Position aus die Vorzugsbehandlung für die eigenen Industrieprodukte als Gegenleistung forderten und zum großen Teil auch zugestanden bekamen (von daher beispielsweise Deutschlands starke Verhandlungsposition gegenüber Italien), boten die vorwiegend landwirtschaftlich orientierten Länder den italienischen Fertigwaren Absatzmöglichkeiten nur unter erschwerten Bedingungen, da sie Konkurrenten der italienischen Agrarexporte auf Drittmärkten waren. Komplizierend kam noch hinzu, daß die italienische Industrie an der Steigerung der Agrarexporte interessiert sein mußte im Hinblick auf die allgemein defizitäre Nahrungsmittelbilanz und im Interesse eines größeren Spielraums für die Einfuhren von Rohstoffen und Halbfabrikaten. Der folgende Überblick zeigt die Einfuhr- bzw. Ausfuhrdifferenzen der einzelnen Warenposten 1926–29 (in Goldlire):

Rohstoffe	Halbfabrikate	Fertigwaren	Lebensmittel
−1670	−210	+590	−650

Das Zusammenspiel von Agrar- und Industrieinteressen bei der Ingangsetzung der Reagrarisierungspolitik ist also auch aus der Perspektive der Implikationen der Außenhandelsstruktur und ihrer Entwicklung zu sehen.

Für den weiteren Verlauf der Untersuchung ist aber vor allem die *Struktur der Konkurrenz* zwischen Landwirtschaft und Industrie im italienischen Außenhandel im Blickfeld zu behalten im Hinblick auf ihre jeweilige Bedeutung für Roms Außenhandels- und Expansionsstrategien im Verlauf der Weltwirtschaftskrise. Letztere sind als Lösungsversuche zu verstehen, die auf Konkurrenz- und Kampfsituationen gerichtet waren, die ihren Herd sowohl auf dem Weltmarkt hatten als auch – das muß betont werden – auf den Schauplätzen konkurrierender Interessen innerhalb des faschistischen Herrschaftsblocks.

Die skizzierten Unterschiede zwischen dem agrarischen Handelsland Italien und dem Industrieland Italien, wie sie in zugespitzter Form in der unterschiedlichen Entwicklung der Austauschbedingungen für Lebensmittel und Fertigwaren zum Ausdruck kamen, lagen überdies seiner verschlechterten Position auf dem Weltmarkt als Fertigwarenexporteur zugrunde. Hier nahm Italien eine einzigartige Stellung unter den Industriestaaten ein, da deren terms of trade während des gleichen Zeitraums kontinuierlich positiv blieben im Gegensatz zu den vorwiegend agrarwirtschaftlich strukturierten Ländern, deren Tauschverhältnis sich vorwiegend unterhalb 1 bewegte. Die folgenden Tabellen verdeutlichen diesen Sachverhalt. Bei ihrer Zusammenstellung wurde von der Hypothese ausgegangen[299], derzufolge sich die Austauschrelation eines vorwiegend agrarischen Landes von dem eines vorwiegend industriellen immer dann deutlich unterscheidet, wenn die allgemeine konjunkturelle Entwicklung von einer für agrarische und industrielle Preise stark unterschiedlichen Dynamik gekennzeichnet ist.

299 Vgl. Mario Saibante, Considerazioni sull'andamento del rapporto dei prezzi all'importazione ed all'esportazione nei paesi agricoli e nei paesi industriali [zuerst 1941], abgedr. in: Saibante, *Studi* (Anm. 282), S. 369–375.

Tabelle 37: Relation der Ausfuhr- und Einfuhrpreisindizes[300]

	1929	1930	1931	1932	1933	1934	1935	1936	1937
	Länder mit vorwiegend industrieller Struktur								
Deutschland	1,00	1,08	1,23	1,38	1,38	1,29	1,19	1,13	1,08
Frankreich	1,00	1,14	1,16	1,15	1,17	1,17	1,19	1,12	1,01
Großbritannien	1,00	1,06	1,15	1,16	1,20	1,19	1,15	1,13	1,08
USA	1,00	1,10	1,09	1,19	1,25	1,26	1,30	1,22	1,17
Schweiz	1,00	1,04	1,09	1,13	1,14	1,16	1,17	1,19	1,13
	Länder mit vorwiegend agrarischer Struktur								
Indien	1,00	0,92	0,85	0,88	0,87	0,89	0,95	0,94	0,87
Neuseeland	1,00	0,81	0,68	0,63	0,61	0,77	0,78	0,88	0,97
Kanada	1,00	0,94	0,85	0,79	0,77	0,81	0,81	0,86	0,92
Südafrikanische Union	1,00	0,73	0,67	0,69	0,82	0,91	0,76	0,83	0,63
Ungarn	1,00	0,98	0,92	0,92	0,88	1,03	1,09	1,04	1,01
Jugoslawien	1,00	0,94	0,84	0,71	0,63	0,67	0,73	0,73	0,78
Dänemark	1,00	1,10	1,03	0,83	0,82	0,78	0,79	0,80	0,78
Argentinien	1,00	0,89	0,68	0,66	0,66	0,69	0,72	0,94	1,01
Italien	1,00	0,95	1,00	1,06	1,03	0,98	0,92	0,85	0,69

Für die weitere Analyse ist infolgedessen Italiens ambivalente Position hervorzuheben, die es zwischen Industrie- und Agrarländern auf dem Weltmarkt einnahm. Genau diese aus seiner Zwischenstellung resultierende Ambivalenz bedingte seine schwache Position auf dem Weltmarkt: Es partizipierte in einem vergleichsweise geringem Maße an der Verbesserung der Kaufkraft für Industrieländer auf dem Weltmarkt[301], die dank der Preisverschiebungen bis 1932/33 anhielt, und es reagierte daraufhin sogar als „Industrieland", als sich mit Beginn des Aufschwungs (1933) das Preisverhältnis zwischen den Ein- und Ausfuhrpreisen der Industrieländer zu deren Ungunsten veränderte, während sich also die Tauschrelationen der Agrarländer wieder verbesserten. – Zur allgemeinen Entwicklung schließlich der Überblick[302] S. 145, Tabelle 38.

III Abschließende Betrachtung

Vor dem Hintergrund der Konjunkturentwicklung im Weltmaßstab sowie angesichts des Geflechts von Einzelmaßnahmen und -entwicklungen, in deren Zusammenhang die Lira-Stabilisierung und -Aufwertung einen Knotenpunkt bildete, erscheint die *These* begründet, derzufolge der anhaltende weltweite konjunkturelle Auf-

300 Nach ebd., S. 371, 375.

301 Vgl. Otmar Emminger/Eduard Wolf, Gibt es eine Gesetzmäßigkeit in den Schwankungen der Austauschrelationen zwischen Industrie- und Rohstoffländern?, in: *Vierteljahreshefte zur Wirtschaftsforschung*, 12. Jg. (N.F.), 1937/38, H. 2, S. 154 ff.

302 Ebd., S. 154.

Tabelle 38:

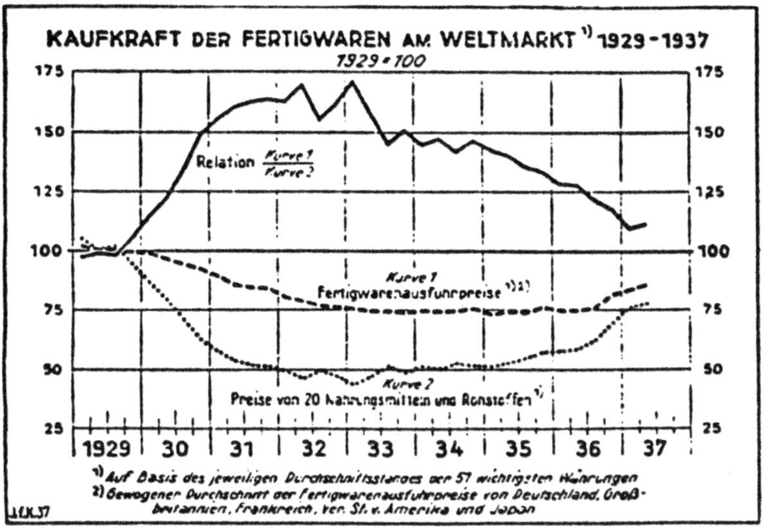

schwung die entscheidende Voraussetzung dafür war, daß der Umstrukturierungsprozeß in Italien – so wie er konzipiert war – gelingen konnte. Am Beispiel der eingeleiteten Maßnahmen ist herausgearbeitet worden, daß diese sowohl der Ausweitung des Binnenmarktes als auch der Ankurbelung der Exporttätigkeit dienten – bei einer anfänglichen Inkaufnahme von Ausfuhrrückgängen, die man aber schnell aufholen zu können hoffte, würden die neuen Maßnahmen nur erst greifen. Was folgte, war statt dessen eine Periode des allgemeinen Verfalls des Welthandels.

Mit den währungspolitischen Maßnahmen 1926/27 war aber von italienischer Seite vor allem keine Abschnürung vom internationalen Markt tout court intendiert, sondern eine Neu-Positionierung des Landes in der internationalen Arbeitsteilung, die der sich herausbildenden neuen Konstellation des Kompromisses im faschistischen Herrschaftsbündnis entsprechen sollte.

Die Rückkehr der italienischen Währung zum Goldstandard ist als handfester Beweis für die bewußt geplante Integration des Landes in das internationale Wirtschaftssystem zu werten. Daß diese Form der Integration in den Weltmarkt[303] freilich eine bedingte war, ausgestattet mit systemwidrigen Zügen, die zum „zweifelhaften Funktionieren des Goldstandard-Systems ... in der Stabilisierungsphase 1927–29“[304] beitrugen, ergibt sich bereits aus den flankierenden Maßnahmen, da diese in der Tendenz dem allgemeinen Desintegrationsprozeß Vorschub leisteten. Dies trifft für den Zollprotektionismus ebenso zu wie für die Reagrarisierungsmaßnahmen, wie schließlich allgemein für den planmäßigen Übergang zur Importsubstitution.

303 Ich beziehe mich hierbei auf ein von R. Mayer im Rahmen des Projekts angefertigtes Arbeitspapier zum Thema v. 15.2.1975.

304 Ebd., S. 3.

Läßt sich daher abschließend festhalten, daß gewissermaßen die drei Säulen, auf denen der neuerliche Kompromiß zwischen den Industrie- und Agrargruppen im faschistischen Herrschaftsbündnis ruhte, 1. von der Ausweitung des Binnenmarktes, 2. der Ankurbelung der Exporttätigkeit und 3. der Herabdrückung der Lohnkosten gebildet wurden, so ergibt sich die Fragestellung für die weitere Analyse von selbst. Welches waren die Rückwirkungen der Weltwirtschaftskrise auf die neue Entwicklung, geht man davon aus, daß gerade eine weitere Expansion des Welthandels als *konstitutive* Voraussetzung für den in der Anlaufphase befindlichen binnenwirtschaftlichen Umstrukturierungsprozesses galt? Welche Wirkung hatte für die konkrete sozioökonomische Herrschaftskonstruktion das Abbröckeln einer ihrer tragenden Säulen? Welches waren die alternativen Strategien, die die Aufrechterhaltung der Konstruktion dennoch erlauben konnten? Wie sahen die neuerlichen Rekonstruktionsvorgänge und Kompromißlösungen aus, die die Umstrukturierungs- und Verlagerungsprozesse unter dem inneren und äußeren Druck vorantrieben und verschärften? Dies alles sind Fragen, die im Hintergrund der folgenden Ausführungen stehen werden; diese selbst konzentrieren sich von nun an stärker auf einen Teilaspekt der Problematik und stellen so eine Verengung der Analyse gegenüber dem vorangegangenen Abschnitt dar. Im Mittelpunkt wird die Interessenkoalition mit ihrer materialen Basis stehen, die sich von Italiens Expansion im Donauraum und auf dem Balkan einen Ausweg aus der Krise erhoffte; dabei wird es in erster Linie darum gehen, die sozioökonomischen Bedingungen für die Herausbildung und Durchschlagkraft dieser Koalition herauszuarbeiten.

Als erstes wird jedoch ein Überblick über die allgemeine außenwirtschaftliche Entwicklung Italiens während der Weltwirtschaftskrise gegeben.

7. Kapitel: Auswirkungen der Weltwirtschaftskrise auf Italiens Stellung in der Hierarchie der internationalen Arbeitsteilung. Das Ende eines Entwicklungszyklus

Gegenstand des folgenden Kapitels sind vor dem Hintergrund der Weltwirtschaftskrise und des Zusammenbruchs des Weltmarkts die allgemeinen Entwicklungslinien und einige sie besonders kennzeichnende Momente, die für die spezifische Entwicklung der außenwirtschaftlichen Position Italiens von besonderer Bedeutung waren und die vor allem auch eine Unterscheidung zwischen allgemeinen und eigentümlichen Tendenzen der Entwicklung ermöglichen.

I Allgemeine Grundzüge

1. *Welthandelsentwicklung in Preisen, Mengen und Werten*

Legt man die Weltwarenbewegung von 1929 bis 1939 zugrunde, so lassen sich zwei Phasen unterscheiden[305]. Der allgemeine Rückgang der Austauschmengen begann 1930 und erreichte 1932 (zweite Jahreshälfte) seinen tiefsten Punkt; daraufhin setzte ein Anstieg bis zum Ende des Jahres 1937 ein, der jedoch das Niveau von 1929 nicht wieder zu erreichen vermochte. Im Jahr 1938 schlug die Entwicklung von neuem in eine Abwärtsbewegung um.

Der „in der Regel" parallele Verlauf von Produktion und Handel war seit dem Ausbruch der Weltwirtschaftskrise durch Unterschiede in dem jeweiligen Rhythmus gekennzeichnet, die sich aus dem Verlauf der prozentualen Daten ab 1930 ablesen und eine völlige Umkehr der Entwicklung gegenüber 1925–28 erkennen lassen. Während in dem Jahrfünft vor dem Ausbruch der Krise Welthandel und industrielle Weltproduktion sich einigermaßen im Gleichschritt bewegten, wobei der Welthandel mit etwas stärkeren relativen Steigerungsraten den Motor bildete, lassen sich für die

305 Zu den folgenden Ausführungen vgl. Eraldo Fossati, Tendenzen und Entwicklung des Weltaußenhandels von der Depression von 1932 bis zum Kriegsbeginn, in: *W.W.A.*, 57. Bd. 1943, T. I, S. 584–611; zum dokumentarischen Teil s. *Aperçu Générale du Commerce mondial 1938*, Genf 1939, und *Le commerce des pays éuropéens entre eux et avec le reste du monde*, Genf 1941, beide hrsg. vom Service d'Etudes économiques du Société des Nations; Banca d'Italia, *L'Economia Italiana nel sessennio 1931–1936*, Rom 1938. Von den älteren Publikationen wurden hauptsächlich die zitierten Arbeiten von Kestenholz und Capanna/Messori herangezogen; von den jüngeren Untersuchungen s. die Überblicke v. Mariangela Paradisi, Il commercio estero e la struttura industriale, und Pierluigi Ciocca, L'economia italiana nel contesto internazionale, beide in: *L'Economia italiana nel periodo fascista*, hrsg. v. P. Ciocca und G. Toniolo, Bologna 1976, S. 271–328, 19–50.

Krisenjahre zwei unterschiedliche Tendenzen im Rhythmus unterscheiden. In den Jahren 1930/34 sank der Welthandel weit weniger stark als die Industrieproduktion im Weltmaßstab, ab 1936 stieg die Industrieproduktion wesentlich stärker und nachhaltiger an als der Handel. Beide Größen erreichten im Jahr 1932 ihren tiefsten Stand.

Tabelle 39: Mengenindizes des Welthandels und der industriellen Weltproduktion 1925–39[306]

Jahr	Welthandel 1929 = 100	ind. Weltproduktion[a] 1929 = 100
1925	83,2	84,1
1926	85,2	85,0
1927	91,9	90,8
1928	95,2	94,8
1929	100,0	100,0
1930	93,0	86,5
1931	85,5	74,8
1932	74,6	63,8
1933	75,4	71,9
1934	78,2	77,7
1935	81,8	86,0
1936	85,8	96,4
1937	96,5	103,7
1938	88,8	93,0
1938[b]	88,6	90,1
1939[b]	90,0	100,9

a Ohne die UdSSR.
b 1. Vierteljahr.

Bereits anhand dieses Überblicks wird eine grundlegende Tendenz deutlich: Der Wiederanstieg der Industrieproduktion wurde nicht durch die Wiederbelebung des Handels induziert und vorangetrieben, sondern der verstärkte Produktionsanstieg, dessen Steigerungsraten bereits 1932/33 relativ höher lagen, war in erster Linie auf die zunehmende Binnennachfrage zurückzuführen; dem Außenhandel kam hingegen – allgemein gesehen – mehr und mehr eine untergeordnete Rolle zu.

Der Index des Wertverlaufs des Welthandels zeigt gegenüber dem Mengenindex einen wesentlich ungünstigeren Verlauf. Geht man davon aus, daß der Wertverlauf die „Beziehung zwischen den Veränderungen der Preise und den ausgetauschten Mengen“[307] anzeigt, so spiegelt sich in der negativen Wertentwicklung des Welthandels ebenfalls die quantitative wie qualitative Schwächung des Welthandels im Ganzen wider.

306 Fossati, Tendenzen (Anm. 305), S. 586.
307 Ebd., S. 589.

Tabelle 40: Wertindizes des Welthandels 1928–39 (in Mill. US-Golddollar)[308]

Jahr	1929 = 100
1928	98,2
1929	100,0
1930	81,0
1931	57,9
1932	39,1
1933	35,2
1934	34,0
1935	34,7
1936	37,5
1937	46,3
1938	40,4
1939[a]	38,7

a = 1. Vierteljahr.

Tabelle 41: Anteil der Erdteile am Wert des Welthandels 1929, 1937 und 1938 (v. H.)[309]

	1929			1937			1938		
Erdteile	Einfuhr	Ausfuhr	Gesamt	Einfuhr	Ausfuhr	Gesamt	Einfuhr	Ausfuhr	Gesamt
Europa									
mit UdSSR	55,5	48,8	52,4	55,9	45,7	51,0	57,3	47,0	52,3
ohne UdSSR	54,2	47,4	51,1	54,9	44,5	49,9	56,2	46,0	51,3
Nordamerika	16,1	19,5	17,7	13,9	17,0	15,4	10,9	17,7	14,2
Mittel- und Lateinamerika	7,7	9,6	8,6	7,1	10,3	8,6	7,6	9,4	8,4
Afrika	4,8	4,5	4,6	6,2	6,9	6,5	6,3	6,6	6,5
Asien[a]	13,2	14,9	14,0	14,2	16,7	15,4	14,8	15,8	15,3
Ozeanien	2,7	2,7	2,7	2,7	3,4	3,1	3,1	3,5	3,3

a Ohne die UdSSR.

Ihren Tiefstand erreichte die Entwicklung erst im Jahr 1934 (drittes Vierteljahr), Tendenzen zum Aufschwung zeichneten sich kaum ab. In dem Jahrzehnt nach Ausbruch der Weltwirtschaftskrise war somit der Welthandel um ca. 50 % in seinem Goldwert gegenüber den zwanziger Jahren gesunken.

Angesichts des allgemeinen Wertschwunds des Welthandels stellt sich die Frage nach der geographischen Verteilung bzw. Beteiligung an der allgemein rückläufigen

308 Ebd.
309 Ebd.

Entwicklung. Der Überblick in Tabelle 41 zeigt, daß sich gegenüber 1929 die Beteiligungsquoten Nordamerikas rückläufig entwickelt haben, Europa und Lateinamerika ihre Quoten in etwa halten und Afrika, Asien und Ozeanien insgesamt ihre Anteile vergrößern konnten.

Von den wichtigsten Industrieländern konnte Belgien, Deutschland, Japan und Schweden ihre Anteile am rückläufigen Wert des Welthandels ausweiten, während sich die Quoten Frankreichs, Großbritanniens und der USA verringerten. Unter den wichtigsten Agrarländern waren es v.a. Brasilien, Kanada und Britisch-Indien, die an Marktanteilen einbüßten, während Länder wie Australien, Neuseeland und Dänemark ihre Quoten vergrößern konnten.

2. *Preisentwicklung der Hauptwarengruppen*

Die Betrachtung der allgemeinen Welthandelsentwicklung – ausgedrückt in Preisen, Mengen und schließlich Werten – führt zu einem weiteren, für die Krisen- und Depressionsentwicklung zentralen Zusammenhang: den Beziehungen zwischen den Rohstoff- und Lebensmittelpreisen einerseits und den Fertigwarenpreisen andrerseits. Diese Beziehungen bestimmen entscheidend die realen Austauschbedingungen zwischen Industrie- und Agrarländern und damit letztlich die qualitative Struktur des Welthandels.

Ihr Einfluß setzt sich u.U. bis in die innergesellschaftlichen Konflikte hinein fort, Konflikte zwischen Landwirtschaft und Industrie in solchen Ländern, deren sozioökonomische Struktur weder vorherrschend industriewirtschaftlich noch vorherrschend agrarwirtschaftlich ist – wie im Falle Italiens –, so daß dann die unterschiedliche Preisentwicklung auf dem Weltmarkt eine Determinante bei der Entstehung höchst unterschiedlicher Außenhandelsstrategien bzw. Schutzvorkehrungen einzelner Wirtschaftsgruppen bildet.

Tabelle 42: Indizes der Goldpreise, des Goldwertes und der Menge des Welthandels nach Warengruppen 1930–38 (1929 = 100)[310]

Jahr	Rohstoffe			Lebensmittel			Fertigwaren		
	Gold-preise	Gold-wert	Menge	Gold-preise	Gold-wert	Menge	Gold-preise	Gold-wert	Menge
1930	82,0	77,5	94,5	84,5	83,0	98,0	94,0	83,0	88,0
1931	59,0	52,5	88,5	66,5	63,5	96,0	78,0	59,5	76,0
1932	44,0	36,0	81,5	52,0	46,5	89,0	63,5	37,5	59,5
1933	40,0	35,0	87,5	45,5	37,5	83,0	56,5	34,0	60,0
1934	39,5	35,0	88,0	41,5	34,0	82,0	50,0	33,0	66,5
1935	39,0	36,0	92,5	40,5	34,5	85,5	48,0	33,5	69,5
1936	41,5	39,5	95,5	42,0	37,0	88,0	48,0	36,0	75,0
1937	47,0	51,0	108,0	45,5	43,0	93,5	51,0	44,5	87,0
1938	42,5	40,5	95,0	43,0	39,5	91,5	50,5	41,5	82,0

310 Ebd., S. 591.

Drei Phasen lassen sich im Verlauf der Beziehungen zwischen den Preisen für Rohstoffe (agrarische wie industrielle) einerseits und für Fertigwaren andererseits während der dreißiger Jahre feststellen. In der ersten Phase (1929/30–1931/32) sanken die Preise für Rohstoffe und Lebensmittel stärker als die der Fertigwaren, so daß angesichts der größeren Austauschmengen die Goldwerte niedriger als die der Fertigwaren waren; von 1932/33 bis 1937 verkehrten sich die Austauschbedingungen zugunsten der Rohstofflieferantenländer, da der Goldwert der Fertigwaren stärker sank bzw. weniger rasch wieder anstieg; 1937/38 veränderten sich dann wieder die Austauschbedingungen zwischen Rohstofflieferanten und Fertigwarenexporteuren zugunsten der letzteren.

Der Zahlenvergleich zwischen den ausgetauschten Mengen verdeutlicht im übrigen die in den dreißiger Jahren vorherrschende Tendenz zur stärkeren Ausweitung des Handels mit Rohstoffen, dabei vor allem mit Lebensmitteln, im Vergleich zu den Fertigwaren.

Die gegenüber dem Aufschwung der Weltproduktion geringere Wiederbelebung des Welthandels läßt sich in der Weise präzisieren, daß die im Jahr 1933 einsetzende Wiederbelebung in der Hauptsache von dem Austausch von Rohstoffen und Lebensmitteln getragen wurde, während die über den Weltmarkt ausgetauschten Mengen an Fertigwaren das Schlußlicht bildeten. Dies ist eine weitere Bestätigung dafür, daß der überproportionale Aufschwung der Weltproduktion nicht über die Weltmarktnachfrage vermittelt wurde, sondern diese nur die unmittelbaren Voraussetzungen in Form der Versorgung mit agrarischen und industriellen Rohstoffen sicherstellte, während die fertigen Waren selbst ihren Absatz vorwiegend auf den Binnenmärkten fanden, wo sie offensichtlich eine gesteigerte Nachfrage vorfanden.

3. *Außenhandel im Wandel*

Außenhandel sowie Außenhandelspolitik paßten sich den veränderten Bedingungen und neuen Tendenzen an. Bestimmt einerseits von den allgemeinen Veränderungen in den Handels- und Kapitalbeziehungen, die sich insbesondere in der Umkehr der Kapitalbewegungen ausdrückten, sowie andererseits von dem veränderten Gewicht, das dem Binnenmarkt fortan für die wirtschaftliche Wiederbelebung zukam, gewannen Außenhandel und damit Außenhandelspolitik neue Konturen und veränderten sich in ihrer Funktion. Neben quantitativ[311] faßbaren Veränderungen hinsichtlich Warenzusammensetzung, geographischer Verflechtung, Preis- und Volumenentwicklung kam es dabei zu einschneidenden qualitativen Veränderungen, die im folgenden kurz dargestellt werden.

311 Diese tendierten aufgrund ihres Ausmaßes wiederum in Qualität umzuschlagen, angesichts des Rückgangs der Ausfuhrtätigkeit einiger Länder in den Jahren 1929 bis 1934 (in Werten): Deutschland um 69,1 %, Italien um 65,5 %, Frankreich um 64,4 %, Großbritannien um 66,9 %, USA um 75,6 %. Vgl. Helmut Arndt, Internationale Arbeitsteilung und Weltwirtschaftskrise, in: *Essays in honour of Marco Fanno, Vol. II, Investigations in economic theory and methodology*, Padua 1966, S. 47–57, hier S. 49 f.

Vor dem Hintergrund zunehmender Auflösungsprozesse des arbeitsteiligen Zusammenhangs der Weltwirtschaft sowie weitgehender Selbstisolierungstendenzen der nationalen Märkte (Schutzzölle, Kontingentierungen, währungspolitische Maßnahmen usw.) bildeten sich Handelstechniken mit doppelter Stoßrichtung heraus, die sowohl den verstärkten binnenwirtschaftlichen Abschirmungsbedürfnissen als auch gleichzeitig den immer aggressiver werdenden Kämpfen um noch nicht vollständig abgeschirmte Märkte dienten (Präferenzabmachungen, Vorzugszölle, Bilateralisierung usw.).

Bei gleichzeitiger Preisgabe der Tendenzen zur Diversifizierung und damit zur weltweiten Arbeitsteilung orientierte sich der Außenhandel dabei mehr und mehr im Rahmen von Ländergruppen, deren Affinitäten in starkem Maße historischer, politischer und/oder monetärer Natur waren[312]. Neben den sich herausbildenden Währungsblocks (Gold-, Sterling- und Yenblock) sind die politisch-ideologischen Gruppenbildungen zu nennen sowie die, die zwischen Italien, Österreich und Ungarn in der ersten Hälfte der dreißiger Jahre zustande kamen. Weiterhin ist die aggressive Penetrations- und Abschirmungspolitik Deutschlands in Südosteuropa sowie die territoriale Eroberungspolitik des faschistischen Italien anzuführen, denen die nur dem Anschein nach friedfertige „Neuentdeckung" ihrer Kolonialimperien

Tabelle 43: Anteil des imperialen Binnenhandels am Gesamthandel der einzelnen Länder 1929–38 (v. H.)[314]

Land	1929	1932	1935	1938
		Ausfuhr		
England*	44,4	45,4	47,6	49,9
Frankreich	18,8	31,5	31,6	27,5
Niederlande	9,4	5,9	5,7	10,7
Belgien	2,6	1,3	1,0	1,9
Portugal	12,7	13,9	12,3	12,2
Vereinigte Staaten*	1,6	2,8	2,3	2,8
		Einfuhr		
England*	30,2	36,4	39,0	41,9
Frankreich	12,0	20,9	25,8	27,1
Niederlande	5,5	5,0	7,2	8,8
Belgien	3,9	3,8	7,3	8,3
Portugal	7,9	10,4	8,2	10,2
Vereinigte Staaten*	2,9	6,1	4,7	4,8

* = Generalhandel.

312 Bezeichnend in diesem Zusammenhang der Funktionswandel, den der „Preis" – bislang Regulator des Handels – im Zuge des Wandlungsprozesses des Außenhandels durchmachte.

313 Zur Frage der Mitverursachung ist zu berücksichtigen, daß die höchsten Steigerungsraten im binnenimperialen Austausch gerade in den Krisenjahren 1929/32 erreicht wurden.

durch die klassischen Kolonialmächte gegenüberstand. Haben diese doch durch die Ausweitung ihres eigenen imperialen Binnenhandels und dessen Abschirmung nach außen in erheblichem Maße die Zerstörung der weltwirtschaftlichen Arbeitsteilung mitverursacht[313] (Ottawa-Konferenz, 1932).
Der Überblick macht das Ausmaß des durch die imperialen Abschließungsmaßnahmen induzierten Verlagerungsprozesses der Handelsströme[315] deutlich. Der Zuwachs des anteilmäßigen Binnenaustauschs war in erster Linie für England[316] und Frankreich von Relevanz, wobei die Steigerungsraten der Bezüge *aus* den Kolonialimperien besonders in Gewicht fielen.

Die Verlagerungsvorgänge in den Handelsströmen, und dabei v.a. der Einfuhren, schlugen sich unmittelbar in den Handelsbilanzen nieder: in Form steigender Fehlbeträge der Kolonialmächte gegenüber ihren Imperien einerseits wie rückläufiger Defizite gegenüber den übrigen Ländern andererseits.

Tabelle 44: Handelsbilanzsaldo der Hauptgläubigerländer 1929–38 (in Mill. US-Golddollar)[317]

Land	1929		1932		1935		1938	
	Besitzungen	and. Länder	Besitzungen	and. Länder	Besitzungen	and. Länder	Besitzungen	and. Länder
England	– 55	– 1803	– 248	– 749	– 202	– 599	– 362	– 758
Frankreich	+ 96	– 412	– 1	– 395	– 20	– 195	– 70	– 196
Niederlande	+ 14	– 321	– 6	– 177	– 12	– 93	– 4	– 188
Belgien	– 13	– 91	– 8	– 31	– 17	– 10	– 22	– 2
USA	– 40	+ 882	– 36	+ 324	– 26	+ 165	– 24	+ 669

Berücksichtigt man schließlich, daß sich die wichtigsten Kolonialmächte gleichzeitig als Hauptgläubigerländer betätigten (neben den USA), so wird die Brisanz der Entwicklung deutlich.

Neben einer Gruppe von Schuldnerländern, die zu den Kolonialreichen gehörten – Kanada, Australien, Britisch-Indien, Niederländisch-Indien usw. – und die daher auf der Basis präferentieller Abmachungen sowie begünstigt durch die positive Entwicklung der terms of trade für Rohstofflieferantenländer ihre Positionen verbessern konnten, bildete sich eine zweite Gruppe von Schuldnerländern heraus, die unter doppeltem Druck standen. In diesem Sinne „unabhängige" Länder – Deutschland, Österreich, Ungarn, Italien, Polen u.a. – fanden zunehmend den Zugang zu

314 Nach Fossati, Tendenzen (Anm. 305), S. 596.
315 Der weltweite Charakter der Verschiebungen spiegelte sich vor allem in den wachsenden Beteiligungsquoten Afrikas, Asiens und Ozeaniens am Wert des Welthandels wider.
316 Siehe *Le commerce* (Anm. 305), S. 48 f.; zur Situation Großbritanniens vgl. auch Mario De Vergottini, Il commercio dell'impero britannico e la sua tendenza all'autarchia (und die dort angegebene Literatur), in: *Rivista di politica economica*, XXIX. Jg., 1939, H. 4, S. 369–376.
317 Fossati, Tendenzen (Anm. 305), S. 597.

den Märkten gerade ihrer Hauptgläubigerländer versperrt[318] und wurden kurz darauf (1932 ff.) auch noch mit den sich verschlechternden Austauschrelationen für ihre Fertigwarenexporte konfrontiert.

II Italiens Außenhandelsentwicklung

1. Parallelität und Sonderentwicklung gemessen am Welthandel

1.1. Als erstes sei ein Überblick über die wertmäßige Entwicklung des Spezialhandels gegeben:

Tabelle 45: Spezialhandel 1929–36, inkl. Kolonien (in Mill. Lire)[319]

Jahre	Einfuhr und Ausfuhr	Einfuhr	Ausfuhr	Bilanzdefizit in % der Einfuhren
1929	36 901	21 665	15 236	30,77
1930	29 466	17 347	12 119	31,44
1931	21 853	11 643	10 210	13,88
1932	15 080	8 268	6 812	19,97
1933	13 423	7 432	5 991	21,79
1934	12 899	7 675	5 224	34,52
1935	13 028	7 790	5 238	41,50
1936	11 586	6 039	5 547	34,91

Die Krise schlug unmittelbar auf den italienischen Außenhandel durch, allerdings reagierten Ein- und Ausfuhr unterschiedlich. Der Wert der Einfuhren sank schneller und stärker als der der Ausfuhren; bis 1933 war er um zwei Drittel geschrumpft. Die Ausfuhren sanken in den Jahren bis 1931 vergleichsweise weniger stark (Verbesserung des Handelsbilanzdefizits daher in den beiden ersten Krisenjahren), verschlechterten sich dann aber ab 1932 sprunghaft und schrumpften bis 1934 (tiefster Stand) um ebenfalls ca. zwei Drittel ihres Wertes von 1929. Während also die italienische Nachfrage sehr schnell auf die veränderte Weltmarktsituation mit einer Verringerung ihrer Bezüge reagierte (1929–31), verringerte sich die Weltmarktnachfrage nach italienischen Lieferungen in demselben Zeitabschnitt weniger stark – Ergebnis sicherlich auch der „Exportschlacht", die nun ihre Früchte zu tragen begann.

318 Im Jahr 1930 Einführung des Hawley-Smoot-Tarifs in den USA, der den Anfang der Einfuhrbeschränkungspolitik der Gläubigermächte machte; Übergang Frankreichs zum System der Kontingentierung im Herbst 1931; Anwendung von Zöllen, später auch Schutzzöllen, in England im November/Dezember 1931.

319 Zusammengestellt nach Banca d'Italia, *L'Economia* (Anm. 305), S. 188, Tab. I u. S. 192, Tab. IV.

Der Umschwung in der Exportsituation erfolgte abrupt 1932, also genau in dem Moment, in dem die vielfältigen Einfuhrrestriktionen der großen Absatzmärkte Italiens (USA, Frankreich, Großbritannien und der Kolonialgebiete) wirksam zu werden begannen.

Die leichte Importzunahme 1934/35 – der ein unverändert niedriges Ausfuhrniveau gegenüberstand – verschlechterte sich von neuem im Jahr 1936, dem Jahr der Völkerbundsanktionen. Dementsprechend nahm der prozentuale Einfuhrüberhang, der 1931 seinen niedrigsten Stand erreicht hatte, wieder zu und erreichte in den Jahren 1934/35/36 Spitzenwerte, die die zunehmende Binnenmarktorientierung dokumentieren.

Während im Zeitraum 1925–30 die Ausfuhren zu 70 % im Durchschnitt die Einfuhren bezahlten, waren es 1934 ca. 65 % und 1935 nur noch knapp 59 %.

Insgesamt läßt sich festhalten, daß trotz des unterschiedlichen wertmäßigen Verlaufs der italienischen Ein- und Ausfuhrströme eine annähernde Übereinstimmung mit der Entwicklung des Wertverlaufs des Welthandels bis 1934 bestand[320].

Hierzu ein Überblick über die anteilmäßige Entwicklung des italienischen Handels am Wert des Welthandels. Er dokumentiert insbesondere die Verringerung der Beteiligungsquoten Italiens am Welthandel, die sich 1934/35 abzuzeichnen begann:

Tabelle 46: Anteile Italiens am Wert des Welthandels[321] 1928–36[a]

Jahre	Import	Export	Jahre	Import	Export
1928	3,38	2,40	1933	3,11	2,66
1929	3,20	2,43	1934	3,27	2,36
1930	3,14	2,41	1935	3,11	2,22
1931	2,92	2,81	1936	1,94	1,80
1932	3,04	2,71			

a = inkl. Kolonien, in Lire Okt. 1936.

Verglichen mit den Werten von 1928 setzte auf der Importseite die anteilmäßige Abschwungbewegung im Jahr 1935 ein und auf der Ausfuhrseite im Jahr 1934 – hier in kontinuierlicher Fortsetzung der rückläufigen Entwicklung seit 1932.

1.2. Auch der Überblick über die Entwicklung der Mengenindizes der eingeführten und ausgeführten Waren weist zwei unterschiedliche Perioden auf, deren erste sich wieder im Einklang mit dem Welthandel entwickelte, während die zweite ebenfalls auf eine Sonderentwicklung Italiens schließen läßt.

Die Importmengen sanken – analog zu den Preisen – schneller und kräftiger als die der Ausfuhren und erreichten 1933 ihren tiefsten Stand. Insgesamt betrug der Rückgang in den Jahren 1929–34 24 % und entsprach damit in etwa dem der Weltein-

320 Vgl. auch Fossati, Tendenzen (Anm. 305), S. 606.
321 Nach Banca d'Italia, *L'Economia* (Anm. 305), S. 189, Tab. II.

Tabelle 47: Mengenindizes des Außenhandels Italiens (Basis = 1925)[322]

	1925	1929	1930	1931	1932	1933	1934	1935	1936
Import	100	112.12	103,73	88,23	79,98	79,78	85,29	82,88	52,64
Export	100	114,94	109,27	113,09	91,06	91,34	86,59	86,57	80,42

fuhr, die im gleichen Zeitabschnitt um 22 % abgenommen hatte[323]. Nach einem deutlichen Wiederanstieg der eingeführten Mengen 1934 setzte 1935 und v.a. 1936 (Sanktionen) ein neuerlicher sehr starker Schrumpfungsprozeß ein, der nun der Welthandelsbewegung genau entgegengesetzt verlief.

Hinsichtlich der Ausfuhren lassen sich ebenfalls zwei Perioden unterscheiden, die allerdings eine geringere Übereinstimmung mit der allgemeinen Entwicklung erkennen lassen. Nach einem vorübergehenden Rückgang im Jahr 1930 erreichten die Ausfuhrmengen 1931 fast wieder das Niveau von 1929, während der entsprechende Weltindex um ein Siebentel gegenüber 1929 gesunken war[324]. Im Jahr 1932 erfolgte dann der Umschwung für die italienischen Exporte, der schließlich in einen kontinuierlichen Rückgang einmündete, während die Weltausfuhrmengen wieder anstiegen (ab 1933).

Anhand des folgenden Überblicks werden Übereinstimmung und Sonderentwicklung Italiens im Vergleich zur Welthandelsentwicklung sehr deutlich.

Tabelle 48: Welthandel – Handel Italiens*. Vergleich der Mengenindizes 1930–36[325]

Jahre	*Einfuhren* Weltindex	*Einfuhren* Index Italien	*Ausfuhren* Weltindex	*Ausfuhren* Index Italien
	(jährliche Veränderungen in % gegenüber dem Vorjahr)			
1930	– 6,2	– 7,5	– 8,1	– 4,9
1931	– 9,0	– 14,9	– 6,7	+ 3,5
1932	– 13,3	– 9,4	– 12,1	– 19,5
1933	+ 0,8	– 0,3	+ 1,6	+ 0,3
1934	+ 4,0	+ 6,9	+ 3,3	– 5,2
1935	+ 4,5	– 2,8	+ 3,8	0,0
1936	+ 4,3	– 36,5	+ 5,7	– 7,1

* Inklusive Kolonien.

322 Ebd., S. 193.
323 Ebd., S. 194.
324 Ebd.
325 Ebd.

1.3. Als nächstes ein Überblick über die Entwicklung der Preise:

Tabelle 49: Preisindizes des Außenhandels Italiens (Basis = 1925)[326]

	1925	1929	1930	1931	1932	1933	1934	1935	1936
Import	100	73,03	63,20	49,87	39,06	35,20	34,00	35,50	43,01
Export	100	72,45	60,62	49,34	40,88	35,84	32,97	33,06	37,05

Analog zur Welthandelsentwicklung nahm der Preisrückgang ebenfalls für Italien ein stärkeres Ausmaß an als der Mengenrückgang. Der tiefste Stand wurde 1934 erreicht – für Italien ebenso wie im Weltmaßstab. Vergleicht man den Verlauf beider Indizes, so vollzog sich die rückläufige Entwicklung der Preisreihen bis 1933 etwa gleichmäßig; die Ausfuhrpreise konnten sich 1932/33 sogar leicht verbessern, während sie in der Regel ungünstiger waren. Ab 1934 ist auch hier wieder eine deutliche Umkehr zu beobachten; die Divergenz zwischen Einfuhr- und Ausfuhrpreisindex wuchs von Jahr zu Jahr zu Ungunsten der Ausfuhrpreise: 1934 = 3 %, 1935 = 7 %, 1936 = 16 %[327].

Da ein großer Teil der exportierten Fertigwarenerzeugnisse aus der Verarbeitung zuvor eingeführter Rohstoffe und Halbfertigwaren bestand, ist angesichts des zunehmenden Auseinandertreibens von Ein- und Ausfuhrpreisen ab 1934 auf angestrengtere Bemühungen von italienischer Seite im Kampf um Marktanteile zu schließen (Dumpingpreise v.a.) – Bemühungen, die die rückläufige Entwicklung der Ausfuhrmengen ab 1934 bei gleichzeitig steigendem Welthandel dennoch nicht vermeiden konnten[328].

Im folgenden Überblick ein Vergleich mit dem Preisverlauf auf dem Weltmarkt:

Tabelle 50: Welthandel – Handel Italiens*. Vergleich der Preisindizes 1930–36[329]

Jahre	*Einfuhren* Weltindex	*Einfuhren* Index Italien	*Ausfuhren* Weltindex	*Ausfuhren* Index Italien
	(jährliche Veränderungen in % gegenüber dem Vorjahr)			
1930	– 13	– 13,5	– 12,5	– 16,3
1931	– 21,5	– 21,1	– 23,5	– 18,6
1932	– 22,5	– 21,7	– 22,5	– 17,1
1933	– 11,5	– 9,9	– 10,5	– 12,3
1934	– 7,5	– 3,4	– 6,5	– 8,0
1935	– 2,5	+ 4,4	– 2,5	+ 0,3
1936	+ 2,5	+ 21,2	+ 3	+ 21,1

* Inklusive Kolonien.

326 Ebd., S. 195.
327 Ebd.
328 Vgl. auch Fossati, Tendenzen (Anm. 305), S. 607.
329 Vgl. Banca d'Italia, *L'Economia* (Anm. 305), S. 196, Tab. VIII u. S. 196f.

Der Vergleich mit dem Preisverlauf des Welthandels offenbart die außerordentlich schwache Position Italiens auf dem Weltmarkt. Zunächst zu seiner Nachfrage-Position: Der Preisverfall für Einfuhren verlief in beiden Fällen bis einschließlich 1932 in gleichem Ausmaß und Rhythmus; nach dem gemeinsamen Tiefpunkt von 1932/33 veränderten sich jedoch die Proportionen: die Importpreise für Italien zogen stärker an als die Weltimportpreise, so daß die Diverganz zwischen beiden zunahm. Mit anderen Worten: Die italienischen Importeure gerieten ab 1933 zunehmend weniger in den Genuß der niedrigen Weltmarktpreise, denn während diese zwischen 1929–35 im Durchschnitt um 58 % zurückgingen, fielen sie für den italienischen Importeur nur um 52,5 %.

Bemerkenswert ist dabei der ganz plötzliche Anstieg der Importpreise 1936, der u.a. auf die Abwertung der Lira um 41 % (Oktober 1936) zurückzuführen ist. Ihm stand 1935/36 der zuerst leichte, dann massive Rückgang der Einfuhrmengen gegenüber. Diese Entwicklung ist im Zusammenhang mit der verschärften Aufrüstungs- und Bevorratungspolitik Italiens und später dann mit der Sanktionspolitik des Völkerbundes zu sehen, die den italienischen Markt außerordentlich lukrativ für seine ausländischen Lieferanten werden ließ, trotz der sinkenden Einfuhrmengen.

Die italienische Position auf dem Weltmarkt als Verkäufer erscheint auf den ersten Blick etwas günstiger. Nach einem überproportionalen Preisrückgang für italienische Exporte im ersten Krisenjahr 1930 konnten sich die italienischen Preise dann 1931 und 1932 erheblich besser behaupten als die Weltmarktpreise, sie verschlechterten sich jedoch wieder 1933 und 1934. Während die rückläufige Entwicklung im Weltmaßstab 1935 noch anhielt, zogen die italienischen Exportpreise wieder an und lagen 1936 über dem Weltindex. Insgesamt war im Jahr 1935 der italienische Index gegenüber 1929 um 54,4 % gesunken, der Weltindex um 57,7 %.

Die vergleichsweise starke Verbesserung der italienischen Exportpreise 1935 und 1936 ist freilich in Relation zu setzen sowohl zu den in demselben Zeitabschnitt wesentlich stärker gestiegenen Importpreisen – ihr Index lag fast doppelt so hoch (während die beiden Weltindizes einen recht ausgewogenen Verlauf aufwiesen) – als auch zu den gleichzeitig gesunkenen Exportmengen, die sich von der Steigerung des Welthandels deutlich abhoben. Das heißt also, daß die relativ günstigen Verkaufspreise in Rechnung zu dem erheblichen Rückgang an verkauften Mengen zu setzen sind.

Es stellt sich die Frage, wie und wo Italien es eigentlich gelingen konnte, solche vergleichsweise günstigen Exportpreise zu erzielen. Höchst wahrscheinlich drückte sich in der Preisentwicklung der zunehmende Involutionsprozeß des italienischen Außenhandels und gerade seines *Exports* aus: In der überraschend günstigen Indexentwicklung der Exportpreise spiegelte sich die sukzessive Lösung der italienischen Ausfuhr vom Weltmarkt traditioneller Prägung wider und ihre Hinwendung zu reglementierten Märkten und reglementierten Austauschbeziehungen (Gruppenbildung Österreich/Ungarn; Abessinien; Deutschland); das sind Märkte und Beziehungen, in denen der Preis nicht mehr das Regulativ des Handels darstellte, sondern der Handel zunehmend der Reglementierung und Lenkung durch staatliche Instanzen und/oder Wirtschaftsgruppen direkt unterlag und wo dann die tatsächlich erzielten

(Ausfuhr-)Preise das Ergebnis von Subventionen, Prämien, Krediterleichterungen usw. waren. Demnach würde es sich hierbei realiter um Binnenmarktpreise handeln, die – so wie die „echten" Binnenmarktpreise – zur Entschädigung und Kompensation für die auf dem Weltmarkt praktizierten Dumpingpreise herhalten mußten.

1.4. Es folgt ein Überblick über die Entwicklung der einzelnen Warengruppen des italienischen Außenhandels (Rohstoffe, Halbfertigwaren, Fertigwaren, Lebensmittel und lebende Tiere) in ihrem Preis- und Mengenverlauf. Als erstes werden die prozentualen Anteile der einzelnen Warengruppen am Handelsvolumen aufgelistet.

Tabelle 51: Anteilswerte am italienischen Außenhandel, 1929–36[330]

	% Anteile Gesamteinfuhr				*% Anteile Gesamtausfuhr*			
Jahre	Lebensmittel	Rohstoffe	Halbfertigwaren	Fertigwaren	Lebensmittel	Rohstoffe	Halbfertigwaren	Fertigwaren
1929	22,3	38,2	20,2	19,3	25,8	10,4	21,5	42,3
1930	23,9	34,0	21,3	20,8	27,7	9,6	22,1	40,6
1931	25,4	33,3	20,9	20,4	29,0	8,8	19,2	43,0
1932	23,4	36,2	20,6	19,8	32,3	7,7	20,5	39,5
1933	15,3	42,4	21,8	20,5	32,8	9,5	20,5	37,2
1934	14,7	45,0	20,4	19,9	31,6	11,6	21,4	35,4
1935	14,4	44,2	24,0	17,4	33,6	10,1	19,9	36,4
1936	15,3	41,3	23,3	20,1	36,8	8,5	17,4	37,3

Auf der Einfuhrseite bildeten die Rohstoffe den mit Abstand größten Posten; sie setzten damit ihren nach dem Ersten Weltkrieg begonnenen Aufwärtstrend fort. Nach ihrem vorübergehenden anteilmäßigen Rückgang 1930/31 verbesserten sie ihren Anteil seit 1932 kontinuierlich und überproportional und bildeten zusammen mit den Halbfabrikaten, deren Rückgang ebenfalls niedriger war als der Durchschnitt, drei Fünftel der Gesamteinfuhr. Gegenüber der anteilmäßigen Verbesserung der beiden genannten Gruppen hatten sich die Anteile der Fertigwaren und der Lebensmittel verringert, wenn auch in unterschiedlichem Maße.

Der Anteil der Lebensmitteleinfuhren vergrößerte sich zwar während der Krisenjahre (bis 1932), nahm dann seit 1933 abrupt ab – bezeichnenderweise parallel zu dem ebenso plötzlichen anteilmäßigen Anstieg der Rohstoffimporte, so daß man hier auf eine eindeutige Verlagerung in der Einfuhrpolitik 1932/33 schließen kann.

Von allen vier Warengruppen verzeichneten die Lebensmitteleinfuhren insgesamt den stärksten wertmäßigen Rückgang; denn während ihr Einfuhrwert 1925–28 noch ca. 6 Mrd. Lire betrug, lag er 1936 nur noch bei knapp 1 Mrd. Lire; anders ausgedrückt, machte diese Gruppe bis 1932 noch ca. ein Viertel der Gesamteinfuhr aus, 1933–36 war es nur noch ein Sechstel bis ein Siebentel[331]. Der in der zweiten

330 Nach Capanna/Messori, *Gli Scambi* (Anm. 189), Tab. E.
331 Vgl. dazu Banca d'Italia, *L'Economia* (Anm. 305), S. 197.

Hälfte der zwanziger Jahre eingeleitete binnenwirtschaftliche Umstrukturierungsprozeß zugunsten einer größeren Nahrungsmittelunabhängigkeit vom Ausland begann also wirksam zu werden. Genauso deutlich wird allerdings, daß Reagrarisierung und Einfuhrverringerung an Lebensmitteln einer vermehrten Rohstoff- und Halbfertigfabrikateeinfuhr Platz machten – und sich damit die Abhängigkeiten vom Weltmarkt lediglich verlagerten, nicht aber sukzessiv aufhoben, wie es die faschistische Propaganda glauben machen wollte.

Parallel zur verstärkten Rohstoff- und Halbfabrikateeinfuhr erfolgte eine anteilmäßige Verringerung der Fertigwarenbezüge – Ausdruck auch des verstärkten Industrialisierungsprozesses in Italien –, die in ihren Proportionen in Relation zu der erhöhten Halbfertigwareneinfuhr zu sehen ist.

Unter den Ausfuhren behaupteten die Lebensmittel ihren Anteil am besten von allen Gruppen. Ihre Ausfuhren waren 1934 gegenüber 1929 um ca. die Hälfte zurückgegangen, während die anderen drei Gruppen um ca. zwei Drittel geschrumpft waren[332]. Auf die verstärkte Belieferung der italienischen Kolonialmärkte gerade mit Lebensmitteln, wird noch in anderem Zusammenhang einzugehen sein. Während also die Gruppe der Lebensmittel ihren Anteil insgesamt bis 1936 weiter verbessern konnte (von einem Viertel im Jahr 1929 auf über ein Drittel im Jahr 1936), verringerten sich die Anteile aller anderen Ausfuhrgruppen, d.h. sie sanken stärker als die Gesamtausfuhr Italiens. Besonders deutlich wird dieser Vorgang bei den Fertigwaren, aber auch bei Rohstoffen und Halbfabrikaten – hier trotz einer eher diskontinuierlichen Entwicklung.

Zusammenfassend läßt sich festhalten, daß analog zur Welthandelsentwicklung auch im italienischen Außenhandel die Gruppen Rohstoffe (wie Halbfabrikate) und Lebensmittel ihre Anteile auf Kosten der Fertigwaren ausweiten konnten. Es wurde mehr und mehr mit Rohstoffen und halbfertigen Waren, weniger mit Fertigprodukten gehandelt. Charakteristisch für die italienische Situation dabei war, daß sich die Verlagerungen auf der Einfuhrseite zugunsten von Rohstoffen (und Halbfabrikaten) vollzogen, auf der Ausfuhrseite zugunsten von Lebensmitteln – in beiden Fällen aber auf Kosten des Austausches von Fertigwaren.

2. Verlagerungen in der Warenstruktur

Zur präziseren Bestimmung der Entwicklung folgt anschließend ein Überblick über die Mengen- und Preisentwicklung der einzelnen Warengruppen:
Der mengenmäßige Schrumpfungsprozeß verlief für die einzelnen Warengruppen sehr unterschiedlich. Die Einfuhrmengen der Fertigwaren lagen weit an der Spitze der Rückgänge mit einem Indexrückgang im Jahr 1932 (Höhepunkt der Krise im Weltmaßstab) von 47 % gegenüber 1929; die Halbfabrikateeinfuhr war in demselben Zeitabschnitt um 30 %, Lebensmittel um 19 % und Rohstoffe ebenfalls um 19 % gesunken. Der abrupte Rückgang der eingeführten Lebensmittelmengen seit 1932 spie-

332 Ebd.

Tabelle 52: Mengenindizes der Einfuhren nach Warengruppen 1929–36 (Basis = = 1925)[333]

Jahre	industrielle Rohstoffe	industrielle Halbfabrikate	Fertig-produkte	Lebensmittel und lebende Tiere	insgesamt
		(jährlicher Durchschnitt der Monatsdaten)			
1929	116,80	104,41	116,17	108,34	112,12
1930	102,28	96,62	103,76	111,93	103,73
1931	91,46	80,71	74,23	103,38	88,23
1932	94,29	73,40	61,22	84,12	79,98
1933	106,79	79,85	62,76	57,42	79,78
1934	115,54	83,17	67,28	61,35	85,29
1935	110,62	95,12	56,23	59,33	82,88
1936	65,23	58,12	42,08	40,25	52,64

Tabelle 53: Preisindizes der Einfuhren nach Warengruppen 1929–36 (Basis = 1925)

Jahre	industrielle Rohstoffe	industrielle Halbfabrikate	Fertig-produkte	Lebensmittel und lebende Tiere	insgesamt
		(jährlicher Durchschnitt der Monatsdaten)			
1929	67,28	75,95	89,18	69,80	73,03
1930	54,31	69,36	86,63	57,80	63,20
1931	40,24	54,41	79,17	44,56	49,87
1932	30,92	40,90	66,45	35,23	39,06
1933	28,75	35,63	60,17	30,42	35,20
1934	29,30	32,84	55,88	28,24	34,00
1935	30,35	34,93	58,86	29,01	35,50
1936	37,26	42,92	68,27	35,12	43,01

gelt sich ebenfalls in diesen Daten wider; die Einfuhrmengen der Rohstoffe stiegen sprunghaft und überdurchschnittlich an, die der Halbfabrikate verbesserten sich eindeutig; auch die Einfuhrmengen der Fertigwaren zogen an, blieben jedoch erheblich unter dem Durchschnitt.

Kurz vor Beginn des Abessinienkrieges entwickelten sich neben den Lebensmitteleinfuhren nun auch wieder die Fertigwarenbezüge rückläufig, während sich alle Importanstrengungen auf die Versorgung mit Rohstoffen und Halbfabrikaten konzentrierten (Februar 1935, Übergang zur Einfuhrlizensierung). Die Daten des Kriegs- und Sanktionsjahres bildeten erwartungsgemäß für alle Warengruppen den absoluten Tiefpunkt der Entwicklung.

Zusammenfassend ist festzuhalten, daß Italiens Sonderentwicklung gegenüber der Weltentwicklung auch hier mit dem Einsetzen der allgemeinen Aufschwungpha-

333 Vgl. ebd., S. 200, Tab. XI u. XII.

se 1932/33–37 deutlich zutage tritt, wobei in erster Linie die überdurchschnittlich hohen Importe an Rohstoffen und Halbfabrikaten auffallen.

Wie verlief nun die Preisentwicklung in diesem Zeitraum? Den höchsten Importpreisindex hatten 1929 die Fertigwaren. In den Krisenjahren sollte die Differenz gegenüber den anderen drei Warengruppen noch anwachsen; im Jahr 1934 – Höhepunkt der Krise ebenfalls im Weltmaßstab – betrug der Preisrückgang für die eingeführten Fertigwaren nur 37 % gegenüber 1929, während die anderen Gruppen Preisrückgänge zwischen 55 % und 60 % zu verzeichnen hatten. Bei den Rohstoffen waren sie in der Abschwungphase am stärksten, gefolgt von den Lebensmitteln; die Preisentwicklung der Halbfabrikate entsprach etwa dem Durchschnitt.

Die mengenmäßige Verlagerung der italienischen Bezüge zugunsten von Rohstoffen und Halbfabrikaten wurde durch die Preisentwicklung auf dem Weltmarkt in der Zeit bis 1932/33 zunächst begünstigt. In der Tatsache, daß der Umschwung in der italienischen Einfuhrpolitik relativ früh erfolgte, könnte man einen Hinweis dafür sehen, daß an ohnehin vorhandene Entwicklungslinien – Ausbau der Basisindustrien, Aufrüstung – unmittelbar angeknüpft wurde, denen jetzt der Charakter von „Krisenlösungsstrategien" zukam.

Der Preisanstieg aller vier Gruppen in den Jahren 1935 und 1936 war erheblich und lag weit über den durchschnittlichen Steigerungsraten auf Weltmarktebene; gegenüber 1934 betrug er bei den Fertigwaren 22 %, bei den Lebensmitteln 24 %, den Rohstoffen 27 % und den Halbfabrikaten 31 %.

In den unterschiedlichen Steigerungsraten spiegelte sich die nun inzwischen erfolgte Umkehr der Tauschverhältnisse zugunsten von Rohstoffen etc. wider (1932/33–37), die u.a. durch die verstärkten weltweiten Rüstungsanstrengungen und damit die erhöhte Nachfrage nach Rohstoffen und Halbfabrikaten mitverursacht worden war und die die einmal in Gang gesetzte Aufrüstungs- und Kriegsbevorratungspolitik Italiens nun zunehmend verteuerte. In einer derartigen Entwicklung sind die Gründe für Italiens spezifische Schwäche auf dem internationalen Markt der dreißiger Jahre zu suchen, die die traditionelle Labilität der italienischen Position überlagerte und noch verschärfte.

Zur Entwicklung der Ausfuhrtätigkeit, ausgedrückt in Mengen, nun der folgende Überblick:
Der Verlauf der Ausfuhrmengen weist die größte Abnahme in den Jahren 1929–36 für die Rohstoffe auf, deren Index um mehr als 50 % zurückging. Die zunehmende Binnennachfrage nach einheimischen Rohstoffen wurde besonders 1935 und 1936 deutlich. Eine ähnliche Entwicklung zeichnete sich bei den Halbfabrikaten ab, die ebenfalls bis 1936 um 50 % schrumpften. Die günstigste Entwicklung der vier Gruppen verzeichneten die Lebensmittelausfuhren, deren Mengenindex bis 1934 nur um ein Achtel sank und die 1936 allein Zuwachsraten verzeichnen konnten. Sie bildeten allerdings zusammen mit den Fertigwaren den Hauptteil der wachsenden italienischen Lieferungen in die Kolonien und stellten daher keine „echten" Ausfuhren dar. Die Fertigwarenausfuhr erreichte 1934 – analog zur Welthandelsentwicklung – ihren tiefsten Stand (Rückgang um zwei Fünftel gegenüber 1929) und zog anschließend kräftig an.

Tabelle 54: Mengenindizes der Ausfuhren nach Warengruppen 1929–36 (Basis = = 1925)[334]

Jahre	industrielle Rohstoffe	industrielle Halbfabrikate	Fertig-produkte	Lebensmittel und lebende Tiere	insgesamt
	(jährliche Durchschnitte der Monatsdaten)				
1929	118,20	174,74	123,21	96,85	114,94
1930	101,14	123,18	109,52	97,89	109,27
1931	102,96	119,66	116,01	103,35	113,09
1932	83,01	97,33	89,11	88,31	91,06
1933	89,06	102,68	81,87	93,23	91,34
1934	100,00	101,36	74,82	84,60	86,59
1935	71,57	97,46	84,15	84,43	86,57
1936	52,21	80,98	80,22	85,82	80,42

Tabelle 55: Preisindizes der Ausfuhren nach Warengruppen 1929–36 (Basis = 1925)

Jahre	industrielle Rohstoffe	industrielle Halbfabrikate	Fertig-produkte	Lebensmittel und lebende Tiere	insgesamt
	(jährliche Durchschnitte der Monatsdaten)				
1929	73,03	63,50	71,65	82,91	72,45
1930	62,67	49,60	61,65	69,90	60,62
1931	47,60	37,48	51,80	58,44	49,34
1932	41,25	30,38	41,34	50,84	40,88
1933	38,60	25,92	37,28	43,04	35,84
1934	36,08	23,92	33,84	39,85	32,97
1935	40,43	24,55	30,93	42,48	33,06
1936	49,25	27,01	33,90	48,45	37,05

Die andere Seite der Ausfuhrentwicklung bildete der Preisverlauf. Die außerordentliche Verschlechterung der Relation zwischen Ein- und Ausfuhrpreisen ab 1934 ist bekannt. Es stellt sich nun die Frage, in welchem Ausmaß die einzelnen Warengruppen an dieser Entwicklung partizipierten.

Der im Vergleich zu den Importpreisen wesentlich stärkere Verfall der italienischen Exportpreise erreichte 1934 seinen tiefsten Stand; die Fertigwarenpreise setzten ihre Abschwungbewegung darüber hinaus noch bis 1935 fort. Gegenüber 1929 waren die Preise für Lebensmittel und Rohstoffe um ca. 50 % gesunken, während es etwa 60 % bei Fertigwaren und Halbfabrikaten waren.

Angesichts des zunehmend geringeren Anteils der Rohstoff- und Halbfabrikateausfuhren am italienischen Außenhandel lag das Schwergewicht der Entwicklung

334 Ebd., S. 201, Tab. XIII, S. 202, Tab. XIV.

bei der Lebensmittel- und Fertigwarenausfuhr, die zusammen 60 %–70 % der Gesamtausfuhr ausmachten. Die Gruppe der Lebensmittel erzielte mit Abstand die besten Ausfuhrpreise, die kontinuierlich oberhalb des Durchschnitts lagen. In der Preisentwicklung der ausgeführten Fertigwaren spitzte sich dagegen die krisenhafte Situation des italienischen Außenhandels deutlich zu; denn sie hatten (neben den Halbfabrikaten) den stärksten Rückgang zu verzeichnen, dessen Tendenzumkehr zudem am spätesten erfolgte. Während in der Phase des größten Abschwungs (bis 1934) ihr Preisniveau etwas über dem Durchschnitt lag, verschlechterte es sich dann aber rapide 1935 und 1936 und sank wieder auf den Stand von 1934, während gleichzeitig die ausgeführten Mengen gegenüber 1934 beträchtlich zunahmen. Demgegenüber stand, daß für die Einfuhr von Fertigwaren im gleichen Zeitraum überdurchschnittlich hohe Preise bezahlt werden mußten und die Einfuhrpreise für Rohstoffe und Halbfabrikate seit 1934 wieder kräftig anzogen.

Insgesamt spiegelt sich in diesen Daten die krisenhafte Entwicklung der italienischen Fertigwarenausfuhr wider, die sich bis in die Periode nach 1934 (Krisenhöhepunkt) fortsetzte. Zur Erklärung dieser Entwicklung sind neben der allgemeinen Welthandelsentwicklung vor allem die Umstrukturierungs- und Verlagerungsprozesse in Italien selbst heranzuziehen, die – wie dargelegt – insgesamt zu einer empfindlichen Schmälerung der Basis der traditionellen Exportindustrien geführt hatten, deren Konsequenzen nun unter dem Druck der Weltmarktkrise voll durchschlugen und sichtbar wurden. Mit anderen Worten: Der „von innen" in Gang gesetzte und betriebene Umstrukturierungsprozeß (1925/26–1928/29), der auf Kosten der den italienischen Außenhandel traditionell tragenden Industrien verlief, wurde nun im Zuge der Weltwirtschaftskrise durch die Auflösung der internationalen Arbeitsteilung traditioneller Prägung, die den italienischen Exportindustrien das adäquate Reproduktionsmilieu geboten hatte, von außen her gewissermaßen vorangetrieben und verschärft[335].

Über die fortan immer intensiver werdenden Anstrengungen von Seiten der Exportindustrien um ihre Marktanteile gibt das niedrige Exportpreisniveau Aufschluß, das nur durch Kostensenkungen (Lohnsenkungen), Dumpingpreise und überhöhte Binnenmarktpreise erreicht werden konnte[336].

Stand bisher die Mengen- und Preisentwicklung im Vordergrund, so soll abschließend auf signifikante Veränderungen in der Warenzusammensetzung eingegangen werden.

Auf der Importseite bildeten bekanntlich die Rohstoffe und Halbfabrikate den größten Anteil, der im untersuchten Zeitraum noch anwuchs: 1929 = 58,4 %; 1933 = 64,2 %; 1935 = 68,2 %. Den größten Einfuhrposten bildete hier die Kohle; ihr Anteil am Einfuhrwert betrug im Jahr 1932 8 %; 1935 waren es 13 % und 1936 12 %.

335 Zur Wahrnehmung der Krise aus Unternehmerperspektive als eine Krise vor allem der industriellen Fertigwarenexporte gegenüber dem günstigeren Verlauf der Agrarexporte vgl. Giovanni Balella, Le esportazioni industriali nell'evoluzione economica italiana, in: *Rivista di politica economica*, XXX. Jg., 1940, H. 1, S. 1–8, bes. S. 6.

336 Vgl. dazu auch die Ausführungen der Banca d'Italia, die diesen Tatbestand implizit bestätigen: *L'Economia* (Anm. 305), S. 202 f.

Ein präziseres Bild über die erhebliche Einfuhrzunahme gibt freilich der Überblick über die Mengenentwicklung:

Tabelle 56: Kohle- und Mineralöleinfuhr (in 1000 Tonnen) 1929–37[337]

Jahr	Steinkohle	Koks	Rohöl	Destill. Reste	Leuchtöl	Schmieröl	Benzine
1929	14 602		59	589	161	83	384
1932	8 018	702	127	834	146	66	325
1934	11 781	956	143	1122	150	66	348
1935	13 537	1053	220	1251	155	90	367
1936	8 720	543	301	1139	113	55	210
1937	12 573	354	936	1211	95	71	261

Der sprunghafte Einfuhrzuwachs an Rohstoffen ab 1933 war also in hohem Maße auf Kohlebezüge zurückzuführen; ebenso hatten die Käufe an Mineralölen und Derivaten zum Teil ganz erheblich zugenommen. Insgesamt entfielen auf den Bezug von Brenn- und Treibstoffen im Jahr 1931 13 % des gesamten Importwerts, im Jahr 1936 waren es 18 %; dabei ist zu berücksichtigen, daß die Einfuhren in diesem Jahr allgemein rückläufig waren[338].

Von Interesse ist im übrigen der Übergang zur vermehrten Einfuhr von unbearbeiteten bzw. wenig bearbeiteten Rohstoffen, deren Weiterverarbeitung demnach durch die italienische Industrie vorgenommen wurde – Ausdruck der fortschreitenden Spezialisierung und Auffächerung des italienischen Produktionsapparates (Raffinerien; Herstellung von Benzol, Farben, Lacken, pharmazeutischen Produkten usw.; Ausbau folglich v.a. der chemischen Industrie)[339].

Der folgende Überblick über die Einfuhrentwicklung weiterer wichtiger Rohstoffe zeigt, daß insgesamt eine Verlagerung zuungunsten der Rohstoffversorgung der Textilindustrie stattgefunden hat, die absolut zurückging – offenkundig zugunsten der Einfuhren für Schwer- und Basisindustrien[340].

Tabelle 57: Einfuhr (in 1000 Tonnen) 1929–37[341]

Jahr	Baumwolle roh	Wolle roh	Eisenerz	Eisen- und Stahlschrott	Holz	Kautschuk und Guttapercha
1929	244	65	357	994	1666	25,0
1932	190	77	192	474	1081	20,7
1934	187	71	414	731	1274	26,7
1935	148	57	222	990	1271	29,8
1936	101	21	40	400	583	18,0
1937	166	45	209	545	867	30,3

337 Zusammengestellt nach Kestenholz, *Außenhandel* (Anm. 289), S. 72 f.
338 Banca d'Italia, *L'Economia* (Anm. 305), S. 225.
339 Vgl. Kestenholz, *Außenhandel* (Anm. 289), S. 72 ff.
340 Ungeklärt bleibt, inwieweit die Verringerung der Rohstoffbezüge für die Textilindustrie auf die gesteigerte Inlandserzeugung von Natur- und Kunstfasern zurückzuführen ist.
341 Vgl. Kestenholz, *Außenhandel* (Anm. 289), S. 75.

In der Gruppe der Halbfabrikateeinfuhren fanden kaum relevante Verschiebungen statt; sie bestand weiterhin vorwiegend aus Kupfer und seinen Legierungen, Zellulose, Eisen- und Stahlblech[342].

Bei der Fertigwareneinfuhr ist eine verstärkte Verlagerung zugunsten von Waren der Abt. I sowie von Spezialmaschinen zu beobachten. Der Anteil der Position „Dampfkessel, Maschinen und Apparate" (Werkzeug-, Elektromaschinen, Maschinenteile, wissenschaftliche Instrumente u.ä.) erhöhte sich mengen- und wertmäßig[343]: 1934 = 31 %; 1936 = 33,6 %. Die Veränderungen in der Nahrungsmitteleinfuhr waren ebenfalls deutlich. Die seit 1932 konstant aktive Nahrungsmittelbilanz wurde in erster Linie durch eine massive allgemeine Drosselung der Einfuhren erreicht, wobei die Verringerung der Weizenimporte sicherlich eine wesentliche Rolle gespielt hat. Prozentuale Mengenanteile am Nahrungsmittelimport: 1929 = 54,6 %; 1932 = 45,7 %; 1934 = 38,2 %; 1935 = 41,1 %; 1936 = 51,0 %; 1938 = 35,1 %[344].

Zur Ausfuhrseite: Die Verringerung der Rohstoffausfuhren, die ohnehin einen nur geringen Anteil der Gesamtausfuhr ausmachten, vollzog sich in etwa gleichmäßig. In der Gruppe der Halbfabrikateausfuhr reduzierte sich der Anteil der Rohseide und der Abfallseidengarne überproportional zugunsten der Kunstfasererzeugnisse[345]. Hinsichtlich der Fertigwarenexporte lassen sich folgende Veränderungen feststellen: In dieser Gruppe ebenso wie in der der Halbfabrikate bildeten die Textilien den größten Anteil. Von daher entfiel – im Gegensatz zur Fertigfabrikateeinfuhr – auch der größte Teil dieser Ausfuhren auf den Konsumgüterbereich. Gerade aber dieser hatte – im Gegensatz zu den Produktionsgütern – allgemein am nachhaltigsten unter den Auswirkungen der Weltwirtschaftskrise zu leiden und unterlag den größeren Wert- und Mengenschwankungen[346].

Insgesamt läßt sich ein relativer Rückgang der Konsumgüterausfuhr zugunsten einer verstärkten Ausfuhr von Maschinen- und Metallerzeugnissen, von chemischen und pharmazeutischen Waren beobachten; das sind jedoch genau die Waren, die den zunehmenden Anteil der Fertigwarenausfuhr in die Kolonialgebiete darstellten[347], während dagegen die „echten" Auslandsmärkte weiterhin in erster Linie die Textilerzeugnisse Italiens aufnahmen, die 1938 63 % der gesamten Fertigwarenexporte bildeten. Auf die besondere Bedeutung der Märkte in Ost- und Südosteuropa wird noch zurückzukommen sein (2. Teil).

Der Rückgang des Anteils der Textilindustrien am Exportwert wird aus folgenden Daten deutlich; 1931 waren es noch 3,5 Mrd. Lire; 1936 nur noch 1,3 Mrd. Li-

342 Vgl. ebd., S. 78.
343 Gemessen am Gesamtwert der Fertigwarenimporte.
344 Vgl. Kestenholz, *Außenhandel* (Anm. 289), S. 84. Zu berücksichtigen ist jedoch, daß ein nicht unwesentlicher Teil der Weizeneinfuhren (aus Ungarn beispielsweise) zu Schleuderpreisen auf dem Weltmarkt wieder verkauft wurde.
345 Vgl. Kestenholz, *Außenhandel* (Anm. 289), S. 79; auch Banca d'Italia, *L'Economia* (Anm. 305), S. 236.
346 Vgl. Kestenholz, S. 83.
347 Vgl. Banca d'Italia, *L'Economia* (Anm. 305), S. 238 f.

re; in den Jahren 1931–34 betrug ihr Wertanteil am Export ca. ein Drittel; im Jahr 1935 waren es knapp drei Zehntel; im Jahr 1936 kaum 1,4[348].

Die allgemeine Krise des italienischen Fertigwarenexports war demnach in erster Linie eine Krise der exportorientierten Textilindustrie. Der krisenhafte Charakter der Entwicklung wurde dadurch noch verschärft, daß – analog zur Welthandelsentwicklung allgemein – der Außenhandel sich hier mehr und mehr auf den Austausch von Halbfabrikaten an Stelle von Fertigfabrikaten, bzw. von Rohstoffen an Stelle von Halbfabrikaten, konzentrierte[349].

Im Vergleich zu den Fertigwaren konnten sich die Nahrungsmittelexporte in der allgemeinen Abschwungbewegung besser behaupten. Nach den Umstrukturierungsvorgängen im Agrarsektor (1926–29) zu Lasten der Viehwirtschaft herrschten nun die vegetabilischen Produkte in der Nahrungsmittelausfuhr vor. Das Schwergewicht lag bei Frisch- und Trockenobst, Olivenöl und Wein ohne nennenswerte Verschiebungen[350]. Insgesamt ist aber auch hier wieder zu berücksichtigen, daß der Exportanstieg in den Jahren 1935 und 1936 in starkem Maße auf Lieferungen in die italienischen Kolonien zurückging, also keine „echte" Ausfuhr darstellte.

Tabelle 58: Wertanteil an der Gesamtein- und -ausfuhr (in Prozent)[351]

	1929	1932	1934	1935	1936	1937	1938	1939
Europa								
Einfuhr	53,6	58,5	59,9	62,3	60,9	54,6	62,5	67,1
Ausfuhr	58,7	64,8	67,8	59,6	46,1	49,1	51,0	55,0
Amerika								
Einfuhr	30,7	24,6	21,0	20,3	24,7	24,3	20,1	18,2
Ausfuhr	24,0	18,4	15,5	15,3	16,0	15,1	15,8	14,4
Asien								
Einfuhr	8,8	8,0	8,2	7,9	5,7	8,5	7,2	5,7
Ausfuhr	7,8	7,2	5,2	4,7	2,6	4,4	4,1	4,6
Afrika								
Einfuhr	4,0	5,4	6,4	6,9	4,9	6,6	6,0	5,3
Ausfuhr	8,5	5,3	5,2	4,7	3,4	5,6	4,9	3,5
Ozeanien								
Einfuhr	2,4	3,2	3,1	0,9	1,0	3,4	1,9	0,9
Ausfuhr	0,8	0,5	0,7	0,8	0,4	0,6	0,7	0,5
Kolonien								
Einfuhr	0,5	1,0	1,2	1,6	2,6	2,5	1,9	2,7
Ausfuhr	2,1	4,0	5,0	14,3	31,0	24,7	23,2	21,7

348 Ebd., S. 237.
349 Ebd., S. 237 f.
350 Ebd., S. 239.
351 Vgl. Kestenholz, *Außenhandel* (Anm. 289), S. 90.

3. Zur geographischen Verflechtung der Bezugs- und Absatzmärkte

Als erstes wird ein Überblick über die Entwicklung der Anteile der verschiedenen Kontinente an der italienischen Gesamtein- und Ausfuhr gegeben, insbesondere ist die Frage zu klären, welchen Verlauf der in der zweiten Hälfte der zwanziger Jahre zu beobachtende geographische Konzentrationsprozeß in der italienischen Außenhandelsverflechtung während der Weltwirtschaftskrise genommen hat.

Der Prozeß der Konzentrierung der Bezugs- und Absatzmärkte setzte sich in den dreißiger Jahren fort und bekam gegenüber 1926–30 klarere Konturen: Die Reeuropäisierung der italienischen Einfuhren nahm insgesamt zu, während sich der Enteuropäisierungsprozeß der italienischen Ausfuhr nach den Krisenjahren eindeutig

Tabelle 59: Ein- und Ausfuhrwertanteile am Gesamthandel Italiens 1929–39 (in Prozent)[352]

	1929	1932	1934	1935	1936	1937	1938	1939
				Einfuhr				
Deutschland	12,5	13,4	15,8	18,3	26,8	23,1	26,7	29,4
USA	16,7	13,4	12,5	11,3	14,8	11,0	11,9	9,5
Frankreich	9,9	5,8	5,7	6,0	2,1	3,5	2,3	1,5
Großbritannien	9,6	9,0	9,2	7,3	0,9	4,0	6,5	5,5
Österreich	2,3	2,2	2,5	3,5	6,1	4,5		
Ungarn	0,9	0,9	1,3	2,0	3,6	2,9	1,7	4,1
Jugoslawien	3,0	2,9	2,6	2,4	1,1	1,8	1,4	2,4
Rumänien	1,0	2,8	1,6	3,1	3,7	2,8	2,2	4,0
Schweiz	2,6	3,8	3,8	3,2	3,9	3,0	3,3	3,2
Belgien	2,8	2,7	3,0	2,7	1,8	1,4	1,5	1,9
UdSSR	1,6	3,7	2,9	2,4	2,6	0,8	0,1	0,4
Argentinien	7,1	5,8	3,6	3,8	3,0	7,6	2,4	1,5
	1929	1932	1934	1935	1936	1937	1938	1939
				Ausfuhr				
Deutschland	11,9	11,4	15,9	16,2	19,6	17,2	19,1	17,5
USA	11,5	9,4	7,4	8,0	10,0	7,5	7,5	7,1
Frankreich	8,8	7,6	6,7	5,8	3,4	4,2	3,1	2,2
Großbritannien	9,8	10,8	10,1	8,2	2,8	6,1	5,6	4,8
Österreich	2,9	2,8	2,3	2,6	3,5	2,8		
Ungarn	0,8	0,7	2,5	1,7	2,1	1,9	1,6	2,2
Jugoslawien	1,8	1,6	2,7	1,9	0,8	1,9	2,1	2,8
Rumänien	1,1	1,8	1,4	1,3	0,4	1,2	1,3	2,7
Schweiz	7,1	8,5	8,4	6,4	6,2	4,9	4,8	5,4
Belgien	1,9	1,8	2,2	1,9	0,8	1,3	1,3	1,1
UdSSR	0,5	3,4	2,4	1,1	0,2	0,1		0,5
Argentinien	6,6	5,6	4,2	3,1	2,9	3,9	3,9	2,2

352 Zusammengestellt nach ebd., S. 92, 97.

beschleunigte; weiterhin ist eine Konzentration der Märkte in Afrika zu beobachten – der Bezugsmärkte in den nicht-italienischen Gebieten, der Absatzmärkte in den italienischen Kolonien. Hier lassen sich die eindeutigsten Zuwachsraten feststellen. Ein erster deutlicher Aufstieg erfolgte bereits während der Krise im Jahr 1932; er nahm dann ab 1935 mit den offenen Vorbereitungen des Krieges und der „Erschließung" Abessiniens unübersehbare Formen an.

Demgegenüber vollzog sich der Entflechtungsprozeß der Märkte in erster Linie in Amerika, dann auch in Asien und Ozeanien. Auffallend ist hier allerdings die erhöhte Bedeutung, die diesen Märkten vorübergehend während des Abessinienkrieges und in dem darauffolgenden Jahr der erhöhten Einfuhren (1937) plötzlich wieder zukam, während sich der generelle Trend erneut ab 1938 durchzusetzen schien.

Der allgemeine geographische Konzentrationsprozeß der italienischen Märkte läßt sich schließlich in der Konzentrierung seiner Handelsbeziehungen auf einige wenige Länder weiterverfolgen.

Tabelle 59 gibt einen Überblick über die anteilige Entwicklung der wichtigsten Märkte Italiens an seiner Ein- und Ausfuhr:
Auf der Einfuhr- wie auf der Ausfuhrseite wird die monopolähnliche Stellung deutlich, die dem deutschen Markt zunehmend im Außenhandel Italiens zukam und die *ursächlich* also keineswegs auf die Sanktionspolitik des Völkerbundes zurückzuführen ist. Durch diese Politik wurde der ohnehin im Gang befindliche Konzentrationsprozeß des italienischen Handels auf den deutschen Markt – und damit seine zunehmende Abhängigkeit von ihm – lediglich beschleunigt. Eine vergleichbare Entwicklung im Trendverlauf läßt sich auch gegenüber Österreich und Ungarn beobachten – die unterschiedlichen Proportionen vorausgesetzt. Auf diesen Themenkomplex wird im nächsten Abschnitt näher eingegangen (2. Teil).

In Korrelation zu diesen Entwicklungslinien zeichnete sich die Reduzierung der Anteilswerte Großbritanniens, Frankreichs und der USA ab, deren Märkte insgesamt – wenn auch in unterschiedlichem Maße und Rhythmus – an Bedeutung für den italienischen Außenhandel einbüßten. Auch diese Entwicklung läßt sich in ihrem allgemeinen Trendverlauf nicht ursächlich auf die Sanktionspolitik zurückführen – trotz erheblicher Verlaufsunterschiede im Detail.

Während Frankreich, einer der traditionell wichtigsten Märkte Italiens in Europa, im Jahr 1929 noch zu 10 % an der italienischen Einfuhr partizipierte, verringerte sich sein Anteil während der Krise überproportional stark; er erfuhr interessanterweise einen kurzen Zuwachs im Jahr 1935, als die italienischen Kriegsvorbereitungen auf Hochtouren liefen, und erholte sich nach dem Tief des Sanktionsjahres nicht mehr. Auch am Beispiel Großbritanniens ist der allgemeine rückläufige Trend in den Austauschbeziehungen seit Ausbruch der Weltwirtschaftskrise nicht zu übersehen, obwohl in diesem Fall die Sanktionspolitik des Jahres 1936 eine stärkere Verschärfung in dem allgemeinen Trendverlauf bewirkte. Das Ausmaß der Handelsbeziehungen Italiens mit den USA verringerte sich ebenfalls im Ganzen, obwohl die Abschwungbewegung Schwankungen aufwies. Gegenüber einem Einfuhrteil von 16,7 % im Jahr 1929, der die USA in den Rang des größten italienischen Bezugsmarktes versetzte, verringerte sich die US-Beteiligung insgesamt überdurchschnittlich stark in den Krisenjahren. Auf der Ausfuhrseite wurde der Anteil von 11,5 % (1929) in den folgenden Jahren nicht mehr erreicht. Nach einer vorübergehenden Spitze, bezeichnenderweise ebenfalls in dem Sanktionsjahr 1936, sanken die Anteile weiter ab.

Zusammenfassend kann festgehalten werden, daß die geographische Diversifizierung des italienischen Außenhandels im Verlauf der Krise und danach abgenommen und sich damit der bereits in den zwanziger Jahren vorhandene Trend beschleunigt fortgesetzt hat: Rückgang in der Diversifizierung, die allerdings für die Entfaltung der italienischen Wirtschaft eine Grundvoraussetzung war und für die der arbeitsteilige weltwirtschaftliche Zusammenhang der Epoche bis zum Ersten Weltkrieg das adäquate Milieu gebildet hatte.

Zunehmender Verfall also der Bedingungen zu weltwirtschaftlicher Handelsdiversifizierung einerseits, Konzentration der italienischen Bezugs- und Absatzmärkte auf Europa und Afrika andererseits, wobei der Reeuropäisierungsprozeß des italienischen Handels letztlich zu einer Konzentration vor allem auf den deutschen Markt führte[353], neben einer weiteren Schwerpunktbildung um Österreich und Ungarn im Donauraum, bei parallel dazu verlaufender Abschwächung der Austauschbeziehungen insbesondere mit den traditionell wichtigsten Märkten (Frankreich, USA und Großbritannien), die nach wie vor die Hauptgläubigerländer waren. (1929 betrug der Anteil der drei Länder zusammen an der italienischen Einfuhr 36,2 %, 1939 nur 16,5 %; an der italienischen Ausfuhr zusammen 30,1 % im Jahr *1929, 1939* 14,1 %). Die Sanktionspolitik des Völkerbundes beschleunigte diesen Prozeß der Auflösung und Umstrukturierung – verursacht hat sie ihn nicht.

Schließlich ist zusammenfassend festzuhalten, daß unter den Bezugsmärkten Italiens der deutsche und der US-Markt eine vorherrschende Stellung einnahmen; außerdem hatte sich der Anteil der Märkte Österreichs und Ungarns zwischen 1934 bis 1936 verdreifacht. Zusammen lieferten diese vier Märkte 1936 mehr als die Hälfte der italienischen Auslandsbezüge.

4. *Funktion und Bedeutung der Kolonien*

Betrachtet man die italienischen Absatzmärkte, so läßt sich neben der führenden Stellung des deutschen Marktes, der wechselnden Bedeutung des US-Marktes sowie des relativen Bedeutungszuwachses der Märkte Österreichs und Ungarns v.a. ein Bedeutungswandel bei den Kolonien hinsichtlich ihrer neuen Funktion als italienischer Absatzmarkt feststellen.

Die schnelle und starke Zunahme des kolonialen Handels war Teil eines allgemeinen Entwicklungstrends der dreißiger Jahre, der auch die Entwicklung der Außen-

353 Für zeitgenössische Kommentatoren war es ein „in der modernen Wirtschaftsgeschichte [. . .] völliges Novum, daß eine politische Großmacht ein Viertel ihres gesamten Außenhandels mit einer anderen abwickelt", s. *Neue Zürcher Zeitung* v. 29.6.1939, zit. nach Kestenholz, *Außenhandel* (Anm. 289), S. 94.

handelsverflechtung Italiens zunehmend kennzeichnete. Den grundsätzlich vergleichbaren Trendverlauf vorausgesetzt, entwickelte sich dieser aber im Fall Italiens unter genau umgekehrten Vorzeichen und verlieh damit Italiens verstärkter Hinwendung zu den Kolonien eine gänzlich andere Qualität.

Beachtliche Steigerungsraten bei den Bezügen aus den Kolonialgebieten sowie wachsende Verschuldung der Metropolen gegenüber ihren Imperien waren die Kennzeichen des zunehmenden Kolonialhandels der traditionellen Kolonialmächte in den dreißiger Jahren. Genau umgekehrt verlief die Entwicklung im Verhältnis Italien – Kolonien. Hier stand einer nach wie vor geringfügigen Einfuhr aus den Kolonien ein außerordentlich lebhafter Anstieg der Ausfuhren dorthin gegenüber, die 1936 knapp ein Drittel der Gesamtausfuhr ausmachten und die zu einer weiteren Verschuldung dieser Gebiete gegenüber Italien führten. (1933 = 161 100 Mill. Lire; 1936 = 1 560 900 Mill. Lire.)

Tabelle 60: Außenhandel Italiens mit seinen Kolonien und Besitzungen 1929–39[354]

	1929	1932	1934	1935	1936	1937	1938	1939
				Wert in Mill. Lire				
Einfuhr	97	64	93	116	156	350	209	275
Ausfuhr	312	246	259	749	1717	2580	2434	2351
			prozentualer Wertanteil an der Gesamteinfuhr und -ausfuhr					
Einfuhr	0,5	1,0	1,2	1,6	2,6	2,5	1,9	2,7
Ausfuhr	2,1	4,0	5,0	14,3	31,0	24,7	23,2	21,7

Ausmaß und Qualität der Verschuldung bekamen noch dadurch eine besondere Note, daß Italien aus den afrikanischen Gebieten (A.O.I., Africa Orientale Italiana) in erster Linie Kaffee, Rohhäute, Bananen, etwas Baumwolle und Wolle bezog[355], während es selbst neben großen Mengen Lebensmitteln und Textilien zunehmend Maschinen, Maschinenteile, Autos und Ersatzteile, Baustoffe und Treibstoff lieferte[356]. Insgesamt war der Anteil der Produktionsmittel überdurchschnittlich stark am kolonialen Fertigwarenhandel vertreten[357] – im Gegensatz zum italienischen Fertigwarenexport auf dem Weltmarkt, dessen größter Anteil aus Konsumgütern bestand.

Auch schon vor dem Überfall auf Abessinien bildeten Italiens Besitzungen in Afrika (Erytrea, Somali, Libyen) keine Entlastung für die italienische Versorgung,

354 Ebd., S. 106.

355 Man versuchte das Problem zu entschärfen, indem ein Teil der ostafrikanischen Rohstoffe, für die zwar durchaus eine Nachfrage auf dem italienischen Markt vorhanden war, direkt an das Ausland gegen Devisen verkauft wurde. Vgl. Kestenholz, *Außenhandel* (Anm. 289), S. 109.

356 Vgl. die eindrucksvollen Zahlenangaben in dem Bericht der Banca d'Italia, *L'Economia* (Anm. 305), S. 224 f., 238 f.

357 Vgl. auch Fossati, Tendenzen (Anm. 305), S. 608; Kestenholz, *Außenhandel* (Anm. 289), S. 109.

weder mit Rohstoffen noch mit Nahrungsmitteln; sie galten vielmehr als ernährungswirtschaftliche Zuschußgebiete für die dort angesiedelten Italiener[358]. An diesem Tatbestand und insbesondere in der Versorgungsfrage änderte sich auch nach der gewalttätigen Einverleibung Abessiniens grundsätzlich nichts. Neu war hingegen die Verwandlung der Kolonien in Absatzmärkte für italienische Waren. Diese neue Funktion erstreckte sich nicht nur auf Abessinien, sondern traf v.a. auf Erytrea, aber auch auf die beiden anderen Kolonien zu[359].

In letzter Instanz führten daher der Krieg gegen Abessinien sowie die weitere Erschließung des bestehenden Kolonialbesitzes zu einer Ausweitung des italienischen Binnenmarktes und zwar in der Weise, daß sie das Problem der Kapazitätsauslastung und der Absatzschwierigkeiten aus der Perspektive und im Interesse *einzelner* Wirtschaftsgruppen löste, daß sie aber im Ganzen gesehen die Versorgungsfrage der italienischen Wirtschaft mit Rohstoffen und Kapital außerordentlich verschärfte. Der von der Rüstungskonjunktur und der Erschließung der italienischen Kolonialgebiete ausgelöste Nachfragesog nach Rohstoffen und Produktionsgütern (und damit nach Devisen) dokumentiert deutlich diesen Sachverhalt.

Die drohende Zahlungsunfähigkeit auf dem internationalen Markt als Folge der Zunahme lebenswichtiger Bezüge bei einem gleichzeitigen Abbau der Absatzchancen eben auf diesem Markt konnte ihre Lösung – der Logik der Entwicklung folgend – nur in der zukünftigen Einverleibung neuer, nun rohstoffreicherer Gebiete finden. Die den „Autarkie"-bestrebungen[360] *immanente* „Expansions"-dynamik tritt hier deutlich zutage. Sie weist auf einen weiteren qualitativen Unterschied in der Funktion der jeweiligen Kolonialimperien hin: zwischen einerseits den tendenziell saturierten Mächten (England, Frankreich, Niederlande usw.) und andererseits denen, deren Expansionsdrang nach vollzogener territorialer Eroberung von den objektiven Bedingungen her noch verschärft wurde, denen also die gerade erreichte Stufe in der Expansionsspirale neue Ausgangsbasis für den nächsten Expansionsschub war[361].

358 Ebd., S. 108.

359 Vgl. Banca d'Italia, *L'Economia* (Anm. 305), S. 224.

360 Diese wurden gerade auch zur Rechtfertigung des Eroberungskrieges gegen Abessinien zunehmend in der Propaganda hervorgehoben.

361 Zum Zusammenhang von Autarkie und Expansion vgl. die anregenden Überlegungen von François Perroux, *Autarcie et Expansion, Empire ou Empires?*, Paris 1940; zur Unterscheidung zwischen der „Weltfront der saturierten alten Imperialismen" und dem „Imperialismus der armen Schlucker und der Bankrotteure", also dem Imperialismus der faschistischen Länder, s. den Zeitgenossen Paul Sering, Der Faschismus (II), in: *Zeitschrift für Sozialismus*, Jg. II, N. 26/27, Karlsbad 1935, S. 839–856, abgedr. in: Paul Sering, *Faschismus und Monopolkapitalismus*, o. O., o. D., Zit. S. 54, 53.

2. Teil

Kampf um Märkte in Mittel- und Osteuropa

1. Kapitel: Italiens wirtschaftliche und politisch-ideologische Expansion auf dem Balkan und im Donaubecken. Umriß des Problemfeldes

I Italienische Expansionspolitik in Europa: ein kontroverses historiographisches Problem

Den Blick gebannt auf die abenteuerliche Verschärfung der Expansionspolitik des italienischen Faschismus seit Mitte der dreißiger Jahre gerichtet – angefangen vom Überfall auf Abessinien (1936/36), zusammen mit der Unterordnung unter die Vormachtbestrebungen des nationalsozialistischen Deutschland („Achsenbildung" Rom – Berlin) –, läßt sich das Forschungsinteresse gleichsam unter der Hand die weniger spektakuläre wirtschaftliche Expansions- und politisch-ideologische Infiltrationspolitik Italiens in Mittel- und Südosteuropa entgehen: ein Tatbestand, der sich weniger aus der Hintanstellung ablesen läßt, die diesem Aspekt italienischer Außenpolitik immer wieder in Gesamtdarstellungen zum Thema widerfährt[1], als vielmehr aus der Vagheit und extremen Widersprüchlichkeit, die kennzeichnend für die Urteile über diese Form der Expansion sind.

Dieser Sachverhalt soll hier an wenigen Beispielen erläutert werden:

1. Ein häufig wiederkehrendes, wenn auch unterschiedlich begründetes Argumentationsmuster ist die Gegenüberstellung von einer tendenziell statisch-konservativen Außenpolitik des italienischen Faschismus in Europa im Verhältnis zu einer aktiv-dynamischen (Kolonial-)Politik in Afrika[2]. Im ersten Fall habe es sich um eine Politik des Status quo gehandelt, im anderen um eine solche der Gefährdung des etablierten Kräftegleichgewichts: einmal um „Sicherheitspolitik", das andere Mal um „Expansionspolitik"[3].

2. Die Unterscheidung zwischen einer an sich friedlichen und letztlich „vernünftigen" Komponente in der römischen Außenpolitik der Zwischenkriegszeit und einer entgegengesetzten militärisch-territorialen Eroberungspolitik ist wie dazu geschaffen, daraufhin zwischen einer der Tradition verpflichteten und einer spezifisch fa-

1 Zum Forschungsstand vgl. die Überblicke bei Jens Petersen, Die Außenpolitik des faschistischen Italien als historiographisches Problem, in: *Vierteljahrshefte für Zeitgeschichte*, 22 (1974), S. 417–457; Giorgio Rumi, Tendenze e caratteri degli studi sulla politica estera fascista (1945–1966), in: *Nuova Rivista Storica*, 1967, Bd. LI, S. 149–168.

2 Siehe u.a. Ennio Di Nolfo, I rapporti austroitaliani dall'avvento del fascismo all'Anschluß (1922–1938), in: *Storia e Politica*, XIII. Jg. 1974, H. I–II, S. 33–81.

3 Siehe z.B. Renzo De Felice, *Mussolini il duce*. I: *Gli anni del consenso, 1929–1936*, Turin 1974, S. 323 ff. Für De Felice trifft diese Gegenüberstellung besonders für die ersten sieben Jahre Faschismus zu.

schistischen Komponente zu unterscheiden. Demnach habe die Donau- und Balkanpolitik der traditionellen Linie des liberalen Italien entsprochen, die koloniale Eroberungspolitik mit ihrer Gefährdung der internationalen Spielregeln hingegen signalisiere den Bruch mit der Tradition[4].

3. Andere Untersuchungen dagegen, die die römische Politik der Verteidigung der österreichischen Unabhängigkeit nicht isoliert, sondern im Kontext der gesamten Donau- und Balkanpolitik und damit in ihrer Funktion als Hebel für die eigene Expansionsoffensive betrachten, kommen zu dem Ergebnis eines offensichtlichen „dinamismo danubiano balcanico" (G. Carocci). Hiernach habe es sich, in unterschiedlichem Gewande zwar und unter Ausschöpfung zunächst nicht-militärischer Mittel, bei der faschistischen Außenpolitik im Ganzen um eine Politik gehandelt, die eine grundsätzliche Bedrohung für die etablierte internationale Herrschaftsordnung bedeutete, wegen ihrer Forderung nach „Revision" der Ergebnisse des Ersten Weltkriegs ebenso wie nach einer „angemessenen Rolle" Italiens auf internationaler Ebene und nach Neuverteilung von Rohstoffquellen und Märkten[5].

Der „revisionismo fascista" also als die alles bestimmende Triebkraft[6]: In diesem Lichte betrachtet, räumen die meisten Untersuchungen der Afrika- und Mittelmeerpolitik den Primat ein. Die Expansion in Afrika habe in direktem Verhältnis zu den Erfolgen bzw. Rückschlägen auf dem Balkan und an der Donau gestanden, sie sei faktisch die Alternative zur italienischen Expansionspolitik in Europa gewesen[7].

4. Einem weiteren Argumentationskomplex lassen sich diejenigen Interpretationen zuordnen, die die Frage nach dem Primat der Ursachen aufwerfen. Lagen der italienischen Expansionspolitik in Europa vorrangig politische oder aber wirtschaftliche Antriebsmomente zugrunde? Wie aber schon bei der Unterscheidung zwischen entweder „Status-quo-Politik" oder „Revisions-Politik" bleiben auch in diesem Fall die Antworten letztlich unbefriedigend. Denn entsprechend der säuberlichen Zweiteilung der Fragestellung, ob entweder wirtschaftliche[8] oder politische[9] Gründe für das Wiederaufleben des italienischen Interesses an Mittel- und Südosteuropa be-

4 Oder auch: Ziel des italienischen Imperialismus sei der Balkan- und Donauraum, eigentliches Ziel des faschistischen Imperialismus dagegen die territoriale Eroberung – so Giovanni Zamboni, *Mussolinis Expansionspolitik auf dem Balkan. Italiens Albanienpolitik vom I. zum II. Tiranapakt im Rahmen des italienisch-jugoslawischen Interessenkonflikts und der italienischen „imperialen" Bestrebungen in Südosteuropa*, Hamburg 1970.

5 Siehe u.a. Giampiero Carocci, *Storia del fascismo*, Mailand 1972, S. 69 ff.

6 So Giorgio Rumi, „Revisionismo" fascista e espansione coloniale (1925–1935), in: *Il Movimento di Liberazione in Italia*, 1965, H. 3, Nr. 80, S. 37–73. Die unlängst erschienene Arbeit von H. James Burgwyn, *Il revisionismo fascista. La sfida di Mussolini alle grandi potenze nei Balcani e sul Danubio 1925–33*, Mailand 1979, war mir bei der Fertigstellung der Arbeit nicht zugänglich.

7 Vgl. Rumi, „Revisionismo" (Anm. 6); Zamboni, *Mussolinis Expansionspolitik* (Anm. 4); Mario Pacor, *Italia e Balcani dal Risorgimento alla Resistenza*, Mailand 1968, S. 97 u. passim.

8 Vgl. Istituto per gli studi di politica internazionale, Convegno per gli studi di politica estera, 15–17 ott. 1936, in: *Giornale degli economisti e rivista di statistica*, 51. Jh., 1936.

9 Carlo Di Nola, Italia e Austria dall'armistizio di Villa Giusti (nov. 1918) all'Anschluß (marzo 1938), in: *Nuova Rivista Storica*, XLIV. Jg., 1960, H. II, S. 221–296.

stimmend gewesen seien, enthalten auch die Ergebnisse immer nur die halbe Wahrheit.

Insgesamt läßt sich für diese analytische Vorgehensweise ebenso wie für die zuvor genannten Ansätze das Fazit ziehen, daß sie die Frage nach der Ökonomie italienischer Außenpolitik in der Periode des Faschismus weitgehend aussparen: Diese historische Periode und Form faschistischer Expansionspolitik wird kaum oder nur unzulänglich als eines der konstitutiven Momente im Prozeß der Entfaltung und Machtsicherung des italienischen Faschismus thematisiert. Dies ist um so erstaunlicher, als es sich hierbei um die Hochzeit in der Entwicklung des italienischen Faschismus handelte, also um die Periode der weitgehenden Deckung von widersprüchlichen wirtschaftlichen und politischen Interessen unter dem Dach ein und desselben faschistischen Staates, eines relativ breiten, überwiegend passiven Konsenses in der Bevölkerung und einer so nicht wieder erreichten Reputation des faschistischen Italien im internationalen Kontext.

Wenn wir davon ausgehen können, daß beide Expansionsrichtungen – die europäische und die afrikanische – seit der Bildung des italienischen Einheitsstaates, spätestens aber ab 1870, zu den Konstanten seiner Außenpolitik gehören, wie kam es – konkret gesprochen –, daß es Italien in der sich zuspitzenden Weltwirtschaftskrise gelang, Markt- und Einflußzonen in dem hart umkämpften Donau- und Balkanraum zu erobern, ausgerechnet im Zuge der Abriegelung von Märkten und des entsprechend verschärften Kampfes um eben diese Märkte? Und daß dabei das faschistische Italien in die Nähe zur Status-quo-Macht par excellence, zu Frankreich, geriet, wobei es gleichzeitig seine Wirtschaftsbeziehungen zur Sowjetunion ausbaute, während es eine Front gegen die Expansionspläne seines ideologischen Partners Deutschland bildete? Welche Interessen in Italien waren an dieser Politik in erster Linie interessiert? Um zu befriedigenden Antworten zu gelangen, ist es zunächst notwendig, die aufgeworfenen Probleme in einen allgemeinen Erklärungszusammenhang zu stellen, der es erlaubt, Detailaspekte und ebensolche Erklärungen in ihrer Aussagekraft präzise zu gewichten, und der es insbesondere möglich macht, Momente des weltwirtschaftlichen Wandels mit den entsprechenden Vorgängen im nationalstaatlichen Bereich zu verknüpfen, in der Absicht, die Elemente der Kontinuität gegenüber neueinsetzenden Entwicklungen sichtbar zu machen.

II Konkretisierung der Fragestellung

Die offensive Expansionspolitik des faschistischen Italien im Donau- und Balkanraum, die während der Weltwirtschaftskrise zum Durchbruch gelangte und die hier am Beispiel der neuen Blockbildung Italien/Österreich/Ungarn dargestellt wird, war in entscheidendem Maße Ergebnis eben dieser Krise – so lautet die *These*. Zwar setzte sie eine der traditionellen Linien[10] italienischer Expansionspolitik fort, doch

10 Ausführlich dazu: Richard Webster, *L'imperialismo industriale italiano 1908–1915. Studio sul prefascismo*, Turin 1974; hierzu auch die kritische Rezension v. Giorgio Mori, Banche, industria e imperialismo nell' „età giolittiana", in: ders., Il *capitalismo industriale in Italia. Processo d'industrializzazione e storia d'Italia*, Rom 1977, S. 83–110.

hatte sie zugleich eine veränderte neue Qualität, die erstens aus dem binnenwirtschaftlichen Restrukturierungsprozeß in Italien selbst, zweitens aus der Krisenverschärfung und den Verlagerungsvorgängen in der internationalen Arbeitsteilung resultierte. Im Ganzen handelte es sich bei Italiens Expansionspolitik *in Europa* um eine *zeitgemäße* Ausprägung imperialistischer Politik, um neomerkantilistische Expansionspolitik[11].

Bei dem Gesamtkomplex der italienischen Expansionsoffensive in Europa lassen sich zumindest vier verschiedene Ursachen- und Wirkungszusammenhänge analytisch unterscheiden, die der Klarheit wegen vorab skizziert werden sollen.

1. Wie schon erwähnt, kam es im Verlauf der Weltwirtschaftskrise zu Verlagerungen in der Struktur der Handels- und Kapitalbeziehungen, die nicht zuletzt die weitgehende Lähmung monetärer Pressions- und Kontrollmechanismen bewirkten: Die weltweite Überproduktionskrise und ihre Verschärfung zu Beginn der dreißiger Jahre löste einen ebensolchen weltweiten Nachfragerückgang nach Finanzierungsmitteln aus, so daß die traditionellen Kapitalgebermächte nunmehr ihrer Machtstellung gegenüber den Schuldnerländern weitgehend beraubt waren.

Für die innerimperialistischen Konkurrenzverhältnisse entlang der Donau und auf dem Balkan bedeutete dies in erster Linie eine Schwächung der traditionell starken Position Frankreichs, die sich unmittelbar in dem Scheitern der französischen Pläne zur „Sanierung des Donauraums" im Interesse der eigenen Hegemonialstellung niederschlug („plan constructif", April 1931; Tardieu-Plan, 1932). In dem nun einsetzenden Kampf um die Aufteilung der noch bzw. wieder „offenen" mittel- und osteuropäischen Märkte verbesserte sich daraufhin vorübergehend die Position Italiens und dies aus zwei Gründen struktureller Natur. Zum einen leitete der Verlagerungsprozeß zwischen den „alten" Mächten, d.h. den kredittüchtigen, allen voran Frankreich, und den „neuen", d.h. den markttüchtigen, vor allem Deutschland, eine vorübergehende Erweiterung des Handlungsspielraums ein; dadurch rückte ein Land wie Italien, das ebenfalls eine – freilich begrenzte – handeslpolitische Lösung anbieten konnte, von seiner gewissermaßen zweitrangigen Position in das erste Glied auf. Dann war es zum zweiten die strukturelle Verlagerung in den Expansions- und Kontrollmitteln, von der Finanzebene hin zur Ebene des Warenverkehrs, die es einem Land wie Italien überhaupt erst ermöglichte, diesen Spielraum auszufüllen, d.h. sich aktiv in den Konkurrenzkampf einzuschalten, auf jeden Fall aktiver und erfolgreicher als zu Zeiten, in denen der Kapitalexport das entscheidende Kontroll- und Infiltrationsinstrument abgab, wie noch in den zwanziger Jahren.

11 Zum Problem der theoretischen Einordnung des in mehrfacher Hinsicht jedem Modelldenken zuwiderlaufenden italienischen Imperialismus, insbesondere des Imperialismus des Faschismus, vgl. die Überlegungen und weiterführenden Literaturhinweise bei Salvatore Sechi, Imperialismo e politica fascista (1882–1939), in: *Problemi del Socialismo*, XIV. Jg., 1972 (III. Serie), H. 11/12, S. 766–796.
Als Einführung in die Problematik aus zeitgenössischer Perspektive und besonders im Hinblick auf die Konkurrenzsituation im Donau- und Balkanraum s. Palmiro Togliatti, *Opere*, Bd. II (1926–1929), hrsg. v. Ernesto Ragionieri, Rom 1972, bes. S. 82–103, 137–147.

2. Eng verzahnt mit den allgemeinen Strukturverlagerungen erwies sich das Problem der „Neuordnung des Donauraums". Während 1931 etwa zwei Drittel sowohl der Erdoberfläche wie der Erdbevölkerung in vier handelspolitisch mehr oder weniger abgeschirmte Wirtschaftsräume aufgeteilt waren[12], zählte der Balkan- und Donauraum noch zu den „offenen" Gebieten. Vor diesem Hintergrund sind die seit Ausbruch der Weltwirtschaftskrise lebhaften politischen, wirtschaftlichen und propagandistischen Aktivitäten auf internationaler Ebene um das Problem der Lösung der Donau- und Balkanfrage zu begreifen.

Die entscheidenden Bedingungen für den Kampf um die anstehende „Neuordnung" und damit nicht zuletzt um die zukünftige Hegemonialposition innerhalb dieser Ordnung waren ihrerseits von der spezifischen Krisensituation vorgegeben, in der sich die Donau- und Balkanländer befanden. Denn hier mischten sich die rasch einsetzenden einschneidenden Auswirkungen der allgemeinen Krise (plötzliche Kündigung der kurzfristigen Kredite, Sturz der Agrarpreise) mit dem autochthonen Krisenpotential (hohe Auslandsverschuldung, überdimensionierter Produktionsapparat, leistungsschwache Agrarstruktur, Zerstückelung eines vormals einheitlichen Marktes durch eine Vielzahl von Grenzen) zu einem gefährlichen Krisengemisch und führten zu einer Krise in der Krise, die angesichts eben des Versagens der traditionellen Krisenregulierungsmechanismen „neue Lösungen" notwendig machte, die nun die konkurrierenden faschistischen Regime, Deutschland und Italien, anboten.

3. Die besondere Dringlichkeit und Aggressivität, die die italienische Handels- und Infiltrationsoffensive kennzeichneten, entsprangen – betrachtet man schließlich das italienische Szenario – der Krisenlage der primär und traditionell weltmarktorientierten Wirtschaftsgruppen, die auf Ersatz für die geschrumpften bzw. verlorengegangenen Märkte in Übersee und in Westeuropa drängten und die dabei v.a. die Wiederaufnahme der traditionellen Expansionslinien dort in Europa forderten, wo Italien sich seit Anfang des Jahrhunderts Positionen erobert hatte.

Der mit Hilfe des italienischen Staates betriebenen Sicherstellung eines für bedeutende Teile der italienischen Wirtschaft lebenswichtigen Expansionsraums sollte darüber hinaus eine zentrale herrschaftsstabilisierende Funktion für das faschistische Herrschaftsbündnis selbst zukommen. Denn die weltweite Überproduktionskrise, die die schwachen Nationalökonomien auf dem Weltmarkt besonders früh und empfindlich getroffen hatte, drohte den in Italien seit 1927 mühsam austarierten Kompromiß zwischen den primär am Binnenmarkt orientierten Interessen und den primär am Weltmarkt interessierten Gruppen zu sprengen. In dieser prekären Situation kam dem Staat in seiner Funktion als Vermittler zwischen den divergierenden Wirtschaftsinteressen erhöhtes Gewicht zu. So erklärt sich auch der Erfolgsdruck, unter dem die staatlichen Instanzen antraten, da nur ein Gelingen die staatliche Vermittlertätigkeit unter den schwieriger werdenden Bedingungen überhaupt rechtfertigen konnte.

12 Vgl. Friedrich Vöchting, Vom Welthandel zur Großraumwirtschaft, in: *W. W. A.*, 55. Bd. (1942/I), S. 1–31, hier S. 4.

4. Schließlich bestimmten diese sehr unterschiedlichen Kräfteverhältnisse und Bedingungen den Rahmen jener konkret-historischen Konstellation, die in Italien die Herausbildung und Formierung einer breiten Interessenkoalition kennzeichnete. Ihr sollte es gelingen, ganz *unterschiedliche* ökonomische, politische und politisch-ideologische Kräfte auf der Basis einer gemeinsamen Plattform zu verbinden und diesem Konglomerat politische Durchschlagkraft zu geben. Gemeint ist die äußerst heterogene, eher fluide Kräftegruppierung *innerhalb* des faschistischen Regimes, die während des untersuchten Zeitraums klare Konturen annahm: eine Koalition von Kräften, die in deutlicher Abgrenzung zum deutschen Nationalsozialismus und mit dem „bedingten und bedingenden Beistand des Vatikan"[13] für eine eigene und unverwechselbare Ausprägung des italienischen Faschismus, in Theorie und Praxis, nach innen ebenso wie nach außen, eintrat. Darüber hinaus sind in ihren Reihen Vorstellungen von einem „universalen" Faschismus, konzipiert als „dritter Weg" zwischen Kapitalismus und Sozialismus, anzutreffen, die auf enge Verbindungen mit der Korporativbewegung hinweisen.

Die nun anschließende Darstellung beginnt mit einem Überblick über die wirtschaftliche Bedeutung, die der mittel- und osteuropäischen Exportoffensive für die krisengeschüttelte italienische Wirtschaft zukam.

Anschließend werde ich auf einige politisch-diplomatische und handelspolitische Aspekte der römischen Expansionsstrategie eingehen. Im Mittelpunkt stehen dabei die neuen handelspolitischen Techniken, die nicht nur den Wandel im Außenhandel deutlich zum Ausdruck bringen, sondern auch die fließend gewordenen Übergänge zwischen *Binnen*wirtschaftspolitik und *Außen*wirtschaftspolitik ins Blickfeld der Betrachtung rücken. Ferner werden am Beispiel der Bemühungen Berlins um eine Interessenabsprache mit der sich sträubenden Regierung in Rom die realen Interessengegensätze zwischen Deutschland und Italien dokumentiert. Sie sollten wesentlich zum Scheitern der italienischen Exportoffensive beitragen (1934/36).

In einem weiteren Kapitel werden schließlich einige relevante Aspekte und Zusammenhänge bei der Herausbildung der hier interessierenden Kräftegruppierung innerhalb des faschistischen Herrschaftsbündnisses herausgearbeitet. Im Anschluß an Teil Zwei folgt ein weiterer (3.) Teil zur Mittel- und Osteuropastrategie des Autokonzerns Fiat. Diese Darstellung soll die zunächst eher allgemeinen Zusammenhänge an einem Beispiel illustrieren.

13 Enzo Santarelli, *Storia del fascismo*, Bd. II, Rom ^{2}1973, S. 340.

2. Kapitel: Blockbildung Italien/Österreich/Ungarn. Stellenwert der Handelsoffensive für die italienische Wirtschaft vor dem Hintergrund der Weltwirtschaftskrise

I Italiens Austauschbeziehungen mit Österreich und Ungarn vor dem Höhepunkt der Krise, 1928–30

Die im Frühjahr 1931 bekannt gewordenen Handelsvertragsverhandlungen zwischen Österreich und Ungarn sowie Österreich und Italien[14], die von dem Triestiner Staatsrat, Iginio Brocchi, auf italienischer Seite geführt, und deren Ergebnisse in der zweiten Serie der sogenannten Brocchi- oder Semmering-Verträge (Frühjahr 1932) und vor allem später dann in den Römischen Protokollen (März 1934) ausgebaut wurden[15], signalisierten unübersehbar das lebhafte Interesse, aber auch den Erfolg der neuen handelspolitischen Methoden, die Italien gegenüber dem Donau- und Balkanraum seit Ausbruch der Weltwirtschaftskrise zunehmend anwandte.

Ehe auf die tatsächlich erfolgten Veränderungen im Zuge der handelspolitischen Offensive Italiens und auf ihre Hauptmerkmale eingegangen wird, seien einige Angaben gemacht zum Stand der italienischen Handelsbeziehungen mit den beiden Donauländern[16] vor Beginn der Verhandlungen und ehe die Weltwirtschaftskrise ihren Höhepunkt erreichte.

Die Anteile der österreichischen und ungarischen Lieferungen und Bezüge am Gesamthandel Italiens in den Jahren 1928–30 waren, quantitativ betrachtet, niedrig, die ungarischen niedriger noch als die österreichischen. Mit Anteilswerten von gut 2 % nahm Österreich unter den Bezugsmärkten Italiens den 10., unter den Absatzmärkten den 8. (mit ca. 3 %), Ungarn unter den Bezugsmärkten den 15. (mit Werten bis knapp 2 %) und unter den Absatzmärkten den 17. Platz (mit knapp 1 %) ein. Trotz der mengenmäßig an sich geringfügigen Werte ist allerdings der Entwicklungstrend von Bedeutung: Die jeweiligen Anteile am italienischen Außenhandel konnten sich bei Ausbruch der Krise entweder halten (Ungarn) oder sich sogar leicht steigern (Österreichs Anteil an der Gesamteinfuhr wuchs 1928–30 um 29 %).

14 Ernst Haas, *Die Außenhandelspolitik der ehemaligen Republik Österreich während der Weltwirtschaftskrise bis zum Anschluß unter besonderer Berücksichtigung der Handelsvertragspolitik.* Diss., Würzburg 1939, S. 53.

15 Vgl. Ugo Calderoni, *I cento anni della politica doganale italiana*, Padua 1961, S. 158.

16 Zu den Handelsvertragsvereinbarungen nach dem Ersten Weltkrieg zwischen Italien/Österreich und Italien/Ungarn, vgl. ebd., S. 140, 142; detaillierte Angaben über die Austauschbeziehungen bis 1930 bei Werner Schumann, *Die römischen Protokolle als wirtschaftliches Problem, Beihefte zur „Leipziger Vierteljahresschrift für Südosteuropa"*, Hrsg. v. Südosteuropa-Institut an der Univ. Leipzig, Leipzig 1939, H. 5, S. 50, 53.

Ähnlich wie Österreich und Ungarn konnten nur noch Deutschland und Großbritannien ihre Anteile an den italienischen Einfuhren steigern, während Italiens große Bezugsmärkte – USA, Frankreich und Argentinien – in demselben Zeitraum zum Teil sogar erheblich an Gewicht verloren.

Weniger eindeutig ist das Bild auf der Ausfuhrseite. Hier ist zunächst ersichtlich, daß sich der Anteil Österreichs unter den italienischen Absatzmärkten vergrößerte, parallel zu denen Frankreichs und der Schweiz; die Anteilswerte Ungarns hingegen hielten sich in etwa, ebenso die Deutschlands und der USA.

Aus Österreich bezog Italien in erster Linie Holz in bearbeiteter und unbearbeiteter Form[17]; an zweiter Stelle folgten Papierzeug und Fertigwaren. Die Bezüge aus Ungarn bestanden hauptsächlich aus Nahrungsmitteln, vor allem aus lebenden Tieren und Weizen; Rohstoffe und Fertigwaren spielten eine sekundäre Rolle[18].

Das Gros der italienischen Lieferungen nach Österreich setzte sich aus Nahrungsmitteln und Getränken zusammen, d.h. aus den traditionellen Exportwaren des Agrarsektors, wie Agrumen, Weintrauben, Früchten, Reis und Wein; an zweiter Stelle folgten neben Rohstoffen (Schwefel, Hanf) vor allem die traditionellen Ausfuhrwaren unter den Halb- und Fertigwaren wie Seide, Kunstseide und Textilien[19]. Nach Ungarn gingen dagegen weniger agrarische Produkte, sondern mehr Rohstoffe und vor allem Halb- und Fertigwaren. In der Hauptsache waren es Hanf, rohe Felle und Häute, Textilerzeugnisse, Kunstseide und Autos und Autoteile, die neben Agrumen und Reis die hauptsächlichen Absatzposten bildeten[20].

Sowohl Österreich wie Ungarn gegenüber war Italiens Handelsbilanz in den Jahren 1928–30 passiv. Um einen groben Überblick über die Größenordnungen zu vermitteln: 1929 standen den italienischen Einfuhren aus Österreich im Wert von Lire 482.886.000 Ausfuhren im Wert von L 427.077.000 gegenüber; 1930 waren es L 412.384.000 (Importe) gegenüber L 377.855.000 (Exporte). Das Defizit belief sich für Italien 1929 auf L 55.809.000 (gegenüber einem Gesamtdefizit von L 6.740 Mill.) und 1930 auf L 34.529.000 (Gesamtdefizit: L 5.427 Mill.).

Gegenüber Ungarn kam der Minussaldo in folgenden Zahlen zum Ausdruck: 1929 wurden Waren im Wert von L 188.419.000 aus Ungarn importiert gegenüber Ausfuhren zu L 116.151.000, so daß das Defizit L 72.268.000 betrug. 1930 stieg es noch erheblich an – im Gegensatz zur Entwicklung mit Österreich und im Gegensatz zum allgemeinen Abbau der Außenhandelsverschuldung Italiens überhaupt. Das Defizit von L 200.901.000 war hauptsächlich auf den erheblichen Zuwachs der Bezüge aus Ungarn (L 304.084.000), erst in zweiter Linie auf den leichten Rückgang der Exporte (£ 103.183.000) zurückzuführen[21].

17 Österreich war, zusammen mit Jugoslawien, Italiens größter Holzlieferant: im Jahr 1927 nahm Italien 30 % der österreichischen Holzausfuhr auf, 1931 waren es 36 %. Im Vergleich dazu nahm Deutschland 1927 37 % auf, 1931 waren es nur noch 14 %; vgl. League of Nations. Economic Committee. The Timber Problem, in: *League of Nations Publications, II. B. Economic and Financial*, Genf 1932, 1–11, S. 17.

18 Schumann, *Die römischen Protokolle* (Anm. 16), S. 52 ff.

19 Ebd., S. 54.

20 Ebd.

21 Felice Guarneri, *Battaglie economiche tra le due grandi guerre*, Bd. I., *1919–1935*, Mailand 1953, S. 241, 268.

Italiens Schuldnerposition bezog sich nur auf den Warenverkehr. Denn im Gegensatz zu seiner sonstigen Praxis als Kapitalimportland trat Italien nach dem Ersten Weltkrieg als Kapitalexporteur gegenüber den süd- und südosteuropäischen Ländern auf – zum Teil mit Hilfe zuvor anderswo aufgenommener Kredite. So hatte es sich in der unmittelbaren Nachkriegszeit an der internationalen Hilfsaktion „Lebensmittelkredite" für Österreich mit relativ hohen Beträgen beteiligt und 1923 an der Völkerbundanleihe ebenfalls für Österreich mit 200 Mill. Lire (in Goldkronen knapp 40 Mill.). Im Vergleich dazu zeichnete Frankreich rd. 41 Mill[22]. 1930 erfolgte die Vergabe einer weiteren 7-Prozent-Anleihe an Österreich zu 100 Mill. Lire; 1929 hatte es seine Beteiligungen an der Steweag[23] aufgestockt. Die italienische Anleihepolitik gegenüber Ungarn entwickelte sich in demselben Zeitraum wie folgt: 1924 Vergabe einer 7-Prozent-Anleihe zu 170 Mill. Lire, 1930 einer 7,5 %igen zu 38 Mill. L und einer 7 %igen zu 92 Mill. L[24].

In dieser seiner Gläubigerposition war begründet, weshalb Italien ausgerechnet gegenüber mittel- und südosteuropäischen Ländern, namentlich Österreich und Ungarn, als diese 1931 zur Devisenbewirtschaftung übergingen, Clearings anwandte[25]. Das hierdurch bewirkte Abtauen der festgefrorenen italienischen Guthaben bildete anschließend, in Verbindung mit dem Defizit der italienischen Handelsbilanz, eine der Voraussetzungen für den Übergang zu bilateralen und präferentiellen Handelsbeziehungen, folglich eine Voraussetzung für die wirksame Handhabe der neuen handelspolitischen Waffen in dem ausgebrochenen Kampf um Marktanteile im Mittel- und Südosteuropa.

II Die Austauschbeziehungen bis zur Unterzeichnung der Römischen Protokolle, 1931–34

Die folgenden Jahre, in denen sich die weltweite Krise verschärfte und ihrem Höhepunkt zustrebte, waren von einer lebhaften politischen, wirtschaftlichen und propa-

22 Zu diesen und den folgenden Angaben vgl. Walther Federn, Die auswärtigen Anleihen Österreichs, in: *Schriften des Vereins für Sozialpolitik*, 174; *Finanzielle Untersuchungen 1928–1929*, 1928, S. 200 ff.; vgl. auch Ministero per la Costituente, Rapporto III, *Presentato all'Assemblea Economica, Problemi Monetari e commercio estero, I.-Relazione*, Rom 1946, S. 102.

23 Steierische Wasserkraft- und Elektrizitäts-A.G., deren Majorität 1924 von einer italienischen Gruppe unter der Führung der Firma Feltrinelli aufgekauft worden war und die Anfang 1933 deutschen Interessenten zum Kauf angeboten wurde; vgl. unter der Notiz „Steweag", in: *Der Deutsche Volkswirt* v. 13. 1. 1933, S. 458–459.

24 Zur Kapitalexportpolitik Italiens in Südosteuropa vgl. auch die Hinweise bei Eberhard Kohlruss, *Die französischen Kapitalanlagen in Südosteuropa im Rahmen der gesamten Auslandsverschuldung der südosteuropäischen Länder*, Leipzig 1934, passim.

25 Vgl. Vittorio Francescon-Centa, *Die Außenhandelspolitik des neuen Italiens*, Hamburg 1937, S. 95 f.; zur handelspolitischen Waffe des Clearing, aufgezeigt am Beispiel NS-Deutschlands, s. Dörte Doering, *Deutsche Außenwirtschaftspolitik 1933–35. Die Gleichschaltung der Außenwirtschaft in der Frühphase des nationalsozialistischen Regimes*, Diss., Berlin 1969.

gandistischen Aktivität um das Problem der „Neuordnung des Donauraumes“[26] gekennzeichnet. Die schnell einsetzenden einschneidenden Rückwirkungen der allgemeinen Krise im Donau- und Balkanraum verschärften unübersehbar die dort bereits akute Krise[27]. Die Situation wurde in diesem Raum wieder flüssig und geriet in Bewegung, worin nicht zuletzt ein Ausdruck dafür zu sehen ist, daß sich in den zwanziger Jahren keine relativ unabhängigen und krisenresistenten nationalen Systeme aus dem Zusammenbruch Österreich-Ungarns entwickelt hatten.

Von langfristiger Bedeutung sollte sich erweisen, daß im Gegensatz zur Zeit vor dem Ersten Weltkrieg die Gläubigerländer nun nicht mehr mit den Hauptabsatzmärkten der Donauländer[28] zusammenfielen. Mit den Worten eines zeitgenössischen Beobachters: Ungarn, Rumänien, Serbien und Bulgarien waren auch vor dem Kriege Schuldnerländer, sie konnten aber ihre Schulden an Deutschland, Österreich und an die Schweiz in Waren abtragen:

„Heute sind die Hauptgläubigerländer der Donaustaaten die Vereinigten Staaten, Großbritannien, Frankreich und die Niederlande, die alle außerhalb der natürlichen Absatzräume liegen, nur verhältnismäßig kleine Mengen Industrieerzeugnisse übernehmen, hinsichtlich der Agrarüberschüsse aber mit ihnen sogar im Wettbewerb stehen. Demgegenüber sind Deutschland, Italien und Polen, die angrenzenden großen Märkte der Donauländer, selbst finanzielle Defizitländer und auf die Ausfuhr ihrer eigenen Produkte in erhöhtem Maße bedacht. Diese Diskrepanz der handels- und finanzpolitischen Beziehungen ist eine Ursache der Krisis im Donauraum.“[29]

Nachdem die unmittelbar interessierten Staaten in unzähligen Bemühungen und auf unterschiedlichen Ebenen zunächst versucht hatten, die Donauraumprobleme durch Verhandlungen und Absprachen eher untereinander einer Lösung näherzubringen[30], allerdings ohne Erfolg angesichts der Art ihrer äußeren Verflechtung, traten bei Ausbruch der allgemeinen Krise die drei Länder Deutschland, Frankreich und Italien, deren Interessenkreise sich im Donauraum überschnitten[31], wieder stärker in den Vordergrund. An der nun folgenden Sequenz mehr und mehr bilateraler Handelsvertragsverhandlungen, an der Einführung neuer Vertragstechniken, an Donau-Konferenzen und an der Ausarbeitung nationaler Pläne zur „Lösung“ der Donauraum-Frage sowie zur Torpedierung derjenigen der anderen Mächte – an diesen Aktivitäten war Italien in zunehmendem Maße und in erster Reihe beteiligt.

26 So der Titel einer Untersuchung von Elemér Hantos, *Die Neuordnung des Donauraumes*, Berlin/Wien 1935.

27 Vgl. Société des Nations, Commission d'étude pour l'Union européenne, *Rapport de la Conférence de Stresa pour la reconstruction économique de l'Europe Centrale et Orientale*, Genf 1932, S. 10.

28 Zur allgemeinen Außenhandelsverflechtung der Donauländer in den Jahren 1928–31 sehr hilfreich: *Etudes relatives au problème des rapprochements économiques européens, première série, Chiffres essentiels du commerce extérieur des pays danubiens*, hrsg. v. Société des Nations, Comité Economique, Genf, 9. April 1932, Nr. E. 781.

29 So Hantos, *Neuordnung* (Anm. 26), S. 52.

30 Zu den „Mitteleuropäischen Wirtschaftstagungen“ in Wien und den Agrarkonferenzen in Bukarest und in Warschau s. ebd., S. 24, 151.

31 Vgl. ebd., S. 153; ein informativer Überblick aus der Perspektive der Confindustria, „L' Europa Centrale e Orientale“, ungez., in: *Rivista di Politica Economica*, 1934, S. 220–224.

Im Jahr 1931, zwischen dem Abschluß der ersten und zweiten Brocchi-Verträge (Februar/April 1932), hatte sich das Interesse Italiens am österreichischen Markt merklich gesteigert. Das Interesse an Verhandlungen war aber in Rom und Wien gleichermaßen groß[32], angesichts weltweit verriegelter Märkte, angesichts der deutsch-österreichischen Zollunionsprojektierung und vor allem deren Scheitern (September 1931), ferner angesichts des österreichischen Hilferufs 1932 an die vier Großmächte, England, Frankreich, Deutschland und Italien, vor dem Hintergrund der sich rapide verschlechternden Devisen- und Exportsituation, der schließlich zu der zweiten Völkerbundanleihe (300 Mill. Schilling, Lausanne, Juli 1932)[33] und vorübergehend zu einer Stärkung der Gläubigerposition Frankreichs führte.

Italiens wachsendes handelspolitisches Interesse an Österreich und Ungarn ab 1930/31 ist außerdem in dem größeren Zusammenhang der seit 1926 wieder aktiven italienischen Nahorientpolitik zu sehen, die 1930/31 ebenfalls in eine Phase der Intensivierung eintrat. Währungsabwertungen, japanisches Dumping und die deutsche Konkurrenz begannen die Stellung Italiens auf den levantinischen Märkten ab 1931 erheblich zu erschweren. Zur gleichen Zeit startete die italienische Regierung eine breit gefächerte Propagandaaktion, um die verlorengegangenen oder doch bedrohten Absatzmärkte wiederzugewinnen[34].

Vor diesem Hintergrund entwickelte sich der Warenaustausch Italiens mit Österreich und Ungarn, gemessen am Verlauf seiner Gesamteinfuhr bzw. -ausfuhr, in den Jahren 1931–33 wie folgt:

Tabelle 1: Anteile ausgewählter Länder an Italiens Gesamteinfuhr (in %) 1931–33 (Werte)[35]

	1931	1932	1933
Österreich	2,52	2,26	2,38
Ungarn	1,25	0,95	1,02
Deutschland	13,73	14,03	15,55
USA	11,47	13,51	15,16
Großbritannien	9,50	9,06	9,89
Frankreich	7,13	5,87	5,62
Argentinien	4,88	5,88	3,38

32 Haas, *Außenhandelspolitik* (Anm. 14), S. 60.

33 Der Text: „Protocollo per la continuazione dell'opera di restaurazione economica e finanziaria dell'Austria, firmato dall'Italia e vari Stati, con tre allegati", abgedr. in: R. Ministero degli affari esteri. *Trattati e convenzioni fra il regno d'Italia e gli altri stati*, Bd. 44, Rom 1936, S. 481–492; vgl. auch Grete Klingenstein, *Die Anleihe von Lausanne. Ein Beitrag zur Geschichte der Ersten Republik in den Jahren 1931–1934, Publikationen des österreichischen Instituts für Zeitgeschichte*, Bd. 5, Wien/Graz 1965.

34 Siehe Francescon-Centa, *Außenhandelspolitik* (Anm. 25), S. 60 f.

35 Zusammengestellt nach Banca d'Italia, *L'Economia Italiana nel sessennio 1931–1936*, 1. Teil, Rom 1938, S. 206.

Auffällig ist die anteilmäßige, wenn auch geringfügige, Zunahme der Einfuhren 1932/33 angesichts der allgemeinen Wertschrumpfung der italienischen Einfuhren, die bis 1933 anhielt. Aus der Perspektive der österreichischen Ausfuhrentwicklung betrachtet, verbesserten sich die Ausfuhren nach Italien sowohl anteilmäßig (schon 1932) als auch absolut (kontinuierlich ab 1933)[36]: Die Tendenz zur Exportsteigerung nach Italien setzte also auf dem Höhepunkt der Krise ein.

Aus der Sicht der ungarischen Exportentwicklung während der Krise hatten die Ausfuhren nach Italien anteilmäßig wie absolut 1932 ihren Tiefpunkt erreicht und stiegen anschließend, wenn auch diskontinuierlich, bis 1937 an[37].

Im Vergleich mit Italiens wichtigsten Importländern nahmen Österreich und Ungarn eine mittlere Stellung ein: zwischen einerseits seinen drei Hauptbezugsmärkten Deutschland, USA und Großbritannien, die ihre Anteile zwischen 1931–33 vergrößern konnten, zum Teil sogar erheblich, und andererseits den wichtigen Lieferantenmärkten, wie dem französischen und dem argentinischen, deren Anteile sich rückläufig entwickelten.

Tabelle 2: Anteile ausgewählter Länder an Italiens Gesamtausfuhr (in %) 1931–33 (Werte)[38]

	1931	1932	1933
Österreich	3,16	2,90	2,29
Ungarn	0,88	0,74	1,19
Großbritannien	12,06	11,21	11,91
Frankreich	11,23	7,88	7,98
Deutschland	10,95	11,85	12,67
USA	10,50	9,72	9,21
Argentinien	8,32	5,80	6,63

Aus der Perspektive Österreichs ist hervorzuheben, daß Italien seinen Anteil an der Gesamteinfuhr Österreichs 1931/32 ausweitete; er sank dann aber in den folgenden beiden Jahren und entwickelte sich daraufhin schwankend[39]. Auf dem ungarischen Markt mußten die italienischen Lieferanten 1931/32 einen leichten Anteilsverlust hinnehmen, konnten aber ihre relative Stellung ab 1932/33 wieder ausweiten[40].

Im Hinblick auf die Struktur der Warenbeziehungen läßt sich folgendes festhalten. Aus der Saldoentwicklung des italienischen Warenverkehrs jeweils mit Österreich und Ungarn wird ersichtlich, daß, im Ganzen betrachtet, die beiden Märkte zunehmend Bedeutung als Lieferantenmärkte für Italien gewannen: Gegenüber Österreich setzte Italiens Handelsverschuldung im Jahr 1933 ein, sie sollte in den

36 Siehe Haas, *Außenhandelspolitik* (Anm. 14); S. 59.
37 Siehe den mit G. L. gezeichneten Artikel, Le relazioni economiche tra l'Italia e l'Ungheria, in: *Rivista di Politica Economica*, XXXII. Jg. 1942, H. 5, S. 440.
38 Zusammengestellt nach Banca d'Italia, *L'Economia Italiana* (Anm. 35), S. 208.
39 Vgl. Haas, *Außenhandelspolitik* (Anm. 14), S. 59.
40 Vgl. G. L., Le relazioni economiche (Anm. 37), S. 440.

folgenden Jahren sprunghaft ansteigen. In den Jahren 1931–34 machten die Einfuhren aus Österreich ca. den 40sten Teil der italienischen Gesamtbezüge aus, 1936 war es der 16te Teil; damit war Österreich nach Deutschland und den USA zum wichtigsten Lieferanten des unter Aufrüstungs- und Sanktionsdruck stehenden faschistischen Regimes aufgestiegen. Bei Ungarn stand Italien mit seinen Warenbezügen bis auf 1934 ständig in der Kreide. Bezahlte Italien seine Wareneinkäufe 1931 dort noch zu gut 60 % mit eigenen Lieferungen, so waren es 1936 nur noch 53 %; gegenüber Österreich betrugen die Relationen 1931 noch 109 %, 1936 dagegen 52 %[41]. Insgesamt hatte Italien seine Position als Schuldner gegenüber Österreich und Ungarn in den Jahren der handelspolitischen Annäherung stark ausgebaut. Dieser Tatbestand sollte sich als eine der unabdingbaren Voraussetzungen für die erfolgreiche Anwendung der neuen handelspolitischen Techniken erweisen.

III Entwicklung der Austauschbeziehungen bis zur Krise um Abessinien, 1934–36

Mit der von Italien am 30. September 1933 vorgelegten Denkschrift zur Lösung des Donauproblems und der Unterzeichnung der Römischen Protokolle am 17. März 1934 durch die Vertreter Italiens, Österreichs und Ungarns gelangten die Versuche Roms, im Donauraum Fuß zu fassen und sich Einflußzonen zu schaffen, zum Durchbruch. Die Abmachungen, auf die im einzelnen in einem folgenden Abschnitt eingegangen wird (3. Kap. II), sollten zum Ausgangspunkt der „Neuordnung des Donauraumes" unter verstärkter italienischer Einflußnahme werden.

Diese Entwicklung wurde freilich schon von zeitgenössischen Beobachtern mit begründeter Skepsis hinsichtlich ihrer Erfolgschancen beobachtet, allein schon, weil nur zwei von fünf Donaustaaten an den Vereinbarungen teilhatten, vor allem aber aufgrund der prekären Wirtschaftslage in Italien selbst. Immerhin war aber nicht zu übersehen, daß Italien gegenüber seinem Hauptkonkurrenten Deutschland, aber auch gegenüber Frankreich, Pluspunkte gewonnen hatte, da von allen Versuchen – so formulierte es ein zeitgenössischer Beobachter –, „die bis jetzt unternommen wurden, die wirtschaftlichen Schwierigkeiten im Donauraum zu vermindern, das Vorgehen der italienischen Regierung das einzige [ist], das bis jetzt in die Tat umgesetzt wurde"[42].

Die Entwicklung der Anteile Österreichs und Ungarns am Gesamtimport Italiens verlief in den Jahren 1933 bis 1936 wie folgt:
Die Übersicht zeigt, daß sich die österreichischen und ungarischen Lieferantenmärkte seit dem Inkrafttreten der Römischen Protokolle bis einschließlich 1936 kontinuierlich ausweiteten. Die Steigerungsraten waren 1935 und 1936 besonders deutlich.

41 Vgl. Banca d'Italia, *L'Economia Italiana* (Anm. 35), Tab. XXI, XXII, S. 209 f.
42 Heinz Ludwig Brückmann, *Zwischenstaatliche Wirtschaftsprobleme im Donauraum*, Diss., Bern 1936, S. 99.

Tabelle 3: Anteile ausgewählter Länder an Italiens Gesamteinfuhr (in %) 1933–36 (Werte)[43]

	1933	1934	1935	1936
Österreich	2,38	2,51	3,55	6,30
Ungarn	1,02	1,30	2,01	3,74
USA	15,16	12,62	11,46	15,22
Deutschland	15,55	16,45	18,60	27,49
Großbritannien	9,89	9,33	7,40	0,89
Frankreich	5,62	5,77	6,14	2,17
Argentinien	3,38	3,36	3,84	3,03

Auf der Importseite ähnelte die Entwicklung mit Österreich und Ungarn in der Grundtendenz derjenigen Italiens mit Deutschland: Abgesehen von der ganz anderen Größenordnung, Struktur und Qualität der Austauschbeziehungen wuchs der Anteil deutscher Lieferungen an der Gesamteinfuhr ebenfalls stark und kontinuierlich an. Demgegenüber stand die prozentual deutliche Abnahme der Wareneinfuhr aus den traditionell wichtigsten Bezugsmärkten: aus Großbritannien, dessen anteilmäßiger Rückgang 1936 seinen tiefsten Stand erreichte, aus Frankreich, ebenfalls mit tiefstem Stand 1936, und aus Argentinien. Die Entwicklung der Lieferanteile der USA verlief vergleichsweise eigenartig: starker Rückgang bis einschließlich 1935 und damit Preisgabe der ersten Stelle an Deutschland und sprunghafter anteilmäßiger Anstieg im Jahr 1936.

Im Rahmen der ländermäßigen Verteilung der italienischen Gesamtausfuhr, wobei wieder nur die wichtigsten Absatzmärkte zum Vergleich berücksichtigt werden, entwickelten sich die Anteile Österreichs und Ungarns wie folgt:

Tabelle 4: Anteile ausgewählter Länder an Italiens Gesamtausfuhr (in %) 1933–36 (Werte)[44]

	1933	1934	1935	1936
Österreich	2,29	2,47	2,99	5,05
Ungarn	1,19	2,62	1,99	3,05
Deutschland	12,67	16,79	18,95	28,36
USA	9,21	7,81	9,40	14,34
Großbritannien	11,98	10,66	9,60	4,09
Frankreich	7,98	7,09	6,80	5,07
Argentinien	6,63	4,38	3,61	4,19

Der Verlauf der Anteile beider Länder zeigt einen kontinuierlichen Anstieg bis einschließlich 1936, ähnlich wie auf der Importseite. Am ehesten vergleichbar ist die

43 Siehe Banca d'Italia, *L'Economia Italiana* (Anm. 35), Tab. XVIII, S. 206.
44 Siehe ebd., Tab. XX, S. 208.

anteilmäßige Entwicklung Österreichs und Ungarns wieder mit der Deutschlands, während die Anteile der traditionell wichtigsten Absatzmärkte Italiens erheblich zurückgingen (Großbritannien, Frankreich, Argentinien). Die amerikanischen Marktanteile schrumpften zunächst ebenfalls überdurchschnittlich, allerdings bildeten die USA während des Abessinienkrieges den zweitwichtigsten Absatzmarkt Italiens nach Deutschland.

Im Anschluß an die oben gemachte Feststellung ist ferner hervorzuheben, daß in den ersten Jahren der Dreiecksbeziehungen die Lieferantenstellung der Märkte Österreichs und Ungarns zusammen genommen kontinuierlich ausgebaut wurde; ihre Bedeutung als Absatzmarkt für den italienischen Export unterlag hingegen Schwankungen. In Zahlen:

Bezugsmarkt: 1934 = 3,76 %; 1935 = 5,47 %; 1936 = 9,77 %;
Absatzmarkt: 1934 = 4,83 %; 1935 = 3,30 %; 1936 = 5,59 %.

IV Überblick über die Warenzusammensetzung

1. *Warenaustausch Italien – Österreich*

Im Ganzen betrachtet, hatte der Warenaustausch zwischen Italien und Österreich ab 1934 eine erhebliche Steigerung erfahren, die die Steigerungsraten der gesamten Handelsentwicklung Italiens in dem jeweiligen Jahr übertraf. Das ist aus folgender Gegenüberstellung von generellem und speziellem Handelsvolumen ersichtlich:

Tabelle 5: Italienisch-österreichischer Warenaustausch im Vergleich zum italienischen Handelsvolumen[45]

Jahre	*Italienischer Gesamthandel* Wert in 1000 L	Wert i. v. H. 1933	*Italienischer Handel mit Österreich* Wert in 1000 L	Wert i. v. H. 1933
1933	13 422 345	100,00	308 457	100,00
1934	12 891 858	96,05	312 237	101,22
1935	13 028 194	97,06	406 367	131,74
1936	11 586 331	86,32	563 875	182,81
1937	24 266 322	180,79	919 582	298,12

Während der italienische Außenhandel 1936 um ca. 14 % gegenüber 1933 geschrumpft war, stieg im gleichen Zeitraum das Handelsvolumen mit Österreich um ca. 83 % an. Und auch an der Ausweitung des gesamten Volumens 1937 partizipierte der spezielle Handel mit Österreich überdurchschnittlich: 94 % : 115 %. Die entsprechenden Angaben zum österreichisch-italienischen Warenaustausch im Rahmen des österreichischen Gesamtvolumens deuten ebenfalls auf eine wesentlich günstige-

45 Schumann, *Die römischen Protokolle* (Anm. 16), S. 141.

re Entwicklung des Warenverkehrs mit Italien hin, obwohl hier die Differenz zwischen gesamtem und speziellem Handelsvolumen nicht so ausgeprägt war wie auf italienischer Seite: Zunahme des ersteren zwischen 1933–37 um 39 %, des letzteren um 84,2 %[46].

Welche Bedeutung hatte Österreich als Bezugsmarkt für Italien im Verlauf der Krise und im Rahmen der italienischen Krisenüberwindungsstrategien, vor allem der Aufrüstung und des damit verbundenen wirtschafts- und handelspolitischen Umstrukturierungsprozesses, und welche Bedeutung nahm Österreich hingegen als Absatzmarkt ein?

Um mit letzterem Problem zu beginnen, so zeigt die Übersicht über die Entwicklung der italienischen Exporte nach Österreich, daß sich 1934 die rückläufige Bewegung abschwächte und daß 1935 und 1936 Italien hier eine absolute Ausfuhrzunahme verzeichnen konnte (absolute Zahlen)[47]:

1932	190 Mill. Lire
1933	131 Mill. Lire
1934	122 Mill. Lire
1935	134 Mill. Lire
1936	193 Mill. Lire

Damit gehörte Österreich zu den wenigen Absatzmärkten Italiens, wo sich der Abschwungtrend der italienischen Ausfuhren 1934/35 wieder umkehrte, parallel zur Ausfuhrsteigerung auf den Märkten Deutschlands, der USA, Ungarns und der italienischen Kolonialgebiete.

Die Sonderentwicklung Italiens, die 1934/35 in einer tendenziellen Loslösung vom Welthandel und insbesondere im Rückgang seiner Exporte im Vergleich zu den Erholungstendenzen auf dem Weltmarkt zum Ausdruck kam, läßt sich nun in der Weise spezifizieren: allgemein rückläufige Ausfuhrtätigkeit auf dem Weltmarkt bei gleichzeitiger Steigerung der Ausfuhren auf wenigen Märkten und dort auf der Grundlage von präzisen, reglementierenden Absprachen, wie das Beispiel der Dreiecksbeziehungen Österreich/Ungarn/Italien zeigt.

Im Rahmen der absoluten wie relativen Zunahme der Ausfuhren Italiens nach Österreich hatten sich im Verlauf der Intensivierung der Beziehungen bezeichnende Verlagerungen in der Warenstruktur vollzogen. Legt man das internationale Warenverzeichnis und dessen Einteilung nach vier Hauptgruppen zugrunde, so wird deutlich, daß die Gruppen „Nahrungsmittel und Getränke" und „Fertigwaren" den Löwenanteil der italienischen Ausfuhren bildeten, die unter den Positionen „Rohstoffe und Halbfabrikate" und „Lebende Tiere" zusammengefaßten Waren dagegen nur eine untergeordnete Rolle spielten. Die traditionell an erster Stelle stehende Gruppe „Nahrungsmittel und Getränke" umfaßte in erster Linie Obst und Südfrüchte, Gemüse und Reis[48], also die traditionellen Ausfuhrwaren des exportorientierten Agrarsektors. Sie machten 1928–32 im Durchschnitt 56 % des gesamten Ausfuhrwertes

46 Ebd.
47 Siehe Banca d'Italia, *L'Economia Italiana* (Anm. 35), Tab. XIX, S. 707.
48 Ausführlich: Schumann, *Die römischen Protokolle* (Anm. 16), S. 142 ff.

nach Österreich aus. In den Jahren 1933–36 ging der Anteil jedoch zurück: von 64 % (1933) auf 57 % (1936).

Für die Zeit nach Abschluß der Römischen Protokolle ist es sehr aufschlußreich, daß zwar die ausgeführten Mengen weiterhin leicht fielen, daß nun aber die für diese Mengen gezahlten Preise unaufhörlich stiegen. So war die Ausfuhr von Südfrüchten von 338.000 q (Durchschnitt der Jahre 1928–32) auf 328.000 q (1937) gefallen – der Erlös dagegen stieg während der Jahre 1933–37 von 11,4 Mill. Schilling auf 13,7 Mill. Schilling. Eine noch deutlichere Scherenentwicklung in der Preis-Mengen-Relation läßt sich für Obst (Mengenrückgang bis 1936 von 188 000 q auf 123 000 q, Erlöszuwachs von 6,9 Mill. S. auf 7,6 Mill. S.) und für Gemüse feststellen (Mengenrückgang von 421 000 q auf 254 000 q; Erlöszunahme von 5,3 Mill. S. auf 8,5 Mill. S.). Für die etwa konstant gebliebene Ausfuhrmenge Reis (140 000 q) stieg der Erlös sogar auf 7,8 Mill. S. gegenüber 4,3 Mill. S. im Jahr 1933.

Somit kann zusammenfassend festgehalten werden: Die vergleichsweise günstige Entwicklung der Absatzmöglichkeiten in Österreich für den traditionellen Agrarsektor, die erst das Ergebnis gezielter präferentieller Vereinbarungen zwischen den beiden Ländern war, kam in den überdurchschnittlich günstigen Ausfuhrpreisen zum Ausdruck, die dazu beitrugen, daß die Gruppe „Lebensmittel" während der Weltwirtschaftskrise überraschend positiv vor allen anderen Ausfuhrgruppen der Handelsbilanz abschnitt.

Es waren indessen die Fertigwarenexporte, die am meisten von der Entwicklung privilegiert wurden. Auf sie entfielen 1928–32 durchschnittlich 24 % des Ausfuhrwertes. Zwar hatte sich im Laufe der Weltwirtschaftskrise noch eine relative Steigerung der Nahrungsmittel- und Getränkeexporte auf Kosten der Fertigwaren ergeben, mit 1934 setzte dann aber eine Wende ein: Von nun an steigerten sich die italienischen Fertigwarenexporte nach Österreich überdurchschnittlich. Der Anteil der „fertigen Waren" am Wert aller Exporte nach Österreich stieg 1933–36 von 15,07 % auf 28,20 % an. Gleichzeitig verringerten sich die Anteile für „Nahrungsmittel und Getränke" (von 63,89 % auf 56,91 %) und für „Rohstoffe und Halbfabrikate" (von 21,01 % auf 14,84 %). Auch in absoluten Mengen und Werten ausgedrückt, läßt sich dieser Aufschwung der Fertigwarenausfuhr nach Österreich feststellen. Die Gesamtmenge stieg 1933–36 von 20 000 q auf 50 000 q (bis 1937 auf 71 000 q); ihr Wert hatte sich gleichzeitig von 7,6 Mill. S. auf 16,6 Mill. S. (1937: 15,5 Mill. S.) erhöht. Er trug 1933 mit 15,07 % zum Wert der österreichischen Gesamteinfuhr aus Italien bei; 1936 waren es 28,20 % (und 1937: 19,31 %).

Innerhalb der Gruppe der Fertigwarenexporte kamen sowohl traditionelle exportorientierte Branchen – wie die Textilindustrie – in den Genuß präferentieller Abmachungen aber auch die Neuankömmlinge unter den weltmarktorientierten Branchen, die Kunstfaserherstellung und die Autoindustrie. So lieferte Italien an Österreich 1933 Kraftfahrzeuge und Motoren im Wert von 361 000 S., 1936 waren es 1,1 Mill. S.

Unter den Textilien erzielten Wollgarne und Wollwaren beispielsweise erhebliche Steigerungsraten (1933/34 um über 250 % bzw. 50 %); ebenso Kunstfasern (1933/

34 um 165 %)[49] und Naturseide, deren Ausfuhrwert vom Inkrafttreten der Römischen Protokolle bis 1936 um fast das Dreifache gestiegen war und mit 8 Mill. S. knapp die Hälfte des Wertes der Fertigwarenbezüge aus Italien ausmachte.

Zusammen mit den Krediterleichterungen und Exportvergünstigungen von staatlicher italienischer Seite bot also der österreichische Markt einigen bestimmten italienischen Wirtschaftsgruppen einen relativ geschützten und risikofreien Weg durch die Krise. Am deutlichsten läßt sich diese Entwicklung für 1934 dokumentieren, d.h. nach Inkrafttreten der Römischen Protokolle und bevor die Sanktionspolitik und die Umlenkung von Teilen des italienischen Außenhandels über Österreich und Ungarn dieses Bild durch weitere Momente komplizieren sollten. So nahm Österreich 1934 allein 43 % der gesamten italienischen Reisausfuhr auf (1933: 20 %; 1930: 12 %), 17 % der Südfrüchte (1933: 13 %), 14 % der Obstausfuhr (1933: 9 %), 57 % der Trockenobstausfuhr, 3,4 % der Kunstfaserexporte (1933: 2 %)[50].

Insgesamt bleibt festzuhalten, daß die Steigerung der italienischen Fertigfabrikateausfuhr den bis 1936 eingetretenen wertmäßigen Rückgang bei Rohstoffen/Halbfabrikaten sowie bei Nahrungsmitteln/Getränken ausgeglichen und dadurch ganz entscheidend die erhebliche Ausweitung des gesamten italienisch-österreichischen Exportvolumens zwischen 1933 und 1937 mitgetragen hat.

Den dritten Platz in der Rangfolge der Lieferungen nach Österreich nahm die Gruppe „Rohstoffe und Halbfabrikate" ein, deren Anteil am Gesamtausfuhrwert nach Österreich für die Jahre 1928–32 durchschnittlich 19,48 % betrug; er sank bis 1936 auf 14,84 % ab. Der Rückgang machte sich besonders 1935 und 1936 bemerkbar und betraf v.a. rohe Felle, Roh- und Alteisen. Insgesamt wird die fallende Tendenz auf den erhöhten Eigenbedarf an Rohstoffen für die italienische Aufrüstung zurückgeführt. Denn für die meisten Produkte aus dieser Gruppe hatte zunächst im Jahr 1934, nach Inkrafttreten der Römischen Protokolle, eine teilweise erhebliche Ausfuhrsteigerung nach Österreich stattgefunden, die auch nach Beendigung des Krieges wieder einsetzte (z.B. Futtermittel-Export).

Zum österreichischen Markt in seiner Bedeutung als Bezugsmarkt für Italien der folgende Überblick über die Importentwicklung (absolute Zahlen)[51]:

1932:	186 Mill. Lire
1933:	175 Mill. Lire
1934:	190 Mill. Lire
1935:	272 Mill. Lire
1936:	370 Mill. Lire

Die Bezüge aus Österreich stiegen ab 1933/34 kontinuierlich und erheblich an – im Gegensatz zur Einfuhrtätigkeit Italiens insgesamt (1932: 8204 Mill. L; 1934: 7582 Mill. L; 1935: 7673 Mill. L; 1936: 5883 Mill. L)[52]. Für Österreich[53] weitete sich

49 Vgl. Istituto Nazionale Fascista per gli scambi con l'estero, *Dati Statistici sul commercio estero italiano nel quinquennio 1930–1934*, Rom 1935, S. 309, 314.
50 Es handelt sich hierbei um Mengenangaben; vgl. ebd., S. 123, 173, 217, 250, 336.
51 Banca d'Italia, *L'Economia Italiana* (Anm. 35), Tab. XVII, S. 205.
52 Ebd., Tab. XVII, S. 205.
53 Vgl. Schumann, *Die römischen Protokolle* (Anm. 16), S. 145.

der Absatz auf dem italienischen Markt, der 1928 noch an vierter Stelle unter seinen Ausfuhrmärkten stand, bis 1933 auf 10,7 % (1928: 7,8 %) aus; damit nahm Italien den zweiten Platz hinter Deutschland (mit 15,7 %) ein. 1933/34 erfolgte ein weiterer sehr starker Anstieg der österreichischen Lieferungen nach Italien, so daß sich bis 1937 die Lieferungen wertmäßig fast verdoppelt hatten. Da die österreichische Gesamtausfuhr während dieser Jahre wertmäßig nur um ca. ein Drittel anstieg (von 773 Mill. S. auf 1217 Mill. S.), konnte sich der relative Exportanteil Italiens bis 1937 auf 14 % erhöhen. (Der auf Deutschland entfallende Prozentsatz betrug 14,9 % im Jahr 1937.)

Ein Überblick über die warenmäßige Zusammensetzung der Bezüge aus Österreich läßt folgende Entwicklungslinien erkennen[54]: Mit Ausnahme der Gruppe „Lebende Tiere" waren alle drei Hauptgruppen an der starken Belebung der Importe aus Österreich beteiligt. Sie bestanden zu über 60 % aus Rohstoffen und Halbfabrikaten, zu fast einem Drittel aus Fertigwaren, der Rest entfiel auf Lebensmittel und Getränke[55]. Wertmäßig am größten war die österreichische Ausfuhr an Rohstoffen und Halbfabrikaten, deren absoluter Wert sich fast verdoppelt hatte (1933–37). Etwa die Hälfte entfiel hierbei auf Holz. Damit wurde Italien zum größten Abnehmer des wichtigsten Exportartikels Österreichs. Im Jahr 1933 lag dieser italienische Anteil am gesamten österreichischen Holzexport bei 45,8 %, 1937 bei 38,2 % (Deutschland bezog 21,9 %.)

Den zweitgrößten Posten innerhalb dieser Gruppe bildete die Lieferung von Papierzeug. Auch hier war der italienische Markt für Österreich von zentraler Bedeutung: Anstieg des italienischen Anteils am österreichischen Gesamtexport von 49,7 % (1933) auf 50,4 % (1937). (Den zweitgrößten Absatzmarkt bot Ungarn mit nur 13,6 %, 1937.) Ferner spielten in dieser Einfuhrgruppe Roh- und Alteisen eine Rolle, Lumpen (starker Anstieg 1933–36), Steine und Erden, sowie Magnesit, Baumwolle und Wollabfälle, die alle bis 1936 Zuwachsraten erzielen konnten, im Jahr 1937 aber wieder zurückgingen.

Die Hauptgruppe „Nahrungsmittel und Getränke", die den dritten Platz in der Hierarchie der Warengruppen einnahm, verzeichnete 1933–37 ebenfalls einen Zuwachs in absoluten Werten. (Hier sind besonders Öle und Fette zu nennen.)

Am weitaus stärksten belebten sich die italienischen Fertigwarenimporte aus Österreich, deren Wert sich von 30,4 Mill. S. auf 70,0 Mill. S. von 1933 bis 1937 erhöht hatte. Die wichtigste Rolle spielten hierbei Eisenwaren, deren Importwert sich mehr als vervierfacht hatte (Anstieg von 6,6 Mill. S. auf 26,8 Mill. S.). Mit einem Anteil von 17,9 % nahm Italien damit die erste Stelle unter den Absatzmärkten österreichischer Eisenwaren ein (vor Japan mit 14,3 %, der Tschechoslowakei mit 10,9 % und Deutschland mit 9,8 %). Eine ähnliche Tendenz wies der Bezug von Metallwaren aus Österreich auf (Anstieg von 2,5 Mill. S. auf 5,9 Mill. S. in den Jahren 1933–37) bei gleichzeitiger relativer Steigerung am Wert der österreichischen Ge-

54 Vgl. ebd., S. 145–149.
55 Vgl. Istituto Nazionale Fascista per gli scambi con l'estero, *Dati* (Anm. 49), SLXXIII ff., 1935.

samtausfuhr nach Italien von 2,93 % auf 3,40 %. Auch für diesen Warenposten wurde Italien 1937 zum wichtigsten Käufer mit einem Anteil an der gesamten österreichischen Metallwarenausfuhr von 10,1 %.

Eine ebenfalls beachtliche Steigerung verzeichneten die Bezüge von nicht-elektrischen sowie elektrischen Maschinen und Apparaten aus Österreich. Auch Textilien, Glaswaren, Lederwaren, Pappen und Chemikalien erfuhren eine Ausfuhrbelebung.

Zusammenfassend läßt sich das Bild von der Sonderentwicklung Italiens gegenüber den allgemeinen Tendenzen auf dem Weltmarkt folgendermaßen konkretisieren: absolute wie relative Steigerung der italienischen Importe aus Österreich, woran nicht nur Rohstoff- und Halbfabrikatebezüge beteiligt waren, sondern – wiederum im Gegensatz zur allgemeinen Tendenz – zunehmend auch Fertigwaren. Vergegenwärtigt man sich die ebenfalls gestiegenen Fertigwarenlieferungen Italiens nach Österreich, so liegt die Schlußfolgerung nahe, daß hier offenkundig verstärkt jener Typus von Austauschbeziehungen auf *gleicher* Stufenleiter zum Tragen kam – Fertigwaren gegen Fertigwaren –, den die am Weltmarkt orientierten italienischen Branchen seit geraumer Zeit forderten und suchten, den sie aber nur unter besonderen Bedingungen und/oder in Randzonen finden konnten.

2. *Warenaustausch Italien – Ungarn*

Vergleicht man die Handelsbeziehungen der drei Protokollstaaten untereinander[56], so hatte der Warenverkehr zwischen Ungarn und Italien am stärksten zugenommen. Und – analog zum Handel mit Österreich – übertraf auch der Austausch mit Ungarn volumenmäßig seit 1934 Italiens allgemeine Handelsentwicklung, wie aus folgender Gegenüberstellung von generellem und speziellem Handelsvolumen deutlich wird:

Tabelle 6: Italienisch-ungarischer Güteraustausch im Rahmen des italienischen Handelsvolumens[57]

Jahre	*Italienischer Gesamthandel* Wert in 1000 L	Wert in v. H. 1933	*Italienischer Handel mit Ungarn* Wert in 1000 L	Wert in v. H. 1933
1933	13 422 345	100,00	143 224	100,00
1934	12 831 858	96,05	228 940	159,85
1935	13 028 194	97,06	193 361	135,01
1936	11 586 331	86,32	336 940	235,25
1937	24 266 322	180,79	610 695	426,39

56 Vgl. Schumann, *Die römischen Protokolle* (Anm. 16), S. 158–167.
57 Ebd., S. 160.

Die italienischen Exporte nach Ungarn wiesen in absoluten Zahlen die folgende Entwicklung auf[58]:

1932	49 Mill. Lire
1933	68 Mill. Lire
1934	130 Mill. Lire
1935	89 Mill. Lire
1936	116 Mill. Lire

Während die italienische Gesamtausfuhr seit 1931 kontinuierlich rückläufig war, verzeichnete die Ausfuhr nach Ungarn demgegenüber einen teilweisen deutlichen Aufwärtstrend. Ein Überblick über die warenmäßige Zusammensetzung der italienischen Exporte nach Ungarn macht folgende Schwerpunkte deutlich[59].

An vierter Stelle in der Rangordnung stand die nahezu bedeutungslose Ausfuhr der Gruppe „Lebende Tiere". Die dritte Stelle nahm der Export von Rohstoffen und Halbfabrikaten ein, wobei es sich in erster Linie um rohe Felle und Häute, Rohtabak, Schwefel, um Seidenraupen und um Hanf handelte, deren jeweilige Ausfuhrziffern jedoch ständigen Schwankungen unterlagen. Die zweitwichtigste Ausfuhrgruppe bildeten Nahrungsmittel und Getränke; hier genossen Südfrüchte und Reis mit über 90 % Marktanteil auf dem ungarischen Markt eine besondere Vorzugsstellung. Zur wichtigsten und größten Warengruppe der italienischen Ausfuhr nach Ungarn hatten sich die Fertigwaren entwickelt. Auf sie entfielen 1936 und 1937 ca. 50 % des gesamten italienischen Ausfuhrwertes nach Ungarn, nachdem er 1933 nur reichlich 30 % betragen hatte. Die Steigerung kam in erster Linie zugute: Kunstfasern, mit einem Anteil von 10 % der gesamten italienischen Ausfuhr im Jahr 1934; Seiden-, Woll- und Baumwollgarne sowie Autos, während gleichzeitig der Rückgang des Postens „Maschinen und Apparate" weniger ausgeprägt verlief als anderswo. Im Ganzen betrachtet, gehörten also auch hier die traditionellen wie die neuen primär exportorientierten Industriebranchen zu den offensichtlichen Favoriten der handelspolitischen Abmachungen zwischen Italien und Ungarn.

Die italienischen Importe aus Ungarn nahmen wertmäßig seit einschließlich 1934 stetig zu, wobei die Steigerungsraten 1935 und 1936 besonders hoch waren (jeweils ca. um die Hälfte). In absoluten Zahlen ausgedrückt[60]:

1932	78 Mill. Lire
1933	75 Mill. Lire
1934	99 Mill. Lire
1935	154 Mill. Lire
1936	220 Mill. Lire

Ein Vergleich mit Italiens Gesamteinfuhr zeigt in der Tat, daß sich, wie schon im Fall Österreich/Italien, die Importe aus Ungarn in ihrer Tendenz nicht mit der Gesamttendenz deckten, sondern daß sie erheblich über dem allgemeinen Niveau lagen

58 Banca d'Italia, *L'Economia Italiana* (Anm. 35), Tab. XIX, S. 207.
59 Schumann, *Die römischen Protokolle* (Anm. 16), S. 165–167; Istituto Nazionale Fascista per gli scambi con l'estero, *Dati* (Anm. 49), S. LXXV.
60 Banca d'Italia, *L'Economia Italiana* (Anm. 35), Tab. XVII, S. 205.

und deutlich schnellere Zuwachsraten aufwiesen; dies traf besonders für 1935 und 1936 zu.

Für Ungarn[61] bedeuteten die Römischen Protokolle einen erheblichen Anstieg seiner Warenausfuhr nach Italien. Denn während sich der ungarische Gesamtexport von 1933 bis 1937 wertmäßig nur um 50,41 % erhöhte, betrug seine Zunahme gegenüber Italien 114,50 %, Mit dieser Zunahme steigerte Ungarn seinen Handelsbilanzüberschuß mit Italien um knapp das Vierfache (von 10,5 Mill. Pengö 1933 auf 39,5 Mill. Pengö 1937).

1937 bestanden die Importe Italiens aus Ungarn zu etwa zwei Fünfteln aus der Gruppe „Lebende Tiere", zu weiteren zwei Fünfteln aus „Nahrungsmitteln und Getränken" (insbesondere Weizen, Gerste, Kartoffeln) und schließlich zu einem Fünftel aus Fertigwaren; „Rohstoffe und Halbfabrikate" spielten kaum eine Rolle.

Eine Sonderstellung nahmen die italienischen Weizenimporte aus Ungarn ein, die nach dem Inkrafttreten der Römischen Protokolle einen erheblichen Zuwachs erfuhren: Während Italien 1933 0,5 Mill. q Weizen zu 4,5 Mill. Pengö einkaufte, waren es 1936 1,5 Mill. q zu nun 25,1 Mill. Pengö und 1937 1,1 Mill. q zu 18 Mill. Pengö. Damit war Italien zu einem der wichtigsten Weizenkunden Ungarns geworden: Es nahm 1936 31,2 % und 1937 noch 28,9 % des bedeutendsten ungarischen agrarischen Ausfuhrproduktes auf, nachdem es 1933 nur 10,2 % abgenommen hatte. Anders ausgedrückt, betrug 1933 der Anteil der Weizenimporte aus Ungarn, gemessen an der gesamten Weizeneinfuhr Italiens, 0,3 %, 1934 waren es 20,6 % (das entsprach einer Steigerungsrate von 509 %) – ein Verlagerungsprozeß, der auf Kosten der Bezüge aus Argentinien, Kanada und der UdSSR ging. Ein ähnlicher Verlagerungsvorgang läßt sich auch bei der Zuckereinfuhr aus Ungarn feststellen.

In Anbetracht der seit 1925/27 errichteten Hochschutzzölle für Weizen und Zukker und der politisch starken Weizen-Zucker-Lobby in Rom, muß man folgern, daß Zusagen an die ungarischen Weizenexporteure nur mit Hilfe einschneidender Umschichtungsmaßnahmen hinsichtlich der Bezugsmärkte möglich waren. Es ist daher auch zu vermuten, daß dieser Verlagerungsprozeß einen Kompromiß darstellte, den die binnenmarktorientierten Agrarinteressen um Weizen und Zucker im Verlauf der Auseinandersetzungen um den neuen handelspolitischen Kur 1931/32 erzielten, ehe sie ihre Zustimmung zur Einleitung präferentieller Absprachen mit Österreich und Ungarn gaben. So ging die Steigerung der Zuckereinfuhr aus Ungarn, die 1934 29 % der italienischen Gesamteinfuhr erreichte (1933 waren es 9,7 %), vor allem zu Lasten der Bezüge aus der Tschechoslowakei und sogar zu Lasten der italienischen Kolonie Somaliland.

Die Komplexität der Verknüpfung von politischen und sozioökonomischen Interessen und Zielsetzungen, wie sie insgesamt für die Donau- und Balkanpolitik des faschistischen Italien bezeichnend war, spiegelte sich exemplarisch in dem politischen Gebrauch der Weizenfrage wider. So festigte Italien hierbei zum einen seine

61 Vgl. Schumann, *Die römischen Protokolle* (Anm. 16), S. 160–164.

Stellung gegenüber Ungarn als begehrter Weizenabnehmer[62], indem es den Sturz des Getreidepreises auf dem Weltmarkt nicht mitmachte[63], sondern 1937 für einen dz Weizen 17,07 Pengö bezahlte, der 1933 noch zu 9,90 Pengö zu kaufen war. Dieser sogenannte lohnende Preis lag zum zweiten ganz auf der Linie der Forderungen der schutzzollgewohnten italienischen Weizenproduzenten, die mit Blick auf den überhöhten Binnenmarktpreis für ihren eigenen Weizen zu den schärfsten Opponenten der handelspolitischen Öffnung in Richtung Donau- und Balkanraum gehörten. Darum führten die ungarischen Weizenimporte auch zu keiner Aushöhlung des faschistischen Nahrungsmittel- und Autarkie-Programms und auch zu keiner Ausweitung des Konsums, wie Statistiken über den rückläufigen Getreideverbrauch dokumentieren. Sie wurden statt dessen zu einem hohen Prozentsatz als „Importe auf Zeit" behandelt, d.h. der weitaus größte Teil der Weizeneinfuhren überhaupt wurde von Italien wieder auf dem Weltmarkt zu Dumpingpreisen[64] weiterverkauft und diente damit nicht zuletzt der Devisenbeschaffung. Außerdem spielte die Weizenfrage im Zusammenhang mit der von Italien angestrebten stärkeren Nutzung des Hafens von Fiume durch Ungarn eine Rolle als Verhandlunsobjekt.

62 Die Weizenfrage ließ sich aber auch von ungarischer Seite als Erpressungsmittel gegenüber Rom ausspielen, das seinerseits auf das Zustandekommen der Protokolle drängte. So erklärte Gömbös in einer Unterredung mit Mussolini (13. März 1934): „... Abgesehen von der Habsburg-Frage hänge die Lösung jeder anderen Frage davon ab, welchen Weizenpreis ich bei den Verhandlungen in Rom erreichen könne ...", abgedr. in: *Allianz Hitler-Horthy-Mussolini, Dokumente zur ungarischen Außenpolitik (1933–1944)*, red. von Lajos Kerekes, Budapest 1966, S. 155 ff.

63 Zur Zeit der Gültigkeitsdauer der Protokolle lag der Weizenpreis auf dem Weltmarkt bei 32 Lire pro dz. Italien verpflichtete sich jedoch gegenüber Ungarn, 1,5 Millionen dz. zu 75 Lire pro dz. abzunehmen und für den Absatz weiterer 1,5 Millionen dz. zu sorgen bzw., falls das nicht glücken sollte, Ungarn die Differenz zwischen 75 und 32 Lire zu bezahlen; vgl. Di Nola, Italia e Austria (Anm. 9), S. 264.

64 In der Zeit von Juli 1934 bis Mai 1935 belief sich die Gesamteinfuhr an Weizen auf 4244765 dz. Davon wurden nur 143966 dz. für den Inlandkonsum verwandt, der Rest wurde weiterverkauft. Für 1933/34 war die Relation ähnlich; vgl. *La Rivista Commerciale Italo-Americana, Bollettino Quindicinale della Camera di Commercio Italiana in New York*, Bd. XXXVI, 1. Juli 1935, S. 1.
Zur „Weizenfrage" s. auch als zeitgenössisches Dokument Bericht und Kommentar von Eugen Varga von 1934:
Das „Streben nach Monopolisierung des inneren Marktes ist mit dem schärfsten Dumping auf dem Weltmarkt verbunden. Nachstehendes Beispiel ist wohl das Verrückteste auf diesem Gebiet:
Im ‚Pester Lloyd' vom 25. Februar 1934 lesen wir folgendes:
‚Ich offeriere Ihnen gratis italienisches Weizenmehl, 00 und doppelgriffiges, von Chiari und Forti für Februarlieferung, und zwar frachtfrei Graz, Hauptbahnhof transit; wenn Sie sich verpflichten, die Ware sofort nach Ankunft in Graz zum normalen Zollsatz zu verzollen und die Zolldokumente mir unverzüglich einzusenden, so zahle ich Ihnen noch auf Doppelnullermehl 20 Lire pro Doppelzentner, beziehungsweise auf doppelgriffiges Mehl 15 Lire pro Doppelzentner, darauf.'
Hätten wir das Original dieses nicht bloß an Grazer, sondern auch an noch entfernter domizilierende österreichische Mehlhändler und Bäcker verschickten Rundschreibens einer Triestiner Mehlfirma nicht mit eigenem Auge gesehen, so würden wir die Möglichkeit von Gratismehl, das der Müller einem bis zum Bestimmungsort frankiert zusendet und außer Frachtkosten und Ware auch noch Bargeld anbietet, nur um österreichische Zolldokumente dafür einzutauschen, für unmöglich, ja für absurd halten.
Wie ist so etwas möglich? [Fortsetzung S. 198.]

V Handelspolitische Blockbildung und italienische Aufrüstung

Angesichts der seit 1934 deutlichen Ausweitung der Warenaustauschbeziehungen Italiens mit Österreich und Ungarn, das heißt also, seitdem die Aufrüstungspolitik Italiens auf Hochtouren lief, und angesichts der Tatsache, daß sich Österreich und Ungarn trotz ihrer Völkerbundzugehörigkeit nicht an den gegen Italien verhängten Sanktionen beteiligten, liegt es nahe, sich den Austausch Italiens mit den beiden Ländern gezielter aus der Perspektive seiner Aufrüstungsmaßnahmen anzusehen; soweit es die Materiallage erlaubt, werden Österreich und Ungarn nunmehr als *ein* Markt für Italien betrachtet.

In welchem Ausmaß Österreich und Ungarn zusammen als Bezugsmärkte an Bedeutung für Italien gewonnen haben, wird aus folgendem Vergleich mit der italienischen Gesamteinfuhr ersichtlich:

Tabelle 7: Importe Italiens aus Österreich und Ungarn im Rahmen der italienischen Gesamteinfuhr 1933–36[65]

Jahre	Gesamteinfuhr	Einfuhr aus Österreich und Ungarn (Wert in 1000 Lire)	Gesamteinfuhr ohne Österreich und Ungarn
1933	7 431 792	251 443	7 170 349
1934	7 666 583	288 487	7 378 096
1935	7 789 957	426 335	7 363 622
1936	6 039 239	590 745	5 448 494

In Worten: Während die relative Zunahme der italienischen Einfuhren aus beiden Ländern in den Jahren 1933 bis 1936 69,6 % betrug (bis 1937 waren es 135 %), sank die Gesamteinfuhr Italiens in demselben Zeitraum und betrug 1936 nur noch 84,3 % des Wertes von 1933. Die beträchtliche Schrumpfung der italienischen Bezü-

Fortsetzung Fußnote 64

Die Triestiner Mehlfirma erhält von der italienischen Regierung so hohe Ausfuhrprämien, daß sie das Mehl nach dem Ausland nicht nur umsonst hergeben, sondern sogar draufzahlen kann. Das Verrückteste hierbei ist, daß die österreichische Mühle das mit Draufzahlung erhaltene Mehl nicht billiger zu stehen kommt als das inländische:

Denn sie muß bezahlen:

Zoll je Doppelzentner	64,96 Schillinge
Umsatz- und Krisensteuer	7,98 Schillinge
	72,94 Schillinge
Ab 20 Lire = 9 Schillinge	
Draufzahlung	63,94 Schillinge

Ungefähr der Preis, den sie für inländisches oder für das einem bevorzugten Zollsatz unterliegende ungarische Mehl zu zahlen hat. Die Anarchie, der Widersinn des heutigen Zustandes des Welthandels grenzt an den Irrsinn!" (Erschienen unter dem Titel: Wirtschaft und Wirtschaftspolitik im ersten Vierteljahr 1934, in: *Rundschau über Politik, Wirtschaft und Arbeiterbewegung*, 3. Jg., Nr. 32, Basel 28. 5.1934, S. 1233).

65 Schumann, *Die römischen Protokolle* (Anm. 16), S. 168.

ge aus dritten Ländern betrug 1936 24,1 %, gemessen am Einfuhrwert des Jahres 1933, und sogar 26 % gegenüber 1935.

Vierteljährliche Aufgliederungen der österreichischen Statistik für eine Anzahl kriegswichtiger Ausfuhrwaren zeigen, daß sich die spezifisch kriegskonjunkturelle Belebung des österreichischen Exporthandels nach Italien in der ersten Hälfte 1935 anbahnte, daß sie aber ihren entscheidenden Anstoß erst mit dem endgültigen Ausbruch des Krieges erhielt. Dementsprechend kam es dann mit Beendigung des Krieges auch zu einem deutlichen Rückgang der Lieferungen.

Tabelle 8: Österreichische Lieferungen kriegswichtiger Waren nach Italien (in Mill. Schilling)[66]

Quartal:	I	II	III	IV
Jahre:				
1935	25,9	34,5	31,5	35,5
1936	35,7	40,0	29,6	24,5

Wie der monatliche Vergleich zeigt, partizipierte Österreich genau genommen erst ab April/Mai 1935 in eindeutiger Weise mit Lieferungen an der italienischen Rüstungskonjunktur.

Tabelle 9: Ausfuhr Österreichs nach Italien (in Mill. S)[67]

1. Januar bis	1935	1934
Ende Januar	5,8	7,1
Ende Februar	13,7	14,2
Ende März	25,9	24,2
Ende April	37,6	32,0
Ende Mai	48,8	38,8
Ende Juni	60,3	46,2
Ende Juli	71,4	53,5
Ende August	82,1	60,7

Die italienische Kriegsbevorratungspolitik erstreckte sich in erster Linie auf wachsende Bezüge von Holz[68], Roh- und Alteisen, Eisen- und Metallwaren, Chemikalien, Farben und Arzneien.

66 Vgl. ebd., S. 169–171.

67 Vgl. „Österreichs Export und Kriegsbevorratung Italiens" (Hubert Beege), in: *Der deutsche Volkswirt* v. 11. 10. 1935, S. 67.

68 Zur Bedeutung der italienischen Holzimporte im Rahmen der Aufrüstungsmaßnahmen s. Peter Handel-Mazzetti, Die kriegswirtschaftliche Bedeutung des Holzes, in: *Der deutsche Volkswirt*, 12. Jg., 1. 1.–31.3.1938, S. 783–786.

Ähnlich wie bei den Importen aus Österreich lassen auch die italienischen Bezüge aus Ungarn eine, wenn auch weniger kontinuierliche Intensivierung im Zusammenhang mit der Aufrüstung erkennen.

Tabelle 10: Vierteljährliche Entwicklung der ungarischen Lieferungen nach Italien, 1935–36 (in Mill. Pengö)[69]

Quartal:	I	II	III	IV
Jahre:				
1935	13,5	14,3	11,4	21,5
1936	16,8	13,8	21,3	13,9

Die sehr ungleichmäßige Entwicklung der Ausfuhrtätigkeit war durch die Zusammensetzung der ungarischen Exporte bedingt. Der Ernterhythmus, der die Gesamtausfuhr kennzeichnete, spiegelte sich ebenfalls in der stark agrarisch bestimmten Ausfuhr nach Italien wider. Dennoch steigerten sich die Ausfuhren nach Italien im Vergleich zu den entsprechenden Zeitabschnitten anderer Jahre.

Neben der erhöhten Ausfuhr von Pferden, Rindern und verschiedenen Nahrungsmitteln gab es in der Gruppe „Rohstoffe und Halbfabrikate" plötzlich Neuigkeiten. Nachdem bislang kaum oder gar keine Ausfuhren ungarischer Braunkohle und Koks zu verzeichnen gewesen waren, setzten solche Lieferungen im vierten Quartal 1935 ein. Ebenso neu war, daß Italien während des Krieges einen Teil seines Bedarfs an Eisen- und Stahlblechen sowie Eisen- und Stahlröhren in Ungarn deckte und gleichzeitig seine früheren Bezüge an Stabeisen und Stabstahl erhöhte. Hier, wie auch im Falle Österreichs, muß allerdings offen bleiben, inwieweit an der Steigerung der Lieferungen nach Italien nicht auch Bezüge aus Drittländern beteiligt waren – insbesondere zur Zeit der vom Völkerbund gegen Italien verhängten Einfuhrsperre für kriegswichtige Güter. Die Belieferung Italiens über die Häfen Triest und Fiume, die gleichzeitig auch von Österreich und Fiume als Transithäfen benutzt wurden, möglicherweise über österreichische bzw. ungarische Deckadressen u.ä., bot sich geradezu an!

Ähnliche Überlegungen gelten für die Ausweitung italienischer Ausfuhren nach Österreich und Ungarn, die besonders 1936 sprunghaft zugenommen hatten und die 1937 nach Aufhebung der Sanktionen ebenso schnell wieder abflauten. Auch hier bleibt also aufgrund seit September 1935 fehlender italienischer Statistiken ungeklärt, in welchem Ausmaß eine Umlenkung der für Drittländer bestimmten Waren stattgefunden hat. Daß es eine solche Umlenkung gegeben hat, ist unbestreitbar und wird zum Beispiel von den Erinnerungen unmittelbar Beteiligter dokumentiert[70].

69 Vgl. Schumann, *Die römischen Protokolle* (Anm. 16), S. 171–173.

70 Vgl. z.B. die Aussage von G. Marzotto, Wollfabrikant, anläßlich der im März 1946 durchgeführten Anhörung des Ministero per la Costituente zur Lage der Wirtschaft in Italien, abgedr. in: Lucio Villari, *Il capitalismo italiano del Novecento*, Bari 1972, S. 510, 516; dort wird auch von Geschäftsverbindungen mit der National City Bank, die in der fraglichen Zeit ebenfalls über Österreich abgewickelt wurden, berichtet; aufschlußreich auch die Erinnerungen von Di Nola, Italia e Austria (Anm. 9), S. 268 ff., Anm. 1. Di Nola war in den Jahren 1923–38 der für Handelsfragen zuständige italienische Attaché in Wien und in Budapest.

VI Die Interessenlage der italienischen Expansionskoalition

Aus dem tabellarischen Überblick über die Entwicklung des Warenaustausches der drei Protokoll-Länder miteinander geht klar hervor, daß der 1933 gleich 100 gesetzte „Binnenverkehr" zwischen den drei Ländern in den Jahren 1933 bis 1937 stärker gestiegen war als ihr ebenfalls gleich 100 gesetzter „Außenverkehr" mit dritten Staaten. Das zwischen den drei Ländern untereinander realisierte Handelsvolumen war bis 1936 um 59 % angestiegen, während gleichzeitig das Handelsvolumen gegenüber dritten Staaten um 5 % zurückging.

Tabelle 11: Außenhandel der Protokoll-Länder untereinander und mit dritten Staaten 1933–37[71]

	Außenhandelsvolumen der Protokoll-Länder mit dritten Staaten		Außenhandelsvolumen der Protokoll-Länder untereinander		Ausfuhr der Protokoll-Länder untereinander	
	Wert in 1000 engl. £	Wert in % 1933	Wert in 1000 engl. £	Wert in % 1933	Wert in 1000 engl. £	Wert in % 1933
1933	273 915	100,00	27 204	100,00	13 863	100,00
1934	289 471	105,68	32 955	121,14	16 682	120,33
1935	296 761	108,34	34 614	127,24	16 928	122,11
1936	260 152	94,98	43 261	159,02	21 951	158,34
1937	355 116	129,64	46 528	171,04	22 742	164,04

Und auch nach Aufhebung der Sanktionen und nach Normalisierung des Austausches blieb das erhebliche Gefälle zwischen den „außenwirtschaftlichen Binnenbeziehungen" und den „außenwirtschaftlichen Außenbeziehungen" der drei Staaten weiterhin bestehen.

Ohne der in der zeitgenössischen Literatur breit diskutierten Frage systematisch nachgehen zu wollen, inwieweit es sich bei den Dreiecks-Beziehungen bereits um einen „Großwirtschaftsraum" zumindest in nuce gehandelt habe, lassen sich aufgrund der bisherigen Darstellung doch bereits einige Elemente und Tendenzen, die in diese Richtung weisen, erkennen. Die offensichtliche Verdichtung der Dreierbeziehungen und die im Vergleich zu Dritten größere Wachstumsdynamik im Dreier-Binnenverkehr war sicherlich schon eine solche Tendenz. Zu klären bliebe nun, inwieweit sich strukturelle Verschiebungen, wie sie bei der Außenhandelsstruktur und der ländermäßigen Verteilung des Warenverkehrs Österreichs und Ungarns seit 1933 erkennbar sind, funktional zur Gruppenbildung auf nationaler Ebene herausgebildet haben[72]: Inwieweit wurden sie beispielsweise ausgelöst durch die zunehmende Anwendung des Prinzips der Reziprozität oder auch durch die Garantierung der Ab-

71 Schumann, *Die römischen Protokolle* (Anm. 16), S. 193 f.
72 Vgl. die aufschlußreichen Ausführungen hierzu von Schumann, ebd., S. 176 ff.

nahme zu Höchstpreisen von an sich konkurrenzuntüchtigen Waren (z.B. Weizen aus Ungarn), und inwieweit wurde dadurch einer Stabilisierung oder auch der Zusammenführung bestimmter Interessen in dem jeweilig favorisierten Land Vorschub geleistet. Hier wird in der Tat eine weitere Perspektive deutlich, unter der die Herausbildung großraumwirtschaftlicher Tendenzen mit ihren Momenten der Absatzsicherung, der Produktionsreglementierung und insgesamt der Sicherheit in bezug auf Planbarkeit *politische* Konturen bekommt. Das will heißen, die außenwirtschaftlichen Reorganisierungsstrategien, so z.B. die Großraumwirtschaft, die die relativ weltmarktabhängigen Industrieländer in Reaktion auf den Verfall der traditionellen internationalen Arbeitsteilung entwickelten, sind mit ihren defensiven und offensiven Komponenten nicht zuletzt in ihrer Funktion zu sehen, die sie bei dem jeweiligen konkreten Prozeß der Absicherung bestimmter sozioökonomischer Herrschaftsstrukturen im Innern erfüllten oder doch erfüllen wollten. Dies trifft beispielsweise in Österreich auf die Stellung der von der Krise angeschlagenen und von dem Zollunionsprojekt mit Deutschland aufgescheuchten Fertigwarenindustrie zu, ebenso wie in Ungarn auf die an den Weltmarktbedingungen völlig vorbeiproduzierenden Weizenagrarier.

In Italien, so wurde gezeigt, waren es erstens die traditionellen Exportindustrien, Nahrungsmittel und Textilien, zweitens die neuen, auf den Auslandsmärkten relativ erfolgreichen Branchen, Autos und Kunstfasern, und drittens schließlich Produktionsbereiche der Investitionsgüterindustrie mit bislang nur geringen und zumeist enttäuschenden Weltmarkterfahrungen, Maschinen und Apparate, die in der mit staatlicher Unterstützung betriebenen Intensivierung und dem Ausbau der mittel- und südosteuropäischen Handelsexpansion Chancen zur Überwindung der Krise sahen. Das waren aber insgesamt jene primär am Weltmarkt orientierten Branchen, die angesichts der weltweiten Krise ihre Reproduktionschancen am empfindlichsten bedroht sahen – wenngleich aus sehr unterschiedlichen Gründen. Folgende Differenzierungen lassen sich aus den bisherigen Ausführungen entwickeln.

1. Der *traditionelle* Ausfuhrsektor hatte sich bereits seit den zwanziger Jahren von den Auflösungserscheinungen in der internationalen Arbeitsteilung bedroht gesehen, als die während des Ersten Weltkrieges eingeleiteten Substitutionsprozesse und Reagrarisierungsmaßnahmen in den einzelnen Ländern zum Tragen kamen. Hinzu kamen nun noch die Auswirkungen der strikten Abschließungsmaßnahmen von Märkten während der Weltwirtschaftskrise. Von daher ist das vitale Interesse dieser Gruppe an der forcierten Donau- und Balkanraumexpansion als zumindest partiellem Ausweg aus ihrer Dauerkrise zu sehen.

2. Die *neuen* aufstrebenden Produktionsbranchen sahen demgegenüber gerade mit den Veränderungen in der Nachfragestruktur auf dem Weltmarkt ihre Chance gekommen. Es waren vor allem die Autoindustrie (Fiat) und die chemische Faserproduktion, die, wie im einzelnen noch zu zeigen sein wird (3. Teil), sich dem Kampf um die noch nicht aufgeteilten Märkte in Mittel- und Südosteuropa durchaus gewachsen fühlten, und die sich daher aktiv um die Sicherung von Marktanteilen bemühten, entscheidend unterstützt durch die spezifisch faschistischen Herrschafts-

verhältnisse in Italien selbst. Gemeint ist konkret die massive staatliche Unterstützung bis hin zur Handelsvertragspolitik, die Komprimierung der Löhne und die Sicherung des sozialen Friedens – alles wichtige Pluspunkte im internationalen Konkurrenzkampf. Erhöhte Absatzsicherung, sichere Märkte, planbare niedrige Kosten, das waren in der Tat entscheidende Voraussetzungen für die von den Unternehmern der *modernen* Sektoren geforderte langfristige Planbarkeit des Produktionsprozesses im größeren Maßstab – ein zunehmend entscheidendes Element im internationalen Konkurrenzkampf.

Um diese Überlegungen noch ein Stück weiterzuführen: Für die aufstrebenden neuen Branchen (und für einzelne Unternehmen) beinhaltete die intensivierte, mit staatlicher Unterstützung abgesicherte Expansionspolitik in Richtung Mittel- und Osteuropa tendenziell die Absicht, in einer ersten Phase die Kriseneinbrüche auf den „reichen" Märkten zu überstehen; darüber hinaus sollte aber eine zukünftige Exportoffensive auf eben diesen lukrativeren Auslandsmärkten von der weitgehend abgeschirmten Rückzugsposition auf den Donau- und Balkanmärkten aus vorbereitet werden. Genaugenommen handelte es sich hierbei also um Funktionen eines Binnenmarktes, die den mittel- und südosteuropäischen Märkten zugedacht waren, Funktionen, die der enge italienische Binnenmarkt seinerseits nicht bieten konnte – nicht ohne eine grundlegende Veränderung der herrschenden Verhältnisse in Italien selbst, die nun aber ihrerseits gerade die entscheidende Voraussetzung bildeten für die internationale Konkurrenztüchtigkeit der neuen italienischen Wachstumsindustrien, Verhältnisse, an deren Erhaltung diese folglich ein vitales Interesse hatten.

Im Ganzen kam also der europäischen Expansionspolitik Italiens tendenziell die Funktion zu, Momente der Entlastung für die im faschistischen Regime sich zuspitzenden Widersprüche zu schaffen: Widersprüche einerseits zwischen den Produktionserfordernissen bestimmter Wirtschaftsgruppen – zugespitzt hier auf die Notwendigkeit eines großen aufnahmefähigen Binnenmarktes als Ausgangsbasis für eine konkurrenzfähige Produktion auf erweiterter Stufenleiter hin bis zu Massenproduktion – und den gleichzeitig spezifisch faschistischen Herrschaftsverhältnissen andererseits, deren sozioökonomischer Ausdruck aber gerade die Deflationspolitik, die Komprimierung des Konsums, der Lohndruck, die Massenarbeitslosigkeit usw. waren, d.h. die Beibehaltung, wenn nicht überhaupt die Verschärfung der Binnenmarktenge. Dieses Moment der Entlastung im Interesse der Herrschaftsstabilisierung war damit ein weiteres konstitutives allgemeines Element großraumwirtschaftlicher Tendenzen, wie sie nicht zufällig von den faschistischen Regimen seit der Wirtschaftskrise verstärkt ausgingen.

3. Marktchancen rechneten sich schließlich auch wichtige *Teilsektoren der Abteilung I* aus (der Maschinen- und Apparatebau vor allem), deren Exportorientierung nach dem Ersten Weltkrieg unter dem Druck der Überproduktionskrise und der Umstellung auf Friedensproduktion zögernd eingesetzt hatte und deren Marktorientierung (primäre Binnenmarkt- oder primäre Weltmarktorientierung) aufgrund spezifischer historischer und struktureller Bedingungen höchst ambivalent war. So bildeten auf der einen Seite extreme Rohstoffabhängigkeit, enger Binnenmarkt,

Knappheit an Finanzierungsmitteln, niedrige Lohnkosten zwar sowohl Zwänge als auch Voraussetzungen für eine zielstrebige Integration in den Weltmarkt; dagegen sprachen aber einmal die Abhängigkeit von der zu überhöhten Kosten produzierenden einheimischen Zuliefer-Schwerindustrie, ferner das zumeist niedrige technologische Niveau und schließlich die bedrohlich starke Auslandskonkurrenz auf dem heimischen Markt selbst (in zunehmendem Maße diejenige Deutschlands): alles Momente, die die Konkurrenzfähigkeit und die Exportneigung weiter Kreise im Maschinenbau und in der Metallverarbeitung stark schwächten. Plausibel ist daher, daß – historisch betrachtet – sowohl die konkret-politische Rolle des Staates als auch die tatsächlichen Bedingungen auf den internationalen Märkten für diese Wirtschaftsgruppen und ihre Marktstrategien jeweils ausschlaggebend waren. Die Ambivalenz in der Marktorientierung kam in der Mittel- und Südosteuropaexpansion des Landes deutlich zum Ausdruck: So erhoffte man sich in den Kreisen von Maschinenbau und Metall einerseits zunehmende Absatzchancen und Ersatz für verlorengegangene Überseemärkte (in Lateinamerika besonders), gleichzeitig sah man aber in den Konzessionen, die beispielsweise an die Investitionsgüterausfuhr Österreichs gemacht werden mußten, Gefahren für den eigenen Absatz auf dem Binnenmarkt; von daher sind auch die Widerstände aus diesen Kreisen gegen die Römischen Protokolle zu erklären. Insgesamt wird hier erst eine sehr detaillierte Branchenanalyse genaue Aufschlüsse über die jeweilige Interessenlage bringen können.

Bislang stand die Absatzmarktperspektive, die die Mittel- und Südosteuropaexpansion Italiens bestimmten Warenkapitalen bot, oder doch bieten sollte, im Mittelpunkt der Analyse. Mit gutem Grund. Die Analyse geht in der Tat von der *These* aus, derzufolge es in erster Linie die primär am Weltmarkt orientierten ökonomischen Interessen waren, die diese Expansionslinie forcierten, und daß, in diesem Lichte betrachtet, eine Umkehrung in der Marktbedeutung der mittel- und südosteuropäischen Länder für Italien eingetreten war: Umkehrung nämlich vom traditionell primären Bezugsmarkt zum nun tendenziellen Absatzmarkt. Zwar hatte Italien traditionell vor allem gegenüber den Donaustaaten eine ausgeprägt passive Handelsbilanz zu verzeichnen, die noch sein Gesamtpassivsaldo übertraf[73] und die die traditionelle Funktion dieser Märkte als Versorgungsmarkt für Italien deutlich machte. Dennoch und trotz der auch weiterhin bestehenden Schuldnerposition Italiens kann davon ausgegangen werden, daß die Absatzperspektive bei der Anfang der dreißiger Jahre intensivierten Handelsexpansion im Vordergrund stand und daß zu diesem Zweck Italiens relativ starke Abnehmerposition nun als Mittel zur Forcierung der Ausfuhren eingesetzt werden sollte.

Die Widerstände in Italien von Seiten der vorwiegend importorientierten Interessen gegen die Ausweitung des Handels mit den mittel- und osteuropäischen Staaten auf der Basis präferentieller Abmachungen, wie sie anläßlich des Kampfes um den neuen handelspolitischen Kurs im Jahr 1931 offen zutage traten (Kap. 4), dokumentieren den Konflikt zwischen Import- und Exportinteressen. Diese Widerstände erscheinen durchaus plausibel, sieht man sich die geographische Verteilung der

73 Siehe Hantos, *Neuordnung* (Anm. 26), S. 74 f.

wichtigsten italienischen Rohstoffmärkte an. Von den unentbehrlichen Bezügen an Kohle, Erdöl, Schrott, Kupfer, Blei, Holz, Zellulose, Baumwolle usw. stammten lediglich Erdölprodukte (aus Rumänien zu 42 %, 1935), Holz (aus Österreich zu 33 %, aus Jugoslawien zu 30 %) und Zellulose (aus Österreich zu 34 %) in relevantem Ausmaß aus Mittel- und Südosteuropa, während die Versorgung mit Kohle (Italien nahm 8 % der Weltausfuhr auf), Metallen und Textilrohstoffen in erster Linie in Westeuropa und Übersee getätigt wurde[74].

Demgegenüber hatten die Donau- und Balkanmärkte traditionell ein stärkeres Gewicht als Lebensmittellieferanten für den italienischen Markt[75]. Allerdings war für diese Bezüge das italienische Interesse gesunken angesichts der eigenen Reagrarisierungsmaßnahmen, der agrarischen Schutzzölle und insgesamt der rückläufigen Lebensmittelimporte seit Ausbruch der Krise, so daß nur noch mit Hilfe von Verlagerungsmaßnahmen in Einzelfällen Steigerungsraten erzielt werden konnten.

Die Differenzen hinsichtlich der Absatzmarktperspektive und der Erwartungen in der Rohstoffversorgung bildeten folglich eine zusätzliche reale Basis für Interessenkonflikte zwischen den unterschiedlichen Wirtschaftsgruppen, die ebenfalls in den Auseinandersetzungen um den neuen handelspolitischen Kurs 1931 deutlich hervortraten. Von daher stellt sich konkret die Frage nach der inneritalienischen Bündnispolitik, die die an der Donau- und Balkanraumoffensive unmittelbar interessierten Wirtschaftsinteressen zur Herstellung einer tragfähigen Interessenkoalition betrieben haben.

Diesem wie einem weiteren Problemzusammenhang wird in den folgenden Kapiteln im einzelnen nachzugehen sein. Denn offen ist bisher auch geblieben, welche realen Chancen die italienischen Interessen in den Donauländern und auf dem Balkan eigentlich hatten – Chancen gegenüber seinen mächtigeren Konkurrenten und vor allem gegenüber Deutschland.

Um einen ersten groben Eindruck von der relativen Position Italiens zu Beginn seiner Offensive zu vermitteln, sei abschließend darauf hingewiesen, daß bereits in den Jahren 1928–30 Deutschland und Italien die besten Kunden der Donauländer waren, wenn auch mit erheblichen Unterschieden: Deutschland nahm 30,7 % der donauländischen Ausfuhr auf, Italien 10,9 %. In ihrer Lieferantenposition unterschieden sich die beiden Hauptkonkurrenten noch deutlicher: Der Anteil Deutschlands an der Gesamtausfuhr der Donauländer betrug 30,4 %, der Italiens 5,9 %[76].

Soviel zunächst zur relativen Ausgangsbasis zu Beginn der Weltwirtschaftskrise. Im letzten Kapitel wird dann die Entwicklung bis 1934/35 aufgezeigt, unter besonderer Berücksichtigung des Konkurrenzverhältnisses der beiden faschistischen Staaten.

74 Vgl. hierzu „Abessinien-Konflikt und Weltrohstoffmärkte" (Adolf Cohrs), in: *Der deutsche Volkswirt* v. 18. 10. 1935, S. 114 ff., bes. S. 115.

75 Zu den Zahlenangaben vgl. André Tibal, L'Italie dans l'économie danubienne, in: *L'Esprit International*, N. 29, Jan. 1934, S. 105 ff.

76 Vgl. Carl Brinkmann, Gruppenautarkie und Freihandel im südosteuropäischen Raum, in: *W. W. A.*, 36. Bd. (1932/II), S. 487.

3. Kapitel: Blockbildung Italien/Österreich/Ungarn. Hauptkennzeichen und Schwerpunkte der politischen Strategie Roms

I Auf der Suche nach einer autonomen Donauraumstrategie auf politisch-diplomatischer Ebene

1. Grundlinien römischer Politik vor Ausbruch der Weltwirtschaftskrise

In den zwanziger Jahren kam der veränderte Charakter der italienischen Mittel- und Südosteuropapolitik am Beispiel einiger Entscheidungen bzw. erster Vorstöße zum Ausdruck, die bereits das Spannungsverhältnis von Kontinuität und spezifisch faschistischer Expansionspolitik erkennen ließen. Bezeichnend war in dieser Hinsicht der Doppelcharakter, der im Außenverhalten des faschistischen Regimes während seiner ersten zehn Lebensjahre zutagetrat, und insbesondere das Nebeneinander von „carriera", von traditionellem diplomatischen Apparat und faschistischer Bewegung innerhalb der engeren außenpolitischen Entscheidungszentren. Doch erst die durch die Weltwirtschaftskrise freigesetzten Strukturen und Entwicklungen – so lautet die *These* – sollten die Bedingungen für die kompakte und offensive Expansionspolitik Italiens schaffen.

Ehe auf die Entwicklung im einzelnen eingegangen wird, sei zunächst aber ein Blick auf einige Grundlinien der italienischen Mittel- und Südosteuropastrategie während der zwanziger Jahre geworfen, wobei die Politik gegenüber Österreich und Ungarn in ihrem Stellenwert als Hebel und Ausgangsbasis im Rahmen dieser Strategie im Vordergrund steht.

Während in den ersten Jahren faschistischer Herrschaft (1922–1926/30) von einer eigentlichen Österreichpolitik Roms kaum die Rede sein konnte[77], hatte es eine solche unmittelbar nach dem Ersten Weltkrieg gegeben. Herausragende Momente waren damals die aktiven Bemühungen auf italienischer Seite zur Schaffung einer „relazione speciale" mit Österreich, ermuntert von der Zusicherung Wiens, Rom über Verhandlungen, die den internationalen Status des Landes beeinträchtigen könnten, zu informieren (Nitti-Renner-Abkommen, April 1920[78]). Mit dieser Politik ging es Rom in erster Linie darum, die Unabhängigkeit Österreichs zu si-

77 Vgl. Enzo Collotti, Il fascismo e la questione austriaca, in: *Il Movimento di Liberazione in Italia*, XVII. Jg. (1965), H. 4, Nr. 81, S. 3–25, insbes. S. 3.

78 Ausführlich dazu: Irmtraut Lindeck-Pozza, I rapporti austroitaliani dal trattato di St. Germain all'avvento al potere del fascismo, in: *Storia e Politica*, XIII. Jg., 1974, H. I–II, S. 1–16; Rodolfo Mosca, L'Austria e la politica estera italiana dal trattato di St. Germain all'avvento del fascismo al potere (1919–1922), in: ebd., S. 17–32.

chern und seine territoriale Integrität zu wahren. Denn einem unabhängigen Österreich, zumal verbunden durch „besondere Beziehungen", hatte man in Italien die Aufgabe zugedacht, die Ausgangsbasis für eine neue Mitteleuropapolitik Roms zu bilden, deren Zielvorstellungen auf ein das untergegangene Habsburgerreich ersetzendes System hinausliefen, das allerdings den italienischen Expansionsinteressen wesentlich stärker hätte dienlich sein sollen. Insofern wurden alle Habsburger Restaurationspläne abgelehnt und gegen alle Hegemoniebestrebungen anderer konkurrierender Mächte (Frankreich vor allem) opponiert. Nicht, daß Italien die von der Doppelmonarchie hinterlassene Lücke hätte füllen wollen, nur sollte sie auch nicht von anderen rivalisierenden Mächten gegen die Interessen Italiens besetzt werden.

Diese Grundlinien bestimmten Roms Politik nach der faschistischen Machtübernahme. Bestimmend für diese wie für die vorfaschistische Periode war jedoch in entscheidendem Maße die wirtschaftliche Schwäche des Landes, die es ihm allenfalls erlaubte, an internationalen Stützungsaktionen für Österreich *teil*zunehmen, von relevanten Formen des Kapitalexports bzw. direkter ökonomischer Durchdringung in nennenswertem Umfang ganz zu schweigen. Auch konnte das unter dem Druck der eigenen Überproduktionskrise stehende „Rest"-Österreich kaum eine relevante Entlastung für den engen italienischen Binnenmarkt bieten.

Den letzten Akt der eigentlichen Österreichpolitik Roms vor der Machtübernahme bildeten die italienisch-österreichischen Zollunionspläne, die der italienischen Regierung zuerst von Seipel unterbreitet wurden (Sommer/Herbst 1922). Ohne auf diesen Komplex hier näher eingehen zu wollen, ist es im Hinblick auf spätere Zusammenhänge wichtig festzuhalten, daß das italienische Außenministerium diesen Plan wohlwollend aufgriff, während er genau von denjenigen Wirtschaftsgruppen abgelehnt wurde, die später, 1932/34, erneut ihre Opposition gegen die bilateralen und präferentiellen Handelsabsprachen mit Österreich und Ungarn anmelden werden[79]. In beiden Situationen wurden dieselben Argumente ins Feld geführt: keine Preisgabe der Meistbegünstigungsklausel zugunsten von präferentiellen Abmachungen; keine Öffnung des italienischen Marktes für österreichische Fertigwaren.

Nach erfolgter Regierungsübernahme der Faschisten in Rom (Oktober 1922) trat die eigentliche Österreichpolitik Italiens zeitweilig in den Hintergrund, während sich eine breit angelegte expansionistische Donau- und Balkanpolitik in ihrer ganzen Widersprüchlichkeit und Sprunghaftigkeit abzuzeichnen begann. Erinnert sei nur an die Pläne eines unter italienischer Führung stehenden Donau- und Balkan-Locarnos, die 1925/26 im diplomatischen Gespräch waren. Dieses Projekt „war gewissermaßen ein Maximalprogramm, auf der Minimalseite stand hingegen die Absicht, einen Zusammenschluß der Balkanstaaten [und der Donaustaaten, so ist hinzuzufügen] ohne die italienische Beteiligung oder eine erneute Festigung der durch den Locarnopakt erschütterten Beziehungen dieser Staaten zu Frankreich zu ver-

79 So Di Nola, Italia e Austria (Anm. 9), S. 235; Felice Guarneri, *Battaglie economiche tra le due grandi guerre*, Bd. I, 1919–1935, Mailand 1953, S. 93 ff., 262 f.

hindern[80]." Die Widersprüchlichkeit dieser Politik lag darin, daß Pläne wie diese zwar grundsätzlich zur Sicherung des Status quo Österreichs beitragen sollten – darüber waren sich die verschiedenen Gruppierungen im römischen Außenministerium wohl einig –, daß Rom aber darüber hinaus zunehmend seine Hebel bei denjenigen Staaten in der Nachbarschaft Österreichs ansetzte, die lauthals auf territoriale Revision der Versailler Verträge pochten, und daß es parallel dazu eine systematische ideologische Unterwanderungspolitik in Ungarn, Albanien, Jugoslawien, Bulgarien und Griechenland zu betreiben begann, die die Versailler Konstruktion, Voraussetzung nun gerade der österreichischen Unabhängigkeit und territorialen Integrität, tendenziell von ihrer Basis her gefährdete.

Besonders deutlich zeigte sich die neue Qualität der italienischen Politik gegenüber Österreich, wo Mussolini aktiv für die Bekämpfung der österreichischen Sozialisten und Sozialdemokraten eintrat, indem er die Bildung der „antimarxistischen Front" unter Seipel unterstützte, die von Christlichsozialen, Agrariern, Großdeutschen und paramilitärischen Formationen, wie der „Heimwehr", angeführt wurde. Damit befand sich Rom aber im Lager genau derjenigen österreichischen Gruppen, die langfristig eine den Status quo gefährdende Politik betrieben („Anschluß", Habsburger Restauration)[81].

Diese Phase der römischen Donau- und Balkanpolitik kulminierte 1927/28 in einer offenen Krise, die die Grenzen dieser Politik deutlich machte, deren Aussichtslosigkeit aber Mussolini immer mehr dazu verführte, „jeden auch noch so zweifelhaften Ansatzpunkt einer Einflußnahme in diesem Raum zu verfolgen[82]." Von daher rührt die Sprunghaftigkeit und Hektik der römischen Aktivitäten, deren politisch-ideologische Komponente ein immer stärkeres Gewicht bekam. Besonders deutlich trat diese Politik nun auch gegenüber Albanien zutage, auf dessen Unterordnung als italienisches Protektorat Rom mit Hilfe des italienisch-albanischen „Freundschaftsvertrages" von 1926 hinarbeitete, sekundiert von einer quasi neokolonialen Durchdringungspolitik durch italienische Wirtschaftsgruppen, die die Entstehung selbständiger Wirtschaftsstrukturen in Albanien im Ansatz erstickte[83].

Darüber hinaus traten die subversiven Zielsetzungen in der römischen Einkreisungspolitik gegenüber Jugoslawien zutage, in der militärischen und finanziellen Unterstützung beispielsweise der Komitadschibanden; und schließlich in den mit Ungarn vereinbarten Waffenlieferungen auf der Grundlage des italienisch-ungarischen Freundschaftspaktes (1927)[84]. Überhaupt wurde die aggressive Expansionspolitik seit 1927/28 zunehmend im Bündnis mit Ungarn praktiziert und hatte die Nachbarländer Jugoslawien und Österreich im Visier[85].

80 Siehe Zamboni, *Mussolinis Expansionspolitik* (Anm. 4), S. LXXXIV.

81 Collotti, Il fascismo (Anm. 77), S. 4; Di Nola, Italia e Austria (Anm. 9), S. 236 ff., dort auch Hinweise zur Finanzierung der Heimwehren von italienischer Seite; vgl. auch Jens Petersen, Gesellschaftssystem, Ideologie und Interesse in der Außenpolitik des faschistischen Italien, in: *Quellen und Forschungen aus italienischen Archiven und Bibliotheken*, Bd. 54, Tübingen 1974, S. 428–470, bes. S. 444 ff., wo auf widersprüchliche Momente der faschistischen Österreichpolitik hingewiesen wird.

82 Zamboni, *Mussolinis Expansionspolitik* (Anm. 4), S. 451; s. auch die Ausführungen S. 281, 300, 491.

83 Ebd., S. VI, 479 ff.

Ebenfalls in den Jahren 1927/28 entstand schrittweise auch wieder eine aktive Österreichpolitik[86], die in den österreichisch-italienischen „Freundschaftsvertrag" (Februar 1930) mündete und die insgesamt zum Ziel hatte, Österreich nun verstärkt zum nördlichen Angelpunkt der italienischen Durchdringung des Donauraums und Balkans zu machen. Der Korrespondenz zwischen der italienischen Botschaft in Wien und ihrer Zentrale in Rom nach zu urteilen, fand im Jahr 1930 ein regelrechter Kurswechsel in der italienischen Österreichpolitik statt[87]. Im Rahmen der von Grandi ausgegebenen neuen Instruktionen stand dabei das Interesse an Wirtschaftsabsprachen mit Österreich im Vordergrund.

Für unseren Zusammenhang ist wichtig, daß der italienische Experte für Donau- und Balkanfragen, Iginio Brocchi, die Verhandlungen in die Hand nahm[88]. Im Mai 1930 erteilte Grandi dann grünes Licht für die Aufnahme von „Wirtschaftsverhandlungen weitestgehender Art" zunächst mit Österreich und Ungarn, später mit Jugoslawien, Rumänien und der Tschechoslowakei; ihr Ziel war es, Kompensationsverträge und auf Gegenseitigkeit beruhende Vereinbarungen auszuhandeln[89].

Im August 1930 entstand im urlaubsstillen Rom rege Betriebsamkeit um das inzwischen herangereifte „komplexe Projekt der italienisch-österreichisch-ungarischen Wirtschaftsabsprachen in Mitteleuropa und an der Donau[90]." Berichte über von Paris inspirierte Initiativen, in denen Rom zu jener Zeit die größte Gefahr für das eigene Vorhaben sah, so wie Widerstände in Rom selbst – innerhalb der vier in den engeren Entscheidungsprozeß eingeschalteten Ministerien – hatten die Promotoren des Projekts, allen voran Brocchi, zu einer zügigeren Gangart veranlaßt.

Eine negative Haltung gegenüber dem „Brocchi-System" und vor allem dessen Plänen der Exportkreditfinanzierung, auf die in anderem Zusammenhang noch eingegangen wird (3. Kap., II), bezog Finanzminister Mosconi. Ihm gelang es, bei Mussolini einen vorübergehenden Aufschub der Verhandlungen durchzusetzen[91]. Brocchi, der im übrigen mit einer in seiner Stellung ungewöhnlichen Aktivität und

84 Ebd., S. 281; vgl. auch die Ausführungen zu dem komplexen und widersprüchlichen Charakter der römischen Ungarnpolitik, ebd., S. 441 ff.; dort auch Angaben zu weiteren römischen Projekten: Viererpakt zwischen Italien, Ungarn, Bulgarien, Rumänien und Dreierpakt zwischen Italien, Griechenland, Türkei (ebd., S. 451 ff.).

85 So boten Ungarn und Italien neben Waffenlieferungen Asyl für putschende rechtsgerichtete Nationalistenführer und Ausbildungslager; vgl. ebd., S. 494 f. Für eine ausführliche Darstellung der italienischen Jugoslawien-Politik s. Stefan Troebst, *Mussolini und Makedonien: Das Bündnis des faschistischen Italien mit der „Inneren Makedonischen Revolutionären Organisation" im internationalen Kontext der zwanziger Jahre,* Diss. (FB Geschichte), Berlin 1984.

86 Di Nolfo, I rapporti (Anm. 2), S. 59.

87 Auriti (Wien) an Grandi (28.1.1930), *Documenti Diplomatici Italiani* (im folgenden: *DDI*), hrsg. v. Ministero degli affari esteri, Bd. VIII, Nr. 334, Rom 1972.

88 Auriti an Grandi (8. 3. 1930), *DDI* (Anm. 87), Nr. 414.

89 Grandi an Auriti (28. 5. 1930), *DDI* (Anm. 87), Bd. IX, Nr. 63, Rom 1975; Grandi an Auriti (28. 6. 1930), ebd., Nr. 121.

90 Denkschrift Guariglia (8. 8. 1930), Nr. 200, und Arlotta (Budapest) an Grandi (18. 8. 1930), Nr. 213, beide *DDI* (Anm. 89).

91 Denkschrift für Mosconi, Finanzminister (23. 8. 1930), Nr. 228 und Anm. 1, und Anweisungen Grandi (24. 9. 1930), Nr. 266, beide *DDI* (Anm. 89).

Eigeninitiative vorging, setzte sich sowohl mit Mosconi direkt auseinander[92] als auch mit Vertretern aus den Ministerien von Industrie- und Landwirtschaft und mit Sprechern der Korporationen[93].

Im Laufe der internen Verhandlungen schälten sich zwei für die weitere Entwicklung wichtige Momente heraus, die hier zunächst nur skizziert werden. Reaktionen aus dem Kreis der Industrievertreter zeigten deutlich, daß engere wirtschaftliche Bindungen an Österreich umstritten waren und es auch bleiben sollten. Der Sprecher des Unternehmerverbandes, Guarneri, und der Industrielle Pirelli waren sich zwar einig darin, daß Italien selbst „auf jeden Fall konkrete Angebote machen müsse, um einem Zusammenschluß der Agrarstaaten mit Österreich und der Tschechoslowakei zuvorzukommen, da eine solche Entwicklung die italienische Exporttätigkeit und allgemein seine Expansionspolitik in den Donauländern gefährdet hätte . . .". Einigkeit bestand aber auch darin, daß, so Pirelli: „die Verbindung mit Österreich nicht schon einen Aktivposten in dem Abkommen darstellt, sondern vielmehr eine Belastung ist, die man in Kauf nehmen muß, wenn man zu den anderen Staaten eine Brücke schlagen und Verträge mit ihnen schließen will"[94].

Für den Interessenkonflikt Industrie-Landwirtschaft war außerdem bezeichnend, daß die Vertreter der Industrie (Pirelli, Olivetti), wo immer sie konnten, die wirtschaftliche Bedeutungslosigkeit des österreichischen Marktes hervorhoben, während sich die Sprecher der exportorientierten Landwirtschaft bei Vertragsverhandlungen mit Österreich durchaus Chancen ausrechneten und ihr Interesse unumwunden vortrugen[95].

Das zweite bei den inneritalienischen Verhandlungen im Vordergrund stehende Moment war das Konkurrenzverhältnis zu Deutschland. Denn der Kurswechsel in der italienischen Österreichpolitik in Verbindung mit der Forcierung der eigenen mittel- und osteuropäischen Expansion brachte Italien nunmehr in unmittelbare Konkurrenz zur Politik Deutschlands: Für beide Länder bot Österreich das Einfallstor zum Osten und Südosten Europas[96].

92 Wobei er hinsichtlich der Kreditfinanzierungsfrage die französische Konkurrenz als Druckmittel einsetzte; vgl. Anm. 1, Dok. Nr. 266 u. Nr. 228, in: *DDI* (Anm. 89).

93 Anm. 3, Dok. Nr. 200; Anm. 1, Dok. Nr. 228; Bericht Brocchi an Grandi (29. 9. 1930), Nr. 277; Sitzungsprotokoll (4. 12. 1930), Nr. 438, in: *DDI* (Anm. 89).

94 Anm. 1, Dok. Nr. 228 (Unterredung Brocchi, Pirelli, Guarneri, Anzilotti [Anm. 92]). Im Verlauf dieses Gesprächs traten die Industrievertreter für die Bildung von Zollunionen ein. Das von Brocchi vorgeschlagene System wollte man dagegen nur als „Notbehelf" akzeptiert wissen. Zur grundsätzlichen Besorgnis von Teilen der italienischen Industrie wegen der österreichischen Konkurrenz und ihrer daraufhin nur bedingten Zustimmung zur Realisierung des Projekts Brocchi vgl. auch Dok. Nr. 414 u. 438 (Anm. 88 u. 93).

95 Dok. Nr. 438 (Anm. 93).

96 Ludwig Jedlicka, Austria e Italia dal 1922 al 1938, in: *Storia e Politica*, XIII. Jg., H. I–II, 1974, S. 82–105, bes. S. 94; s. auch Collotti, Il fascismo (Anm. 77), S. 7 f.; Franco Catalano, *L'Italia dalla dittatura alla democrazia 1919–1948*, Mailand 1962, S. 195 ff.; zum Zusammenhang zwischen den in ihrer Bedeutung für Deutschland enorm gestiegenen südosteuropäischen Agrarstaaten seit Beginn der WWK und dem sich dabei verschärft stellenden Problem der Österreich-Frage („Anschluß") vgl. Hans-Jürgen Schröder, Deutsche Südosteuropapolitik 1929–1936. Zur Kontinuität deutscher Außenpolitik in der Weltwirtschaftskrise, in: *Geschichte und Gesellschaft*, 1976, H. 1, S. 5–32, bes. S. 11 f. u. passim.

Vor dem Hintergrund der sich abzeichnenden italienisch-deutschen Konkurrenzsituation ist schließlich auch die auf österreichischer Seite seit 1929 eingeleitete Neutralitätspolitik zu sehen. Sie war mit dem Namen Schober verbunden[97] und bestand für Wien in nicht geringem Maße auch darin, die deutsche und die italienische Karte zugunsten des eigenen Spielraums auszuspielen. Die Intensivierung der Beziehungen zu Italien ist – von Wien aus gesehen – ganz wesentlich in diesem Lichte zu sehen. Schober, treibender Politiker bei der Annäherung zwischen Österreich und Italien, gelang es nach ersten Sondierungen sehr schnell, während seiner Unterredung mit Mussolini im Februar 1930[98] Italiens Unterstützung für das österreichische Aufrüstungsprogramm zu gewinnen[99]. Um so unangenehmer überrascht war daher Rom im März 1931 von der Nachricht über das Zollunion-Projekt zwischen Wien und Berlin, zumal es seinerseits ab Herbst 1930 mit Anfragen aus Berlin, Deutschland in die italienischen Mitteleuropapläne einzubeziehen, konfrontiert worden war. Ausführlich dazu an anderer Stelle (3. Kap., III).

Nach den bisherigen Kenntnissen zu urteilen, läßt sich somit der Beginn des offenen Konkurrenzkampfes Italien-Deutschland um die Ausgangsbasen Österreich (und Ungarn) im Hinblick auf die jeweils weitergespannten Expansionspläne entlang der Donau und auf dem Balkan auf das Jahr 1930 datieren.

Zusammenfassend ist festzuhalten, daß 1929/30 – d.h. mit Beginn der Weltwirtschaftskrise und zur Zeit der auf Hochtouren laufenden Exportschlacht Italiens – die ökonomische und politisch-ideologische Expansionspolitik Italiens in Mittel- und Südosteuropa deutliche Konturen annahm.

Sie war im wesentlichen durch zwei Linien gekennzeichnet. Die römische Diplomatie[100] sah im Donauraum Italiens europäisches Hinterland, das es ihm erlauben sollte, aus der marginalen Rolle am Rande Europas herauszukommen. Als entscheidend wurde hierbei die *Zuordnung* Österreichs beurteilt. Während Rom dessen Verbindung mit Deutschland in jeder Beziehung als Gefahr für Italien ansah, hatte man in der eigenen Konstruktion Österreich die Funktion zugedacht, auf der Seite Italiens die territoriale Verbindung zum Ungarn Horthys und zur katholischen Region Kroatien, wo Nationalisten die Loslösung von Jugoslawien betrieben, herzustellen, sowie einen Keil zwischen die Tschechoslowakei und Jugoslawien zu treiben. Zugleich verfolgte Mussolini das Ziel, unterstützt von Kräften der faschistischen Bewegung und des Vatikans, die Bildung von klerikal-faschistischen Satellitenregimen in Österreich und Ungarn durch massive Unterstützung der dort in Gang befindlichen Faschisierungsprozesse voranzubringen, um einen Block faschistischer Systeme unter der Regie Roms aufzubauen[101]. Von daher rührte die

97 Vgl. Jedlicka, Austria (Anm. 96), S. 84, 94.

98 Aufzeichnung Mussolini (4. 2. 1930), *DDI* (Anm. 87), Nr. 347.

99 Auriti an Grandi (28. 1. 1930), *DDI* (Anm. 87), Nr. 334.

100 Vgl. Vincenzo Clemente, La questione austriaca dalla diplomazia del „Patto a Quattro" alla diplomazia della „Wache am Brenner", in: *Storia e Politica*, 1965, S. 263–303, hier S. 263, Anm. 1.

101 Ausführlich dazu: Lajos Kerekes, *Abenddämmerung einer Demokratie. Mussolini, Gömbös und die Heimwehr*, Wien usw. 1966.

akute Gefährdung der von Frankreich gestützten republikanisch-parlamentarischen Regierungssysteme, gegen die sich die ideologische Propagandapolitik Roms explizit richtete[102]. Und von daher kam gleichzeitig die tendenzielle Destabilisierung der innergesellschaftlichen antifaschistischen Fronten in den nun auch noch unter verschärften Krisendruck geratenden Donau- und Balkanstaaten, die dann den Durchbruch autoritärer bzw. faschistischer Herrschaftsformen als Krisenlösungsstrategie außerordentlich erleichtert und damit nicht zuletzt den späteren Vormarsch des wesentlich potenteren deutschen Faschismus begünstigt hat: Das nationalsozialistische Deutschland erntete dort, wo der italienische Faschismus gesät hatte[103]!

2. *Zur offensiven Donauraumstrategie Roms auf politisch-diplomatischer Ebene, 1931–34*

Im Oktober 1933, als der Durchbruch Italiens im Donauraum überdeutlich war, schrieb der zeitgenössische Beobachter A. Sohn-Rethel:

> „In der Donaupolitik hat es Mussolini meisterhaft verstanden, zwischen den widerstrebenden Interessen genau diejenige Linie zu treffen, auf der eine praktische Verständigung möglich erscheint."[104]

Eine der wesentlichen Voraussetzungen für den Erfolg der italienischen Linie waren die Mißerfolge, die die Pläne der konkurrierenden Mächte erlitten[105], und dazu hatte Rom aktiv beigetragen. Der breitere Rahmen, in dem sich die offensive handels- und handelsvertragspolitische Linie Roms ab 1930/31 mit dem Ziel entwickelte, eine eigene Interessen- und Einflußsphäre zu schaffen, läßt sich folgendermaßen abstecken: Parallel zur offensiven Donaupolitik, die in einer ersten Phase darauf abzielte, Österreich und Ungarn durch präferentielle Abmachungen an Italien zu binden, wurden gleichzeitig ähnliche Vorhaben konkurrierender Mächte sowie Lösungsversuche der Donauraumfrage auf kollektiver Basis systematisch bekämpft oder zumindest neutralisiert, um schließlich dadurch insgesamt eine Politik

102 Währenddessen wurden auf diplomatischer Ebene die französisch-italienischen pourparlers zur gemeinsamen Abwehr der deutschen Expansionsbestrebungen unbeirrt fortgesetzt.

103 Zur Aufweichung der antifaschistischen Front in Österreich unter den Auswirkungen der WWK und zur Rolle des italienischen Faschismus vgl. Enzo Collotti, Considerazioni sull' ‚austrofascismo', in: *Studi Storici,* IV. Jg. 1963, Nr. 4, S. 703–728; ders. Il fascismo (Anm. 77). Ausführlich zum Konkurrenzkampf der beiden faschistischen Regime in Ost- und Südosteuropa vgl. Jerzy W. Borejsza, *Il fascismo e l'Europa orientale della propaganda all'aggressione,* Bari 1981.

104 Alfred Sohn-Rethel, Italien im Donauraum, in: *Der deutsche Volkswirt* v. 13. 10. 1933, S. 57–60, bes. S. 60.

105 Diese Zusammenhänge waren zeitgenössischen Beobachtern zuweilen klarer als später den Historiographen. Vgl. François-Poncet am 15. 12. 1932 aus Berlin, in: *Documents diplomatiques français 1932–1939* (im folgenden: *DDF*), 1. Serie (1932–1935), Bd. II, Paris 1966, Nr. 110.

der stärkeren Autonomie Italiens[106] in Gang zu setzen, unter voller Ausschöpfung der Spielräume, die aus den Friktionen und den gegensätzlichen Interessen der konkurrierenden Mächte entstanden und die sich unter dem Druck der Krisenauswirkungen noch rapide verschärften.

Im folgenden wird anhand einiger relevanter Beispiele aufgezeigt, wie Rom parallel zu seiner aktiver werdenden Donauraumpolitik mit Erfolg daran beteiligt war, solche Pläne zur Aufteilung des Donauraumes zu blockieren, die seine Expansionspolitik gefährden mußten. Es handelte sich um den deutschen Vorstoß (Zollunionsplan), um die von französischen Interessen geprägten Pläne („plan constructif", Tardieu-Plan) und um die Behandlung der „Sanierungsfrage des Donauraumes" – so offiziell die neutrale Formel – auf den internationalen Konferenzen 1932 (in London, April 1932; in Lausanne, Juli 1932; in Stresa, September 1932).

Die am 21. März 1931 veröffentlichten „Richtlinien für die Angleichung der zoll- und handelspolitischen Verhältnisse Deutschlands und Österreichs" trafen Rom unvorbereitet und mitten in seiner eigenen Mitteleuropa-Offensive. Das offizielle Rom reagierte zurückhaltend, scheinbar ambivalent. Das Taktieren – welches unterschiedlichen Interpretationen auch in der Geschichtsschreibung Vorschub geleistet hat – kam in der Stimmenthaltung Italiens bei der Abstimmung des Haager Gerichtshofs im September 1931 zum Ausdruck und war mindestens auf zweierlei zurückzuführen. Einmal meinte man in Rom, angesichts der deutlichen Ablehnung durch Frankreich und die Kleine Entente sowie Englands reservierter Haltung sich die wahrscheinliche Belastung der eigenen Beziehungen zu Deutschland durch eine offene Ablehnung sparen zu können. Hinzu kamen sehr wahrscheinlich kontroverse Einstellungen in Rom selbst. In der Tat geht aus den allerdings spärlichen Informationen hierzu hervor, daß erst auf Betreiben von Außenminister Grandi und von Guariglia die anfängliche „bedingungslose Zustimmung" Mussolinis zur „Angleichung" in eine ablehnende Einstellung umgewandelt worden ist[107].

106 Der Versuch einer autonomen Politik Italiens in Europa Anfang der dreißiger Jahre fand deutlichen Ausdruck in dem römischen Plan der Bildung eines Viermächtepaktes mit der Absicht, die europäischen Probleme, vor allem die Revisionsfragen, künftig in kleinem Kreise zu regeln (Großbritannien, Frankreich, Deutschland und Italien). Dieser Plan, „Mussolinis vermeintlicher Durchbruch zum stillschweigend geduldeten Schiedsrichter Europas" (Poulain), wird hier nicht weiter verfolgt, da er die konkrete Expansionspolitik Roms nicht nachhaltig beeinflußte. Als erste Literaturhinweise mögen daher genügen: Fulvio D'Amoja, *Declino e prima crisi dell'Europa di Versailles. Studio sulla diplomazia italiana ed europea (1931–33)*, Mailand 1967, S. 413 ff., 443 ff. (im Anhang der Paktvorschlag in seinen verschiedenen Fassungen); Jens Petersen, *Hitler-Mussolini. Die Entstehung der Achse Berlin–Rom 1933–1936*, Tübingen 1973, S. 137 ff., aus der Sicht Deutschlands; Marc Poulain, *Außenpolitik zwischen Machtpolitik und Dogma. Die deutsch-italienischen Beziehungen von der Jahreswende 1932/33 bis zur Stresa Konferenz*, Phil. Diss., Frankfurt 1971, S. 60 ff., vornehmlich aus der Perspektive der deutsch-italienischen Beziehungen und ihrer Konkurrenz um Österreich; zur britischen Donauraumpolitik im Zusammenhang mit den Vierer-Pakt-Plänen vgl. Ozer Carmi, *La Grande-Betragne et la Petite Entente*, Genf 1972, S. 202–256.

107 So Raffaele Guariglia, *Ricordi 1922–1946*, Neapel 1950, S. 80 ff.; darauf aufbauend auch Fulvio D'Amoja, *Declino e prima crisi dell'Europa di Versailles. Studio sulla diplomazia italiana e europea (1931–1933)*, Mailand 1967, S. 43, Anm. 11 und allgemein zum Thema die S. 41–47. [Forts. S. 214.]

Zur genaueren Kennzeichnung der Politik Roms in der „Anschluß"-Frage während der frühen dreißiger Jahre zunächst die folgenden Ausführungen: Trotz in Rom kontinuierlich eintreffender warnender Berichte, die frühzeitig auf Positionsgewinne der Nationalsozialisten in Österreich hinwiesen, hielt das offizielle Rom nach wie vor daran fest, einen „Anschluß" Österreichs an Deutschland strikt abzulehnen. So reagierte beispielsweise Mussolini im Oktober 1933 gegenüber dem skeptischen italienischen Militärattaché in Wien, Fabbri, der gemeint hatte „... qu'il était donc inutile de continuer la lutte et qu'il valait mieux reconnaître dès maintenant un fait pour ainsi dire accompli", mit den Worten: „Je comprends votre sentiment, mais avoir fait la guerre et être victorieux pour ensuite avoir l'Allemagne sur la tête ... jamais!"[108]

Die dezidierte Österreichpolitik war das Ergebnis des Zusammenspiels zweier unterschiedlicher Strategierichtungen in Roms außenpolitischen Entscheidungszentren, deren Zusammentreffen in den Jahren 1930/31–1934/35 der Riegelpolitik Italiens ihre Festigkeit gab, deren Auseinanderlaufen dann aber wieder ab Sommer/Herbst 1934 die Unsicherheiten und Schwankungen in dieser Politik offenbarte.

Die eine der Linien[109] läßt sich nach den bisherigen Kenntnissen an Politikern wie Dino Grandi, Raffaele Guariglia und Leonardo Vitetti aus den Reihen der sogenannten gemäßigten Faschisten und der traditionellen Diplomatie festmachen. Sie tendierten – bei allen Unterschieden in Einzelfragen – dazu, die Österreichfrage, und damit auch das Problem „Anschluß", in erster Linie als machtpolitisches Pfand auf der politisch-diplomatischen Verhandlungsebene gegenüber Paris und Berlin zu benutzen: die Österreichfrage als Objekt und Exerzierfeld zugleich zur maximalen Ausschöpfung des vorübergehend erweiterten Handlungsspielsraums für Italien.

Eigentliches Ziel italienischer Expansionspolitik hatte nach dieser Gruppierung die Kolonialexpansion zu sein, die Neu- und Umverteilung der Kolonien in Afrika und im östlichen Mittelmeerraum, die sich – so hieß es –, unter dem Druck weltweiten Protektionismus' dringender denn je stellte; in Europa hingegen sollte die nun akuter werdende deutsche Gefahr, zugespitzt auf das Problem „Anschluß", von Rom dazu benutzt werden, Frankreich an den Verhandlungstisch und zu weitreichenden Konzessionen in der Kolonialfrage zu zwingen. Nicht, daß die Gefahren einer Einverleibung Österreichs durch das expandierende Deutschland nicht ge-

Fortsetzung Fußnote 107
Zur Ablehnung des Projekts von Seiten des italienischen Unternehmerverbandes vgl. die in dem Organ der Confindustria veröffentlichten Ausführungen von C. Mastrella, La progettata Unione Doganale Austro-Tedesca e gli interessi economici italiani, in: *Rivista di Politica Economica*, 1931, S. 419–422.

108 Berichtet von De Beauverger (Budapest) an Paul-Boncour (30. 10. 1933), *DDF* (Anm. 105), Bd. IV, Paris 1968, Nr. 374.

109 Sehr aufschlußreich hierzu der Bericht von Leonardo Vitetti, „Relazione sulla politica estera italiana inviata a Roma da L. Vitetti (luglio 1932)", abgedr. in: De Felice, *Mussolini il duce* (Anm. 3), S. 838–849; s. auch die Ausführungen von De Felice zu Grandi und Guariglia, passim.

sehen wurden – so[110] bezeichnete Guariglia im Juli 1931 diese als eine „tödliche Gefahr" für Italien –, nur hielt man diese Entwicklung grundsätzlich für unvermeidbar[111]. Daher gälte es, sie hinauszuzögern, um sie so lange wie möglich für die italienischen Interessen optimal ausspielen zu können.

Die zweite Strategierichtung, auf deren Zusammensetzung noch im einzelnen eingegangen wird und deren Vertreter durch die Regierungsumbildung im Juli 1932 vorderste Positionen in den außenpolitischen Entscheidungszentren eingenommen hatten (Suvich, Aloisi), verlegte den Schwerpunkt der italienischen Expansionspolitik in den Donau-Balkanraum und den Vorderen Orient. Dabei kam der engen Verbindung Italiens mit Österreich entscheidende Funktion zu, nämlich als Damm gegen Deutschland *und* als eigenes Einfallstor nach Mitteleuropa. Die Allianz dieser Gruppierung mit dem Vatikan und mit Kräften aus der faschistischen Bewegung verschaffte dieser Linie anfangs deutliche Erfolge. Langfristig sollte sie aber zu ihrer eigenen Unterminierung beitragen, indem sie erstens objektiv dem wesentlich schlagkräftigeren Faschismus Deutschlands, Italiens Hauptkonkurrenten, den Weg im Donaubecken und auf dem Balkan ebnete und gleichzeitig, zweitens, indem sie in den unterwanderten Ländern die anti-faschistischen Fronten aufweichen half: das waren aber gerade die Stützpunkte Frankreichs, d.h. Italiens Bündnispartner gegen Deutschland[112]. Für diese Gruppierung war die territoriale Eroberungspolitik Italiens in Afrika solange und soweit akzeptabel, sofern sie die Beziehungen zu Frankreich und Großbritannien nicht substantiell gefährdete[113].

Zusammenfassend bleibt für die hier im Vordergrund stehende zeitliche Phase festzuhalten, daß der sich gegenseitig ergänzende Verlauf dieser beiden außenpolitischen Linien dazu geführt hat, daß die römische Österreichpolitik in ihrer „finalen" wie „instrumentalen" Komponente Anfang der dreißiger Jahre – mit Höhe-

110 Zit. nach De Felice, *Mussolini il duce* (Anm. 3), S. 400.

111 So berichtete De Fleurian, französischer Botschafter in London, von einem Gespräch mit Grandi, Botschafter in London (1. 3. 1933): „L'union austro-allemande, d'après lui, s'accomplissait peu par l'adaption des lois et règlements semblables dans les deux pays ...", *DDF* (Anm. 105), Nr. 360; zur Position Grandis als Befürworter der Habsburger-Restauration als Gegengewicht gegen einen „Anschluß" vgl. Poulain, *Außenpolitik* (Anm. 106), S. 167; s. auch Guariglia, *Ricordi* (Anm. 107), S. 76 ff.

112 Vgl. dazu den Bericht von Puaux (Wien) vom 9. 10. 1933, der nach einem Gespräch mit dem italienischen Gesandten, Preziosi, berichtete: „Nous nous sommes adressé de mutuels reproches. Tandis qu'il incriminait l'appui prêté par la France aux socialistes autrichiens, j'exprimais mes regrets des encouragements donnés par l'Italie fasciste aux heimwehriens ...". Nachdem Preziosi ihm noch erklärt hatte: „... que la France deviendrait bientôt fasciste...", faßte Puaux seinen Eindruck folgendermaßen zusammen: „A écouter M. Preziosi, il m'a semblé que l'époque où M. Mussolini déclarait que le fascisme n'est pas article d'exportation est dépassée et que la nation italienne, qui se nourrit aujourd'hui de prestige, commence à être persuadée qu'elle détient l'évangile des temps nouveaux."
Dies stellt zugleich auch ein Dokument zur Problematik der französisch-italienischen Bündnisversuche Anfang der dreißiger Jahre dar. Vgl. *DDF* (Anm. 108), Nr. 286.

113 Diese Position läßt sich vor allem für Suvich und Aloisi nachweisen, vgl. Poulain, *Außenpolitik* (Anm. 106), S. 142, Anm. 18.

punkt 1933/34 – zum zentralen Beziehungs- und Drehpunkt des Außenverhaltens Italiens und insbesondere seiner Expansionspolitik wurde[114].

Der Ausbau der ersten Brocchi-Verträge im Frühjahr 1932 ist sowohl im Zusammenhang mit dem Vorstoß Berlins zu sehen als auch mit den verstärkten Aktivitäten Frankreichs im Donauraum[115]. Dessen Bemühungen, die Donauraumkrise einer Lösung unter französischer Ägide zuzuführen, konkretisierten sich im „Plan constructif" (Mai 1931), dem von Briand inspirierten Gegenplan zum deutsch-österreichischen Zollunionsprojekt[116], und im Aide-Mémoire (März 1932), bekannt unter der Bezeichnung „Tardieu-Plan", dessen Grundgedanken wiederholt seit 1927 von französischer Seite in die politische Auseinandersetzung gebracht wurden[117]. Mit seiner Hilfe wollte Paris auf der Basis gezielter handelspolitischer Vereinbarungen (Präferenzzölle, Kontingente u.ä.) die wirtschaftliche Integration der fünf Donaustaaten fördern, während gleichzeitig die Drittstaaten auf ihren Meistbegünstigungsanspruch hätten verzichten müssen.

Die Zustimmung der wichtigsten Handelspartner der Donaustaaten – Deutschland und Italien[118] – zu dieser handelspolitischen Lösung, die als unerläßliche Vorbedingung zur finanziellen Sanierung angesehen wurde, bildete also eine der Voraussetzungen für die Realisierbarkeit der französischen Pläne[119]. Italien konnte allerdings an der vorgeschlagenen Art der Lösung, die sich gegen seine Präferenzabkommen mit Österreich und Ungarn richtete, keinen Geschmack finden, zumal das Ergebnis insgesamt eine Stärkung des Einflusses der Kleinen Entente und damit Frankreichs bedeutet hätte.

Das Verhalten Roms auf der politisch-diplomatischen Ebene, d.h. sein vorsichtiges, bisweilen ambivalentes Taktieren gegenüber dem „Tardieu-Plan", ist allerdings erst in dem größeren Zusammenhang der italienisch-französischen Beziehungen in dieser Zeit erklärbar. Nachdem im Januar 1932 Ministerpräsident Laval auch das Außenministerium übernommen hatte, wurden die italienisch-französischen Gespräche, deren Grundmuster von den italienischen kolonialen Expansionsinter-

114 Vgl. dazu ausführlich und überzeugend De Felice, *Mussolini il duce* (Anm. 3), bes. S. 464 ff., u. passim; s. auch D'Amoja, *Declino* (Anm. 107), passim; ebenfalls Poulain, *Außenpolitik* (Anm. 106), S. 137; zur Südosteuropapolitik Roms nach der Regierungsumbildung im Jahr 1932 mit dem Ziel, dort die Rolle einer „dritten Kraft" zu spielen, vgl. Clemente, La questione austriaca (Anm. 100).

115 Vgl. Jedlicka, Austria (Anm. 96), S. 95.

116 Hantos, *Neuordnung* (Anm. 26), S. 155.

117 Richard Riedl, Innereuropäische Handelspolitik, in: *W.W.A.*, 39. Bd., 1934, S. 29 ff.

118 Daß ohne Zustimmung Deutschlands und/oder Italiens in Mitteleuropa keine weitreichenden Pläne mehr realisiert werden konnten, veranlaßte den tschechoslowakischen Außenminister Benesch im Juni 1933 zu der Einsicht: „... un essai de constituer en ce moment en Europe centrale un organisme politique nouveau et commun devrait fatalement aboutir à un échec à cause de la résistance de l'Allemagne, de l'Italie ..."; s. „Note du Ministre des affaires étrangères de Tchécoslovaquie" (24. 6. 1933), *DDF* (Anm. 105), Paris 1967, Bd. III, Nr. 423.
Ähnlich auch De Jouvenel aus Rom (28. 6. 1933): „Deux grandes nations seulement peuvent, par leur droit de voisinage, exercer sur l'économie de l'Europe centrale et balkanique une influence directe: l'Allemagne et l'Italie"; *DDF* (Anm. 118), Nr. 428.

119 Hantos, *Neuordnung* (Anm. 26), S. 152.

essen und dem französischen Sicherheitsinteresse in Europa gebildet wurden, verstärkt wieder aufgenommen (Theodoli-Berthelot)[120]. Der Sturz Lavals und die Regierungsübernahme durch Tardieu, der auch Außenminister wurde, führte dann wieder zu einer Verhärtung der französischen Politik gegenüber Rom, die sich u.a. darin ausdrückte, daß Paris nun auf eine eindeutige Festlegung Italiens gerade auch in der Donauraumfrage drängte[121]. Angesichts der französischen Pressionen und der Ende März 1932 einsetzenden deutsch-italienischen Gespräche zum Thema Interessenaufteilung und Zusammenarbeit im Donauraum versuchte daraufhin Rom, mit einer Hinhaltetaktik und dem Hochspielen technischer Probleme seine ablehnende Haltung zu verdecken (Londoner Konferenz, April 1932)[122].

Die Grundtendenz römischer Politik der Jahre 1931/32: sich nicht festzulegen, keine eindeutigen Positionen weder gegenüber Paris und London noch gegenüber Berlin zu beziehen, vielmehr auf ein „wieder flüssig werden" der europäischen Nachkriegsordnung, auf ein Aufweichen des Status quo in Mittel- und Osteuropa hinzuarbeiten[123] –, diese Grundlinie kam auf der Konferenz in Stresa (5.–20. September 1932) deutlich zum Tragen. Die Konferenz war angesetzt worden, um die Donauraumfrage zu erörtern, nachdem die Konferenzen in London und Lausanne (16. Juni – 7. Juli 1932) keine Klärung gebracht hatten. Formal sollten die Beschlüsse der 15 in Stresa versammelten Länder der Europakommission des Völkerbundes dazu dienen, die geplante Weltwirtschaftskonferenz in London vorzubereiten.

Das einzig greifbare Ergebnis dieser Zusammenkunft, der Abschluß einer internationalen Konvention für die Valorisierung des mittel- und osteuropäischen Ge-

120 Guariglia, *Ricordi* (Anm. 107), S. 150 ff.; D'Amoja, *Declino* (Anm. 107), S. 48 ff.

121 In den Berichten des französischen Botschafters in Rom, De Jouvenel, spiegelten sich die zunehmenden Pariser Bemühungen, die italienische Donau- und Balkanpolitik vor den französischen Karren zu spannen, deutlich wider. Kritisch anzumerken bleibt im Ganzen zu dem Versuch von Paris, mit dem faschistischen Regime Italiens eine Bündnispolitik im Interesse letztlich der Stabilisierung des Status quo in Mitteleuropa zu betreiben, daß er von Anfang an und objektiv zum Scheitern verurteilt war. Denn fixiert auf Leitkategorien klassischer Außenpolitik, wie „Macht", „Sicherheit", „Gleichgewicht", die insgesamt der Herrschaftssicherung etablierter französischer Interessen funktional waren, begriff die französische Diplomatie nicht, daß es dem faschistischen Italien nicht um eine „situation spéciale" (de Beaumarchais, De Jouvenel) an der Donau und auf dem Balkan aufgrund historischer Bindungen ging, auch wenn dieses selbst das erklärte Ziel traditioneller Diplomaten (Guariglia) oder sogenannter gemäßigter Faschisten (Grandi v.a.) war. So sahen zwar die Diplomaten (z. B. Puaux in Wien) die zunehmenden subversiven Aktivitäten der „parallelen Diplomatie" Roms, sie erkannten aber nicht die von Italien offen favorisierten Faschisierungsprozesse in Österreich und in Ungarn in ihrer wahren Natur; wenn sie sich mit einzelnen Aspekten der Faschisierungsprozesse auseinandersetzten, dann geschah das in Verbindung mit ihren herrschaftstechnischen Möglichkeiten der Stabilisierung, die durchaus mit Wohlwollen angesichts der neu entstehenden deutschen Gefahr registriert wurden. Denn in den Augen der französischen Beobachter waren deren herausragende Kennzeichen einmal die Wideraufnahme geschichtsträchtiger Hegemoniebestrebungen; zum zweiten schien man anzunehmen, die Entwicklung in Deutschland nach Januar 1933 trage „bolchewistische Züge" (François-Poncet), eine Annahme, die offenkundig in den Kreisen um Dollfuß gepflegt und von dort aus verbreitet wurde.

122 Ausführlich hierzu: D'Amoja, *Declino* (Anm. 107), S. 52 ff.

123 Ähnlich auch D'Amoja, ebd., S. 92 f.

treides, den die in Stresa gebildete Wirtschafts- und Agrarkommission in ihre Empfehlungen aufgenommen hatte, überstand die Verhandlungen der Europakommission des Völkerbundes dann allerdings nicht[124], nachdem auch schon in Stresa die Interessengegensätze in der Behandlung der mittel- und osteuropäischen Getreideexportfrage hervorgetreten waren[125].

In der Getreidefrage prallten im Verlauf der Krise die unterschiedlichen Interessen von Gläubiger-, Industrieexport- und Agrarexportländern mit den dahinter stehenden Interessengruppen im nationalen Bereich in aller Schärfe aufeinander. Ebenso unversöhnlich standen sich bei den Regelungsversuchen der Getreidefrage auf internationaler Ebene die verschiedenen Strategien der an dem Donauraum interessierten Länder gegenüber.

Die Steigerung der Kaufkraft der Donauländer, herbeigeführt vor allem durch die Stärkung der Kaufkraft ihrer Landwirtschaft, lag sowohl im Interesse des Hauptgläubigerlandes Frankreich als auch der primär am Warenaustausch interessierten Länder (besonders Deutschland, Italien, auch Österreich und der Tschechoslowakei) sowie der interessierten Gruppen in den Agrarstaaten selbst. Umstritten war hingegen, wie die Kosten für diese Anhebung, die über die Getreidevalorisation erreicht werden sollte, zu verteilen seien und wem die erhöhte Liquidität bzw. Aufnahmebereitschaft der so gestützten Märkte im Donauraum zugute kommen sollte.

Die Strategie Italiens[126] auf der Konferenz war folgende: Überraschend für die Anwesenden schlug es vor, die von Frankreich und Deutschland befürwortete Vorzugsbehandlung des osteuropäischen Getreides durch die Valorisierung der bei seinem Export erzielten Preise, also durch eine Art Ausfuhrprämie, zu ersetzen. Die Mittel dazu sollten durch die Gründung eines „Valorisierungsfonds" sichergestellt werden, zu dem alle europäischen Staaten, einschließlich der Getreideausfuhrländer, nach Maßgabe ihres Anteils am Weltmarkt beitragen sollten. Und um einer unbegrenzten Ausdehnung der Anbaufläche für Getreide in den favorisierten Ländern entgegenzuwirken, wurde vorgeschlagen, die Mittel aus dem Fonds auf die Getreideausfuhrländer im Verhältnis ihrer durchschnittlichen Getreideausfuhr während der Jahre 1929/31 zu verteilen.

124 Hantos, *Neuordnung* (Anm. 26), S. 152.

125 Allgemein zur Stresa-Konferenz: Société des Nations, Commission d'étude pour l'Union européenne, *Rapport de la Conférence de Stresa pour la reconstruction économique de l'Europe Centrale et Orientale, Présenté à la Commission d'étude pour l'Union européenne*, 1932, VII. 11.; s. auch *Die Konferenz von Stresa. Bericht über ihren Verlauf und ihre Ergebnisse*, erstattet von R. Riedl, Wien 1932; als Zusammenfassung: Heinz Ludwig Brückmann, *Zwischenstaatliche Wirtschaftsprobleme im Donauraum*, Diss., Ludwigshafen 1936, S. 73–92.

126 Italien war ebenso wie Frankreich, Deutschland und die Tschechoslowakei mit einer personell starken Delegation vertreten. Die zwei offiziellen Delegierten waren De Michelis, Senator, Präsident des Internationalen Agrarinstituts in Rom, Vertreter Italiens in zahlreichen Ausschüssen des V.B.s. und Bianchini, Abgeordneter, Präsident der Bankenvereinigung; zu der Gruppe der anwesenden Experten gehörten u. a. Vertreter aus den Ministerien für das Korporationswesen (Anzilotti), für Landwirtschaft (Mariani), für Finanzen (Del Vecchio) sowie der Leiter des Exportinstituts (Masi); vgl. D'Amoja, *Declino* (Anm. 107), S. 114; s. auch *Rapport de la Conférence* (Anm. 125).

Der italienische Vorschlag wurde als völlig überraschend lancierter Gegenplan gegen die Entwürfe Frankreichs und Deutschlands interpretiert[127]. Zugleich wurde mit Erstaunen vermerkt, daß ausgerechnet die italienische Delegation das Prinzip der Meistbegünstigung vertrat und Vorzugszölle gegenüber den europäischen Getreideausfuhrländern im Interesse der eigenen überseeischen Ausfuhrinteressen ablehnen zu müssen glaubte[128]. Und schließlich überraschte es, daß, während Deutschland weiterhin das System zweiseitiger Verträge vertrat, die italienischen Vertreter sich plötzlich für kollektive Lösungen stark machten[129].

Das Vorgehen Roms gewinnt an Plausibilität, wenn man wieder den größeren Zusammenhang mitberücksichtigt. Die innere wie äußere Konstellation im Sommer/Herbst 1932 veranlaßte die italienische Delegation, vorsichtig zu taktieren und sich nicht festzulegen, während sich gleichseitig in Rom diejenigen Kräfe durchzusetzen begannen, die für eine verstärkt „autonome" und offensive Donauraumpolitik Italiens eintraten.

Die Ergebnislosigkeit der deutsch-italienischen Gespräche im März/April 1932, die intransigente Haltung Berlins in der Österreichfrage, das handelspolitische Repressaliengefecht zwischen Italien und Deutschland Ende Juli/Anfang August 1932[130] sowie die Ernennung von Suvich zum Leiter des Außenministeriums unter Mussolini (Unterstaatssekretär, 20. Juli 1932) hatten zu einer allgemeinen Verhärtung der römischen Politik gegenüber Berlin in der Donaufrage geführt, was sich zum Beispiel auch darin ausdrückte, daß Suvich es ablehnte, mit Posse in neuerliche Abspracheverhandlungen vor Konferenzbeginn in Stresa einzutreten[131].

Aus der ständig akuten Sorge heraus, isoliert zu werden, verfolgte Rom aufmerksam den Verlauf der französisch-deutschen Beziehungen; und der italienische Gegenantrag in Stresa zur Getreidefrage ist vermutlich im Zusammenhang mit der während der Konferenz offensichtlichen Annäherung zwischen Paris und Berlin zu sehen[132].

Mit dem Gegenantrag war aber nicht nur beabsichtigt, das französisch-deutsche Einvernehmen zu stören; gleichzeitig sollte er Entscheidungen der Konferenz zugunsten des Ausbaus präferentieller bilateraler Abmachungen verhindern, da diese der deutschen Donauraumpolitik und insbesondere der Politik gegenüber Österreich offiziell grünes Licht gegeben hätten. So hatte man in Rom ohnehin seit den Gesprächen Posse–Ciancarelli (März 1932) den Eindruck, daß sich Berlin der italienischen Politik der bilateralen Präferenzverträge zu bedienen versuchte, um

127 Riedl, *Konferenz* (Anm. 125), S. 23; ders., Innereuropäische Handelspolitik (Anm. 117).

128 Vgl. den Bericht von Riedl, *Konferenz* (An. 125), S. 23.

129 Vgl. ebd., S. 21; zur Haltung Italiens in Stresa s. auch Louise Sommer, *Neugestaltung der Handelspolitik, Wege zu einem innereuropäischen Präferenzsystem*, Berlin/Wien 1935, S. 210 ff.

130 Vgl. D'Amoja, *Declino* (Anm. 107), S. 109 f.

131 Ebd., S. 115.

132 So berichtet Riedl: *Konferenz* (Anm. 125), S. 19: „Das große Ereignis und die große Überraschung der Konferenz war das enge Zusammenwirken der deutschen und französischen Delegation in der Wirtschaftskommission ..."

die gescheiterte Zollunionspolitik mit Österreich über den Umweg von Absprachen mit Italien doch noch voranzubringen[133].

Daher legte die italienische Delegation einerseits Vorschläge zur kollektiven Lösung der Getreidefrage auf den Verhandlungstisch und forderte gleichzeitig eine Bestätigung ihres „Besitzstandes" (Brocchi-Verträge), indem sie auf Anerkennung der bereits bestehenden bilateralen Präferenzverträge und auf einem gleichzeitigen Verbot, neue Abkommen dieser Art abzuschließen, bestand. Alle diese Vorschläge richteten sich ganz offensichtlich gegen die deutsche Mitteleuropapolitik[134].

Daß es angesichts der gegensätzlichen Interessen zu keiner tragfähigen Lösung in Stresa kam, entsprach also durchaus den Absichten Roms, wo seit der Regierungsumbildung im Juli 1932 die Verfechter einer offensiven, autonomen italienischen Donauraumpolitik an Gewicht gewonnen hatten und wo man nun bestrebt war, unter Ausnutzung der französisch-deutschen Differenzen den eigenen politisch-wirtschaftlichen Handlungsspielraum im Donauraum auszufüllen und zu erweitern[135].

II Die Römischen Protokolle als handelspolitische Waffe im Kampf um Vorzugsmärkte

Mit den ersten und zweiten Brocchi-Verträgen hatte sich Italien ein handelspolitisches Instrumentarium geschaffen, das in den Römischen Protokollen nur noch weiterentwickelt zu werden brauchte. Der Abschluß der Verträge in den Jahren 1931/32 wurde als deutliches Signal der italienischen Offensive gewertet[136], die mit Hilfe der früh angewandten neuen handelspolitischen Techniken die Präsenz und Mitsprache italienischer expansionistischer Interessen in diesem Raum zu stärken und zu einer Schlüsselstellung auszubauen suchte. Die Initiative zum Abschluß der Brocchi-Verträge war anscheinend von Österreich ausgegangen, sie wurde dann aber von Italien bereitwillig aufgegriffen[137].

133 D'Amoja, *Declino* (An. 107), S. 58. Von daher ist es wohl nicht ganz richtig anzunehmen, daß im Laufe des Jahres 1932 „die Auseinandersetzungen um das deutsche Zollunionsprojekt allmählich in Vergessenheit gerieten" – so Petersen, *Hitler–Mussolini* (Anm. 106), S. 80.

134 D'Amoja, *Declino* (Anm. 107), S. 116.

135 Insgesamt kennzeichnete der französische „chargé d'affaires" in Rom die Haltung Italiens während der Serie der internationalen Konferenzen als „attitude d'indifférence": „D'une manière générale, en effet, le gouvernement italien n'apprécie guère les conférences internationales et il n'y adhère que pour faire acte de grande puissance ..."; De Dampierre, *DDF* (Anm. 105), (9. 12. 1932), Nr. 87.

136 Stellvertretend für viele s. Riedl, Innereuropäische Handelspolitik (Anm. 117), S. 28.

137 So Haas, *Außenhandelspolitik* (Anm. 14), 1939, S. 59. Diese Initiative Österreichs ist im Rahmen seiner Bestrebungen 1931 zu sehen, durch regionale Zusammenschlüsse die Krisenauswirkungen aufzufangen. Vorausgegangen waren bereits ähnliche Abmachungen mit Ungarn und Jugoslawien (ebd.). Zum weiteren Zusammenhang der außenpolitischen Kurskorrektur Österreichs ab 1929 mit dem Ziel einer verstärkten Distanzierung gegenüber Deutschland vgl. Jedlicka, Austria (Anm. 96), S. 84.

Mit dem aus Triest stammenden Staatsrat Iginio Brocchi hatte ein entschlossener Verfechter der neuen handelspolitischen Expansionstechniken die Verhandlungsführung in die Hand genommen; er beeinflußte ab 1930 maßgeblich die parallel zu den politischen Gesprächen verlaufenden Wirtschaftsverhandlungen mit Österreich (und Ungarn), zumeist von Genf aus, darüber hinaus schaltete er sich aktiv in die inneritalienischen Auseinandersetzungen um den neuen Außenwirtschaftskurs ein[138]. Die Verhandlungen fanden einen ersten Abschluß mit der Unterzeichnung des österreichisch-italienischen Abkommens im Mai 1931, das noch im selben Jahr in Kraft trat. Parallel dazu verliefen die Verhandlungen zwischen Österreich und Ungarn[139], die Rom sich bemühte, unter seine Oberaufsicht zu bekommen[140].

Stärker dann auf Betreiben Italiens entstanden die beiden Zusatzverträge mit Österreich von Februar/April 1932; ebenfalls im Februar 1932 hatten Italien und Ungarn ähnliche Vereinbarungen getroffen, die insgesamt zu einem Ausbau der ersten Brocchi-Verträge führten[141]. Analog zu den späteren Römischen Protokollen handelte es sich hierbei um zweiseitige Vereinbarungen; die inhaltlichen Absprachen aber waren ähnlich oder sogar gleichlautend[142].

Bezeichnend für ihre Zielsetzung war, daß die Dreiecksverträge[143] versteckte Vorzugsvereinbarungen enthielten, die den Grundsatz der Meistbegünstigung de

138 Zum Verhandlungsverlauf im Jahr 1930 und allgemein zum Brocchi-System vgl. v.a. den Bericht Brocchis an Grandi (29. 11. 1930), Nr. 277, und die Brocchi-Denkschrift vom 27. 10. 1930, Nr. 327, ferner die von G. Carocci bearbeiteten sehr aufschlußreichen Ergänzungen und Hinweise, *DDI*, (Anm. 89).

139 Das Grundmuster der zukünftigen Beziehungen und die entscheidenden Interessen kamen hierbei schon deutlich zum Tragen; so garantierte Italien die Abnahme der ungarischen Holz- und Industriekontigente gegenüber Österreich und der österreichischen Agrarkontingente (Weizen) gegenüber Ungarn in der Form, daß es bei Nichteinhaltung der Abnahme der vereinbarten Mengen die jeweilige Differenz zu übernehmen sich verpflichtete. Vgl. Haas *Außenhandelspolitik* (Anm. 14), S. 69.
Zum Problem der verstärkten österreichisch-ungarischen wirtschaftlichen Zusammenarbeit, die hier nicht weiter verfolgt wird, vgl. die diesbezüglich skeptischen Ausführungen von Alfred Sohn-Rethel, Ist eine österreichisch-ungarische Zollunion lebensfähig?, in: *Der deutsche Volkswirt*, 8. Jg., 2. 3. 1934, Nr. 22, S. 945–949. Zur Definition des Begriffs „Dreieckverträge" s. Anm. 143.

140 Vgl. die Instruktion Grandis für Auriti, Wien (28. 6. 1930), Nr. 121, *DDI* (Anm. 89).

141 Für die einzelnen Vertragstexte vgl. „Accordo sull'esportazione concluso fra l'Italia e l'Austria con annesso" (18. 2. 1932); „Accordo sull'esportazione concluso fra l'Italia e l'Ungheria, e annesso" (23. 2. 1932); „Accordo italoaustriaco (1) inteso a modificare l'accordo del 30 dicembre 1931 per regolare i pagamenti relativi agli scambi commerciali fra i due Paesi (2)" (23. 3. 1932); „Accordo italo-ungherese per regolare pagamenti relativi agli scambi commerciali (1)" (11. 7. 1932), alle in: R. Ministero degli affari esteri, *Trattati e convenzioni fra il regno d'Italia e gli altri stati*, Bd. 44, Rom 1936, S. 96–107, 118–125, 249–252, 476–480.

142 Zusammenfassende Überblicke: Joachim Kühl, *Föderationspläne im Donauraum und in Ostmitteleuropa, Untersuchungen zur Gegenwartskunde Südosteuropas*, Bd. 2, München 1958, passim; Riedl, Innereuropäische Handelspolitik (Anm. 117), S. 28f.; Haas, *Außenhandelspolitik* (Anm. 14), S. 59.

143 Der interdependente Zusammenhang zwischen den zweiseitigen Verträgen wird in der Form hergestellt, daß die Präferenzen, die ein Staat einem zweiten gewährt, durch die Begünstigungen ausgeglichen werden können, die er von dem dritten erhält, wofür dieser dann eine Entschädigung wieder in seiner Vereinbarung mit dem zweiten findet; daher der Begriff „Dreieckverträge" oder, allgemeiner, „Kollateralverträge".

facto umgingen[144]. Diese gegenseitige Vorzugsbehandlung, die in einem nicht veröffentlichten Teil geregelt wurde, erfolgte vor allem durch die Gewährung von Ausfuhrkrediten, Zins- und Tarifbegünstigungen[145]. Weiterhin wurden zur Abwicklung der Geschäfte gemeinsam besetzte Behörden errichtet, so zum Beispiel der gemeinsame ständige Tarifrat zur Regelung der Frachtenfrage und die „Österreichisch-italienische AG zur Erleichterung von Ausfuhrkrediten“, die der Umgehung des Meistbegünstigungsprinzips ebenfalls Vorschub leisteten[146].

Im folgenden wird der Versuch unternommen, die Römischen Protokolle (März 1934) in ihren Grundzügen zu kennzeichnen[147] und insbesondere die ihnen zugewiesene Aufgabe herauszuarbeiten, die darin bestand, den Kampf um die Eroberung von Vorzugsmärkten im Donauraum mit den Mitteln des Handelsvertrages fortzusetzen.

1. Als *Regionalpakt* zählten die Protokolle zu demjenigen Typus internationaler wirtschaftspolitischer Vereinbarungen, der verstärkt nach dem Scheitern der Londoner Weltwirtschaftskonferenz (1933) zum Tragen kam[148] und für den sich die Verfechter präferentieller Regelung nunmehr verstärkt und in aller Offenheit einsetzen konnten[149]. Damit erfolgte auch in diesem Teilabschnitt der Weltwirtschaft der Durchbruch zum offenen Kampf um Vorzugsmärkte, d.h. um präferentielle

144 Eines der erklärten Ziele von Brocchi war es in der Tat, einen geeigneten handelspolitischen Modus zu finden, um die Meistbegünstigungsklausel zu unterlaufen, ohne sie offiziell aufkündigen zu müssen. (Vgl. Bericht Brocchis an Grandi [Anm. 138].) Den italienischen Industriellen ging es aus Sorge vor Repressalien zuvörderst darum, diese Vereinbarungen streng geheim zu halten. (So Pirelli, vgl. De Bellis an Mosconi [23. 8. 1930], Nr. 228, *DDI* [Anm. 89], Anm. 1.)

145 Gegenüber dem üblichen Präferenzzollsystem unterschied sich das von Brocchi durchgeführte Kreditbegünstigungssystem dadurch, daß die Vorzugsbehandlung nicht von dem Zielland gewährt wurde, sondern von dem Lieferland selbst in Form von Exportprämien gewissermaßen, gegen die das Zielland absprachemäßig keinen Einspruch erhob. Auf diese Weise wollte man dieses Begünstigungssystem den Einwänden der meistbegünstigten Staaten entziehen. Vgl. dazu Hubert Beege, Neuregelung des österreichischen Handelsverkehrs mit Italien, in: *Der deutsche Volkswirt*, 12. Jg., 1. Okt.–31. Dez. 1937, S. 431–432. Das Brocchi-System wurde zum 1. Jan. 1938 aufgehoben.

146 Ausführlich dazu: Haas, *Außenhandelspolitik* (Anm. 14), S. 59 ff.; auch Riedl, Innereuropäische Handelspolitik (Anm. 117), S. 28 f.
An der „Italienisch-Ungarischen AG“ war Italien mit zwei Drittel des Kapitals beteiligt (64 Millionen Lire), während Ungarn nur 35,4 Mill. Lire beitrug. Zur „Italienisch-österreichischen AG“ steuerte Italien ebenfalls den größten Teil bei (57 %; 41 Mill. Lire), während auf Österreich 43 % (31 Mill. Lire) entfielen. Vgl. Di Nola, Italia e Austria (Anm. 9), S. 247 f.

147 Einen allgemeinen Überblick aus zeitgenössischer Perspektive gibt Hantos, *Neuordnung* (Anm. 26), passim.

148 So Hantos, ebd., bes. S. 9; dort auch weitere Angaben über den Abschluß von Regionalpakten mit besonderer Berücksichtigung des östlichen Teils Europas.

149 Ein Beispiel: Elemer Hantos (ebd., S. 9), der in seiner Eigenschaft als Politiker – in der Stellung eines Staatssekretärs und ungarischen Delegationsleiters auf Wirtschaftstagungen – und als Wissenschaftler eine regionale Organisationsform der mitteleuropäischen Staaten nach dem Muster der nordischen und baltischen Organisationsbemühungen befürwortete, wobei er sich aktiv für die offene Praktizierung von Präferenzen einsetzte. Vgl. auch Louise Sommer, Sechste Mitteleuropäische Wirtschaftstagung am 18. und 19. März 1931, in: *W. W. A.*, 95 Bd. (1932) I, S. 612–616, bes. S. 614 f.

Wirtschaftsräume mit ausschließenden Tendenzen Dritten gegenüber, was natürlich die Preisgabe des Prinzips der Meistbegünstigung bedeutete, nachdem diese Tendenzen insgesamt bereits seit 1930/1931 vorhanden waren, wenn auch noch kunstvoll verschleiert.

2. Der Form nach wurden die Protokolle zwar als multilateraler Handelsvertrag eingeordnet, „weil sie von mehr als zwei Staaten unterzeichnet worden sind"[150]. Sie stellten dennoch kein Kollektivabkommen dar, wie es der französische Donauplan („Tardieu-Plan", März 1932) beispielsweise vorsah[151]; vielmehr enthielten die zweiseitig abgeschlossenen Verträge die eigentlich entscheidenden präferentiellen Abmachungen, während die gemeinsamen Dreier-Erklärungen allgemeine Absichtserklärungen waren und den umspannenden Rahmen herstellten.

Im wesentlichen lassen sich Zielsetzungen und Vereinbarungen der drei Protokolle samt den bilateralen Zusatzabkommen unter vier Hauptpunkten zusammenfassend gliedern: 1. Erweiterung der bereits bestehenden bilateralen Handelsabkommen mit Hilfe von Kreditbegünstigungen; 2. Gewährung italienischer Präferenzzölle zugunsten österreichischer Fertigwaren; 3. Sicherung des Absatzes ungarischer Getreideüberschüsse zu rentablen Preisen (sogenannte Getreidevalorisation); 4. Abwicklung des Transitverkehrs über Triest und Fiume[152].

Zur genaueren Bestimmung dieses Systems bilateraler Vereinbarungen und ihres politischen und offensiven Charakters, der sich hinter der handelstechnischen Verkleidung versteckt, noch einige Präzisierungen, anknüpfend an der in der zeitgenössischen Fachliteratur anzutreffenden Unterscheidung zwischen „offensivem" und „defensivem" Bilateralismus. Eine solche Unterscheidung drängt sich deshalb auf, weil schon 1929, also noch vor Ausbruch der Weltwirtschaftskrise, nach einer Genfer Berechnung 71,7 % der Handelsumsätze von 22 Ländern auf der Basis bilateraler Abmachungen getätigt wurden und sich dieser Anteil dann bis 1935 nur noch geringfügig auf 74,2 % erhöht hat[153]. An dieser Stelle aber geht es darum, die für die dreißiger Jahre spezifisch *expansionistischen* Tendenzen des *Bilateralismus* herauszuarbeiten.

Lediglich als eine defensive Reaktion auf die Devisenbewirtschaftung wird der Bilateralismus dann beurteilt, wenn er „nichts weiter tut, als sich die bisher multilateral getätigten Einfuhren auf bilateralem Wege recht und schlecht zu beschaffen"[154].

Bilaterale Vereinbarungen gefährden allerdings in dem Maße die traditionelle internationale Arbeitsteilung, in dem sie „zum Prinzip erhoben werden"[155] (a); sie bilden dann eine offensive Waffe im Kampf um Märkte, wenn sie zu individuel-

150 So Schumann, *Die römischen Protokolle* (Anm. 16), S. 19.
151 Vgl. Hantos, *Neuordnung* (Anm. 26), S. 154 f.
152 Vgl. ebd., S. 157 ff.
153 Nach: Karl Schiller, Der internationale Wettstreit der handelspolitischen Methoden, in: *Zeitschrift für die gesamte Staatswissenschaft 99* (1939), S. 651–675, bes. S. 656; s. auch Andreas Predöhl, *Außenwirtschaft*, Göttingen, ²1971, S. 207 ff.
154 Ebd., S. 209.
155 Ebd., S. 208.

len Preisanpassungen führen (b); wenn Präferenzen gewährt werden (c); wenn zwischen den Handelspartnern enge Kreditbeziehungen zustandekommen (d); wenn gemischte Kommissionen eingerichtet werden, die den Austausch fast täglich steuern (e), und schließlich, wenn es zu zunehmender Umstellung der binnenländischen Produktion der Handelspartner in Ausrichtung ihrer Wirtschaftsstruktur auf die Anforderungen des bilateralen Austausches kommt[156].

Zur Erläuterung:

Zu a: So geschehen in Deutschland auf der Grundlage des „Neuen Plans" (Septemper 1934), der vorsah, grundsätzlich Einfuhr mit Ausfuhr zu bezahlen; so ebenfalls in Italien geschehen, wo das „Prinzip der Bilanzierung der Einfuhr mit der Ausfuhr" („scambi bilanciati"), das unter den diversen Wirtschaftsgruppen heftig umstritten war, seit 1931 gegenüber Österreich und Ungarn sowie anderen mittel- und osteuropäischen Staaten angewandt wurde.

Zu b: Das traf auf die ungarischen Weizenlieferungen nach Italien zu. Italien hatte sich ja verpflichtet, 1 Millionen dz ungarischen Getreides zu valorisiertem Preis anzukaufen und eine weitere Million preisgünstig auf dem Weltmarkt unterzubringen. Auch Österreich beteiligte sich an der Aktion zur Hebung der ungarischen Getreidepreise und verdoppelte gleichzeitig seine Bezüge aus Ungarn[157].

Zu c: Wie zum Beispiel im Fall der offenen Präferenzierung österreichischer Fertigwaren durch Italien. Den Importen aus Österreich wurden in der Tat für 116 Positionen des italienischen Zolltarifs offene Präferenzen eingeräumt, die bis auf 34 an Mengenkontingente gebunden waren, die in der Regel größer als die bis dahin exportierten Mengen ausfielen. Bei einigen Waren ging die Zollbevorzugung bis zu 50 % des italienischen Zollsatzes; sie lag im Durchschnitt bei 30 %[158].

Zu d: Die Anfänge dieser Form der offensiven Präferenzierung reichen auf die „Brocchi-Verträge" zurück. Zusammenfassend kann hierzu festgehalten werden, daß das praktizierte Kreditbegünstigungsprinzip den Charakter von Exportkredit-

156 Genauere Informationen hierzu sind spärlich. Daß es allerdings Abspracheverhandlungen zu diesem Thema gegeben hat, läßt folgender zeitgenössischer Bericht vermuten: „In Rom wird [...] darüber verhandelt, wie sich die [italienisch-österreichische Exportwirtschaft] zu einem System gegenseitiger Ergänzung ausbauen läßt, d. h. welche österreichischen Industrien für Italien mitarbeiten und welche italienischen den österreichischen Markt mit übernehmen sollen. Dazu kommen eine Anzahl von direkten Industrie-Verständigungen, zum Teil auch unter Einschluß Ungarns, für die Gebiete mit gegenseitiger Konkurrenz. Die Folgen werden eine ganze Reihe von Produktionserweiterungen, -einschränkungen, -spezialisierungen und -umstellungen sein, ..."; aus: *Der deutsche Volkswirt* v. 1. 5. 1934, „Neues Wiener Bankensystem und Rompakt", ungez.
Vgl. auch H. Beege, Strukturwandlungen im österreichischen Außenhandel, in: *Der deutsche Volkswirt* v. 28. 6. 1935, S. 1819, wo „lebenswichtige Verschiebungen vom Fertigwarenaustausch zum Rohstoffhandel" nachgewiesen werden.

157 Vgl. Hantos, *Neuordnung* (Anm. 26), S. 161; Schumann, *Die römischen Protokolle* (Anm. 16), S. 162.

158 Hantos, *Neuordnung*, S. 160; s. auch Schumann, *Die römischen Protokolle*, S. 21.

begünstigungen hatte, die sich wie gegenseitig abgestimmte und vom Vertragspartner zugelassene Exportsubventionen bzw. Ausfuhrprämien auswirkten[159].

Zu e: So sah Art. 4 des Protokolls II (abgeschlossen zwischen Österreich, Ungarn und Italien) vor: „Die drei Regierungen werden eine ständige Dreier-Kommission von Fachleuten einsetzen, die die Entwicklung des wechselseitigen Wirtschaftsverkehrs zu verfolgen und ... konkrete Vorschläge ... zu machen haben."[160]

Die Ausführungen machen insgesamt deutlich, daß mit Hilfe der rigorosen und offensiv gehandhabten Bilateralisierung der italienischen Austauschbeziehungen mit Österreich und Ungarn[161] mehr als nur traditionelle Handelsströme aufrechterhalten werden sollten; vielmehr sollte sie ein, wenn auch zum Teil mit erheblichen italienischen Zugeständnissen, konstruiertes Instrumentarium abgeben: 1. zur organisierten und selektiven Ausweitung der Austauschbeziehungen, 2. zu ihrer Planbarmachung und 3. zur tendenziellen Ausschließung oder zumindest Zurückdrängung Dritter.

3. Diese zuletzt genannte Stoßrichtung ergibt sich nicht allein aus der bilateralen Konstruktion der Vereinbarung sowie aus der Zusicherung einseitiger Präferenzen zugunsten österreichischer Fertigwaren und zum Schutz ungarischer Weizenpreise. Sie ergibt sich in erster Linie aus der Verknüpfung der gegenseitigen Präferenzierung mit dem Stand der Handelsbilanz, wie sie in dem italienischen Donaumemorandum (29. September 1933) gefordert wurde. Dem Memorandum zufolge sollte das Recht auf gegenseitige Präferenzierung allein auf diejenigen Staaten beschränkt bleiben, deren Handelsbilanz mit den betreffenden Staaten passiv war, mit dem Ziel, das Gleichgewicht der Handelsbilanzen der Donauländer wiederherzustellen.

So zumindest lautete vordergründig die offizielle Begründung. Was jedoch dieser Vorschlag politisch tatsächlich bedeutete, sprang zeitgenössischen Beobachtern nach einem Blick auf die Handelsbilanzverhältnisse sofort in die Augen. Denn tatsächlich ging es Italien darum, seine stärksten Konkurrenten, die Tschechoslowakei und v.a. Deutschland, wenn schon nicht zu verdrängen, so doch weitgehend zurückzudrängen:

„Es ist klar: würde wirklich streng nach dem italienischen Prinzip des bilateralen Bilanzausgleichs verfahren werden, so wäre in allen Donauländern die Einfuhr aus Italien relativ zu steigern, die aus der Tschechoslowakei aber relativ zu vermindern, die aus Deutschland in Österreich, Ungarn und Jugoslawien zu vermindern, in Rumänien zu steigern; das Umgekehrte gälte entsprechend für die Einfuhr aus den Donauländern." (A. Sohn-Rethel, 1933[162])

159 Hantos, *Neuordnung*, S. 158.
160 Zit. bei Schumann, *Die römischen Protokolle*, S. 15.
161 Sie läßt sich in dieser Konsequenz kaum bei anderen handelspolitischen Abmachungen Italiens zu jener Zeit nachweisen. Vgl. auch Francescon-Centa, *Außenhandelspolitik* (Anm. 25), S. 91.
162 Ders., „Italien im Donauraum", in: *Der deutsche Volkswirt* v. 13. 10. 1933, S. 58 f.

Zum Vergleich der folgende Überblick:

Tabelle 12: Italiens Handelsbilanz mit den Donauländern (in Mill. Lire)[163]

	1928	1929	1930	1931	1932
Ungarn	+ 24,7	– 72,2	–200,6	– 57,1	– 29,5
Rumänien	–178,7	– 37,5	–337,9	–215,7	– 96,2
Jugoslawien	–230,3	–370,2	–443,2	–241,0	–130,5
Österreich	–362,0	–405,9	– 23,4	+ 28,2	+ 10,1

Deutschlands Handelsbilanz mit den Donauländern (in Mill. Lire)

	1928	1929	1930	1931	1932
Ungarn	+ 82,1	+ 57,5	+ 36,2	+ 29,2	+ 11,0
Rumänien	– 5,0	– 46,9	– 99,4	– 9,9	– 10,2
Jugoslawien	+ 51,0	+ 91,7	+ 97,3	+ 55,0	+ 13,8
Österreich	+192,6	+239,5	+179,1	+161,4	+ 94,1

Tschechische Handelsbilanz mit den Donauländern (in Mill. Kc)

	1928	1929	1930	1931	1932
Ungarn	+ 619	+ 339	+ 75	+ 155	+ 81
Rumänien	+ 334	+ 296	+ 34	– 226	– 33
Jugoslawien	+ 498	+ 815	+1.082	+ 448	+ 15
Österreich	+1.682	+1.509	+1.228	+ 945	+ 578

Zwar gaben sich die Römischen Protokolle der Form nach alle Mühe, den Vereinbarungen die Spitze der Diskriminierung zu nehmen[164]; sie beriefen sich aber dann doch gleichzeitig auf die diskriminierenden Grundsätze, die im Donaumemorandum enthalten waren (Protokoll II, einleitender Passus), ohne allerdings das Prinzip des bilateralen Bilanzausgleichs explizit zu nennen[165].

Auf jeden Fall scheint fest zu stehen, daß von italienischer Seite zur Zeit des Vertragsabschlusses alles vermieden wurde, was einer Aufforderung an Deutsch-

163 Entnommen dem zitierten Aufsatz von Sohn-Rethel, S. 59.

164 Durch Feststellungen wie: „In der Überzeugung, daß die Zusammenarbeit in diesem Sinne zwischen den drei Regierungen die realen Vorbedingungen einer breiteren Kooperation mit anderen Staaten zu schaffen vermag, ..." (Protokoll I, 2. einleitender Satz). Oder auch indem hervorgehoben wird: „daß dem Warenaustausch zur Überwindung ungesunder Autarkiebestrebungen ein neuer Antrieb gegeben werde ..." (Protokoll II, einleitender Passus).

165 Daß die Mehrdeutigkeiten in dem politischen Teil der Protokolle auch auf die unterschiedlichen politischen Intentionen, die die drei Staaten mit dem Vertragsabschluß verbanden, zurückzuführen sind, soll in diesem Zusammenhang angesichts der vorhandenen Arbeiten jüngeren Datums zu dieser Frage nur angedeutet werden; vgl. dazu den Überblick bei Petersen, *Hitler–Mussolini* (Anm. 106), hier bes. Kap. VIII; zur ungarischen Position vgl. G. Ranki, Il patto tripartito di Roma e la politica estera della Germania (1934), in: *Studi Storici*, III. Jg., Nr. 2, 1962, S. 343–375.

land, dem Dreieck beizutreten, gleichgekommen wäre[166], so wie es der ungarische Vertreter, Gömbös, immer wieder forderte[167]; auf deutscher Seite behielten eindeutig jene Kräfte die Oberhand, die es strikt ablehnten, dem Rom-Pakt beizutreten, weil sie ihn „nach der ganzen Art seines Zustandekommens und nach seinen politischen Motiven" als gegen Deutschland gerichtet sahen[168].

III Zur deutsch-italienischen Interessenaufteilung im Donauraum. Sondierungsgespräche Rom/Berlin, 1932–34

Im folgenden wird die italienische politische Strategie bei den deutsch-italienischen Sondierungen, die mit dem Ziel betrieben wurden, zu einer Aufteilung der Interessen im Donauraum zu gelangen, im Mittelpunkt der Darstellung stehen.

Sieht man sich die Gespräche, die zwischen 1931/32 und Sommer 1934 stattfanden, etwas genauer an, so verraten sie sehr deutlich Roms Desinteresse und seine Ablehnung, mit Deutschland zu einer Interessenaufteilung im Donau- und Balkanraum zu kommen – trotz der dazu parallel verlaufenden Bemühungen Roms um eine verstärkte Zusammenarbeit mit Berlin auf internationaler Ebene. Der mit Erfolg durchgehaltene Widerstand Roms Anfang der dreißiger Jahre ist im Ganzen von einigem Interesse im Hinblick auf die zukünftige Entwicklung der Beziehungen zwischen den beiden Staaten („Achsenbildung"). Im Zuge der stärkeren deutsch-italienischen Annäherung sollte in der Tat eine zweite Serie von Gesprächen zur „deutsch-italienischen industriellen Zusammenarbeit" stattfinden, diesmal direkt zwischen der Reichsgruppe Industrie und der Confindustria, die – ausgehend von gegenseitigen Besuchen im Herbst 1936 – dann zu 13 Arbeitstagungen in der Zeit von Juli 1937 bis Mai 1943 führten. Das erklärte Ziel dieser neuen Gesprächsrunde unter völlig veränderten politischen Vorzeichen war es,

(a) „einen etwaigen, ungesunden Wettbewerb der deutschen und der italienischen Industrie auf dem deutschen und dem italienischen Markt nach Möglichkeit auszuschalten";
(b) „... dahin [zu] wirken, daß auch auf den Märkten dritter Länder eine entsprechende Zusammenarbeit der deutschen und der italienischen Industrie stattfindet";
(c) die industrielle Zusammenarbeit in den italienischen Kolonien zu fördern.

Für den hier behandelten Zusammenhang ist aufschlußreich, daß gerade in den ersten Gesprächsrunden (1937/38) die Märkte Österreichs und Ungarns (neben

166 Vgl. Ranki, Il patto (Anm. 165), S. 365, 368/369.
167 Ebd., S. 365. Pompeo Aloisi Baron, *Journal (25 juillet 1932–14 juin 1936)*, eingeleitet u. kommentiert v. Mario Toscano, Paris 1957. Die Eintragung ist vom 14. 3. 1934.
168 So Bülow an Mackensen (am 26. 3. 1934), zit. nach Petersen, *Hitler–Mussolini* (Anm. 106), S. 326.
Papen schien hingegen zu den Kräften zu gehören, die einen Beitritt begrüßt hätten (ebd.); zur Abwehrpolitik Roms gegenüber den französischen Bemühungen um Mitsprache vgl. die Ausführungen De Felices zur römischen Frankreichpolitik, *Mussolini il duce* (Anm. 3), bes. S. 506 ff., 525 ff.; *DDF* (Anm. 108), Nr. 134, 154, 180, 243.

dem Jugoslawiens) im Vordergrund der Absprachen standen. Und dieses zweite Mal konnte sich Deutschland mit seinen Forderungen durchsetzen[169].

Zuerst zur Frage, wie die Gespräche 1932–34 überhaupt zustande kamen und was besprochen wurde[170]. Angesichts der Zäsuren, die die Regierungsumbildungen in Rom und in Berlin jeweils für die italienische Donauraumpolitik (Juli 1932) wie für das deutsch-italienische Verhältnis insgesamt (Januar 1933) bedeuteten, sollen dementsprechend drei Zeitabschnitte unterschieden werden.

1. Nach den auf deutscher Seite vermehrten Überlegungen, Sondierungen und Verhandlungen – zwischen Dezember 1931 und April 1932[171] – zu urteilen, waren es die zuständigen Stellen in Berlin, die, aufgeschreckt durch im Januar 1932 sich häufende Informationen über Zollunionspläne zwischen Ungarn, Österreich und Italien[172], eine „enge Fühlungnahme Deutschlands mit Italien in der Südosteuropaländer-Frage"[173] im Interesse der Absatzmöglichkeiten der deutschen Exportindustrie in die Wege leiteten[174]. Intensität und Art des deutschen Interesses wird in der diplomatischen Korrespondenz so umschrieben:

„Kombinationen, die Deutschland nicht von Anfang an mit einbeziehen, müssen wir als unsere lebenswichtigen Exportinteressen nach dem Südosten schädigend ablehnen. Im Falle unserer

169 Die Gesprächsprotokolle sind n.m.K. unveröffentlicht; ich beabsichtige sie zu einem späteren Zeitpunkt auszuwerten. Zu der von 1933 bis 1940 andauernden und in der Forschung „viel zu wenig beachteten Kraftprobe zwischen den beiden ersten faschistischen Mächten" vgl. auch Jerzy W. Borejsza, Die Rivalität zwischen Faschismus und Nationalsozialismus in Ostmitteleuropa, in: *Vierteljahrshefte für Zeitgeschichte*, 29. Jg., 1981/4, S. 577–614.

170 Dokumenten- und vergleichbares Quellenmaterial italienischer Provenienz liegt nicht in ausreichendem Maße vor; ich stütze mich daher in erster Linie auf deutsche und französische Aktenpublikationen und unveröffentlichtes Archivmaterial (*Handakten Ritter*).

171 Für diese Phase beziehe ich mich auf die *Handakten Ritter, Politisches Archiv*, Auswärtiges Amt, Ha.-Pol. Ritter Akten 6/4, betr. Donauföderation. Sie wurden mir freundlicherweise von Dörte Doering für die Zwecke dieser Arbeit zur Durchsicht überlassen. (Wenn nicht anders vermerkt, beziehen sich die folgenden Angaben auf die Handakten Ritter.)

172 Schoen, Budapest, an Bülow (23. 1. 1932); Rieth, Wien, an AA (25. 1. 1932); Aufzeichnung von Heeren „Über Stand der auf wirtschaftliche Zusammenschlüsse in Mittel- und Südosteuropa gerichteten Bestrebungen" (4. 2. 1932).

173 So Bülow an Rom (4. 3. 1932); ähnlich auch Posse an Ritter (4. 3. 1932).

174 Aus gleichem Anlaß hatte Berlin bereits zu einem früheren Zeitpunkt zur Initiative gegriffen und Rom einen Vorschlag für die „Zusammenarbeit mit den Donaustaaten zur Regelung des Austauschs von Weizen und Industrieprodukten" unterbreitet. Das vom deutschen Botschafter Schubert (15. 11. 1930) in Rom vorgelegte Memorandum sah insbesondere vor, das in Arbeit befindliche Abkommen Italien-Ungarn zur Grundlage der zukünftigen Vereinbarungen mit Österreich und Jugoslawien zu machen: Damit hatte die deutsche Anfrage den „eigentlichen Kern des Unternehmens getroffen" – wie Guariglia bemerkte, der daraufhin den italienischen Botschafter in Berlin zu „größter Besonnenheit" mahnte. Vgl. Guariglia an Orsini (3. 12. 1930), *DDI* (Anm. 89), Nr. 433; vgl. auch Guariglia, *Ricordi* (Anm. 107), S. 131 ff.
Anknüpfend an den Rom-Besuch von Curtius im Sommer 1931, sollen informelle Kontakte zwischen deutschen und italienischen Wirtschaftsexperten (Ritter, Ciancarelli, Guido Jung) gefolgt sein, über die mir nichts Näheres bekannt ist. Vgl. zu diesem Hinweis Poulain, *Außenpolitik* (Anm. 106), S. 43.

Einbeziehung sind wir aber zu Verhandlungen auch über einen wirtschaftlichen Zusammenschluß dieser Art grundsätzlich bereit ..."[175]

Den Anlaß, mit Rom ins Gespräch zu kommen, bot die bevorstehende Londoner Konferenz, wo der französische „Tardieu-Plan" zur Donaufrage auf der Tagesordnung stand. Da eine Stärkung der französischen Position im Donauraum, durch welche „Lösung" auch immer, weder im Interesse Roms noch in dem Berlins lag, ließ sich die von Bülow angestrebte „gemeinsame Linie mit Italien"[176] vor und während der Konferenz in London leicht herstellen. Parallel hierzu versuchte die deutsche Seite, dieses zunächst taktisch bedingte Zusammengehen mit Italien in eine weitergespannte Strategie der Interessenaufteilung im Donauraum auszuweiten[177].

In einer Unterredung am 17. März 1932[178] schlug daher der deutsche Botschafter in Rom, Schubert, dem italienischen Außenminister Grandi eine „offene Aussprache über das wirtschaftliche Donauproblem" vor, worauf Grandi „ohne sonderlichen Enthusiasmus" reagierte; ähnlich reagierte er auch, als Schubert ausführte, daß Berlin grundsätzlich gegen eine italienisch-österreichisch-ungarische Zollunion sei[179], daß aber „die Situation ... vielleicht etwas anders aussehen [würde], wenn Deutschland seinerseits in diese Zollunion einbezogen würde". Als der Botschafter abschließend noch einmal eine „offene Aussprache über die technischen Einzelheiten des ganzen Problems" für sehr ersprießlich hielt, stimmte Grandi ihm dieses Mal zu.

Die Besprechung fand dann am 2. April 1932 statt. Auf deutscher Seite waren E. E. Posse und E. Wiehl anwesend, auf italienischer F. B. Ciancarelli, Leiter der Wirtschaftsabteilung im Außenministerium, und E. Anzilotti, Generaldirektor im Korporationsministerium und italienischer Sachverständiger für Wirtschafts- und Handelsfragen im Völkerbund[180]. Im Verlauf der Verhandlungen zeigte sich die deutsche Seite nach wie vor als die interessiertere. Denn während Ciancarelli „keine materiellen Lösungsvorschläge" anzubieten hatte, schlug Posse vor, „der Möglichkeit einer deutsch-italienischen Zollunion, wenn möglich unter Einbeziehung von Österreich und Ungarn und vielleicht auch anderer Donaustaaten näher zu treten". Dieser Vorschlag läßt aufhorchen: Zollunionspläne waren zwar schon vor-

175 So Bülow an Ritter am 3. 2. 1932 in einer Stellungnahme zu den Zollunionsplänen zwischen Österreich, Ungarn und Italien; ähnlich auch Heeren in der zitierten Aufzeichnung (Anm. 172).

176 So Bülow in einem besonderen Zusatz an Rom im Rahmen allgemeiner Anweisungen an Paris, London (22. 3. 1932); ähnlich schon Bülow an die deutsche Botschaft in Rom (4. 3. 1932).

177 Dahinter stand die Einschätzung, daß die Bestrebungen, Mittel- und Südosteuropa in Wirtschaftssphären aufzuteilen, seit Anfang des Jahres insgesamt „starken Auftrieb" erhalten hatten; vgl. die Aufzeichnung von Heeren (Anm. 172).

178 Schubert an Staatssekretär im AA.

179 Im Wortlaut: „... keinen Zweifel ..., daß wir eine italienisch-österreichisch-ungarische Zollunion, die die Gefahr einer Abriegelung Deutschlands von dem dadurch entstehenden Wirtschaftsraum mit sich bringe, keinesfalls mitmachen könnten".

180 Vgl. D'Amoja, *Declino* (Anm. 107), S. 57; die Aufzeichnung der Besprechung machte Wiehl in Rom (2. 4. 1932).

her ganz allgemein im Gespräch gewesen, es war aber das erste Mal, daß ein solcher Vorschlag direkt unterbreitet wurde.

Auf diesen Versuchsballon, der vermutlich die generelle Bereitwilligkeit Roms zu Wirtschaftsabsprachen mit Berlin testen sollte, reagierten die italienischen Vertreter zurückhaltend in der Form und ablehnend in der Sache. Ebenso negativ verhielten sie sich gegenüber der anschließenden deutschen Frage, „wie sich die italienische Regierung zu einem etwaigen Brocchi-Vertrag zwischen Deutschland und Italien stellen würde..."

Zur Begründung des italienischen Widerstandes gegen direkte wirtschaftliche Absprachen mit Deutschland wie dessen Einbeziehung in Kombinationen mit Österreich und Ungarn läßt sich den Dokumenten folgendes entnehmen: Sowohl Grandi[181] als auch die den Verhandlungen beiwohnenden Vertreter wirtschaftlicher Interessen machten sich zu Sprechern der norditalienischen Industrie und drückten ihre Sorge vor der deutschen Konkurrenz aus. Welche Industrieinteressen präzise mit der pauschalen Formulierung „norditalienische Industrie" gemeint waren, läßt sich den Ausführungen von Ciancarelli und Anzilotti entnehmen. Gemeint waren hauptsächlich die „für die Rüstung des Landes wichtigen Industrien, ein Begriff, der weit über die eigentliche Waffenindustrie hinausgehe und heutigen Tages ständigen Schwankungen unterworfen sei"; und besonders stark seien hier – so wurde ergänzt – die Befürchtungen in der Eisen- und in der chemischen Industrie[182].

Ohne an dieser Stelle auf den in der Sache angesprochenen „militärisch-industriellen Komplex" näher einzugehen, soll noch ein weiterer Aspekt festgehalten werden, der für die Bestimmung der die italienische Donaupolitik tragenden Interessenkoalition und ihrer Gegner aufschlußreich ist. So wurde von Grandi mehrfach betont, daß die „norditalienische Industrie" die in einer potentiellen Zollunion ebenfalls wirksamer werdende Konkurrenz der österreichischen Industrie befürchtete[183] und daß das „zuständige italienische Ressortministerium ... [den] Ausbau des Brocchi-Systems nur sehr ungern mit [mache], da es von seinem Standpunkt aus sich scheue, die damit verbundenen Opfer zu bringen"[184].

Offen bleibt vorerst, ob Grandi die Widerstände bestimmter Industriegruppen vorschob, um seine eigene Ablehnung gegenüber der offensiver werdenden Donauraumpolitik seines Ministeriums abzustützen, oder ob er jene Widerstände benutzte, um ein Höchstmaß an Konzessionen für eben diese Gruppen auszuhandeln; dagegen scheint fest zu stehen, daß er die Interessen dieser Gruppierung gegen zu

181 Vgl. Schoen, Budapest, an Bülow (23. 1. 1932); auch Bülow, Genf (24. 4. 1932).
182 Vgl. den zitierten Bericht von Wiehl (2. 4. 1942).
183 „Daher würde es notwendig sein, der italienischen Industrie durch Hinzunahme eines weiteren Marktes einen Ausgleich zu bieten. Er dächte dabei an Jugoslawien ..." –, so Grandi gegenüber Bethlen nach einem Bericht von Schoen [Budapest] an Bülow (23. 1. 1932). Aufschlußreich ist in diesem Zusammenhang auch die Bemerkung von Bethlen, die von Grandi unwidersprochen blieb, nämlich, „daß die Pläne der Außenminister [in Rom] oft am Widerstand ihrer Kollegen von Handel und Wirtschaft scheiterten [...]" (ebd.).
184 So Grandi gegenüber Schubert, Rom, zit. in dessen Bericht an AA (17. 3. 1932).

enge Wirtschaftsvereinbarungen sowohl mit Deutschland als auch mit Österreich artikulierte.

An diesem Punkt ist ein kurzer Überblick über den Stand der inneritalienischen Auseinandersetzung angebracht. Bereits vor der akuten Phase der deutsch-italienischen Sondierungen war es in Rom zu klärenden Gesprächen zwischen den an der Brocchi-Politik negativ wie positiv interessierten Kräften gekommen. Einblick grundsätzlicher Art in die Kräfteverteilung und die jeweilige Argumentationslinie bietet die Aufzeichnung einer vom Korporationsminister Bottai einberufenen Versammlungsrunde am 4. Dezember 1930, an der – neben Brocchi, Ciancarelli, Anzilotti und Masi – Olivetti als Vertreter der Confindustria und Tassinari von der Landwirtschaft teilnahmen[185]. Hier beanspruchte die zunächst gar nicht von der Tagesordnung vorgesehene Frage nach der italienischen Reaktion auf deutsche Mitspracheforderungen breite Aufmerksamkeit.

Olivetti und Tassinari formulierten ihre gegensätzlichen Standpunkte sehr klar. Für den Sprecher der Confindustria war es zwar keine Frage, daß man über eventuelle Angebote Deutschlands nicht einfach hinweggehen könne angesichts des durchaus politischen Charakters, den die Vereinbarungen mit den Donaustaaten trügen: denn „die Zusammenarbeit zwischen italienischer und deutscher Regierung könnte von größerer Wirkung sein als die Bemühungen der italienischen Regierung allein". Doch dürfe dabei natürlich „ökonomisch gesehen nicht vergessen werden, daß Deutschland ein überragender Industriestaat ist, dessen Konkurrenz die italienische Industrie in Schrecken versetzt; deshalb wäre es wahrscheinlich vorzuziehen, wenn man der deutschen Konkurrenz aus dem Wege gehen könnte in denjenigen Staaten, in denen Italien seine eigene Ausfuhr zu steigern beabsichtigt." Demgegenüber begrüßte Tassinari es als Vorteil, wenn Italien analog zu den Abkommen mit Österreich, Ungarn und Jugoslawien ebenfalls mit Deutschland Absprachen treffen würde: „Für unsere Landwirtschaft wäre es von Vorteil, wenn sie in den Genuß gezielter Exporterleichterungen auf dem deutschen Markt käme."

Die Vertreter der, pauschal formuliert, staatlichen Instanzen betonten demgegenüber, daß ein direktes Abkommen mit Deutschland keinesfalls in Aussicht stünde (Ciancarelli); ansonsten hielt man eine „Entscheidung hinsichtlich Deutschland" für verfrüht (Bottai); man wollte vielmehr, eingedenk der ökonomischen Sachlage, die Verträge mit den Donaustaaten schleunigst unter Dach und Fach bringen und gleichzeitig gegenüber Deutschland auf Zeitgewinn arbeiten[186].

2. Für den weiteren Verlauf der deutsch-italienischen Sondierungen bis zur nationalsozialistischen Machtergreifung sind folgende Schwerpunkte kennzeichnend: Seit Sommer/Herbst 1932 registrierte man in den interessierten politischen Kreisen Europas die deutlich aktivere, aggressiver und „autonomer" werdende Donaupolitik Italiens. Auf die personellen und organisatorischen Veränderungen in den Regierungsapparaten in Rom (Juli 1932) wird an anderer Stelle eingegangen wer-

185 *DDI* (Anm. 89), Nr. 438.
186 Zu diesem Ergebnis gelangt eine für Grandi angefertigte Aufzeichnung vom November oder Dezember 1930, vgl. Nr. 438, Anm. 2, in: *DDI* (Anm. 89).

den. Für den hier im Vordergrund stehenden Zusammenhang ist hervorzuheben, daß Vertreter der traditionellen und neuen italienischen Exportinteressen in die Spitzenpositionen des außenpolitischen Apparates vorgedrungen waren[187]. Neben diesen Veränderungen in Italien waren in dieser Zeit auch innenpolitische Veränderungen in Österreich (Regierung Dollfuß, Mai 1932) und in Ungarn (Gömbös gelangte am 25. Oktober 1932 an die Macht)[188] zum Tragen gekommen, die den schon in den zwanziger Jahren vorhandenen politisch-ideologischen Expansionsbestrebungen des italienischen Faschismus erneut und verstärkt Auftrieb gaben. Schließlich war mit der Ernennung von Hassells zum neuen deutschen Botschafter in Berlin (akkreditiert Anfang November 1932) ein aktiver Vertreter deutscher expansionistischer Politik in Mittel- und Südosteuropa in eine wichtige Position gerückt, der in seinem anfangs zum Teil eigenwilligen Vorgehen oftmals quer zum Berliner Auswärtigen Amt lag, dessen Konzeption sich aber langfristig als tragfähig erweisen sollte[189]. Vor diesem Hintergrund ist der weitere Verlauf der deutsch-italienischen Gespräche zu sehen. Hassell benutzte das Klima der allgemeinen Unruhe, die durch die Beschleunigung der italienischen Expansionspolitik im Donauraum entstanden war, um in einer seiner ersten Unterredungen mit Mussolini das Thema einer deutsch-italienischen Kooperation in Südosteuropa wieder zur Sprache zu bringen (9. Dezember 1932)[190].

Auch in dieser zweiten Phase der Sondierungen scheint die deutsche Seite die interessiertere gewesen zu sein[191], während die italienische Seite – trotz ihres im

187 Ein Beispiel: So machte sich Suvich zum Sprecher der italienischen Textil- und Autointeressen im Donauraum in einer Unterredung mit dem französischen Außenminister, Paul-Boncour; vgl. „Notes de la Délégation française à la Conférence du désarmement. Conversations franco-italiennes", Genf (25. 9. 1933), *DDF* (Anm. 105), Nr. 243, S. 414.

188 Vgl. den Überblick über die ungarische Außenpolitik nach der Regierungsübernahme durch Gömbös, der die Annäherung Budapest–Rom nicht zuletzt als Ergebnis des Faschisierungsprozesses in Ungarn aufmerksam registrierte; *DDF* (Anm. 105), Bd. I, Paris 1964, Nr. 276 (25. 10. 1932).

189 Aus seiner Gesandtenzeit in Belgrad (1930) datierte seine Überzeugung von der „politischen und wirtschaftlichen Bedeutung Südosteuropas" für Deutschland, und er sah den außenpolitischen Ansatzpunkt für deutsche Expansionspolitik in einer „aktiven deutschen Politik im Südosten auf der Grundlage einer engen Fühlung mit Italien und Ungarn"; zum „Zermürben der Vormachtstellung Frankreichs in Europa" brauche Deutschland Italiens Mitwirkung; von daher sein Ziel, eine gemeinsame Frontstellung mit Italien gegen Frankreich herzustellen, um auf dieser Basis eine deutsch-italienische „Kooperation" herzustellen, die es Deutschland aufgrund des realen Machtgefälles langfristig erlauben sollte, sich seine Hegemonialstellung in Mittel- und Südosteuropa aufzubauen; vgl. ausführlich Petersen, *Hitler–Mussolini* (Anm. 106), S. 74 ff. und die dort angegebene Literatur; vgl. auch Schröder, Deutsche Südosteuropapolitik (Anm. 96), S. 12 f.

190 Zit. nach Petersen, *Hitler–Mussolini* (Anm. 106), S. 88.

191 Bereits während seines ersten Gesprächs mit Mussolini (15 November 1932) plädierte Hassell – angeblich ohne besondere Richtlinien aus Berlin erhalten zu haben – für eine deutsch-italienische Zusammenarbeit, der Mussolini in dieser allgemeinen Form zustimmte; vgl. Poulain, Außenpolitik (Anm. 106), S. 45/46; für die Unterredung am 9. 12. 1932 vgl. ebd.; s. auch D'Amoja, *Declino* (Anm. 107), S. 198 ff.; *Akten zur Deutschen Auswärtigen Politik 1918–1945.* Serie C: *1933–1937,* Bd. I, 1 (30. 1.–15. 5. 1933), Göttingen 1971, (fortan: *AzDAP*), S. 28, Anm. 1 u. 2; Aloisi, *Journal* (Anm. 167); Petersen, *Hitler–Mussolini* (Anm. 106), S. 86 ff.

folgenden noch darzustellenden Angebots von Aufteilungsplänen – de facto ablehnend blieb; das äußerte sich allein schon in der Praxis Roms, das Problem wieder einer Sachverständigen-Kommission überweisen zu wollen, deren Zusammentreten dann aber ständig hinauszuzögern[192].

Auf deutscher Seite lassen sich vorerst folgende Positionen unterscheiden: Im Vergleich zu dem aktiven und interessierten Verhalten Hassells, mit Italien zu einem „gemeinsamen Operationsplan" für das Donaubecken zu kommen[193], hoben sich die Reaktionen aus dem AA (besonders Neurath und Bülow) kühl bis ablehnend ab[194]. Interessant ist in diesem Zusammenhang das zeitliche Zusammenfallen von dem Vorstoß des „Mitteleuropäischen Wirtschaftstags e.V." (MWT), der Mussolini im Oktober 1932 ein inoffizielles Memorandum überreicht haben soll, das „Südosteuropa-Memorandum", und der Ernennung von Hassells sowie dessen sofort einsetzenden Bemühungen, das Thema Südosteuropa zum Mittelpunkt der Verhandlungen mit Rom zu machen[195]. Was aus dem MWT-Memorandum in Rom geworden ist, läßt sich weder den gesichteten Dokumenten noch den Ausführungen Sohn-Rethels entnehmen. Dort heißt es nur, daß Mussolini sich bereit erklärte, das Memorandum als Verhandlungsgrundlage zu akzeptieren. Aufgrund des kurzen zeitlichen Abstandes zwischen MWT-Memorandum und Mussolini-Vorschlag (9. Dezember 1932) kann vermutet werden, daß letzterer tatsächlich die italienische Antwort auf den MWT-Vorschlag beinhaltete[196]. Der Vorschlag ist aber auch in-

192 Vgl. D'Amoja, *Declino* (Anm. 107), s. 198.

193 So Hassell an AA (11. 1. 1933), zit. nach Petersen, *Hitler-Mussolini* (Anm. 106), S. 90.

194 Hassell schrieb 1935 rückblickend, daß Berlin auf seine Berichte über die Möglichkeiten einer deutsch-italienischen Verständigung in Südosteuropa innerhalb von acht Monaten nicht öfter als zweimal schriftlich reagiert habe, „obwohl er seine Anregungen durch 16 Berichte, Telegramme über erneute Rücksprachen mit Mussolini und Privatbriefe weiter betrieben" habe; vgl. *AzDAP* (Anm. 191), Anm. 2 zu Dok. Nr. 64 (8. 3. 1933), S. 127.

195 Vgl. hierzu Alfred Sohn-Rethel, *Ökonomie und Klassenstruktur des deutschen Faschismus. Aufzeichnungen und Analysen*, hrsg. u. eingel. v. J. Agnoli/B. Blanke/N. Kadritzke, Frankfurt a. M. 1973, S. 74 ff. Dort auch ausführlich zu dem 1931 gegründeten Interessenverband des MWT, der sich die Wiederbelebung der alten deutschen Mitteleuropapolitik zur Aufgabe gesetzt hatte (ebd. S. 31 ff.).
Wann genau und durch wen das Memorandum Mussolini überreicht worden ist, geht aus den Ausführungen nicht hervor; es soll „von der MWT-Gruppe im Verein mit der Reichswehr und dem Auswärtigen Amt verfaßt" (S. 74) worden sein. Hier wäre zu klären, wer genau im AA Pläne dieser Art favorisiert und möglicherweise die Ernennung Hassells betrieben hat. Ebenfalls ungeklärt bleiben die Beziehungen zwischen Hassell und dem MWT zu jener Zeit. Die Vermutung, daß es solche gegeben hat, liegt nahe angesichts der Tatsache, daß Hassell nach seiner Botschaftertätigkeit in Rom (1932–38) Vorstandsmitglied des MWT war und er in dieser Eigenschaft direkte Verhandlungen mit italienischen Industrievertretern unterhalb der Behördenebene führte. Vgl. hierzu *Anatomie der Aggression. Neue Dokumente zu den Kriegszielen des faschistischen deutschen Imperialismus im zweiten Weltkrieg*, hrsg. und eingel. von Gerhart Hass und Wolfgang Schumann, Berlin 1972, S. 17 f. u. Dok. Nr. 8; aufschlußreich auch die Denkschrift von Hassell aus dem Jahr 1941 zu der Rolle Südosteuropas im geplanten deutschen „Großwirtschaftsraum" und die Rolle Italiens darin (Dok. Nr. 30).

196 So sagte Mussolini in dem Gespräch mit Hassell: Das Richtige würde sein, wenn Deutschland und Italien das „ganze Feld in Zonen aufteilten, aber nicht in geographische, sondern in Arbeitsgebiete" (zit. nach Poulain, *Außenpolitik* [Anm. 106], S. 46/47).

sofern interessant, als er die spezifischen italienischen Interessen in der Donauraumpolitik klarer als bislang zum Ausdruck brachte.

Die beiden Vorschläge sollen in ihren Umrissen kurz skizziert werden: Dem deutschen Memorandum zufolge sollte die deutsch-italienische Interessenaufteilung nach geographischen Gesichtspunkten durchgeführt werden, wobei es nicht überrascht, daß die interessantesten Märkte Deutschland zugeschlagen wurden. So sollte der „Balkanblock" einen ersten Länderkomplex bilden, der als Reservat Italiens gedacht war und der Serbien, Altrumänien, Bulgarien, Albanien, möglicherweise Griechenland umfaßte; ein zweiter Komplex sollte aus einer deutsch-österreichischen Zollunion bestehen, und Italien sollte sich an dieser wie an der Tschechoslowakei und an Polen desinteressiert zeigen; schließlich hatte man zwischen diesen beiden jeweils reservierten Interessensphären ein deutsch-italienisches Kondominium geplant, bestehend aus Ungarn und den – nach der Zerschlagung Jugoslawiens (!) – neu zu schaffenden Staaten Kroatien-Slowenien und Transsylvanien.

Der Gegenvorschlag Mussolinis sah dagegen eine Aufteilung der Interessensphären nach Branchen vor: So wollte Italien sich bereit erklären, der deutschen chemischen Industrie und der Schwerindustrie eine Vorzugsstellung einzuräumen; als Ausgleich forderte es Vorrechte für die italienische Textil-Maschinenbau- und Metallindustrie.

Zweierlei fällt auf. Einmal macht ein erster Vergleich der beiden Vorschläge die grundsätzliche Konkurrenzsituation deutlich. Denn in beiden Vorschlägen kommt das Interesse jeweils an dem gleichen Markttypus, den am meisten entwickelten Märkten in Mittel- und Südosteuropa zum Ausdruck – mit anderen Worten: Der MWT wollte sich mit seinem Vorschlag genau diejenigen Märkte sichern, derentwegen die italienischen Kapitalgruppen die Donauexpansion überhaupt betrieben. Ungeachtet also der tatsächlich vorhandenen Unterschiede im Entwicklungsstand der deutschen und italienischen Wirtschaftsstruktur in der Zwischenkriegszeit, verliefen die deutschen und italienischen expansionistischen Interessenlinien im Donauraum grundsätzlich nicht komplementär zueinander (bis auf wenige Ausnahmen), sondern überschnitten sich teilweise bzw. schlossen sich überwiegend gegenseitig aus.

Im Vergleich zur ersten Phase der deutsch-italienischen Sondierungsgespräche ist zweitens noch aufschlußreich, daß seit der Ablösung von Grandi die Obstruktionspolitik der die Donaupolitik ablehnenden italienischen Wirtschaftsgruppen in den inneritalienischen Gesprächen zum Erliegen gekommen war und statt dessen die unmittelbar interessierten Branchen – hauptsächlich die traditionelle und moderne Verarbeitungsindustrie – im Mittelpunkt der Verhandlungen stand. Hierin kann ebenfalls eine Bestätigung dafür gesehen werden, wie weitgehend sich inzwischen die die Donauraumexpansion betreibende Interessenkoalition durchgesetzt hatte.

Die Reaktion des Auswärtigen Amtes auf den italienischen Vorschlag vom 9. Dezember 1932[197] war ablehnend und blieb es auch in der Folgezeit. So verwies Neurath in seiner Antwort an Hassell (5. Januar 1933) auf die großen Schwierigkeiten, die einer solchen Aufteilung entgegenstünden, und Bülow wies den insistierenden Hassell schließlich an (24. Januar 1933), vor erneuten Gesprächen in Rom weitere Instruktionen abzuwarten. Aus einem Gespräch etwa zur gleichen Zeit zwischen Mussolini und Cerruti, dem italienischen Botschafter in Berlin, geht hervor, daß Mussolini seinerseits auf einer Absprache auf der Grundlage von Warengruppen bestand[198] und an diesem Aufteilungskriterium auch festhalten wollte.

3. Kurz nach der nationalsozialistischen Machtergreifung erhielt Hassell eine ausführliche Stellungnahme von Neurath (7. Februar 1933)[199], in der die Interessengegensätze zwischen den beiden Expansionspolitiken deutlicher als zuvor zum Ausdruck kamen. Da wird einmal betont, daß die „Versuche einer engeren Zusammenarbeit zwischen deutschen und italienischen amtlichen Vertretern bisher ziemlich unergiebig" waren – trotz der wiederholten Bemühungen von deutscher Seite, wobei besonders Posse genannt wird. Gleichzeitig wird konstatiert, daß die deutsche und die italienische Politik „in einem Punkt" im Gegensatz stünden, nämlich bezüglich Österreich:

„Hier liegt auch auf handelspolitischem Gebiet ein offener Gegensatz der Interessen und der Ziele vor. Dieser Gegensatz ist nicht durch den Zollunionsplan oder durch die Brocchi-Verträge oder durch die Verhandlungen in Stresa erst geschaffen worden; sondern er besteht als eine Tatsache ...".

Angesichts der Schwierigkeiten für Berlin, mit dem „amtlichen" Rom zu Ergebnissen zu kommen, wird daher, drittens, gefolgert: „Unter einem handelspolitischen gemeinschaftlichen deutsch-italienischen Operationsplan im Donaubecken

197 Nach der offiziellen Zusammenfassung des Depeschenwechsels zwischen dem AA und der Botschaft in Rom zu urteilen, hat Hassell die neuerliche Ingangsetzung der Donausondierungen überwiegend als Initiative Mussolinis dargestellt; vgl. *AzDAP* (Anm. 191), S. 28, Anm. 1 u. 2. Dieser Einschätzung schließt sich auch Ranki an. Die Untersuchungen von Petersen und D'Amoja arbeiten dagegen das stark initiative Vorgehen Hassells heraus. Auf den hier hypothetisch angenommenen Zusammenhang von MWT-Memorandum und Mussolini-Plan im Sinne von Vorschlag/Gegenvorschlag wird in keiner der bekannten Arbeiten zum Thema näher eingegangen. Petersen handelt den MWT-Vorschlag in einer Fußnote ab (S. 89, Anm. 70), wo er als „Mystifikation" Sohn-Rethels abgetan wird.

198 „... partage entre fabrications, c'est-à-dire laisser à l'Allemagne l'industrie chimique, la grosse métallurgie, etc., et prendre nous-mêmes le textile, la petite et moyenne métallurgie, etc.", zit. bei Aloisi, *Journal* (Anm. 167), Eintragung v. 14. 1. 1933 (S. 50). Im Hinblick auf die Frage nach unterschiedlichen Tendenzen innerhalb der faschistischen Führungsgruppe ist ferner anzumerken, daß den Äußerungen Mussolinis eine gewisse, wenngleich ambivalente Bereitschaft zu entnehmen ist, mit Berlin Abmachungen zu treffen – unter der Voraussetzung, daß die spezifischen italienischen Interessen berücksichtigt würden, eine Bereitschaft, die in ihrer Ambivalenz jedenfalls im Kontrast zur strikten Riegelpolitik von Suvich, Jung und den Vertretern der interessierten Wirtschaftsgruppen stand.

199 *AzDAP* (Anm. 191), Neurath an Rom (7. 2. 1933); vgl. auch Poulain, *Außenpolitik* (Anm. 106), S. 51 ff., der den breiteren Rahmen der deutsch-italienischen Beziehungen aus der Sicht Berlins skizziert.

können wir uns nichts Konkretes vorstellen"; an Stelle von „amtlicher Handelspolitik" sollte daher nach den Vorstellungen Neuraths die wirtschaftliche Zusammenarbeit im Donaubecken zunächst auf dem Gleis der privaten Initiative im Rahmen des deutsch-italienischen Wirtschaftsausschusses vorangetrieben werden. Insgesamt empfahl Neurath: „Wir müssen uns also auch bei Italien auf eine langsame Entwicklung einstellen." Aus einem abschließenden Überblick Neuraths über die zukünftigen Aufgaben der deutschen Politik wird schließlich das doppelte wirtschaftliche Interesse Deutschlands an Italien deutlich: An erster Stelle stand der italienische Binnenmarkt[200], dann die „Zusammenarbeit im Donaubecken"; hier wurden in erster Linie größere öffentliche Arbeiten (Eisenbahn, Hafenbauten, Elektrizitätsanlagen u. ä.) genannt.

Die offene Konkurrenzsituation zwischen Deutschland und Italien[201], die sich mit der zunehmenden Expansionspolitik beider faschistischer Regime verschärfte, spiegelt sich selten deutlich in einem ebenfalls kurz nach der Machtergreifung verfaßten Schreiben von Köpke an Hassell wider[202]. Von den drei Linien der italienischen Expansionspolitik – so heißt es sinngemäß –, nämlich in die Richtungen Mittelmeerraum, Balkan und Donauraum, führe nur letztere zu dem entscheidenden Interessenkonflikt zwischen Deutschland und Italien. In dem Dokument kommt klar zum Ausdruck, daß sich dieser Konflikt in der „Österreich-Frage" kristallisierte, es aber aus deutscher Sicht grundsätzlich doch darum ginge, „wo wir freie Bahn für unsere wirtschaftliche Expansion nach dem Südosten suchen, denkt Italien an die Aufrichtung eines Walles, der uns von diesem Gebiete abschnüren soll". Und auch Köpke schätzte die Lage so ein, „daß ein Ausgleich unserer Meinungsverschiedenheiten mit Italien heute noch nicht möglich ist"[203].

Die letzte mir bekannte Zusammenkunft von Vertretern der deutschen und der italienischen Industrie vor der neuen Gesprächsserie ab Sommer/Herbst 1936 ff. fand am 27. Februar 1933 in Venedig statt, wo man wieder „sehr freundschaft-

200 Im Wortlaut: „Zusammenarbeit der deutschen und der italienischen Industrien in Italien selbst, wobei die deutschen industriellen Erfahrungen dem gemeinsamen Interesse nutzbar zu machen sind."

201 Zu den französischen Sorgen angesichts der sich autonomer gebenden Donau- und Balkanpolitik Roms vgl. u.a. die Aufzeichnung von Paul-Boncour (17. 3. 1933), *DDF* (Anm. 105), Nr. 421.

202 Am 20. 2. 1933, in: *AzDAP* (Anm. 191).

203 Die realen Interessengegensätze der beiden faschistischen Regime sind nicht zuletzt im größeren Zusammenhang der allgemeinen Abkühlung der offiziellen deutsch-italienischen Beziehungen zu sehen, die nach der ersten Euphorie (Februar 1933) deutlich wurde – ganz zur Genugtuung der französischen diplomatischen Beobachter, wie die Aufzeichnungen De Jouvenels, Botschafter in Rom, anläßlich des Besuches von Papen und Goering in Rom (April 1933) verraten: „Le voyage de MM. von Papen et Goering n'a pas été une représentation à succès. Quand on se replace dans l'atmosphère du mois de février, où la visite d'Hitler et sa 'consécration à Rome' [François-Poncet], apparaissaient comme devant sceller le triomphe des fascismes conjugués, [...] Les relations italo-allemandes ne sont plus ce qu'elles furent, encore moins ce qu'elles promettaient d'être. [...] La seule manifestation de réel enthousiasme pour l'hitlérisme a eu lieu au Congrès dentaire ..." D. J. an Paul-Boncour (20. 4. 1933), *DDF* (Anm. 118), Nr. 150.

lich verhandelt" hatte, nur bei der „Besprechung der Frage einer wirtschaftlichen Zusammenarbeit im Donaubecken sei leider wenig herausgekommen"[204].

Während die Beurteilung der deutschen Haltung hier offen bleiben muß, läßt sich für die italienische Seite feststellen, daß sowohl die Unternehmervertreter als auch die politischen Exponenten (hier besonders Jung) nach wie vor kein Interesse an Kooperationsplänen zeigten[205], es sei denn auf der Grundlage des bekannten Vorschlags von Mussolini, den Donaumarkt nach Warengruppen aufzuteilen, der, nachdem er offenkundig noch einmal in Venedig zur Sprache gebracht worden war, wieder von deutscher Seite abgelehnt wurde. Die italienische Delegation lehnte daraufhin die Bildung einer großen gemischten deutsch-italienischen Kommission ab, die sich mit der konkreten Ausarbeitung von Kooperationsplänen im Donaubecken hätte befassen sollen; Jung zog abschließend das Fazit, „daß sich im gegenwärtigen Stadium die Frage zu einer Besprechung zwischen den beiden Industrien nicht eigne".

Als sich Ende Juni 1933 die Gerüchte über einen entscheidenden Durchbruch Italiens[206] bei seiner Politik der Reorganisierung des Donaubeckens unter Ausschluß Deutschlands verdichteten, wurde Hassell wieder initiativ – ob auf Weisung des AA, läßt sich nicht feststellen – und holte sich von Mussolini die Zusage zu weiteren Gesprächen über eine gemeinsame Wirtschaftspolitik im Donauraum; bei der Gelegenheit verwies Mussolini gleich wieder auf seinen Aufteilungsvorschlag[207].

Die folgende Entwicklung bis zur italienischen Donau-Denkschrift vom 29. September 1933 wird – der diplomatischen Korrespondenz folgend – von zweierlei gekennzeichnet: Zum einen von der Berichterstattung aus Rom über die offenkundig auf positive Ergebnisse zusteuernde italienische Donaupolitik[208], zum anderen von den neuerlichen Versuchen des deutschen Botschafters, doch noch eine Verhandlungsebene zwischen Rom und Berlin herzustellen.

Hassell bemühte sich, diese Ebene in Form von Punktationen herzustellen, die er im Anschluß an Gespräche ausarbeitete, die Ritter erstmals wieder am 2. und 3. August 1933 in Rom mit Asquini (Unterstaatssekretär) und Ciancarelli (dem „italienischen Posse") geführt hatte[209]. Auch diese Punktationen gingen über all-

204 So Schmidt-Krutina, der deutsche Beobachter bei den Besprechungen, in seinem Bericht an Hassell (3. 3. 1933), Anlage zu: Hassell an Köpke (6. 3. 1933). Auf italienischer Seite waren folgende Unternehmer vertreten: Olivetti, Guarneri, Alessandrini; auf deutscher Seite: Kastl, Raumer, Spitta. Die Industriellen-Kommission sollte im Juni 1933 von neuem zusammentreten, was aber nicht geschah; vgl. Hassell an AA (3. 8. 1933).

205 Ein Beispiel für die dilatorische Verhandlungstaktik: Als die deutschen Vertreter auf die wünschenswerte Zusammenarbeit im Donaubecken zu sprechen kamen, erklärten die Italiener, daß sie durchaus für ein allgemeines wirtschaftliches Zusammenarbeiten mit Deutschland seien, fügten aber hinzu, daß Südamerika, Afrika und Ostasien doch weit wichtigere Gebiete wären.

206 Folgt man der französischen Aktenpublikation, so berichteten französische Vertreter bereits seit Anfang April 1933 von solch einem Durchbruch; vgl. z. B. den Bericht von Clauzel, Wien, an Paul-Boncour (11. 4. 1933), *DDF* (Anm. 118), Nr. 114.

207 Vgl. Hassell an AA (30. 6. 1933).

208 Vgl. Hassell an AA (8. 8. 1933); Smend an AA, (21. 9. 1933); Smend an AA (21. 8. 1933).

209 Hassell an AA (3. 8. 1933); über die Gesprächsinhalte liegen keine veröffentlichten Dokumente vor.

gemein gehaltene Erklärungen, sich gegenseitig zu informieren und sich abzusprechen, nicht hinaus und wurden von Mussolini mit ebenso vager Zustimmung bedacht[210]. Aus dem AA traf vorerst keine Reaktion auf den neuerlichen Hassell-Vorschlag ein[211].

Mit der Veröffentlichung des italienischen Donaumemorandums im September 1933[212] wurde dann die autonome, objektiv vor allem gegen Deutschland gerichtete Stoßrichtung der Donaupolitik Roms vollends deutlich, so daß Hassell feststellen mußte: „Wir befinden uns in einer Lage, in der die größte Aufmerksamkeit in bezug auf den Südosten geboten ist; besonders nachdem wir m.E. die Chance der Verständigung mit Italien auf diesem Gebiet zunächst einmal verpaßt haben."[213] Kurz darauf stellte Ritter es Hassell frei, die vorgeschlagenen Punktationen aufzugreifen[214], um mit Rom wieder zum Thema ins Gespräch zu kommen, obwohl er die Chancen nicht sehr hoch einschätzte[215].

In der Zeit zwischen der Veröffentlichung der italienischen Denkschrift und der Zusammenkunft von Mussolini, Dollfuß und Gömbös am 17. März 1934 in Rom, die zur Unterzeichnung der Römischen Protokolle führen sollte, hatten die Sondierungsgespräche in Sachen gemeinsamer Donauraumpolitik – nach der diplomatischen Korrespondenz zu urteilen – einen Tiefstand erreicht[216]. Gleichzeitig liefen in Berlin zunehmend Informationen über vermehrte Aktivitäten italienischer Vertreter in Wien und Budapest zusammen, wobei Suvich, von dessen antideutscher Politik besonders in dieser Zeit berichtet wurde, offenkundig infolge seiner intensiven Reiseaktivität eine exponierte Rolle spielte[217]. Auf diese Meldungen reagierte das AA gegenüber Hassell vergleichsweise spät mit allgemein gehaltenen Instruktionen: wirtschaftliche Abmachungen, die über das System der Brocchi-Verträge hinausgingen, würden „als nicht für berechtigt und auch nicht für zweckmäßig gehalten"; und jede politische Abmachung zwischen den drei Verhandlungs-

210 Hassell an AA (8. 8. 1933).

211 Hassell an AA (6. 10. 1933).

212 Der Text ist abgedr. in: *DDF* (Anm. 108), S. 512–514, und bei Kühl, *Föderationspläne* (Anm. 142), S. 70–74.
Zur Einschätzung des Memorandums vgl. bes. Sommer, *Neugestaltung* (Anm. 129), v.a. S. 256 ff.; vgl. auch Hantos, *Neuordnung* (Anm. 26), passim; Überblicke auch bei D'Amoja, *Declino* (Anm. 107), S. 426 ff.; Poulain, *Außenpolitik* (Anm. 106), S. 94 f.

213 Hassell an Köpke (16. 10. 1933), zit. nach Petersen, *Hitler–Mussolini* (Anm. 106), S. 229–230.

214 Ritter an Hassell (13. 11. 1933), ebd.

215 Zur Erklärung der insgesamt eher abwartenden Reaktionen des AA läßt sich u.a. sicherlich anführen, daß das Amt die deutsche wirtschaftliche Stellung im Donauraum als „nicht ausmanövrierbar" einschätzte. „Ohne oder gegen Deutschland [kann] im Donauraum wirtschaftlich etwas Grundlegendes nicht geschehen" – so Ritter an Hassell (13. 11. 1933) zit. nach Petersen, *Hitler–Mussolini* (Anm. 106), S. 230 u. Anm. 111.

216 Hassell an AA (7. 12. 1933); Hassel an Köpke (22. 12. 1933); Aufzeichnung Hassell (26. 2. 1934).

217 Rieth, Wien, an AA (12. 12. 1933); Habicht, Wien, an AA (22. 12. 1933); Hassell an AA (15. 2. 1934); Mackensen, Budapest, an AA (26. 2. 1934).
Zu dem Besuch von Suvich in Berlin am 12. 12. 1933, der ihn in seinem politischen Kurs noch bestärkte, vgl. den Bericht von Hassell an Köpke (22. 12. 1934) sowie die Ausführungen von Petersen, *Hitler–Mussolini* (Anm. 106), S. 286 ff.

partnern würde „hier als eine Unfreundlichkeit gegen Deutschland empfunden werden"[218].

Inwieweit das AA die Entwicklung möglichweise unterschätzt hat und von dem Ausmaß der römischen Dreier-Abmachungen überrascht wurde[219], läßt sich hier nicht ausmachen; eine beträchtliche Betroffenheit und Unsicherheit angesichts der Unkenntnis über die tatsächlich vereinbarten Abmachungen kommt in der diplomatischen Korrespondenz allerdings zum Ausdruck.

Aus der weiteren Berichterstattung Hassells[220] sind folgende Punkte für den uns interessierenden Zusammenhang aufschlußreich: Rom – so heißt es – sei gegenüber Wien und Budapest die treibende Kraft gewesen; die italienische Seite trete weniger als der nehmende, mehr als der gebende Teil auf („mäßige Erhöhung verschiedener Einfuhrkontingente u.a. angeblich für Tomaten" [!]); Hervorhebung der Triester Frage; Betonung der bestehenden wirtschaftlichen Interessen-Gegensätze zwischen den drei Protokoll-Ländern; Beurteilung der Protokolle als politischer Erfolg für Italien; Bedrohung der deutschen „lebenswichtigen Interessen in Mitteleuropa", da es sich um einen eindeutigen Versuch handle, Deutschland auszuschließen.

In den von Bülow gezeichneten Anweisungen zur Sprachregelung[221] spiegelte sich eine nicht klare Einschätzung der Situation wider: Das Befremden über die politische Seite der Abmachungen (politischer Konsultativpakt) wird in den ersten Anweisungen in den Vordergrund gehoben, ebenso die gegen Deutschland gerichtete Tendenz, besonders im Verhältnis zu Österreich. Während die handelspolitischen und wirtschaftlichen Abmachungen einerseits heruntergespielt werden[222], kündigte Bülow gleichzeitig deutsche Retorsionsmaßnahmen an und verlangte von den Auslandsvertretungen präzisere Informationen über die tatsächlich getroffenen Vereinbarungen. So interessierte insbesondere, ob die Präferenzbehandlung eine einseitige war (Italiens zugunsten von Österreich und Ungarn – so wie in Stresa festgelegt) oder ob Italien spezielle *Gegen*präferenzen für sich ausgehandelt hatte (so wie es das italienische Donaumemorandum vorsah), wobei die „industriellen" Gegenpräferenzen angesichts des spezifisch deutsch-italienischen Konkurrenzverhältnisses die brisantesten waren. Hierzu erklärte Mussolini Hassell, Italien strebe „keine industriellen Präferenzen als Gegenleistung für landwirtschaftliche [an], halte

218 Neurath an Botschaft in Rom (13. 3. 1934).

219 So hatte Bülow versucht, dem ja seit langem warnenden Hassell verspätete und unzureichende Berichterstattung anzukreiden; vgl. Hassell an Köpke (28. 3. 1934) u. Anm. 1; vgl. auch die Berichterstattung in der deutschen Presse, die die sich abzeichnende Entwicklung eher herunterspielte; so z. B. „die dementierte Zollunion", ungez., in: *Der deutsche Volkswirt*, 8. Jg., Nr. 22 (2. 3. 1934), S. 941–942.

220 Hassell an AA (17. 3. 1934) sowie Aufzeichnungen über Gespräche mit Gömbös (15. 3. 1934), Dollfuß (15. 3. 1934) und Suvich (16. 3. 1934).

221 Bülow an die Gesandtschaften in Wien (19. 3. 1934); Budapest (19. 3. 1934); Wien (20. 3. 1934); Rom (20. 3. 1934).

222 „Während das Ergebnis der römischen Besprechungen auf politischem Gebiet konkreter ist, als vorher angenommen werden konnte, ist es auf wirtschaftlichem Gebiet wider Erwarten dürftig geblieben ..." Bülow spielt hier auf den italienischen Plan der Bildung einer Zollunion mit Österreich und Ungarn an (20. 3. 1934).

sich also insofern durchaus an Stresa, als einzige Gegenleistung wolle sich Italien gewisse Erleichterungen ausbedingen, die aber nicht Präferenzen seien, und im Gegensatz sei Italien gegenüber beiden Ländern nur der Gebende"[223].

In der Zeit zwischen dem Abschluß der Protokolle und den kurz aufeinanderfolgenden Ereignissen – Zusammenkunft Hitler/Mussolini in Venedig (14./15. Juni 1934), Röhm-Affäre (30. Juni), Dollfuß-Putsch (25. Juli) –, die zum „Klimasturz" (J. Petersen) in den deutsch-italienischen Beziehungen führten, erfolgte ein nochmaliger Vorstoß Hassells, diesmal im Bündnis mit Papen und unter Umgehung bzw. gegen den Widerstand von AA und Palazzo Chigi, der schließlich zu dem Treffen Hitler/Mussolini führte.

Nach einem „zufälligen" Zusammentreffen von Hassell/Papen mit Mussolini/Aloisi in der römischen Oper[224] stand in der anschließenden Besprechung (29. März 1934) der Komplex Donauraum im Mittelpunkt der Unterredung[225]. Auf deutscher Seite wurde der Wunsch betont, „die wirtschaftlichen Probleme durch gegenseitige Absprachen zu fördern und speziell dasjenige Mitteleuropas". Unter Anspielung auf die von Mussolini angekündigte, in der Vorbereitungsphase stehende Expansionspolitik Italiens außerhalb Europas erklärte Papen:

> „Eine solche Expansionspolitik sei niemals auf lange Sicht mit Frankreich, sondern nur mit unserer Unterstützung zu verwirklichen", für Berlin hieße das aber, klar sehen zu müssen, „welches die italienische Politik bezüglich der Neuordnung Europas sei und ob wir unsere bisher auf Zusammenarbeit eingestellte Linie beibehalten können".

Als auch Mussolini seine Bereitwilligkeit zur Zusammenarbeit mit Deutschland zeigte, schlug Papen eine „persönliche Aussprache" mit Hitler vor, der Mussolini zustimmte. Möglicherweise auf Mussolinis Vorschlag hin, die Behandlung der wirtschaftlichen Fragen durch Sachverständige vorbereiten zu lassen, fanden dann am 19. April 1934 Wirtschaftsbesprechungen zwischen Asquini und Posse statt, die wiederum keine Ergebnisse brachten[226]. Den von Mussolini von neuem vorgebrachten Vorschlag, eine „Absprache über die Sicherung von Einflußzonen oder die Vermeidung gegenseitiger Störung in diesen Interessenzonen" herbeizuführen, lehnte Hassell bereits in seinem Bericht an das Berliner AA ab und plädierte stattdessen für eine „grundsätzliche Verständigung" mit Italien auf der Grundlage sei-

223 Hassell an AA (23. 3. 1934). Die bei dieser Gelegenheit von Mussolini geäußerte Bereitschaft zu einer Kooperation mit Deutschland kann m. E. nur als verbale Freundlichkeit bezeichnet werden. Zum politisch-diplomatischen Hintergrund der Protokolle vgl. Petersen, *Hitler–Mussolini* (Anm. 106), S. 310ff.

224 Vgl. hierzu auch ebd., Kap. IX.

225 Hassell an AA (29. 3. 1934) und besonders seine Aufzeichnung (3. 4. 1934). Bezeichnend ist auch das Programm für die geplante Zusammenkunft, das Papen bei der Gelegenheit in vier Punkten skizzierte: Abrüstungsfragen, Erweiterung der wirtschaftlichen Seite der Römischen Protokolle, Regelung der gegenseitigen Haltung zum mitteleuropäischen Problem, Österreich; vgl. Poulain, *Außenpolitik* (Anm. 106), S. 122. Hitler stellte kurz darauf dazu fest, daß sich die von Papen anvisierten zuletzt genannten drei Themen eigentlich auf eines reduzieren ließen, nämlich auf die Österreichfrage; vgl. auch ebd., S. 123/124.

226 In ihrem Verlauf erklärte Posse, daß er bevollmächtigt sei, über eine deutsch-italienische Zollunion zu verhandeln, während Asquini hervorhob, daß Italien seine Handelsbilanz mit Deutschland ausgleichen müsse; vgl. Hassell an AA (23. 4. 1934), Anm. 3.

ner fünf Punkte. Sowohl das Berliner AA als auch das italienische Außenministerium verhielten sich gegenüber diesem Vorstoß sehr zurückhaltend; sie konnten aber die Zusammenkunft nur verzögern, nicht verhindern[227].

Ob und inwieweit während des Treffens die hier interessierenden Fragen zur Kooperation konkret weiterverfolgt wurden, ließ sich nicht mit Sicherheit feststellen. Angesichts der Tatsache aber, daß die entscheidenden Gespräche zwischen Hitler und Mussolini unter vier Augen (ohne Dolmetscher) stattfanden, die Auswertung der Gespräche auf beiden Seiten zu unterschiedlichen Aussagen gerade in der Österreichfrage führte, von flankierenden Gesprächen zwischen Wirtschaftssachverständigen bzw. -interessenten nichts bekannt ist und schließlich Äußerungen wie die von Suvich vorliegen, in denen von den Schwierigkeiten gesprochen wird, „Hitler auf irgendwelche konkreten Äußerungen festzunageln – in einer Unterhaltung von vier Stunden Dauer": dies alles läßt es müßig erscheinen, die Analyse an diesem Punkt fortzusetzen. Festzustehen scheint jedoch, daß die Gespräche zur Österreichfrage zu keiner Annäherung der Standpunkte geführt haben und daß – für den hier im Vordergrund stehenden Zusammenhang besonders wichtig – Mussolini im Gespräch mit Hitler „geringes Interesse" für den Donauraum betreffende Fragen gezeigt hat[228]. Und festzustehen scheint insbesondere, daß der von Papen anvisierte Kursumschwung in den deutsch-italienischen Beziehungen, der auf der Basis einer gemeinsam durchgeführten Expansionspolitik Italiens und Deutschlands und vor allem der Einbeziehung Deutschlands in die Römischen Protokolle vonstatten gehen sollte, scheiterte – nicht zuletzt am Desinteresse und Widerstand auf italienischer Seite[229].

Ergebnisse, konkrete Abmachungen haben die Sondierungsgespräche somit nicht gebracht; aber der Verlauf der Gespräche, Themata, Vorschläge und Reaktionen lassen dennoch Schlußfolgerungen zu:

1. Der deutsch-italienische Konflikt um Österreich ist – aus der Perspektive der jeweiligen Wirtschaftsinteressen betrachtet – der verkürzte Ausdruck für die allgemeine Konkurrenzsituation in Mittel- und Südosteuropa, in der die Expansionsstrategien der beiden faschistischen Regime in ihrer Reaktion auf die Weltwirtschaftskrise aufeinanderprallten.

227 Aufzeichnungen Bülow (5. 4. 1934) und 10. 4. 1934); über den Ärger im AA, s. auch Petersen, *Hitler–Mussolini* (Anm. 106), S. 332 ff.; zum Verhalten des italienischen Außenministeriums berichtet Hassell, daß es „für eine Hinausschiebung des Besuches sei, da der deutschfeindlichen Richtung im Ministerium eine solche Zusammenkunft nicht passe" (ebd.); s. auch Hassel an AA (1. 5. 1934); zur Phase der Vorbereitung der Zusammenkunft, vgl. Poulain, *Außenpolitik* (Anm. 106), S. 122–128.

228 Vgl. Memorandum Neurath (19. 6. 1934), *Documents on German Foreign Policy 1918–1945*. Serie (1933–1937), Bd. III (14. 6. 1934–31. 3. 1935), Washington 1959, (fortan: *DGFP*), Doc. Nr. 19.

229 Vgl. dazu ausführlich und auf breiter Materialbasis De Felice, *Mussolini il duce* (Anm. 3), S. 486 ff.; zum Ablauf des Treffens bei Venedig s. aus deutscher Perspektive Petersen, *Hitler–Mussolini* (Anm. 106), S. 344 ff.; s. auch Poulain, *Außenpolitik* (Anm. 106), S. 128 ff.

2. Bei dem Versuch, Absprachereglungen zwischen Rom und Berlin sowie den interessierten Wirtschaftsgruppen auszuhandeln, war die deutsche Seite – allgemein ausgedrückt – die interessiertere. Ihr ging es darum, die italienischen Fortschritte insgesamt unter Kontrolle zu bekommen (so eher Hassell) und sich einen Bündnispartner gegen lästige Dritte zu schaffen (politisch gegen Frankreich, wirtschaftlich gegen Japan). Auch wurden deutsche Beteiligungen sowohl an den bereits erreichten Positionen Italiens im Donauraum als auch vor allem am italienischen Binnenmarkt angestrebt (so eher Posse). Die drei letztgenannten Zielsetzungen standen dann im Mittelpunkt der konkreten, detaillierten Absprachenverhandlungen zwischen RDI und Confindustria ab 1936/37 ff.

3. Die italienische Seite war dagegen zu keinen Absprachen bereit; die auf die Sondierungen Hassells hin gezeigte grundsätzliche Verhandlungsbereitschaft Roms kann darüber nicht hinwegtäuschen. Das läßt sich sowohl der Art der Verhandlungsvorschläge entnehmen (Aufteilung nach Warengruppen, zugeschnitten auf die spezifischen italienischen Interessen) als auch der insgesamt negativen Reaktionen auf Vorschläge und Sondierungen von deutscher Seite.

Es entsteht vielmehr der Eindruck, daß die politischen Instanzen in Rom die Aufgabe hatten, die Beteiligungsbestrebungen Deutschlands abzuwehren, gleichzeitig aber ein „gutes Klima" aufrechtzuerhalten – so wie es bei den französisch-italienischen Gesprächen analog darum ging, französische Mitspracheforderungen bei der italienischen Donauexpansion nicht wirksam werden zu lassen und trotzdem mit Paris im Gespräch zu bleiben. Denn nur diese Taktik konnte Rom ein Ausspielen Frankreichs gegenüber Deutschland (etwa: Rom und Berlin müßten gemeinsam die Kleine Entente zerschlagen) und ein Ausspielen Deutschlands gegenüber Frankreich (etwa: Rom und Paris müßten gemeinsam den deutschen Drang nach Südosten stoppen) ermöglichen, um gleichzeitig einen eigenen, relativ autonomen Expansionskurs zu steuern. Insgesamt war diese Taktik der Versuch, auf politisch-diplomatischer Ebene den Handlungsspielraum zu realisieren, der sich aufgrund der sozioökonomischen Strukturverschiebungen im Zuge der Weltwirtschaftskrise vorübergehend aufgetan hatte.

4. Im Laufe der Verhandlungen mit den Berliner Vertretern wurden auf italienischer Seite Veränderungen personeller und argumentativer Art deutlich, die den Umschichtungsprozeß innerhalb der faschistischen Führungsgruppe widerspiegelten und insbesondere Herausbildung und Durchsetzungsvermögen der die italienische Donauraumexpansion forcierenden Interessenkoalition dokumentieren.

5. Die Ablösung von Grandi und seinen Mitarbeitern (Juli 1932) dokumentiert die Abschwächung derjenigen Positionen im Palazzo Chigi, die auf eine Eindämmung der deutschen Gefahr in Zusammenarbeit speziell mit Frankreich hingearbeitet hatten und die unter dieser Perspektive italienischen Interessen Positionsgewinne im Donau- und Balkanraum zu sichern versuchten. Gegenüber dieser von der faschistischen Publizistik als „konservativ", als „nicht faschistisch" weil „kompromißlerisch" und „nicht aggressiv genug" bekämpften Politik setzte sich mit dem

Revirement von 1932 die Gruppe um Fulvio Suvich und Iginio Brocchi durch. Dieser „Triestiner Clique" gelang es, um die von ihr vertretenen partikularen Wirtschaftsinteressen herum eine Interessenkoalition zu gruppieren, deren Verzahnungen außerordentlich vielfältig waren, da sie Teilinteressen jeweils in Industrie, Landwirtschaft und Handel tangierten sowie auf Resonanz (wenn nicht mehr) innerhalb der faschistischen Bewegung sowie der römischen Kurie stießen. Auf die ausgeprägte Heterogenität der Interessenkoalition, ihre Stärke und ihre Schwäche zugleich, wird an anderer Stelle eingegangen.

Insgesamt versprach die „Triestiner Clique" – als Alternative zur Gruppe um Grandi auf politisch-diplomatischer Ebene – die italienische Donau- und Balkanexpansion dynamischer, aggressiver voranzutreiben – nicht zuletzt durch die Verbindung des sich nun immer stärker als „Exportartikel" verstehenden Faschismus italienischer Prägung mit unter Krisendruck geratenden spezifischen wirtschaftlichen Interessen.

6. Die Ablösung der Gruppe um Grandi signalisierte zwar die Auflockerung der Beziehungen zu Frankreich; daß sich die „Triestiner Clique" durchsetzte, bedeutete aber gleichzeitig auch die Stärkung derjenigen Tendenzen im Palazzo Chigi, die, mißtrauisch gegenüber dem deutschen Expansionismus, die Aufrechterhaltung eines distanzierten Verhältnisses gegenüber Berlin vertraten; dies gilt in erster Linie für die Donaupolitik. Von der „Triestiner Clique" war aufgrund der sie tragenden Interessenkoalition in der Tat ein hohes Maß an autonomer Expansionspolitik im Donauraum zu erwarten, deren Stoßrichtung sich sowohl von der Intention her als auch objektiv hauptsächlich gegen die deutschen Interessen richtete. Grund war die doppelte Konkurrenzsituation sowohl der wirtschaftlichen Interessen als auch der ideologischen Rivalität zwischen den beiden Faschismen.

7. Mit der Ablösung von Grandi scheinen die unter den Begriff „militärisch-industrieller Komplex" grosso modo subsumierbaren Industriegruppen (hauptsächlich Schwerindustrie, Teile der Chemie, Elektroenergie) einen ihrer Sprecher im engeren außenpolitischen Entscheidungsfeld verloren zu haben, während die verarbeitende Industrie ihre Export- und Expansionswünsche in der Politik von Suvich, Jung u.a. vertreten sah. Allerdings muß bei den deutsch-italienischen Sachverständigenverhandlungen die Anwesenheit eines Mannes wie Felice Guarneri[230], Spitzenfunktionär der Confindustria, erklärter Gegner zu enger Wirtschaftsabsprachen sowohl mit Deutschland als auch mit Österreich und grundsätzlicher Gegner des neuen handelspolitischen Kurses des bilateralen Bilanzausgleichs („scambi bilanciati"), als ein Indiz für die weiterhin wirksame Opposition gegen den von Brocchi, Suvich und Jung vorangetriebenen Kurs verstanden werden. Es ist daher anzuneh-

230 Guarneri berichtet in seinen Memoiren, daß er bereits 1922 die von Seipel vorgeschlagene Zollunion zwischen Österreich und Italien als ein „pessimo affare" für die (von ihm vertretenen) Industrieinteressen eingeschätzt, daß er dann 1932/34 gegen Brocchi-Verträge und Protokolle hart gekämpft habe und daß es ihm später gelungen sei, diese wieder abzubauen (seit 1935 war er Devisenkommissar und enger Wirtschaftsberater Mussolinis); vgl. Guarneri, *Battaglie economiche* (Anm. 79), passim.

men, daß die von Suvich, Aloisi u.a. geplante weitergehende Zollunionskonstruktion mit Österreich und Ungarn nicht nur allein am Widerstand oppositioneller Gruppen in Wien und Budapest scheiterte, sondern auch an dem der internen Opposition in Rom und daß sie auch von daher der weniger ambitiösen Konstruktion der Römischen Protokolle Platz machen mußte.

Wichtig ist aber, daß die beiden Gruppierungen in ihrer intransigenten Haltung gegenüber den deutschen Annäherungsversuchen übereinstimmten und hierbei Hand in Hand arbeiteten.

4. Kapitel: Blockbildung Italien/Österreich/Ungarn. Rivalisierende Strömungen und alternative Strategien im italienischen Faschismus. Schritte der Formierung

Das folgende Kapitel dient in der Hauptsache der Illustration und Dokumentation vorangegangener Ausführungen. Bedeutung und sozioökonomischer Stellenwert der Interessenkoalition, die die italienische Expansionspolitik in Europa zu ihrer Sache gemacht hatte, und insbesondere jener Lobby, die mit dem Etikett „Triestiner Clique" versehen wurde, bedürfen in der Tat der Konkretisierung.

Daß in den Hafenstädten Fiume und vor allem Triest traditionell ein bestimmender Teil derjenigen Interessen in konzentrierter Form angesiedelt war, der mit großem Einsatz in Rom Einfluß auf die Formulierung der Mittel-, Ost- und Südosteuropapolitik zu nehmen und dieser Strategielinie den Vorrang zu verschaffen suchte, ist unmittelbar plausibel. Darüber hinaus waren es historische Gründe, die dazu geführt hatten, daß Triest und Fiume als Hochburgen des ausgeprägt nationalistischen Teils der italienischen Bourgeoisie galten. Denn in beiden Hafen- und Handelszentren, bereits Fokus der maritimen und merkantilen Rivalität Italiens mit Österreich, hatten sich überdies Verschiebungen innerhalb der Bevölkerungszusammensetzung zugunsten des wachsenden Einflusses slawischer Bevölkerungsgruppen vollzogen, die die bis zur Jahrhundertwende vorherrschende lokale italienische Bourgeoisie aus ihren privilegierten Positionen zu verdrängen begannen. Besonders sensibel reagierten die italienischen Geschäftsleute und Unternehmer auf die drohende „Verslawung", indem sie in dem Verlust der eigenen sozioökonomischen Herrschaftspositionen einen Angriff auf ihre nationale Identität schlechthin sahen. Es überrascht daher nicht, daß die nationalistische Bewegung im Namen der zu rettenden „italianità" sehr bald einen idealen Nährboden innerhalb der italienischen bürgerlichen Schichten der beiden Städte fand. So weist R. Webster nach[231], daß hier die Ursprünge der extrem chauvinistischen Tendenzen im italienischen Nationalismus zu suchen sind, die unmittelbar zum Faschismus der Nachkriegszeit überleiten sollten, und daß zahlreiche namhafte Wortführer der Schaffung einer italienischen Einflußzone im Donau- und Balkanraum aus der Blütezeit der nationalistischen Bewegung in Triest und Fiume stammten.

Doch dieser Aspekt der Entwicklung soll hier nicht weiter betrachtet werden. Es interessieren vielmehr die vielfältigen Kanäle und Modalitäten, in denen sich diese Interessen in Politik umzusetzen vermochten: Wie gelang es ihnen, die eigenen politisch-ökonomischen Zielsetzungen mit unterschiedlichen, ebenfalls partikularen

231 Vgl. ders., L'imperialismo (Anm. 10), S. 169 f., 385, 579 u. passim; informativ auch der ungezeichnete Artikel, La situazione di Trieste, in: *Lo Stato operaio*, VII. Jg., 8/1933, S. 533–536.

Interessen zu bündeln und in eine politische Strategie zu übersetzen und diese dann zu einer Komponente der nationalen Außenpolitik zu machen?[232]

Unübersehbaren Höhepunkt in diesem Prozeß, in dessen Verlauf der Triestiner Lobby gewissermaßen die Funktion einer „strategischen Clique" (P. Chr. Ludz) zukam, bildete die Regierungsumbildung in Rom 1932.

Einem zentralen Komplex in dem Prozeß dieser Interessenbündelung und Formierung ist die Neuorientierung in der italienischen Handelspolitik 1930/31 zuzuordnen. An ihrem Beispiel läßt sich der Sammlungsprozeß der ökonomischen Interessen nachvollziehen; darüber hinaus bietet er Aufschluß über den Stand der Kräfteverhältnisse zu Beginn der dreißiger Jahre. Die außerordentlich heftig und offen geführten Auseinandersetzungen um den zukünftigen handelspolitischen Kurs, der freilich mit weitergreifenden innen- wie außenpolitischen Problemen eng verknüpft war, endete mit einem Kompromiß: Beibehaltung der Meistbegünstigungsklausel, gleichzeitig aber Einführung des Präferenzsystems – beschränkt allerdings auf einen geographischen Raum, eben auf den Donau- und Balkanraum.

Einen weiteren Komplex, diesmal im gesellschaftlich-öffentlichen Bereich, bildet die Annäherung – ausgelöst durch die wieder akut gewordene Österreichfrage – von katholischer Öffentlichkeit, römischer Kurie und faschistischer Regierung. Nicht nur läßt sich eine weitgehende Parallelität hinsichtlich der Politik der Kurie und des römischen Außenministeriums gegen die „Anschluß"-Bestrebungen NS-Deutschlands feststellen. Darüber hinaus schuf die in der katholischen Öffentlichkeit mit einigem publizistischen Aufwand geführte Diskussion über die Bedeutung des Katholizismus in Österreich als Bollwerk gegen den deutschen Nationalsozialismus eine Plattform, die das Zusammenrücken von einzelnen katholischen Strömungen mit Teilen der faschistischen Bewegung begünstigt hat.

Für den hier interessierenden Zusammenhang ist jedenfalls wichtig, daß die faschistische Politik der Einflußnahme in Mitteleuropa entschlossenen Rückhalt in der katholischen Öffentlichkeit fand – gerade auch in ihrer Frontstellung gegen den deutschen Nationalsozialismus.

Diese Entwicklung blieb schließlich nicht ohne Folgen für die faschistische Bewegung selbst und insbesondere für ihr Selbstverständnis. Angesichts der ideologischen Rivalität mit dem Nationalsozialismus und beschleunigt noch durch die Politisierung von Teilen des Katholizismus bekamen nun die ideologischen Abgrenzungsbestrebungen neuerlichen Auftrieb, wobei insbesondere durch die Verbindung mit katholischem Gedankengut der vom italienischen Faschismus ohnehin für sich beanspruchte universale Charakter präzise Konturen annahm[233].

232 Die Verschmelzung eingesessener Kapitalinteressen (besonders Banken, Reedereien, Werften, Handelshäuser) mit dem italienischen Kapital und somit ihre „Nationalisierung" brachte die Triestiner Interessen zwar um ihre relative Autonomie, versetzte sie nun aber in die Lage, den nationalen Staat für die eigenen Expansionsinteressen einzuspannen; vgl. hierzu La situazione di Trieste (Anm. 231).

233 In der breiten Debatte zum Selbstverständnis des italienischen Faschismus in jenen Jahren bildete die nationalkatholische freilich nur eine von mehreren z. T. rivalisierenden, z. T. sich ergänzenden Komponenten. Auf diese Zusammenhänge werde ich im 4. Teil der Arbeit ausführlich eingehen.

Die angeführten, zum Teil außerordentlich komplexen Zusammenhänge, die entscheidende Etappen in dem Prozeß der *innerpolitischen* Durchsetzung der hier interessierenden Expansionspolitik bildeten, werden anschließend in Grundzügen dargestellt.

I Auseinandersetzungen um die Neuorientierung der italienischen Handelspolitik

1. Handelspolitische Orientierung und internationale Arbeitsteilung am Beispiel Italiens

Einen zentralen Angelpunkt in dem Formierungsprozeß der Mittel- und Osteuropainteressen bildeten die sich unter dem Krisendruck der Jahre 1930/31 verschärfenden Auseinandersetzungen um die zukünftige Weltmarktstrategie Italiens. Sie hatten sich auf die Frage zugespitzt, ob Italien weiterhin an der Meistbegünstigungsklausel festhalten sollte.

Einen Höhepunkt der Diskussionen bildeten die tagelangen Debatten in der Generalversammlung des Nationalrates der Korporationen im November 1931, wo die unterschiedlichen bis gegensätzlichen Interessen deutlich zum Ausdruck kamen. In die Auseinandersetzungen um den zukünftigen handelspolitischen Kurs flossen erwartungsgemäß auch Fragen grundsätzlicher Art mit ein: zur zukünftigen (Außen-)Orientierung des faschistischen Regimes, zur Stellung der kleinen und mittleren Betriebe, zur Rohstoff-Frage, zur Preis-Kosten-Frage usw. Von daher die Relevanz der Debatte, die in ihren Grundzügen hier referiert und interpretiert werden soll, wobei das Zustandekommen der Interessenkoalition, die sich für die Donauraum- und Balkanexpansion stark machte, im Mittelpunkt steht.

Zunächst aber erscheint es angebracht, etwas weiter auszuholen und allgemeine Zusammenhänge zwischen Außenhandelspraktiken und nationalen Wirtschaftsinteressen näher zu beleuchten. Hier interessiert insbesondere die Ausgangssituation der Auseinandersetzungen, d.h. der tatsächliche *Gebrauch* der Meistbegünstigungsklausel und ihre spezifische Funktion für die Außenwirtschaftsstrategie Italiens in den zwanziger Jahren.

Aushandlung und Formulierung der Zoll- und Handelsvertragspolitik bildeten traditionell einen Konfliktherd ersten Ranges in Italiens politischer Geschichte, was in Anbetracht der ausgeprägten Heterogenität der Produktionsstruktur des Landes kaum überrascht. Die hieraus resultierende Heterogenität der Interessen bedingte Vielschichtigkeit und oftmals Widersprüchlichkeit „der" Interessenlage Italiens in seiner Außenorientierung und damit in seiner außenwirtschaftlichen Strategie.

Geht man aber davon aus, daß die Vermittlung auf Warenebene zwischen nationalem Kapital und internationalem Markt im wesentlichen gewissermaßen durch das Nadelöhr von Zolltarif und Handelsverträgen führt, so läßt sich die reale Position des nationalen Kapitals in der internationalen Arbeitsteilung gut an den Zolltarifen und Handelsverträgen und vor allem an ihrer tatsächlichen Anwendung ablesen.

„Das“ nationale italienische Kapital, dessen internationale Positionierung also in den konkret-historischen Etappen der italienischen zoll- und handelspolitischen Entwicklung jeweils zum Ausdruck kam, gab es aufgrund eben seiner Heterogenität natürlich nicht; diese Etappen waren vielmehr das Ergebnis hartumkämpfter Kompromisse zwischen den einzelnen nationalen ökonomischen Interessen und spiegelten daher deren jeweilige Stärke und Schwäche in dem jeweiligen historischen Moment sehr genau wider[234].

Die heterogenen Interessen mußten von den jeweiligen staatlichen Instanzen entlang einer bestimmten zoll- und handelspolitischen Linie vereinheitlicht werden. Das führte jedoch nicht nur allein aufgrund der nationalen Divergenzen hinsichtlich Exportintensität, Importabhängigkeit, unterschiedlicher Qualität der jeweiligen Exponiertheit gegenüber dem Weltmarkt zu politischen Zerreißproben; diese wurden zusätzlich noch durch Italiens außerordentlich abhängige und subalterne Stellung in der internationalen Hierarchie der Arbeitsteilung verschärft. Denn Exponiertheit und ökonomische Schwäche ließen Italien gar keine andere Wahl, als die von den dominanten Ländern praktizierten internationalen Verkehrsformen und Spielregeln (Goldstandard, Freihandel, Meistbegünstigungsklausel usw.) zu akzeptieren und mit ihnen zu arbeiten. Das Ergebnis war, daß die historischen italienischen Zolltarife und Handelsverträge der *Form* nach den international herrschenden Verkehrsregeln zwar entsprachen, daß dann aber mit Hilfe dieser Spielregeln die spezifischen und unterschiedlichen italienischen Interessen ihre eigenen Zielsetzungen durchzusetzen versuchten[235], oftmals unter Verkehrung des Sinnes dieser Regeln in ihr Gegenteil. Insofern ist die Analyse des tatsächlichen Gebrauchs von Zolltarifen und Handelsvertragsbestimmungen für die Bestimmung der sozioökonomischen Interessen mindestens ebenso unerläßlich wie die Analyse der Auseinandersetzungen um ihre Entstehung und ihre politische Formulierung.

In dieser Perspektive betrachtet, ist Italiens politische Zolltarif- und Handelsvertragspraxis während der zwanziger Jahre aufschlußreich. Im Juli 1921 wurde nach zähen Auseinandersetzungen der neue Zolltarif aus der Taufe gehoben, den auszuarbeiten bereits 1913 eine königliche Kommission eingesetzt worden war. Der neue Tarif vereinigte protektionistische wie freihändlerische Tendenzen in sich, war insbesondere durch eine sehr starke Auffächerung der einzelnen Positionen gekennzeichnet und sah außerdem sogenannte Aufschlagskoeffizienten vor – d.h. ein Instrumentarium, das die Anpassung „an die veränderte Lage der Produktion und des internationalen Handels“ ermöglichen sollte[236]. Der Charakter des Generaltarifs als zukünftiger Gegenstand von Verhandlungen wird hier bereits deutlich.

234 Von daher auch der zäsurähnliche Charakter, der den Kämpfen um die Zolltarifpolitik in der Geschichte Italiens zukam: 1878/1887; 1921; 1931/32.

235 Wobei im nationalen Kontext jene Kräfte im Vorteil gegenüber ihren nationalen Konkurrenten waren, deren Interessenlage mit der auf dem Weltmarkt vorherrschenden übereinstimmte; vgl. hierzu auch die Überlegungen von Antonio Gramsci, auf die ich im 4. Teil, 1. Kap. ausführlich eingehe.

236 Zit. nach Francescon-Centa, *Außenhandelspolitik* (Anm. 25), S. 16 (dort auch ausführlich zum Thema).

Mit der Wiederaufnahme der Handelsvertragspolitik nach dem Ersten Weltkrieg wurde auch das Prinzip der Meistbegünstigung von Rom wieder grundsätzlich aufgenommen[237]:

„Meistbegünstigung liegt dann vor, wenn ein Staat einem Handelspartner die gleichen handelspolitischen Begünstigungen zuerkennt, die er anderen Staaten schon eingeräumt hat oder die er während der Vertragsdauer anderen Staaten noch einräumen wird. Der Zweck der Meistbegünstigung ist nicht die Gewährung einer Vorzugsstellung, sondern einer Gleichbehandlung."[238]

Untersuchungen der italienischen Handelsverträge haben demgegenüber gezeigt, daß „die Meistbegünstigung in jedem Vertrage eine andere Bedeutung" hatte – von *Gleich*behandlung also keine Spur –, und daß es eine unbeschränkte Anwendung der Meistbegünstigungsklausel auch schon vor dem Ersten Weltkrieg nicht gegeben hat[239].

Nachdem oben ausgeführt worden ist, warum es für den italienischen Staat gar keine Frage sein konnte, die international dominanten wirtschaftlichen Verkehrsformen anzuwenden, soll im folgenden geklärt werden, inwiefern und in welchem Ausmaß eine Aushöhlung und Durchlöcherung der Meistbegünstigungsklausel (MBK) stattgefunden hat – exemplarisch aufgezeigt an einigen relevanten Momenten der italienischen Praxis – und welchen spezifischen Interessen diese Praxis in erster Linie nützte.

Vorab sind jedoch noch einige grundsätzliche Anmerkungen zum Mechanismus der MBK notwendig. Untersuchungen über interdependente Zusammenhänge zwischen der Struktur von Zolltarifen und der jeweiligen Wirtschaftsstruktur eines Landes haben gezeigt[240], daß stark entwickelte Industriestaaten durch eine hohe Dispersität ihrer Exportstruktur gekennzeichnet sind, d.h. durch ein breit gefächertes Exportsortiment und eine Vielheit von Märkten, und daß sich diese Dispersität in stark differenzierten und positionsreichen Zolltarifen widerspiegelt, so daß Industriestaaten mit stark spezialisierten Zolltarifen bei der Aushandlung von Handelsverträgen auf der Basis der MBK im Vorteil gegenüber Agrarländern mit relativ undifferenzierten positionsarmen Tarifen sind[241]. Es überrascht daher nicht, daß das

237 Vgl. ebd., S. 25.

238 „Deshalb wäre es sprachlich richtiger, von ‚Gleichbegünstigung' oder ‚Gleichbehandlung' statt von ‚Meistbegünstigung' zu sprechen." Vgl. Th. Pütz, „Meistbegünstigung", in: ***Handwörterbuch der Sozialwissenschaften***, Bd. 7, Göttingen 1961, S. 285, 1. Sp.

239 Francescon-Centa, ***Außenhandelspolitik*** (Anm. 25), S. 26 f.; dort auch ausführlich zu den Modifikationen in der Anwendung der MBK.

240 Vgl. die aufschlußreichen Ausführungen hierzu von Sommer, *Neugestaltung* (Anm. 129), bes. S. 130 ff. u. passim.

241 „... das gewollte Ziel, der vertragspolitische Sinn dieser Spezialisierung [besteht] darin, mittels einer möglichst weitgehenden Differenzierung der für die Einfuhr in Betracht kommenden Waren einen entsprechend weiten Spielraum für Vertragsverhandlungen zu erlangen." Denn das Ausmaß der Vorteile, die von einem Kontrahenten gefordert werden können, wird um so größer sein, je zahlreicher die Warensorten sind, für die er seinerseits Vergünstigungen anbieten kann. „Ein derart spezialisierter positionsreicher Zolltarif gleicht gewissermaßen einem Warenverzeichnis", das einen in die Lage versetzt, „seine bei Vertragsverhandlungen zu machenden Zugeständnisse bedeutend an Wert zu steigern, weil die Zollvergünstigung, die dem Kontrahenten auf irgend eine Ware gewährt wird, für diesen einen Spezialvorteil darstellt, für die anderen meistbegünstigten Staaten jedoch, insbesondere also für Staaten mit wenig spezialisierten Tarifen, also etwa für Agrarstaaten, überhaupt nicht in Betracht kommt." Sommer, *Neugestaltung* (Anm. 129), S. 132.

Interesse an der strikten Anwendung und allgemeinen Gültigkeit der MBK von den dominanten Industriestaaten ausging[242] und daß es in engem Zusammenhang mit der Entfaltung des Weltmarkts sowie der Herausbildung des multilateralen Handels stand[243].

Ebenfalls unmittelbar einsichtig ist, „daß kleine Industrieländer, die sich im internationalen Wettbewerb besonders haben spezialisieren müssen, in außergewöhnlich hohem Grade auf mehrseitigen Handel angewiesen sind"[244]; sie mußten daher die diese Handelsform tragenden Verkehrsregeln schleunigst zu ihren eigenen machen. In dieser Situation befand sich auch Italien qua Industrieland, d.h. in seiner Eigenschaft als Exporteur von Fertigwaren. Denn Italiens Exportsortiment glich mit zunehmender Industrialisierung einem „Gemischtwarenladen" vor allem einfacher Konsumgüter, dessen Absatzradius sich zunehmend über alle Kontinente erstreckte.

An dieser Stelle muß auch von neuem der heterogene Charakter der italienischen Wirtschaftsstruktur in die Betrachtung miteinbezogen werden, namentlich das Spannungs- und Konfliktverhältnis im Kräftespiel Industrie–Landwirtschaft. Komplizierend kam nunmehr hinzu, daß die Trennungslinie hinsichtlich des Grades und des Ausmaßes von Exportorientiertheit und Importintensität quer durch diese beiden Lager verlief. Insofern gestalteten sich in der Frage konkreter handelspolitischer Entscheidungen die nationalen Bündniskonstellationen ebenfalls äußerst heterogen und widersprüchlich.

Unter den Bedingungen eines sich expansiv entfaltenden Weltmarktes, also einer stark aufgefächerten internationalen Arbeitsteilung und relativ offenen Kapital- und Warenmärkten, läßt sich nun am Beispiel Italiens ein grobes Bild der einzelnen Wirtschaftsinteressen in ihrem Verhältnis zur MBK skizzieren:

1. Es liegt auf der Hand, daß die exportorientierte Fertigwarenindustrie in der Praxis des multilateralen Handels und der MBK das ihren Interessen adäquate internationale Milieu sah – und dies um so stärker, je mehr ihre eigene Entwicklung exportinduziert verlief (enger Binnenmarkt!); das traf in starkem Maße für die Textilindustrie, aber auch für Nahrungsmittelverarbeitung (Konserven) und Autobranchen zu.

2. Die Rohstoff- und somit äußerst importabhängigen Interessen ihrerseits vermochten auf einer Vielzahl von Bezugsmärkten und auf der Basis eines breit gefächerten Verhandlungskatalogs (MBK) ihre Rohstoffeinkäufe zu relativ billigen Preisen zu tätigen.

3. Demgegenüber sahen die schutzzollorientierten Interessen in Industrie und Landwirtschaft in der „reinen" Anwendung der MBK eine Gefahr für ihre eigene Stellung auf dem Binnenmarkt. Sie forderten daher eine auf die Spitze getriebene Spezifizierung der Tarifpositionen bei der Verabschiedung des Generaltarifs in der Ab-

242 Ebd., S. 146.
243 Vgl. Pütz, „Meistbegünstigung" (Anm. 238), S. 285, Sp. II.
244 Schiller, Der internationale Wettstreit (Anm. 153), S. 655, Anm. 1.

sicht, bei Verhandlungen Zugeständnisse und Vorteile praktisch nur einigen wenigen Kontrahenten zu konzedieren, um so die für die eigenen Absatzinteressen auf dem Binnenmarkt gefährlichsten Angebote aussieben zu können.

Diese zunehmend pervertierte Anwendung der MBK – die natürlich nicht allein auf Italien beschränkt blieb[245], möglicherweise aber an den schwächsten Gliedern der Kette relativ früh und deutlich zutage trat – signalisierte einmal mehr den Verfall der internationalen Arbeitsteilung traditioneller Prägung. In ihr kam „deutlich zum Ausdruck, daß die ursprünglich im Dienste der M.-B. stehende Tarifspezialisierung sich gegen das Wesen der Meistbegünstigung selbst richtet. Denn die von der M.-B.-Klausel angestrebte Gleichstellung sämtlicher Kontrahenten eines Staates ... wird hierdurch konterkariert." Der Zolltarif wird zu „einer Offertliste von Sonderbegünstigungen", und die weitgehende Spezialisierung der Zolltarife artet „zu jener schikanösen Differenzierung aus, die den Staat ermächtigt – bei formeller Aufrechterhaltung der M.-B.-Klausel – einzelnen Staaten Sonderbegünstigungen zuzugestehen unter Ausschluß aller anderen meistbegünstigten Staaten. Die Tarifspezialisierung wird auf diese Weise zum wirksamsten Mittel der Diskriminierung..."[246]

4. Genau diese Diskriminierung – d.h. die eigene Bevorzugung – lag auch im ureigenen Interesse der italienischen Agrarexporteure. Ihr Exportvolumen war stärker konzentriert als das der Fertigwarenexporteure, und ihre Absatzmärkte konzentrierten sich aufgrund der leichten Verderblichkeit ihrer Waren auf den unmittelbaren Umkreis in Europa und dort besonders auf die reicheren, entwickelten Industrieländer. Von daher rührt das Interesse der Agrarexporteure an Erhaltung und Ausbau dieses bestimmten Typs von Auslandsmarkt, von daher ist aber auch ihr Desinteresse an der MBK zu erklären. „Es erscheint durchaus verständlich, daß sie auf die Steigerung der Aufnahmefähigkeit eines bereits akquirierten Marktes besonders Wert legen. Sie wollen dort nicht gleich, sondern diskriminiert, respektive bevorzugt behandelt werden."[247] Diese Gruppe von Interessen sorgte also ebenfalls bei der Aushandlung von Zolltarifen und Handelsverträgen durch den Einbau von Kautelen und Sondervergünstigungen für eine wirksame Durchlöcherung der MBK.

Der italienische Generaltarif von 1921 enthielt 953 Hauptpositionen (der Tarif von 1887 demgegenüber nur 472) und etwa 3000 Unterpositionen[248].

Zusätzlich zu dieser Praxis der übertriebenen Tarifspezifikation, die bereits auf dieser Ebene die Wirkungsweise der MBK zunehmend in ihr Gegenteil verkehrte, erfolgte seit 1925 die sukzessiv betriebene Einführung von Schutzzöllen, zuerst zugunsten der protektionistischen Agrarier (Weizen und Zucker), später auch zugunsten bestimmter Industrieinteressen (Chemie, Metall- und Maschinenbau, Texti-

245 Zur allgemeinen Entwicklung, vgl. die zitierten Arbeiten von Sommer und Schiller, beide entschiedene Gegner der MBK.
246 So Sommer, *Neugestaltung* (Anm. 129), S. 132 f.
247 Ebd., S. 146.
248 Francescon-Centa, *Außenhandelspolitik* (Anm. 25), S. 16.

lien)[249], die sich durch den internationalen Tauschverkehr, und sei es auch auf der Basis einer pervertierten MBK, zunehmend bedroht sahen.

Ebenso wie die Schutzzölle kennzeichneten die Maßnahmen zur Steuerung und Regulierung des Binnenmarktes und die dabei zunehmenden staatlichen Eingriffe den binnenwirtschaftlichen Umstrukturierungsprozeß in Italien *vor* Ausbruch der Weltwirtschaftskrise. Insgesamt führte dies zu einer weiteren Unterminierung der Wirkungsweise der MBK in ihrer reinen Form. So konnte man mit Angebotsregulierungen, Verwendungszwängen u.ä. in den Binnenmarkt regulierend eingreifen *und* gleichzeitig „gleichsam hinter einem Vorhang beliebig diskriminieren, ohne daß man formal gegen die Meistbegünstigungsklausel" verstieß[250].

Aushöhlung und praktische Funktionsunfähigkeit der MBK erreichten vor Ausbruch der Weltwirtschaftskrise weltweit ihren Höhepunkt – ein Signal von vielen des Zusammenbruchs der internationalen Arbeitsteilung traditioneller Prägung und damit des Zerfalls von Herrschaftsregulierungsmechanismen der international dominanten Industrieländer. Hier ist nicht der Ort, um auf die Herrschaftsfunktion der MBK und auf die Bedeutung ihrer Aushöhlung auf weltsystemarer Ebene einzugehen. Festzuhalten bleibt aus italienischer Perspektive, daß der skizzierte spezifische Gebrauch der MBK und das sie tragende labile und heterogene Interessenbündnis 1930/31 politisch zur Debatte standen: in Anbetracht des Zusammenbruchs des Weltmarkts, der sich abzeichnenden geographischen Konzentration der italienischen Märkte und nicht zuletzt der Tatsache, daß man nun international von allen Seiten die MBK infrage stellte und offen von ihr abzuweichen begann.

Vor diesem Hintergrund betrachtet, vermitteln die Debatten über den künftigen handelspolitischen Kurs, die im Nationalrat der Korporationen in Rom geführt wurden, einen Einblick in Interessenlage und Argumentationszusammenhänge der relevanten ökonomischen Gruppen.

2. *Die Debatte über den handelspolitischen Kurs*

Die viertägige Debatte (10.–13. November 1931[251]) bildete den Höhepunkt der Auseinandersetzungen um das Problem der Außenhandelsorientierung, die seit

249 Ausführlicher dazu ebd., S. 18 ff.

250 Schiller, Der internationale Wettstreit (Anm. 153), S. 664.

251 Abgedr. in: Ministero delle Corporazioni, *Atti dell'assemblea generale del Consiglio Nazionale delle Corporazioni, sessione seconda*, Rom 1931, S. 71–159. Zur Entstehung des Nationalrats der Korporationen (Consiglio Nazionale delle Corporazioni), zu seiner geplanten und zu seiner tatsächlichen politischen Funktion im Korporativsystem des italienischen Faschismus vgl. Alberto Aquarone, *L'organizzazione dello stato totalitario*, Turin 1965, S. 139, 189 ff.; Joachim Ranke, *Faschismus und Korporativismus. Studien zur politisch-philosophischen Lehre des Faschismus sowie über das Verhältnis von Idee und Wirklichkeit in der faschistischen Wirtschaftsverfassung*, Würzburg 1942, S. 81 ff. Der Nationalrat der Korporationen wurde 1926 dem neu gegründeten Korporationsministerium als beratendes Organ beigeordnet, 1930 wurde er in den Rang eines gesetzgebenden Organs des Korporativsystems erhoben. Mussolini sprach anläßlich der Reform von einem „Generalstab der Wirtschaft" mit weitreichenden normativen Befugnissen. In der politischen Realität sollte der Rat jedoch kaum eine Rolle spielen.

knapp einem Jahr liefen. Außer den Vertretern der einzelnen Korporationen bezogen Stellung die Minister für das Korporationswesen (Bottai), für Landwirtschaft und Forsten (Acerbo), Sprecher des Industrieverbandes (Guarneri, Pirelli), der Leiter des Exportinstituts (Jung), Theoretiker des Korporativsystems (Arias) und Mussolini. Das Ergebnis der Diskussionen[252] war ein Kompromiß zwischen den ausgesprochen kompromißlos vorgetragenen Forderungen der Agrarvertreter (Tassinari, Vorsitzender der Unternehmer in der Korporation Landwirtschaft; Razza, Vorsitzender der Gewerkschaften in derselben) und den Forderungen des Vertreters der Confindustria, der den Vorzügen des Prinzips der Meistbegünstigung für Italien das Wort redete.

Der Kompromiß bestand in einem *sowohl/als auch*:

1. Die italienischen Exporteure sollten fortan auf den Auslandsmärkten mit nicht ungünstigeren Bedingungen als ihre ausländischen Konkurrenten konfrontiert werden – das entsprach der üblichen Umschreibung der MBK;

2. es wurde grünes Licht gegeben für die Anwendung des „Systems des ausgeglichenen Warenaustausches", der „scambi bilanciati", als Verhandlungswaffe und Retorsionsmaßnahme.

Zum heuristischen Wert der Debatte sei schließlich angemerkt: Für die hier interessierende Problematik ist es nicht nötig, ausführlich auf die Frage nach der Stellung des Nationalrats der Korporationen im politischen Entscheidungsprozeß des faschistischen Regimes einzugehen. Ausgehend vielmehr von der ab 1930/31 tatsächlich geübten handels- und vertragspolitischen Praxis des „sowohl/als auch", also von der Anwendung von modifiziertem Meistbegünstigungsprinzip wie auch von reziproker bilateraler Präferenzierung, wird das Gremium mit seinen Debatten in erster Linie als ein wichtiges Forum betrachtet, auf dem die erheblichen Interessenunterschiede und -gegensätze ganz offen zur Sprache kamen: Interessenkonflikte zwischen Landwirtschaft und Industrie, zwischen Großindustrie und mittel- und kleinständischen Betrieben, zwischen primär import- und primär exportorientierten Interessen.

Die teilweise mit erheblichen Spannungen aufgeladenen Sitzungen kamen vor allem in dem Verhältnis Landwirtschaft–Industrie zum Ausdruck, das von Mussolini geradezu als „skandalös" bezeichnet wurde. Wie ein roter Faden zogen sie sich durch die Debatte. Da wird von einem „Duell" zwischen den beiden großen Produktionssphären der italienischen Wirtschaft gesprochen, ja von einer neuerlichen Phase des „historischen Kampfes zwischen Landwirtschaft und Industrie", der in der Geschichte Italiens noch in die Zeit vor das mittelalterliche Städtewesen zurückreiche und für den der italienische Faschismus eine „korporative Lösung" finden müsse; schließlich könne es nicht angehen, daß der Gegensatz, der in früheren Zeiten das Verhältnis *zwischen* den Klassen – zwischen Kapital und Arbeit – be-

252 Die in der Literatur eher beiläufig, wenn überhaupt, berücksichtigt werden; s. z.B. Calderoni, *I cento anni* (Anm. 15), S. 157; Francescon-Centa, *Außenhandelspolitik* (Anm. 25), S. 86f.

stimmt habe und der nun dank des Faschismus in einem „Geist der Zusammenarbeit" überwunden worden sei, daß dieser Gegensatz zwischen den großen wirtschaftlichen Sektoren von neuem aufbreche (Pirelli, Bottai); Aufgabe müsse es vielmehr sein – so der Industrielle Pirelli –, von der „Zusammenarbeit zwischen den Klassen" zu einer „Zusammenarbeit zwischen den großen Wirtschaftsinteressen" voranzuschreiten.

Das unversöhnliche und selbstsichere Auftreten der Agrarvertreter (Tassinari, Razza) ließ einen Ausgleich anfangs schwierig erscheinen. Sie pochten auf den primär bäuerlichen Charakter der Bevölkerung und auf die absolute Vorrangstellung der Landwirtschaft als Grundlage für Italiens Wirtschaftsleben; mehrfach betonten sie, daß es bei den anstehenden Fragen nicht um Zollpolitik allein ginge, sondern um den zukünftigen wirtschaftspolitischen Kurs überhaupt, darum, was aus Italien in Zukunft gemacht werden solle; daraus ergebe sich der eminent politische Charakter der anstehenden Auseinandersetzung, die nicht durch die Zahlenspiele der Industrievertreter (Guarneri war vor allem gemeint) verwässert werden dürfe.

Überhaupt fällt auf, daß sich – im Gegensatz etwa zu den Vertretern von Handel und Industrie – die Sprecher der Agrargruppen mit der neuen faschistischen Wirtschaftspolitik besonders stark identifizierten. Diese solle – so hieß es – auf der Basis von Protektionismus, Kampfzöllen, agrarischer Selbstversorgung, Unabhängigkeit vom Weltmarkt und Aufbau einer nationalen Machtposition „für alle Eventualitäten" Sorge tragen; demgegenüber wurden Freihandel, Inflation, Meistbegünstigung und eine starke Außenhandelsabhängigkeit als Übel einer überwundenen Ära hingestellt, so daß die faschistische Gesinnung der Befürworter etwa der Meistbegünstigung angezweifelt werden konnte (Disput Razza-Guarneri).

Während die anwesenden Vertreter und Theoretiker des Korporativsystems (Bottai, Arias) sich in ihren Stellungnahmen bemühten, die gegensätzlichen Interessen und Konfliktpositionen mit Appellen und Hinweisen auf das dem Gemeinwohl dienende Korporativsystem aufzufangen und zu glätten, entwickelte Guido Jung, Leiter des Nationalen Exportinstituts in seiner Rede die konkrete Kompromißlinie, die sich dann in der Endresolution niederschlug. Dieser Zusammenhang ist deswegen hier von Bedeutung, weil Jung, der im Juli 1932 im Zuge der Regierungsumbildung in Rom zum neuen Finanzminister berufen wurde, anschließend an Ausarbeitung und Durchführung der offensiven Donau- und Balkanraumexpansion führend beteiligt war – eigentlich ungewöhnlich für einen Finanzminister –, und weil er schließlich zu den ersten gehörte (Januar 1935), die zurücktreten mußten, als sich die Schwergewichte im faschistischen Regime versus Aufrüstung und militärischer Eroberung zu verlagern begannen. Es liegt daher nahe, in ihm einen wichtigen politischen Exponenten der hier untersuchten Interessenkoalition zu sehen.

Die Kompromißlinie von Jung sah folgendermaßen aus:

1. Wie nicht anders zu erwarten, standen seine Ausführungen ganz unter dem Imperativ: exportieren. Demgegenüber hatten bei den Wortführern der Agrarier das Hochschutzzollinteresse sowie die Ausweitung des Binnenmarktes (beispielsweise

stärkere Verarbeitung agrarischer Rohstoffe durch die einheimische Industrie) und bei den Sprechern der Confindustria die Rohstoffimportperspektive im Vordergrund gestanden.

In Anbetracht des ausgeprägten agrarischen Schutzinteresses (Forderung von Protektionismus und von Präferenzverträgen) und des entgegengesetzten Interesses der Rohstoffimporteure, sich ungehindert weltweit billig mit Rohstoffen zu versorgen (Aufrechterhaltung der MBK), ist an die Preisentwicklung auf dem Weltmarkt zu erinnern, d.h. an die Schere zwischen den Rohstoff- und Lebensmittelpreisen: Letztere waren von 1929/30 bis 1931/32 stärker gesunken als die stabileren Preise für Fertigwaren. Auf die Situation Italiens übertragen bedeutete dies, daß sich die Agrarier in erster Linie von den Niedrigpreisen der Agrarimporte aus Ost- und Südeuropa bedroht sahen (Vieh, Weizen, Holz); sie forderten daher verstärkten Schutz für den italienischen Binnenmarkt und – gleichzeitig – mit Hilfe von reziproken Präferenzverträgen die Forcierung der italienischen Agrarexporte versus Donau und Balkan. Demgegenüber sahen die Rohstoffimporteure angesichts der zwar weltweiten, aber geographisch in unterschiedlichem Ausmaß sinkenden Rohstoffpreise gerade jetzt die Möglichkeit, billig einzukaufen, und waren daher nicht gewillt, sich durch die präferentielle Bilateralisierung des italienischen Handels auf einige wenige Märkte fixieren zu lassen, die zudem für die Rohstoffversorgung Italiens eher sekundär waren.

Insgesamt kamen hier folglich die Rückwirkungen der Preisverschiebungen auf dem Weltmarkt auf die interne Interessenstruktur der überaus heterogenen italienischen Wirtschaftsstruktur deutlich zum Tragen. Die materiale Basis für die skizzierte Unversöhnlichkeit der Agrar- und Industrieinteressen – bzw. von Teilkräften aus den beiden Lagern – ist folglich hier zu suchen. Und auch Veränderungen in dieser nationalen Konkurrenz- und Konfliktstruktur werden daher wieder nur im Zusammenhang mit der Entwicklung auf dem Weltmarkt erklärt werden können.

2. Die von Jung vertretene Exportperspektive war noch aus einem weiteren Grund von politischer Bedeutung. Gegenüber den massiv vorgetragenen Schutz- und Binnenmarktinteressen der Agrarier und der von Guarneri/Confindustria stark herausgestellten Perspektive der Rohstoffversorgung riskierten es die primär exportorientierten Interessen in Landwirtschaft und Industrie, während dieses Konflikts in die Schattenzone zu geraten. Ihnen boten das Exportinstitut und Jung die Plattform und die Organisation, ihre zersplitterten Kräfte zu konzentrieren. Denn Handel und Transport, agrarische Exporte, traditionelle wie neue industrielle ausfuhrorientierte Branchen, besonders auch die Klein- und Mittelbetriebe, sahen ihre Interessen lediglich durch das Exportinstitut und Jung vertreten. Dies wurde in der Debatte sehr deutlich. Denn diese Kräfte konnten sich weder als Befürworter spezifisch faschistischer Organisationsformen ausgeben (Agrarier/Korporativsystem) noch verfügten sie über eine schlagkräftige Interessenorganisation à la Confindustria. So erklärt es sich, daß in den Stellungnahmen dieser Gruppen oftmals explizit auf Jung bzw. die Arbeit des INE Bezug genommen wurde bzw. Jung selbst in seiner Rede auf diese heterogenen Interessen und deren Zwang zum Export im einzelnen hinwies.

3. Vor diesem Hintergrund läßt sich die „Kompromiß"-Position von Jung als dem Sprecher der Exportinteressen so differenzieren: Von der *Sache* her war diese Position natürlich keine eigentliche „Kompromiß"-Position, sondern sie bildete die Plattform für die *dritte* Gruppierung, das Exportkartell, gegenüber den am Binnenmarkt orientierten Agrariern und den überwiegend an der Rohstoffversorgung interessierten Gruppen in der Industrie. Kompromißcharakter dagegen hatten seine Vorschläge zum zukünftigen handelspolitischen Kurs Italiens. In Stichworten lassen sie sich folgendermaßen zusammenfassen: In Anbetracht der völlig veränderten weltwirtschaftlichen Lage im Vergleich zur ersten Nachkriegszeit – so wurde ausgeführt – läge eine Revision der MBK nahe; insbesondere müsse Italien seine starke Stellung als Rohstoffimporteur nutzen und sie mit Hilfe der „scambi bilanciati" zu einer handelspolitischen Waffe ausbauen; der Binnenmarktschutz für agrarische Produkte müsse vervollständigt werden; zugleich gälte es den Export mit allen Mitteln flexibel zu fördern.

In der abschließenden Resolution wurde die Kompromißformel noch um einige bezeichnende Aspekte erweitert: Neben der Betonung der Solidarität von Landwirtschaft und Industrie im Rahmen des Korporativsystems wurden die Ablehnung der Bildung von geschlossenen Wirtschaftsräumen und die Bekräftigung der MBK (beides Forderungen von Guarneri/Confindustria) deutlich formuliert. Die Resolution trägt die Unterschriften von Vertretern aus Industrie, Landwirtschaft und Handel[253].

II Zur Regierungsumbildung in Rom, Juli 1932

Noch ehe sich die veränderten strukturellen Bedingungen auf politisch-diplomatischer Ebene vollends durchsetzten, kam es am 20. Juli 1932 zur Regierungsumbildung in Rom, die in der italienischen Geschichtsschreibung[254] bezeichnenderweise als „svolta", als Wende, bezeichnet wird: Wende insofern, als nun auch im engeren politischen Entscheidungsprozeß jene Interessenverbindung zum Durchbruch gekommen war, die es vermocht hatte, heterogene ökonomische und politische Interessen zusammenzuschweißen und in eine politische Strategie umzusetzen, mit dem Ziel, die Expansionspolitik des faschistischen Italien im Donau- und Balkanraum zu intensivieren und ihr dabei ein erhöhtes Maß an Autonomie gegenüber den Hauptkonkurrenten, Frankreich und vor allem Deutschland, zu erobern.

253 Nicht Guarneri, der anwesende Vertreter der Confindustria, unterzeichnete jedoch, sondern der Generalsekretär der Organisation, G. Olivetti, der während der Debatte nicht in Erscheinung getreten war. Ungeklärt muß hier bleiben, inwieweit der Rücktritt von G. Olivetti als Generalsekretär der Confindustria Anfang 1934 in einem Zusammenhang mit dem sich abzeichnenden désistement Italiens im Donau- und Balkanraum und mit der Absetzung von G. Jung steht.

254 Vgl. u.a. D'Amoja, *Declino* (Anm. 107) passim; De Felice, *Mussolini il duce* (Anm. 3), passim.

Mit der Regierungsumbildung konnte sich diese Interessenkoalition einflußreiche Positionen in der Exekutive sichern. Doch bildete ihre Expansionsstrategie nach wie vor nur *eine* Komponente in der Ökonomie der italienischen Außenpolitik. Denn durch die römische Regierungsumbildung erfuhren die Anhänger eines stärkeren Zusammengehens mit NS-Deutschland (Italo Balbo als Sprachrohr dieser Strömung) ebenfalls Rückenstärkung. Außerdem schlug sich in ihr bereits das zunehmende Interesse an einer militärisch-expansionistischen Form der Kolonialeroberung nieder, die 1934/35 zur vorherrschenden Tendenz werden sollte.

Zunächst zur Stellung Mussolinis: Dadurch, daß er neben dem Vorsitz im Ministerrat die Leitung der Ministerien für Äußeres, Inneres und für das Korporationswesen an sich gezogen hatte, konnte der Eindruck einer straffen, zentralisierten Leitung der Regierungsgeschäfte entstehen – ein Eindruck, dem noch durch die organisatorische Stärkung der Position des Außenministers in seinem Amt, im Palazzo Chigi, Vorschub geleistet wurde[255]. Parallel zur Zusammenfassung von Kompetenzen und Befugnissen in den Händen Mussolinis zogen jedoch Vertreter sehr unterschiedlicher expansionistischer Zielsetzungen und unterschiedlicher politischer Provenienz in wichtige Schaltpositionen ein: Diplomaten traditioneller Prägung neben Vertretern aus der faschistischen Bewegung; Wortführer einer Annäherung Italiens an die „Front der Unzufriedenen", insbesondere an Deutschland, neben Gegnern dieser als einseitig empfundenen Orientierung. Letztere vertraten die Auffassung, daß die italienische Expansionspolitik innerhalb wie außerhalb Europas nur bei Aufrechterhaltung der Beziehungen zu England und Frankreich realistisch sei. Gleichzeitig wurde die Arbeit der offiziellen diplomatischen Vertreter zunehmend durch die Aktivitäten offiziöser Gesandter überlagert, die zudem oft über einen besseren Draht zu Mussolini verfügten: Korrespondenten von „Il Popolo d'Italia", Exponenten der Faschistischen Partei und der ihr nahestehenden Organisationen.

Trotz des äußeren Anscheins läßt sich daher festhalten, daß die Präsenz rivalisierender außenpolitischer Strategien in dem engeren außenpolitischen Entscheidungsprozeß Anfang der dreißiger Jahre Ausdruck für eine ebenfalls in diesem Bereich noch fluide, noch nicht durch eindeutige Weichenstellungen gekennzeichnete Situation war. In ihr unterlag Mussolini möglicherweise stärker als zuvor dem Zwang zur Vermittlung sowie zu verschärften Pressionen. Plötzliche „Meinungsumschwünge", die Preisgabe lange aufrecht erhaltener außenpolitischer Positionen, aber auch die *gleichzeitige* Ingangsetzung sich gegenseitig ausschließender oder sich behindernder Strategien finden hierin einen Teil ihrer Erklärung.

Im Hinblick auf die Donauraumpolitik hatten sich folgende wichtige Veränderungen ergeben[256]:

255 Durch königliches Dekret v. 25. August 1932 wurde der Minister im Amt ermächtigt, die notwendigen Maßnahmen zu ergreifen, „um die Organisation des Ministeriums den Erfordernissen der internationalen Situation anzupassen". Dies kam einer Aufhebung der bis dahin geltenden Praxis, Änderungen nur über formale Maßnahmen durchzusetzen, gleich. Vgl. D'Amoja, *Declino* (Anm. 107), S. 103.

256 Vgl. ebd., S. 95 ff.

Neuer Unterstaatssekretär im Außenminsiterium, in der Hierarchie unmittelbar unter dem vielbeschäftigten Mussolini stehend, wurde Fulvio Suvich. Geboren in Triest (1887), war er im Ersten Weltkrieg aus der austro-ungarischen Armee desertiert und hatte den Krieg als Freiwilliger in der italienischen Armee fortgesetzt. 1919 gründete und leitete er in Triest ein „Komitee zur Bekämpfung des Bolschewismus"[257]. Über die Triestiner nationalistische Bewegung gelangte er zum Faschismus[258] und verband seit 1921 die Aufgaben eines Abgeordneten in Rom mit der Wahrnehmung der Interessen der größten Triestiner Versicherungsgesellschaft[259]. Anfang 1926 kam er als Unterstaatssekretär ins Finanzministerium, als der Stabilisierungskurs in die Wege geleitet wurde. Von 1931 bis 1932 vertrat er Rom als Wirtschafts- und Finanzfachmann im Völkerbund, wo er sich im Herbst 1931 als Sprecher für mitteleuropäische Fragen hervortat (besonders Ungarn und den Donauraum betreffend). Daß er auf eine zentrale Schaltstelle im römischen außenpolitischen Apparat gerade zu einem Zeitpunkt berufen wurde, als die offensive Donauraumpolitik ihrem Höhepunkt zusteuerte, war sicherlich kein Zufall[260].

Suvich war aber nicht nur ein exponierter Vertreter der mittel- und südosteuropäischen Expansionspolitik Italiens, er galt gleichzeitig als einer der schärfsten Gegner der deutschen Expansionsbestrebungen in diesem Raum, und so war die italienische Expansionspolitik für ihn immer auch gleichzeitig eine explizit gegen den deutschen Expansionismus gerichtete Politik. In Berlin und Wien wurde er daher als einer der „Hauptverantwortlichen" für die antideutsche Haltung der italienischen Politik in der Österreichfrage betrachtet[261].

Mit Pompeo Aloisi, dem neuen Kabinettschef im Außenministerium, waren die italienischen Interessen im Balkan und im östlichen Mittelmeer durch einen langjährigen Kenner vertreten. Er galt als Fachmann für diese Fragen[262]. Und die aktiver werdende Balkan- und allgemein Levantepolitik Roms bestand auch für ihn darin, dem östlichen Expansionsdrang Deutschlands und Frankreichs entgegenzuarbeiten. Seine Aufenthalte als italienischer Gesandter in Bukarest (1923–26) und

257 Nach, *Chi è? Dizionario degli Italiani d'oggi*, Rom ^{3}1936.

258 Zu den sich 1923 in Triest zuspitzenden Führungskämpfen zwischen dem von Suvich angeführten nationalistischen Flügel der Faschisten, die mit den wichtigsten Kapitalgruppen in Verbindung standen, und den sogenannten reinen Faschisten vgl. Adrian Lyttelton, *La Conquista del Potere. Il fascismo dal 1919 al 1929*, Bari 1974, S. 443 f.

259 Es handelte sich um die „Riunione Adriatica di Sicurtà". Zur traditionell führenden Rolle der Triestiner Versicherungsgesellschaften im italienischen Nationalismus und Imperialismus vgl. Enzo Collotti, Il ruolo della Bulgaria nel conflitto tra Italia e Germania per il nuovo ordine europeo, in: *Il Movimento di Liberazione in Italia*, 1972 (Juli–September), S. 53–90, bes. S. 58f.

260 Für Hinweise zur Rolle von Suvich als Exponent der Triestiner Interessenkoalition vgl. auch Mario Pacor, *Italia e Balcani dal Risorgimento alla Resistenza*, Mailand 1968, S. 89; vgl. auch Suvichs eigene Aussagen, in: *Il Processo Roatta*, hrsg. v. Donatello de Luigi, Rom 1945, bes. S. 18.

261 Suvich berichtete, daß Berlin in ihm den Verantwortlichen für die Entsendung italienischer Truppen an den Brenner nach der Ermordung von Dollfuß sah; s. seine Aussage während des Processo Roatta (Anm. 260), S. 19.

262 D'Amoja, *Declino* (Anm. 107), S. 96ff.

in Durazzo (1926–28) fielen mit der Aktivierung der italienischen Balkanpolitik gegen die Positionen Frankreichs und Jugoslawiens zusammen.

Aufgrund seiner häufigen Abwesenheit, bedingt durch seine Aufgabe als Leiter der italienischen Delegation beim Völkerbund, kam Aloisis Stellvertreter, Francesco S. Jacomoni di San Savino, erhöhte Bedeutung zu. Seine Bestätigung im Amt bei dem Revirement 1932 war insofern bedeutsam, als er in den zwanziger Jahren die italienische Expansionspolitik auf dem Balkan in loco (Bukarest und Durazzo) in Zusammenarbeit mit Aloisi vorangetrieben hatte. Gleichzeitig signalisierte sie das Vordringen der jüngeren faschistischen Generation in die höheren Ränge des außenpolitischen Apparates in Rom.

Eine zentrale Rolle für die Donauraumpolitik spielte sodann der neuernannte, 1876 in Palermo geborene, Finanzminister Guido Jung, bislang Präsident des 1926 gegründeten Italienischen Exportinstituts. Aufgrund seiner Interessen (Mitbesitzer einer Exportbank) sowie seiner langjährigen Kenntnis der internationalen Finanz- und Wirtschaftskreise sah Mussolini ihn als Fachmann, als Technokrat mit geringen politischen Ambitionen[263], der außerdem noch den Vorzug hatte, nicht dem engeren Führungskreis der mächtigsten italienischen Kapital- und Finanzgruppen anzugehören. Jung hatte Italien auf der Friedenskonferenz vertreten, wo er sich als Sachverständiger für Finanzfragen an der Ausarbeitung der Friedensverträge mit Deutschland und Österreich beteiligte; anschließend nahm er an fast allen internationalen Konferenzen zur Reparationsfrage sowie an der Ausarbeitung des Dawes-Plans teil (London/Paris, 1924/25). Für die italienische Öffentlichkeit trat er währenddessen als Abgeordneter in Erscheinung und als Sachverständiger bei der großen Banksanierung 1923 (Banca Nazionale di Sconto). Er galt als unbedingter Befürworter des hohen Aufwertungssatzes der Lira, der Quote 90. Zeitgenössische Beobachter sahen in seiner Berufung das Signal für eine künftig entschlossenere Interventions- und Regulierungspolitik des Staates[264].

Für die hier vorgestellten politisch-diplomatischen Exponenten der Donau- und Balkan-Interessenkoalition, die in ihrer Heterogenität die Heterogenität dieser Interessen selbst repräsentierten, sollte das sich 1934/35 abzeichnende désistement Italiens im Donau- und Balkanraum und der sich gleichzeitig verstärkende Kurs versus Aufrüstung und territorialer Eroberung das Ende ihrer politischen Karriere bedeuten – zumindest für diejenigen in hervorgehobener Position. Suvich, Jung und Aloisi wurden in den Jahren 1935/36 ihrer Ämter enthoben, ohne durch gleichwertige Aufgaben entschädigt zu werden.

Ohne diese Vorgänge im einzelnen überbewerten zu wollen, erscheinen die Veränderungen auf der politisch-personalen Ebene im Ganzen und im größeren Zusammenhang betrachtet als ein weiterer Ausdruck der Machtkämpfe um den Außenkurs des faschistischen Regimes Mitte der dreißiger Jahre, als an die Stelle der

263 Nach Mussolinis Sturz wurde Jung als einziger Politiker aus der faschistischen Ära Mitglied der Regierung Badoglio; vgl. Lucio Villari, *Il capitalismo italiano del novecento*, Bari 1972, S. 237, Anm. 1.

264 Nach: *Chi è? Dizionario degli italiani d'oggi*, Rom ^{4}1940; Guarneri, *Battaglie economiche* (Anm. 79), S. 300; De Felice, *Mussolini il duce* (Anm. 3), S. 174 f., 288 f.

doppelseitigen römischen Expansionsstrategie die Verengung auf den militaristischen Expansionskurs in Erscheinung zu treten begann.

III Zur Interessenparallelität von römischer Kurie, italienischer Regierung und faschistischer Bewegung

1. *Übereinstimmung zwischen Kurie und Regierung in der Österreichfrage*

Zwei weitere Momente kamen hinzu, die der sich formierenden Interessenkoalition den Rücken stärkten: zum einen Interessenparallelitäten in der Österreichpolitik zwischen Vatikan und faschistischer Regierung und zum anderen Veränderungen im Selbstverständnis des italienischen Faschismus selbst. Dieser wurde nun von weiten Teilen der faschistischen Bewegung mehr und mehr als „Exportartikel" verstanden – in offener Konkurrenz zum Nationalsozialismus. In unserem Zusammenhang werden in erster Linie die Auswirkungen der beiden Momente auf die Ideologie des Faschismus als Expansionsideologie von Interesse sein.

Zu Beginn der dreißiger Jahre fiel zeitgenössischen Beobachtern an der in Rom formulierten Österreichpolitik zunehmend auf:

„Depuis quelque temps s'est accentué le parallélisme des politiques de l'Italie et du Saint Siège. A certains observateurs, le mot de parallélisme parait même insuffisant, et il leur semble que les deux politiques fassent plus que de courir parallélement, mais plutôt se rejoignent et se confondent."

So der französische Botschafter am Heiligen Stuhl, Charles-Roux, im Mai 1933[265].

Und ähnlich war in der zeitgenössischen Publizistik anläßlich der Unterzeichnung der Lateran-Verträge zu lesen:

„... le rapprochement avec l'Italie eut pour résultat, non pas certes d'identifier la politique du Vatican avec la politique italienne, mais de créer entre les deux, surtout en Europa centrale, un parallélisme apparent, qui a donné ombrage à quelques Etats et en a déconcerté quelques autres."[266]

Den Zusammenhängen zwischen den Bestrebungen des Vatikans, das Erbe der letzten großen katholischen Macht in einem unabhängigen Österreich zu wahren und gleichzeitig die Transformation der österreichischen Demokratie in einen autoritär-christlichen Ständestaat als Bollwerk gegen die großdeutsche rassistische Variante des Faschismus in Deutschland – so hieß es – durch wohlwollendes Interesse zu stützen, diesen Zusammenhängen besonders in ihren Rückwirkungen auf die Expansionspolitik Italiens ist nach meiner Kenntnis in der Forschung kaum in adäquater Weise nachgegangen worden. Ausgehend von der These der Breite, der

265 *DDF* (Anm. 118), 20. 5. 1933, Nr. 304.
266 Maurice Pernot, La Politique du Saint-Siège en Europe Centrale, in: *L'Esprit International*, 1934, Nr. 29, S. 80–94, bes. S. 94.

heterogenen Zusammensetzung und der vielfältigen Verzahnung der der Donauoffensive zugrundeliegenden italienischen Interessenkoalition soll allerdings an dieser Stelle lediglich aufgezeigt werden, inwieweit und in welche Weise die Österreichpolitik der Kurie eine die italienische Politik zumindest sekundierende Funktion hatte.

Die engen Verbindungen zwischen römisch-katholischer Kirche und austro-ungarischer Monarchie reichen weit in die Geschichte zurück; sie erklären die Aufmerksamkeit der Kurie, mit der sie die Entwicklung in Mittel- und Südosteuropa auch nach der Zerstörung der Monarchie verfolgte, und ihr besonderes Interesse an einer Stabilisierung der Verhältnisse unter konservativ-traditionalistischem Vorzeichen[267]. Ihr besonderes Interesse galt der Situation in Österreich, dessen wirtschaftlicher, vor allem aber auch sozialer und politischer Entwicklung; hier wurde den engen Kontakten zwischen Papst Pius XI., Kardinalstaatssekretär Pietro Gasparri einerseits und dem Prälaten Seipel mit der von ihm angeführten Christlichsozialen Partei andererseits besondere Bedeutung beigemessen[268].

In der Frage des Anschlusses Österreichs an Deutschland nahm der Vatikan in den zwanziger Jahren offiziell eine unklare Haltung ein. In vertraulichen Äußerungen wurde der „Anschluß" teils als unvermeidbar hingestellt (Gasparri), teils sogar begrüßt (Papst)[269]. Aber insgesamt scheint dieses Problem eine wichtige Rolle in den diplomatischen Kontakten der Kurie zu jener Zeit gespielt zu haben.

Mit dem Zustandekommen der Lateran-Verträge (Februar 1929), des Interessenausgleichs also zwischen Katholischer Kirche und italienischem Staat, einerseits und der nationalsozialistischen Machtübernahme in Deutschland andererseits, bahnten sich auch Veränderungen in der Kurien-Politik gegenüber Österreich an, die in Richtung auf den oben zitierten „parallélisme des politiques de l'Italie et du Saint-Siège" wiesen.

Die Angleichung der Standpunkte Italiens, der Kurie und des offiziellen Österreichs in der „Anschluß"-Frage vollzog sich sukzessiv in mehreren Etappen, die im folgenden kurz umrissen werden.

1. Der im Februar 1929 auch formal hergestellte Interessenausgleich zwischen italienischem Staat und Vatikan mit seinen höchst wichtigen Auswirkungen auf das Verhältnis der katholischen Öffentlichkeit zum faschistischen Regime begann seit Ende 1931 wirksam zu werden, nachdem auch der äußerst heftige Konflikt um die politische Kontrolle der „Azione Cattolica" beigelegt worden war; jedenfalls gab es zwischen 1931 und 1940, folgt man der Forschung, keine schwerwiegenden Kontroversen mehr zwischen Kirche und Staat[270].

267 Dazu ebd.; ausführlich zur Entwicklung nach dem Ersten Weltkrieg: Friedrich Engel-Janosi, *Il Vaticano fra fascismo e nazismo*, Florenz 1973.
268 Ebd., bes. S. 117 u. passim.
269 Ausf. zu dieser Frage ebd., S. 128–131.
270 So A. C. Jemolo, zit. nach ebd., S. 149. Für die Beilegung des Konflikts hatte sich besonders tatkräftig der neue Kardinalstaatssekretär, Eugenio Pacelli, eingesetzt (ebd., S. 150).

2. Angesichts des Vordringens der nationalsozialistischen Propaganda in Österreich' und damit der Zuspitzung der „Anschluß"-Gefahr wurde der Katholizismus in Österreich zunehmend politisiert, d.h. von den Anschlußgegnern um Dollfuß gezielt zur ideologisch-politischen Basis für Eigenständigkeit und Unabhängigkeit Österreichs von Deutschland ausgebaut. Es erfolgte eine nicht zu übersehende Herausstellung des Faktors „Katholizismus" im politischen öffentlichen Leben Österreichs unter Anknüpfung an eine Tradition, die bereits durch Seipel und die Christlichsoziale Partei breite Entfaltungsmöglichkeiten im Nachkriegs-Österreich gefunden hatte. Mit den Worten eines französischen Beobachters:

„L'Autriche est un pays de population allemande, où le facteur ethnique, dans les conjonctures existant depuis 1919, ne pouvait pas jouer contre l'union politique et territoriale avec l'Allemagne. L'on doit même dire: ne pouvait pas ne pas jouer pour cette union. Considéré sous l'angle intérieur anstrichien, le problème de l'Anschluss se posait donc dans les termes suivants: qu'est-ce qui peut être opposé au facteur ethnique pour rallier cette population, de race germaine, au parti de l'indépendance, que son gouvernement s'est engagé envers le monde à faire respecter? Or les seuls leviers dont disposât le gouvernement de Vienne, pour agir sur l'opinion publique autrichienne, dans le sens de l'indépendance politique, étaient une longue tradition d'Etat, la conscience d'une civilisation propre et le sentiment catholique. ... La longue tradition d'Etat de l'Autriche, c'était celle d'un état catholique; la conscience d'une civilisation propre aux Autrichiens, c'état celle d'une civilisation fortement imprégnée de catholicisme. Il était donc naturel que le gouvernement de Vienne, lorsqu'il voudrait dégager le caractère essentiel d'une individualité prope à son peuple, le cherchât dans le catholicisme."[271]

In diesem Lichte sind schließlich auch die Bemühungen von Dollfuß zu sehen, die Konkordatsverhandlungen mit dem Vatikan zu einem schnellen Abschluß zu bringen – im Wettlauf gewissermaßen mit den Konkordats-Verhandlungen zwischen Berlin und der römischen Kurie[272].

3. Seit dem Sommer 1933 war eine deutliche Abkühlung der Haltung des Vatikans gegenüber Deutschland zu registrieren; zu dieser Zeit begann das offiziöse Organ des Vatikans, der „Osservatore Romano", damit, über Repressionen gegen Katholiken im nationalsozialistischen Deutschland zu berichten. Die publizistische Herausstellung der beispielhaften Beziehungen zu Österreich unter der Führung von Dollfuß ergab sich da fast schon von selbst – mit dem Ergebnis heftiger Pressereaktionen in Deutschland[273]. Die unterschiedliche Entwicklung der Beziehungen des Vatikans zu Deutschland und Österreich leistete den italienischen Expansions- und Infiltrationsbestrebungen in mindestens zweifacher Hinsicht Vorschub. Zum einen bot sie Frankreich die Möglichkeit, sich in die gemeinsame Front der „Anschluß"-Gegner einzureihen. Wiederum mit den Worten von Charles-Roux, als entschiedener Vertreter dieser Politik Frankreichs und bei seinen Kollegen am Heiligen Stuhl als Gegner Deutschlands bekannt[274]:

271 F. Charles-Roux, *Huit ans au Vatican 1932–1940*, Paris 1947, S. 110 f.; vgl. auch Pernot, La Politique (Anm. 266), S. 91.

272 *DDF* (Anm. 118), Nr. 375 (Puaux/Wien, 8. 6. 1933); ausführliche Angaben bei: Engel-Janosi, *Il Vaticano* (Anm. 267), S. 179 ff.; Pernot, La Politique (Anm. 266), S. 91 f.

273 Engel-Janosi, *Il Vaticano* (Anm. 267), S. 157 ff., auch S. 182.

274 Charles-Roux, *Huit ans* (Anm. 271), passim; Engel-Janosi, *Il Vaticano* (Anm. 267), S. 171.

„Les deux politiques concordent ... sur la question d'Autriche. Nous avons, cette fois, à nous en réjouir, puisque toutes deux tendent maintenant à contrecarrer l'Anschluss austro-allemand, chacune par les moyens qui lui sont propres."

Die angewandten Mittel sind bekannt:

„En activant la négociation d'un concordat avec l'Autriche, puis en concluant cette convention, en recevant M. Dollfuss avec une faveur d'ailleurs tout à fait justifiée, en entrant dans les vues d'un chancellier qui entreprenait la défense de son pays contre la contagion hitlérienne et la mainmise allemande, le Saint-Siège a assumé un rôle secondaire, mais pas négligeable, dans la partie politique où se joue le sort de l'Anschluss: et ce rôle s'harmonise avec celui, plus actif et du plus de relief, qu'a pris le gouvernement de M. Mussolini."

Und er schließt zu diesem Punkt mit der Bemerkung:

„La question d'Autriche est donc celle où, dans les circonstances actuelles, la concordance des politiques italienne et pontificale est la plus naturelle et, pour l'instant, la plus conforme à nos propres intérêts."[275]

Zum zweiten, darüber berichtete der französische Botschafter ebenfalls, verfolgte die Kurie mit Interesse den Zweifrontenkampf der Regierung Dollfuß gegen Nationalsozialisten und Sozialdemokraten, der auch bei den häufiger gewordenen Kontakten zwischen Mussolini und Dollfuß zur gleichen Zeit eine zentrale Rolle spielte.

Ohne die eigene Skepsis hinsichtlich der Vermeidbarkeit des Anschlusses grundsätzlich aufzugeben, drängte die Kurie Dollfuß in den Jahren 1933/34 dennoch, die Zeit für eine „Neustrukturierung", für eine Reform des österreichischen Staates gegen die nationalsozialistische Gefahr zu nutzen[276]. Die im Herbst 1933 stattgefundene Reorganisierung des Staates auf christlich-ständischer Basis wurde daher mit lobenden Worten vom Vatikan bedacht[277].

Nach der blutigen Zerschlagung der Sozialdemokratie durch die Regierung Dollfuß mit Hilfe der Heimwehren im Februar 1934, der das Verbot und die Auflösung der SPÖ folgten, war in der Sicht der Kurie schließlich der Moment gekommen, dem „Staat eine immer stärker christliche Struktur" zu geben, oder, mit den Worten des Kardinalstaatssekretärs Pacelli: Es habe sich die Lage in Österreich nach dem Wegfall der parlamentarischen Opposition derart verändert, daß es nun möglich sein würde, ein wirklich beispielhaftes Konkordat zu schaffen, so wie es sich der Heilige Stuhl seit langer Zeit erträumt habe[278].

Kann man aufgrund der skizzierten Entwicklung[279] die Beziehungen zwischen der römischen Kurie und Österreich also als „besondere Beziehungen" bezeich-

275 Charles-Roux (20. 5. 1933), *DDF* (Anm. 118), Nr. 304.
276 Engel-Janosi, *Il Vaticano* (Anm. 267), S. 174 ff.
277 Vgl. ebd., S. 188 f.
278 Zit. nach ebd., S. 182 f.; dort auch weitere Hinweise über den Verlauf der Verhandlungen.
279 Vgl. auch Adam Wandruszka, Zwischen den Weltkriegen, in: Silvio Furlani/Adam Wandruszka, *Österreich und Italien, Ein bilaterales Lesebuch*, Wien/München 1973, S. 237–255, hier bes. S. 249 f.

nen[280], so waren die Beziehungen zwischen Italien und dem Vatikan seit der Versöhnung 1929/31 von „ganz besonderer Art"[281]. Sie nahmen nicht zuletzt in der Parallelität ihrer Interessen gegenüber Österreich konkrete Gestalt an[282].

Die politische Entwicklung in Österreich wurde schließlich mit wachsender Aufmerksamkeit von der katholischen Öffentlichkeit in Italien verfolgt: einer Öffentlichkeit, die mehr und mehr als *positiver* Faktor in das Kalkül der römischen Regierung einbezogen werden konnte aufgrund des veränderten politischen Klimas im Lande infolge der Annäherung zwischen Katholischer Kirche und Staat. Es läßt sich in der Tat eine Fülle von zeitgenössischen Publikationen und öffentlichen Erklärungen anführen[283], die das rege Interesse der katholischen italienischen Öffentlichkeit an den Ereignissen in Österreich dokumentiert. Einen Höhepunkt erreichte es in den Jahren 1934/35 nach der Ermordung von Dollfuß. In dem Politiker Dollfuß sah man posthum – der Publizistik folgend – die Verkörperung des „Realismus christlicher Politik"; zusammen mit Seipel wurde er hochstilisiert zum Promotor eines „unabhängigen, ständischen, christlichen Österreich, Bollwerk dieses ... gegenüber dem aus dem Orient kommenden Bolschewismus und dem Rassismus aus dem Norden"; zum „Mann der Vorsehung", der der „rassistischen deutschen Mystik die christlich österreichische Mystik" entgegengesetzt habe usw. – um nur den Tenor der zur „offenen Hagiographie" (Collotti) tendierenden Reaktionen in etwa zu verdeutlichen.

2. *Zur Wende im Selbstverständnis des italienischen Faschismus*

Die Verbindungen von Faschismus und Katholizismus bildeten nun wieder eine zentrale Komponente – wenn nicht überhaupt wichtiges Motiv – in der Wende, die der italienische Faschismus seit Beginn der dreißiger Jahre zur „idea universale", zum „panfascismo", zur „Internazionale fascista" vollzogen hatte[284]. Hierbei handelt es sich um bereits in der Literatur vielfach erörterte Entwicklungen, so daß lediglich einige Hinweise angeführt werden sollen, die den Zusammenhang verdeutlichen zwischen der Wende im Selbstverständnis des italienischen Faschismus als „Exportartikel" in Konkurrenz zum Nationalsozialismus einerseits und der Herausbildung einer faschistisch-universalistischen Konkurrenzideologie andererseits, die anläßlich des Kampfes um Österreich zuerst und besonders deutlich hervortrat:

280 In der Forschung wird hier von der „privilegierten" Position Österreichs im Verhältnis zum Vatikan gesprochen; s. Engel-Janosi, *Il Vaticano* (Anm. 267), S. 187.

281 Auf die weitreichenden Auswirkungen der Versöhnung von italienischem Staat und Vatikan hinsichtlich der Zusammenarbeit und Verflechtung von italienischen Wirtschaftsinteressen mit denen des Vatikans, besonders auf der Ebene des Finanzkapitals, kann in diesem Zusammenhang nicht eingegangen werden; vgl. als Überblick hierzu Giovanni Grilli, *La finanza vaticana in Italia*, Rom 1961, insbes. S. 55–73.

282 Zur Entstehung des „Austrofaschismus" und dabei zur Rolle des italienischen Faschismus sowie der Kurienpolitik vgl. Collotti, Considerazioni (Anm. 103); ders., Il fascismo (Anm. 77); auch als Überblick: Santarelli, *Storia* (Anm. 13), S. 333 ff. u. passim.

283 Vgl. Collotti, Il fascismo (Anm. 77), S. 16 f. und die dort angegebene Literatur.

284 Ausführlich dazu: Santarelli, *Storia* (Anm. 13), bes. Kap. X.

„Die neue, unter italienischer Mitwirkung zustande gekommene Wendung in der österreichischen Politik zu einem faschistisch-autoritären Staat bringt nicht nur die Gefahr mit sich, daß Italien sich wieder stärker als es inzwischen zeitweise der Fall war, für das Regime Dollfuss engagiert, sondern bewirkt zugleich, daß ein schon wiederholt in Italien leise angeschlagener Ton stärker und lauter vernehmlich wird, nämlich der Gedanke, daß der Nationalsozialismus gar nicht die legitime Schwester oder Tochter des Faschismus sei, sondern etwas anderes ‚Germanisches', für das man sich nicht so sehr zu interessieren und von dem man auch nichts Besonderes zu erwarten habe, während ‚echter' Faschismus sich in Österreich und vielleicht auch an anderen Stellen in Europa (vergleiche die Schweizer ‚Fronten') zu entwickeln beginne."

So der besorgte Hassell[285] angesichts der Verschärfung der italienisch-deutschen Rivalität nun auch auf der Ebene der Ideologie. Über die Herausbildung des österreichischen Faschismus zwischen den konkurrierenden Faschismen Deutschlands und Italiens berichtete zur gleichen Zeit auch die französische Diplomatie:

„Le principal succès de M. Hitler paraît ainsi d'avoir puissamment aidé à la renaissance ou même plutôt à la naissance d'un nationalisme autrichien qui s'oppose au nom même du germanisme au super-nationalisme envahisseur de Berlin."[286]

In diesen zeitgenössischen Beobachtungen kommt der Zusammenhang zwischen der Faschisierung Deutschlands und der Herausbildung konkurrierender ideologischer Imperialismen[287] in aller Deutlichkeit zum Ausdruck. Sicherlich überrascht es nicht, daß dieser Prozeß besonders vehemente Formen im faschistischen Italien annahm, das auf eine knapp zehnjährige Geschichte des Faschismus an der Macht zurückblickte und dessen zumindest informelle ideologische Führerschaft unter den faschistischen Bewegungen und Regimen bis dahin unangefochten schien. Von daher ist auch die grundsätzliche Ambivalenz zu verstehen, mit der die italienischen Faschisten die Machtübernahme des Nationalsozialismus in Deutschland verfolgten.

Diesen Zusammenhängen ist in der Literatur ausführlich nachgegangen worden[288]; die wichtigsten Aspekte brauchen daher nur zusammenfassend herausgestellt zu werden. So verschafften sich neben offenkundiger Genugtuung mit der Zeit zunehmend Stimmen der Sorge in Italien Gehör, die im Nationalsozialismus die gefürchteten traditionellen Hegemonialbestrebungen Deutschlands in neuem Gewand wiedererkannten. Man begann um die Reputation des von Italien geprägten Faschismus in den konservativen Kreisen Großbritanniens und der USA, aber vor allem um die eigenen Einflußsphären in Europa zu fürchten.

Ein bis zum September 1933 mit Rede- und Reiseverbot belegter Autor[289] konnte nun 1934 öffentlich auftreten und seine Besorgnis äußern („grido di allarme di un italiano"), begleitet von einer Flut ähnlich orientierter Publikationen. Man unterschied zwischen dem Nationalsozialismus als Bewegung und dem Nationalsozia-

285 An AA (6. 10. 1933), *AzDAP* (Anm. 191), Nr. 485.

286 Puaux, Wien (1. 6. 1933), *DDF* (Anm. 118), Nr. 348, auch Nr. 375.

287 Vgl. Santarelli, *Storia* (Anm. 13), S. 308 u. passim.

288 Vgl. besonders Renzo De Felice, *I rapporti tra fascismo e nazionalsocialismo fino all'andata al potere di Hitler (1922–1933)*, Neapel 1971; vgl. auch Petersen, *Hitler–Mussolini* (Anm. 106).

289 Francesco Saverio Giovannucci, *Il problema austriaco e l'Italia*, Rom 1934; s. bes. die Einleitung.

lismus an der Macht und vertrat die Ansicht, daß zwar in Deutschland eine dem italienischen Faschismus ähnliche Bewegung, allerdings ohne konkrete Erfolgschancen, für Italien nützlich sei, ihr Erfolg aber, d.h. die Machtübernahme durch Hitler, sich zum Schaden Italiens auswirken müsse[290]. Denn in der NS-Machtergreifung sah man den neuerlichen Durchbruch großdeutscher imperialistischer Bestrebungen, im „Hitlerismus" den Ausdruck anti-christlicher, rassistischer und chauvinistischer Tendenzen. So sprach man auch von einem Pseudo-Faschismus, der mit dem „wahren" Faschismus nur oberflächlich Gemeinsamkeit hätte. Italienischer Faschismus zeichne sich demgegenüber durch seine universalistisch-christlich/katholischen Grundzüge aus; er war der Erbe des antiken römischen „imperium" und der abendländischen christlichen Welt und ihrer Geschichte.

Die Besinnung auf die Geschichtsträchtigkeit des Faschismus italienischer Prägung und die Ableitung seines universalen Anspruchs in programmhafter und über die Grenzen Italiens hinausweisender Form erfolgte just in dem Moment, als die Weltwirtschaftskrise ihrem Höhepunkt zustrebte und die Faschisierungsprozesse in Europa in eine neue akute Phase eintraten. Während noch bis in die späten zwanziger Jahre der italienische Faschismus ein „nationales Phänomen" und kein „Exportartikel" zu sein hatte, erklärte nun Mussolini im Oktober 1930: „il fascismo in quanto idea, dottrina, realizzazione, è universale", und prognostizierte für die nahe Zukunft ein durch und durch faschistisches Europa[291].

Breiten Raum nehmen in der Literatur die nunmehr einsetzenden vielfältigen Bemühungen Roms und der Faschistischen Partei ein, mit den neu entstehenden faschistischen Bewegungen und Regimen in Europa breitgefächerte Verbindungen aufzunehmen. Dabei sollte eine faschistisch-internationalistische ideologische Plattform unter dem Führungsanspruch des sich universalistisch gebenden Faschismus Italiens hergestellt werden – in klarer Konkurrenz zum Nationalsozialismus Deutschlands[292].

290 Ebd., S. 62 f. u. passim.
In dieser Phase des offenen Konkurrenzfaschismus kam in aller Deutlichkeit zum Ausdruck, daß faschistische Ideologie immer zugleich eine Ideologie imperialistischer Expansion ist, die sich insbesondere auch gegen die anderen faschistischen Mächte richtet. Als ein Hinweis z. B. die Ausführungen von Giovannucci, der schreibt: Die Existenz einer Bewegung jenseits der Alpen, die der unseren ähnlich und deshalb – vom nationalen Standpunkt aus gesehen – gegen das faschistische Italien gerichtet ist, war uns wirklich von wenig Nutzen. „Der Faschismus ist ein politisches Rezept zur Machtentfaltung („potenziamento") eines Volkes. Er ist ein Geheimnis, das die Vorsehung Italien zu seiner endgültigen Wiedergeburt verliehen hat. Sollten wir wirklich solche Einfaltspinsel sein und die Anwendung dieses so kostbaren Rezepts durch andere Völker begünstigen? [...] Verliert dieses Rezept nicht an Wert für Italien, wenn es von seinen Nachbarstaaten ebenfalls angewandt wird [...]? Schaden wir nicht dem Vaterland, wenn wir den anderen das Geheimnis unserer Wiedergeburt verraten?" (Ebd., 67).

291 Zit. nach De Felice, *I rapporti* (Anm. 288), S. 105.

292 Erinnert sei an so unterschiedliche Entwicklungen und Momente in diesem Zusammenhang, wie den „Volta-Kongreß" (Nov. 1932) zum Thema „Europa", an die Aktivitäten um die Zeitschrift „Antieuropa" und an den „Panfascismo" von A. Gravelli, ferner an den politischen Aufstieg G. Cianos als Pressespecher im Außenministerium (August 1933), der sich v.a. in der Auslandspropaganda profilierte und diese institutionell im Ministerium verankerte und ausbaute (Juli 1934); erinnert sei auch an den internationalen Kongreß in

Die Funktionalisierung des betont internationalistischen Programms des italienischen Faschismus im Dienste seiner Expansionspolitik und der Sicherung seiner Großmachtposition ist unverkennbar. Die Bestrebungen Anfang/Mitte der dreißiger Jahre, „faschistischen Internationalismus", „internationale faschistische Solidarität" zu schaffen, waren in erster Linie Hegemoniebestrebungen der einzelnen expandierenden Faschismen um den Führungsanspruch. Hierbei bildete die universalistische Ideologie des Faschismus in ihrer romanisch-katholischen-abendländischen Ausprägung – so kann zusammenfassend festgehalten werden – die spezifische Expansionsideologie des italienischen Faschismus unter den veränderten Bedingungen der dreißiger Jahre, in offener Konkurrenz zum deutschen Nationalsozialismus.

Diese genuin faschistische Konkurrenzideologie kam in der konkreten deutsch-italienischen Rivalität um die Führungsposition gegenüber der faschistischen Bewegung in Österreich am frühesten und deutlichsten zum Tragen; sie erreichte ihren Höhepunkt 1933 und 1934. Der Kampf um die territoriale und politische Unabhängigkeit Österreichs wurde damit gleichbedeutend mit dem Kampf um die Sicherung des Austro-Faschismus, so wie er unter der Ägide von italienischem Faschismus und Kurie mit aufgebaut worden war[293]. Und so wie im Fall der ökonomischen Interessen bekam Österreich in der Perspektive der konkurrierenden expansionistischen Faschismus-Ideologien ebenfalls die Aufgabe des Einfallstors zugewiesen, diesmal zur *ideologischen* Durchdringung Mittel-, Ost- und Südosteuropas[294].

Fortsetzung Fußnote 292

Montreux (Dez. 1934) unter italienischer Führung bei gleichzeitiger Abwesenheit der NSDAP. Außer den genannten Literaturhinweisen sind zu nennen der Bericht von F. Orestano über den Volta-Kongreß und den Verlauf der Verhandlungen, in: *Europäische Gespräche. Hamburger Monatshefte für Auswärtige Politik*, XI. Jg., Berlin 1933, S. 125–187; als Überblick vgl. auch M. A. Ledeen, *Universal Fascism, The Theory and practice of the fascist International, 1928–1936*, New York 1972.

293 Sehr deutlich wird dieser Zusammenhang in der publizistischen Kampagne in Italien auf dem Höhepunkt der italienisch-deutschen Spannungen; vgl. die zahlreichen Literaturhinweise bei Di Nolfo, I rapporti (Anm. 2), S. 73, Anm. 112.

294 Österreichs besondere „missione spirituale" sollte dabei in der Vermittlung des Faschismus romanisch-mediterraner Prägung und seiner Adaptation auf deutsche und deutsch-slawische Verhältnisse bestehen: so J. Evola, Panorama della situazione austriaca, in: *La Rassegna Italiana*, XVIII. Jg., 3. Serie, Mai 1935, S. 387–394.

5. Kapitel: Zum Scheitern der Donau- und Balkanexpansion Italiens – Wirtschaftsstrukturelle Voraussetzungen

I Zur italienisch-deutschen Konkurrenzsituation

Die Schwächung der italienischen Donau-Balkan-Interessenkoalition in ihrem politischen Durchsetzungsvermögen als Folge der Abschwächung ihrer sozioökonomischen Basis im Lande, bildete *eine* der strukturellen Ursachen für das Scheitern der römischen Offensive, eine weitgehende autonome Expansions- und Infiltrationspolitik im Donaubecken und auf dem Balkan durchzusetzen. Außer auf die binnenstrukturellen Ursachen war das Scheitern wesentlich auf die Schwierigkeiten zurückzuführen, denen sich die italienische Expansionspolitik insgesamt aufgrund der beschleunigten deutschen Exportoffensive in Mittel- und Südosteuropa gegenübersah und denen sie nicht gewachsen war. Diese Entwicklung trat in den Jahren 1934/36 deutlich zutage – Höhepunkt und Umschlag zugleich der italienischen Expansionspolitik in Europa von ihren strukturellen Bedingungen her.

Auf weltsystemarer Ebene verengte sich wieder jener Handlungsspielraum, der sich für Italien im Donau- und Balkanraum bei Ausbruch der Krise vorübergehend aufgetan und der Italien eine offensive und relativ autonome Expansionspolitik im Windschatten der deutsch-französischen Konkurrenz ermöglicht hatte. Einengung des Spielraums bedeutete aber, daß Italiens Expansionspolitik wieder in ihre traditionelle Abhängigkeit von einer der dominanten imperialistischen Mächte, jetzt des nationalsozialistischen Imperialismus, geriet und daß sie ihre Ziele nur aus dieser subalternen Position heraus verfolgen konnte, nämlich bei weitgehender Respektierung und Unterordnung unter die Interessen des dominanten Partners/Konkurrenten. Unter diesen alten und wieder neuen Bedingungen ging Rom seit Mitte der dreißiger Jahre sukzessiv dazu über, sich fortan für eine „open-door-policy" der konkurrierenden Mächte in Mittel- und Südosteuropa stark zu machen, d.h. für diejenige Form imperialistischer Expansionspolitik, die es subimperialistischen Mächten immerhin noch ermöglichte, an den Konkurrenzkämpfen *teil*zunehmen, wenn auch in untergeordneter Position. Währenddessen ging sein Hauptkonkurrent, das nationalsozialistische Deutschland, nun verstärkt zu einer Herausdrängungs- und Abschließungspolitik im Donaubecken und auf dem Balkan über.

Die Konkurrenzsituation der beiden faschistischen Regime sollte auch in den Jahren der „Achse Rom-Berlin" grundsätzlich bestehen bleiben. Sie fand ihren Ausdruck in dem Kampf um „Offenhaltung" bzw. um „Abschließung" dieses Raumes, ein Kampf, der sich während des Krieges in den Auseinandersetzungen um die faschistische „Neuordnung Europas" noch zuspitzte[295].

295 Vgl. Collotti, Il ruolo della Bulgaria (Anm. 259); ders., La politica dell'Italia nel settore danubiano-balcanico dal patto di Monaco all'armistizio italiano, in: E. Collotti/T. Sala/G. Vaccario, *L'Italia nell'Europa danubiana durante la seconda guerra mondiale*, Mailand 1967, S. 5–71.

Insgesamt hatten die seit Ausbruch der Weltwirtschaftskrise zunehmenden Expansionsbestrebungen Italiens im Donau- und Balkanraum in der Mitte der dreißiger Jahre zu einer unübersehbaren Verschärfung der politisch-ökonomischen Gegensätze und zu einer weiteren Zuspitzung der ohnehin labilen Situation geführt, die von zeitgenössischen Beobachtern mit angehaltendem Atem verfolgt wurde. So bildete auch der Abschluß der Römischen Protokolle keineswegs ein Moment der Stabilisierung und der Beruhigung, sondern beschleunigte nachgerade die Expansionspolitik NS-Deutschlands (Abschluß der Handelsverträge mit Ungarn und Jugoslawien, Frühjahr 1934) und trieb die gesamte Entwicklung immer stärker in eine spiralenähnliche Dynamik von Aktion und Reaktion[296], die das Donaubecken wieder in einen „drohenden Wetterwinkel des europäischen Kontinents" verwandelte[297].

Parallel zum Anwachsen der Spannungen und zur allgemeinen Labilisierung hatte sich hinsichtlich der Außenhandelsverflechtung in den Jahren 1930–34 ein Prozeß der Desintegration des Donauraums vollzogen im Sinne einer Zunahme seiner Verflechtung mit dritten Staaten[298]. Diese „Wendung nach außen" (Hantos) war allerdings nicht gleichbedeutend mit Integration in den Weltmarkt schlechthin, sondern signalisierte vielmehr seine zunehmende Verflechtung mit Deutschland – parallel zur Abnahme der Verflechtung mit den anderen konkurrierenden Mächten, allen voran Italien und Frankreich. Außerdem waren für diese „Wendung nach außen" – also die tendenzielle Ein- und Unterordnung Südosteuropas in den Einflußbereich deutscher Wirtschaftsinteressen – die Disproportionen bezeichnend, die in dem Kampf um die hegemoniale Position bereits 1934/35 immer deutlicher zugunsten Deutschlands Vorrangstellung hervortraten.

Auf die grundsätzlichen qualitativen Unterschiede der Imperialismen Frankreichs auf der einen und Deutschlands und Italiens auf der anderen Seite, die aufgrund des Charakters der allgemeinen Krise sowie der spezifischen Form der Krise in Südosteuropa zu einer Schwächung des ersteren und zu einer potentiellen Stärkung der zweiten Gruppe geführt hatten, ist bereits hingewiesen worden (1. Kap., II). Auffallend ist in der Tat die grundsätzliche Ähnlichkeit, bisweilen Parallelität der expansionistischen Interessen Deutschlands[300] und Italiens in Mittel- und Süd-

296 „Action et réaction: voilà donc pour le moment le seul aspect de l'évolution économique dans le bassin du Danube" – s. Albert Mousset, L'Europe Danubienne au lendemain des accords de Rome, in: *L'Esprit International*, 31/1934, S. 416–432, S. 429; s. als Überblick auch Magda Adám, Les pays danubiens et Hitler (1933–1936), in: *Revue d'histoire de la deuxième guerre mondiale*, 25. Jg., 1975, H. 98, S. 1–26.

297 So D. Gard, Der Kampf der Imperialisten um das Donauaufmarschgebiet, in: *Die Kommunistische Internationale*, 1934, Nr. 10, S. 856–867.

298 So Hantos, *Neuordnung* (Anm. 26), S. 17 f., 52 ff.

299 Entfällt.

300 Für die Südostexpansion Deutschlands ist diese qualitative Unterscheidung von H.-J. Schröder zwar nicht aus der Natur der WWK abgeleitet, aber eindrucksvoll nachgezeichnet worden, so wie sie sich in der Perzeption wichtiger Entscheidungsträger im Berliner AA usw. widerspiegelte; vgl. Hans-Jürgen Schröder, Südosteuropa als „Informal Empire" Deutschlands 1933–1939. Das Beispiel Jugoslawien, in: *Jahrbücher für Geschichte Osteuropas*, N.F., Bd. 23, 1975, H. 1, S. 70–96; ders., Deutsche Südosteuropapolitik (Anm. 96).

osteuropa. Diese führte dazu, daß die beiden Länder zwar in einer ersten Phase während der dreißiger Jahre zu den eigentlich konkurrierenden Protagonisten in diesem Raum wurden, daß es aber in der zweiten Phase dann gerade diese strukturelle Ähnlichkeit der Interessenlage war, die es Deutschland aufgrund des realen Gefälles im ökonomischen Potential sehr rasch ermöglichte, die italienischen Positionen zu unterlaufen und die italienischen Interessen der eigenen Hegemonialstellung nutzbar zu machen.

Frappierend ist auch die Parallelität in der Vorgehensweise beider Mächte in der ersten Phase ihres Konkurrenzkampfes. Um nur die offenkundigsten Momente herauszugreifen: So setzten beide, Rom wie Berlin, ihre Politik bilateraler präferentieller Handelsverträge im Jahre 1931, also auf dem Höhepunkt der Krise, in Gang[301]; auf beiden Seiten präfigurierten die abgeschlossenen Verträge bereits in Ansätzen die zukünftige perfektionierte Bilateralisierung des jeweiligen Außenhandels, die im Jahre 1934 gewissermaßen öffentlich wurde (Römische Protokolle, Neuer Plan)[302]; während der Zeit, in der Rom und Berlin die jeweiligen Expansions- und Penetrationstechniken weiter ausbauten, gaben sie sich auf politisch-diplomatischer Ebene beide alle Mühe, die multilateralen Konzepte der Konkurrenten, Frankreich und Großbritannien, zu Fall zu bringen[303]; und schließlich fungierte auf beiden Seiten die Instrumentalisierung der Handelsschulden gegenüber den Zielländern ihrer Politik als das wirksamste Vehikel eben dieser Expansionspolitik[304].

Fortsetzung Fußnote 300

Mit den Worten eines zeitgenössischen Beobachters: „Beide Staaten sind in Europa an denselben Wirtschaftsraum gewiesen, beide Staaten müssen für die Absatzverluste ihrer Industrieüberschüsse im Westen Europas, in Nord- und Südamerika einen Ersatz im Osten Europas suchen. Daß hierbei viele Industrien der beiden Staaten dieselben Exportbestrebungen haben (z. B. die Automobil-, Glas-, Textil- und Elektroindustrie), verschärft die Situation." So Hantos, *Neuordnung* (Anm. 26), S. 89.

301 Vgl. die Präferenzverträge Deutschland/Ungarn und Deutschland/Rumänien (Sommer 1931): eine „konzeptionelle Alternative [...], um die deutsche Hegemonie in Südosteuropa zu realisieren" nach dem Scheitern der Zollunion; so Schröder, Deutsche Südosteuropapolitik (Anm. 96), S. 15.

302 Ebd., S. 16.

303 Ebd.

304 Zu Deutschland vgl. ebd. und ders., Südosteuropa (Anm. 299).
Die „planvolle Verlagerung der Einfuhr als Instrument der Außenhandelspolitik", wie es der deutsche „Neue Plan" vom 4. September 1934 vorsah, war ebenfalls die Grundlage des italienischen Donaumemorandums vom 29. September 1933, das den Ausgleich der Handelsbilanzen zum Maßstab für die Präferenzgewährung im Austausch mit den Donaustaaten machte. Die Stoßrichtung dieses Plans richtete sich vor allem gegen Deutschland, das im Gegensatz zu Italien traditionell Außenhandelsüberschüsse mit den Donauländern zu verzeichnen hatte. Von daher ist Schröder zuzustimmen (vgl., Deutsche Südosteuropapolitik [Anm. 96], S. 27), demzufolge „das Instrument der passiven Handelsbilanz von deutscher Seite zunächst nicht bewußt eingesetzt wurde". Die Instrumentalisierung der Passivität der Handelsbilanz mit anderen Ländern war folgerichtig erst in dem Moment möglich, in dem es tatsächlich 1. Passiva für Deutschland gab und 2. der Ausgleich nur über Clearingabkommen zustande kommen konnte.
Demgegenüber war die traditionell bereits vorhandene passive Handelsbilanz Italiens mit den Donau- und Balkanstaaten sicherlich ein Grund für die Vorsprünge, die Italien zunächst in dem Wettlauf mit Deutschland um günstige, d.h. präferentielle Absprachen verzeichnen konnte. Es kann also gefolgert werden, daß (a) die Koppelung von gegenseitiger Präferen-

Das reale Machtgefälle zwischen Deutschland und Italien kam nun gerade hierbei zuerst zum Tragen. Denn der planvolle Gebrauch der Einfuhr als entscheidendes Instrument zur Regulierung des Außenhandels und als griffiges Expansionsinstrument, wie es sich in dem Konzept der „scambi bilanciati", dem Prinzip des bilateralen Bilanzausgleichs und dem Neuen Plan niederschlug, setzte einen großen, aufnahmefähigen, nachfrageintensiven Binnenmarkt voraus: Auf einen solchen konnte die deutsche Wirtschaft zurückgreifen, nicht aber die italienische. Während Deutschland mit der „Konsumkraft eines 60 Millionen Volkes" „zweitstärkster Konsument der Welt" war und nach den USA über den aufnahmefähigsten Binnenmarkt verfügte[305], bildete Italiens traditionelle Binnenmarktschwäche gerade eines der wesentlichen Schwächemomente der italienischen Wirtschaft.

Für die spezifische Konkurrenzsituation[306] der beiden faschistischen Imperialismen in Mittel- und Südosteuropa unter den Bedingungen der Weltwirtschaftskrise war in der Tat das unterschiedliche Binnenmarktpotential eine der strukturellen Bedingungen dafür, daß Deutschland sehr schnell eine Hegemonialstellung erreichte, Italien dagegen in seine traditionell subalterne Position zurückfiel.

II Verlagerungen zum Nachteil Italiens

Im folgenden wird eine Übersicht zur Entwicklung des deutsch-italienischen Konkurrenzkampfes in Mittel- und Südosteuropa (1929–35) gegeben, wie er sich in der Außenhandelsverflechtung niedergeschlagen hat.

Ein Vergleich der Ausgangssituation zu Beginn der verschärften Expansionsbestrebungen und zu Beginn der Weltwirtschaftskrise ergibt folgendes Bild:

1. Deutschland und Italien waren Hauptprotagonisten und direkte Rivalen im Kampf um die Donau- und Balkanländer als Bezugs- und Absatzmärkte sowie um die Kontrolle ihres Verkehrsnetzes.
2. Sieht man von geringen Passivsalden mit Bulgarien und Rumänien ab, so war Deutschlands Handelsbilanz gegenüber diesen Ländern aktiv[307]; im Gegensatz dazu war Italiens Bilanz insgesamt kontinuierlich passiv[308].
3. In der deutschen Außenhandelsverflechtung nahm die Ländergruppe der Donaustaaten eine eminent wichtige Stellung ein. „Sie bildet die Gruppe, mit der die

Fortsetzung Fußnote 304
zierung mit der Handelsbilanzpassivität der durchaus bestehenden italienischen Situation entsprach und daß (b) diese Form der Expansionstechnik sehr früh von Italien eingesetzt wurde; daß angesichts dieser Tatsachen es daher sehr wahrscheinlich ist, daß (c) Konzeption und Initiative zur Anwendung der neuen Technik imperialistischer Penetration aus Italien stammten und daß auch aus diesem Grund die deutsche Seite das italienische Vorgehen sehr aufmerksam verfolgt hat und sich möglicherweise von Rom für eigene Pläne hat inspirieren lassen.

305 Schröder, Deutsche Südosteuropapolitik (Anm. 96), S. 8.

306 Nach wie vor ein weißer Fleck auf der Landkarte der Erforschung der historischen Beziehungen beider Länder.

307 Vgl. Hantos, *Neuordnung* (Anm. 26), S. 54.

308 Vgl. ebd., S. 74 f.

deutsche Handelsbilanz ständig eine bedeutende Aktivität aufweist, die Gruppe, in der Deutschland als Bezugs- und Absatzgebiet fast überall an erster Stelle steht und hinsichtlich der Bedeutung des Handelsvolumens nur von der Gesamtheit des donauländischen Marktes übertroffen wird."[309] Die sechs Donauländer zusammen standen als Abnehmer deutscher Waren an erster Stelle, als Lieferanten Deutschlands standen sie nach den USA an zweiter Stelle (1929)[310].

4. Demgegenüber hatten die Märkte der Donauländer für Italien nicht die gleiche Bedeutung; obwohl Italien zweitgrößter Lieferant und Aufnahmemarkt der Donaumärkte war, standen diese selbst unter den Abnehmern wie Lieferanten Italiens nur an fünfter Stelle (1929)[311].

In den Jahren 1929–35, also in der ersten Phase des verschärften Konkurrenzkampfes, hatten sich die Anteile Deutschlands und Italiens an den Märkten Österreichs, Ungarns, Jugoslawiens, Rumäniens, Bulgariens und der Tschechoslowakei zugunsten NS-Deutschlands und dessen zum Teil schon beeindruckender Monopolstellung wie folgt verschoben:

Tab. 13: Anteile der fünf Donaustaaten, Deutschlands und Italiens am Außenhandel Österreichs, 1929–35 (in %)[312]

	Importe				*Exporte*			
	1929	1933	1934	1935	1929	1933	1934	1935
Tschechoslowakei	17,8	13,3	13,6	12,8	13,5	7,7	7,7	7,3
Ungarn	9,9	11,3	11,0	9,4	7,6	9,9	11,3	10,6
Rumänien	3,8	4,5	5,6	6,9	5,1	5,6	6,1	6,2
Jugoslawien	4,0	8,8	8,4	6,8	7,7	7,0	6,1	6,0
Bulgarien	0,6	1,3	0,6	0,8	1,1	0,9	0,7	1,3
	36,1	39,2	39,2	36,7	35,0	31,1	31,9	31,4
Deutschland	21,0	19,7	17,5	16,7	15,9	15,7	16,3	16,0
Italien	3,6	4,3	4,2	4,7	9,0	10,6	10,4	14,0

Vergleicht man die Entwicklung der Außenhandelsverflechtung Österreichs und Ungarns jeweils im Verhältnis zum donauländischen Markt sowie zu den Hauptkonkurrenten Deutschland und Italien, so läßt sich die oben zitierte Bezeichnung von der „Wendung nach außen" so präzisieren: Die Entflechtung Ungarns und Österreichs aus dem Donaumarkt ist nicht zu übersehen; in beiden Fällen verlief sie ausgeprägter auf Seiten der Ausfuhr; im Falle Ungarns nahm sie sowohl auf der Export- als auch auf der Importseite ausgeprägtere Züge an; dies ist um so interessanter, als zu Ungarn Italien *wie* Deutschland Präferenzbeziehungen unterhielten, während

309 Ebd., S. 53.
310 Ebd., S. 54.
311 Ebd., S. 74 f.
312 Diese und die folgenden Tabellen sind entnommen: Il commercio estero dei Paesi danubiani (ungez.), in: *Rivista di Politica Economica*, 1936, S. 586–588.

Tab. 14: Anteile der fünf Donaustaaten, Deutschlands und Italiens am Außenhandel Ungarns, 1929–35 (in %)

	Importe			Exporte		
	1929	1934	1935	1929	1934	1935
Österreich	13,19	23,73	19,09	30,38	24,51	18,95
Tschechoslowakei	21,50	6,98	4,80	16,38	4,96	4,54
Rumänien	9,04	8,85	13,50	4,53	4,89	5,46
Jugoslawien	5,04	4,16	6,20	5,90	2,91	2,40
Bulgarien	0,96	0,21	0,85	0,79	0,25	0,52
	49,76	43,92	44,44	57,98	37,52	31,87
Deutschland	19,98	18,19	22,63	11,67	22,07	23,85
Italien	4,41	11,96	7,38	6,89	8,27	13,28

sich die österreichisch-deutschen Handelsbeziehungen nach dem Scheitern des Zollunionprojekts zunächst verschlechtert hatten. So konnte sich der Anteil Italiens an den Einfuhren Österreichs leicht verbessern gegenüber dem deutlichen Rückgang des deutschen Anteils, ohne daß sich jedoch die Differenz zugunsten der deutschen Position substantiell veränderte; der Gesamtanteil der übrigen Donaustaaten blieb in etwa konstant. Klare Verbesserungen zeigten sich dagegen in der Stellung Italiens unter den Absatzmärkten Österreichs und damit eine Verringerung der Distanz zu Deutschland; auffällig ist in demselben Zeitraum die Anteilsschmälerung der fünf Donaustaaten an den Exporten Österreichs.

Im Falle Ungarns war gegenüber dem prozentualen Rückgang der Importe aus den Donaustaaten ein deutlicher Zuwachs aus Deutschland und Italien zu verzeichnen; in höherem Maße gingen die ungarischen Ausfuhren in die Donaustaaten zurück, bei gleichzeitig erheblichen Ausfuhrsteigerungen nach Deutschland und Italien.

Im Austausch mit Österreich und Ungarn schließlich zeichnete sich die privilegierte Stellung Deutschlands ab, das sich bis 1935 als Lieferant wie als Abnehmermarkt mit Abstand die erste Stellung erobert bzw. sie gehalten hatte.
Besondere Brisanz kam dem italienisch-deutschen Kampf um den jugoslawischen Markt zu, wo Italien bis dahin eine vergleichsweise starke Stellung behaupten konnte, und wo es Deutschland unter Anwendung der neuen Handelsvertragstechniken (Clearing, Passivierung der eigenen Handelsbilanz) und unter Ausschöpfung der Unruhe in Belgrad angesichts der österreichisch-ungarisch-italienischen Blockbildung und der Aktivitäten gegen die Kleine Entente sehr schnell gelang, die italienische Stellung empfindlich zu untergraben und selbst die dominierende Rolle zu übernehmen[313]. Dies wird 1935 in der Funktion besonders deutlich, die der deutsche Markt als Abnehmermarkt für Jugoslawien einnahm – eindrucksvolles Ergebnis der „Saugpumpen"-arbeit (H.-J. Schröder) der Clearingverträge, die einen „Importsog" versus deutschen Markt bewirkt hatten.

313 Zur Politik Deutschlands vgl. Schröder, Südosteuropa (Anm. 299).

Tab. 15: Anteile der fünf Donaustaaten, Deutschlands und Italiens am Außenhandel Jugoslawiens, 1929–35 (in %)

	Importe		*Exporte*	
	1929	1935	1929	1935
Österreich	17,43	11,92	15,63	14,32
Ungarn	6,46	2,91	6,80	4,98
Tschechoslowakei	17,50	13,87	5,38	13,40
Bulgarien	0,07	1,84	0,49	0,41
Rumänien	2,40	1,84	0,49	0,41
	43,86	30,77	29,51	33,20
Deutschland	15,64	16,17	8,52	18,65
Italien	10,84	10,02	24,88	16,68

Tab. 16: Anteile der fünf Donaustaaten, Deutschlands und Italiens am Außenhandel Rumäniens, 1929–35 (in %)

	Importe			*Exporte*		
	1929	1934	1935	1929	1934	1935
Österreich	12,54	9,87	12,37	9,44	10,02	12,58
Tschechoslowakei	13,57	9,93	10,25	6,18	5,43	5,97
Ungarn	4,98	4,08	6,86	11,09	5,50	8,00
Jugoslawien	0,93	0,70	5,56	1,74	1,11	1,11
Bulgarien	0,23	0,17	0,10	2,31	0,67	0,64
	32,25	24,75	35,14	30,76	22,73	28,30
Deutschland	24,08	15,50	24,59	27,64	16,58	16,55
Italien	6,85	7,34	7,79	7,73	7,74	16,22

Tab. 17: Anteile der fünf Donaustaaten, Deutschlands und Italiens am Außenhandel Bulgariens, 1929–35 (in %)

	Importe		*Exporte*	
	1929	1935	1929	1935
Jugoslawien	3,8	0,3	0,3	0,7
Rumänien	7,1	3,8	0,4	0,3
Ungarn	2,4	1,8	2,7	2,4
Tschechoslowakei	9,0	9,8	4,8	6,9
Österreich	7,6	6,5	12,6	4,6
	29,9	22,2	20,8	14,9
Deutschland	22,2	53,6	29,9	48,2
Italien	10,7	3,1	10,5	8,8

Tab. 18: Anteile der fünf Donaustaaten, Deutschlands und Italiens am Außenhandel der Tschechoslowakei, 1929–35 (in %)

	Importe		*Exporte*	
	1929	1935	1929	1935
Österreich	7,8	4,7	15,0	9,5
Ungarn	4,8	2,0	6,4	1,8
Jugoslawien	1,7	5,4	5,6	4,0
Bulgarien	0,6	1,0	0,9	1,2
Rumänien	2,4	3,9	3,8	4,8
	17,3	17,0	31,7	21,3
Deutschland	25,0	17,3	19,4	14,9
Italien	2,3	2,8	2,7	2,7

Besonders eindrucksvoll ist die monopolgleiche Stellung, die sich Deutschland auf dem Markt Bulgariens seit Ausbruch der Weltwirtschaftskrise zu sichern vermochte; parallel dazu verliefen der zum Teil erhebliche Abbau der Anteile Italiens und, insgesamt, der Entflechtungsprozeß Bulgariens aus dem Gesamtdonaumarkt.

Ganz anders dagegen verlief die anteilige Entwicklung am Außenhandel der Tschechoslowakei, wo Deutschland als Lieferant wie als Abnehmer starke Einbußen hinnehmen mußte; Italien konnte indessen seine – allerdings niedrigen – Marktanteile in etwa halten. Im Gegensatz zu Ungarn und Jugoslawien konnte Deutschland trotz frühzeitig abgeschlossenem präferentiellen Handelsvertrag (1931) seine allerdings erheblichen Lieferanteile gegenüber Rumänien nicht noch steigern; gleichzeitig gingen die rumänischen Exporte nach Deutschland stark zurück. Die Anteile Italiens blieben konstant, abgesehen von der Einfuhrspitze 1935, die auf die verstärkte Aufrüstungspolitik Italiens zurückzuführen ist (Erdöl)[314].

Zusätzlich zur Schmälerung der Marktanteile Italiens am Außenhandel der südosteuropäischen Länder unter dem Druck der Exportoffensive Deutschlands führten dann die Sanktionsbestimmungen des Völkerbundes (November 1935 – Juli 1936) zu einem weiteren Abbau italienischer Positionen an der Donau und auf dem Balkan, der von Deutschland schnell zum weiteren Ausbau der eigenen Stellung genutzt wurde. Damit fielen Deutschland weitere Positionen regelrecht in den Schoß und das gerade in einer Phase der eigenen kritischen außenwirtschaftlichen

314 Während der ersten sieben Monate des Jahres 1935 lieferte Rumänien allein 42 % der italienischen Erdöleinfuhren – zuvor hatte sein Anteil etwa 25 % betragen; vgl. André Tibal, L'Italie dans l'économie danubienne, in: *L'Esprit International*, 1934, Nr. 29, S. 95–110, bes. S. 105; Adolf Cohrs, Abessinien-Konflikt und Weltrohstoffmärkte, in: *Der deutsche Volkswirt* v. 18. 10. 1935, S. 114–116, bes. S. 115. Damit stand Rumänien 1935 mit einer Steigerung der Lieferungen nach Italien im Wert von 82,5 % gegenüber 1934 an der Spitze derjenigen Länder, für die sich der durch die verstärkte Aufrüstung ausgelöste Importsog sehr vorteilhaft ausgewirkt hatte; es folgen Polen mit +52,6 %; Österreich: +40,8 %; Albanien: +27,1 %; Ungarn +20,4 %; Deutschland: +13,1 %. Vgl. Herbert Gaedicke, Regionale Verschiebungen in der italienischen Einfuhr, in: *Der deutsche Volkswirt* v. 13. 12. 1935, S. 478–479, bes. S. 479.

Situation[315]. So sanken 1935/36 Italiens Exporte nach Jugoslawien von 101 auf 45 Millionen Lire, die Importe von 197 auf 69 Millionen Lire; die Exporte in die Tschechoslowakei von 78 auf 59 Millionen Lire, die Einfuhren von 105 auf 50 Mill. Lire; die Exporte nach Rumänien von 67 auf 21 Mill. Lire, die Importe von 241 auf 221 Mill. Lire[316].

III Konsequenzen

Die Entwicklung kam im übrigen deutlich in der Einschätzung der neuen Kräfteverhältnisse im Donauraum durch das Berliner Auswärtige Amt zum Ausdruck, wo man 1936/37 feststellen zu können glaubte, daß es „jeder wirtschaftlichen Vernunft Hohn" spräche, wollte man die wirtschaftlichen Probleme des Donauraumes ohne die Beteiligung Deutschlands lösen[317].

Die realen Machtverschiebungen, wie sie sich allein schon in der zunehmenden Außenhandelsverflechtung der südosteuropäischen Staaten mit Deutschland sowie der zunehmenden Entflechtung mit Italien niederschlugen[318], bildeten eine der strukturellen Bedingungen, die dem Abbau Roms autonomer und offensiver Mittel- und Südosteuropaexpansion Mitte der dreißiger Jahre zugrundelagen.

315 Vgl. Schröder, Deutsche Südosteuropapolitik (Anm. 96), S. 28. Bezeichnend ist auch das aufmerksame Interesse, mit welchem die Auswirkungen der Sanktionen auf Struktur und geographische Verflechtung des italienischen Außenhandels verfolgt wurden; vgl. u.a. „Ungarns Sorge um den Absatzmarkt", „Rumänien bangt um seine Ausfuhr", beide unter dem Titel „Die wirtschaftlichen Rückwirkungen der Sanktionen", in: *Der deutsche Volkswirt* v. 25. 10. 1935, S. 154 ff.; ebenso der zit. Aufsatz von Gaedicke (Anm. 314).

316 Nach Banca d'Italia, *L'Economia Italiana* (Anm. 35), Tab. XVII, XIX.

317 Zit. nach Schröder, Deutsche Südosteuropapolitik (Anm. 96), S. 27 f.

318 Klammert man die Märkte Österreichs und Ungarns aus der Analyse aus und betrachtet die Märkte Bulgariens, Griechenlands, Jugoslawiens, Rumäniens und der Türkei als *einen* Markt, so wird der Verflechtungs- bzw. Entflechtungsprozeß besonders deutlich:

Tab. 19: Anteil Deutschlands und Italiens am Balkanaußenhandel 1926–37 (in % der gesamten Balkaneinfuhr bzw. -ausfuhr)*

Jahr	Deutschland	Italien	Deutschland	Italien
	Ausfuhr		*Einfuhr*	
1926	16,6	20,3	16,2	12,8
1927	18,0	16,5	16,6	10,8
1928	20,4	17,6	17,2	9,9
1929	22,0	18,0	18,3	9,6
1930	19,0	19,0	19,6	10,2
1931	14,6	16,9	19,0	10,7
1932	14,7	15,8	18,7	11,4
1933	16,9	13,9	19,4	11,4
1934	21,4	13,1	21,8	8,8
1935	26,7	12,3	30,7	6,6
1936	29,3	4,2	40,2	1,3
1937	28,1	6,9	38,2	5,7

*Nach Vladimir Pertot, Einige Entwicklungstendenzen im Außenhandel der Balkanländer, in: *W. W. A.*, 49. Bd., 1939 U, S. 353–381, bes. S. 369, Tab. 9.

Der Abbau trat nicht zuletzt auch in den Veränderungen in Erscheinung, die die Mittel- und Südosteuropakonzepte in der italienischen publizistischen Diskussion erfuhren. Denn während noch 1934 sehr selbstbewußt präzise Vorstellungen zur Aufteilung der Interessensphären zwischen Deutschland und Italien im Gespräch waren[319], forderte man 1937 bezeichnenderweise nunmehr eine „offene" Situation im Donaubecken und deren Entpolitisierung, wobei besonders die Praxis der Aufteilung in Einflußzonen und die koloniale Ausbeutung der Donauländer durch Trusts und Industriekapitäne verurteilt wurden[320].

Auch auf politisch-diplomatischer Ebene wurde der Abbau italienischer Positionen in der italienischen Österreichpolitik unübersehbar deutlich, als ihre finale und ihre instrumentale Komponente wieder auseinanderzustreben begannen. Dasselbe bezeugte auch Wiens wenig optimistische Haltung gegenüber Rom.

Es ist dies nicht der Ort, die 1935/36 beginnende Aufweichung Roms rigider Österreichpolitik im einzelnen nachzuzeichnen. Hier sollte es vielmehr darum gehen, die diesem Aufweichungsprozeß vorangegangenen Verlagerungen aufzuzeigen, ehe sich Mitte der dreißiger Jahre die veränderten Machtverhältnisse zu konsolidieren begannen, die den italienischen Imperialismus endgültig in eine subalterne Position zurückdrängten und ihn zur Preisgabe seiner am meisten umstrittenen Stützpunkte zwangen (Österreich, Jugoslawien usw.). Der Prozeß der Aufweichung Roms rigider Riegelpolitik äußerte sich politisch – hier traten die Folgen der Strukturverlagerung unmittelbar zutage – in der zunehmenden Skepsis des offiziellen Wien gegenüber Roms Bereitschaft, weiterhin für die Unabhängigkeit Österreichs eintreten zu wollen; in Wiens Suche daraufhin nach neuen Garantien und neuen Garanten; in divergierenden Einschätzungen der Lage innerhalb der österreichischen Regierung; in den Erfolgen der Mission Papen; in der schwankenden Politik Ungarns und nicht zuletzt in widersprüchlichen Äußerungen und Stellungnahmen in Rom selbst zum zukünftigen Engagement in der Österreichfrage[321].

Schließlich war in Italien das zunehmende Abrücken von seiner Riegelpolitik ein Ergebnis der Schwächung der an der Donau- und Balkanexpansion vital interessierten Koalition von politischen und ökonomischen Kräften, und zwar einer

319 Vgl. beispielsweise Carlo Giglio, Puó la Germania Hitleriana spingersi verso est?, in: *La Rassegna Italiana politica letteraria e artistica*, XVII. Jg., 3. Serie (1934), Bd. XXXVII, H. CXCVII, S. 716–722. Deutschland wurden hier Polen, Rumänien, Rußland und die baltischen Länder zugedacht; Italien reservierte sich Österreich, Ungarn, Jugoslawien, Bulgarien, Griechenland und die Tschechoslowakei (S. 721).

320 So beispielsweise Bonaventura Caloro, Il problema danubiano, in: *La Rassegna Italiana*, XX. Jg., 3. Serie (1937), S. 179–196, bes. S. 195 f.

321 Vgl. u.a. De Felice, Mussolini il duce (Anm. 3); Di Nola, Italia (Anm. 9); Aloisi, *Journal* (Anm. 167); M. Adám/Gy. Juhász/L. Kerekes, *Allianz Hitler–Horthy–Mussolini. Dokumente zur ungarischen Außenpolitik (1933–1944)*, Budapest 1966; Ulrich Eichstädt, *Von Dollfuss zu Hitler. Geschichte des Anschlusses Österreichs 1933–1938*, Wiesbaden 1955; *Der Hochverratsprozeß gegen Dr. Guido Schmidt vor dem Wiener Volksgericht. Die gerichtlichen Protokolle mit den Zeugenaussagen, unveröffentlichte Dokumente, sämtliche Geheimbriefe und Geheimakten*, Wien 1947 (sehr aufschlußreich zur Frage der Perzeption auf österreichischer Seite); Kurt von Schuschnigg, *Ein Requiem in Rot-Weiß-Rot. Aufzeichnungen des Häftlings „Dr. Auster"*, Zürich 1951.

Schwächung gegenüber dem Machtzuwachs derjenigen Gruppen und Interessen, die die Ausweitung des Binnenmarktes via Rüstungskonjunktur und territorialer Annexion nun verstärkt betrieben. Damit gewann auf politisch-diplomatischer Ebene schließlich auch wieder die instrumentale Linie in der Österreichpolitik an Gewicht, die die Österreichfrage als taktisches Instrument gegenüber Frankreich und Deutschland eingesetzt haben wollte, während das eigentliche Expansionsziel in Richtung Mittelmeerraum und Afrika wies.

An Stelle einer Zusammenfassung (1): Allgemeine Grundzüge neomerkantilistischer Expansionspolitik

Die Krise der Weltwirtschaft 1929, mit der Desintegration des weltweiten relativ ungehinderten Verkehrs von Waren, Kapital, Gold und Arbeitskräften und der Lähmung eingespielter Automatismen und Spielregeln (Goldstandard, Meistbebünstigung u.ä.), war in erster Linie eine Krise des Weltmarkts[322]. Die Marktfrage bildet demzufolge den realen wie auch analytisch-theoretischen Brennpunkt der Krise. Der latent vorhandene Gegensatz zwischen Produktion und Markt, feststellbar als Kluft zwischen gesteigerter Produktionsfähigkeit sowie wachsenden Kapazitäten auf der einen und den damit nicht schritthaltenden Aufnahmemöglichkeiten der Märkte auf der anderen Seite, hatte sich zu einer akuten weltweiten Krise in der Weise verschärft, daß sie weder mit den herrschenden Marktmechanismen noch mit Hilfe der überlieferten staatlichen Eingriffsmöglichkeiten zu bewältigen war. Die *traditionellen* Regulierungsmechanismen waren außer Kraft gesetzt.

Verschärfter Konkurrenzkampf auf dem Weltmarkt war die Folge, da alle Länder mit allen Mitteln (Exportprämien, Dumpingpreisen, Währungsmanipulationen u.a.) exportieren und zugleich ihre eigenen Märkte vor ausländischer Konkurrenz schützen wollten (protektionistische Zölle, Mengenkontingentierungen, Devisenbewirtschaftung, Clearingabkommen usw.). Abriegelung und Kampf um Märkte waren die zwei Seiten ein und derselben Medaille.

Neben der tendenziellen Auflösung des bis dahin relativ einheitlichen Weltmarkts in eine Pluralität von staatlich regulierten, mehr oder weniger rigoros abgeschirmten nationalen Märkten kam im weiteren Verlauf der Entwicklung eine zweite Tendenz zum Durchbruch, die darauf hinauslief, die nationalen Märkte ihrerseits in sogenannte Großräume (Großwirtschaftsraum, „spazio economico", Währungsblocks, Zollpräferenzsystemen u.a.) zu re-integrieren. Während also der Weltmarkt traditioneller Prägung an Bedeutung gegenüber den nationalen Märkten verloren hatte, versuchte man diese mit allen Mitteln auszuweiten und „autonom" zu machen, freilich mit dem Ergebnis einer weiteren Verschärfung des Produktions- und Marktproblems[323]. Die krisenhafte Zuspitzung des Marktproblems, die in der Weltagrarkrise zum Ausdruck kam, im „Überfluß" an Kapital, in der Nichtauslastung umfangreicher Produktionskapazitäten, in der chronischen Massenarbeits-

322 Vgl. hierzu Anm. 241, 1. Teil.

323 Maßnahmen von langfristiger Bedeutung waren: die ernährungswirtschaftliche Eigenversorgung, der Aufbau von importsubstituierenden Industrien, die künstliche Rohstoffgewinnung u. ä.

losigkeit, kennzeichnete darüber hinaus die schwere Depression, die auf die akute Krise von 1929/33 folgte.

Im Windschatten der auf militärischem Wege durchgeführten territorialen Eroberung von Rohstoff- und Energiequellen und Märkten in aller Welt, die in Kombination mit der ebenfalls weltweiten Rüstungskonjunktur in der Folge der Weltwirtschaftskrise sprunghaft zunahm, lebten nunmehr neue Formen der imperialistischen Expansion auf. Sie lassen sich zunächst am ehesten unter den Begriff des informellen Imperialismus subsumieren. Dazu gehörten auch Italiens Expansionsbestrebungen in Europa[324].

Europas Stellung hatte sich im Zusammenhang mit dem allgemeinen Umschichtungsprozeß ebenfalls erheblich gewandelt. Aus einer Vielzahl von Gründen, denen hier nicht nachgegangen zu werden braucht, war der europäische Anteil am Welthandel nach dem Ersten Weltkrieg kontinuierlich rückläufig. Angesichts seines Rückgangs auf 31 % (1925–30) gegenüber einem Welthandelsanteil von 37 % vor dem Ersten Weltkrieg hat man geradezu von einer „Verdrängung Europas vom Weltmarkt" gesprochen[325].

Der Prozeß der Enteuropäisierung des Welthandels und die entsprechend zunehmende Konzentration der europäischen Länder mit ihrem Handel auf die Märkte in Europa verlief für die einzelnen europäischen Länder freilich unterschiedlich. Bei diesem Prozeß hatte für das in der Hierarchie der europäischen Arbeitsteilung eine mittlere und vor allem prekäre Stellung einnehmende Italien der Abbau seiner weltweiten Außenhandelsdiversifizierung eine Verschlechterung der eigenen Konkurrenzbedingungen auf den europäischen Märkten zur Folge.

Auf seinen größten Absatzmärkten in Europa (Deutschland, Großbritannien und Frankreich) trat Italien traditionell in erster Linie als Lieferant für agrarische Rohstoffe und Produkte auf und erst in zweiter Linie als Exporteur von Fertigwaren, noch dazu von vorwiegend einfachen, traditionellen Konsumwaren. Während sich der Austausch zwischen Großbritannien, Frankreich und Deutschland untereinander überwiegend über Waren „gleichgewichtiger Natur" vollzog[326], liefen Italiens Tauschbeziehungen mit Europas hoch entwickelten Industrieländern über Waren primär ungleicher Natur: Agrarprodukte und einfache Fertigwaren (und dazu Arbeitskräfte) tauschten sich gegen technologische Spitzenprodukte und unentbehrliche Industrierohstoffe.

Die vergleichbaren italienischen Fertigwarenausfuhren, gerade auch die der *neuen* Branchen, fanden, wenn überhaupt, ihren Absatz in Europa hauptsächlich auf den Märkten in Mittel- und Osteuropa. Deren *qualitative* Bedeutung für den italienischen Außenhandel gewinnt noch dadurch an Bedeutung, daß zunächst le-

324 Zum Begriff „informal empire" am Beispiel der italienischen Balkan- und Donauraumpolitik s. Giampiero Carocci, *La politica estera dell'Italia fascista (1925–1928)*, Bari 1969, bes. Kap. I; ders., Contributo alla discussione sull'imperialismo, in: *Il Movimento di Liberazione in Italia*, XXIII. Jg., 1971, Nr. 102, S. 3–14; ders., *Storia d'Italia dall'Unità ad oggi*, Mailand 1975, S. 283 ff.

325 Hierzu und zum Folgenden s. Herbert Gaedicke/Gert von Eynern, *Die produktionswirtschaftliche Integration Europas*, I: Textband, Berlin 1933, S. 15.

326 Ebd., S. 23, 122, 124.

diglich der Posten „Fertigwaren" in der italienischen Handelsbilanz aktiv war und folglich zur Bezahlung der Einfuhren von Rohstoffen und Halbfertigwaren beitrug. Berücksichtigt man ferner, daß Italien seine am wenigsten entbehrlichen Importe an Kohle und Eisen auf den Bezugsmärkten in West- und Nordeuropa tätigte[327], so wird das Ungleichgewicht der europäischen Märkte für Italiens Außenwirtschaft vollends deutlich.

Die zunehmende Re-europäisierung der europäischen Austauschbeziehungen führte also zwangsläufig zu einer wachsenden Abhängigkeit der italienischen Wirtschaft von ihren strukturell ohnehin überlegenen Handels-„partnern" im nordwestlichen Europa, insbesondere von Deutschland. Zugleich aber wuchs das italienische Interesse an den noch nicht aufgeteilten Märkten im mittleren und östlichen Europa. Hier traf Italien allerdings auf den ab 1925 gleichfalls wachsenden Expansionsdruck seines Hauptkonkurrenten Deutschland.

Der Zusammenhang von Weltwirtschaftskrise, Desintegration des Weltmarkts und verschärftem Kampf um Märkte *in* Europa scheint den unerläßlichen Bedingungsrahmen abzugeben, den es mitzureflektieren gilt, wenn man sich mit der historisch-konkreten Konkurrenzsituation auf einzelnen europäischen Märkten in der Zwischenkriegszeit beschäftigt, namentlich mit der Verschärfung der *innereuropäischen* Konflikte zwischen den kapitalistischen Staaten[328], insbesondere im Lager der beiden wichtigsten faschistischen Länder.

Die verschärfte Konkurrenzsituation in Europa führte schließlich auch zu modifizierten bzw. neuen Formen imperialistischer Politik besonders in den dreißiger Jahren, deren Spezifika allerdings nicht eben häufig Untersuchungsgegenstand der Imperialismus-Forschung sind. Die unterschiedlich als „informal", ja sogar als pazifistisch[329] eingestufte Expansionspolitik ist demgegenüber von Maurice Dobb als zeitgemäße Form des Imperialismus herausgearbeitet worden: Aufgrund seiner wesentlichen Merkmale sei dieser insbesondere als neomerkantilistische Form imperialistischer Politik zu kennzeichnen. Seinen theoretischen Ansatz expliziert Dobb am Beispiel der ökonomischen Expansions- und politisch-ideologischen Unterwanderungspolitik NS-Deutschlands in den mittel-, ost- und südosteuropäischen Nachbarländern. Er versucht auf diese Weise, grundlegende Modifikationen imperialistischer Politik nach dem Ersten Weltkrieg und besonders in der Folge der Weltwirtschaftskrise in den Griff zu bekommen[330].

327 Vgl. hierzu den Überblick bei Giorgio Mortara, Die weltwirtschaftlichen Beziehungen Italiens, in: *W. W. A.*, 29. Bd. (1929/I), S. 258–305, hier S. 285.

328 Einem nach wie vor weißen Fleck in der empirischen Imperialismus-Forschung; s. auch Christel Neusüss, *Imperialismus und Weltmachtbewegung des Kapitals*, Erlangen 1972, S. 5 ff.

329 Vgl. den summarischen Hinweis bei Otto Bauer, Der Faschismus, in: O. Bauer/H. Marcuse/A. Rosenberg u. a., *Faschismus und Kapitalismus. Theorie über die sozialen Ursprünge und die Funktion des Faschismus*, hrsg. v. W. Abendroth, Wien 1967, S. 143–167, hier S. 162.

330 Vgl. Maurice Dobb, Der Kapitalismus zwischen den Kriegen (zuerst 1946), in: ders., *Organisierter Kapitalismus. Fünf Beiträge zur politischen Ökonomie*, Frankfurt a. M. 1966, S. 74–166; ders., *Political Economy and Capitalism*, o. O. 1937, bes. Kap. VII.

Hinsichtlich des Unterschieds zwischen „altem" und „neuem" Imperialismus führt Dobb als erstes aus: „Imperialismus herkömmlicher Gestalt", dessen Haupttätigkeit im Kapitalexport bestand, hatte an Durchsetzungsvermögen verloren angesichts der Natur der Weltwirtschaftskrise, die ja von einem „Marktschwund" ohnegleichen gekennzeichnet war, von Überkapazitäten und infolgedessen von einer verbreiteten „Furcht vor der Produktionskapazität". Für die Expansion der faschistischen Länder im Donau- und Balkanraum bildete daraufhin der *Handel* die relevantere Konkurrenzebene[331]. Von daher rührt der Begriff eines Imperialismus neomerkantilen Charakters: eines auf der Grundlage monopolistischen Wettbewerbs sich vollziehenden ungleichen Tauschs. Dobb räumt in seiner Analyse den neu sich herausbildenden *Expansionstechniken* breiten Raum ein. Denn „wollte der Imperialismus weiterhin die Expansion des Kapitals unterstützen, so mußte er neues Territorium erobern oder aber eine neue Expansionstechnik erfinden."[332] Bilateralisierung des Außenhandels, reziproke Präferenzbeziehungen, Schaffung und Abriegelung von Vorzugsmärkten vornehmlich in den europäischen, weniger industrialisierten Nachbarländern, politische Unterwanderung dieser Länder in der Absicht, sie auf „ergänzungswirtschaftlicher" Basis zu Satellitenräumen für die eigene Wirtschaft zu machen – diese neuen Techniken lieferten der nationalsozialistischen Expansionspolitik in Europa in der Tat ihre wirksamsten Hebel[333].
politik in Europa in der Tat ihre wirksamsten Hebel[333].

In Konkurrenz zu NS-Deutschland – und diesem zeitlich noch zuvorkommend – wandte auch das faschistische Italien sehr gekonnt die neuen Praktiken bei seinem Kampf um „Jagdreservate" (Dobb) und eigene Einflußsphären im Osten Europas an. In dem Wettlauf um die neuen Expansionstechniken *erster* gewesen zu sein, erlaubte es Italien sogar, dort zunächst in einer Weise Fuß zu fassen, die allein mit seiner ökonomischen und politischen Stellung im Konzert der Konkurrenten kaum erklärbar ist. Am konkreten Beispiel der Fiatschen Expansionsstrategie wird dieser Sachverhalt dargestellt (3. Teil, 2. Kap.).

In der Konkurrenzstruktur zwischen Italien und Deutschland ist schließlich noch ein weiterer wesentlicher Sachverhalt bemerkenswert, nämlich das in den entwickelten Industrieländern entstandene Ungleichgewicht zwischen der Ausweitung der Produktion an Produktionsmitteln und ihren Absatzmöglichkeiten im nationalen und internationalen Bereich. In Anbetracht dieser Entwicklung hatte Fritz Sternberg[334] am Vorabend der Weltwirtschaftskrise auf den sich verschärfenden Kampf gerade um diesen Typus Absatzmarkt hingewiesen, den er in erster Linie in den am Anfang ihrer Industrialisierung stehenden *europäischen* Ländern angesiedelt sah. Der Balkan- und Donauraum und, in einer Position sui generis, die

331 Zur Richtungsänderung des langfristigen Kapitalexports und dessen Konzentration in hochentwickelten Industrieländern, namentlich Europa, s. Ernest Mandel, *Der Spätkapitalismus*, Frankfurt a. M. 1972, bes. S. 60 ff.; Salvatore Sechi, Imperialismo e politica fascista (Anm. 11), bes. S. 775 ff.

332 Dobb, Kapitalismus (Anm. 330), S. 141.

333 Ebd., bes. S. 139 ff.

334 Fritz Sternberg, Krise und Außenhandel, in: *W. W. A.*, 29. Bd. 1929, S. 327–273.

Sowjetunion boten aus dieser Sicht die durch keinen Kolonialhandel ersetzbaren und daher besonders erbittert umkämpften Märkte.

Italiens prekäre Zwischenstellung hierbei resultierte aus dem Umstand, daß es zum einen mit Hilfe von Lieferungen vor allem aus Deutschland (Investitionsgüter und know how) den Aufbau seiner eigenen Produktionsmittelindustrie forcierte und daß es zum anderen als Neuankömmling unter den etablierten produktionsmittelexportierenden Ländern nunmehr in offener Konkurrenz zu Deutschland in den internationalen Kampf um Marktanteile eingriff.

Maschinen, Fahrzeuge, aber auch langlebige Gebrauchswaren – diese Waren bildeten insgesamt einen Typus Markt, dem künftig strategische Bedeutung bis hinein in die Aufschwungphasen nach dem Zweiten Weltkrieg zukommen sollte („Wirtschaftswunder", „miracolo economico"). Tatsächlich geht die Entwicklung auf den Umbruch in der Weltwirtschaft in der hier untersuchten Periode zurück[335]. Eines der neuen Strukturmerkmale war, daß in der Folge der Weltwirtschaftskrise 1929 sich allgemein der Schwerpunkt der Exportindustrie zunehmend auf das Gebiet der Maschinen, Fahrzeuge und Gebrauchsgüter verschoben hatte. Man kann sogar sagen: „Das Gewicht dieser Warengruppe im Exportsortiment eines Landes ist geradezu zum Indiz der Stufe seiner Industrieentwicklung geworden."[336] Daraus läßt sich folgern: Dieses Gewicht stellt seinerseits einen Indikator für den „Rang" dar, den das Industrieland in der internationalen Arbeitsteilung einnimmt.

Mit dem hier verwandten Begriff *Re-Integration* in die internationale Arbeitsteilung *auf neuer Stufenleiter* soll am Beispiel Italiens daher folgender Sachverhalt gekennzeichnet werden: Eroberung von und schließlich Behauptung auf Märkten durch Waren der Abteilung I sowie der Gruppe der langlebigen Gebrauchsgüter. Das besondere Interesse der vorliegenden Untersuchung für diese „strategische" Warengruppe resultiert aus der Feststellung, daß sie zwar in nur geringem Umfang am italienischen Export beteiligt war, daß aber ihr Anteil an der inländischen Industrieproduktion unübersehbar zugenommen hatte. Also nicht zur Kennzeichnung quantitativer Größen (z.B. Volumen des Außenhandels u.a.) soll er dienen, der Begriff Re-Integration hat hier vielmehr heuristische Funktion: Qualitative Veränderungen im Verhältnis von internationaler und nationaler Entwicklung stehen im Vordergrund des Interesses. Wenn man sich den Umbruch in der internationalen Arbeitsteilung und gleichzeitig die Veränderungen in Italiens ökonomischer Binnenstruktur vor Augen führt, so lautet daraufhin die zentrale Frage: Welchen ökonomischen Kräften in Italien ist es in dem untersuchten Zeitraum gelungen und auf welchen Wegen, den Anschluß an die international führende Entwicklung herzustellen? Von daher rührt das Interesse für die mittel- und osteuropäischen Märkte, wo Italien erstmalig in breiterem Umfang als Lieferant von Maschinen, Produktionsmitteln und Fahrzeugen auftrat. Ihr spezifisches Gewicht für die römische Expansionspolitik muß folglich hoch veranschlagt werden, selbst auch dann noch, wenn ihr quantitativer Anteil am italienischen Exportsortiment niedrig blieb im Vergleich zu den

335 Zu den folgenden Angaben s. Mandel, Spätkapitalismus (Anm. 331), bes. S. 42–69 (2. Kap.).
336 Ebd., S. 62.

etablierten Exportländern von Investitionsgütern (Deutschland, Großbritannien usw.). Von daher schließlich das Interesse für den Turiner Familienkonzern Fiat und dessen Expansionsstrategien während des Faschismus. Sie entsprachen in hohem Maße den – gemessen an den Erfordernissen der Weltmarktkonkurrenz – modernsten Entwicklungen: sowohl auf nationaler als auch auf internationaler Ebene, im wirtschaftlichen Bereich ebenso wie im gesellschaftlichen.

3. Teil

Am Beispiel Fiat. Zur Mittel- und Osteuropastrategie der Fahrzeugindustrie

1. Kapitel: Umstellung auf den Frieden und erste Schritte zur Rückkehr auf den Weltmarkt, 1918/19–1925

I „la riconversione industriale": die Binnendimension

Unter den modernen Branchen mit großem Interesse für die Märkte in Mittel-, Ost- und Südeuropa spielte die italienische Fahrzeugindustrie eine führende Rolle. Dies gilt besonders für Fiat[1]. Die folgende Darstellung der Europastrategie des Turiner Autohauses, zugkräftiger Motor der italienischen Expansionspolitik in Europa während des Faschismus, soll daher der Dokumentation und Illustration der bislang allgemeinen Ausführungen (2. Teil) dienen.

Nach Kriegsende war die allgemeine Situation in Italien zum einen durch den Prozeß der „riconversione industriale", der industriewirtschaftlichen Umstellung auf Friedensproduktion bestimmt und zum zweiten durch die Auswirkungen der anarchischen Zustände auf dem Weltmarkt, die Fiat besonders zu schaffen machten. Vor dem Hintergrund wachsender Absatzschwierigkeiten auf den ausländischen Märkten[2] wandte sich das Turiner Autohaus zunächst verstärkt dem Binnenmarkt zu. Es kam der Konzernleitung, allen voran Giovanni Agnelli, zunächst in erster Linie darauf an, die im Laufe des Kriegsbooms eroberten wirtschaftlichen und politischen Machtpositionen in die Nachkriegsära hinüberzuretten und zu konsolidieren.

Der Machtzuwachs von Fiat während des Krieges war enorm. Im Jahr 1913 noch auf Platz 30 der Rangliste der nationalen Industrien hatte Fiat sich Ende 1918 den dritten Platz erobert, gemessen an Betriebsgröße und Stammkapital gleich hinter den Firmen Ansaldo und Ilva (Schwerindustrie, Maschinenbau). Das Stammkapital war in den Kriegsjahren 1915–18 um das Siebenfache gestiegen: eine in der Metallindustrie ganz ungewöhnliche Steigerungsrate, selbst wenn man die gleichzeitige inflationsbedingte Liraentwertung um zwei Drittel mit in Betracht zieht. Die Rücklagen hatten sich von Lire 1 532 000 auf 91 742 000 erhöht, die Anzahl der Beschäftigten von 4 000 auf 40 510. Während der letzten Kriegsmonate lieferten die Fiatwerke 92 % aller in Italien gefertigten Lastwagen und 80 % der Flugzeugmotoren, und selbst die veröffentlichten Firmenbilanzen wiesen außerordentlich hohe

1 Seine Geschichte ist bislang am gründlichsten erforscht worden von Valerio Castronovo, *Giovanni Agnelli*, Turin 1971; vgl. auch ders., Potere economico e fascismo, in: *Rivista di storia contemporanea*, 1972, H. 3, S. 273–313; ders., *Storia d'Italia, Dall'Unità a oggi*, Turin, 1975, Bd. IV (insbes. 3. Teil, „Potere economico e fascismo"), S. 248–350. Wenn nicht anders vermerkt, stützen sich die Zahlenangaben im Text auf diese Veröffentlichungen.

2 Der Anteil der Fiat-Exporte am Gesamtumsatz sank in den Jahren 1920/21 von 47,4 % auf 39,75 %; 1923 betrug er 38,35 %.

Gewinne aus. Dadurch war die Selbstfinanzierung zunächst weitgehend sichergestellt.

Agnellis Konsolidierungsstrategie sah zunächst also von einer weiteren Expansion ab und konzentrierte sich auf eine Flurbereinigung des Konzerns – durch Abbau spekulativer Objekte und wenig ertragreicher Betriebe – sowie auf eine strengere vertikale Organisation der Produktion. War dies auch eine bei anderen Firmen der Großindustrie zu beobachtende Tendenz, so kam bei Fiat das Bestreben hinzu, sich den einmal eroberten Rang der „industria nazionale" auch in Zukunft zu sichern: einer Industrie, die aufgrund eben ihrer nationalen Bedeutung auf privilegierte Beziehungen zum Staat zugunsten der Sicherstellung eines kontinuierlichen Akkumulationsprozesses setzen konnte. In diesem Lichte ist beispielsweise die bald nach Kriegsende einsetzende staatliche Vergabe von Aufträgen und Subventionen zu sehen, ebenso wie die Zollerhöhungen für Auto- und Kugellagerimporte (1920/21).

Fiats verstärkte Hinwendung auf den Binnenmarkt und der Ausbau seiner Oligopolstellung dort heizten von neuem die Rivalität mit Ansaldo an. Bei diesem Konkurrenzverhältnis zwischen den beiden mächtigsten Konkurrenten im Maschinenbau und in der Schwerindustrie ging es um mehr als lediglich um Marktanteile. Es war im wesentlichen der Ausdruck eines Konflikts zweier entgegengesetzter Entwicklungslinien und damit auch konkurriender Wirtschaftspolitiken: Ansaldo (Genua), typischer Vertreter des traditionellen italienischen Industriekapitals, arbeitete mit hohen unproduktiven Kosten und stand in enger Verbindung mit dem spekulativen Finanz- und Handelskapital; kennzeichnend war die niedrige Relation zwischen angelegtem Kapital und Umsatz. Fiat dagegen stand für den modernen Flügel des Industriekapitals – zusammen mit der Basischemie, den hauptsächlichen Elektrogruppen, der neuen Kunstfaserindustrie. Hier setzte man auf radikale technologische Neuerungen und versuchte vor allem mit der Einführung neuer Formen der Arbeitsorganisation den Anschluß an den international herrschenden Standard zu finden; insgesamt orientierte man sich streng an den Markt- und Produktionskosten.

Neben den sich abzeichnenden Konfliktlinien innerhalb des italienischen Kapitals trat, ebenfalls relativ früh, ein weiterer Schwerpunkt der Konzernstrategie zutage, der in der rigoros gehandhabten Politik des „controllo della fabbrica" zum Ausdruck kam: In den Betrieben hatten wieder klare Machtverhältnisse zu herrschen. Nach dem Abflauen der großen Streikbewegung 1919/20 („biennio rosso")[3] hatte die Firmenleitung rasch wieder eine rigide Unternehmerposition gegenüber den Belegschaften bezogen[4]. In der Tat galt im Rahmen der Konsolidierungspolitik die Wiederherstellung kontrollierbarer und damit auch kalkulierbarer Verhältnisse in den Fabriken als eine der entscheidenden Voraussetzungen für die langfristige Planbarkeit und Durchsetzbarkeit der Fiatschen Expansionsstrategie auf dem Weltmarkt. Mit den Worten Agnellis (März 1926):

3 Vgl. dazu Giuseppe Maione, *Il biennio rosso. Autonomia e spontaneità operaia nel 1919–1920*, Bologna 1975.

4 Im Oktober 1921 setzte die Fiat-Leitung eine Lohnkürzung von 10% durch, gleichzeitig wurde die 48-Stunden-Woche eingeführt.

„Ruhe und Eintracht sind wesentliche Voraussetzungen für die organisatorische Arbeit, d.h. einer zwangsläufig stetigen und regelmäßigen Arbeitsweise. Jedes Innehalten, alle Unordnung zählen nicht allein als die Zeit, die sie wirklich gekostet haben, sondern ihre Folgen, auch die zeitlichen, ziehen wesentlich weitere Kreise. Die Erfahrungen der Vergangenheit sind uns eine Lehre vor allem im Hinblick auf unsere Ausfuhrtätigkeit."[5]

Die Jahre der Restrukturierung und Konsolidierung waren für den Maschinenbau und die Metallverarbeitung von schlechten Absatzchancen auf dem Inland- wie Auslandsmarkt überschattet. Dieser Sachverhalt traf auf die neuen Wachstumsbranchen insgesamt zu – Chemie und Elektroenergie –, denen der Erste Weltkrieg ebenfalls einen beispiellosen Aufschwung geboten hatte. Für den Fiatkonzern brachten erst Mussolinis Regierungsantritt (Oktober 1922) zusammen mit der relativen Liberalisierung der Wirtschafts- und Handelspolitik sowie der Ankurbelung der Rüstungsproduktion einen nennenswerten Anstieg von Produktion (1923) und Exporttätigkeit (1924)[6].

II Rückkehr auf den Weltmarkt: erste Schritte

Der erste Exportaufschwung für Autos aus Italien hielt bis 1926 an. Anhand weniger Daten lassen sich hier schon Grundlinien und spezifische Momente, die für die weitere Entwicklung bestimmend sein werden, aufzeigen. Folgende Übersicht über den Ein- und Ausfuhrverlauf in den Jahren 1922 bis 1927 dokumentiert die Belebung der internationalen Austauschbeziehungen der Autobranche. Wichtig dabei ist auch der starke und anhaltende Exportüberhang zugunsten Italiens.

Tab. 1: Autoein- und Autoausfuhren Italiens, 1922–27[7]

	Mengen		*Werte*	
Jahre	Einfuhren	Ausfuhren	Einfuhren	Ausfuhren
	Stück	Stück	Lire	Lire
1922	336	11356	7095021	276643508
1923	918	12749	11509763	287554656
1924	1648	18988	18535590	399878050
1925	4946	29061	52831021	667393011
1926	5802	34194	73210379	709880115
1927	3832	33312	48738848	605306700

5 Zit. nach Castronovo, *Agnelli* (Anm. 1), S. 430.

6 Um eine ungefähre Vorstellung von der Entwicklung zu vermitteln: Im Jahre 1925 rollten aus den Fiatwerken 40000 Autos, 1926 waren es 52000. Der Gesamtumsatz von Fiat belief sich 1925 auf 1260 Mill. Lire – 480 Mill. Lire mehr als im Vorjahr; dies entsprach dem höchsten Geschäftsvolumen (im Jahresdurchschnitt) eines Maschinenbauunternehmens in Europa. Die Zahl der Belegschaft hatte sich auf 35000 erhöht: „Nur in einer Ausnahmesituation wie die des Krieges (Herbst 1917/Frühjahr 1918) hatte man in Turin Vergleichbares erlebt"; so Castronovo, *Agnelli* (Anm. 1), S. 428. Zur Entwicklung der Firmengruppe Ansaldo vgl. Paride Rugafiori, *Uomini macchine capitali. L'Ansaldo durante il fascismo 1922–1945*, Mailand 1981.

7 Vgl. Edoardo Giretti, L'industria italiana delle automobili e la protezione doganale, in: *La Riforma Sociale*, XXXV Jg., 1928, Bd. XXXIX, H. 5–6, S. 236–242, hier S. 238.

Italien führte in diesem Zeitraum zwischen zwei Drittel und drei Viertel seiner produzierten Autos aus[8], in der Mehrheit der Autotypen der Luxusklasse, während seine Einfuhren mehrheitlich aus Klein- und Mittelklassewagen bestanden[9]. Der Grad der Exponiertheit der italienischen Autoindustrie gegenüber dem Weltmarkt war also sehr hoch. Zum Vergleich: Frankreich exportierte zur selben Zeit 20 % seiner Herstellung, Großbritannien 15 % und Deutschland nur 6 %.

In deutlichem Gegensatz zur Exportabhängigkeit Italiens und damit von Fiat – der höchsten im übrigen unter den europäischen Ländern – war seine marginale Stellung im internationalen Produktionsvergleich: In den Boom-Jahren 1926 und 1927 produzierten die USA, Großbritannien, Frankreich und Kanada zusammen 96 % aller gefertigten Autos.

Der hohe Grad der Exponiertheit gegenüber dem Weltmarkt, die marginale Stellung dort und dazu der aufnahmeschwache italienische Markt machten die Exportfrage für das Turiner Autohaus zu einem neuralgischen Punkt in der Konzernstrategie. Von den im Jahr 1926 exportierten italienischen Autos (34 194 Stück) gingen allein 29 841 auf das Konto von Fiat (zu einem Gesamtbetrag von 709 Millionen Lire). Berücksichtigt man, daß die gesamte Autoherstellung in den Fiatwerken 1926 52 000 Stück betrug, so wird auch hier die hohe Exportquote – über 50 % – deutlich.

Zwar war der Inlandsumsatz an Autos in den Jahren 1922–26 gestiegen, wenn man sich den Zuwachs an registrierten Fahrzeugen ansieht:

Tab. 2: Anzahl der gemeldeten Fahrzeuge in Italien, 1922–26[10]

	1922	1926	Zuwachs: 1922/26
private Fahrzeuge	37164	91566	54402
öffentliche Fahrzeuge	3871	13316	9445
Postfahrzeuge	1880	3295	1415
Lastkraftwagen	23260	33213	9953
insgesamt	66175	141390	75215

Dennoch hatte sich an der strukturellen Aufnahmeschwäche des Binnenmarktes kaum etwas geändert, wenn man sie in Relation zur erreichten Produktionskapazität setzt: Die Jahresproduktion allein von Fiat betrug im Jahr 1926 52 000 Stück, während sich der Gesamtzuwachs gemeldeter Autos innerhalb von vier Jahren auf 75 215 Stück belief.

Neben den Absatzschwierigkeiten sah sich Fiat mit dem Problem der Kapitalbeschaffung konfrontiert. Nach dem Abflauen der überhitzten Kriegskonjunktur, dem Übergang zur Konsolidierung und angesichts des stockenden Absatzes in den ersten Nachkriegsjahren mußten neue und langfristig sichere Wege der Finanzierung

8 Vgl. ebd., S. 240.

9 Diese kamen zum größten Teil aus den USA: 1926 zu 78 % und 1927 sogar zu 90 %; vgl. Giretti, L'industria (Anm. 7), S. 237 f.

10 Vgl. ebd., S. 236.

gefunden werden. Auf die in diesem Zusammenhang wichtige und im Laufe der zwanziger und dreißiger Jahre sich in einem bis dahin unbekannten Ausmaß entfaltende Stützungs- und Interventionspolitik des Staates wird noch einzugehen sein.

Nicht zuletzt in diesem Licht ist auch die Regelung der italienischen Kriegsschuldenfrage zu sehen, die Fiats Kapitalbeschaffungspolitik unmittelbar zugute kam und die darüber hinaus die Weichen für Fiats Rückkehr auf den Weltmarkt stellte. Die Aufnahme von Verhandlungen Roms mit London (1925) und bald darauf mit Washington, die wenig später erfolgende Stabilisierung der Lira und die Rückkehr zum Goldstandard, ferner die Gewährung von US-Krediten an Fiat (1926), die Anwesenheit des New Yorker Bankhauses Morgan im Verwaltungsrat von Fiat wie überhaupt die besondere Aufmerksamkeit nordamerikanischer Finanz und Börse für die Geschicke des Turiner Autohauses stellen Momente einer Entwicklung dar, die insgesamt die umfassendere Einbeziehung Fiats in die Interessensphäre der USA[11] signalisiert. Diese Tendenz sollte – ungeachtet von zunächst gegenläufigen Entwicklungen – die Weltwirtschaftskrise, die Autarkiepolitik und die Fronten im Weltkrieg überdauern und schließlich zur Grundlinie italienischer Wirtschafts- und Außenwirtschaftspolitik nach dem Zweiten Weltkrieg werden.

Parallel zur wachsenden Verflechtung des Fiatkonzerns mit dem amerikanischen Kapital entfaltete sich seine Exportoffensive; in ihrem Rahmen erfolgte der Ausbau der außenwirtschaftlichen Beziehungen mit dem Donau- und Levanteraum.

Ehe auf die Entwicklung im einzelnen eingegangen wird, ist es wichtig hervorzuheben, daß der Zusammenhang zwischen der Kapitalverflechtung mit dem Dollarraum und der Ausweitung des Warenverkehrs in Europa, namentlich mit Ost- und Südeuropa, nicht nur für Fiat kennzeichnend war. Verfolgt wurde diese Strategie von weiten Kreisen im Maschinenbau und in der Metallverarbeitung, in der Chemie und der Elektroenergie, das heißt also von den modernen Wachstumsbranchen.

Schon ziemlich bald nach Kriegsende leitete Agnelli zielstrebig seine ost- und südosteuropäische Expansionspolitik ein, indem er ein breites Netz eigener Niederlassungen zu knüpfen begann: Zunächst entstand die Polski Fiat in Warschau (sogleich nach Abzug der Roten Armee, im November 1920); bald darauf folgten Niederlassungen in Bukarest, Zagreb, Sofia, Berlin, Prag und Budapest[12].

Während dieser ersten Phase verlief die Abwicklung der finanziellen Seite der Geschäfte über die Triestiner Banca Commerciale. Es stellte sich jedoch bald heraus, daß die traditionelle Form der Finanzierung von Auslandsgeschäften den veränderten Verhältnissen nicht mehr entsprach bzw. den Risiken nicht mehr gewachsen

11 Einen ersten Überblick und weiterführende Literaturangaben zur US-amerikanischen Politik nach dem Ersten Weltkrieg in Europa gibt Gian Giacomo Migone, Le origini dell'egemonia americana in Europa, in: *Rivista di storia contemporanea*, 1974, S. 433–459; zur Stabilisierungspolitik 1924–29, s. ebd., S. 454 ff.

12 Vgl. auch Edoardo Giretti, L'industria italiana delle automobili, il mercato interno e la necessità dell'esportazione, in: *La Riforma Sociale*, 38. Jg., 1931, S. 364–377, hier bes. S. 374.

war[13], schon gar nicht auf den politisch und wirtschaftlich instabilen Märkten wie den ost- und südosteuropäischen. So erfolgte auf diesem Terrain bereits in den zwanziger Jahren jenes Hand-in-Hand von staatlichen Instanzen und Fiatkonzern, das mit der Weltwirtschaftskrise und im Verlauf der dreißiger Jahre zum System ausgebaut werden sollte. Dank dieser engen Zusammenarbeit konnten sich die Fiat-Exporte relativ gut behaupten, trotz der Wechselkursschwankungen der osteuropäischen Währungen und trotz der nach 1925 bedrohlicher werdenden Präsenz Deutschlands. Immerhin gelang es dem Konzern, rund 15 %–20 % seiner Ausfuhren auf diesen Märkten abzusetzen (1926–27).

Die Zusammenarbeit mit den staatlichen Instanzen kam Fiat gleich in mehrfacher Hinsicht zugute. Neben staatlichen Garantien für Rüstungslieferungen an die Türkei und Rumänien[14], neben Garantieleistungen für den Handel mit der Sowjetunion, waren es ab 1925 vor allem die an Rumänien, Bulgarien, Griechenland, Ungarn und Österreich vergebenen italienischen Anleihen, die Fiat nun dazu verwandte, sich feste Anteile an den Märkten dieser Länder zu sichern. Mit anderen Worten: Ein Teil der von Italien v.a. in den USA aufgenommenen Kredite, die anschließend zu wesentlich ungünstigeren Bedingungen von der italienischen Regierung weiterverliehen wurden, floß auf diesem Umweg in die Kassen von Fiat. Darüber hinaus zahlte sich die römische „Politik des gepumpten Kapitalexports" für Fiat auch insofern aus, als seine Handelsgeschäfte auf der Basis von Barzahlungen erfolgten, während üblicherweise, aufgrund der Währungsinstabilität, Kompensationsgeschäfte – Ware gegen Ware – getätigt wurden. Dank schließlich dieser vergleichsweise günstigen Bedingungen konnte der Turiner Konzern sein Warensortiment beträchtlich differenzieren. Außer Autos und Zubehör führte er zunehmend landwirtschaftliche Nutzfahrzeuge, Flugzeugmotoren und Rüstungsmaterial aus.

III Auseinandersetzungen um die „Rußland-Politik" – Grundzüge

Den Beziehungen zwischen Fiat und der Sowjetunion kam in dem untersuchten Zusammenhang erhebliche Bedeutung zu, so daß auf sie etwas näher eingegangen

13 Mit diesem Problem sah sich natürlich nicht nur Fiat konfrontiert. Zu den aus Kreisen des italienischen Finanzkapitals in dieser Zeit an Mussolini gerichteten Forderungen, es möge „im nationalen Interesse" und mit staatlicher Unterstützung ein „Istituto di credito per le operazioni all'estero" geschaffen werden, vgl. auch das Schreiben von Bernardino Nogara an Mussolini, 18. 1. 1929, veröffentlicht in: *Documenti Diplomatici Italiani*. Hrsg.: Ministero degli affari esteri, 7. Serie: 1922–1935, Bd. VII (24. 9. 1928–12. 9. 1929), Rom 1970, Nr. 80.

14 Zu den ebenfalls mit staatlicher Unterstützung laufenden Verhandlungen über Waffenlieferungen von Ansaldo an die Türkei vgl. die Denkschrift (8. 5. 1930), veröffentl. in: *DDI* (Anm. 13), Bd. IX (15.4.–31. 12. 1930), Rom 1975.

werden soll. Sie datierten bereits aus den allerersten Nachkriegsjahren[15]. Ihre Blütezeit erreichten sie in der Zeitspanne von 1926/27 bis 1934/35; danach entwickelten sie sich rückläufig – parallel im übrigen zum allgemeinen Verlauf Italiens ost- und südosteuropäischer Expansionspolitik.

Symptomatisch für die Frühphase der Entwicklung wie auch für die politische Konstellation in Italien überhaupt war das im Vorfeld der internationalen Wirtschaftskonferenz von Genua (10.4.–19.5.1922)[16] gegründete „Comitato per le iniziative italo-russe", das mit dem Namen Agnelli eng verbunden ist[17]. Unter dem Vorsitz des Fiatchefs wurde es von gewichtigen Industrieinteressen getragen, einem breiten Spektrum aus Maschinenbau, Schiffahrt, Textilien, Chemie und Gummi. Die politischen Promotoren des Ausschusses kamen in erster Linie aus den Reihen der Sozialistischen Partei (PSI) und der Gewerkschaft (CGL), d.h. ihres reformistischen Flügels.

Von dieser Kräftegruppierung gingen in erster Linie die Pressionen auf die Regierung Facta aus (Februar–Oktober 1922), anläßlich der Genua-Konferenz die Sowjetunion diplomatisch anzuerkennen. Um das Ergebnis gleich vorauszunehmen: Die Anerkennung de jure nahm Rom erst im Februar 1924 vor[18], während der italienisch-sowjetische Handelsvertrag (Mai 1922), gleichsam eine Anerkennung de facto, von den rechten Kräften im Kabinett Facta an seiner empfindlichsten Stelle – der staatlichen Exportkreditversicherung – aus den Angeln gehoben wurde. Dem entsprechenden Passus wurde die Zustimmung verweigert; damit galt das gesamte Handelsabkommen praktisch als annulliert. Obwohl die ersten Bemühungen um eine italienische Sowjetunion-Politik vorläufig gescheitert zu sein schienen, hatten sie dennoch, wie im übrigen die Geschehnisse um die Genua-Konferenz insgesamt, einige Grundlinien und Konstellationen im wirtschaftlichen und politischen Kräfteverhältnis in Italien freigesetzt[19], die im späteren Verlauf bis hinein in die zweite

15 Einen allgemeinen Überblick über die italienisch-sowjetischen Außenwirtschaftsbeziehungen gibt Giorgio Petracchi, La cooperazione italiana, il Centrsojuz e la ripresa dei rapporti commerciali tra l'Italia e la Russia sovietica (1917–1922), in: *Storia contemporanea*, VIII. Jg. 1977, Nr. 2, S. 207–255; zur ebenfalls wichtigen Periode italienisch-russischer Wirtschaftsbeziehungen 1907–1917 s. Renato Risaliti, I rapporti economici italo-russi, in: *La conferenza di Genova e il trattato di Rapallo (1922). Atti del convegno italo-sovietico, Genova-Rapallo 8–11 giugno 1972*, Rom, Edizioni Italia-URSS, 1974, S. 480–516.

16 Vgl. hierzu bes. *La conferenza di Genova* (Anm. 15).

17 Ergänzend zu den zitierten Veröffentlichungen von Castronovo vgl. Paolo Alatri, Le forze politiche ed economiche italiane di fronte alla conferenza di Genova, in: *La conferenza di Genova* (Anm. 15), S. 80–93.

18 Nach zunächst schleppend verlaufenden Verhandlungen und dann einem Wettlauf mit der in London neugewählten Labour-Regierung Mac Donald (Jan. 1924) um den ersten Platz in der Rangliste der anerkennenden Staaten; vgl. dazu u. a. Ennio Di Nolfo, *Mussolini e la politica estera italiana (1919–1933)*, Padua 1960, S. 106–110 und die dort angegebene Literatur.

19 Aber nicht nur für Italien wirkte die Konferenz klärend. Alatri erinnert in seinem Beitrag einleitend: Die Ankündigung der Konferenz (Januar 1922) mit der Beteiligung Deutschlands und der Sowjetunion „hat wie über eine Zündschnur mit den Kanzleien ganz Europas verbundene Lunte gewirkt – innerhalb weniger Tage stürzte zuerst die französische Regierung, es folgten die polnische, österreichische, griechische und italienische, und selbst Lloyd George's Sessel geriet ins Wanken".

Nachkriegszeit wirksam bleiben sollten. Im folgenden werden die wichtigsten Momente im Überblick aufgezeigt.

Zunächst zur Konfliktkonstellation zwischen Wirtschaftsinteressen und politischen Kräften. Die Initiative zur Wahrnehmung der Gelegenheit, die die internationale Wirtschaftskonferenz auf italienischem Boden bot, Handelsbeziehungen mit der Sowjetunion anzuknüpfen, ging von der Wirtschaft aus[20]. Neben dem bereits genannten „Comitato"[21] gab es außerdem eine von Facta beauftragte und von dem Senator und Industriellen Ettore Conti geleitete Kommission, die ebenfalls Verhandlungen mit den sowjetischen Vertretern aufnehmen sollte[22]. Der anschließend ausgehandelte Handelsvertrag stieß, wie erwähnt, im Kabinett Facta auf den Widerstand der rechten Mehrheit, die in Außenminister Schanzer ihren Sprecher hatte[23]. Damit gewann in Rom diejenige Position gegenüber der „Rußland-Frage" die Oberhand, die jegliche Form der Annäherung an die Sowjetunion strikt ablehnte. Anders äußerten sich die von Conti und Agnelli angeführten Wirtschaftsgruppen; sie sahen in dem neuen Wirtschaftskurs der SU (NEP) lediglich das eigene große Geschäft und hofften überdies, daß sich die Verhältnisse in der SU durch zunehmende Kontakte grundlegend wandeln würden[24].

Von den beiden großen Massenparteien setzte sich nicht nur die Sozialistische für eine Annäherung an die SU ein. Auch die Katholische Volkspartei („partito popolare") und voran ihr Vorsitzender, der Priester don Sturzo, entfalteten anläßlich der Konferenz rege Aktivität[25], die in der Lancierung eines Plans zur wirtschaftlichen Sanierung Europas gipfelte. Die Grundzüge dieses Europa-Planes waren: Lösung der russischen Frage (wie der deutschen) in einer gesamteuropäischen Perspektive, Wiederherstellung des politischen und wirtschaftlichen Gleichgewichts in Europa auf der Grundlage freien Kapitalverkehrs, großzügige Vergabe von Krediten und Darlehen, Öffnung der (russischen) Grenzen für Arbeitskräfte aus Italien. Kurzum, die auf den sowjetischen Markt drängenden italienischen Wirtschaftsinteressen fanden eher Resonanz bei den beiden Parteien der Sozialisten und der „Popolari" (den zu-

20 Vergleichbar im übrigen mit Entwicklungen in der Weimarer Republik, wo „die Wiederbelebung des Rußlandgeschäfts nach dem Krieg" als vordringliche Aufgabe zuerst von der deutschen Großindustrie betrieben wurde; so Hartmut Pogge von Strandmann, Großindustrie und Rapallopolitik. Deutsch-sowjetische Handelsbeziehungen in der Weimarer Republik, in: *Historische Zeitschrift*, Bd. 222, 1976, S. 265–341, bes. S. 267.

21 In das die Confindustria ihre Spitzenvertreter entsandt hatte: Felice Guarneri, Gino Olivetti und Raimondo Targetti.

22 Conti, Repräsentant der Elektroindustrie, zuvor Präsident der Confindustria und zu der Zeit Vorsitzender der Vereinigung italienischer Aktiengesellschaften sowie Vizepräsident der Banca Commerciale, standen zur Seite u.a.: Alberto Pirelli (Gummi, Kabel), A. Stefano Benni (Elektroindustrie), Guido Jung und, für die Agrarier, Delfino Parodi.

23 Vgl. hierzu Danilo Veneruso, *La vigilia del fascismo. Il primo ministero Facta nella crisi dello stato liberale in Italia*, Bologna 1968, S. 409 ff.

24 Vgl. Ettore Conti, *Dal taccuino di un borghese*, Mailand 1971, S. 177 ff.; Veneruso, *La vigilia* (Anm. 23), S. 411 ff.

25 Vgl. hierzu ebd., S. 421 ff.; zu Verbindungen zwischen Sturzo und dem Vatikan sowie dessen Vorstellungen zur Lösung der „Rußland-Frage" vgl. ebenfalls ebd., S. 424 f., bes. Anm. 101.

künftigen Christdemokraten), wo sie ein ihren ökonomischen Expansionsinteressen adäquates politisches Programm vorfanden – im Gewande des „Internationalismus" bzw. der „europäischen Solidarität" –, nicht aber bei der politischen Rechten[26], die jedoch die Geschicke der Regierung Facta entscheidend bestimmte.

Der Verlauf und letztlich das Scheitern der Konferenz von Genua verstärkten noch einmal die Rechtsentwicklung in Italien, die nun auch in den Reihen der „Popolari" zum Durchbruch gelangte, wo bald darauf die europäische Perspektive durch nationale bzw. nationalistische Akzente verdrängt wurde[27].

Trotz der sich abzeichnenden Polarisierung innerhalb des politischen Kräftespektrums und trotz der ungewissen Perspektiven am internationalen Horizont – oder vielleicht gerade deswegen – setzten die am stärksten interessierten wirtschaftlichen und politischen Kräfte ihre Bemühungen um Öffnung des sowjetischen Marktes zunächst aber noch fort: allen voran wieder Giovanni Agnelli, zusammen mit Franco Marinotti, Exponent der sich in einem beispiellosen Aufschwung befindenden Kunstfaserindustrie (Snia) und gleichzeitig Leiter der Außenhandelsbehörde (C.I.C.E., Vorläuferorganisation des I.N.E.), und zusammen mit dem sozialistischen Parlamentarier, Oddino Morgari, „einer Art Außenminister der PSI"[28].

Am Rande sei angemerkt, daß trotz der verblüffenden Ähnlichkeit der Europa-Konzepte von „Popolari" und Agnelli[29] zunächst keine Zusammenarbeit zwischen beiden Kräften stattgefunden zu haben schien.

Auch das „Comitato per le iniziative italo-russe" blieb über die Genua-Konferenz hinaus zunächst am Leben. Mit dem Abschluß des deutsch-sowjetischen Vertrages

26 Wortstarke Verfechter einer rigorosen antisowjetischen Politik Italiens waren die Nationalisten, wie sich unschwer ihrem Presseorgan, *L'Idea Nazionale*, entnehmen läßt; vgl. Veneruso, *La vigilia* (Anm. 23), S. 413, passim.

27 Vgl. ebd., S. 429. Zur Rechtsentwicklung in Europa nach dem Scheitern der Genua-Konferenz vgl. auch Alatri, Le forze (Anm. 17).

28 Ausführlicher dazu ebd., S. 87 ff.

29 Im Jahr 1918 hatte Agnelli die Öffentlichkeit mit einem zwei Jahre zuvor mit Attilio Cabiati (einem der Zeitschrift *La Riforma Sociale* nahestehenden Ökonom der liberalen Schule) formulierten Plan zur Bildung eines „Europa federale", eines Bundesstaates Europa, konfrontiert. (Der Titel der Schrift lautet: „Federazione europea o Lega delle Nazioni?"; vgl. dazu Alatri, Le forze [Anm. 17], S. 88; Castronovo, *Agnelli* [Anm. 1], S. 202.)
Jenseits aller in den Konzepten von Agnelli und Sturzo anzutreffenden Unterschiede hinsichtlich der prospektierten politischen Organisationsform eines solchen Europa, stand für beide die wirtschaftliche Seite unzweideutig im Vordergrund des Interesses und dabei insbesondere die Dimension „Markt": „Die Umwandlung der nationalen Märkte in einen Kontinentalmarkt" – dies war mit den Worten Agnellis und Cabiatis das Ziel –, „um der Industrie zu jenem ungeheuren Aufschwung zu verhelfen, den die amerikanische Industrie nach dem Sezessionskrieg erlebt hatte." [Zit. nach Castronovo, ebd.] Die unterschiedliche, freilich sich hervorragend ergänzende Akzentsetzung in beiden Konzepten wird in dem jeweiligen Zugang zur Marktproblematik besonders deutlich: Während Agnelli von den Bedingungen der Produktion, der Autoproduktion, und der Arbeit im wesentlichen ausging – Serienfertigung, Herausbildung eines neuen Typus der „produktiven Arbeitskraft", Massenkonsum –, standen bei Sturzo eher Probleme der Infrastruktur, d. h. die Bedingungen der Zirkulation im Vordergrund, so die Vereinheitlichung des europäischen Transportnetzes, Freizügigkeit der Arbeitskräfte, Abbau der Zollbarrieren, ungehinderter Kapitalverkehr u. a. Rußland schließlich, der russische Markt, nahm in beiden Konzepten eine herausragende Stellung ein.

in Rapallo (1922) und der nun auch noch drohenden Konkurrenz mit Deutschland ergab sich für die Fiatleitung ein zusätzliches, ganz entscheidendes Motiv, die Verhandlungen mit der SU zu forcieren[30]. Fiat selbst, das an intensive Beziehungen mit Rußland aus der Vorkriegszeit anknüpfen konnte[31], war im wesentlichen am Bezug von Naphta, Gußeisen, Holz, Schrott, Eisenerzen, Kupfer, Messing und Mangan, kurz, an der Belieferung mit Treibstoff und Rohstoffen interessiert, während es seinerseits auf einen verstärkten Absatz von Autos und landwirtschaftlichen Nutzfahrzeugen hoffte.

Einen vorerst letzten Höhepunkt erreichten die Sondierungen im Dezember 1922 mit dem Besuch von Morgari, dem offiziellen Unterhändler von Fiat, und dem Industriellen Marinotti in Moskau[32]. Doch trotz Gründung einer gemeinsamen Handelsgesellschaft – der „Russitalorg" mit einem Startkapital von 1 Mill. Lire – und immer neuer Pläne Morgaris blieb es bei diesem Anlauf. Agnelli zeigte sich zunehmend zurückhaltend, wobei politische Überlegungen ausschlaggebend gewesen sein dürften (mangelnde politische Rückendeckung, Frage der Exportgarantien). Hinzu kam die Kapitalknappheit[33], die die Fiatsche Exportpolitik auf dem Weltmarkt von vornherein ins Hintertreffen setzte – der Kampf um den russischen Markt hatte es einmal mehr gezeigt. Sie war ohne eine kontinuierliche und massive staatliche Unterstützung kaum zu beheben. So stellte sich für Fiat in den Jahren 1922/23 das Problem der Kapitalbeschaffung und der Vorantreibung der Exportoffensive zunächst von der politischen Seite.

30 Hierzu nimmt ausführlich Stellung: Giorgio Rumi, *Alle origini della politica estera fascista (1918–1923)*, Bari 1968, S. 158 f.; vgl. auch Gianfranco Bianchi, Conferenza di Genova e trattato di Rapallo negli echi e commenti di Mussolini e del suo giornale ‚Il popolo d'Italia', in: *La conferenza di Genova* (Anm. 15), S. 363–381.

31 Vgl. Alatri, Le forze (Anm. 17), S. 87 f.

32 Zur Rolle Marinottis und insgesamt zur Verhandlungsphase September–Dezember 1922 vgl. ebd., S. 89–92.

33 So Agnelli, zit. u.a. von Alatri, ebd., S. 92.

2. Kapitel: Binnenwirtschaftliche Konsolidierung und mittelosteuropäische Exportoffensive, 1925/26–1933/35

I Auf dem Weg zur „industria nazionale"

Der erste Exportaufschwung für Autos aus Italien hielt bis 1926 an. Anfang 1926 bekam Fiat Absatzschwierigkeiten auf den Auslandsmärkten[34], während die Autoproduktion weltweit einen bislang ungekannten Aufschwung erlebte (1926–27). Besonders die US-Autohersteller bedrohten zunehmend die italienischen Marktpositionen im In- und Ausland. Erschwerend kam die Instabilität des Lira-Kurses hinzu sowie anschließend, infolge der Liraaufwertung, die rapide Importverteuerung von Rohstoffen und Halbfabrikaten, die in die Autofertigung eingingen.

Vor diesem Hintergrund betrieb Fiat den systematischen Ausbau seiner Positionen auf den ost- und südosteuropäischen Märkten und begann, ebenfalls zielstrebiger als bisher, mit der Sicherungspolitik seiner Einflußsphäre[35].

Zur selben Zeit lief in Italien der binnenwirtschaftliche Restrukturierungsprozeß auf vollen Touren. Dieser Zusammenhang ist wichtig. Am Anfang der Stabilisierungs- und Restrukturierungsphase konzentrierte sich das Turiner Autohaus zunächst wieder stärker auf die binnenwirtschaftliche Seite seiner Expansionsstrategie. Gemeint ist damit in erster Linie die Vorantreibung des Konzentrationsprozesses sowie der Ausbau und die Auffächerung der eigenen Produktionsbasis und damit die Konsolidierung seiner marktbeherrschenden Position: In den Jahren von 1925 bis 1929 kletterten die Fiat-Titel und -Beteiligungen von 109 auf 208 Mill. Lire; Fiat behauptete mit Abstand die Spitzenposition im Maschinenbau, gefolgt von drei mittelgroßen Betrieben und etwa 80 000 Klein- und Kleinstbetrieben, davon 1 % in Form der Aktiengesellschaft. Gleichzeitig stieg der Fiat-Anteil am inländischen Autoumsatz von 64,30 % (1927) auf 73 % (1929); im Jahr 1928 kamen 80 % aller italienischen Autos aus den Fertigungshallen von Fiat, 1930 waren es 85 % – in die

34 Jährliche Autoausfuhr Italiens, 1927–30*

Jahre	Anzahl	Lire
1927	33 312	605 307 000
1928	28 280	409 642 000
1929	23 700	355 691 529
1930	20 737	289 693 272

*Aus: Giretti, L'industria (Anm. 12), S. 367.

35 Castronovo (*Agnelli* [Anm. 1], S. 449) spricht von einem „Kurswechsel" Agnellis in diesen Jahren; mir scheint es jedoch weniger um einen „Wechsel" zu gehen, sondern um die volle Entfaltung eines tendenziell schon in den Jahren zuvor verfolgten Kurses, der nunmehr klare Konturen annimmt.

restlichen 15 % teilten sich die neun anderen Autohersteller (Lancia, Citroen, Bianchi, Isotta-Fraschini u.a.)[36]. Damit war die von Agnelli schon lange geforderte Verdrängung der „marginalen Produzenten" aus der Autobranche – die „Beseitigung überflüssiger Doubletten", wie es hieß – weitgehend gelungen, vergleichbar mit den gleichzeitigen Erfolgen von Montecatini (Chemie, Baustoffe) und Edison (Elektroenergie), jeweils in ihren Produktionsbereichen.

Ergänzend zur Sicherung seiner beherrschenden Stellung in Produktion und Absatz konnte der Turiner Konzern ab 1925/26 mit einer ganzen Palette abgestimmter staatlicher Maßnahmen rechnen, deren Wert für die Firmenleitung wesentlich in ihrer Planbarkeit lag. Sie sollten erstens der Ankurbelung des Autoabsatzes auf dem Inlandsmarkt dienen; zweitens hatten sie den Schutz des italienischen Automarktes vor der konkurrenztüchtigen Auslandsproduktion und schließlich, drittens, seine Abschottung gegenüber den Schwankungen des Weltmarktes zu gewährleisten.

Die Maßnahmen des ersten Typs – Preissubventionen, öffentliche Aufträge, Bereitstellung zusätzlicher öffentlicher Mittel für den Straßenbau u.ä. – zeigten freilich infolge der Deflations- und Stabilisierungskrise wenig Wirkung. Erfolgreicher waren die staatlichen Eingriffe zur Kontrolle und Regulierung des Binnenmarktes. Die Importzölle für Autos wurden drastisch angehoben, sie lagen 1926/27 bei 62 %, 1930 sogar bei 100 %–130 % und hatten damit Prohibitivniveau erreicht. Außerdem gelang es Fiat, Zollnachlaß für Veredelungseinfuhren durchzusetzen (1928), speziell für solche, die von besonderem Interesse für die Autofertigung waren[37]. Nach anhaltender Druckausübung ließ sich Mussolini ferner dazu bewegen, endlich den „Fall Ford" zu regeln: 1929 wurde die 1923 im Freihafen von Triest gegründete Ford-Filiale geschlossen und einer schon geplanten weiteren Niederlassung auf italienischem Boden die Erlaubnis entzogen. Ähnlich erging es General Motors mit seinen Plänen. Ohne auf die Europastrategie von Ford und General Motors im einzelnen eingehen zu wollen, sei lediglich angemerkt, daß in den Plänen der US-Konkurrenz dem „Stützpunkt Italien" eine zentrale Rolle für die eigenen Expansionsvorhaben im Mittelmeerraum und auf dem Balkan zugedacht war[38].

Die zunehmende Reservierung des Binnenmarktes für die nationale Autoproduktion – sprich: Fiat – fand ihre Krönung schließlich in der Erfüllung eines von Agnelli lang gehegten Wunsches: Mit Gesetzesdekret vom November 1929 bekam die Autobranche ihre nationale Bedeutung offiziell bestätigt, indem ihr der Status einer „für die Landesverteidigung grundlegenden Industrie" zuerkannt wurde[39].

36 Vgl. auch Giretti, L'industria (Anm. 12), S. 372.

37 Vgl. Giretti, L'industria (Anm. 7), S. 242.

38 Im September 1932 wird Mussolini ein zweites Mal sein Veto gegen Fords Ansiedlungs-Absichten in Triest einlegen – wieder auf Betreiben Agnellis. Es fehlt bislang eine umfassende Untersuchung über das im Laufe des Ersten Weltkriegs entstandene Abhängigkeitsverhältnis Italiens von den USA. Zu einigen Aspekten vgl. J. Diggins, *Mussolini and Fascism. The view from America*, Princeton 1972, S. 264; vgl. dazu die kritische Rezension von Daria Bicocchi, I rapporti Italia–USA nel periodo fascista, in: *Studi Storici*, XV. Jg., 1974, Nr. 1, S. 184–194.

39 Vgl. Castronovo, *Agnelli* (Anm. 1), S. 460.

II Zur Weltmarktabhängigkeit von Fiat

Die drei Momente – 1. Schutz des Binnenmarktes und dessen Ausweitung (durch öffentliche Arbeiten, Aufrüstung, Mechanisierung der Landwirtschaft, Vorantreibung des Konzentrationsprozesses), 2. Repression und Integration der Belegschaften mit anschließender Drosselung des Lohnniveaus und Befriedung der Fabriken und zugleich 3. Forcierung der Exporttätigkeit auf der Basis systematischer staatlicher Unterstützung –, diese Momente bildeten gewissermaßen die Eckpfeiler, auf denen die glückliche Phase des Konnubiums Fiat/faschistisches Regime ruhte.

Die wachsende Verdichtung der Beziehungen zwischen staatlicher Außenwirtschaftspolitik und Expansionspolitik Fiats nahm in diesen Jahren klare Konturen an. Einen Erklärungszusammenhang für diese Entwicklung bildeten sowohl Fiats starke Stellung im nationalen Kontext als auch seine schwache Stellung auf dem Weltmarkt: Seine schwache Konkurrenzposition in der internationalen Arbeitsteilung machte eine enge Verzahnung zwischen Konzernstrategie und faschistischem Staat dringlich und nötig, ermöglicht wurde sie aufgrund der Fiatschen Machtposition in Italien als „industria nazionale".

Hier seien nur einige seiner Hauptschwächemomente im internationalen Kontext angeführt. Der Produktionsboom, den die international starken Autohersteller 1926–27 verzeichnen konnten, hatte sich für Fiat in rückläufigen Ausfuhrziffern niedergeschlagen. Mit anderen Worten, die 1926 weltweit neu ins Leben gerufenen protektionistischen Zölle gegen die Einfuhr von Autos trafen in aller Schärfe natürlich zuerst die schwachen Konkurrenten, die „marginalen Produzenten" wie Fiat. Gegen sie richtete sich als erstes die Herausdrängungsstrategie der international Großen in ihrem Kampf um größere, d.h. ihrer erhöhten Produktion entsprechende Marktanteile. Zum Vergleich einige Zahlen: 1926 und 1927 kamen aus den USA, Großbritannien, Frankreich und Kanada zusammen 96 % aller gefertigten Autos; Ende der zwanziger Jahre produzierten General Motors und Ford soviele Autos in der Woche (ca. 40 000 Stück) wie Fiat in einem Jahr.

Eine weitere Überlegung kommt hinzu. Zieht man den Binnenmarkt in seiner Funktion als Vorbereitungsfeld, als Startrampe gewissermaßen für die moderne Serienfertigung in Betracht, so bedeutete Italiens vergleichsweise niedriger Motorisierungsgrad ein zusätzliches strukturelles Moment der Schwäche für Fiats Ausgangsstellung im internationalen Konkurrenzkampf: im Jahr 1929 kam in Italien ein Auto auf 254 Einwohner, in Deutschland lag das Verhältnis bei 1 : 137, in Frankreich und Großbritannien bei 1 : 40/41 und in den USA bei 1 : 5,1.

Demnach sind auch in der Relation zu dem niedrigen Motorisierungsgrad in Italien Fiats Schwierigkeiten zu sehen, im internationalen Dumpingkrieg erfolgreich mitzuhalten. In der Literatur wird mehrfach auf den Zusammenhang von (engem) Binnenmarkt als (nachteiliger) Voraussetzung für die Praktizierung von Dumpingpreisen auf dem Weltmarkt hingewiesen, ohne daß genauere Zahlenangaben zu finden wären. Der Zusammenhang selbst ist indessen plausibel: Der Verkauf zu Schleuderpreisen auf den ausländischen Märkten wird durch den Verkauf zu überhöhten

Preisen auf dem Inlandsmarkt kompensiert; je höher die hier abgesetzte Stückzahl, desto günstiger die Kompensationsmöglichkeiten.

Im Falle Italiens bzw. Fiats traten darüber hinaus die Widersprüche sehr früh zutage, die diese Entwicklung grundsätzlich in sich birgt. Als Folge seiner Monopolstellung auf dem geschützten Inlandsmarkt hatte sich das Binnenpreisniveau gegenüber den Weltmarktpreisen verdoppelt, insbesondere dasjenige für Kleinwagen – d.h. aber nun gerade für Autos desjenigen Produktionstyps, der auf Serienfertigung und Massenabsatz setzte, und zu dem Fiat seit 1925 verstärkt übergangen war. Das Ergebnis war eine Verengung des Binnenmarktes und ein Rückgang der Absatzchancen speziell für Klein- und Mittelklassewagen auf dem Inlandsmarkt[40]. Parallel zur verstärkten Orientierung auf die quantitative wie qualitative Ausweitung des Binnenmarktes galt für Fiat daher unverändert der Imperativ. exportieren! – selbst unter noch so ungünstigen Bedingungen.

Eine Verschärfung des Exportdrucks trat darüber hinaus ein, als sich mit Ausbruch der Weltwirtschaftskrise die Absatzchancen für italienische Autos auf den traditionellen Absatzmärkten nocheinmal rapide verschlechterten, so daß das Problem der außenhandelspolitischen Umorientierung von neuem akut wurde: Die USA führten 1930 den Hawley-Smoot-Tarif ein; Frankreich erhöhte seine Importzölle von 25 % auf 60 %, woraufhin die Einfuhren italienischer Autos von 3 000 Stück auf 62 Stück (1931–32) zurückfielen; die Ausfuhren in die Schweiz fielen nach 1929 um 32 %, nach Deutschland um 76 % und nach Großbritannien um 95 % (Mengenangaben). Insgesamt verringerte sich Italiens Autoausfuhr zwischen 1930 –33 um ca. 77 % (Werte) – die Frankreichs beispielsweise nur um 18 %, und diejenige Deutschlands konnte sogar einen Anstieg verzeichnen.

III Neomerkantilistische Expansionspolitik: das Beispiel Fiat

Seit dem Ausbruch der Weltwirtschaftskrise betrieb Fiat daraufhin mit größter Zielstrebigkeit eine neo-merkantilistische Expansionspolitik in den Ländern Ost- und Südosteuropas: eine Politik der Sicherung von Einflußzonen, Marktanteilen und punktueller Absprachen mit jeweils lokalen Wirtschaftsinteressen und dies in enger Verbindung mit der politischen, außenwirtschaftlichen und ideologischen Expansionspolitik des faschistischen Staates[41].

40 In der Tat mußte der vom Fiat-Verwaltungsrat vorgelegte Jahresbericht für 1930 auf dem Binnenmarkt einen noch größeren Absatzrückgang feststellen; vgl. Giretti, L'industria (Anm. 12), S. 374.

41 Der zweite Mann bei Fiat, Edoardo Agnelli, Sohn Giovannis, begründete die Expansionsstrategie Fiats vor der Öffentlichkeit (Mai 1930) so: in Anbetracht einerseits der Grenzen, die der Komprimierung der Kosten gesetzt seien, sowie andererseits der vorhandenen Kapazitäten und des Problems ihrer Auslastung – allein das Lingotto-Werk hatte eine Jahreskapazität von 50 000 erreicht – sei es an der Zeit, zusätzliche Expansionsmöglichkeiten zu erschließen; diese böte neben dem italienischen Binnenmarkt vor allem Osteuropa, denn dort läge die Motorisierungsdichte mit je einem Fahrzeug pro 2200 Einwohnern noch unterhalb derjenigen afrikanischer Kolonien; zit. nach Castronovo, *Agnelli* (Anm. 1), S. 469 f.

Die zur selben Zeit sich verdichtenden politischen Beziehungen zwischen Rom und Wien verfolgte man daher in der Turiner Zentrale mit Interesse, angesichts der engen, weit in den ost- und südosteuropäischen Raum hineinreichenden Verbindungen, über die Österreich traditionell verfügte. Nach dem Scheitern der deutsch-österreichischen Zollunionspläne und bestärkt durch den Abschluß des italienisch-österreichischen Freundschaftsvertrages (1931) sah man nun einen guten politischen Rahmen gegeben, um weitere Schritte in die gewünschte Richtung zu lenken. Wunschziel war die Bildung eines „Reservats" für Fiat-Erzeugnisse in Ost- und Südosteuropa, um Ersatz für denjenigen Typ Markt zu schaffen, der mit dem Zusammenbruch des Welthandels immer rarer, gleichzeitig aber aufgrund der erreichten Produktivität einzelner Teile des italienischen Kapitals immer notwendiger wurde. Die zahlreichen zu Beginn der dreißiger Jahre in Kraft getretenen Kompensations- und Clearing-Verträge und die Römischen Protokolle sollten Fiat garantieren, was für die Aufrechterhaltung seiner Produktion dringend erforderlich war: gesicherter Absatz, Ausschaltung von Währungsschwankungen, staatliche Exportsubventionen, Regulierung der Importe.

Zusammen mit dem bereits reservierten Binnenmarkt bot Fiat der so entstehende Auslandsmarkt sui generis darüber hinaus die Voraussetzung für eine erbitterte Dumpingpolitik auf einem dritten Markttypus: den Märkten seiner starken Konkurrenten. Dies waren in erster Linie die Dollar- und Sterling-Märkte.

Es waren also zunächst die ost- und südosteuropäischen Märkte, die den italienischen Autoexport während der Krise vor noch herberen Rückschlägen bewahrten. Zu wichtigen Abnehmerländern rückten Polen, Ungarn, Österreich und die Tschechoslowakei auf. Eine grobe Vorstellung über die Verlagerung der Exportströme geben einige Vergleichszahlen: Polen und die Tschechoslowakei nahmen Fiat allein so viel Automaterial ab (ca. 36 000 dz) wie Frankreich, Deutschland, Großbritannien, die Schweiz und Spanien nunmehr zusammen; und knapp soviele Kraftfahrzeuge (ca. 1 000 Stück) gingen jetzt nach Ungarn und Polen wie einstmals in die Schweiz, nach Belgien, Luxemburg und in die Niederlande insgesamt.

Als die Krise in Italien in die Depression umschlug und sich auf dem Weltmarkt erste Erholungstendenzen abzuzeichnen begannen, setzte Fiat zu einer Beschleunigung seiner Exportoffensive an (1934/35). Diese letzte Phase erfolgte allerdings bereits vor dem Hintergrund nunmehr verschärfter Auseinandersetzungen im Lager der italienischen Unternehmer um die „richtige" Krisenlösungsstrategie, und die Gegner der Expansionspolitik begannen zur selben Zeit mit dem Übergang zur „organischen Außenhandelslenkung" die Weichen für den Krieg gegen Abessinien zu stellen. Auf beide Entwicklungen wird später noch eingegangen werden. Hier sei lediglich hervorgehoben, daß sich also 1934/35 bereits die Konturen der Schwergewichtsverlagerung im italienischen Faschismus abzuzeichnen begannen, die letztlich, in ihrem Ergebnis, den Interessen von Fiat, an der Weltmarktintegration prinzipiell festzuhalten, zuwiderlaufen wird.

Vor diesem Hintergrund ist daher Agnellis neuerliche Initiative nicht nur als Versuch zu werten, der bedrohlicher werdenden Konkurrenz Deutschlands auf den mittel- und osteuropäischen Märkten offensiv zu begegnen, sondern sie stellt zugleich ein Moment im *inner*italienischen Kampf um die zukünftige außenwirtschaftliche Orientierung dar.

Der Autokonzern nahm hierbei eine Vorreiterposition ein, gefolgt von Maschinenbau und Textilerzeugung, die ebenfalls aufgrund ihrer spezifischen Interessenlage aus der Not eine Tugend machten und in der Verknüpfung ihrer Ausfuhren mit dem eigenen Einfuhrbedarf (Rohstoffe, Halbfabrikate) erstere auf der Basis des Systems der „scambi bilanciati" fördern wollten. Für diese Kräfte standen daher 1934 Ausbau und Verdichtung des Netzes der auf Gegenseitigkeit beruhenden Handelsbeziehungen im Mittelpunkt des Interesses. Adressaten ihrer Anstrengungen waren neben dem mittel- und südosteuropäischen Raum zunehmend auch die lateinamerikanischen Länder – wobei man gern an die „gemeinsamen romanischen Wurzeln" appellierte. Doch war die leichte Erholung der Ausfuhrtätigkeit im Jahre 1933[42] in erster Linie immer noch auf die Zunahme der Lieferungen nach Polen (+ 151 5), nach Ungarn (+ 578 %), nach Österreich und in die Tschechoslowakei zurückzuführen. So lag es nahe, das Netz präferentieller Abmachungen zunächst in dieser Region weiter auszubauen.

Diese Bestrebungen waren im übrigen von einer breiten publizistischen Offensive sekundiert, die die Vorzüge dieser Märkte für Italien noch einmal zu entdecken schien. Und noch einmal spannte Fiat alle Kräfte an, um das Netz der bestehenden Beziehungen enger zu knüpfen: 1934 richtete die Firmenleitung ein „Generalinspektorat für Mittel-Ost-Europa" ein, um Produktion und Verkauf an Ort und Stelle systematischer zu koordinieren; ferner gelang es ihr, sich die Unterstützung der erfahrenen Versicherungsgesellschaften „Assicurazioni Generali" mit ihren ca. 60 Zweigstellen[43] sowie die des „Credito Italiano" zu sichern; und für das heikle Problem der Ausfallbürgschaften konnte sie künftig mit der staatlichen Sozialversicherungsanstalt INA rechnen. Das Kapital der Fiat-Werke Austria wurde um 150 000 Aktien aufgestockt, gleichzeitig erhoffte man sich Verkaufserfolge besonders mit dem neuen Fiat-Modell „Balilla"; im November 1933 schließlich nahm Fiat seinen neuen Elektrotriebwagen „Littorina" auf der Strecke Wien–Warschau mit werbewirksamem Aufwand in Betrieb.

Überhaupt galt Polen auch jetzt wieder erhöhte Aufmerksamkeit. Auf der Grundlage des im November 1934 geschlossenen Präferenzvertrages belieferten die

42 Sie setzte sich auch noch 1934 fort und traf für die gesamte Autobranche zu; in Zahlen: 1932 = 6578; 1933 = 7477; 1934 = 9322. Gleichzeitig war wieder die Produktion gestiegen: von 25 500 (1932), auf 36 895 (1933) und auf 41 056 (1934); vgl. *La Rivista Commerciale Italiana*, 16. Juli 1935, Nr. 14, S. 1.

43 Historisch gesehen waren die Versicherungsgesellschaften die ersten, die sich noch vor den italienischen Banken in den Ländern des östlichen Mittelmeers und auf dem Balkan niedergelassen und ein weitverzweigtes Netz an Agenturen und Filialen aufgebaut hatten. Unter ihnen war die „Assicurazioni Generali" die mit Abstand älteste Gesellschaft (1880). – Ein engmaschiges Filialnetz und gewachsene Ortskenntnisse, die dem expandierenden italienischen Industriekapital nun in loco zugute kamen, verdankten Versicherungen wie Banken ihrer traditionell wichtigsten Tätigkeit: dem Sammeln von Einlagen italienischer Auswanderer. Es wird geschätzt, daß 1927 etwa 50 000 Emigranten in den außerafrikanischen Küstenstaaten des östlichen Mittelmeers lebten. Vgl. Vittorio Francescon-Centa, *Die Außenhandelspolitik des neuen Italiens*, Hamburg 1937, S. 62 f.

polnischen Kohlegruben die italienische Eisenbahn mit Kohle, im Gegenzug übernahm Fiat die Lieferung von Autos, Maschinen und Ersatzteilen; 1935 schließlich eröffnete der Konzern drei weitere Niederlassungen in Polen.

Hier prallten ebenso wie in Ungarn die konkurrierenden italienischen und deutschen Autoexportinteressen besonders empfindlich aufeinander. In Polen kam Fiat den deutschen Positionen vorübergehend bedrohlich nahe: Im Vergleich zu den deutschen Anteilen, die 1931 bei 33 % und 1935 bei 19 % lagen, stiegen die italienischen von 8,8 % (1931) auf 14 % (1935). Für Fiat noch günstiger fiel der Vergleich im Verhältnis zu Ungarn aus: Hier lagen die Fiat-Anteile bei 15 % (1931) und bei 33 % (1935), die Anteile Deutschlands 1931 bei 31 % und 1935 bei 13 %.

IV Beziehungen mit der Sowjetunion

1. Rahmenbedingungen

Im Kontext dieser vermeintlich „friedlichen Expansion, wo Waren und Kapital eher als territoriale Eroberungen das Waffenarsenal abgaben im Dienste des Wiederaufschwungs der kapitalistischen Entwicklung in Italien" (Castronovo), spielte der Ausbau der Außenwirtschaftsbeziehungen mit der Sowjetunion eine zunehmend wichtige Rolle. In den Jahren 1926–29, als die italienischen Ausfuhren im Ganzen zurückgingen, zeigte die Entwicklung in den Austauschbeziehungen mit der SU in die entgegengesetzte Richtung: Hier stiegen die Ausfuhren um das vierfache und machten ca. 19 % des sowjetischen Gesamtimports an Fahrzeugen und Ersatzteilen aus – das war gleichbedeutend mit dem zweiten Platz Fiats in der Rangfolge hinter der US-Industrie, deren Anteil bei ca. 48 % lag; gleichzeitig rückte der sowjetische Markt, 1926 noch auf Platz 32, auf den achten Platz unter den Absatzmärkten Fiats (1929); und schließlich erhöhte sich der Anteil der Fiat-Lieferungen am Gesamtwert der italienischen Ausfuhren in die SU von 14 % (1927/28) auf ca. 35 % (1929).

Wie ist diese Entwicklung vor dem Hintergrund der Beziehungen zwischen faschistischer Regierung in Rom und sowjetischer Regierung in Moskau zu beurteilen? Inwieweit waren Fiats Fortschritte auf dem sowjetischen Markt das mehr oder weniger kurzlebige Resultat der Strategie eines Außenseiters? Oder aber entsprachen sie einer Grundtendenz italienischer Expansionspolitik und konnten daher weitere relevante Interessen binden?

Zur Klärung des ersten Fragenkomplexes lassen sich nur wenige Anhaltspunkte[44] zusammentragen. Sicher scheint zu sein, daß im Gegensatz zu der von der Wirtschaft kontinuierlich und hartnäckig betriebenen Ausweitung des Handels mit der SU in

44 Vgl. Giampiero Carocci, *La politica estera dell'Italia fascista (1925–1928)*, Bari 1969, bes. Kap. V, S. 57–68; Fulvio D'Amoja, *Declino e prima crisi dell'Europa di Versailles*, Mailand 1967, S. 373–393. Zur italienischen Verhandlungsführung vgl. auch die Aufzeichnung von D. Grandi über das Gespräch mit Litvinov (26. 11. 1930), in: *DDI* (Anm. 13), Nr. 411 sowie den Bericht von Attolico, Moskau, an Grandi, in: ebd., Nr. 431.

der Absicht, dort angesichts der sich zuspitzenden Konkurrenzsituation auf dem kapitalistischen Weltmarkt einen Ausweichmarkt zu finden, daß demgegenüber die politischen Instanzen in Rom eine höchst ambivalente, in der Grundtendenz aber eindeutig antisowjetische Politik betrieben. Man war bemüht, es grundsätzlich zu keiner formalen politischen Vereinbarung (z.B. Unterzeichnung eines Nicht-Angriffspaktes) kommen zu lassen, unterhalb dieser Schwelle jedoch den Spielraum für Handelsabmachungen offen zu halten. Gleichzeitig wurde auf internationaler Ebene die „russische Karte" im Dienste der 1925/26 intensiver werdenden Expansionspolitik Italiens im Donauraum und auf dem Balkan je nach Bedarf ausgespielt. Dies geschah auch gegenüber London im Zusammenhang mit dem Abbruch der englisch-sowjetischen Beziehungen durch Chamberlain (1927) und dessen Bemühungen, eine westliche, antisowjetische Bündnisfront auf die Beine zu stellen.

Wichtig ist auch der instrumentelle Gebrauch der „sowjetischen Karte" auf innenpolitischer Bühne, zum einen gegenüber der konservativen Rechten und den Nationalisten, die mehrheitlich eine Annäherung an das sowjetische Rußland ablehnten, aber auch gegenüber Kreisen innerhalb der Faschisten, die für eine „autonome" Politik Roms eintraten. Schließlich wurde diese Karte auch ausgespielt in der Absicht, einen Keil zwischen die italienische Kommunistische Partei und die sowjetische Regierung zu treiben.

Zur Klärung des zweiten Fragenkomplexes, Stellenwert des italienischen Handels mit der Sowjetunion vor dem Hintergrund sich verschlechternder Wettbewerbschancen auf dem Weltmarkt, zunächst der folgende Überblick. Aus der Datenzusammenstellung ist ersichtlich, daß die Ausweitung der Austauschbeziehungen Fiat-SU im Kontext einer allgemeinen Steigerung des italienischen Handelns mit der UdSSR in den Jahren von 1929 bis 1935/36 erfolgte.

Tab. 3: Wertanteile der UdSSR an der italienischen Gesamtein- und -ausfuhr, 1929–37 (in %)[45]

	1929	1932	1933	1934	1935	1936	1937
Einfuhr	1,6	3,7	3,0	2,9	1,1	2,6	0,8
Ausfuhr	0,5	3,4	2,2	2,4	1,1	0,2	0,1

45 Zusammengestellt nach: *Annuario Statistico Italiano*, hrsg. v. Istituto Centrale di Statistica del Regno d'Italia, Rom 1935, S. 137; Paolo Kestenholz, *Außenhandel und Außenhandelspolitik Italiens in der Zeit von 1934 bis 1939*, Zürich 1943, S. 92.
In demselben Zeitraum verbesserten sich die italienischen Anteile am sowjetischen Außenhandel wie folgt (in %):

Jahr	Einfuhr	Ausfuhr
1929	1,0	3,4
1932	3,9	4,6
1933	4,9	4,5
1934	5,1	4,6
1935	2,4	3,5
1936	0,4	3,1

Zit. nach D'Amoja, *Declino* (Anm. 44), S. 386.

Die Bedeutung des Handels für Italien läßt sich jedoch erst dann klar ermessen, wenn man sich die Warenzusammensetzung der Lieferungen und Bezüge ansieht. In den Jahren 1924–28 gehörte die SU zu Italiens Hauptlieferanten für Mineralöle und deren Derivate: 1928 kamen drei Fünftel der italienischen Rohölimporte aus der UdSSR[46]. Neben der Festigung der sowjetischen Stellung als wichtiger Treibstofflieferant, zusammen mit Rumänien und den USA, führte die weitere Entwicklung zu einer beträchtlichen Diversifizierung der Importe. Die Weizenkäufe betrugen bis zu 50 % des gesamten italienischen Weizenimports, die Ölsaatenimporte lagen zwischen 20 % und 25 %; der Anteil der Eisenerze kletterte bis auf 65 %; die Holzeinfuhren erreichten 70 % der gesamten Einfuhren[47].

Als Absatzmarkt spielte die UdSSR bis Ende der zwanziger Jahre keine nennenswerte Rolle für den italienischen Export. Dies änderte sich während der Krise schlagartig mit der Ausweitung seines Exportvolumens und insbesondere infolge der veränderten Warenzusammensetzung. Denn die Ausfuhren setzten sich fast ausnahmslos aus Halb- und Fertigerzeugnissen der industriellen Produktion zusammen, wobei eine signifikante Verschiebung von Italiens Eigenschaft als Fertigwarenexporteur stattfand: Der traditionelle Exportsektor, die Textilfertigung, war nur mehr am Rande (1932) und später gar nicht mehr vertreten (1933, 1934), der Hauptteil der Waren kam aus den Fertigungshallen der *modernen Wachstumsindustrien*. So machten die in den Jahren 1931 und 1932 in die UdSSR gelieferten Werkzeugmaschinen bis zu 60 % des Gesamtbetrags aller ausgeführten Waren dieser Art aus; für Elektromaschinen und Generatoren betrug der Anteil 70 %; für elektrische Transformatoren erreichte er eine Spitze von 90 %; für sonstige elektrische Apparaturen lag er bei 60 %; der Anteil der Kugellagerausfuhren u.ä. belief sich auf bis zu 90 %; für Flugzeugteile lag er bei 75 % und für Aluminiumlegierungen bei 65 %[48]. In den darauffolgenden Jahren erweiterte sich das Ausfuhrsortiment noch trotz eines gleichzeitigen Rückgangs des Exportvolumens; hinzu kamen Eisen- und Stahlblech-Halbfabrikate, wissenschaftliche Apparate, Rüstungsmaterial und Lokomotiven[49].

Aus den angeführten Daten und Größenordnungen wird die spezifische Bedeutung ersichtlich, die der sowjetische Markt für bestimmte italienische Industriegruppen realiter wie vor allem auch perspektivisch gewonnen hatte. Ohne die quantitative Seite der Entwicklung aus den Augen zu verlieren, kann dennoch die qualitative Bedeutung dieses Markttypus für die Reproduktionsbedingungen der italienischen Elektroindustrie, des maschinenproduzierenden Maschinenbaus, der Autoindustrie, der weiterverarbeitenden Schwerindustrie, der treibstoffbeziehenden Industrie kaum hoch genug veranschlagt werden[50]. Ein Vergleich der Ausfuhrentwicklung

46 Vgl. *Annuario Statistico Italiano* (Anm. 45), 1929, S. 230.
47 Vgl. ebd., 1933, S. 235–343.
48 Vgl. ebd., S. 249.
49 Vgl. ebd., 1935, S. 141; zur Intensivierung der Wirtschaftsverhandlungen Italien-SU auf Regierungs- wie auf Firmenebene (Fiat, Ansaldo, Caproni) vgl. D'Amoja, *Declino* (Anm. 44), S. 384 f.
50 Zu der weitgehenden Parallelität der Interessen Deutschlands und Italiens gegenüber dem sowjetischen Markt s. für einen Vergleich den zitierten Aufsatz von Pogge von Strandmann, Großindustrie (Anm. 20), S. 331, passim.

dieser Industrien in den Jahren 1931–34 gegenüber der früheren Zeitspanne 1924–28 macht eines sehr deutlich: Der sowjetische Markt stellte eine Rarität dar, dessen Einmaligkeit zudem noch in Relation zum Produktionsaufschwung der genannten Industriezweige in diesem Zeitraum zu sehen ist. Die genannten Warengruppen tauchten in den Ausfuhr-Statistiken der Jahre 1924–28 entweder gar nicht auf[51], d.h. sie fanden auf dem Weltmarkt keinen nennenswerten Absatz, oder aber – und dies traf vor allem für die Jahre ab 1931/32 zu –, sie taten ihre ersten Gehversuche auf den ausländischen Märkten, überwiegend in Frankreich und Großbritannien[52], also ausgerechnet in einer Zeit, zu der diese Länder ihre Zollmauern zu errichten begannen und zu der sich insgesamt die Konkurrenzverhältnisse gerade für die Fertigwarenausfuhr verschärft hatten.

Die Monopolstellung der UdSSR unter den Abnehmerländern Italiens bestand erst zum geringeren Teil schon bei Ausbruch der Weltwirtschaftskrise, zum größten Teil bildete sie sich im Verlauf der Krise heraus. Der Ausfuhrerlös für elektrische Transformatoren betrug 1932 insgesamt gut 12 Mill. Lire, davon entfielen 11,5 Mill. Lire auf die SU; ähnlich war die Relation bei Kugellagern (1932), deren Gesamterlös 92 Mill. Lire betrug, wovon 82 Mill. Lire auf die SU entfielen[53]. Der Ausfall des französischen Marktes schlug in erster Linie für die Ausfuhr von Werkzeugmaschinen, von elektrischen Motoren und Generatoren zu Buche (1931/32), konnte aber durch die Lieferungen an die SU mehr als ausgeglichen werden[54].

Zusammenfassend kann festgehalten werden: Mit den italienischen Warenlieferungen in die SU kam eine Grundtendenz zukünftiger Außenwirtschaftsorientierung Italiens zum Durchbruch, wenngleich nur vorübergehend, gewissermaßen als Ausnahme. Die Möglichkeiten, die der Handel mit der UdSSR für relevante Teile des italienischen Industriekapitals potentiell bot, werfen noch einmal ein grelles Licht auf die zu der Zeit inadäquaten Form der Integration des italienischen Kapitals in die internationale Arbeitsteilung, wo sich die Wachstumsraten der modernen Branchen in keinem entsprechenden Mehr an Exporten niederschlugen.

2. *Beziehungen Fiat–Sowjetunion*

Im Rahmen der italienisch-sowjetischen Handelsbeziehungen nahmen die Beziehungen Fiats mit der UdSSR eine herausragende Stellung ein. Hier konzentrierten sich alle Momente, die dem Handel mit der SU ohnehin eine Sonderstellung verliehen: neben Ausweitung vor allem Diversifizierung des getauschten Warensortiments,

51 Vgl. *Annuario Statistico Italiano* (Anm. 45), 1933, S. 249; ebd., 1934, S. 125; ebd., 1935, S. 141.

52 Vgl. ebd., 1929, S. 233–240.

53 Vgl. ebd., 1933, S. 249.

54 Ein Beispiel: Frankreich bezog 1931 Werkzeugmaschinen für 1,5 Mill. Lire, 1932 betrug die Summe nur noch 202 000 Lire; demgegenüber steigerte die SU ihre Bezüge von 1,5 Mill. Lire (1931/32) auf knapp 8 Mill. Lire in demselben Zeitraum; vgl. *Annuario Statistico Italiano* (Anm. 45), 1933, S. 249.

großzügige Regelung der Ausfallbürgschaften von staatlicher Seite und erste Schritte auf dem zukunftsträchtigen Weg der technisch-wissenschaftlichen Kooperation.

Genau genommen bildeten diese einzelnen Momente auch die Etappen der Fiatschen Expansionsstrategie. Bei den im Dezember 1929 unterzeichneten Abkommen zur Regelung der Zusammenarbeit zwischen Italien und der UdSSR ging es noch vorrangig um *Waren*lieferungen: Fiat (Riv) verpflichtete sich, Kugellager für 630000 Dollar zu liefern; diese Summe erhöhte sich Ende 1931 auf 6 324 000 Dollar, was der Kugellagerproduktion zweier Fiat-Werke mit insgesamt 5 600 Beschäftigten entsprach.

Während der Verhandlungen 1929 tauchten schon Überlegungen auf über Formen der direkten Beteiligung von Fiat in der SU an Planung und Aufbau von metallverarbeitenden Werken sowie am technischen Wartungsdienst für Kraft- und Schienenfahrzeuge. Als vordringlich erwies sich jedoch zunächst die Regelung der Finanzierungs- und Kreditfrage, die zu erheblichen Kontroversen auf der italienischen Seite führte und die nur nach und nach erfolgte, zumeist in Form von ad-hoc-Entscheidungen und auf Anstöße von außen hin.

Einen ersten Schritt hatte Agnelli selbst getan, als er 1926 die italienisch-russische Handelsgesellschaft (Compagnia Industriale Commercio Estero, C.I.C.E.) übernahm und ihr Kapital auf 7 Mill. Lire aufstockte[55]. Die anschließenden Schritte bestanden im wesentlichen aus staatlichen Maßnahmen zugunsten von Fiat: Nach und nach (1929/30) hob die Regierung auf dem Dekretweg die Quote der staatlichen Kreditversicherung auf 75 % des Gesamtbetrags jeder Lieferung an (für das Kugellagergeschäft betrug sie sogar 80 %); ferner, nachdem sich führende Fiat-Vertreter Ende 1930 persönlich von den Vorhaben im Rahmen des sowjetischen Fünfjahresplanes überzeugt hatten und überdies die Errichtung einer neuen Ford-Filiale in der SU mahnend ins Feld führen konnten, sicherte Fiat sich einmal mehr einen Vorsprung vor der internationalen Konkurrenz durch Senkung der vereinbarten Lieferpreise um 7 % und Ausweitung der staatlichen Ausfallbürgschaft für Leistungen des Fiat-Service in der SU.

Überhaupt gelang es dem Fiat-Chef häufig – der Untersuchung Castronovos zufolge –, bürokratische Hürden, Finanzierungsengpässe, Widerstände, wie sie immer wieder von Finanzminister Mosconi aufgebaut wurden, zu überwinden und, zeitweilig unterstützt von Benni, dem Vorsitzenden der Confindustria, Mussolini für eine flexible und ganz geschäftsmäßige Politik mit der SU zu gewinnen: „Die Sowjets haben immer gezahlt, unnötig also, sich durch zusätzliche Garantien die Wege zu versperren" – so beschied Mussolini denn auch häufig Zögernde, Ängstliche, kurz die Gegner des Fiat-Kurses[56]. Die direkte, zumeist über informelle Kanäle laufende Abstimmung zwischen Agnelli und Mussolini und in Kreisen der Industrie die Herausbildung eines Spektrums von Interessen, die, den Schritten Agnellis folgend, ebenfalls auf einen Ausbau des Handels drängten, führten im Laufe der

55 Als erstes erfolgte die Gründung der Società Petrolea (1927), die Italien mit sowjetischem Naphta belieferte.

56 Zit. nach Castronovo, *Agnelli* (Anm. 1), S. 478.

Zeit zur Klärung der Fronten auch innerhalb der Faschistischen Partei sowie in der Exekutive. In Bottai beispielsweise, dem Korporationsminister, fand Agnelli Anfang der dreißiger Jahre Beistand gegen Mosconi und andere, als es um die weitere Aufstockung der 75 %igen staatlichen Garantiezusage ging. Bottai hatte sich dabei zum exponierten Sprecher einer ganzen Reihe von Stimmen gemacht, die das Problem grundsätzlich behandelt wissen wollten. Sah man doch in den italienisch-sowjetischen Vereinbarungen einen Weg für Italien, um endlich – so formulierte es Bottai – von dem „amerikanischen Monopol" für Rohstoffe und von dem von „Ford und Konsorten" ausgehenden „Diktat der hohen Löhne und niedrigen Produktionskosten" loszukommen[57].

In den Jahren 1930/31 ging Fiat schließlich, nachdem es im Dumping-Krieg gegen die Abwertungsländer Schweden und Großbritannien eine weitere Senkung der Lieferpreise hatte durchsetzen können, zum verstärkten Export von Anlagen und know-how über: Gegen die amerikanische, deutsche und schwedische Konkurrenz vermochte es sich den Auftrag zur Errichtung einer Kugellagerfabrik in Moskau zu sichern, die 1932 auf den Namen „Kaganovič" getauft wurde. Zu der Zeit, beginnend mit Oktober 1930, hielten sich russische Techniker für jeweils vier bis zwölf Monate in Turin zur Ausbildung auf. Schließlich wurde die Zusammenarbeit auf den Flugzeug- und Eisenbahnbau ausgedehnt, die auch kleineren Turiner Maschinenbaubetrieben Arbeit gab. Das propagandistisch herausragende Moment in diesem sich verdichtenden Netz der Beziehungen war Agnellis Moskau-Besuch im März 1932 zur Einweihung des Kaganovič-Werkes.

57 Zit. nach ebd., S. 479. Zu dem in der Tat grundlegende Problem der amerikanischen Konkurrenz, vgl. auch die teils beschwörenden, teils bissigen Artikel in: *La Rivista Commerciale Italo-Americana*, auch erschienen u. d. T. *Weekly Bulletin of the Italian Chamber of Commerce in New York*; so z. B. die Spalte u. d. T. „Rußland tritt an die Stelle Amerikas" (22. 8. 1930).

3. Kapitel: Zur außenwirtschaftlichen Zäsur 1934/35 – Exportoffensive oder Einfuhrbewirtschaftung

I Agnellis handelspolitisches Manifest

Anfang 1934, vor dem Hintergrund sich insgesamt verschlechternder Absatzchancen für Italien, spitzte sich auch die *inner*italienische Auseinandersetzung um den Außenwirtschaftskurs zu: Die an anderer Stelle beschriebene italienische Sonderentwicklung gegenüber den Erholungstendenzen auf dem Weltmarkt tat ihre Wirkung.

Die nicht in gleichem Maße von dem Exportabfall für Fertigwaren betroffene Autobranche hatte 1934/35 noch einmal alle Mittel eingesetzt, um an den sich auf dem Weltmarkt abzeichnenden Erholungstendenzen teilzuhaben. In dieser Situation trat Giovanni Agnelli mit seinem handelspolitischen Manifest an die Öffentlichkeit: Als ein solches kann man durchaus den unter seinem Namen Anfang 1934 veröffentlichten Artikel mit dem programmatischen Titel „Für den Wiederaufschwung der Ausfuhren" verstehen, zumal er in der dezidiert antiprotektionistisch orientierten Zeitschrift „La Riforma Sociale"[58] erschien. Mit seinem Schritt an die Öffentlichkeit ging es dem Autor darum, die außenwirtschaftliche Strategie darzulegen und zu begründen, wie sie in begrenztem Rahmen bereits seit 1931/32 Anwendung gefunden hatte und die nun zur allgemein verbindlichen Praxis erhoben werden sollte.

Wie stellte sich Agnelli einen Wiederaufschwung der Exporttätigkeit vor? Zunächst ging er davon aus, daß es für Italien auch in Zukunft einen internationalen Austausch geben müsse:

> „Ob man nun dem Freihandel den Vorzug gibt oder dem Protektionismus, der internationalen Arbeitsteilung oder dem Wirtschaftsnationalismus, von der grundsätzlichen Problematik einmal ganz abgesehen, ein Mindestmaß an internationalem Handel muß auf jeden Fall gewahrt bleiben."

58 „Per la ripresa delle esportazioni", in: *La Riforma Sociale*, Januar/Februar 1934, S. 3–14. Die 1894 gegründete Zeitschrift, mit dem Untertitel „Rivista critica die economia e di finanza", die ihr Erscheinen 1935 einstellte, gilt als wichtiges Organ des italienischen Wirtschaftsliberalismus. Ihr Herausgeber, Luigi Einaudi (zusammen mit den Ökonomen P. Jannaccone, F. A. Répaci, A. Loria, E. Giretti, A. Cabiati u.a.), verdankte sein politisches Gewicht nicht zuletzt seiner Gegnerschaft gegen den von Italien traditionell praktizierten Protektionismus. Auch jetzt, während der Weltwirtschaftskrise, forderte die Gruppe um die „Rivista" die Rückkehr zum Freihandel, zur internationalen Arbeitsteilung sowie den Abbau der italienischen Zölle. Bezugspunkt war hierbei das Welthandels- und Währungssystem, so wie es vor dem Ersten Weltkrieg funktioniert hatte: Es ging also letztlich um die Wiederherstellung des Status quo *ante*.

Als Erläuterung führte der Fiat-Chef an:

„Es ist einfach unerläßlich, aus der Klemme herauszukommen, die darin besteht: 1. ein Minimum an Waren exportieren zu müssen, 2. zu gleichen Preisen, oder besser, zu Preisen unterhalb des internationalen Niveaus verkaufen zu müssen, und schließlich 3. zu erleben, daß selbst noch so energische Lohnkürzungen keinesfalls immer von Erfolg gekrönt sind."

Und er fuhr fort: Ferner sei davon auszugehen, daß „die privaten Unternehmer, auf sich gestellt, es allein nicht mehr schaffen; die Risiken sind zu groß, so daß der Staat einspringen muß". Insbesondere sei es Aufgabe des Staates, den in den letzten Jahren eingeschlagenen Weg in der Handels- und Außenwirtschaftspolitik weiter auszubauen: auf der Basis von Exportprämien, Kontingenten und Kompensationsverträgen.

Doch sei damit das Problem der Konkurrenzschwäche Italiens auf den ausländischen Märkten noch nicht aus der Welt, betonte Agnelli. Allerdings werde Italien auf der Suche nach Lösungen kaum diejenigen Wege einschlagen, die gewisse Länder zur Zeit beschritten:

„So erfuhren wir mit Erstaunen, daß sich einige Länder für zahlungsunfähig erklären, ohne auch nur mit der Wimper zu zucken. Anders die Italiener; sie bezahlen, wenn sie kaufen; können sie das nicht tun, dann kaufen sie erst gar nicht."

Mit diesem Hinweis war wohl Deutschland gemeint, das gerade verstärkt dazu übergegangen war, seine Importschulden in den jeweiligen Ländern auflaufen zu lassen, um seine Gläubiger-Länder mit diesen ihren Guthaben zu zwingen, mehr Waren aus Deutschland zu beziehen. Die Bemerkung war aber auch zugleich eine klare Absage an die Adresse derjenigen Kräfte in Italien selbst, die, mit Blick auf Deutschland, zunehmend und mit sichtbarem Erfolg dafür eintraten, die hohe Importabhängigkeit Italiens ebenfalls als Waffe im Kampf um Marktanteile einzusetzen.

Das Beispiel Deutschlands machte Schule, und Agnelli lehnte den von Deutschland eingeschlagenen außenwirtschaftlichen Kurs in aller Deutlichkeit ab. Da nun aber Italien – so fuhr Agnelli fort – „nicht umhin könne, ein bestimmtes Mindestmaß an ausländischen Waren einzuführen, müsse es zwangsläufig eine Gegenleistung erbringen und zwar in Form der Ausfuhr eines entsprechenden Minimums an italienischer Ware". Dieses Exportminimum, das sich – gemessen also an den Importen – nach Agnellis Angaben auf 6 bis 10 Mrd. Lire pro Jahr belaufe, müsse einen bestimmten Erlös auf dem Weltmarkt erbringen, wenn die Rechnung aufgehen solle:

„Da die Konkurrenzsituation Italiens auf dem Weltmarkt miserabel ist – man bedenke nur die Währungsvorteile der Abwertungsländer – und an eine weitere Senkung der Lohn- und insgesamt Produktionskosten nicht zu denken ist, müssen die italienischen Exporteure unterm Preis verkaufen."

Die Lösung des Problems sah Agnelli darin, die importierten, zu Weltmarktpreisen gekauften Waren zu belasten: Sie sollten zu überhöhten Preisen auf dem italienischen Markt abgesetzt werden, um auf diese Weise über den Mehrerlös die Exporteure für ihre Dumpingpreise zu entschädigen. Hier zeichnete sich eine Grundtendenz Agnellischer Krisenlösungspläne ab. Die Krise ließ sich nach seinen Vorstellungen nicht mehr allein über eine Senkung der Produktions- und insbesondere der Lohnkosten beheben, wenngleich Fiat sich dieses Hebels deshalb nicht weniger massiv bediente, vielmehr sollte künftig die gesamte Gesellschaft verstärkt in die Krisenlösungsprobleme miteinbezogen werden. Gefordert wurden also die gesamte Bevölkerung erfassende Maßnahmen, d.h. Maßnahmen über die Fabrikgrenzen hinaus, freilich im Interesse der Aufrechterhaltung der Produktion in der Fabrik selbst:

„Unter den heutigen Bedingungen" – so Agnelli – „läßt sich mit der üblichen Kostenkalkulation nichts mehr anfangen. Die Kosten setzen sich aus industriellen Faktoren und aus öffentlich-gesellschaftlichen Faktoren zusammen. Zur Deckung letzterer muß die Allgemeinheit einspringen, damit exportiert werden kann."

Wie nun die „collettività", die Allgemeinheit, miteinbezogen werden kann und *welche* importierten Waren verteuert werden sollen und wie hoch und wie schließlich die staatlichen Eingriffe mit den Interessen der Unternehmer und des Handels und diese wiederum untereinander abgestimmt werden können – alle diese Probleme lassen sich, folgt man den Ausführungen Agnellis, mit Hilfe der Korporationen lösen. Und genau in dieser Hinsicht sei Italien deutlich im Vorsprung gegenüber seinen Konkurrenten: Denn kein

„Land ist wie Italien in der Lage, auf diesem Gebiet die Initiative zu ergreifen. Dank der vom Staat aufgebauten syndikalen und korporativen Ordnung können Handelsverträge ausgehandelt werden, ohne dabei in das von Formalismus und Trägheit bestimmte Getriebe staatlicher Verwaltung zu geraten, wie es im regelrechten Staatskapitalismus bekanntlich der Fall ist. Die Korporationen, gleichsam wenige und wachsame Organe der Industrie, sind wie von Natur aus dazu bestimmt, hier einzugreifen."

Wer in diesem Rahmen, auf der Ebene der korporativen Vermittlungsinstanz, die Entscheidungen letztlich fällt, ist für Agnelli klar: Es sind die „Vertretungen der Importeure und Exporteure, die angemessene Methoden finden werden, um die Interessen der Konsumenten und der nationalen Produzenten in Einklang zu bringen". Denn „den lebendigen Teil in dem bürokratischen Apparat bilden die Interessengruppen selbst, die Exporteure und die Importeure".

Alles in allem ist es das Manifest einer (Wunsch-)Politik des *Primats des Exports*, vorgetragen noch dazu zu einem Zeitpunkt, als die am Binnenmarkt orientierten Interessen in Italien immer stärker an Gewicht gewannen, die Aufrüstung voll im Gang und der Abschottungsprozeß vom Weltmarkt weit vorangeschritten waren.

Um die Notwendigkeit unverminderter Ausfuhrtätigkeit zu begründen ebenso wie die grundsätzliche Aufrechterhaltung der Integration Italiens in die internationale Arbeitsteilung, die für ihn Priorität hatte, bediente sich Agnelli geschickt des unbestritten hohen italienischen Einfuhrbedarfs: Den Einfuhren kam in seinen Überlegungen ausschließlich die Funktion zu, die Dumpingpreise der Exporteure kompensieren zu helfen. Freilich war nicht daran gedacht, alle Einfuhren gleichmäßig zu verteuern. Man denke nur an die laufend gewährten Zollvergünstigungen bei den besonders für die Autofertigung relevanten Veredelungseinfuhren. Überhaupt war der Plan sichtbar auf die Interessen von Fiat zugeschnitten. Agnelli hatte mit seinem Konzept auch nicht den Export schlechthin im Auge, sondern explizit die „prodotti di massa", die Produkte der Serienfertigung und des Massenkonsums, also die Achillesferse der italienischen Ausfuhr: Kleinautos, Maschinen aller Art, Textilien.

„Primat der Weltmarktintegration", „Primat des Exports" wurde zur Kennzeichnung des Agnelli-Manifests behauptet. Wie vertrug sich hiermit die Zurückhaltung von Agnelli in der Lira-Frage: Stand nicht die mittlerweile völlig überbewertete Lira der gewünschten Exportankurbelung entgegen? Opportunitätsüberlegungen unterschiedlicher Natur scheinen dazu geführt zu haben, daß Agnelli zum damaligen Zeitpunkt die Abwertung nicht explizit gefordert hat. Eine Abwertung, so argumentierte der Fiat-Chef, hätte nur weitere Retorsionsmaßnahmen gegen die italienischen Ausfuhren zur Folge gehabt, während es aber gerade darum ginge, „die aus Zöllen, Verboten, Kontingenten und Devisenbeschränkungen bestehende chinesische Mauer zu durchlöchern".

Neben dem Argument der Unzweckmäßigkeit waren es ferner handfeste staatliche Vergünstigungen, die der Fiatleitung ihre Zurückhaltung in der Währungsfrage leicht machten. So wurde 1934, nicht ohne das geschickte Ausspielen von Gerüchten, Agnelli habe sein Vertrauen in die Lira verloren, eine neuerliche Erweiterung des Katalogs von Zollpräferenzen für Veredelungseinfuhren vorgenommen, die dies eigentlich nur noch dem Namen nach waren. Es handelte sich um Einfuhren wie Maschinen, Werkzeug, Betriebsanlagen u.ä., die einen relevanten Anteil der Produktionskosten bildeten, die aber mit einer eigentlichen „temporären Einfuhr zum Zwecke der Ausfuhr", so lautet die Definition, wohl kaum noch etwas zu tun hatten. Im September 1934 folgten weitere auf die Autoindustrie zugeschnittene Einfuhrerleichterungen; ferner wurden die bestehenden Prohibitivzölle für Autoimporte aufgestockt – in einigen Fällen bis zu 200 %.

Schließlich, und vor allem, aber war es das für die Fiatsche Exportstrategie ungünstige Kräfteverhältnis in der organisierten Unternehmerschaft (Confindustria), das vor dem Hintergrund des wachsenden Importsogs und zusammen mit Mussolinis starrem Festhalten an dem hohen Lira-Kurs Agnelli dazu bewog, sich in der Lira-Frage zunächst zurückzuhalten.

II Kampf um den Außenwirtschaftskurs

1. Wende in der außenwirtschaftlichen Orientierung, 1934/35

Gegen seinen auch im offiziellen „Popolo d'Italia" (Februar 1934) veröffentlichten Vorschlag zur Exportankurbelung brachte der Fiat-Chef eine breite Abwehrfront unterschiedlichster Interessen auf die Beine: Neben den primär am Binnenmarkt und am Import orientierten Gruppen, die teils an der Meistbegünstigungsklausel festgehalten, teils den italienischen Rohstoffbedarf als handelspolitische Waffe offensiv eingesetzt wissen wollten, stand die heimische Rohstoffe verarbeitende Nahrungsmittelindustrie, die lediglich an Exportprämien interessiert war, sodann aber auch die Mittel- und Kleinindustrie insgesamt, die sich aus den „korporativen" Entscheidungsprozessen der Großen noch weiter herausgedrängt sah. Kritik kam schließlich sogar aus den Spalten der die Fiat-Politik gewöhnlich freundlich kommentierenden Zeitschrift „La Riforma Sociale" (Giretti), wo besorgt auf das weitere Anziehen der Inlandspreise infolge der Importverteuerungen hingewiesen wurde; und Kritik kam auch von Seiten derer, die für die Wiederherstellung des freien Waren- und Kapitalverkehrs plädierten[59]. Lediglich der vorrangig exportorientierte Maschinenbau und Teile der Textilindustrie befürworteten den Vorschlag Agnellis. Und Unterstützung kam vor allem auch von Finanzminister Guido Jung, der in der breit gefächerten Anwendung des Systems der „scambi bilanciati" den einzig erfolgversprechenden Weg sah, der italienischen Ausfuhrtätigkeit aus ihrer Klemme zu verhelfen.

Die Debatte um den Agnelli-Vorschlag, die im einzelnen hier nicht verfolgt wird, war natürlich nur ein Moment in den Auseinandersetzungen um den italienischen Außenwirtschaftskurs, denen insgesamt ein hoher Stellenwert im Rahmen der erstaunlich offen geführten allgemeinen Krisendebatte zukam.

Der handelspolitische Kompromiß vom November 1931 hatte die anstehenden Konflikte wenn überhaupt, so nur vorübergehend beilegen können. Schon im darauffolgenden Jahr mehrten sich wieder die Anzeichen heftiger Auseinandersetzungen, die auf erhebliche Konflikte innerhalb der Wirtschaft schließen lassen, ebenso wie zwischen dieser und den staatlichen Instanzen, der Faschistischen Partei und den staatlich-faschistischen Organen; die relative Unverblümtheit, mit der die Kontroversen in der Öffentlichkeit ausgetragen wurden, deutet ebenfalls darauf hin. Die Entwicklung fand einen Höhepunkt in der grundlegenden Wende in der außenwirtschaftlichen Orientierung Italiens: Zwischen Dezember 1934 und Februar/März 1935 erfolgte der Übergang zur Devisen- und Einfuhrbewirtschaftung. Damit war praktisch die Einfuhrkontrolle verhängt[60]. In seinen Memoiren schreibt F. Guarneri dazu:

> Mit den Maßnahmen vom Februar-März 1935 kehrte Italien seiner traditionellen Treue zu der Politik der Meistbegünstigung und des multilateralen Handels schroff den Rücken; es machte sich im Tauschverkehr mit anderen Ländern die Prinzipien der Gegenseitigkeit und des Handelsbilanzausgleichs voll und ganz zu eigen – des Prinzips also der ‚scambi bilanciati'."[61]

59 An dieser Diskussion beteiligte sich Luigi Einaudi mit starkem Engagement: für die Wiederöffnung der Märkte im allgemeinen und des US-Marktes im besonderen.

60 Die einzelnen Etappen waren: April 1934 Einführung von Importlizenzen; Dezember 1934 Verschärfung der Devisenbewirtschaftung; Februar 1935 umfassende Einfuhrkontrolle, die im Sommer 1935 zur teilweisen Monopolisierung der Einfuhren ausgebaut wurde; vgl. Francescon-Centa, *Die Außenhandelspolitik* (Anm. 43), S. 87.

61 So Felice Guarneri, *Battaglie economiche tra le due grandi guerre*, Vol. I, 1919–1935, Mailand 1953, S. 350f.

Ergänzend zur Beurteilung Guarneris, des exponierten Vertreters der Confindustria, der seit Anfang der dreißiger Jahre in einem Mehrfrontenkrieg[62] zugunsten der Aufrechterhaltung der Meistbegünstigungspolitik stand, ist hinzuzufügen, daß die Bedeutung der plötzlichen Wende vor allem darin lag, daß Italien hiermit von seiner traditionell differenzierten, also mehrgleisigen Außenhandelsstrategie abzugehen begann. Eine bestimmte handelspolitische Linie durchsetzen[63], konnte jedoch nur gegen den Widerstand entscheidender Interessen in der Wirtschaft geschehen. Noch einmal aus der Sicht von Guarneri:

„Die Anordnungen vom Februar sind coup-artig („di colpo") verabschiedet worden, nahezu überraschend selbst für die Verwaltungsorgane, die für ihre Ausführung zuständig sein sollten [...] Die staatliche Verwaltung, besonders der Zoll, [...], war daher völlig unvorbereitet auf die Ausführung dieser Anordnungen; und da es keine Übergangsbestimmungen gab, [...] bewirkten sie anfangs ein regelrechtes Erdbeben in unseren Tauschbeziehungen mit dem Ausland."[64]

Eine überaus chaotische Situation war entstanden, in der die gegensätzlichen Interessen offen zutage traten:

„Einige Sitzungen, selbst noch unter dem Vorsitz des Korporationsministers [Mussolini], verliefen stürmisch angesichts der aufeinanderprallenden widerstrebenden Tendenzen; die einen vertraten die diesen Vorkehrungen zugrundeliegenden Notwendigkeiten und deren dringliche und übergeordnete Bedeutung, die anderen die Notwendigkeiten der Wirtschaftswelt: desorientiert und wie von Sinnen rannte diese den syndikalen Konföderationen und Ministerien die Türen ein und übte in jeder erdenklichen Weise Druck aus, um diesen chaotischen Zuständen, die die italienische Wirtschaft lahmzulegen drohten, ein Ende zu bereiten."[65]

Aus der Sicht Guarneris hatte die Entwicklung langfristig jedoch auch ein Gutes:

„... selbst diese harten Erfahrungen sollten letztlich von positiver Wirkung sein, und sei es auch nur in der Weise, daß dadurch die gerade frisch gebackenen Minister in Zukunft zumindest etwas behutsamer mit der empfindlichen und heiklen Materie der internationalen Wirtschaftsbe-

62 Kampf einmal gegen die Anhänger der „scambi bilanciati", zum anderen aber auch gegen die Befürworter von Freihandel bzw. einer europäischen Freihandelszone, in der die italienischen Industrieerzeugnisse ihren Zollschutz verloren hätten. Ergänzend zu den Memoiren von Guarneri vgl. Roland Sarti, *Fascism and the Industrial Leadership in Italy, 1919–1940. A Study in the Expansion of Private Power under Fascism*, Berkeley u.a. 1971, bes. S. 104 f.

63 Parallel zur Preisgabe der mehrgleisigen Außenwirtschaftspolitik erfolgte die Koordinierung und Straffung des Außenhandelsapparates. Auch hier trat der politische Terrainverlust zutage, den die Exportinteressen, allen voran Fiat mit seiner Exportstrategie im Donau- und Balkanraum, mittlerweise erlitten hatten.
Der – auf der Oberfläche besehen – verwirrenden Aufsplitterung der Kompetenzen, die realiter indes in Relation zur äußerst heterogenen Interessenlage des italienischen Kapitals in Sachen Außenwirtschaft zu setzen und – funktional dazu – als Parzellierung des Außenhandelsapparates zugunsten der jeweils stärksten Vertreter der verschiedenen Interessengruppierungen zu begreifen ist, wurde also in dem Moment in dieser seiner Form ein Ende bereitet, als sich die Kräfteverhältnisse zu ändern begannen. Eine ausführliche Darstellung des Übergangs zur organischen Außenhandelslenkung gibt z.B. Francescon-Centa, Die Außenhandelspolitik (Anm. 43).

64 Guarneri, *Battaglie* (Anm. 61), S. 351–352.

65 Ebd., S. 355.

ziehungen umgehen sollten, die weder Improvisationen verträgt, noch auch als Versuchskaninchen für ausgeklügelte Theoreme oder Scholastikübungen herhalten kann."[66]

Eines geht aus der Darstellung Guarneris unmißverständlich hervor: Für die Experten in der organisierten Unternehmerschaft war nunmehr der Moment gekommen, in dem sie als „Fachleute" aufgrund ihrer Erfahrung und ihres Gesamtüberblicks in den engeren staatlichen Entscheidungsprozeß eingreifen mußten, um die eigenen Interessen zu wahren. Guarneri betonte mehrfach:

„In dem Labyrinth der Anordnungen zur Steuerung des internationalen Austauschs- und Zahlungsverkehrs und in der Fülle der dafür zuständigen Ämter hatte die Geschäftswelt die Orientierung verloren und wurde unruhig ...; der Regierung ihrerseits gelang es nicht, die Materie zu überblicken und in den Griff zu bekommen."

Kurzum,

„die ‚Riegel-Bestimmungen' vom Februar-März 1935 brachten das Faß zum Überlaufen. Das Problem der Reorganisierung aller Ämter zur Regulierung von Import, Export und Zahlungsverkehr mit dem Ausland, ihrer Erfassung in einer Hand und unter einem Kommando, drängte sich daher unausweichlich auf und wurde zur absoluten Notwendigkeit."[67]

Es entstand kurz darauf, im Mai 1935, die „Oberintendantur für den Zahlungsverkehr", die im Dezember 1935 zum „Unterstaatssekretariat für Außenhandel und Währung" aufrückte und im November 1937 in den Rang des „Ministeriums für Außenhandel und Devisenbewirtschaftung" erhoben wurde: Gründer und Leiter war während der ersten fünf Jahre Felice Guarneri, der mit nahezu diktatorischer Machtfülle ausgestattete „Devisenkommissar"[68].

2. *Zur Vorgeschichte des Kurswechsels*

Wie war es zu diesem handstreichähnlichen Kurswechsel gekommen?[69] Es lassen sich mehrere Etappen bzw. Signale unterscheiden, ehe es zum eigentlichen Durchbruch kam. Schon während der Dezember-Sitzung (1932) des „Faschistischen

66 Ebd., S. 354 f.
67 Ebd., S. 356.
68 Renzo De Felice, *Mussolini il Duce.* Bd. I: *Gli anni del consenso 1929–1936*, Turin 1974, S. 695.
Auf den Widerstand der organisierten Unternehmerschaft war bezeichnenderweise auch zurückzuführen, daß bei der Auflösung des „Ministero dell'economia nazionale" und der Übernahme seiner die Industrie betreffenden Aufgaben durch das „Ministero delle Corporazioni" (1929) letzteres keinerlei Kompetenz in Sachen Außenhandel und Devisen zugewiesen bekam; vgl. Sabino Cassese, Giuseppe Bottai, in: *Dizionario Biografico degli Italiani*, hrsg. v. Istituto della Enciclopedia Italiana, Rom 1971, S. 389–404, bes. S. 395.
69 Eine Untersuchung zum Thema liegt m.W. nicht vor; es wird hier daher überblickartig eine Rekonstruktion auf der Grundlage zeitgenössischer veröffentlichter Dokumente versucht.

Großrats" („Gran Consiglio")[70] zeichnete sich der Übergang zur offensiven autonomen Außenwirtschaftspolitik ab: Bei der am 12. Dezember 1932 erfolgten Verabschiedung der Direktiven für die italienische Wirtschaftspolitik[71] wurden Begriffe und Zusammenhänge wie Meistbegünstigungsklausel, Außenhandel, weltmarktorientierte Strategien u. ä. nurmehr am Rande erwähnt. Die zentralen Aussagen lauteten stattdessen: Lockerung der Bindungen mit dem internationalen Handel; absolute Priorität den nationalen Bedürfnissen; diese hätten Zolltarife u. ä. zu bestimmen; Intensivierung der Handelsabsprachen auf der Basis der Reziprozität und des Handelsbilanzausgleichs, jeweils von Land zu Land; Geltendmachung der hohen italienischen Rohstoff- und Treibstoffeinfuhr gegenüber den Lieferantenländern, um diese zum erhöhten Ankauf italienischer Fertigwaren zu veranlassen.

Dieses war gewissermaßen die Basisargumentation, die sich dann in wichtigen öffentlichen Reden und Stellungnahmen in Variationen wiederholte: in der Rede vor dem Senat des Unterstaatssekretärs im Korporationsministerium, Alberto Asquini (April 1932)[72]; in der Rede des Präsidenten der Confindustria, Stefano Benni, vor der Generalversammlung der Confindustria (Juni 1933)[73]; und schließlich in der Rede Mussolinis vor dem Parlament (Mai 1934)[74].

Die für unseren Zusammenhang aufschlußreichen Punkte der Verlautbarungen sollen im folgenden herausgestellt werden. Zusammen mit den vom Gran Consiglio verabschiedeten Direktiven bildet die Rede Asquinis das vielleicht prägnanteste Dokument für die anstehende offensive und aggressive Wende: Der Politik der Meistbegünstigung wird bescheinigt, das an sich wohl beste Instrumentarium darzustellen, mit der Einschränkung, daß dies nur von einer Position der Stärke aus gälte; notwendig sei demgegenüber, sowohl im Weltmaßstab als auch vor allem in Europa, größere Wirtschaftseinheiten zu bilden, wozu allerdings einfache Zollpräferenzsysteme keinesfalls ausreichten; bei der Erschließung neuer Märkte müsse der wachsende Einfuhrbedarf Italiens konsequent als Waffe eingesetzt werden. Italiens Märkte lägen in Zukunft nicht primär in den westlichen Ländern, nicht in Mitteleuropa und im Nahen Osten, wo Italien lediglich seine Positionen zu behaupten habe, sondern „in Zukunft müssen sich unsere Exportströme über unsere traditionellen Märkte in Nord- und Südamerika hinaus besonders den Märkten Afrikas und Asiens zuwenden, dorthin nämlich, wo es eine größere Nachfrage nach Fertigwaren gibt"[75].

70 Der Gran consiglio del fascismo gehörte, zusammen übrigens mit der faschistischen Miliz, zu den ersten institutionellen Neugründungen des italienischen Faschismus (1923); es handelte sich um das höchste Organ der Faschistischen Partei, das gleichzeitig Verbindungsorgan zwischen Partei und Staat sein sollte; vgl. u.a. Giampiero Carocci, *Storia del fascismo*, Mailand 1972, S. 28.

71 Vgl. L. Gaddi, Nuovi metodi di politica commerciale, in: *Rivista di Politica Economica*, 1933, S. 901.

72 Abgedr. u.d.T., La politica economica del Regime Fascista, in: *Rivista di Politica Economica*, 30. April 1933, S. 409–415.

73 Abgedr. u.d.T.: L'Assemblea della Confederazione Generale Fascista dell'Industria Italiana, in: *Rivista di Politica Economica*, 31. Juli–31. August 1933, S. 801–811.

74 Benito Mussolini, *La situazione economica dell'Italia. Discorso pronunciato alla Camera il 26 maggio 1934.* Hrsg. v. La direzione del partito nazionale fascista, o.D.

75 Asquini, La politica (Anm. 72), S. 411.

In dem Dokument der Confindustria wird vergleichsweise stärker die Binnendimension der Entwicklung betont. Grundsätzlich wird der vom Gran Consiglio angekündigte Kurswechsel begrüßt, allerdings in erster Linie mit den Abschließungspraktiken der anderen Länder gerechtfertigt. Voraussetzung jedoch für jegliche Form der Krisenlösung – so wurde argumentiert – sei als erstes die Lösung des Kostenproblems, das neben den anderen binnenwirtschaftlichen Problemen wie Rationalisierung, Einführung neuer Arbeitsmethoden, Ausschaltung von Konkurrenz u.ä. im Mittelpunkt der Ausführungen stand.

Die Kostenfrage wurde ebenfalls von Mussolini in seiner Rede aufgeworfen und als primäres Moment zur Lösung der Krise bezeichnet: einer Krise, die durch hohe Handelsbilanzdefizite und einen nicht zu ändernden Importzwang gekennzeichnet sei, ferner von „Schwierigkeiten, die außerhalb Italiens" lägen und eben von einem zu hohen Kostenniveau in Italien selbst. Bei der notwendig werdenden Reduzierung der Inlandskosten bildeten die Arbeiterlöhne „einen wichtigen und delikaten Aspekt:

„Es ist einfacher, versteht sich, vor eine Masse von Arbeitern zu treten, um ihnen zu sagen – Ihr bekommt mehr Lohn –. Da gibt es viel Beifall. Die Pflicht eines Faschisten ist es jedoch zu sagen – Bringt dieses Opfer, dann wird es auch möglich sein, den Kampf auf den internationalen Märkten zu bestehen, dann wird unsere Ausfuhr wieder erblühen, dann wird es dauerhaft Arbeit geben für euch und auch für jene, die jetzt noch keine haben."[76]

Das Kostenproblem, d.h. letztlich die Lohnfrage, bildete einen wesentlichen, wenn nicht überhaupt den entscheidenden Drehpunkt in der mit der Weltwirtschaftskrise entfachten Krisendiskussion. Und es blieb nicht nur bei Diskussionen. Wie es den Anschein hat, erfolgte auf dieser Ebene die eigentliche Aussöhnung zwischen den staatlichen Instanzen und den divergierenden Wirtschaftsinteressen: genauer, den Mehrheitsinteressen gegen die von Agnelli und prominenten korporativen Theoretikern vertretene „Keynesianische" Krisenlösungsstrategie. Auf diesen Zusammenhang wird anschließend ausführlicher eingegangen (4. Kap.).

Schenkt man den zitierten offiziellen Verlautbarungen Glauben, so waren es primär die veränderten Handelsmethoden „der anderen", insbesondere die Abschirmungspolitik Frankreichs und Großbritanniens, die Italien dazu zwangen, nun seinerseits Gegenmaßnahmen zu treffen. So argumentierte beispielsweise Benni, Italien sei, wenn nicht das einzige, so doch eines der wenigen Länder, dessen Zollpolitik eine Ausnahme gegenüber der allenthalben praktizierten Politik der Abriegelung darstellt:

„Doch der Großrat hat zu recht seine unmißverständliche Absicht zum Ausdruck gebracht dahingehend, daß auch wir andere Wege einschlagen werden, falls die anderen Länder weiterhin zu Methoden greifen bzw. Systeme anwenden sollten, die unsere Waren von ihren Märkten verdrängen. Wir können schließlich nicht ständig unsere eigenen Türen offen halten, wenn die anderen uns die ihren verschließen."[77]

76 Mussolini, *La situazione* (An. 74), S. 69.
77 L'Assemblea della Confederazione (Anm. 73), S. 807.

Wie vordergründig jedoch eine derartige Argumentation ist, die den defensiven Charakter der italienischen Politik in Reaktion auf die Veränderungen im internationalen Kontext glauben machen will, ist schnell dargelegt. Schon im Dokument der Confindustria gibt es genügend Hinweise für die bereits wirksamen Abschließungsmaßnahmen zugunsten des italienischen Binnenmarktes, die Benni, wie nicht anders zu erwarten, auf der positiven Seite der Jahresbilanz verbucht. In größerem Zusammenhang gesehen, handelte es sich hierbei vielmehr um *ein* Moment in der spiralförmigen Entwicklung von Reaktion – Gegenreaktion – Reaktion, die sukzessiv zur Parzellierung des Weltmarktes führte und deren Frühformen schon in den zwanziger Jahren zu erkennen waren, als Italien durchaus zu den Schrittmachern dieser Entwicklung gehörte.

Es wäre aber überhaupt irreführend, den sich anbahnenden Kurswechsel in der Außenwirtschaftsorientierung Italiens ausschließlich aus der Weltmarktentwicklung ableiten zu wollen. Obwohl dieser Dimension entscheidende Bedeutung für die primär an der internationalen Arbeitsteilung orientierten Wirtschaftsinteressen zukam, muß zugleich die innergesellschaftliche Entwicklung in Italien in den Jahren 1931/32 mitreflektiert werden. Und hier war offenkundig die Entscheidung zur forcierten Aufrüstung bereits gefallen: Sie hinterließ schon Spuren in der Einfuhrbilanz und drängte darauf, zur Determinante in der außenwirtschaftlichen Orientierung des Landes überhaupt zu werden. Denn wenn man die Entwicklung der Anteile der vier Warengruppen, bezogen auf die italienische Gesamteinfuhr, während der Krise miteinander vergleicht, so wird deutlich, daß bereits 1932 ein kontinuierlicher und überproportionaler Anstieg des Rohstoffanteils stattgefunden hatte. Dieser Importsog spiegelt sich besonders eindrucksvoll in der Entwicklung des Mengenindex für industrielle Rohstoffeinfuhren wider (im Vergleich zum Gesamtindex): 1931 = 91,46 (88,23); 1932 = 94,29 (79,98); 1933 = 106,79 (79,78); 1934 = 115,54 (85,29); 1935 = 110,62 (82,88); 1936 [Sanktionsjahr] = 65,23 (52,64).

In diesem Licht betrachtet, ist der von Gran Consiglio, Asquini u.a. prospektierte Einsatz des italienischen Rohstoffbedarfs als handelspolitische Waffe zu sehen: nämlich als zielgerichtete Anpassung der Außenwirtschaft an die Erfordernisse der Aufrüstungs- und Bevorratungspolitik.

Der Zusammenhang von deutlich steigenden Rohstoffeinfuhren und, dazu funktional, planmäßiger Umgestaltung der Außenhandelsstrategie legt darüber hinaus die Annahme nahe, daß die Entscheidung zur eigentlichen Kriegsplanung gegen Abessinien spätestens Anfang/Mitte 1932 gefallen sein muß: ein Mosaikstein nicht zuletzt zur Datierungsfrage der Entscheidung zum Abessinienkrieg, aus der Perspektive der italienischen Außenwirtschaftspolitik.

Der angedeutete Zusammenhang – sicherlich ein wichtiges Untersuchungsfeld zur Erforschung der Genese der faschistischen Rüstungs- und Aggressionspolitik – kann hier nicht weiterverfolgt werden. Wohl kann man aber allgemein festhalten – analog im übrigen zur Entwicklung im nationalsozialistischen Deutschland:

„Im Namen der Überwindung der Binnen- und Außenwirtschaftskrise ließ sich rechtfertigen, was an höchst schmerzhaften Umorientierungs- und Umformungsprozessen im Außenhandel vorangetrieben wurde. Bei dieser geschickten Verschmelzung von Krisenbewältigung mit der Verfolgung bestimmter politischer Ziele ist es nicht immer ganz einfach, eine klare Trennung zwischen diesen unterschiedlichen Zielsetzungen und den daraus resultierenden Politiken vorzunehmen."[78]

3. *Die zwei Gesichter der „scambi bilanciati"*

Der Tatbestand der Verschmelzung bzw. der Überlagerung sogar entgegengesetzter Zielsetzungen traf vor allem auch für die Außenwirtschaftsstrategie der „scambi bilanciati" selbst zu. Spätestens 1934/35 wurde nämlich deutlich, daß die dargestellte Kompromißlösung vom November 1931 zwischen den Anhängern der Meistbegünstigungsklausel und den Anhängern bilateraler Präferenzabkommen einen fundamentalen Interessengegensatz in den Reihen letzterer überdeckt hatte, der 1934/35 vollends aufbrach. Agnelli, Jung u.a. hatten in ihren Konzepten das Problem von der Seite der Ankurbelung der Ausfuhrtätigkeit aufgerollt und wollten zu diesem Zweck Aus- und Einfuhr in eine weitgehend automatisch wirkende Bindung zueinander gebracht sehen[79]. Hingegen wies die Stoßrichtung, die die importorientierten Verfechter den „scambi bilanciati" geben wollten, in die genau entgegengesetzte Richtung: Die Bindung der Einfuhr an die Ausfuhr hatte hier nicht die Ausfuhr im Auge, nicht den Exportüberschuß zum Ziel. Die Exporte dienten vielmehr ausschließlich der Beschaffung sogenannter lebensnotwendiger Einfuhren, das waren in der Hauptsache für die Durchführung des Rüstungsprogramms unerläßliche Importe[80]. Letztlich vermochte sich diese Variante der „scambi bilanciati" 1934/35 durchzusetzen: eine Politik, deren zwei Seiten – Abschirmung/Autarkie und Offensive/Eroberung – ihrer Logik nach unlösbar zusammengehörten. Dies sollte auch die reale Entwicklung des italienischen Faschismus zeigen.

In einem im offiziellen Organ des Regimes „Il Popolo d'Italia" erschienenen Artikel erläuterte der neue Leiter des Exportinstituts[81], Raffaello Riccardi, die neuen Direktiven folgendermaßen: „Hinsichtlich unserer Ausfuhr machen es sich die privaten Kompensationen zum Ziel, den italienischen Anteil an der Einfuhr derjenigen Länder zu steigern, mit denen wir eine passive Handelsbilanz haben." In der

78 So Doerte Doering, *Deutsche Außenwirtschaftspolitik 1933–1935*, Diss., Berlin 1969, S. 8.

79 Analog, so scheint es, zum Krogmann-Plan, der zur gleichen Zeit in Deutschland lanciert wurde (1933/34); vgl. dazu Doering, *Deutsche Außenwirtschaftspolitik* (Anm. 78), S. 229 ff.

80 So René Erbe zur Charakterisierung der nationalsozialistischen Wirtschaftspolitik: Sie trifft ebenfalls für die importorientierte Variante der „scambi bilanciati" zu; vgl. René Erbe, *Die nationalsozialistische Wirtschaftspolitik 1933–1939 im Lichte der modernen Theorie*. Zürich 1958, S. 81.

81 Mit dem Wandel der außenwirtschaftlichen Orientierung Italiens wandelte sich auch das Exportinstitut, sowohl im Namen als auch in der Funktion: Ab Oktober 1934 hieß es „Institut für den Warenverkehr mit dem Ausland" und war als Kompensationsbehörde tätig; 1935 wird es in „Istituto Nazionale Fascista per gli scambi con l'estero" (I.S.E.) umbenannt und 1936 noch einmal in „Istituto Nazionale Fascista per il Commercio Estero"; vgl. u.a. Francescon-Centa, *Die Außenhandelspolitik* (Anm. 43), S. 101 f.

Sache hieß dies: Steigerung derjenigen italienischen Ausfuhrwaren, die Italiens größte Gläubigerländer auch abzunehmen bereit waren. Und die Hauptgläubiger, allen voran Deutschland[82], bezogen von Italien in erster Linie agrarische Rohstoffe und traditionelle Fertigwaren. Demnach hatte die wachsende Abhängigkeit des faschistischen Italien vom nationalsozialistischen Deutschland hier eine ihrer Ursachen, also letztlich in der von beiden faschistischen Regimen betriebenen Aufrüstungs- und Aggressionspolitik.

Riccardi fuhr in dem genannten Artikel fort: Die Hauptadressaten des neuen außenwirtschaftlichen Kurses „sind diejenigen Länder, die unsere wichtigsten Rohstofflieferanten sind. Auf diesem Feld findet das Prinzip des bilateralen Handelsbilanzausgleichs seine reinste Anwendung [...]. Die Rohstoffe haben absolute Präferenz."[83] Präludium, wie man sieht auch hier, für die zukünftige Abhängigkeit Italiens von seinen wichtigsten Rohstofflieferanten Deutschland (Kohle) und den USA (Mineralöle, Baumwolle, Eisen- und Stahlschrott)[84].

Auch in der wirtschaftspolitischen Publizistik nahm die importorientierte Auslegung der „scambi bilanciati" zunehmend breiteren Raum ein. Am Beispiel der Argumentation von Alberto De Stefani, der sich zu einem vehementen Verfechter des neuen Kurses mutiert hatte[85], lassen sich die kennzeichnenden Momente deutlich ablesen: Für den zu errichtenden „ordine economico nazionale" bilde die Rohstoff-Frage den Drehpunkt für die außenwirtschaftlichen Beziehungen – hier müsse der wachsende Rohstoffbedarf Italiens als Waffe eingesetzt werden; ein Mittel hierzu böten die auf dem Grundsatz der Reziprozität beruhenden Kompensationsverträge. Demgegenüber „gehören die Handelsvertragsverhandlungen samt der Meistbegünstigungsklausel heutzutage in den Trödelladen", weil sie rein defensive Instrumente der Wirtschaftspolitik seien[86]. De Stefani führt weiter aus: Es „ist unvernünftig, das

82 Dies trifft auf die Entwicklung seit der Sanktionspolitik des Völkerbundes zu, insbesondere seitdem Deutschland zum Hauptlieferanten für Kohle wurde und damit Großbritannien von seiner ersten Position verdrängte.
Zur groben Orientierung ein Überblick über die Außenhandelsverschuldung Italiens (1934, 1. Halbjahr):

gegenüber den USA	mit 341 Mill. Lire
gegenüber DR	mit 218 Mill. Lire
gegenüber Brit. Indien	mit 161 Mill. Lire
gegenüber Großbritannien	mit 76 Mill. Lire
gegenüber der UdSSR	mit 55 Mill. Lire
gegenüber Frankreich	mit 38 Mill. Lire
gegenüber Österreich	mit 24 Mill. Lire

Vgl. Alberto De Stefani, La politica commerciale del dottor Schacht (erstmals Sept. 1934), abgedr. in: ders., *L'ordine economico nazionale*, Bologna 1935, S. 235–240, hier S. 237.

83 Raffaello Riccardi, Gli scambi compensati, abgedr. in: *La Rivista Commerciale Italo-Americana*, Bd. XXXVI, 1. Juni 1935, Nr. 11, S. 7–9.

84 Dazu äußert sich ausführlich Kestenholz, *Außenhandel* (Anm. 45), S. 71 ff., passim.

85 Vgl. z.B. seine Aufsatzsammlung mit dem bezeichnenden Titel, „La resa del liberalismo economico" (Mailand 1933), zu deutsch etwa „Die Kapitulation des Wirtschaftsliberalismus".

86 Alberto De Stefani, Il commercio italiano con l'estero (erstmals Februar 1934), in: *L'ordine economico nazionale* (Anm. 82), S. 61–67, Hier S. 65.

binnenwirtschaftliche Gleichgewicht in Funktion zu sehen lediglich zu einer einzigen Variablen, nämlich der Ausfuhr"[87]; und gänzlich absurd sei es, „unterhalb der Gestehungkosen auf den Auslandsmärkten zu verkaufen – unterstützt durch Exportprämien und Ausgleichszölle und finanziert von der ganzen Nation, während den Nutzen ein nur enger Personenkreis davonträgt."[88] Und er betont: „Es sind die Agrarprodukte, die den Schwerpunkt unserer Ausfuhren bilden" – sie seien es, die sich auf den Auslandsmärkten einigermaßen behauptet hätten. „Im übrigen können wir heute ermessen, wie angebracht es war, die Weizenschlacht geführt zu haben."[89]

Die sich hier deutlich abzeichnenden Grundzüge des neuen Kurses – (a) gezielt herbeigeführter Bruch mit den traditionellen außenwirtschaftlichen Methoden, (b) Privilegierung der Agrarkräfte, sowohl in ihrer ultraprotektionistischen Abschirmungspolitik als auch in ihren Ausfuhrinteressen, (c) Orientierung an Deutschland sowie Übernahme des „deutschen Modells"[90] –, diese den neuen Kurs kennzeichnenden Momente schufen eine akute Konfliktlage nicht nur im Verhältnis zu den weltmarktorientierten Anhängern der „scambi bilanciati", sondern nun auch und vor allem zu der von Guarneri vertretenen Mehrheitsgruppierung innerhalb der Confindustria[91]. Bestimmend für den Interessengegensatz war zunächst – dies ist naheliegend – die Privilegierung der Agrarexporte innerhalb der italienischen Ausfuhr mit ihren weitreichenden Folgen, die sich nicht zuletzt in der Wahl der Absatzmärkte niederschlugen. Darüber hinaus wollte es Guarneri in keinem Fall zu irreparablen Brüchen in der internationalen Arbeitsteilung kommen lassen, sondern setzte weiterhin auf die grundsätzliche Beibehaltung der modifizierten Meistbegünstigungsklausel und auf Zolltarifverhandlungen. Und schließlich war bestimmend das Verhältnis zu Deutschland: Hier begann sich ein für die zukünftige Entwicklung im italienischen Faschismus entscheidendes Konfliktpotential aufzuhäufen. Denn während sich für die italienischen Agrarinteressen der deutsche Markt als der kom-

87 Kestenholz, *Außenhandel* (Anm. 45), S. 63.

88 De Stefani, Compensazioni commerciali (erstmals Februar 1934), in: *L'ordine economico nazionale* (Anm. 82), S. 69–77, hier bes. 76.

89 De Stefani, Il commercio italiano con l'estero (Anm. 86), S. 62, 64.

90 Das besondere Interesse galt der Politik Schachts.
Ein beredtes Beispiel hierfür bieten die Ausführungen De Stefanis: „Für die Leitung der deutschen nationalen Wirtschaft hat Hitler einen Mitarbeiter herangezogen, der nicht spaßt, Hjalmar Schacht. [...] Hitler selbst teilt sich mit ihm den Titel eines Diktators in den wirtschaftlichen Angelegenheiten." Und er fuhr fort: „Wir haben dem hervorragenden Mann, der die Wirtschaftsgeschicke Deutschlands leitet, zu danken für die Anerkennung eines Prinzips bzw. einer Taktik, dieser Begriff ist mir lieber, die nunmehr allerorts verbreitet ist, und die auch bei uns eine notdürftige und umstrittene Formulierung schon vor Jahren gefunden hat, nämlich die Taktik der Kompensationsverträge ...". De Stefani, La politica commerciale del dottor Schacht, in: *L'ordine economico nazionale* (Anm. 82), S. 235 f.

91 Methodisch folgt daraus aber auch: Die unterschiedlichen Interessenlagen innerhalb des bislang mit dem Sammelbegriff „Binnenmarktinteressen" bezeichneten Lagers traten nun stärker hervor und spitzten sich konflikthaft zu. Bei einer Weiterführung der Untersuchung über die Jahre 1934/35 hinaus wäre daher eine Überprüfung bzw. Korrektur des bislang benutzten heuristischen Begriffsinstrumentariums Binnenmarkt-/Weltmarktinteressen unabdingbar – angesichts eben der realen Veränderungen: der Disgregationsprozesse innerhalb des Lagers der Binnenmarktinteressen selbst.

plementäre Markt par excellence darstellte, auf dem sich nun noch zunehmende Absatzchancen auf der Basis der Verknüpfung von hoher italienischer Verschuldung und angestrebtem bilateralen Ausgleich der Handelsbilanz auftaten, sah demgegenüber die weitgehende Mehrheit der Industrie, über alle Differenzen hinweg, in Deutschland einen, wenn nicht überhaupt *den* erbitterten Konkurrenten – sowohl auf den Auslandsmärkten als auch auf dem heimischen Binnenmarkt[92].

Vor dem Hintergrund sich derart zuspitzender Interessengegensätze und Konflikte *innerhalb* des faschistischen Herrschaftsblocks, die in besonderem Maße für die Zeit unmittelbar vor dem Überfall auf Abessinien kennzeichnend waren[93], kam dem direkten Eingreifen höchster Repräsentanten des organisierten Kapitals in den engeren staatlichen Entscheidungsprozeß präzise Bedeutung zu: Offenkundig konnte der faschistische Staat selbst nicht mehr die Wahrung ihrer spezifischen Interessen garantieren. Und der Konfliktherd tat sich nicht zufällig an der empfindlichen Nahtstelle der Integration Italiens in die internationale Arbeitsteilung auf[94], d.h. in demjenigen Bereich, in dem der italienische Staat nicht (mehr) in der Lage war, die divergierenden bis gegensätzlichen Interessen des italienischen Kapitals *im Ganzen* zu wahren. Dies war ihm bis dahin mit einer Politik des „sowohl als auch" gelungen, es gelang aber nun immer weniger angesichts der Verschärfung der *inner*imperialistischen Konflikte ab 1935/36, die ihrerseits zu einer Zuspitzung der Interessengegensätze auch *innerhalb* des Lagers der faschistischen Länder führten.

Die tatsächlich abhängige und untergeordnete Stellung Italiens in der Kette der faschistischen Länder schlug sehr schnell auf den faschistischen „Block an der Macht" (Poulantzas) in Italien zurück und zwar in der Form, daß hier eine anhaltende Sequenz von Disaggregations- und Reaggregationsprozessen ausgelöst wurde,

92 Explizite Äußerungen lassen sich sowohl in den zitierten Memoiren von F. Guarneri finden als auch in der von Guarneri/Gino Olivetti/Antonio Scialoja et al. herausgegebenen monatlichen Zeitschrift, *Rivista di Politica Economica,* die der Confindustria sehr nahe stand.

93 Entwicklungen im italienischen Faschismus wie diese trugen nicht unwesentlich zur „Wende" in der Politik der italienischen Kommunistischen Partei gegenüber dem faschistischen Regime bei, die mit dem VII. Weltkongreß der Komintern (1935) offiziell wurde.
Zu weiterführenden Überlegungen vgl. Paolo Spriano, *Storia del partito comunista italiano. Bd. III. I fronti popolari, Stalin, la guerra* [1935–1940], Turin 1970, bes. Kap. I u. III (Zitat S. 53). Für die hier angesprochene allgemeine Problematik, deren ausführliche Erörterung den Rahmen dieser Arbeit sprengen würde, habe ich herangezogen insbes. Gilbert Ziebura, Volksfront, in: *Sowjetsystem und Demokratische Gesellschaft,* Bd. VI, Freiburg 1972, S. 767–794; bezüglich Italien Giulio Sapelli, *L'analisi economica dei comunisti italiani durante il fascismo, Antologia di scritti,* Mailand 1978; sodann die beiden Aufsätze: Franco De Felice, I comunisti italiani e la crisi generale del capitalismo negli anni venti, und Franco Sbarberi, Le conseguenze politiche della crisi del capitalismo nelle analisi dei comunisti italiani dalla direzione die Gramsci alla ‚svolta', beide in: F. Claudin/G. Vacca et al., *La crisi del capitalismo negli anni '20, Analisi economica e dibattito strategico nella Terza Internazionale,* hrsg. v. Mario Teló, Bari 1978, S. 177–188, 189–210.

94 Auf dieses Konfliktmoment wird in den von „Lo stato operaio" veröffentlichten Berichten zur Situation in Italien zwar hingewiesen, eine nähere Analyse bleibt jedoch aus. Vgl. z. B. „Verso una situazione nuova", (o.N.), in: *Lo stato operaio,* 9/1935, S. 554–560.

die von nun an zu einer Labilisierung[95] des faschistischen Regimes führte und die die mächtigsten Interessen und Gruppen zur Wahrung der eigenen Interessen *unmittelbar* auf den Plan rief. Mit den Worten von F. Guarneri: „... mein unmittelbares Ziel war es, Ordnung in die verwickelte Materie zu bringen und unsere Tausch- und Zahlungsbeziehungen mit dem Ausland schleunigst zur Normalität zurückzuführen."[96] Die von Guarneri angestrebte Normalität – sie wurde in ihren Grundzügen skizziert – stand also quer zu der auf Abschirmung und Aggression, auf Autarkie und Expansion setzenden Linie der Verfechter der „neuen Wirtschaftsordnung". Wie weit es sich hier lediglich um Differenzen hinsichtlich der *Formen* der Expansion handelte, soll an dieser Stelle nur als Frage aufgeworfen werden. Festzuhalten ist abschließend, daß sich nunmehr eine neue Phase im italienischen Faschismus aufzutun begann[97]: Sie war gekennzeichnet einmal von der ununterbrochenen Folge von Aufrüstung und Krieg (Abessinien-Krieg, spanischer Bürgerkrieg, Überfall auf Albanien, Überfall auf Griechenland, Zweiter Weltkrieg) und zugleich von sich verschärfenden Konflikten in Italien innerhalb des herrschenden Blocks selbst.

95 Für einen Überblick zur Einschätzung der sich wandelnden Situation in Italien von seiten der antifaschistischen Emigration, vgl. Spriano, *Storia del partito* (Anm. 93), bes. Kap. III.

96 Guarneri, *Battaglie* (Anm. 61), S. 357.
Zur näheren Kennzeichnung dieses für die Entwicklung in Italien maßgeblichen Repräsentanten der organisierten Industrieinteressen die folgenden Angaben: Bis April 1935 hatte Guarneri gleichzeitig das Amt eines Direttore generale des Verbandes italienischer Aktiengesellschaften und das eines Direttore economico des Unternehmerverbandes der italienischen Industrie inne. Als Koordinator der beiden Schaltstellen seit 1921 unterstanden ihm ferner die zusammengelegten „uffici economici" beider Verbände, „die die Funktion hatten, sämtliche anstehenden Wirtschafts-, Finanz- und Steuerfragen im Interesse beider Organisationen zu untersuchen und zu behandeln". Man kann daher seinen Worten glauben, wenn er schreibt: „Während der vergangenen 15 Jahre im Dienste der besagten Organisationen stehend, hat es wohl kaum ein wichtiges Ereignis im Wirtschafts- und Finanzleben Italiens gegeben, das mich nicht in vorderster Reihe angetroffen hätte." Und er fährt fort: „Ich war als Interessenvertreter der Industrie Mitglied italienischer Delegationen bei der Aushandlung von Handelsverträgen, wobei die Verträge mit der Schweiz (1922), der Tschechoslowakei (1923) und mit Deutschland (1925) besondere Schwierigkeiten bereiteten. Im letzten Fall zogen sich die Verhandlungen fast ein ganzes Jahr hin [...]; ich trat als erstes für die Lebensbedingungen der italienischen Industrie ein, die sich während des Krieges stark entwickelt und dabei eine ganze Reihe neuer Produktionen hervorgebracht hatte, und die sich nun bedroht sah, selbst auf dem eigenen Binenmarkt, von der wieder erstarkenden deutschen Industrie, die gerüstet und kampfbereiter denn je auftrat; gleichzeitig ging es aber auch darum, den unabdingbaren Notwendigkeiten unserer Obst- und Gemüseproduktion Rechnung zu tragen, die ihrerseits an der Wiederöffnung des deutschen Marktes besonders interessiert war." Weitere Etappen bildeten die Mitgliedschaft in der italienischen Delegation beim Völkerbund, wo Guarneri für Wirtschaftsfragen zuständig war. Dieser Aufgabe kam er indessen mit „tiefer Skepsis" nach, wie er schreibt, da der Völkerbund doch nur die Interessen der „beati possidentes" vertrat. Ferner war er Leiter einer Delegation italienischer Unternehmer und Techniker auf Erkundungsreise durch die SU (1931). Und schließlich, kaum war 1931 die erste staatliche Finanzholding gegründet, das Istituto mobiliare italiano (IMI), vertrat er die (privaten) Industrieinteressen in deren Verwaltungsrat und Leitungsorgan.
(Vgl. hierzu die Einleitung der zitierten Memoiren von F. Guarneri.)

97 Vgl. Spriano, *Storia del partito* (Anm. 93), S. 3.

4. *Weltmarktintegration und binnenwirtschaftliche Belebung: die gescheiterte Alternative*

Die skizzierten organisatorischen und personellen Entwicklungen waren nicht nur für die allgemeine Entwicklung des italienischen Faschismus von Bedeutung, sondern auch unmittelbar für ihre Rückwirkung auf die bislang verfolgte Expansionsstrategie im Donau- und Balkanraum. Denn mit Guarneri griff ein entschiedener Gegner der Römischen Protokolle in die Außenwirtschaftspolitik ein. In seinen Memoiren berichtet er ohne Umschweife von der diesbezüglichen Gegnerschaft der organisierten Industrie und fügt hinzu: „... nachdem ich diese Verträge seinerzeit entschieden bekämpft hatte, war später ich es, der für ihren Abbau sorgte."[98]

Eine Schwächung der Donau- und Balkaninteressen bedeutete ferner die Absetzung des Finanzministers Guido Jung. Das Finanzministerium übernahm im Februar 1935 Thaon di Revel; kurz darauf wurden die einschneidenden Maßnahmen zur Einfuhrbewirtschaftung erlassen. Und wenig später wurde das Exportinstitut, bislang mit weitgehender Finanz- und Verwaltungsautonomie ausgestattet, dem Ministerium für Außenhandel und Devisenbewirtschaftung direkt unterstellt: Es unterstand also letztlich der Kontrolle Guarneris. Damit war auch auf dieser Ebene die Niederlage der auf Weltmarktintegration *und* Ausfuhr setzenden *alternativen* außenwirtschaftlichen Linie *innerhalb* des Faschismus, die hier an der Politik von Fiat/Agnelli[99] aufgezeigt wurde, zunächst besiegelt.

Zieht man abschließend die Entwicklung im deutschen Nationalsozialismus zum Vergleich heran, so läßt sich feststellen, daß hier zur selben Zeit dem Agnelli-Plan sehr ähnliche Pläne gegen Einfuhrbewirtschaftung, Abschnürung vom Weltmarkt und Autarkiekurs lanciert wurden[100]: der Buecher-Vorschlag 1934/35, die Gut-

98 Guarneri, *Battaglie* (Anm. 61), S. 263.

99 Zum Konflikt- und Kooperationsverhältnis zwischen Fiat und dem faschistischen Regime ab 1935/36 vgl. Castronovo, *Agnelli* (Anm. 1), S. 533 ff.

100 Die sich aufdrängende Frage nach Verbindungen untereinander ähnlich orientierter Interessen in den beiden faschistischen Regimen und darüber hinaus nach Verbindungen mit entsprechenden Kreisen in den bürgerlich-demokratischen Staaten rückt die Frage nach der Rolle der USA in den Vordergrund. Hier ist besonders das amerikanische Handelsgesetz von 1934 zu nennen, das eine Tendenzwende in der Geschichte des amerikanischen Protektionismus insofern einleitete, als es die Aufnahme der unbedingten Meistbegünstigungsklausel zum handelspolitischen Kernstück machte. Seine Befürworter hofften mit ihm eine Handhabe zu besitzen, um eine neue Weltkatastrophe abzuwenden; d. h. sie wollten auf diese Weise „ein Außenhandelsprogramm inaugurieren, das auf dem Prinzip des freiwilligen und für alle vorteilhaften Austausches von Gütern und Dienstleistungen beruhe". Und weiter wurde argumentiert: „Auf amerikanischer Seite sei dafür die Wiederherstellung einer ökonomischen Struktur notwendig, die eine vermehrte Aufnahme von Importen ermögliche. Unrentable Industrien und Monopole, deren Produkte dem amerikanischen Verbraucher durch überhöhte Preise eine Quasi-Steuer abforderten, sollten nicht länger durch hohe Zollmauern geschützt werden." Vgl. stellv. f. a., Detlef Junker, *Der unteilbare Weltmarkt, Das ökonomische Interesse in der Außenpolitik der USA, 1933–1941*, Stuttgart 1975; das Zitat S. 69.
Bezeichnenderweise erfolgten allerdings die wirklich ins Gewicht fallenden Maßnahmen zur Liberalisierung des amerikanischen Handels erst nach 1945. Vgl. Junker, S. 75.

achten Goerdelers 1934–36 und der Krogmann-Plan 1933/34[101]. Besonders letzterer enthielt verblüffende Übereinstimmungen mit dem Agnelli-Plan: hinsichtlich der geplanten Bindung der Einfuhr an die Ausfuhr, der starken Stellung der Exporteure, der Einführung planwirtschaftlicher Momente in den Außenhandel und schließlich der Belastung der Importe mit einer Quasi-Steuer zugunsten der Exporte.

Ein weiteres wesentliches Moment, das diese alternativen Pläne kennzeichnete, war, daß sie das Problem der Kaufkraftentwicklung auf dem jeweiligen Inlandsmarkt explizit miteinbezogen[102]. Mit anderen Worten: Die Weltmarktstrategie wurde nicht zuletzt als Strategie zur binnenwirtschaftlichen Belebung gegen den vorherrschenden wirtschaftspolitischen Depressionskurs verfolgt. Dies war aber auch das erklärte Ziel der von Fiat betriebenen Außenwirtschaftsstrategie, ihre *Binnendimension* gewissermaßen: mit Hilfe des Außenhandelsmultiplikators die Beschäftigung im Inland anzuregen und das Kaufkraftniveau anzuheben.

101 Vgl. dazu Doering, *Deutsche Außenwirtschaftspolitik* (Anm. 78), S. 222 ff.
102 Vgl. ebd., S. 224; Junker, *Der unteilbare Weltmarkt* (Anm. 100), S. 74.

4. Kapitel: Krisenlösungsstrategien auf dem Prüfstand

I Agnellis „Keynesianische Predigt"

Aber nicht nur in der Frage der Außenorientierung seines Landes nahm Agnelli die Rolle eines „Hechts im Karpfenteich" ein. Mindestens die gleiche Dringlichkeit hatte für ihn die Klärung der Krise auf nationaler Ebene. Und auch in dieser Frage hatte er es vorgezogen, sich direkt an die italienische Öffentlichkeit zu wenden, als er Mitte 1932 in einem Interview seine Vorstellungen zu einer *allgemeinen* Lösung der Krise seines Landes entwickelte.

Sein Schritt löste beträchtlichen Wirbel in der Unternehmerschaft aus, vergleichbar mit seinem späteren Vorstoß in der Außenwirtschaftsfrage. Angesichts der Schärfe und Tiefe der Krise, über deren Ausmaß man sich in Unternehmerkreisen zunächst wohl noch Illusionen gemacht hatte auch in der Hoffnung, der weltweiten Krise schon durch die eigene, hausgemachte Sanierungskrise 1926/27 zuvorgekommen zu sein, tauchten unterschiedliche Überlegungen und entgegengesetzte Strategien zu ihrer Überwindung auf. Zum ersten Mal wieder seit der Debatte von 1926/27 kam es jetzt zu offenen Konflikten in den Spitzengremien der Confindustria, nicht zuletzt aufgrund der politischen und gesellschaftlichen Implikationen, die die wirtschaftspolitischen Maßnahmen und also die Modalitäten des Wiederaufschwungs nach sich ziehen würden.

Unter den Auswirkungen der Krise und der Restrukturierungsprozesse des internationalen Kapitals trat aber nicht nur die Frage der außenwirtschaftlichen Orientierung unverhüllt in den Vordergrund, sondern – mit dieser eng verknüpft – die Frage nach den gesamtgesellschaftlichen Implikationen bestimmter außenwirtschaftlicher und außenpolitischer Weichenstellungen.

Das Bewußtsein, sich inmitten einer weltweiten Situation des Umbruchs zu befinden, kommt in der zeitgenössischen italienischen Publizistik unübersehbar zum Ausdruck. Es kann daher kaum als Zufall gewertet, sondern lediglich der umsichtigen Unternehmerpersönlichkeit Agnellis zugeschrieben werden, daß er – Repräsentant der aufstrebenden, modernen Autoindustrie, einer auf Serienfertigung und Massenkonsum ausgerichteten Branche – zugleich mit der Organisierung der Außenmärkte die Organisierung des Binnenmarktes und darüber hinaus der italienischen Gesellschaft gemäß seinen spezifischen Interessen verstärkt in Angriff nahm.

Es kann kaum überraschen, daß in der Zuspitzung der Krise 1931/32 die Heterogenität der Interessenlage des italienischen Kapitals hinsichtlich der Weltmarktfrage erneut in den Vordergrund trat. Allerdings sollte schon hier, sozusagen auf der Binnenseite, der Terrainverlust zutage treten, den die Weltmarktinteressen im Begriff waren zu erfahren. Bereits Agnellis Vorgehensweise, der sich der internationalen Presse bediente, um seinen Krisenlösungsvorstellungen den nötigen publizistischen Rückhalt zu verschaffen, mußte ihn in den Augen von Confindustria-Mehrheit und faschistischem Regime buchstäblich zum Außenseiter machen.

Es wäre allerdings irreführend, es bei dieser Bemerkung der Außenseiterrolle zu belassen, wiewohl sie die Entwicklung auf der Oberfläche durchaus kennzeichnet. Für eine präzisere Einordnung der von Agnelli vorgeschlagenen Krisenlösungsstrategie, namentlich aus der Perspektive der Kontinuitätsfrage, wird es vielmehr unerläßlich sein, sie in den Rahmen der in Italien lebhaft und kontrovers geführten allgemeinen Krisendiskussion einzuordnen und zu reflektieren. Dies erfolgt der Übersichtlichkeit halber an gesonderter Stelle (4. Teil, 2. u. 3. Kapitel). Im folgenden werden zunächst die Ereignisse selbst skizziert, soweit sie Fiat/Agnelli betrafen.

In einem Interview mit der Agentur United Press am 26. Juni 1932 entwickelte Agnelli[103] seine Thesen zur Wirtschaftskrise und zu ihrer Überwindung. Seiner Überzeugung nach handelte es sich nicht um eine der üblichen periodisch wiederkehrenden Krisen, sondern um eine Krise der Weltwirtschaft in ihrer gesamten Struktur. Die *gesellschaftlichen* Folgen erlaubten es daher keinesfalls, sie, wie früher, dem freien Spiel der Kräfte zu überlassen. Wollte man dies tun, „dann hätten wir uns auf lange Zeiten einzurichten und auf wer weiß welche Katastrophen. Diese Krise hat in der Tat schwerwiegende soziale Folgen, die ohne jedes Beispiel sind." Und er fuhr fort:

„Die Arbeitslosigkeit unter den Arbeitern ist eine eiternde Wunde im gesellschaftlichen Körper, die diese Krise hervorgerufen hat. [...] Der kategorische Imperativ in einer Situation wie dieser lautet deshalb, die Arbeitslosigkeit zu verringern und zu beseitigen. [...] Wir hätten an unserem Wirtschaftssystem zu zweifeln, gelänge uns nicht die Lösung dieses beängstigenden Problems."

Einer Lösung konnten nach Agnelli weder die traditionelle wirtschaftsliberale Laissez-faire-Politik dienen, noch gar – dies betonte er – irgendwelche restriktiven Maßnahmen, die lediglich Notlösungen waren und konjunkturdämpfend wirkten. Es mußte vielmehr auf die ökonomische Struktur selbst eingewirkt werden. Sein Vorschlag lautete stattdessen: Verkürzung der Arbeitszeit bei entsprechender Anhebung der Löhne.

Die Forderung nach Verkürzung der Arbeitszeit als Damm gegen die sich ausbreitende Arbeitslosigkeit – so erinnerte im weiteren Verlauf des Interviews der Fiat-Chef – sei im übrigen auch in Kreisen der nordamerikanischen Arbeiterorganisationen laut geworden, und in Genf läge dem Bureau International du Travail (BIT) ebenfalls ein Antrag auf Einführung der 40-Stunden-Woche vor. Agnelli wollte jedoch einen Schritt darüber hinaus tun:

„Angesichts des weltweiten Ungleichgewichts von Produktion und Konsum dürfe man es nicht bei einer Verkürzung der Arbeitszeit allein bewenden lassen, vielmehr müsse mit der Verringerung der Arbeitsstunden eine entsprechende Steigerung der Löhne vorgenommen werden."

103 Zit. nach Castronovo, *Agnelli* (Anm. 1), S. 502 f.; zu den Reaktionen auf den Vorschlag s. ebenfalls dort.

Dem zugrunde lag die Überlegung:

„Bekanntlich ist jede Wirtschaftskrise von einem Ungleichgewicht von Produktion und Konsum gekennzeichnet. [...] Man kann sich heute in der Tat leicht davon überzeugen, wie sehr die Kaufkraft überall in der Welt zurückgegangen ist."

Sein Fazit lautete:

„Es ist gar nicht gesagt, daß Kosten und Preise in gleichem Maße steigen müssen wie die Löhne. Denn die Produktionskosten setzen sich, über die Ausgaben für die Arbeitskraft hinaus, aus weiteren Anteilen zusammen, die zurückgehen, je mehr die Produktion steigt, zumindest bis zur Auslastung der bestehenden Kapazitäten. [...] Wie aber auch immer, es würde eine Differenz zwischen den beiden Zuwachsraten ausreichen: zwischen den Löhnen und den Kosten. Und diese Differenz [...] macht genau den Zuwachs an Kaufkraft aus. Sie bildet den Spielraum für mehr Konsum, d.h. den Spielraum, der den Aufschwung auslösen kann. Die Franzosen nennen dies ‚l'amorçage', die Initialzündung [...], die den Motor der Wirtschaft anwirft."

II Der Vorschlag stößt auf eine breite Abwehrfront

Mit seiner „Keynesianischen Predigt" (Castronovo) löste Agnelli einen heftigen Wirbel an Reaktionen und Auseinandersetzungen in Italien wie außerhalb aus, hier besonders unter den antifaschistischen Emigranten. Man kann wohl davon ausgehen, daß es sich bei dem Vorstoß um mehr als nur einen Versuchsballon handelte[104]: Die vorherige Absprache Agnellis mit der Fiat-Leitung und die geschickte publizistische Orchestrierung, die für eine breite Resonanz vor allem im Ausland sorgte[105], und schließlich Versuche der Überzeugungsarbeit bei einigen diplomatischen Vertretern Italiens im Ausland lassen insgesamt einen genau kalkulierten Schritt vermuten.

Wichtiger, wenn nicht wichtigster Adressat der Aktion überhaupt war jedoch die an einer rigorosen Depressionspolitik festhaltende Unternehmermehrheit im eigenen Land. Zusammen mit dem Verband der Agrarier („Confederazione fascista dell'agricoltura") hatte die Confindustria in der Tat die ersten Krisenanzeichen zum Anlaß genommen, um im Dezember 1930 einen weitgehenden Plan zur Senkung der Löhne in Industrie (um 8 %–10 %, für ca. 2,5 Mill. Arbeiter) und Landwirtschaft (um bis zu 25 %, für 3 Mill. Beschäftigte) vorzubereiten, den sie nicht gewillt war aufzu-

104 Das Interview wurde am 29. Juni 1932 von der faschistischen Parteizeitung *Popolo d'Italia* abgedruckt. Wie es dazu gekommen ist, läßt sich im einzelnen nicht feststellen. Es liegt allerdings die Vermutung nahe, daß Mussolini, dem ein Entwurf der Erklärung seit März 1932 vorlag, deren Stoßrichtung vor allem gegen Osten gerichtet sah. Folgt man den Recherchen Castronovos, so bekam Agnelli die erste Anregung zu seinem publizistischen Schritt in Moskau (1932) anläßlich der Bemerkung eines sowjetischen Gesprächspartners über die „physiologische Inferiorität des kapitalistischen Systems". In Italien folgten Debatten mit hohen Fiat-Vertretern (Valletta u. a.), die die Formulierung des Entwurfs mitbeeinflußten.

105 Wie aus der Korrespondenz der Fiat-Leitung ersichtlich, hatte man sich zu diesem Zweck an Zeitungsredaktionen in Berlin, Paris, London (*New Statesman*) und in der Schweiz gewandt. In Frankreich setzte sich Fiat hauptsächlich mit sozialistischen Zeitungen in Verbindung, angesichts der offenen Ablehnung der 40-Stunden-Woche durch französische Unternehmerkreise.

geben[106]. Zu Recht ist daher in diesem Zusammenhang von einer „volontà di crisi", also der Bereitschaft der Unternehmer zur Krise, gesprochen worden[107].

Die rigide Haltung der Confindustria kam überdies während der seit Oktober 1930 in Genf stattfindenden Auseinandersetzungen im BIT über Fragen der Arbeitszeitverkürzung zum Ausdruck. Dort hatte sich der Confindustria-Vertreter, Gino Olivetti, in seiner prinzipiellen Ablehnung jeglicher Vereinbarung über Formen der Arbeitszeitverkürzung mit den Vertretern der französischen Industrie verbündet. Der offizielle Leiter der italienischen Delegation, De Michelis[108], konnte sich immerhin noch zur Unterzeichnung einer unverbindlichen Empfehlung an das BIT verstehen, die Einführung der 40-Stunden-Woche zu überprüfen. Die Lohnfrage aber stand nicht zur Diskussion und schon gar nicht die Möglichkeit einer Lohnerhöhung. Um so mehr mußten daher italienische Regierung und Confindustria von Agnellis Vorgehensweise überrascht gewesen sein. Die Situation spitzte sich noch zu, als der Vorschlag auf positive Resonanz in Kreisen der politischen Emigranten stieß, namentlich bei dem reformistischen Gewerkschaftsflügel.

Von den staatlichen Instanzen und der Confindustria kamen sehr schnell ablehnende Stellungnahmen. Ein Beispiel: Der „fordismo", das Fordsystem – so hieß es im offiziösen ‚Giornale d'Italia' (7. Juli 1932) –, sei „die Theorie hoher Löhne und eines Minimums an Arbeitsstunden"; sie habe als Mittel der „gewaltsamen Wiederbelebung des Wirtschaftslebens" bereits versagt, wie es die inflationäre Entwicklung in den USA, Großbritannien, Belgien und anderen Ländern zeige.

Das Leitungsgremium der Confindustria votierte in einem Tagesordnungspunkt am 12. Juli 1932 dafür, die Thesen Agnellis abzulehnen. Zu diesem Anlaß scharten sich die Vertreter fast aller Branchen der großen und mittleren Industrie um die Position Olivettis. Ein höheres Lebensniveau – so wurde argumentiert – könne allenfalls das Ergebnis einer Verbesserung von Produktion und öffentlicher Wirtschaft sein; wenn überhaupt, so müsse eher an weitere Lohnkürzungen gedacht werden.

Der Agnellische Vorschlag, Ausdruck der Interessenlage eines noch relativ schwach entwickelten Sektors innerhalb des italienischen Kapitals, vermochte also keine nennenswerten Bündnispartner in der Organisation der Unternehmerschaft zu finden. Im Gegenteil, er trieb selbst noch die kleine und mittlere verarbeitende Industrie, die, unter dem Druck traditioneller Kapitalknappheit stehend, arbeitsintensiv auf niedrigem technologischen Niveau produzierte, in die Arme der Großindustrie, mit der sie in diesem Fall das Interesse an Niedrigstlöhnen teilte.

Am Beispiel der Frontenbildung wird die spezifische Interessenlage der Autobranche innerhalb des italienischen Industriekapitals deutlich. Der Fiat-Chef hatte

106 Vgl. Lucio Villari, *Il capitalismo italiano del novecento*, Bari 1972, S. 234.
107 Vgl. ebd., S. 235.
108 Zur Berichterstattung von Giuseppe De Michelis aus Genf s. die von ihm gezeichnete Rubrik „Vita internazionale del lavoro" in der Zeitschrift *Nuova Antologia*, 1931 ff., insbes. zur Behandlung der Lohnfrage und der 40-Stunden-Woche die Hefte 1436, 1452, 1457, aus denen insgesamt sehr deutlich wird, wie das Lohn- und Arbeitszeitproblem durch die Einschaltung der Genfer Institutionen letztlich auf die lange Bank geschoben werden sollte.

bei seinen Krisenlösungsvorstellungen in erster Linie die technologisch moderne Industrie vor Augen. Mit Hilfe ihrer Reorganisierung und kontinuierlichen Modernisierung sollte die Krise im wesentlichen gelöst werden können. Seine Lösungsvorschläge bezogen sich also primär auf die technologische Arbeitslosigkeit: diese machte jedoch im Italien der beginnenden dreißiger Jahre nur einen verschwindenden Bruchteil der gesamten Arbeitslosigkeit aus.

Dieses Problem bildete auch den Drehpunkt in einem öffentlich geführten Disput zwischen Agnelli und dem liberalen Ökonomen Luigi Einaudi[109]: „Von den vielen Formen der Arbeitslosigkeit" – so wandte Einaudi gegen den Vorschlag ein – „scheint mir die technisch bedingte, die von der Maschine, vom technischen Fortschritt bewirkte Arbeitslosigkeit die nun wirklich am wenigsten relevante Form zu sein." Und weiter: „Die Arbeitslosigkeit, die Sie im Auge haben, ganz in der Tradition moderner Industriekapitäne, geht von den fortschrittlichen Industrien aus. Diese profitieren bei der Herabsetzung der Arbeitszeit teilweise von der Gewinnspanne des von der Maschine geschaffenen Mehrprodukts."

Diese Entwicklung – so gab Einaudi zu bedenken – verlaufe freilich schrittweise: Erst nach und nach folgten die „stationären Industrien" (Industrien auf niedriger technologischer Stufe) den „progressiven" (den modernen Großindustrien) bei der Einführung verkürzter Arbeitszeiten. Eine „plötzliche und allgemein verbindliche Herabsetzung der Arbeitszeit hätte hingegen verheerende Auswirkungen". Denn sie würde letztlich dazu führen, daß die „stationären" Industrien den größten Teil der Kosten für die technologische Arbeitslosigkeit trügen, während der Vorteil nur den „progressiven" Industrien zugute käme.

Damit war es deutlich gesagt: Der von Agnelli vorgeschlagene Weg „konnte nur einigen privilegierten Branchen des Maschinenbaus, insbesondere der Autoindustrie, zugutekommen". Denn „wenn auf vollen Touren gearbeitet wird, so ist derjenige Unternehmer im Vorteil, der seinen Produktionsapparat hundertprozentig auslasten kann; er kann einmal, auf direktem Weg und innerhalb relativ kurzer Zeit, einen Teil der vermehrten Lohnausgaben wieder hereinbekommen, um schließlich, auf indirektem Weg, auch noch die restlichen Ausgaben zurückzubekommen dank der erhöhten Kaufkraft der Arbeitermassen."[110]

Hier trat eine Grundtendenz Agnellischer Krisenlösungspläne deutlich zutage: Die Kosten sollten jeweils „die anderen" tragen[111]. In diesem Fall wären es die technologisch weniger entwickelten Industrien gewesen, das war die Mehrheit des italienischen Industriekapitals; im Falle des Exportsplans, waren es die Importeure und letztlich die Konsumenten.

Ein weiterer für die zukünftige Entwicklung wichtiger Zusammenhang kann hier nur am Rande gestreift werden: der Konflikt innerhalb der Confindustria. Er führte

109 Vgl. den zuerst in La Riforma Sociale (Januar–Februar 1933) veröffentlichten Briefwechsel zwischen G. Agnelli und L. Einaudi, jetzt abgedr. u.d.T., „La crisi e le ore di lavoro", in: Villari, *Il capitalismo* (Anm. 106), S. 254–278, bes. S. 271.

110 Vgl. ‚I problemi del lavoro' (1. September 1932), Zeitschrift des reformistischen Gewerkschaftsflügels, zit. nach Castronovo, *Agnelli* (Anm. 1), S. 511.

111 Darauf weist auch Villari hin: *Il capitalismo* (Anm. 106), S. 237.

zu heftigen Reaktionen in italienischen Emigrantenkreisen und im Ausland und sollte eine nicht zu unterschätzende Bedeutung für künftige Kristallisationsvorgänge innerhalb des italienischen Antifaschismus haben.

Über die breite Zustimmung hinaus, die dem Vorschlag in Kreisen der Trade Unions und der französischen Sozialisten zuteil wurde – die CGT hatte im Juni 1932 gerade die Forderung nach Einführung der 40-Stunden-Woche aufgestellt –, interessiert hier vor allem das Echo in italienischen antifaschistischen Gruppierungen. Hellhörig geworden durch die Unverhülltheit der Kontroverse Agnelli-Confindustria, sah man in ihr in erster Linie die politische Dimension, das heißt den Kampf verschiedener Kapitalgruppierungen um konkurrierende Krisenlösungsstrategien in einer sich zuspitzenden politischen und sozialen Situation in Italien.

Ein Beispiel. Auf der Grundlage von Informationen aus Italien urteilte der damals in Paris lebende Pietro Nenni:

„Beaucoup de symptomes nous permettent de conclure que la question sociale, que le fascisme se donnait l'illusion d'écarter – et qu'il avait seulement étouffée – se passe en Italie avec une acuité acerbe."[112]

Über diese allgemeine Feststellung hinaus allerdings blieb die Einschätzung der realpolitischen Konsistenz des Agnellischen Vorgehens, d.h. die Frage, inwieweit es Anknüpfungspunkte oder sogar Eingriffsmöglichkeiten für eine antifaschistische Strategie bieten konnte, äußerst kontrovers. Noch ein Beispiel. Die in Paris gedruckte Zeitschrift der PC d'I, „Lo stato operaio", bezichtigte Agnelli der „mistificazione demagogica" in Anbetracht der von der Fiat-Leitung zur selben Zeit praktizierten Politik des Lohnabbaus und der Arbeitszeitverkürzung zu Lasten der eigenen Belegschaften[113].

112 Im Pariser ‚Peuple' v. 18. 7. 1932, zit. nach Castronovo, *Agnelli* (Anm. 1), S. 508.

113 Zit. nach Castronovo, *Agnelli* (Anm. 1), S. 505; s. auch Giuseppe Di Vittorio, Il nuovo piano di attacco contro la classe operaia italiana, in: *lo stato operaio*, VI. Jg., August 1932, S. 444–451.
Nach Bekanntwerden des Agnelli-Vorschlags zur weltweiten Kürzung der Wochenarbeitszeit bei vollem Lohnausgleich beschäftigte sich die Zeitschrift eingehender mit den Zuständen in den heimischen Fiat-Werken. Die folgenden Zahlen zur Lohnentwicklung Turiner Metallarbeiter, die überwiegend bei Fiat beschäftigt waren und die zu den bestbezahlten Arbeitern in Italien zählten, dokumentieren den Rückgang des Nominallohns von 1921 bis Ende 1932 um ca. 50 %. Aufgeschlüsselt am Beispiel der „manovali specializzati" (angelernte Arbeiter), der zahlenmäßig größten Gruppe, betrug der Tageslohn:

1921 (1. Hälfte)	= L 34,00 (vor der Fabrikbesetzung L 30,00)
1929	= L 19,60
1931	= L 18,04
1932 (Februar)	= L 16,24

Demgegenüber sank im gleichen Zeitraum der offizielle Lebenshaltungsindex in Turin nur geringfügig: von 418 auf 380 (1914 = 100), so daß der reale Kaufkraftverlust der Turiner Metallarbeiter während der ersten zehn Jahre faschistischer Herrschaft etwa 45 % betrug. Gravierender war noch die Situation der Lehrlinge und Frauen. Hinzu kamen die hohe Arbeitslosigkeit unter den Metallarbeitern und die Kurzarbeitszeiten: nur in kriegswirtschaftlich wichtigen Industrien wurde mehr als 3–4 Stunden pro Tag gearbeitet. Ausführlich dazu: I salari degli operai metallurgici, in: *lo stato operaio*, VI. Jg., November 1932, S. 690–694; sodann: Ció che il fascismo ha fatto per le classi lavoratrici, in: ebd., Oktober 1932, S. 634–648; I salari degli operai metallurgici, in: ebd., Dezember 1932, S. 763–766.

III Fiat, italienischer Faschismus und das Beispiel USA

Wenngleich hier nicht auf den für die antifaschistische Bewegung wichtigen Klärungsprozeß bei ihrer Entschätzung der Entwicklung in Italien eingegangen werden kann, so bleibt aber doch das grundsätzliche Problem zu erörtern, wie die von Fiat anvisierte Expansionsstrategie in den gesellschaftlichen Kontext Italiens Anfang der dreißiger Jahre einzuordnen ist, das ist letztlich die Frage nach dem Verhältnis von Fiat zum italienischen Faschismus. Zunächst seien lediglich einige Aspekte zur Sprache gebracht, die dann im 4. Teil in einem allgemeineren, über das Beispiel Fiat hinausweisenden Rahmen vertieft werden.

Nach den bisherigen Ausführungen kann es keine Frage sein, daß das Verhältnis Fiat – italienischer Faschismus als ein außerordentlich widersprüchliches begriffen werden muß, welches einmal mehr die Komplexität des Phänomens Faschismus dokumentiert, und das darüber hinaus, gerade am Beispiel der am meisten fortgeschrittenen Bereiche des italienischen Produktionssystems, die sehr unterschiedlichen bis gegensätzlichen Formen und Ebenen der Verzahnung von italienischem Kapital und faschistischem Regime ins Blickfeld rückt[114].

Ein zentrales und überaus komplexes Feld der Verzahnung und Vermittlung zwischen Produktion in der Fabrik, gesellschaftlichem System und Staat, also konkret: zwischen Fiat, faschistischem Regime und staatlichen Instanzen, bildeten in der Zwischenkriegszeit zweifellos der „americanismo“ und „fordismo“[115], d.h. die Übersetzung und Adaptation des von Henry Ford I weiterentwickelten und verfeinerten Taylor-Systems und – damit im Zusammenhang – die Organisierung der Gesellschaft nach amerikanischem Vorbild.

Die – verkürzt ausgedrückt – „amerikanische Entwicklung“, namentlich die wirtschaftliche Expansion und – dazu funktional – die Entfaltung der gesellschaftlichen Produktionsverhältnisse, hatten Agnelli seit jeher überaus fasziniert. Castronovos Untersuchung vermittelt dies sehr einprägsam. Bei seinen häufigen Kontakten mit der amerikanischen Geschäftswelt verfolgte der Fiat-Chef neidvoll den ungeheuren Aufschwung vor allem der Metall- und Maschinenindustrie, die sprunghaften Produktionssteigerungen langlebiger Konsumgüter und vor allem die scheinbar unbegrenzt ausdehnbare Aufnahmefähigkeit des amerikanischen Binnenmarktes. Schon in den Jahren 1906–1912 hatte Agnelli nach einer Reihe von Arbeitsbesuchen in den USA den Entschluß gefaßt, „es wie Ford zu machen“[116]. Ab 1912, und

114 Erkenntnisse wie diese sind ganz wesentlich Arbeiten wie Vittorio Gastronovos *Giovanni Agnelli* zu verdanken: einer konkret-historischen Analyse, die über die personenbezogene Unternehmer-Biographie bzw. die reine Firmengeschichte hinaus relevante, mit der Geschichte des Unternehmens eng verbundene wirtschaftsgeschichtliche, gesellschaftliche und politische Zusammenhänge, die die allgemeine Entwicklung in Italien betreffen, mitreflektiert. Vgl. dazu auch die weiterführende Besprechung von Franco De Felice, in: *Il movimento di Liberazione in Italia*, Juli–September 1972, S. 156–158.

115 Vgl. Antonio Gramsci, Americanismo e fordismo, in: *Note sul Machiavelli sulla politica e sullo stato moderno*, Turin ^{4}1955, S. 311–344.

116 Vgl. dazu ausführlich Castronovo, *Agnelli* (Anm. 1), S. 157 ff.

noch verstärkt während des Ersten Weltkrieges, war man in den Fiat-Werken bereits dazu übergegangen, das Fordsystem, d.h. die Großserienfertigung und die wissenschaftliche Gestaltung und Kontrolle des Arbeitsprozesses, in Anlehnung an die Lehren von F. W. Taylor anzuwenden. Gleichzeitig begann Fiat, über die Fabrik hinaus, „der Stadt Turin seinen Stempel aufzudrücken. Es schuf sich eine eigene Stadt, die schließlich für die andere Stadt bestimmend wurde."[117]

In der Folge der für diese Entwicklung bestimmenden Kriegsjahre erfuhr der Ausbau des Taylor-Systems zunächst einen neuerlichen Schub mit der Einführung des Acht-Stunden-Tages (März 1919) und der Anerkennung der Betriebsräte („commissioni interne"). Im Gegenzug gaben die Gewerkschaften jeglichen Vorbehalt gegen die Anwendung des Taylor-Systems und der „wissenschaftlichen Organisierung der Arbeit" in den Betrieben auf[118].

Auf den weiteren Gang dieser konsensualen Strategie, die eine Fortsetzung der während der Ära Giolitti geübten Praxis zu intendieren schien, kann hier nicht eingegangen werden. Die für die dreißiger Jahre charakteristische Entwicklung trat jedenfalls mit der Installierung des faschistischen Regimes ein. Hier trat einer der zentralen Widersprüche, der für die Modifikationen des „fordismo" in Italien bestimmend sein wird, deutlich in Erscheinung: Die Zerschlagung bzw. Integration der traditionellen Arbeiterorganisationen und die seit 1922 praktizierte Politik der Niedriglöhne garantierten zwar große Profitspannen in der Folgezeit, doch sie bremsten zugleich die Kaufkraftentwicklung auf dem Binnenmarkt, dessen quantitative, aber vor allem qualitative Ausweitung jedoch gerade eine der tragenden Säulen des Ford-Systems bildete.

Anstelle einer substantiellen Ausweitung des Binnemarktes erfolgte zunächst die Ausweitung der Absatzmärkte im Ausland mit Hilfe der relativ liberalen Handelspolitik, der langsamen Lira-Entwertung und der gezielten staatlichen Kredit- und Finanzierungspolitik. Ebenfalls entgegengesetzt zu einer konsumorientierten Ausweitung der Binnennachfrage erfolgte während der Stabilisierungskrise 1926/27 die enge Symbiose zwischen Fiat und dem Staat. Sie löste die Absatzklemme buchstäblich aus der Enge des italienischen Binnenmarktes, indem sie sie auf unterschiedlichsten Ebenen (vorübergehend) auflöste: durch zivile wie militärische öffentliche Aufträge, Ausweitung der Fiatschen Oligopolstellung auf dem Binnenmarkt, Exportförderung usw. Diese Entwicklung nahm noch deutlichere Konturen während der Weltwirtschaftskrise an, als zusätzlich zu der ökonomischen Krise erneut Unruhe unter der Fiat-Belegschaft aufkam, ebenso wie auch in Teilen der Bevölkerung. In diesem historischen Kontext ist also die Lancierung des Agnellischen Krisenlösungsplanes zu sehen.

Man muß sich daher differenzierend die Frage stellen, was wollte der Autohersteller Agnelli, und was eigentlich konnte er in der konkret-historischen Situation tun? Der Agnelli-Plan zur Krisenlösung wurde in einer Zeit konzipiert und veröffentlicht, als Länder wie die USA, Großbritannien und Schweden zu einer aktiven

117 Zit. nach ebd., S. 157 f.
118 Vgl. zu diesen Zusammenhängen ebd., S. 197 ff., passim.

Arbeitsbeschaffungspolitik übergingen und also die bislang praktizierte Depressionspolitik aufgaben. Angesichts der zeitlichen Parallelität drängt sich daher die Frage auf: Wäre Agnelli zu jenem Zeitpunkt eigentlich bereit gewesen, sich auf eine politische Gleichung einzulassen, die neben der (relativ) hohen Kaufkraft breiterer Bevölkerungsschichten ein erheblich anders verfaßtes politisch-gesellschaftliches System enthielt, welches mit entwickelten bürgerlichen und gewerkschaftlichen Freiheiten und bestimmten Minimalrechten für die Arbeiterschaft ausgestattet war?[119]

Eine Antwort auf diese Frage beinhaltet immer auch schon eine Beurteilung des italienischen Kapitalismus und insbesondere seines spezifischen Charakters. Eine weit verbreitete, allerdings eher mechanisch vorgehende Interpretationsrichtung neigt dazu, diese – und ähnliche Fragen – mit dem Hinweis auf die Kräfteverhältnisse innerhalb des italienischen Kapitals, genauer: auf das für Fiat/Agnelli ungünstige Kräfteverhältnis zu beantworten[120]: Dieses habe Agnelli daran gehindert, seine Strategie durchzusetzen. Eine solche Erklärung wäre allerdings zu kurz gegriffen. Ihr liegt die Vorstellung zweier Linien innerhalb des italienischen Kapitals zugrunde: einer modernen, sich an den fortschrittlichsten internationalen Maßstäben orientierenden und einer rückständigen, spekulativen und „parasitären" Komponente. Unterscheidung und Gegenüberstellung dieser beiden Linien, die auf der Oberfläche sicherlich auch für die Periode des Faschismus zutreffen, können jedoch lediglich heuristische Funktion haben. Insbesondere dürfen sie nicht den Blick dafür verstellen, daß es sich realiter um die „zwei Gesichter" ein und derselben kapitalistischen Realität handelt. Trotz der analytisch notwendigen Differenzierung muß also gleichwohl hinter den heterogenen und zuweilen gegensätzlichen Erscheinungsformen die gemeinsame Grundstruktur, die die Spezifizität des italienischen Kapitalismus ausmacht, erfaßt und mitreflektiert werden.

Bezeichnungen wie „fortschrittliche Komponente" bzw. „rückständige Komponente" bleiben daher Formeln, solange ungeklärt ist – kehren wir zu dem hier interessierenden Zusammenhang zurück –, in welchen spezifischen Formen die Übersetzung des amerikanischen Modells, des „fordismo", konkret durch Fiat erfolgte. Das heißt, „die wichtigste Frage, die der ‚fordismo' von Agnelli aufwirft, ist im Grunde die Frage nach den signifikanten Modifikationen, die das Fordsystem bei seiner Einführung in Italien erfuhr"[121].

Die relevanten Modifikationen gegenüber dem Modell, interessieren aber auch deshalb, weil sie ihrerseits Aufschluß bieten über die Stellung von Fiat bzw. das von ihm repräsentierte Entwicklungsmodell im Prozeß der Entfaltung des italienischen Kapitalismus.

Ehe dazu übergegangen wird, die Fiat-Frage in den allgemeinen Zusammenhang zu stellen, kann also thesenartig zunächst zusammengefaßt werden: „Mit der Niederlage der Arbeiterschaft, der Zerstörung der politischen und gewerkschaftlichen

119 Vgl. auch ebd., S. 511 f.

120 So auch Castronovo, ebd., S. 512, der allerdings selbst in seiner Untersuchung genügend Material und Überlegungen für eine differenziertere Sichtweise anführt.

121 So De Felice in der zitierten Besprechung von Castronovos *Giovanni Agnelli* (Anm. 114), Zitat, S. 157.

Organisationen der Arbeiterklasse, der grundlegenden Angleichung der Lohnbedingungen in den Betrieben wird eine der Komponenten des ‚fordismo' – das auf Konsens beruhende Verhältnis zur Belegschaft [...] – zur leeren Hülle."[122] An die Stelle der konsensualen Beziehungen ist in Italien der Staat mit seinen Integrations- und Repressionsmechanismen getreten. Dies ist eine der grundlegenden Modifikationen.

Die spezifische Form der Adaptation des amerikanischen Modells durch Fiat bewirkte zunächst – nämlich unter den Bedingungen des Faschismus an der Macht – Widersprüche auf der Ebene des Marktes. Zum Ausbruch kamen daher zuerst diejenigen Widersprüche, die sich am Gegensatz zu der bestehenden Struktur des Marktes entzündeten. Das traditionelle Problem der chronischen Enge des italienischen Binnenmarktes stellte sich in aller Schärfe von neuem, gewissermaßen auf einer neuen historischen Stufe, als mit der Einführung des „fordismo" in Italien Fiat zur Großserienfertigung überging und damit zur Massenproduktion von „Volks"wagen und Nutzfahrzeugen.

Die spezifische Marktstruktur ihrerseits aber war konkret-historischer Ausdruck des Kräftegleichgewichts innerhalb des herrschenden Machtblocks, zu dessen tragenden Säulen Fiat selbst gehörte. In diesem Zusammenhang ist der „fordismo all'italiana" (F. De Felice) zu sehen: Er war gekennzeichnet einmal von einer auf der Basis von Niedriglöhnen und planmäßig im Verbund mit dem Staat betriebenen Politik der Integration in den Weltmarkt, die zum anderen mit einer nationalen Politik der zunehmenden Einbindung der eigenen Produktion in den Bereich der von staatlicher Protektion abgesicherten Wirtschaftsinteressen eng verknüpft war[123].

In Beantwortung der oben gestellten Frage erscheint daher die Annahme Castronovos plausibel, der schreibt: Agnellis „Gundsatzentscheidung, die er seinerzeit gegenüber dem Faschismus getroffen hatte, war in keiner Weise ins Wanken geraten, auch nicht in den letzten Jahren während der Weltwirtschaftskrise und angesichts neuer sozialer Unruhen im Land"[124]. Denn neben und im notwendigen Zusammenhang mit der Aufrechterhaltung des rein ökonomischen Verwertungsprozesses standen für Fiat *gleichermaßen* dessen politische und gesellschaftliche Bedingungen im Vordergrund. Oder mit den Worten Agnellis: Nach wie vor ist es Aufgabe des faschistischen Regimes, „eine neue moralische und politische Ordnung" und die Verwirklichung einer „wirksamen Arbeitsdisziplin" zu sichern, denn „beides sind notwendige Bedingungen auch für die Industrie, damit sie gewinnbringend arbeiten kann."[125]

Abschließend kann also festgehalten werden:

„Die von Agnelli 1932 aufgeworfene Keynesianische Krisenlösung ist zwar ein Beleg für die Differenziertheit der Positionen innerhalb der Confindustria und für die Aufmerksamkeit, mit der der Fiat-Chef die Wirtschaftspolitik des internationalen Kapitals verfolgte, doch wird sie in keiner Weise den italienischen Kapitalismus in seiner Entwicklung beeinträchtigen; sie bestätigt allenfalls die ‚zwei Gesichter' dieses Industriesektors: trotz seiner internationalen Organisation und Ausrichtung bleibt er zugleich einer der tragenden Pfeiler des Herrschaftssystems in Italien ..."[126]

122 Ebd., S. 157.
123 Ebd., S. 158.
124 Castronovo, *Agnelli* (Anm. 1), S. 500.
125 Ebd.
126 De Felice, Besprechung (Anm. 114), S. 158.

Zusammenfassung (2)

Integration in die internationale Arbeitsteilung und insbesondere Einbindung in die US-amerikanische Einflußsphäre, wachsendes Interesse für die großen Märkte Europas, auf denen Italien fortan mit den anderen Industrieländern Schritt halten wollte und schließlich die besondere Vorliebe für Mittel- und Osteuropa – das war die angestrebte Entwicklung in Grundzügen. Diese sollten erst nach 1943/45 bestimmend werden, ihre Wurzeln aber reichten in den hier untersuchten Zeitraum zurück, hier lassen sich ihre erste Formen deutlich erkennen. Dies geschah zu einer Zeit, als der italienische Faschismus seine optimale Machtentfaltung im Lande erreicht hatte, betrachtet man das breite Spektrum der gesellschaftlichen Interessen und politischen Kräfte, die an seiner Machtentfaltung in unterschiedlichem Maße „teil"-hatten. Es waren allerdings höchst verschiedene Interessen und Kräfte, die lediglich ein Bündel letztlich konkurrierender Politiken unter einem Dach zusammenzuhalten vermochte.

Im Laufe der mittlerweile über zehnjährigen Herrschaftsdauer des Faschismus hatten sich zahlreiche neue Interessenverbindungen herausgebildet, die eigene, zum Teil konkurrierende Vorstellungen zur Krisenüberwindung anmeldeten. Zum einen waren es Repräsentanten des alten liberalen Italien, wie Luigi Einaudi und die Programmzeitschrift „La Riforma Sociale", die für den hier herausgearbeiteten Zusammenhang wichtig sind, dann Kreise innerhalb der Katholischen Kirche und der Kurie sowie Vertreter aus den beiden großen modernen Parteien, der Katholischen Volkspartei und der Sozialistischen Partei. Zum Vorreiter einer Politik der verstärkten Weltmarktintegration sowie der Ankurbelung der Binnennachfrage mit Hilfe einer expansiven Handelspolitik auf den Märkten Europas schwang sich der Turiner Familienkonzern Fiat auf. Seine Pläne hatten – im Rahmen des faschistischen Herrschaftsbündnisses betrachtet – zwar nur den Rang einer Minderheitenposition, deren Strategie *zunächst* zum Scheitern verurteilt war. Aber langfristig sollte sie die geschichtliche Entwicklung auf ihrer Seite haben. Zur gleichen Zeit gab es verblüffend ähnliche Vorstellungen und Pläne in NS-Deutschland, und anderswo erfolgte sogar ihre Umsetzung in konkrete Politik (USA).

In Italien läßt sich die langfristige Kontinuität dieser politischen Linie u.a. an der politischen Biographie einzelner Politiker ablesen, wie das folgende Beispiel verdeutlichen soll. Unmittelbar nach dem Ersten Weltkrieg waren Pläne, die sich mit der wirtschaftlichen Integration Europas befaßten, sowohl in den Reihen der Katholischen Volkspartei als auch in der Sozialistischen Partei im Gespräch. Sie waren denen Agnellis verblüffend ähnlich. In allen Fällen stand übrigens die „russische Frage" im Vordergrund. An den damaligen Debatten um die „Öffnung nach Osten" beteiligten sich im Partito Popolare zwei junge Politiker, Alcide De Gasperi und Giovanni Gronchi. Sie sollten später, nach dem Zweiten Weltkrieg, an führender Stelle den seinerzeit fallengelassenen europäischen Faden wiederaufnehmen: De Gasperi, inzwischen Ministerpräsident geworden, wird noch in der Ära der scheinbar unbestrittenen Westorientierung für engere Beziehungen seines Landes mit den Ostblockländern und insbesondere für Handelsabmachungen mit der Sowjetunion eintreten; ebenso Gronchi, 1955 zum Präsidenten der italienischen Republik gewählt, der sich gegen erhebliche Widerstände in den Reihen der Christdemokraten und des Vatikans für eine entschlossene Ostpolitik Italiens einsetzen wird[127].

Aber zurück zur Zwischenkriegszeit. Als die Agnellische Politik schließlich aufgegeben werden mußte, Mitte der dreißiger Jahre, nach innen ebenso wie nach außen, erhielt die Kompromißkonstruktion im faschistischen Herrschaftsbündnis selbst einen empfindlichen Stoß. Wenn, wie das hier der Fall ist, vom Kompromißcharakter des Herrschaftsbündnisses im italienischen Faschismus ausgegangen wird und folglich die Entwicklungen im Faschismus im Zusammenhang mit den Verschiebungen innerhalb des Herrschaftsbündnisses interpretiert werden, so spricht vieles für die Annahme, daß die Kompromißkonstellation, *so* wie sie sich seit 1925/27 herausgebildet hatte, Mitte der dreißiger Jahre ebenfalls erneut zur Disposition stand. Die Schwergewichtsverlagerung innerhalb des Herrschaftsbündnisses, deutlich abzulesen an der faktischen Anlehnung an NS-Deutschland sowie der tendenziellen Lockerung der Bindungen mit dem Weltmarkt (Autarkieplanung), besiegelte das Scheitern der Agnellischen Pläne, sie signalisierte aber zugleich auch die Schwächung des faschistischen Herrschaftsbündnisses insgesamt: Kräfte und Interessen, die es bislang zu binden vermochte, sahen sich nun gewissermaßen freigesetzt und begannen nach Alternativen Ausschau zu halten.

Darüber hinaus führten die wachsenden Interessengegensätze im faschistischen Herrschaftsbündnis und die offenen Konflikte im Unternehmerverband zu heftigen Debatten und zu Prozessen des Umdenkens in den politischen Emigrantenkreisen. Nicht zuletzt sollte diese Entwicklung von Bedeutung für die Politik der italienischen Kommunistischen Partei und ihrer Wende gegenüber dem faschistischen Regime sein. Es begann eine langwierige Phase selbstkritischer Reflexion und Umorientierung, die zu neuen Situationsbestimmungen und vor allem zu einer realitätsnäheren Einschätzung der kapitalistischen Krise im allgemeinen und schließlich zu offen divergierenden Positionen innerhalb des PCd'I führten. Man begann den oppositionellen Strömungen *innerhalb* des italienischen Faschismus stärkere Aufmerksamkeit zu schenken in der Absicht, die sich dort auftuenden Gegensätze und Widersprüche gezielt in die politische Arbeit der Partei einzubeziehen.

Warum gerade das „Beispiel Fiat"? Die Beschäftigung mit der Politik des Turiner Autohauses erfolgte unter einem zweifachen Gesichtspunkt. Zum einen bietet sie aufgrund der bedeutenden Stellung von Fiat im wirtschaftlichen und politischen System des Landes ein besonders geeignetes Beispiel für die Darstellung des hier interessierenden Argumentationszusammenhangs. Darüber hinaus und ungeachtet der branchenspezifischen Grenzen kommt der Autoindustrie ganz allgemein epochale Bedeutung zu in der Zwischenkriegszeit angesicht der vielfältigen Entwicklungen, die „das Leben mit dem Auto" langfristig in Gang setzen sollte. Es ist wohl nicht übertrieben, wenn behauptet wird, daß das Auto, vergleichbar mit der Dampfma-

127 Vgl. u. a. Norman Kogan, *L'Italia del dopoguerra. Storia politica dal 1945 al 1966*, Bari 1970, S. 70f., 121, 138ff., 200f. Ennio Di Nolfo, Das Problem der europäischen Einigung als ein Aspekt der italienischen Außenpolitik 1945–1954, in: *Vierteljahrshefte für Zeitgeschichte*, 28. Jg., 1980/2, S. 145–167.

schine und der Eisenbahn, zu jenen epochemachenden Erfindungen zählt, „die das gesamte Wirtschaftsgefüge erzittern lassen und damit zusätzlich zu dem Kapital, das sie direkt absorbieren, riesige Investitionsmöglichkeiten schaffen". Vergleichbar mit der durch die Dampfmaschine ausgelösten Umwälzung des Wirtschaftslebens hat ebenfalls die Automobilindustrie gewaltige indirekte wie direkte Wirkungen ausgelöst. „Der Prozeß der Vorstadtausdehnung ist mit allem damit einhergehenden Wohnungs-, Bürohaus- und Straßenbau durchweg durch das Auto vorangetrieben worden. Die Erdölindustrie ist mit ihren Kapitalanlagen ... größtenteils eine Schöpfung des Automobils; und mehrere andere Hauptindustrien (Gummi, Glas) hängen in ähnlicher Weise von ihm ab. Ebenso sind viele Dienstleistungs-,Industrien' im Kielwasser des Autos groß geworden: Tankstellen, Reparaturwerkstätten, Motels und Urlaubsstätten."[128]

Angesichts der *allgemeinen* Tragweite der Entwicklung stellt sich daraufhin die Frage nach den *gesamtgesellschaftlichen* Vorstellungen und den gesellschaftspolitischen Konzepten, die mit den politischen und wirtschaftlichen Planungen eng verzahnt waren und realiter eine Einheit bildeten, die hier nur aus Gründen der Darstellung zunächst nicht mitberücksichtigt wurden.

Der nun folgende Abschnitt (4. Teil) beschäftigt sich daher in der Hauptsache mit der gesellschaftlichen und gesellschaftspolitischen Dimension der Entwicklung. Auch in diesem Zusammenhang kann als erstes wieder an den Namen Fiat/Agnelli angeknüpft werden: Die mit ihm verbundenen Konzepte zur Krisenlösung begriffen die weltweite Krise als eine umfassende Strukturkrise, und dementsprechend umfassend waren diese Planungen selbst. Mit anderen Worten, die Krisenstrategien wollten notwendige Innovationen und Prozesse des Wandels nicht allein auf den wirtschaftlichen Bereich begrenzt wissen, und dementsprechend komplex und zukunftweisend waren die anvisierten Lösungsvorschläge.

Intendiert war, fassen wir zusammen, (a) eine neomerkantilistische Expansionspolitik zusammen mit der protektionistischen Abschirmung des Inlandsmarktes; hiermit eng verzahnt (b) die konsumorientierte Ausweitung des Binnenmarktes über die Anhebung der Löhne, die Verringerung von Arbeitslosigkeit und die Hereinnahme neuer Käuferschichten in den Markt; darüber hinaus (c) die Einbeziehung der „collettività", der Allgemeinheit der Verbraucher in die Exportstrategie, beispielsweise durch die Aufrechterhaltung eines überhöhten Binnenpreisniveaus; gefordert wurde ferner (d) ein technologischer Innovationsschub, aber v.a. die Intensivierung der Arbeit in den Betrieben; schließlich (e) der Übergang zu Eingriffen des Staates in systematischer Form, um die Planung und Organisation der Binnen- und Auslandsmärkte langfristig sicherzustellen; zugleich aber auch (f) die Garantierung des Verbleibs der (letzten) Entscheidungs- und Verfügungsgewalt in den Händen der interessierten Wirtschaftsgruppen selbst; und schließlich (g), ganz wichtig, in den Reihen der Unternehmer die offene Gegenüberstellung und Austragung ihrer gegensätzlichen Krisen- und Krisenlösungsvorstellungen.

Die operative und institutionelle Lösung all dieser „Knoten" sollte in Agnellis Vorstellungen der Korporativismus leisten.

128 Siehe hierzu Paul A. Baran/Paul M. Sweezy, *Monopolkapital. Ein Essay über die amerikanische Wirtschafts- und Gesellschaftsordnung*, Frankfurt a.M. 1973, S. 212 f.

4. Teil

Gesamtgesellschaftliche Planung und Korporativismus

1. Kapitel: Korporativismus – Probleme der Analyse

Wie ist der Rückgriff auf das Korporativsystem im Kontext der Krisenlösungsstrategien zu werten? Genauer: Wie ist der Agnellische Rekurs auf den Korporativismus zum einen vor dem Hintergrund der faktischen Errichtung des Korporativsystems in den hier interessierenden Jahren und zum anderen im Zusammenhang mit den Auseinandersetzungen um die dem „ordine corporativo" zugedachte politische und ideologische Funktion zu beurteilen?

Im folgenden soll dieser Fragestellung nachgegangen werden, die meines Wissens so in der Forschung bislang nicht gestellt wurde. Ich versuche hierbei die *These* zu erhärten, derzufolge das Konzept – neomerkantilistische Expansionspolitik nach außen in Verbindung mit einer konsumorientierten Binnenmarktausweitung in Italien – weit entfernt davon war, der Einfall *eines* „Hechts im Karpfenteich" zu sein, sondern mit lang gehegten Vorstellungen in den Reihen korporativer Staats- und Gesellschaftstheoretiker korrespondierte. Ich werde zu zeigen versuchen, daß es sich hier um relevante alternative, wenngleich minoritäre, aber auf die italienische Gesellschaft zum Teil sehr passend zugeschnittene Entwicklungskonzepte handelte.

Zwar scheiterten alle diese Entwürfe zunächst: Das Fiatsche Expansionskonzept kam, so lange es praktiziert wurde, nur räumlich begrenzt zur Anwendung; die „korrespondierenden" Theoretiker wurden 1932 aus ihren hohen Ämtern entfernt, sofern sie solche innehatten (Rocco, Bottai), bzw. es wurde politisch still um sie (Spirito). Doch die nähere Betrachtung ihrer Entwürfe, vor allem auch vor dem Hintergrund der ökonomischen Entwicklung im Italien der zwanziger und dreißiger Jahre macht ihre verblüffende Modernität deutlich: d.h. ihre Adäquatheit hinsichtlich der ökonomischen und gesellschaftlichen Erfordernisse des – am Entwicklungsniveau des internationalen Kapitals gemessen – modernsten Sektors des italienischen Kapitals.

Den innerhalb des italienischen Kapitals entwickelten Krisenlösungsplänen entsprachen ähnliche Vorstellungen unter den Korporativisten: Die Relevanz dieser Gleichzeitigkeit gewinnt dadurch noch an Gewicht, daß die Entwürfe Elemente und Konturen zukunftsrelevanter Entwicklungsformen enthielten und mögliche Linien der Entwicklung gedanklich antizipierten. Damit wirft der Zusammenhang von „gesamtgesellschaftlicher Planung und Korporativismus" über die historisch-kontingenten Momente hinaus die Frage auf nach Elementen der Kontinuität in der Entwicklung der italienischen Gesellschaft bis in die Gegenwart.

Die Komplexität der Fragestellung ebenso wie die Tatsache, daß die historiographische Aufarbeitung und theoretische Bestimmung des italienischen Korporativismus als historisches Phänomen wie als allgemeine Tendenz kapitalistischer Entwicklung zu ganz unterschiedlichen bis kontroversen Ergebnissen geführt haben, legen es nahe, mit einer grundsätzlichen Betrachtung zu beginnen. Ich werde zu diesem Zweck ein lange Zeit wenig beachtetes Fragment von Antonio Gramsci – „Americanismo e fordismo" – heranziehen, das erst seit kurzem in Italien wiederentdeckt wurde und eine Neuinterpretation im Lichte der jüngsten realen Entwicklung erfahren hat[1].

I Krise, nicht aber Zusammenbruch des Kapitalismus

Gramscis Analyse des italienischen Faschismus und, in diesem Kontext, des Korporativismus im Rahmen der kapitalistischen Entwicklung in Italien wie im internationalen Maßstab sperrt sich gegen jede einlinige Auslegung bzw. griffige Kurzformel, die man aus seinem kompakten Theoriegebäude herausdestillieren wollte, das selbst nur wieder in seiner Entwicklung begriffen werden kann. Es ist daher notwendig, im Verlauf der folgenden Ausführungen den allgemeinen Zusammenhang seiner Überlegungen mitzureflektieren und sich einen Überblick über seine theoretische Auseinandersetzung mit der Krise des Kapitalismus und dem faschistischen Staat zu verschaffen[2], wie sie anhand v. a. der „Quaderni del carcere" nachvollziehbar ist. In diesem Kontext nehmen die von Gramsci unter den Stichworten „Americanismo e fordismo" angestellten Überlegungen aufgrund seiner analytischen Vorgehensweise eine Sonderstellung ein. Vierzig Jahre später – so wurde im Laufe der neueren Gramsci-Rezeption angemerkt – erweist sich die analytische Aufschlüsselung und neue Verknüpfung sehr unterschiedlicher Ebenen und Stränge miteinander als geradezu „beispielhaft sowohl als historische Analyse wie auch als politische Analyse der Gegenwart"[3]. Auf die für unsere Fragestellung wesentlichen Momente werde ich im folgenden eingehen.

Zunächst zu Gramscis Krisenanalyse, die seinen weiteren Ausführungen meist nur implizit zugrundeliegt. In groben Zügen läßt sie sich wie folgt zusammenfassen: Bei der Anwendung der Marxschen Kategorie des tendenziellen Falls der Profitrate[4] unterscheidet sich Gramsci sowohl in den „Zusammenbruch"-Theorien der II. Kommunistisichen Internationale wie auch in den von der III. Internationale vertretenen

1 Antonio Gramsci, Americanismo e fordismo, in: *Note sul Machiavelli sulla politica e sullo stato moderno*, Turin [4]1955, S. 311–344; jetzt auch Antonio Gramsci, *Quaderni del carcere*, Bd. II, Ed. critica, Hrsg.: Valentino Gerratana, Turin 1975 (Quad. 22 [V], 1934: Americanismo e fordismo, 2139–2181); zur deutschen (Teil-)Übersetzung, die soweit wie möglich herangezogen wurde (z.T. mit Korr.), s. *Antonio Gramsci, Philosophie der Praxis. Eine Auswahl*, hrsg. und übersetzt von Christian Riechers, Frankfurt a.M. 1967, S. 376–404. Zur Zitierweise: Die in eckige Klammern gesetzten Ziffern verweisen jeweils auf Seitenangaben dieses Textes. Zur neueren Gramsci-Rezeption s. Franco De Felice, Una chiave di lettura in „Americanismo e fordismo", in: *Rinascita*, Nr. 42 v. 27. Okt. 1972, S. 33; s. auch ders., Rivoluzione passiva, fascismo, americanismo in Gramsci, in: *Politica e storia in Gramsci*, Bd. I, Rom 1977, S. 161–220.

2 Vgl. den Aufsatz von Franco Sbarberi, Crisi del capitalismo e stato fascista nei ‚Quaderni del carcere' di Gramsci, in: *Italia Contemporanea*, XXIX Jg., Nr. 128, Juli–Sept. 1977, S. 3–34.

3 So De Felice, Una chiave (Anm. 1), S. 34.

4 Vgl. Sbarberi, Crisi (Anm. 2), bes. S. 5 ff.

„Katastrophen"-Theorien in den Jahren der Taktik „Klasse-gegen-Klasse"[5], die beide in vieler Hinsicht einander ähnlich sind. Gramsci geht mit Marx von der Untersuchung des allgemeinen Gesetzes der Kapitalakkumulation aus, wonach die Steigerung der organischen Zusammensetzung des Kapitals, von der das Fallen der Profitrate abhängt, durch die Steigerung der Mehrwertrate, von der dagegen die Aufrechterhaltung bzw. die Zunahme der Profitrate abhängt, nicht langfristig „auf ewig" kompensiert werden kann. „Zu ihrem ‚logischen Ende' gedacht, würde eine ständig sich beschleunigende Kapitalexpansion den relativen Fall der Profitrate wegen eines Mangels an Mehrwert, bezogen auf die angeschwollene Kapitalmasse, in einen absoluten Fall verwandeln. Wenn dies geschähe, würde die Wirklichkeit mit dem Modell der Kapitalexpansion übereinstimmen."[6] Der Interpretationsfehler bei Marxisten wie Nicht-Marxisten liegt nach Gramsci[7] dort, wo die Marxsche logische Form der Voraussicht zur Prophezeiung verkürzt werde, zur Prophezeiung von dem „automatisch eintretenden und kurz bevorstehenden Ende der kapitalistischen Gesellschaft."

In seiner zeitgenössischen Realanalyse stellt Gramsci demgegenüber *gleichermaßen* die Gegentendenzen in Rechnung, die der Tendenz der fallenden Profitrate entgegenarbeiten. Im Mittelpunkt seiner Überlegungen steht der widersprüchliche Charakter des kapitalistischen Akkumulationsprozesses, der gekennzeichnet ist von dem Zusammenprall zwischen dem tendenziellen Fall der Profitrate und der Entwicklung des relativen Mehrwerts, dessen Wirkungsweise und Wirksamkeit von der kontinuierlichen Modifizierung der Organisation des Fabriksystems abhängt[8]. Daher auch sind Begriffe wie „Krise" und „Entwicklung" für Gramsci nicht antithetisch[9]: Die Entwicklung des Kapitalismus ist eine „continua crisi", bestehend aus einer äußerst raschen Folge von Elementen, die sich gegenseitig im Gleichgewicht halten. An einem bestimmten Punkt gerät dieses Gleichgewicht aus den Fugen, wenn einige der Elemente die Oberhand gewonnen haben oder aber untauglich geworden sind. Ereignisse wie diese werden dann gewöhnlich mit dem eigenen Begriff „Krise" bezeichnet[10]. Die gesamte Nachkriegsentwicklung wird von Gramsci im Lichte der „unablässigen und beharrlichen" Anstrengungen der herrschenden Kräfte gedeutet, die schärfsten Widersprüche des Kapitalismus zu mildern bzw. zu überwinden[11].

Die im Herbst 1929 offen ausbrechende Weltwirtschaftskrise ist daher für Gramsci auch keine „crisi di congiuntura", die man mit konjunktursteuernden Maßnahmen hätte überwinden können. Vielmehr brachte sie über die Blockierung des ökonomischen Akkumulationsprozesses hinaus die Autoritätskrise der herrschenden

5 Gilbert Ziebura, Volksfront, in: *Sowjetsystem und demokratische Gesellschaft. Eine vergleichende Enzyklopädie*, Bd. VI, Freiburg 1972, S. 767–794.
6 Paul Mattick, *Marx und Keynes, Die Grenzen des „gemischten Wirtschaftssystems"*, o. O., o. D., S. 74.
7 Siehe Gramsci, Quad. 10, in: *Quaderni* (Anm. 1), S. 1283, 1284.
8 Vgl. Sbarberi, Crisi (Anm. 2), S. 5 f.
9 Vgl. ebd., S. 8 f.
10 Vgl. Gramsci, Quad. 15, in: *Quaderni* (Anm. 1), S. 1756–57; s. auch Sbarberi, Crisi (Anm. 2), S. 8.
11 Vgl. ebd.

Klassen zum Ausdruck. Angesichts dieses qualitativen Sprungs spricht Gramsci von einer „crisi organica". Mit dem Begriff „organische Krise" wird eine Übergangssituation umschrieben. Sie ist gekennzeichnet von dem Zerfall der traditionell hegemonialen Herrschaft, ihrer bisherigen politisch-ökonomischen und kulturell-ideologischen Führung, *ohne* daß an die Stelle des alten ein neues Hegemonie-System tritt:

„Die Krise besteht gerade darin, daß das Alte stirbt und das Neue nicht entstehen kann."[12]

Zur methodisch korrekten Beschäftigung mit dem Gesamtphänomen und der Einordnung der einzelnen Aspekte steckt Gramsci den analytischen Rahmen so ab:
(a) Die Krise ist als ein komplexer Prozeß zu begreifen, in dessen Verlauf Ursachen und Folgen ein kompakt-vielschichtiges Gewebe bilden;
(b) da die Krise nicht ein Ereignis ist, sondern einen Ablauf hat, läßt sich für sie kein eigentliches Anfangsdatum ausmachen, wenngleich man davon ausgehen kann, daß es sie zumindest seit dem Ende des Ersten Weltkrieges gibt;
(c) die Krise hat interne Ursachen, die in der Produktionsweise und in den Austauschbeziehungen zu suchen sind, nicht aber in politischen und rechtlichen Tatbeständen und Ereignissen;
(d) die internationale Dimension der Krise ist zu berücksichtigen, besonders die ungleiche Entwicklung in der Produktion[13].

Die *internationale* Dimension nimmt bei Gramsci einen wesentlichen Platz ein für die Bestimmung der Krise ebenso wie für die Analyse der kapitalistischen Entwicklung in Italien. Angesichts der breiten Entfaltung der internationalen Arbeitsteilung zählt Gramsci zu den krisenbestimmenden Momenten das Ungleichgewicht zwischen „progressiven" Industrien (mit hoher organischer Zusammensetzung) und „stationären" Industrien (mit hohem Anteil an variablem Kapital), ferner die kriegeschürenden Formen von Nationalismus, die über den traditionellen Protektionismus weit hinausweisen[14].

Aber trotz Schärfe und Tiefe der Krise ist für Gramsci „die Schallmauer des Kapitalismus" (Sbarberi) nicht durchbrochen. Vielmehr birgt das kapitalistische System für den Gramsci der Gefängnishefte weitere Entfaltungsmöglichkeiten in sich: Es erscheint zwar ‚ungesund' („insano"), nicht aber in einem Zustand der Fäulnis[15].

Es wäre folglich ganz und gar irreführend, die von Gramsci entwickelte Problematik in den engen theoretischen Horizont der III. Kommunistischen Internationale hineinzwängen zu wollen, der von dem Postulat der „Katastrophe" und des allgemeinen Niedergangs des Kapitalismus bestimmt wurde. Andernfalls bliebe unverständlich, warum ein großer Teil der „Quaderni", anstatt die Elemente der Krise der

12 Antonio Gramsci, *Passato e Presente*, Turin 1954, S. 38; zum Begriff „crisi organica" vgl. Hugues Portelli, *Gramsci e il blocco storico*, Bari 1973, S. 136 ff.; De Felice, Rivoluzione passiva (Anm. 1), S. 175, 204 f. u. passim.

13 Gramsci, Quad. 15, in: *Quaderni* (Anm. 1), S. 1755–56; vgl. auch Sbarberi, Crisi (Anm. 2), S. 9; De Felice, Rivoluzione passiva (Anm. 1), S. 205.

14 Dazu ausführlich Sbarberi, Crisi (Anm. 2), S. 10.

15 Vgl. ebd.

kapitalistischen Produktionsweise zu analysieren, deren Möglichkeiten der Entwicklung herausarbeitet[16]. Diese nun bilden auch die Perspektive, in der Gramsci die Analyse des „fordismo" ansiedelt, den nach seiner Einschätzung ausgereiftesten und zukunftsträchtigsten, weil organischsten Versuch jener Zeit, den tendenziellen Fall der Profitrate vorübergehend aufzufangen.

Bei seinem methodischen Vorgehen geht es Gramsci grundsätzlich darum, die Analyse auf ein neues, d.h. den veränderten Verhältnissen adäquates Niveau zu heben, das dem sich neu konstituierenden Beziehungsgeflecht zwischen Produktionsstruktur und Staatsapparat, zwischen Fabriksystem und Integrationsideologien, entsprach[17]. Diese Möglichkeiten zur Regeneration und Entfaltung des internationalen wie des italienischen Kapitals berücksichtigend, mußte daher eine realitätsbezogene Analyse von den neuen Tatsachen ausgehen, die für die konkret-historische Phase der Rekonstruktion im italienischen Faschismus bestimmend geworden waren:

(a) von der Niederlage der Arbeiterklasse;
(b) von der von den traditionell herrschenden Kräften in bestimmendem Maße ausgehenden Initiative zur Restrukturierung;
(c) von der spezifischen Stellung Italiens in der internationalen Arbeitsteilung.

II „Amerikanismus und Fordismus": zum Epochencharakter des Modells USA

Im gedanklichen Mittelpunkt der fragmentarischen Ausführungen Gramscis über die Entwicklungstendenzen des kapitalistischen Systems stehen seine Überlegungen zum Thema „Amerikanismus und Fordismus". Unter „dieser allgemeinen und etwas konventionellen Rubrik" (Gramsci) werden Phänomene und aus ihnen resultierende Probleme eingeordnet, die am Beispiel der damals fortgeschrittensten westlichen Industriegesellschaft zu beobachten waren: die Tendenzen zur umfassenden Organisierung und Planung der Gesellschaft noch über die Produktionssphäre hinaus. „Allgemein läßt sich sagen, daß Amerikanismus und Fordismus sich aus der immanenten Notwendigkeit der Organisation einer Planwirtschaft ergeben." Der Übergang vom alten ökonomischen Individualismus zur Planwirtschaft aber schafft Probleme: Und „diese Probleme erwachsen aus den verschiedenen Formen des Widerstands, auf die der Entwicklungsprozeß im Laufe seiner Entfaltung stößt, sie rühren aus den der societas rerum und der societas hominum immanenten Schwierigkeiten"[18].

16 Ebd.; zu Gramscis Kritik am Ökonomismus vgl. auch De Felice, Rivoluzione passiva (Anm. 1), S. 168 u. passim.

17 Vgl. Sbarberi, Crisi (Anm. 2), S. 5, 34; zur Verlagerung des Gravitationsfeldes der Gramscischen Analyse im Vergleich zu der ersten Phase unmittelbar nach dem faschistischen Machtwechsel, als die Frage nach dem „warum" der Niederlage beherrschend war, s. De Felice, Rivoluzione passiva (Anm. 1), S. 168.

18 Gramsci, Americanismo e fordismo (Anm. 1), S. 311 [377]. Zu den angedeuteten Problemen zählt Gramsci im einzelnen: 1) den Ersatz des gegenwärtigen durch einen neuen Mechanismus der Akkumulation und der Distribution des Finanzkapitals auf der unmittelbaren Grundlage der Industrieproduktion; 2) die Geschlechterfrage; 3) die Frage, ob der

Auch wenn Gramsci das Problem in Frageform aufwirft, so steht für ihn der Epochencharakter des „‚americanismo' als die zukunftweisende Organisationsform von gesellschaftlichen Verhältnissen und von Beziehungen zwischen den Menschen"[19] fest. Die eigentliche Frage lautet für ihn, „ob der Amerikanismus eine historische ‚Epoche' zu bilden, d.h. ob er eine allmähliche Entwicklung zu bewirken vermag vom Typ der ‚passiven Revolution', wie wir sie aus dem vergangenen Jahrhundert kennen und an anderer Stelle untersucht haben, oder aber ob er lediglich die molekulare Aufhäufung von Elementen darstellt, die eine ‚Explosion' auslösen, und damit eine Umwälzung vom französischen Typus ist" [Frage 3][20].

Mit „fordismo", dem Drehpunkt in seinen Überlegungen, bezeichnet Gramsci die „besondere Organisationsform der Arbeit in der Fabrik und die ihr entsprechende Ideologie, in Verbindung jedoch mit allgemeineren, mit dem Reorganisationsprozeß des Kapitals zusammenhängenden Problemen"[21]. Der Fordismus ist der „äußerste Punkt in einem Prozeß von aufeinanderfolgenden Versuchen auf Seiten der Industrie, das Gesetz vom tendenziellen Fall der Profitrate zu überwinden"[22]. Geht man davon aus, daß die mit den Schlagworten „americanismo" und „fordismo" bezeichnete Entwicklungsrichtung des Kapitalismus dessen Haupttendenz bildet – innerhalb eines wirren Geflechts von Nebentendenzen, gegenläufigen Entwicklungslinien, scheinbar sich widersprechenden Ereignissen, wie sich die zwanziger und dreißiger Jahre prima vista dem zeitgenössischen Beobachter darstellten –, so folgt daraus für Gramsci zweierlei: zum einen die Hervorhebung des „progressiven" Charakters dieser Tendenz, zum anderen eine positive Antwort auf die Frage, ob das Fordsystem eine allgemeine Entwicklungstendenz darstellt, der sich folglich die anderen nationalen Kapitale zumindest à la longue nicht entziehen können. Mit Gramscis Worten:

> „Die Antwort scheint zu sein, daß der Fordismus ‚rational' ist, also verallgemeinert werden muß, daß aber dafür ein langer Prozeß des Wandels der gesellschaftlichen Bedingungen ebenso wie ein Wandel der individuellen Verhaltensweisen und Gewohnheiten notwendig ist."

Eine derartige Entwicklung kann jedoch nicht auf der Basis bloßen „Zwanges" erfolgen, „sondern nur durch Milderung des Zwangs (durch Selbstdisziplin) in Ver-

Fortsetzung Fußnote 18
Amerikanismus eine historische „Epoche" zu bilden vermag; 4) die Frage der „Rationalisierung" der Bevölkerungszusammensetzung in Europa; 5) die Frage, ob die Entwicklung ihren Ausgang im Innern der Industrie- und Produktionswelt nimmt oder ob sie eines Anstoßes von außen durch den umsichtigen und umfassenden Aufbau eines formalrechtlichen Gerüstes bedarf, das die notwendigen Entwicklungen des Produktionsapparates von außen lenkt; 6) die sogenannten „hohen Löhne", die von der nach dem Ford-Modell organisierten und rationalisierten Industrie bezahlt werden; 7) den Fordismus; 8) die Psychoanalyse (ihre enorme Verbreitung nach dem Krieg) als Ausdruck des gewachsenen moralischen Zwanges, der von dem staatlichen und gesellschaftlichen Apparat auf das einzelne Individuum ausgeübt wird und die von diesem Zwang ausgelösten Krankheiten; 9) Rotary Club und Freimaurerei.

19 So De Felice, Una chiave (Anm. 1), S. 34.
20 Siehe Anm. 18.
21 So De Felice, Una chiave (Anm. 1), S. 34.
22 Gramsci, Americanismo e fordismo (Anm. 1), S. 312 [378].

bindung mit Überzeugung": so zum Beispiel in Form hoher Löhne, d.h. durch die Ermöglichung eines besseren Lebensstandards, genauer gesagt, „durch die Möglichkeit einen Lebensstandard zu erreichen, der den neuen Produktions- und Arbeitsmethoden angemessen ist, die eine besondere Verausgabung an Muskel- und Nervenkraft erfordern"[23]. Fordismus und Amerikanismus werden von Gramsci als „progressive" und „rationale" Tendenzen der Entwicklung begriffen und analysiert insofern, als sie ein Bild der Zukunft entwerfen, das das industriell am weitesten entwickelte Land dem weniger entwickelten vor Augen führt[24]. Gramscis eigentliches Untersuchungsfeld ist daher eine historische Periode, die ihm den Maßstab für Kriterien wie „rational" bzw. „progressiv" liefert. Kennzeichen dieser Periode sind der Reorganisierungsprozeß des Kapitals in der Folge der ersten Nachkriegskrise und das durch die Oktoberrevolution herbeigeführte Auseinanderbrechen des Weltmarktes, eine Entwicklung, die noch deutlicher mit der Weltwirtschaftskrise von 1929 in den Vordergrund treten wird[25]. Hiermit in engem Zusammenhang stehend, wirft die Bestimmung von „americanismo" und „fordismo" als Haupttendenz das Problem ihrer Verallgemeinerung auf, außerdem die Frage nach dem allgemeinen Charakter des langwierigen Prozesses der Homogenisierung der gesellschaftlichen und produktionswirtschaftlichen Bedingungen sowie nach seinen besonderen Formen[26].

Um die tatsächlichen Antriebskräfte aufzuspüren und die konkrete Konstellation zu bestimmen, in der sich der allgemeine Entfaltungsprozeß des Kapitalismus auf *neuer* Stufenleiter vollzieht, geht Gramsci von der konkreten Situation Europas aus. Das Problem stellt sich für ihn folgendermaßen: „Wird Amerika mit seiner Wirtschaftsproduktion unerbittlichen Druck ausübend (und folglich auf indirektem Wege) Europa dazu zwingen, eine Umwälzung seines viel zu alten sozioökonomischen Zustandes vorzunehmen, oder aber ist dieser Prozeß bereits in vollem Gange?" Eine derartige Umwälzung wird also in jedem Falle stattfinden, es fragt sich nur, ob schneller oder langsamer. Erfolgt sie aber plötzlich, so kommt es zu einem Zusammenprall mit der amerikanischen Übermacht. Wie aber auch immer, es vollzieht sich eine „Umwandlung der europäischen Zivilisation in ihrer materiellen Basis, was auf lange Sicht gesehen (doch auch wieder nicht zu lange, denn in der jetzigen Periode geht alles viel schneller als früher) zu einer Umwälzung der Form der bestehenden Zivilisation führt"[27].

Angesprochen ist hier die *strukturelle* Form der Konkurrenz US-Amerikas in der Periode nach dem Ersten Weltkrieg und ihre langdauernden und in ihrer Widersprüchlichkeit noch gar nicht immer deutlichen Erscheinungsformen in Europa: In der Tat, die „Elemente einer ‚neuen Kultur' und einer ‚neuen Lebensweise', die sich heute unter amerikanischem Namensschild verbreiten, sind lediglich die ersten Tastversuche ..."[28].

23 Ebd., S. 339 [400].
24 Vgl. De Felice, Una chiave (Anm. 1), S. 34.
25 Vgl. ebd.
26 Vgl. ebd.
27 Gramsci, Americanismo e fordismo (Anm. 1), S. 343.
28 Ebd.

An diesem Punkt beginnt Gramscis eigentliche Analyse und sein konkretes politisches Interesse: mit der „Übersetzung“ des amerikanischen Modells in Europa: „Europas Reaktion auf den Amerikanismus muß [...] aufmerksam untersucht werden; aus ihrer Analyse ergibt sich mehr als nur ein notwendiges Element zum Verständnis der gegenwärtigen Situation einer ganzen Reihe von Staaten des alten Kontinents und der politischen Ereignisse nach dem Krieg.“[29] Orientiert am Modell, das auch gleich das Interpretationsinstrumentarium bereitstellt, geht Gramsci den Spannungen, Konflikten, kurzum den widersprüchlichen Prozessen in Europa nach, die – als Folge und vermittelt über die Konkurrenz – durch den Zusammenprall, durch die plötzliche Konfrontation zwischen kapitalistischen Gesellschaften auf unterschiedlichen Entwicklungsstufen ausgelöst wurden bzw. gerade im Begriff waren zu entstehen.

III Probleme der Übertragung des Modells auf Europa und besonders Italien

Folgt man Gramsci darin, daß die Momente der Organisierung und Planung im Vordergrund der Betrachtungen über Amerikanismus, Fordismus und Taylorismus stehen, wobei die Betonung immer auf der Tendenz *gesamtgesellschaftlicher* Rationalisierung liegt – er spricht bezeichnenderweise von der „azienda-nazione“, von der „Nation-als-Betrieb“[30] –, so erscheint sein weiteres methodisch-analytisches Vorgehen plausibel: Aufgerollt wird das Problem, das amerikanische Modell auf Europa und besonders Italien zu übertragen, von der Seite der vergleichsweise anachronistischen Bevölkerungsstruktur sowie derjenigen Probleme, die durch ihre „Rationalisierung“ aufbrachen, aufbrechen mußten.

Hinter dem theoretisch wenig anspruchsvollen Titel „composizione demografica europea“, deren konkrete Analyse im wesentlichen auf die „Zusammensetzung der italienischen Bevölkerung“ begrenzt bleibt, verbirgt sich in der Sache eine vielschichtige und subtile historisch-politische Analyse der Klassenstruktur Italiens, die im Zusammenhang mit den in den „Gefängnisheften“ verstreuten Anmerkungen zu lesen ist[31]. Angesichts der von Gramsci herangezogenen Elemente „drängt sich der Eindruck auf“ – so F. De Felice –, „daß die breit angelegte und bis ins einzelne gehende Realanalyse der italienischen Gesellschaft, wie sie Gramsci in anderen Teilen der ‚Hefte‘ durchgeführt hat, in einem engen Zusammenhang steht mit der Vertiefung seiner Überlegungen, die er unter dem Titel ‚Razionalizzazione della composizione demografica europea‘ anstellt“ in den Ausführungen über „Americanismo e fordismo‘[32].

Für die hier aufgeworfene Fragestellung ist es wichtig, von Gramsci zu erfahren, in welchen Formen und mit welchen Ergebnissen eine Angleichung, eine „Versöh-

29 Ebd., S. 312 [378].
30 Ebd., S. 335.
31 Vgl. auch Sbarberi, Crisi (Anm. 2), S. 19 u. passim.
32 De Felice, Una chiave (Anm. 1), S. 35.

nung", stattfinden kann: zwischen „Europas alter und anachronistischer gesellschaftlicher Bevölkerungsstruktur und den höchst modernen Formen der Produktions- und Arbeitsweise, wie sie der am perfektesten entwickelte amerikanische Typus darstellt, die von Henry Ford geprägte Industrie"[33].

Dieses in Europa (ebenso wie in anderen Teilen der alten Welt) akut gewordene Problem hatte sich in *der* Form für die Vereinigten Staaten nicht gestellt. Gramsci schreibt:.

„Der Amerikanismus in seiner voll entfalteten Form setzt eine Vorbedingung voraus, die die Amerikaner [...] nicht zu kümmern brauchte, weil sie in Amerika ‚auf natürliche Weise' vorhanden ist: Diese Bedingung kann man als ‚rationale Bevölkerungszusammensetzung' bezeichnen, und sie besteht darin, daß es keine zahlreichen Klassen gibt ohne wesentliche Funktion in der Welt der Produktion, das heißt keine vollständig parasitären Klassen."[34]

Der hier verwandte Begriff der „Rationalität" – Gradmesser für die Bestimmung der „überflüssigen", der „parasitären" Schichten – bestimmt sich aus der erreichten Entwicklungsstufe der Produktivkräfte. Daraus folgt:

„Die Hegemonie geht von der Fabrik aus und bedarf in ihrer Ausübung nur einer ganz geringen Anzahl von professionellen Vermittlern der Politik und Ideologie."[35]

Die „Rationalität" bestimmt sich jedoch nicht unmittelbar aus der sozioökonomischen Organisationsform, sondern gemeint ist „die Rationalität der Proportionen zwischen den verschiedenen Sektoren der Bevölkerung im bestehenden gesellschaftlichen System". Gramsci hebt hervor:

„Jedes System hat sein Gesetz der Proportionen, das sich in seiner Bevölkerungszusammensetzung ausdrückt, d.h. ein eigenes ‚optimales' Gleichgewicht ebenso wie Zustände des Ungleichgewichts, die, sofern sie nicht durch eine angemessene Gesetzgebung korrigiert werden, für sich genommen katastrophale Wirkung haben können, weil sie die Quellen des nationalen Wirtschaftslebens austrocknen, will man von allen anderen Elementen der Auflösung einmal absehen."[36]

Italien sah sich, ebenso wie alle anderen europäischen Länder in mehr oder weniger ausgeprägter Form, mit einer Situation voller Gegensätze konfrontiert: Um der internationalen Konkurrenz standzuhalten, war die Rationalisierung nach der Methode Ford das Gebot der Stunde; doch zugleich befand es sich in der Lage, „sein Heer von Parasiten erhalten zu müssen, das gewaltige Massen von Mehrwert verschlingt, wodurch sich die Grundkosten verteuern und die Konkurrenzfähigkeit auf dem internationalen Markt leidet"[37].

Die Existenz von Schichten, die auf den Akkumulationsprozeß drücken und ihn kontinuierlich behindern, führt Gramsci historisch auf die Tradition Europas und seine Kultur zurück. Anders als in US-Amerika, wo es zwar keine großartigen histo-

33 Gramsci, Americanismo e fordismo (Anm. 1), S. 312 [378].
34 Ebd.
35 Ebd., S. 317 [382].
36 Ebd., S. 316 [381].
37 Ebd., S. 312 [378].

rischen und kulturellen Traditionen gegeben habe, dafür aber auch nicht den – vom Standpunkt eines reibungslos ablaufenden Akkumulationsprozesses betrachtet – von der Historie abgelagerten Ballast parasitärer Schichten[38], hat die „reiche" und „komplexe" Geschichte der alten Welt dem modernen Europa „eine Anhäufung passiver Ablagerungen hinterlassen durch Prozesse der Saturierung und Verknöcherung des Staatspersonals und der Intellektuellen, des Klerus und des Grundbesitzes, des Raubhandels und des Heeres [...] Man kann geradezu sagen, je betagter die Geschichte eines Landes, umso zahlreicher und drückender sind diese Ablagerungen nichtstuerischer und überflüssiger Massen, die von dem ‚Erbgut' der Ahnen leben, diese Pensionäre der Wirtschaftsgeschichte."[39] Das *Nichtvorhandensein* solcher zählebigen, parasitären Schichtablagerungen hat der Industrie und vor allem dem Handel in Amerika eine „gesunde Grundlage" ermöglicht: Dies ist einer der Hauptgründe seines gewaltigen Akkumulationsprozesses, sicherlich von ungleich größerer Bedeutung als der sogenannte natürliche Reichtum[40]. Weil die von der historischen Entwicklung bereits rationalisierten Vorbedingungen vorhanden waren, gelang es relativ leicht, auch die Produktions- und Arbeitsweise zu rationalisieren und zwar „durch die geschickte Kombination von Gewalt (Zerschlagung der Arbeitergewerkschaften auf territorialer Basis) und Überzeugung (hohe Löhne, verschiedene soziale Leistungen, höchst geschickte ideologische und politische Propaganda), mit dem Ergebnis, daß sich das gesamte Leben des Landes um die Produktion dreht"[41].

IV „Modernisierung" der italienischen Gesellschaft: das Gebot der Stunde

Der Analyse und der eher skizzenhaften Darstellung Italiens „ungesunder" („malsana") Bevölkerungsstruktur werden breiten Raum in „Americanismo e fordismo" eingeräumt. Schwerpunkt in Gramscis Abriß zur Klassenananlyse bildet das in der Bevölkerung traditionell außerordentlich ungünstige Verhältnis zwischen ihrem „potentiell" aktiven und dem passiven Teil – eines der „ungesundesten" im europäischen Vergleich. Dieses Mißverhältnis datiert aus der ersten Periode des Industrialisierungsprozesses infolge langfristiger Auswanderung von Arbeitskräften und geringer Beschäftigung von Frauen in den neu entstehenden weiterverarbeitenden Industrien[42]. Im Laufe der Zeit hat es sich noch verschlechtert, verursacht durch:

1. endemische Krankheiten (Malaria usw.), die die durchschnittliche Leistungsfähigkeit des einzelnen senken;
2. den chronischen Zustand der Unterernährung breiter Schichten auf dem Land;
3. die endemische Arbeitslosigkeit in einigen landwirtschaftlichen Regionen, die aus den offiziellen Erhebungen jedoch nicht hervorgeht;

38 Vgl. ebd., S. 316 [382 f.].
39 Ebd., S. 313 [378 f.].
40 Vgl. ebd., S. 316 [382].
41 Ebd.
42 Vgl. ebd., S. 315 [381]; vgl. auch Sbarberi, Crisi (Anm. 2), S. 19.

4. die einen erheblichen Anteil an der Bevölkerung ausmachenden „absoluten Parasiten", zu deren Diensten eine weitere enorme – indirekt – parasitäre Masse an Arbeitskräften bereit steht;
5. die „Halb-Parasiten", die auf abnorme und ungesunde Weise untergeordnete Wirtschaftstätigkeiten wie Handel und Vermittlerdienste aller Art aufblähen[43].

Auf die Formen „absoluten Parasitentums" kommt Gramsci mehrfach in den „Gefängnisheften" im Zusammenhang mit seinen klassenanalytischen Überlegungen zurück. In der Mehrheit handelt es sich bei diesen ökonomisch und sozial passiven Elementen um Komponenten der „classe media". Diese begann aufgrund ihrer spezifischen, historisch gewachsenen Zusammensetzung und ihrer Bedeutung in der Klassenstruktur in der Tat zu einem Problem ersten Ranges zu werden, als sich unter dem Vorzeichen von Amerikanismus und Fordismus das Problem der Bevölkerungsstruktur stellte bzw. die Notwendigkeit der gesellschaftlichen Rationalisierung.

„Classe media" – ein Begriff, so betont Gramsci, dessen Bedeutung von Land zu Land variiert – beinhaltet in Italien, negativ ausgedrückt, „Nicht-Volk", also „nicht-Arbeiter und nicht-Bauern", er bedeutet positiv intellektuelle Schichten, freie Berufe, Angestellte[44]. Hier angesiedelt sieht Gramsci einen großen Teil jener „halbfeudalen und parasitären Elemente der Gesellschaft, die einen zu großen Anteil vom Mehrwert abschöpfen"[45]. Er unterteilt die Schichten der „classe media" bezeichnenderweise nach dem Grad ihres „Parasitentums" in zwei Gruppen: erstens[46] in die Schichten der Bevölkerung, in denen „parassitismo assoluto" herrscht. Hier müßte folglich die kapitalistische Rationalisierungsstrategie zu einer drastischen Flurbereinigung führen. Zu diesen Schichten zählen die Empfänger fester Einkommen in der öffentlichen Verwaltung und dem militärischen Apparat; ferner rekrutieren sie sich aus der Schicht der „traditionellen" Intellektuellen, dem Klerus und den landwirtschaftlichen Einkommensempfängern („redditieri agricoli")[47].

Zur zweiten Gruppe zählt Gramsci jene Schichten von Arbeitenden („lavoratori"), unter denen sich ebenfalls relevante Formen des Parasitentums eingenistet haben, so daß deren Zurückdrängung ebenfalls im Interesse einer *modernen* produktionsbestimmten Gesellschaft liegt. Hierzu rechnet er die Beschäftigten im Dienstleistungssektor wie Handeltreibende und Ausführende von Vermittlerfunktionen aller Art, aber auch einige Gruppen unabhängiger Erwerbstätiger wie die Handwerker.

Auf die „ceti medi", die Zwischenschichten, als demgegenüber wichtige Adressaten im gesellschaftlichen Stabilisierungskonzept des Korporativismus wird noch einzugehen sein. Hier stand zunächst im Vordergrund ihre traditionelle, nun aber wachsende Rolle als Bremsklotz im ökonomischen Akkumulationsprozeß. Weite

43 Gramsci, Americanismo e fordismo (Anm. 1), S. 315 f. [381 f.].
44 Gramsci, Quad. 26, in: Quaderni (Anm. 1), S. 2303–4; vgl. auch Sbarberi, Crisi (Anm. 2), S. 20.
45 Gramsci, Americanismo e fordismo (Anm. 1), S. 321 [384].
46 Vgl. Sbarberi, Crisi (Anm. 2), S. 20, auch für die dort angegebenen Fundstellen zum Stichwort „classe media" in den ‚Quaderni'.
47 Vgl. Gramsci, Americanismo e fordismo (Anm. 1), S. 314, 321, 342 [380, 384].

Teile der „classe media" waren und wurden in besonderem Maße für die „ungesunde" Bevölkerungsstruktur Italiens bestimmend. Der Umstand, daß ein erheblicher Anteil des Sozialprodukts in die Taschen ökonomisch parasitärer Schichten wanderte und damit die Investitionsmittel für produktive Zwecke kontinuierlich minderte, bildete die materiale Voraussetzung dafür, daß in allen Konzepten zur Rationalisierung des ökonomischen Akkumulationsprozesses (bis auf den heutigen Tag) dem Problem des Abbaus des „parassitismo" Vorrang eingeräumt wurde.

Damit ist auch der Rahmen für den Begriff der Modernisierung abgesteckt, so wie er hier verwandt wird: zur Kennzeichnung eines Prozesses der Transformation und Anpassung der Gesamtgesellschaft an die Erfordernisse eines reibungslos funktionierenden Akkumulationsprozesses.

Vor diesem Hintergrund, verschärft noch durch die 1929 aufbrechende „organische Krise", d.h. zusammen mit der Wirtschaftskrise der allgemeine politische und kulturelle „Zerfall der Hegemonie", stellte sich die Frage des Korporativismus in akuter Form. Gemeint ist jenes Konglomerat aus theoretischen Konzeptionen und Entwürfen, wirtschaftspolitischen Entscheidungen, organisatorisch-institutionellen Einrichtungen und kulturell-ideologischer Aufbruchsstimmung, das Gramsci zumeist mit Begriffen wie „indirizzo corporativo" (etwa korporative Programmatik) bzw. mit „tendenze corporative" umschreibt. Mit anderen Worten: Das „Experiment Korporativismus" ist im allgemein-europäischen Kontext der Konzepte und Strategien kapitalistischer Planung, die Ende der zwanziger und im Laufe der dreißiger Jahre aufkamen, zu sehen, und es ist zugleich von der spezifischen Entwicklung Italiens geprägt[48].

Der Fordismus, Herausforderung und Richtschnur zugleich für den europäischen Kapitalismus, implizierte – in der Tendenz – die Ausdehnung der Planung über den Ort der Produktion hinaus auf die Sphären der Zirkulation und Distribution[49]. Zwischen der Rationalisierung der Arbeitsweise im Betrieb und der Rationalisierung der Arbeits- und Lebensweise in der Gesamtgesellschaft sieht Gramsci einen zwingenden Zusammenhang. Mehr noch, angesichts der „ungesunden" Bevölkerungsstruktur in Italien stand zu erwarten, daß die größten Widerstände gegen das „amerikanische Modell" gerade in der „società civile", in dem gesellschaftlichen System aufbrechen würden. Die gesellschaftliche Dimension steht für Gramsci daher im Mittelpunkt seiner Überlegungen, die, wenn auch nicht immer explizit, um das Kernproblem des Akkumulationsprozesses und seiner Rationalisierung kreisen. In dieser Perspektive sieht er den historischen Zusammenhang gegeben von Übertragung des Fordsystems und Herausbildung des Korporativismus in Italien.

Das Scheitern der traditionell bürgerlich-liberalen Form von Gesellschaft und Staat manifestiert sich in dem Unvermögen, der aufbrechenden Kluft zwischen den sich verändernden Bedingungen in der Produktion und der Organisierung der Ge-

48 Vgl. Sbarberi, Crisi (Anm. 2), S. 33 u. passim.

49 Vgl. hierzu allgemein Charles S. Maier, Between Taylorism and Technocracy: European Ideologies and the Vision of Industrial Productivity in the 1920s, in: *Journal of Contemporary History*, Bd. 5, Nr. 2, 1970, S. 27–61.

sellschaft, hier namentlich der Lösung des Staatsproblems, adäquat zu begegnen. Die historische Legitimation des Korporativismus besteht daher auch nicht in seinem vermeintlich „dritten Weg", den die interessierte Propaganda glauben machen wollte, sondern in seiner Funktion, Voraussetzungen „für die Einführung der fortgeschrittensten amerikanischen Systeme der Produktions- und Arbeitsweise in Italien" zu schaffen[50]. Etwas schlagwortartig kann man folglich mit F. Sbarberi von einem direkten Verhältnis zwischen dem Korporativismus als Mittel und dem Fordismus als Ziel sprechen[51].

V Gramscis Analyse des Korporativismus

1. Gesellschaftlicher Wandel und gesellschaftliche Planung

Mit seinen Überlegungen zum Korporativismus bewegt sich Gramsci auf mehreren analytischen Ebenen. Zunächst erfolgt die Einordnung des „esperimento corporativista" in den Rahmen der in den dreißiger Jahren überall aufkommenden Konzepte der Planung, denen es, bei allen Unterschieden im einzelnen, darum ging, in einem Prozeß des Wandels neue Organisationsformen in der Produktions- und Arbeitsweise und in dem System politischer Herrschaft entwickelter Industriegesellschaften zu realisieren.

Eine erste breite Auseinandersetzung um diese Probleme fand im faschistischen Italien in den Reihen der korporativen Bewegung statt. Gramsci zog daher für seine Analysen, soweit ihm dies im Gefängnis überhaupt möglich war, die Publikationen der korporativen Fordismus-Anhänger heran.

Ein wichtiger Gewährsmann unter den korporativen Gesellschaftstheoretikern war für ihn Nino Massimo Fovel, dessen Entwurf einer „economia corporativa" ihm in mehrfacher Hinsicht die Zeichen der Zeit zum Ausdruck zu bringen schien[52].

Fovel, als politischer Publizist tätig, schien sich zwischen den parteipolitischen Fronten zu bewegen. Festen Boden unter den Füßen hatten dagegen seine vielfältigen Kontakte mit der (Turiner) Welt der Industrie, mit der ihn sein vergleichsweise frühes Eintreten für die Einbindung der italienischen Industrie in die amerikanische Interessensphäre verband. Sein politisch-publizistisches Interesse galt den langfristigen Konsequenzen dieser Weichenstellung: Auf der Grundlage der Konzeptualisierung des „Korporativismus als Voraussetzung für eine italienische Form der Amerikanisierung"[53] entwickelt er in seinem 1929 erschienen Buch über das Verhältnis von Wirtschaft und Korporativismus[54] detaillierte Vorstellungen zu einem umfassenden Modernisierungsprozeß der sozioökonomischen Struktur Italiens. Insgesamt

50 Gramsci, Americanismo e fordismo (Anm. 1), S. 319 [384].
51 Sbarberi, Crisi (Anm. 2), S. 31, 12 f.
52 Vgl. Gramsci, Americanismo e fordismo (Anm. 1), S. 319 ff. [384].
53 Ebd., S. 320.
54 Nino Massimo Fovel, *Economia e Corporativismo*, Ferrara 1929; die Schrift war Gramsci im Gefängnis lediglich über eine Rezension bekannt.

liefert er in seinen Arbeiten Konzepte und ins Detail gehende Überlegungen dazu, wie ein durchgreifender Prozeß *gesellschaftlicher* Rationalisierung in Italien aussehen könnte. Sie stehen beispielhaft für jene modernistisch-technokratische Richtung innerhalb des Korporativismus, die diesem historische Legitimation verlieh[55]. Fovels Argumentationsgang läßt sich wie folgt zusammenfassen: Will man in der Wirtschaft eines Landes wie Italien mit starken gesellschaftlichen Ungleichgewichten eine Steigerung des Gesamtprodukts erzielen, so kann man sich nicht den automatisch wirkenden Mechanismen des Marktes anvertrauen, sondern muß auf ein „System von Interventionen" zurückgreifen, damit zunächst eine Initialzündung ausgelöst wird und es daraufhin zur Aufrechterhaltung eines dynamischen Entwicklungstempos kommt. Hieraus erwächst die Notwendigkeit, eine „kontrollierte Wirtschaft" zu schaffen, deren Ziel nicht nur sein kann, in Zeiten der Krise das privatwirtschaftliche System in seinem gestörten Gleichgewicht wiederherzustellen; sie muß nicht weniger darauf abzielen, das Produktionssystem von Grund auf zu modifizieren und neue Formen der Einkommensverteilung hervorbringen. Gegenstand der Kontrolle sind in erster Linie Bewegungen wie der Kapitalfluß, Preise und Löhne, ferner Beschäftigung und Dienstleistungen zusammen „mit der monopolistischen Verfügung über die jeweiligen Märkte". Die Umverteilung gesellschaftlichen Reichtums hat zu Lasten der „Einkommen untätiger Klassen" zu gehen und zu Gunsten von Kapital und Arbeit; Umverteilung und Intervention insbesondere zu Gunsten des Konsums breiter Volksschichten, der Investition von Kapital in die Konsumgüterindustrie und in die soziale Infrastruktur, und schließlich Ankurbelung der Spartätigkeit auf breiter Basis[56].

In der Rationalisierung des Betriebes und zugleich der Rationalisierung der Gesellschaft nach Maßgabe der Erfordernisse der Produktion sah Fovel (und mit ihm Gramsci) notwendige Voraussetzungen für eine strukturelle Ausweitung des Binnenmarktes, d.h. für eine qualitative Lösung des chronischen italienischen Problems der Binnenmarktenge, die den Expansionsdrang der modernen Sektoren des italienischen Kapitals immer stärker einzuschnüren drohte. Die Forderung nach Senkung der Produktionskosten, Anhebung der Löhne, Ausweitung der Beschäftigung und einer „gesunden" Spartätigkeit, die dem Programm weiter Kreise innerhalb der korporativen Bewegung entsprach, wird daher von Gramsci auch keineswegs als ausschließlich demagogisches Ablenkungsmanöver angesichts von Lohn- und Gehaltskürzungen abgetan oder als kuriose Gedankenspielerei weltfremder Intellektueller. Vielmehr kam für ihn hier eine ideologische und politisch-propagandistische Richtung der Orientierung zum Ausdruck – im Gewande des Korporativismus –, deren Wurzeln noch in die Zeit vor dem Ersten Weltkrieg zurückreichten. Darüber hinaus deckten sich diese Forderungen mit denen, die in bestimmten Unternehmerkreisen erhoben wurden (Fiat/Agnelli).

Ist der Tendenzcharakter der von Fovel und anderen vorgezeichneten Entwicklungsperspektive ausgemacht, so stellt sich die Frage nach den interessierten ökono-

55 Vgl. Gramsci, Americanismo e fordismo (Anm. 1), S. 341, 342.
56 Fovel, *Economia* (Anm. 54), passim.

mischen und außerökonomischen Kräften. Mehrfach kommt Gramsci in der Tat auf die in Italien überall vernehmbaren „fordistischen Fanfarenstöße" zu sprechen: auf die ersten relevanten Anzeichen der Begeisterung beispielsweise für die Großstadt, für Raumplanung u. ä. (und, als Gegenbewegung, auf Formen der Reagrarisierung, den „ruralismo")[57].

Am Beispiel der Schriften von Fovel und anhand grundsätzlicher Überlegungen versucht Gramsci anschließend, wenn auch nur als Skizze, das Netzwerk der genuin ökonomischen Interessen zu rekonstruieren, die autonom, d. h. durch die eigene Interessenlage bestimmt, den Restrukturierungsprozeß vorantrieben und dabei bemüht waren, die korporative Bewegung ihrem Projekt der Durchrationalisierung der italienischen Gesellschaft nutzbar zu machen[58]. Gramsci nennt als Beispiel Fiat/Agnelli, ohne jedoch (da im Gefängnis) über detaillierte Kenntnisse zur neuesten Entwicklung zu verfügen.

Insgesamt bleibt für Gramscis methodisches Vorgehen festzuhalten, daß er korrespondierende theoretische Konzepte sowohl in den Reihen der italienischen Wirtschaft als auch innerhalb des Korporativismus ausmacht und herausarbeitet und daß er diesen Tendenzen, obwohl „nur" Tendenzen, größere Aufmerksamkeit widmet, als etwa den konkreten Realisierungen des Korporativismus. Dies rührt aus dem Umstand her, daß er in diesen eine mögliche langfristige Entwicklungsperspektive des italienischen nicht weniger wie des internationalen Kapitals erkennt: als Gegentendenzen gegen das Sinken der Profitrate. Sicherlich läßt sich Gramsci hiermit nicht schon unter die Verfechter des Konzepts vom „organisierten Kapitalismus" einreihen, die in den Rationalisierungs- und Planungsprozessen innerhalb wie außerhalb der Fabrik eine prinzipielle Überwindung der kapitalistischen Produktionsweise zu sehen glaubten[59]. Vielmehr hat die konkrete Erfahrung mit den nicht nur reaktiven, sondern auch positiven Entfaltungsmöglichkeiten des krisenbedrohten Kapitalismus zu einem Lernprozeß geführt und auch zu einer kritischen Auseinandersetzung mit Aufgaben und Möglichkeiten der Arbeiterklasse als Trägerin gesellschaftlichen Fortschritts.

Noch für den Gramsci des „Ordine Nuovo" besaß einzig die Arbeiterklasse die Fähigkeit, einen Ausweg aus der Krise des Kapitalismus durch die neuerliche Entfaltung der Produktivkräfte zu weisen. Eine Differenzierung und Relativierung von Begriffen wie Fortschritt, Wachstum u. ä. drängte sich Gramsci allerdings in dem Moment auf, als sich abzuzeichnen begann, daß die traditionell herrschenden Gruppen durchaus imstande waren, die Initiative für einen Wiederaufschwung zu ergreifen. Wiederaufschwung war daher nicht gleich Wiederaufschwung: denn die Tatsache, „ob ein progressiver Entwurf von der einen oder von der anderen gesell-

57 Gramsci, Americanismo e fordismo (Anm. 1), S. 317 f. [383]. Zu Agnellis und Gualinos Vorstellungen hinsichtlich der Verkehrsnetzplanung im Industriedreieck Mailand – Turin – Genua s. Lucio Villari, *Il capitalismo italiano del novecento*, Bari 1972, S. 334.

58 Vgl. Sbarberi, Crisi (Anm. 2), S. 31.

59 Vgl. Ebd., S. 10.

schaftlichen Kraft initiiert wird, bleibt nicht ohne tiefgehende Folgen"[60]. Diese Einsicht war folgenreich für Gramscis spätere Theoriebildung im Gefängnis: Zum einen analysierte er nun Möglichkeiten der Entfaltung der Produktivkräfte unter den Bedingungen kapitalistischer Produktionsweise, zum anderen entwickelte er Perspektiven eines grundlegend anderen Entwicklungsmodells, eines von höherer gesellschaftlicher Qualität, das folgen muß auf eine Loslösung der technologischen und organisatorischen Prozesse und Veränderungen in der Fabrik von den Interessen der herrschenden Gruppen[61].

Zurück zu der erstgenannten Perspektive. Während also Gramsci zunächst, in einem ersten Arbeitsschritt, die Tendenzen ausmacht, die die längerfristige Entwicklungsrichtung des Kapitalismus präfigurieren – möglicherweise auch über den Faschismus hinaus – und sie in einen logischen Zusammenhang stellt, analysiert er in einem nächsten Schritt die eigentlichen korporativen Maßnahmen, die tatsächlichen Realisierungen des Korporativismus. Auf letzere wird in einem späteren Zusammenhang eingegangen; hier interessiert zunächst wieder sein methodisches Vorgehen.

2. *Korporativismus: ein widersprüchlicher Prozeß gesellschaftlichen Wandels*

Auf der Ebene der empirischen Verifizierung gilt Gramscis Hauptinteresse den Widersprüchen und gegenläufigen Tendenzen, auf die die inzwischen als Haupttendenz ausgemachte Entwicklungslinie und die ihr entsprechenden staatlichen, wirtschaftspolitischen und korporativen Maßnahmen stoßen würden. Gramsci hebt die offensichtliche Ungleichzeitigkeit – zumal unter den Bedingungen der Wirtschaftskrise – von progressiven Entwürfen auf korporativer Seite hervor, deren Konzeptualisierung im Verlauf der Krise ihre Blütezeit erreichte, und von Krisenlösungsstrategien der Unternehmerschaft, die sich in ihrer Mehrheit auf traditionelle Formen der Krisenbereinigung zurückzogen, die also im Gegensatz zur Politik der hohen Löhne und der konsumorientierten Binnenmarktausweitung standen. Angesichts dieser Diskrepanz stellte sich die Frage, inwieweit die korporativen Einrichtungen und Transformationsprozesse das geeignete Instrumentarium waren, um technologische Innovationen und gesellschaftlichen Wandel, resp. Rationalisierung durchsetzen zu können[62]. Gramscis Einschätzung weniger der prospektiven,

60 Gramsci, Americanismo e fordismo (Anm. 1), S. 311 [377]. Die Unterscheidung, die Gramsci hinsichtlich der gesellschaftlichen Trägerklasse von technologischen Innovationsprozessen trifft, ist von zentraler Bedeutung. Sie ist das Resultat seiner Erfahrung und der der italienischen Arbeiterklasse vor 1922. Anders als in den USA – so schreibt Gramsci – haben sich die italienischen Belegschaften „niemals den Neuerungen widersetzt, die Kostensenkungen, Rationalisierung der Arbeit, Einführung perfekter automatisierter Abläufe anstrebten. Im Gegenteil ... Gerade die Arbeiter waren Träger der neuesten und modernsten industriellen Erfordernisse und traten auf ihre Weise tapfer für sie ein." (Gramsci, Americanismo e fordismo, S. 321, 322 [385].)

61 Vgl. auch Sbarberi, Crisi (Anm. 2), S. 11 und die dort angegebenen Verweise auf Textstellen bei Gramsci.

62 Vgl. ebd., S. 32 f. u. passim.

sondern der realen Funktion des Korporativismus ist angesichts der tatsächlichen Situation Ende der zwanziger/Anfang der dreißiger Jahre insgesamt eher skeptisch. Doch gilt es hier zu differenzieren. Positive Möglichkeiten spricht er durchaus den Rechtsreformen zu, die zusammen mit der ideologischen Debatte die Aufbauphase des Korporativsystems seit etwa 1927 gekennzeichnet haben:

„Unter einigen Aspekten haben die bereits erfolgten rechtlichen Realisierungen jene formalen Bedingungen geschaffen, in denen sich die technisch-ökonomische Umwälzung auf breiter Skala vollziehen kann, weil die Arbeiter sich weder widersetzen noch auch dafür kämpfen können, selber Träger des Umwälzungsprozesses zu werden."[63]

Die korporativen Strukturen *können* zwar „dieser Umwälzung Form verleihen", doch hat für Gramsci bislang das „elemento negativo" in der Praxis des Korporativismus die Oberhand behalten: die Funktion als „polizia economica", d.h. die repressiv-konservierende gegenüber der progressiv-innovatorischen Funktion. Von Anfang an bestand die Hauptaufgabe der wenigen bestehenden korporativen Einrichtungen in der Tat in der Unterdrückung und Regulierung von Klassenkonflikten. Gramsci kritisiert an den korporativen Theoretikern wie Fovel und den „in Korrespondenz" zu ihnen stehenden ökonomischen Kräften daher vor allen Dingen, daß sie in ihren Konzepten und Strategieentwürfen diesen Tatbestand nicht genügend berücksichtigten: Das heißt, sie reflektierten nicht mit, daß der Korporativismus seine ersten Realisierungen „nicht den Erfordernissen einer Umwälzung der technologischen Bedingungen in der Industrie verdankt und auch nicht denen einer neuen Wirtschaftspolitik (‚politica economica'), sondern vielmehr den Erfordernissen einer Wirtschaftspolizei (‚polizia economica'). Und diese Entwicklung hat sich in der Krise 1929 ff. noch verschärft und ist in vollem Gange."[64]

Mehr noch: Während der jüngsten Entwicklung habe das Korporativsystem eine ausgesprochen stabilisierende Funktion erhalten. Es habe gefährdete Positionen der Mittelschichten abgestützt, anstatt sie zu eliminieren, und es werde in den Händen der etablierten Kräfte, die sich auf alter Basis und in gewohnten Formen reproduzieren, immer mehr zu einer „Maschinerie zur Konservierung des Bestehenden so wie es ist" und eben nicht zu einer Antriebsfeder. Diese Entwicklung werde nicht zuletzt durch die ganz auf Stabilisierung abgestellte Beschäftigungspolitik gestützt unter Einschaltung der Korporativordnung: Die Beschäftigten bekamen ein Existenzminimum garantiert aus Sorge vor schweren sozialen Unruhen, und für die Arbeitslosen wurden neue Arbeitsplätze in der Verwaltung und der Bürokratie geschaffen, nicht also in der Produktion[65].

Kurzfristig schien Gramsci eine grundlegende Änderung des Korporativsystems in seiner damaligen Funktionsweise – also Aufrechterhaltung eines grundlegenden Gleichgewichts um jeden Preis, um so eine ungeheure Katastrophe abzuwenden – kaum für möglich zu halten[66]. Doch sah er langfristig die Möglichkeit gegeben, daß

63 Gramsci, Americanismo e fordismo (Anm. 1), S. 322 [385].
64 Ebd., S. 321 f. [384].
65 Vgl. ebd.
66 Vgl. ebd.

sich der Korporativismus behutsam, fast unmerklich weiterentwickelte und dabei schrittweise, ohne plötzliche Erschütterungen die gesellschaftliche Struktur modifizierte: „Auch das noch so sorgfältig und fest gewickelte Kleinkind entwickelt sich und wächst trotz alledem."[67]

Begibt man sich also an eine Realanalyse des konkret-historischen Phänomens Korporativismus, so ist nach den bisherigen Ausführungen grundsätzlich mitzureflektieren, daß die einzelnen korporativen Maßnahmen ebenso wie das korporative Programm, der Aufbau einer Korporativordnung ebenso wie auch das, was nicht realisiert wurde, die Kluft also zwischen ideologisch-propagandistischem Anspruch und der Wirklichkeit, zu verstehen sind als Ausdruck des Kampfes unterschiedlicher Kräftegruppierungen um den ökonomischen und politischen Gebrauch des Korporativismus: als Gratwanderung gleichsam zwischen dem Korporativismus als „polizia economica" und als „politica economica"; und daß es sich dabei in jedem Fall um einen langwierigen Prozeß handeln würde – der Prozeßcharakter wird von Gramsci mehrfach unterstrichen –, in dessen Verlauf sich andere Interessenfronten neu bilden konnten[68].

3. *Zur Rolle des Staates, insbesondere des faschistischen Staates*

Einen zentralen Faktor in der Realanalyse des sozioökonomischen Transformationsprozesses im Rahmen der bestehenden Produktionsweise bildet in diesem Prozeß der Staat und seine Funktion. Gramsci sieht einen Grundmangel in den Modernisierungskonzepten von Fovel und vergleichbaren korporativen Theoretikern darin, daß die „ökonomische Funktion, die der Staat in Italien von jeher wegen des Mißtrauens der Sparer gegenüber den Industriellen ausgeübt hat ..."[69] übersehen wird. Eine Begründung für diese unter den Neuerern verbreitete Blindheit ist in der technokratischen Illusion zu suchen – so Gramsci –, die da annehme, eine so eminent politische Aufgabe, wie es die Beseitigung der parasitären Schichten ist, mit den Mitteln lediglich einer effizienten Industriepolitik angehen[70] und durch die Bildung eines neuen ökonomischen Bündnisses, des „blocco industriale-produttivo"[71], be-

67 Ebd.

68 Vgl. ebd.

69 Ebd., S. 321 [384].

70 Ähnlich auch die Kritik von Vittorio Foa an der progressiven Komponente in der korporativen Bewegung, besonders an den „Links"-Faschisten wie Ugo Spirito und deren „Kinderglauben", der darin bestehe zu glauben, die Frage der ökonomischen Organisation von der Frage der politischen Macht loslösen zu können. Vgl. Emiliano, Genesi e natura delle corporazioni fasciste, in: *Quaderni di Giustizia e Libertà*, 1934/10, S. 16–28, bes. S. 20.

71 Das bis dahin bestehende Bündnis zwischen Industriekapitänen und kleinbürgerlichen Sparern solle ersetzt werden durch einen „industriell-produktiven Block", d.h. durch ein Bündnis aller unmittelbar in der Produktion tätigen Elemente. In diesem „blocco autonomo" solle das technische Element – Betriebsleitung und Arbeiterschaft – die Oberhand besitzen gegenüber dem „armselig kapitalistischen" Element. Entscheidend hierbei sei, daß die „Produktion von Ersparnis" daraufhin zu einer internen und damit billigeren Funktion eben dieses „blocco produttivo" werde (Gramsci, Americanismo e fordismo [Anm. 1], S. 321 [384]). Dadurch würde dieser unabhängig, d.h. autonom, gegenüber der Sparbildung von Seiten der „parasitären" Schichten.

werkstelligen zu können. Angesichts jedoch der in Italien historisch herausragenden Bedeutung des Staates kann auch nur der Staat das Instrument für einen strukturellen Transformationsprozeß abgeben. Die Wirtschafts- und Finanzpolitik des Staates stellt das Instrumentarium bereit, um das „Verschwinden der halbfeudalen Figur des Rentiers" zu bewirken: ein Verschwinden, das „in Italien eine der Hauptbedingungen für die industrielle Umwälzung darstellt; es ist zum Teil die Umwälzung selbst, nicht erst deren Folge."[72]

Die „americanizzazione" als Tendenz kapitalistischer Entwicklung erfordert daher nicht nur eine bestimmte Sozialstruktur, sondern auch einen bestimmten Typus Staat. Gemeint „ist der liberale Staat nicht im Sinne des Freihandels oder der tatsächlichen politischen Freiheiten, sondern, fundamentaler, der freien Initiative und des ökonomischen Individualismus, der kraft eigener Mittel, als ‚società civile', durch die geschichtliche Entwicklung selbst zum System der industriellen Konzentration und des Monopols gelangt"[73]. Ein so verstandener progressiver Staat hätte im Interesse der Realisierung eines umfassenden Programms gesamtgesellschaftlicher Rationalisierung in der Weise einzugreifen, daß „die Produktion von Ersparnis nicht mehr ‚Funktion' einer parasitären Klasse ist, sondern zur Funktion des eigentlichen produktiven Organismus wird"[74]. Die eigentlich dringenden Aufgaben, vor die sich daher der Staat gestellt sieht, sind eine Agrarreform – d.h. Abschaffung der Grundrente als Rendite einer nicht arbeitenden Klasse und ihre Einbindung in die produktive Sphäre – und eine Industriereform – d.h. Bereitstellung aller Einkommen zugunsten technisch-industrieller Erfordernisse und damit ihre Loslösung von formal-juristischen Eigentumsrechten[75].

Entwicklungen wie diese wären also progressiv, doch sie bleiben angesichts der tatsächlich praktizierten Finanz- und Wirtschaftspolitik hypothetisch. Die Beschäftigung mit der realen Situation lenkt vielmehr den Blick auf die Politik des faschistischen Staates: Dieser Staat „erzeugt neue Rendite-Empfänger, indem er die alten parasitären Formen der Produktion von Ersparnis fördert und auf diese Weise geschlossene gesellschaftliche Kreise schafft"[76].

Für die konkrete Analyse der Rolle des Staates lassen sich also zunächst unterschiedliche Momente unterscheiden: einmal das Moment der Planung und insgesamt das Moment der zunehmenden Interventionstätigkeit des Staates, die in Italien auf „eine bereits bestehende Tradition, wenngleich auf niederer Stufenleiter", zurückblicken konnte.

Hier knüpft die Frage nach der Folgeentwicklung an. Denn hat der Staat einmal den relevanten Anteil der Sparbildung unter seine Kontrolle gebracht – beschleu-

72 Ebd., S. 323 [386]. Gramsci führt als einzelne Maßnahmen staatlicher Wirtschafts- und Finanzpolitik an: die Amortisierung der Staatsverschuldung, die Einführung von Namensaktien, ein größeres Gewicht der direkten Besteuerung gegenüber der indirekten. (Ebd., S. 323 [386].)

73 Ebd., S. 322 f.

74 Ebd., S. 341 f.

75 Vgl. ebd.

76 Ebd., S. 323 [386].

nigt noch durch die Krise von 1929[77] –, kann er sich daraufhin noch uninteressiert zeigen, so fragt sich Gramsci, bezüglich der Organisierung der Produktion und des Austausches und sie wie bisher dem Antrieb der Konkurrenz und der privaten Initiative überlassen? Denn würde der Staat sich desinteressiert verhalten, „so griffe der Vertrauensschwund, der heute der Industrie und dem privaten Handel zu schaffen macht, auf den Staat selbst über. Es entstünde eine Situation, die den Staat dazu zwänge, seine Staatstitel abzuwerten (durch Inflation oder auf anderem Wege), so wie es mit den privaten Aktien geschehen ist, mit katastrophalen Folgen für das gesamt sozioökonomische Gefüge."[78] Unabdingbare politische Notwendigkeiten drängen daher den Staat zu weitergehender Interventionsätigkeit, „um zu kontrollieren, ob die aufgrund seiner Vermittlung zustandegekommenen Investitionen auch vernünftig gehandhabt werden. So wird auch zumindest ein Aspekt in der theoretischen Diskussion über das Korporativsystem verständlich."[79] Doch geht es nicht allein um Kontrolle, denn damit wäre lediglich die Konservierung des Produktionsapparats auf dem einmal erreichten Niveau gesichert. Es geht darüber hinaus darum, die Produktionsbasis entsprechend dem Anwachsen der Bevölkerung und der kollektiven Bedürfnisse zu entfalten und aufzufächern[80].

Die ohnehin breit gefächerte Interventionstätigkeit des Staates wird über die Zentralisierung und Kontrolle des Kreditsystems hinaus und zusätzlich zu den Eingriffen in den Produktionsprozeß und zur Planung und Rationalisierung der Bevölkerungsstruktur noch um „andere Elemente" erweitert, die unmittelbar von außen kommen: Aufstockung der Zollbarrieren, Autarkietendenzen, Verzerrung der internationalen Konkurrenzstruktur durch Exportprämien, Dumpingpreise usw.[81]. In der Sache angesprochen ist hier letztlich das Problem der Umverteilung bzw. der „Nationalisierung" der Kosten, die aus Italiens äußerst ungünstiger Stellung in der internationalen Arbeitsteilung resultieren.

Einen weiteren analytischen Schwerpunkt bei der Realanalyse des Korporativismus bildet das spezielle Problem des faschistischen Staates. Sbarberi hebt als einen Gramscis Faschismus-Interpretation (und ihre Weiterentwicklung) kennzeichnenden Tatbestand hervor[82], daß in „Amerikanismus und Fordismus" der faschistische Staat und das faschistische Regime nicht als Abweichung behandelt, sondern im Ge-

77 Angesprochen ist hier im einzelnen die Schaffung von Staatsholdings wie IMI und IRI, ferner die Konsolidierung des Sparkassenwesens, die Umstrukturierung der Banca Commerciale Italiana, die Schaffung neuer Formen des Post-Sparens usw. Vgl. Gramsci, Americanismo e fordismo (Anm. 1), S. 341.

78 Ebd. Ähnlich auch der Zeitgenosse Vittorio Foa, der den direkten Zusammenhang hervorhob zwischen der durch die Errichtung des Korporativsystems angestrebten Stärkung der Glaub- und Kreditwürdigkeit des Staates und der Begebung öffentlicher Anleihen. So wurde die erfolgreiche Anleihezeichnung (abgeschlossen im Januar 1934) von Mussolini als Zustimmung des italienischen Volkes zu der Errichtung der Korporationen (Dezember 1933) gewertet. Ähnlich äußerte sich auch der Finanzminister. Vgl. Emiliano, Genesi e natura (Anm. 70), S. 17, bes. Anm. 1.

79 Gramsci, Americanismo e fordismo (Anm. 1), S. 341.

80 Vgl. ebd.

81 Vgl. ebd.

82 Sbarberi, Crisi (Anm. 2), S. 14.

samtzusammenhang des internationalen kapitalistischen Marktes analysiert werden. Seine integrierenden Bestandteile sind folglich sowohl die Elemente der Rückständigkeit als auch die Momente der Antizipation von Entwicklungsperspektiven[83]. Doch genau diese beiden gegensätzlichen Momente werfen erhebliche methodische Probleme auf und letztlich natürlich die Frage nach der Beurteilung des faschistischen Staates. Die Doppelgesichtigkeit des faschistischen Staates führt uns zurück zu Gramscis Faschismus-Interpretation.

Fassen wir zusammen. Aufgrund der historisch bestimmten Situation Italiens kam dem Staat zum einen jene Lokomotivfunktion für einen umfassenden sozioökonomischen Prozeß des Wandels zu, der keine andere gesellschaftliche oder politische Kraft hätte nachkommen können; zugleich aber war der Staat oberster Garant des gesellschaftlichen Status quo, er hatte folglich eminent konservierende Aufgaben.

Der Restrukturierungsprozeß in der Sphäre der Ökonomie – und daran führte für ein in den Weltmarkt integriertes Land kein Weg vorbei – setzte voraus und bedingte zugleich einen tiefgreifenden Prozeß des Wandels in der Gesamtgesellschaft. Am Beispiel der Blockierung des Akkumulationsprozesses und der „parasitären" Schichten hat Gramsci diese Zusammenhänge deutlich gemacht. Um diese Quadratur des Kreises ging es ihm, sie war konstitutiv für den faschistischen Staat und bildete zugleich sein Manövrierfeld, und sie bestimmte folglich Gramscis Analyse des Faschismus. *Nach* der Niederlage der Arbeiterbewegung und unter den Bedingungen der Weltwirtschaftskrise stellte sich für ihn daher die Frage: In welchem Maße und in welchen Formen ist der Faschismus nicht *nur* eine gegen die Arbeiterklasse gerichtete reaktionäre Bewegung, sondern ist darüber hinaus in der Lage, ein Instrumentarium im Dienste der Modernisierung des Produktionsapparates bereit zu stellen, *ohne* daß es dabei zu gesellschaftlichen Umwälzungen katastrophalen Ausmaßes kommt.

Eine Analyse des Faschismus muß sich demnach mit den Kompromissen beschäftigen, zu denen die politische Gratwanderung zwischen Rückschritt und Fortschritt, zwischen Unterdrückung und Innovation geführt hat, mit ihren Ergebnissen ebenso wie mit ihren menschlichen und gesellschaftlichen Kosten und ihren neuen Kräftekonstellationen und Frontenbildungen.

Entfaltung der Produktivkräfte auf der einen Seite, strikte Kontrolle und Regulierung des gesellschaftlichen Wandels auf der anderen – die Instrumente für eine solche sich über einen langen Zeitraum erstreckende, in sich widersprüchliche Operation boten nach Gramsci der neue Staat faschistischen Typs *und* der Korporativismus, die eigentlichen Korporationen und vor allem auch die korporative Ideologie.

83 Eine jüngst erschienene empirische Untersuchung hat diese Zusammenhänge für die Länder Deutschland, Frankreich, Italien nachgewiesen: vgl. Charles S. Maier, *Recasting Bourgeois Europe. Stabilization in France, Germany and Italy in the decade after world war I*, Princeton 1975. Vgl. jedoch die kritische Rezension von Mariuccia Salvati, Teoria „corporatista" e storia contemporanea, in: *Rivista di storia contemporanea*, IX. Jg., 1980/4, S. 621–642.

Als sich daher der italienische Faschismus Anfang der dreißiger Jahre mit der Aufgabe konfrontiert sah (und in diesem Punkt unterschied sich die Gramscische Konzeption wesentlich von der Faschismus-Interpretation der Kommunistischen Internationale), die ökonomische Entwicklung des Landes voranzutreiben und gleichzeitig die latent drohende gesellschaftliche Explosion an ihrem Ausbrechen zu hindern (Faschismus als „rivoluzione passiva"), kam unter diesen Bedingungen dem Experiment Korporativismus spezifische Funktion zu[84].

VI Zur Funktion der korporativen Ideologie

Die hier angedeutete Konfiguration der Verschränkung von ökonomischer und gesellschaftlich-politischer Sphäre, die der Dimension Politik langfristig eine veränderte, neue Qualität verleihen sollte[85], kommt besonders deutlich in der Ideologie des Korporativismus zum Tragen und in der ihr in diesem Prozeß zukommenden Funktion.

Vorab wieder einige Bemerkungen zur Klärung von Gramscis methodischem Vorgehen bei seiner Beurteilung der ideologischen Dimension für die „passive Revolution". Die objektive Voraussetzung für die korporative Programmatik und Bewegung bildete die allgemeine, für die historische Epoche kennzeichnende Tendenz zur Planung. Indes, ein über lange Zeiträume programmierter und die gesamte Gesellschaft erfassender Wandel kann sich nicht ausschließlich auf Mechanismen der Repression stützen, sondern ist aufgrund wesentlicher ihm inhärenter Momente – wie Innovation *und* Stabilität – auf die Herausbildung von aktivem und dauerhaftem Konsens auf breiter Basis[86] angewiesen. In diesem Lichte sieht Gramsci die entscheidende *politische* Funktion der korporativen Ideologie, der in der Realanalyse folglich ein spezifischer Stellenwert zukommt, gleichberechtigt neben der Ana-

84 Das Konzept der „passiven Revolution" ist für Gramscis Faschismus-Analyse konstitutiv. Bezeichnet wird mit dem Begriff „passive Revolution" eine Periode des Übergangs und des Wandels, ohne daß es dabei zu grundlegenden Veränderungen im gesellschaftlichen Kräfteverhältnis kommt (Faschismus als „Form" der passiven Revolution – F. De Felice). Der Prozeß des Wandels ist „passiv", weil er sich unter der Kontrolle der alten herrschenden Klasse vollzieht, „die alles verändert, damit alles beim alten bleibt". Gramsci spricht daher auch von einer „restaurazione-rivoluzione". Vgl. bes. De Felice, Rivoluzione passiva (Anm. 1); Christine Buci-Glucksmann, *Gramsci e lo stato. Per una teoria materialistica della filosofia*, Rom 1976, bes. S. 343–379; vgl. auch Mario Telò/Gisela Wenzel, *Hegemonie der Arbeiterklasse oder ‚passive Revolution'*, unveröff. Ms. [1977].

85 Mit der Reorganisierung des Kapitalismus im Weltmaßstab und der wachsenden Interventionstätigkeit des Staates in der ökonomischen Sphäre beginnt eine neue Phase kapitalistischer Entwicklung, die gekennzeichnet ist von der „Priorität des Politischen, das den Boden für den entscheidenden Waffengang in der reifen kapitalistischen Gesellschaft" bildet. Vgl. De Felice, Una chiave (Anm. 1), S. 35 u. passim.

86 Gramsci betont, daß die langdauernden Wandlungsprozesse individueller Gewohnheiten nicht durch bloßen Zwang erfolgen. Sie setzen vielmehr voraus bzw. bewirken selbstdisziplinarische und selbstadaptive Verhaltensweisen, die mir treffend mit Max Webers Begriff des „Einverständnisses" erfaßt zu sein scheinen. Vgl. Max Weber, *Gesammelte Aufsätze zur Wissenschaftslehre*, Tübingen 1922, bes. S. 432, 447 ff.

lyse der institutionell-administrativen Realisierung und der anderen konkreten Maßnahmen des Korporativismus. Die realpolitische Bedeutung der korporativen Ideologie und also ihre historische Legitimation sieht Gramsci folglich in ihrer theoretischen Intention begründet, zu einer ideologischen Vereinheitlichung der italienischen Bourgeoisie zu gelangen und darüber hinaus einen Konsens auf Massenbasis um das Projekt der „passiven Revolution" zu schaffen und zu konsolidieren[87].

Wesentliche Adressaten der Formierungsarbeit bildeten die „ceti medi", die Zwischenschichten. Dies dokumentieren in aller Deutlichkeit gerade die progressivsten unter den theoretischen Konzepten der Korporativisten, z.B. die von Alfredo Rocco, der schon vor dem Ersten Weltkrieg klarsichtig erkannte, wie sehr es für das verläßliche Funktionieren einer modernen Industrie- und Massengesellschaft notwendig sei, die Zwischenschichten aus der „Grauzone" der Gesellschaft herauszulösen und sie in positiver Weise in den Staat hineinzunehmen.

Eine vergleichbare Funktion für die positive Einbindung (von Teilen) der Arbeiterschaft erfüllte nach Gramsci die Fordsche Ideologie der hohen Löhne. Ungeachtet der ökonomischen Aspekte einer Politik der hohen Löhne betont Gramsci zunächst die gesellschaftlich-ideologische Dimension des Problems, damit über den begrenzt ökonomischen Horizont hinausweisend. Seine Argumentation nimmt von der Feststellung ihren Ausgang, daß die Fordmethode, sofern sie nach Verallgemeinerung strebt, einen langen Prozeß des gesellschaftlichen Wandels und der individuellen Verhaltensweisen, Sitten und Gebräuche bewirkt. Diese gesellschaftlichen und individuellen Anpassungsprozesse an die neuen Methoden der Produktions- und Arbeitsweise können jedoch nicht allein durch gesellschaftlichen Zwang erfolgen, obwohl man diese Überzeugung in Europa und vor allem in Japan häufig antrifft. Vielmehr muß der Zwang mit Überzeugung und Konsensus klug gepaart werden, „und dies kann erreicht werden – in den gesellschaftlich vorgegebenen und adäquaten Formen – durch eine höhere Entlohnung, die einen bestimmten Lebensstandard ermöglicht ..."[88].

Doch zurück zum Problem des analytischen Stellenwertes der korporativen Programmatik für die Realanalyse. Nach Gramsci ist es von *relativer* Bedeutung,

„ob sich ein solches Konzept in die Praxis umsetzen läßt, in welchem Maße und in welchen Formen; politisch und ideologisch ist von Wichtigkeit, daß es sowohl von der Möglichkeit her wie auch tatsächlich die Fähigkeit besitzt, eine Periode der Erwartungen und der Hoffnungen zu schaffen, insbesondere in bestimmten italienischen gesellschaftlichen Gruppen, wie der großen Masse der städtischen und ländlichen Kleinbourgeoisie, und dadurch das hegemoniale Gefüge und die militärische und zivile Zwangsgewalt aufrechterhält, zur Disposition der traditionell führenden Klassen."[89]

Daher tut Gramsci die äußerst lebendig und kontrovers geführte Korporativismusdebatte auch nicht lediglich als demagogisches Spektakel des Regimes ab. Vielmehr verfolgt er die innerkorporative Diskussion sehr aufmerksam und greift seiner-

87 Vgl. auch Sbarberi, Crisi (Anm. 2), S. 22 f. u. passim.
88 Gramsci, Americanismo e fordismo (Anm. 1), S. 337–340 [398–401].
89 Gramsci, Quad. 10, in: *Quaderni* (Anm. 1), S. 1228.

seits Themen bzw. Fragestellungen auf, die im Mittelpunkt der kontroversen Debatten stehen: so den Disput zwischen den Befürwortern der Reagrarisierung und den sogenannten americanisti, die Diskussion zwischen Korporativisten (Spirito) und liberalen Nationalökonomen über die Rolle und die Funktion des Staates sowie die Polemik um das Verhältnis von Faschismus und Kommunismus[90].

Von der Beobachtung ausgehend, soviel kann vorab festgehalten werden, daß sich unter dem Sammelbegriff Korporativismus sehr unterschiedliche und zuweilen gegensätzliche Kräfte und Tendenzen verbargen, geht es Gramsci beim Sichten und Aufbereiten der verschiedenen Stränge und Verknüpfungen im wesentlichen um die Unterscheidung zwischen „rückschrittlichen" und „progressiven" Komponenten bzw. Kräftekonstellationen, wobei die Entwicklungstendenzen des internationalen Kapitals ihm die Maßstäbe für die Kriterien „rückschrittlich" bzw. „fortschrittlich" liefern.

Der hohe realpolitische Stellenwert, den Gramsci der korporativen Ideologie im Faschismus einräumt, und hierbei die politische ebenso wie die heuristisch-analytische Relevanz der korporativen Debatte, bekommen noch ein zusätzliches Gewicht durch eine weitere Überlegung, die den spezifisch italienischen Charakter der Ideologieproblematik herausstellt. Gemeint ist hier die Rolle der Intelligenz in dem Prozeß der Konsensbildung, die in Italien eine grundlegend andere war als etwa in US-Amerika. Dort bestanden bereits, wie dargelegt, aufgrund der geschichtlichen Entwicklung „rationalisierte Vorbedingungen", die die Rationalisierung der Produktions- und Arbeitsweise erleichterten. Diesen geradezu idealtypischen Fall hat Gramsci vor Augen, als er feststellte, daß die Hegemonie von der Fabrik ausgeht, und daß sie zu ihrer Ausübung nur einer ganz geringen Anzahl von professionellen Vermittlern der Politik und Ideologie bedarf. Abweichend gegenüber dem „Modell" verhalten sich die Dinge im Falle Italiens: eines an der Peripherie der Entwicklung des internationalen Kapitalismus gelegenen Landes, wo die traditionellen bzw. rückständigen Formen kapitalistischer Entwicklung im Übergewicht sind gegenüber den international sich durchsetzenden progressiven Tendenzen, die ihren Ursprung in der Regel außerhalb der italienischen Grenzen haben[91].

Hier wird, in den Begriffen von heute gesprochen, das Verhältnis „Zentrum-Peripherie" reflektiert als Determinante in dem Prozeß der Verallgemeinerung kapitalistischer Entfaltung auf neuer Stufenleiter – aus der Perspektive eines an der Peripherie gelegenen Landes. Gramsci formuliert:

„... wenn der Anstoß zum Fortschritt nicht eng verbunden ist mit einer umfassenden Entwicklung der Wirtschaft in loco, die statt dessen künstlich begrenzt und unterdrückt wird und vielmehr Reflex ist der internationalen Entwicklung, von der die ideologischen Impulse ausgehen, aus dem Schoße der produktiven Entwicklung in den fortschrittlichsten Ländern kommend

90 Vgl. Sbarberi, Crisi (Anm. 2), S. 22 f. u. Anm. 63.

91 Zur Anwendung des Begriffs „Peripherie" auf Italien und seine analytische Funktion für Gramsci vgl. A. Gramsci, Un esame della situazione italiana [August 1926], abgedr. in: Antonio Gramsci, *Opere. La costruzione del partito comunista, 1923–1926*, Turin 1971, S. 113–125, hier S. 121.

[...], wenn dies der Fall ist, so wird nicht die ökonomische Gruppierung zur Trägergruppe dieser neuen Ideen, sondern die Schicht der Intellektuellen ...".[92]

Der korporativen Ideologie kamen also in Italien in hohem Maße initiative und vorantreibende Funktionen zu für den grundlegenden Transformationsprozeß der Produktionsstrukturen und der Formen der Arbeitsorganisation. Es wäre folglich irreführend, wollte man die Ideologie des italienischen Korporativismus lediglich als Spiegelbild bestehender Verhältnisse interpretieren. Sie ist vielmehr ihrerseits zentrales „Moment des kulturell-politischen Kampfes" um die zukünftige Entwicklung des Landes[93]. Mehr noch: Die Überlegungen Gramscis verdeutlichen die Gründe und Zusammenhänge, die dazu führten, daß die von einer Minderheiten-Gruppierung (Fiat/Agnelli) verfochtene Richtung der Krisenlösung ein demgegenüber breit gefächertes Spektrum von Staats- und Gesellschaftskonzepten in den Reihen der Korporativisten vorfand, die auf seit langem autonom entwickelte korrespondierende Entwürfe zurückgreifen konnten.

Im Mittelpunkt der folgenden Kapitel steht die innerkorporative Debatte der Periode 1927/28–1934/35. Dabei geht es mir in der Hauptsache um den Nachweis und die auszugsweise Dokumentation besagter Korrespondenz. Zur Verdeutlichung der allgemeinen politischen Konstellation, in der die Korporativismusdebatte stattfand, als erstes eine Skizze der konkrethistorischen Situation.

92 Gramsci, Quad. 10, in: *Quaderni* (Anm. 1), S. 1360/1361.

93 Gramsci, Quad. 6, in: ebd., S. 753. Zur Kritik an einem dogmatischen Materialismus, der den „Überbau" auf ein bloßes Spiegelbild der „Basis" reduziert und, demgegenüber, zur theoretischen Begründung der „aktiven Rolle der Ideologien" vgl. Henri Lefebvre, *Das Alltagsleben in der modernen Welt*, Frankfurt a.M. 1972, S. 48–50.

2. Kapitel: Die Korporativismusdebatte. Zur historischen Konstellation, 1927–34

Es ist unbestritten, daß der Korporativismus in Theoriebildung wie in politischer Praxis seine Hochzeit in den Jahren von 1927 bis 1934 erlebte[94]. Dies gilt auch für das breite Interesse außerhalb Italiens, mit dem man dort das faschistische Experiment verfolgte. So ist es naheliegend, diese Periode als die eigentlich korporative Phase im italienischen Faschismus zu bezeichnen. Aus dieser Zeit stammt auch der Ausspruch von Mussolini (Ende 1930): „Der faschistische Staat ist korporativ, sonst wäre er nicht faschistisch."[95]

Die Breite der Auseinandersetzungen in und um den Korporativismus, die Differenziertheit der dabei zum Vorschein kommenden Positionen und die politische Sprengkraft, die der Kampf um den politischen Gebrauch des Korporativismus in sich barg, und zwar in dem Maße, wie das faschistische Regime sich mit „dem" Korporativismus identifizierte, lassen sich ohne die Berücksichtigung des realhistorischen Zusammenhangs kaum begreifen. Ganz unterschiedliche Determinanten, internationale Impulse und im nationalen Rahmen angesiedelte objektive Gegebenheiten, gesellschaftliche Prozesse des Wandels, Erwartungshaltungen u.ä. kennzeichnen die konkrete Situation bis 1934/35, in der die politisch-ideologische Debatte ausgetragen wurde.

Zum genaueren Verständnis dieser Konstellation, die für das faschistische Regime überdies eine grundlegend gewandelte Situation gegenüber der Zeit der Machtübernahme beinhaltete, werden im folgenden einige relevante Zusammenhänge und Entwicklungslinien, wenn auch nur summarisch, aufgezeigt. Zur Abrundung des Bildes folgt anschließend ein knapper Überblick über den Aufbau der korporativen Einrichtungen und Institutionen, ergänzt durch einige Überlegungen über die langfristig herausragende Bedeutung der korporativen Bewegung in ihrer Eigenschaft als Vermittlerin von bestimmten Ideologien und Wertesystemen.

94 Zur allgemein akzeptierten groben Periodisierung, mit Unterschieden allenfalls in der Akzentsetzung, vgl. u.a. Enzo Santarelli, Il processo del corporativismo: elementi di transizione storica, in: *Critica marxista*, X. Jg., Nr. 4, Juli–August 1972, S. 20–39; Gianpasquale Santomassimo, Ugo Spirito e il corporativismo, in: *Studi Storici*, XIV. Jg., 1973, Nr. 1, S. 61–113, hier S. 62.

95 Abgedr. in: *Korporative Wirtschaft in Italien*, hrsg. v. Horst Wagenführ, Berlin 1934 (Zitat s. Umschlagseite).

I Konkret-historische Rahmenbedingungen der Krisendiskussion

1.0 Internationale Impulse

Zu einem ersten Komplex[96] lassen sich die aus dem internationalen Kontext rührenden Impulse rechnen, die – ausgelöst zunächst durch die Auflösung der bis dahin schlecht, aber immerhin noch funktionierenden internationalen Ordnung – zugleich Signale des stattfindenden Wandels und ihrer Reorganisierung bildeten.

Ein zentrales Moment bildete der beschleunigte Zerfall des kapitalistischen Weltmarktes, der sich besonders klar in den Konzepten einer ganzen Reihe von korporativen Theoretikern widerspiegelte, insbesondere bei denjenigen nationalistischer Provenienz. Diese spielten in einer zum Teil mit viel Vehemenz ausgetragenen publizistischen Debatte, in der sie für gänzlich neue Formen der Integration Italiens in das internationale System eintraten, den Widerpart zu den Vertretern der liberal-ökonomischen Schule. Letztere forderten die Rückkehr zu den vor dem Ersten Weltkrieg bestehenden Verhältnissen und Spielregeln, d.h. namentlich zur Wiederherstellung der Marktmechanismen, worin allerdings die korporativnationalistischen Kritiker lediglich ein Nicht-Begreifen der „Zeichen der Zeit" sahen. Ein weiteres Bündel von in seinen Auswirkungen noch gar nicht hinreichend untersuchten Außenimpulsen bildete das „Beispiel Sowjetunion". Eher noch als mit den fortgeschrittenen Industrienationen des Westens sah man in Kreisen der Korporativbewegung viele Parallelen mit der eigenen Situation im alten Rußland. Und besonders der modernistisch eingestellte, zu neuen Fronten drängende Teil der italienischen Bourgeoisie und der Intelligenz verfolgte neugierig-unideologisch den forcierten Industrialisierungsprozeß in der Sowjetunion. Im Mittelpunkt des Interesses stand das Problem der Planung, besonders das der Wirtschaftsplanung.

Zahlreiche Impulse gingen auch von der Planungsdebatte in den westlichen Industrieländern aus, wie sich anhand der zeitgenössischen Wirtschaftspresse unschwer nachvollziehen läßt. Eine erste Durchsicht macht indessen schon deutlich, daß die in den entwickelteren Ländern diskutierten und teilweise auch schon realisierten Plankonzepte mit beträchtlichem Vorbehalt verfolgt wurden. Man hielt sie nur ansatzweise und mit größter Behutsamkeit auf Italien anwendbar[97]. Und eben-

96 Zu diesem Abschnitt vgl. auch Enzo Santarelli, *Storia del fascismo*, Bd. II, Rom ²1973, S. 215 ff.

97 Die Auseinandersetzung im italienischen Faschismus mit dem amerikanischen New Deal fand hauptsächlich in den Jahren 1933–35 statt. Einen Überblick über die zeitgenössische Auseinandersetzung in der politischen Publizistik gibt Maurizio Vaudagna, New Deal e corporativismo nelle riviste politiche ed economiche italiane, in: G. Spini/G. G. Migone/ M. Teodori (Hrsg.), *Italia e America dalla grande guerra a oggi*, Mailand 1976, S. 101–140; zur historiographischen Diskussion vgl. Franco Catalano, New Deal e corporativismo fascista di fronte alle conseguenze della grande crisi. Discussioni storiografiche, in: *Il Movimento di Liberazione in Italia*, April–Juni 1967, Nr. 87, S. 3–34; zu theoretischen, wenn auch nicht immer differenzierenden Anmerkungen für einen Vergleich von New Deal und Faschismus/Nationalsozialismus vgl. Gabriella M. Bonacchi, Teoria marxista e crisi: I „comunisti dei consigli" fra New Deal e fascismo, in: *Problemi del socialismo*, 4. Serie, XVII. Jg., April–Juni 1976, S. 79–128, insbes. die dort angeführte Literatur.

falls in deutlicher Widerspiegelung der tatsächlich abhängigen und untergeordneten eigenen Position in der internationalen Arbeitsteilung verfolgte man in Italien mit großer Aufmerksamkeit die ersten Schritte der lateinamerikanischen Länder bei ihrem Aufbau eigener, die Einfuhren substituierender Fertigungen.

1.1 Allgemein verbreitetes Krisenbewußtsein

Einen nächsten Komplex bildete die ökonomische Krise und mit ihr das weit verbreitete ausgeprägte Krisenbewußtsein, das nicht in ausschließliche ökonomische Kategorien zu fassen ist (Gramscis „organische Krise"). Materiale Basis hierfür bot die spezifische ökonomische Krisenentwicklung in Italien, d.h. die Kumulierung der Währungs- und Stabilisierungskrise von 1927 mit den Auswirkungen der Weltwirtschaftskrise von 1929.

Es ist in der Tat kein Zufall, wie bereits hervorgehoben wurde[98], daß der Korporativismus seinen eigentlichen Aufschwung schon mit der Bereinigungs- und Deflationskrise von 1927 nahm, während das Übergreifen der Weltwirtschaftskrise auf Italien Ende 1930 in der korporativen Bewegung eine neue, deutliche Zäsur bewirkte. Erst jetzt sahen sich die Korporativisten mit der Herausforderung konfrontiert, einen „dritten Weg" zwischen Kapitalismus und Sozialismus anbieten zu müssen. Von diesem Zeitpunkt an nahm einerseits der Erfolgsdruck in einem vorher so nicht erfahrenen Maße zu, zum anderen verringerte sich jedoch unter dem Druck der ökonomischen Krise die Bereitschaft der italienischen Unternehmer – genauer: ihrer Mehrheit –, andere als die traditionell-italienischen Wege einzuschlagen.

Anders die „hausgemachte" Krise von 1927, die noch im Zeichen der propagandistisch genährten Erwartung von dem Beginn einer neuen Ära stand: Hier schien sich eine neue Epoche in der Entwicklung der italienischen Geschichte aufzutun, die eine positive Antwort auf die Krise des liberalen Verfassungsstaates zu bieten versprach, nachdem die erste, überwiegend re-aktive und repressive Periode des Faschismus, 1922–1925/26, abgeschlossen zu sein schien. Vor diesem Hintergrund sind Entwicklungen zu sehen wie das vorübergehende Erlahmen der antifaschistischen Opposition im In- und Ausland und das Ausmaß ihrer Desorientierung[99], ferner die Annäherung und selbst die Bereitschaft von Teilen der Gewerkschaftsorganisation zur Zusammenarbeit mit dem faschistischen Regime[100]. Entwicklungen

98 So Gianpasquale Santomassimo, Aspetti della politica culturale del fascismo: il dibattito sul corporativismo e l'economia politica, in: *Italia Contemporanea*, Okt.–Dez. 1975, Nr. 121, S. 3–25.

99 Vgl. u.a. Giorgio Amendola, *Der Antifaschismus in Italien. Ein Interview*, Stuttgart 1977, S. 67 ff., 71 ff.

100 Beispielhaft für die graduellen Formen des Übergangs vom Syndikalismus reformistischer Richtung über den Korporativismus zum Faschismus ist der politische Werdegang von Rinaldo Rigola, Sekretär des gewerkschaftlichen Dachverbandes Confederazione generale del lavoro von 1906–1913. Rigola gründete 1927, zusammen mit früheren Syndikalisten (D'Aragona, Maglione, Azimonti), die Zeitschrift „Problemi del lavoro", der zusammen mit anderen organisatorischen Neugründungen nach der Selbstauflösung der CGdL die

dieser Art verliefen Hand in Hand mit der Herausbildung eines technokratischen Legitimationsanspruches des Faschismus, der während dieser kurzen Zeitspanne seinen Höhepunkt erreichte[101]. Aber die vermeintlich innovatorische leadership des Faschismus endete abrupt 1929/30, als die ideologische Debatte noch ihrem Höhepunkt zustrebte. Denn mit der Verschärfung der Weltwirtschaftskrise brachen die alten, inzwischen überwunden geglaubten Strukturprobleme vollends wieder auf: der Konflikt zwischen Industrie und Landwirtschaft, die Probleme des Unterkonsums, der Arbeitslosigkeit, der labilen Weltmarktstellung, des extrem krisenanfälligen Bankenapparates usw. Zu den Folgen der Krise und der Art ihrer Bewältigung gehörte nicht zuletzt, daß Visionen eines „fordismo italiano" begraben werden mußten; ebenso verflüchtigte sich schnell der Mythos von einer neuen, progressiven italienischen Bourgeoisie[102].

1.2 Der Faschismus unter Legitimationsdruck

Während im Verlauf der Krise mehr und mehr – und vor allem mit Blick nach außen – vom Korporativismus als Alternative zum Kapitalismus und zum Sozialismus die Rede war, während demgegenüber die neuen Wege, die in Italien tatsächlich zur Krisenüberwindung eingeschlagen wurden, *außerhalb* der korporativen Institutionen verliefen, erreichte die ideologische Auseinandersetzung in und um den Korporati-

Fortsetzung Fußnote 100
faschistischen Syndikate flankierende Funktionen zukamen. Vgl. insges. Stefano Merli, Corporativismo fascista e illusioni riformistiche nei primi anni del regime, in: *Rivista storica del socialismo*, II. Jg., Nr. 5, Jan.–März 1959, S. 121–137. Symptomatisch auch die Position von Edmondo Rossoni: „Propagandist des nationalen Korporativismus, der als volksgemeinschaftlicher Ausgleich der Klassengegensätze dem Klassenkampfprinzip und der Streikpolitik der sozialistischen Gewerkschaften entgegengestellt wurde" (Theo Pirker [Hrsg.], *Komintern und Faschismus. Dokumente und Theorie des Faschismus*, Stuttgart 1965, S. 51). Einen nach wie vor hilfreichen Überblick über den Stand der Forschung gibt Gian Mario Bravo, Sindacalismo fascista e corporativismo (1922–1945), in: *Annali della Fondazione Einaudi*, Bd. III, Turin 1969, S. 207–226; ferner Carlo Cartiglia, La destra sindacale e Mussolini: ‚I problemi del lavoro', in: *Rivista di storia contemporanea*, IV. Jg., 1975, Nr. 4, S. 506 ff.; Carlo Cartiglia, I fiancheggiatori del fascismo: L'episodio Caldara del 1934, in: *Rivista di storia contemporanea*, II. Jg., 1973, Nr. 3, S. 374–388; ders., Il „fascismo di fronda": appunti e ipotesi di lavoro, in: *Italia contemporanea*, XXVIII. Jg., Nr. 122, 1976, S. 3–22.

101 Paolo Ungari, Ideologie giuridiche e strategie istituzionali del fascismo, in: Abrate/De Felice/Del Noce/Ungari, *Il problema storico del fascismo*, Florenz 1970, S. 61–79, bes. S. 71 f., 74; zu den technokratischen Bestrebungen des frühen Faschismus, mit Schwergewicht auf der Rationalisierung und Effektivierung der öffentlichen Verwaltung, s. Alberto Aquarone, Aspirazioni tecnocratiche del primo fascismo, in: *Nord e Sud*, XI. Jg., Nr. 52 (113), April 1964, S. 109–128.

102 Mit weitreichenden Folgen für den italienischen Faschismus selbst; vgl. dazu Ungari: „Die beiden Aspekte des Faschismus, der ‚fascismo avventuriero' und der ‚fascismo razionalizzatore' beginnen auseinanderzustreben, als es darum geht, eine in Krise geratene Wirtschaft zu handhaben: und innerhalb dieses Vakuums, in einer Situation ohne langfristige organische Perspektive, wird dem Regime zunehmend die ideologische Hegemonie des Nationalsozialismus aufgedrückt." (Ungari, Ideologie, S. 77.)

vismus 1932 ihren Höhepunkt. Zur Bildung der Korporationen selbst kam es sogar erst im Februar 1934.

Die *Phasenverschiebung* zwischen ökonomischer Entwicklung und politisch-kulturellem Kampf verlieh diesem in seiner letzten Phase verstärkt die Funktion der Kontrolle und Kanalisierung von veränderten bzw. neu entstandenen sozialen Konflikten und Problemen, wenngleich auf neuer Stufe gegenüber den frühen zwanziger Jahren. Die Korporativismusdebatte bot nun ein (erstes) Auffangbecken einmal für dissidente bzw. oppositionelle Strömungen im Faschismus selbst und darüber hinaus für ein sich neu bildendes Konfliktpotential, das entstanden war durch die Modifikationen im Laufe fast zehnjähriger faschistischer Herrschaft in der Sozialstruktur, in der Massenbasis der Partei und innerhalb des herrschenden Blocks. Insgesamt geriet das faschistische Regime zusehends stärker in einen neuen Legitimationszwang, nach innen ebenso wie nach außen, während sich gleichzeitig jedoch die Handlungsspielräume verengten. Dieser Umstand wirkte um so gravierender insofern, als die Legitimationskrise gerade auch darin bestand, daß das faschistische Regime zunehmend mit der Erwartung „positiver" Lösungen konfrontiert wurde.

Einen ersten Komplex von Problemen bildeten in diesem Ausmaß erstmalig wieder die Unruhen in den Betrieben und v.a. auf dem Land, mit ihrem Höhepunkt Sommer 1930/Sommer 1931[103]. Verschärfend kam nun hinzu, daß unter dem Druck von wachsender Arbeitslosigkeit, Lohnkürzungen und Intensivierung der Arbeit in den Fabriken (Einführung des Bedaux-Systems) die faschistischen Syndikate selbst mitten in die Auseinandersetzungen gerieten, so daß es in einzelnen Fällen wieder zum Einsatz von Schlägertrupps durch die Unternehmer kam (im Verlauf von Tarifverhandlungen, wie in den Jahren unmittelbar *vor* der faschistischen Machtübernahme)[104]. Vor dem Hintergrund der skizzierten Ereignisse sind die Erwartungen, die die Korporativordnung als vermeintlich höhere Stufe in der Entwicklung des Faschismus nährte, als Momente der Stabilisierung zu verstehen. Dies trifft besonders auf die Funktionärsschicht in den faschistischen Massenorganisationen zu.

So wäre auch die Entstehung von Unruheherden und sodann die Herausbildung einer sich „links" nennenden Strömung innerhalb der korporativen Bewegung ohne die Krise des faschistischen Syndikalismus nicht zu begreifen[105].

103 Ca. tausend Streiks, offene Konflikte und Protestaktionen wurden in den Jahren 1926–1936 registriert. Wichtigste und z.T. erfolgreiche Kämpfe waren derjenige von 20.000 Reisarbeiterinnen (1931) gegen Lohnkürzungen, der Streik Mailänder Metallarbeiter gegen Arbeitszeitverkürzungen (1932), derjenige arbeitsloser Apulier (1933) und der hartnäckige Widerstand gegen die Einführung des Bedaux-Systems (bis Ende 1934); s. dazu Vittorio Foa, Sindacati e lotte sociali, in: *Storia d'Italia*, Bd. V, I. Teilbd., Turin 1973, S. 1783–1828, hier S. 1814, ferner die dort angegebene Literatur; einen Überblick gibt auch Santarelli, *Storia* (Anm. 96), S. 228–232; ferner Paolo Spriano, *Storia del partito comunista italiano*, Bd. II: *Gli anni della clandestinità [1926–1935]*, Turin ²1969, bes. S. 287 ff. (dort auch zu den Bestrebungen der KPI, ein neues illegales Inlandszentrum zu errichten).

104 Vgl. Santarelli, *Storia* (Anm. 96), S. 231; aus zeitgenössischer Perspektive vgl. Il Boscaiolo, Una ondata di movimenti di massa, in: *Lo stato operaio*, VII. Jg., Nr. 7, Juli 1933, S. 394–403.

105 Vgl. Santarelli, *Storia* (Anm. 96), S. 259 ff.

Einen wesentlichen Komplex in der Konstellationsskizze bilden aber nicht zuletzt die Modifikationen in der Bevölkerungsstruktur, die das faschistische Regime ebenfalls mit veränderten bzw. völlig neuen Problemen konfrontierten. Auch hierzu nur einige Stichpunkte:

An erster Stelle sind im Hinblick auf die Korporativismus-Problematik die Jugendfrage und das Problem der „ceti medi", der Zwischenschichten, zu nennen. Beide Bevölkerungsgruppen bildeten die herausragenden Adressaten der ideologischen Formierungsbestebungen der korporativen Programmatiker. Ziel war ihre *positive*, d.h. auf Konsensus und Loyalität beruhende Einbindung in den faschistischen Staat. Und letztlich ging es dem faschistischen Staat darum, eine eigene Massenbasis qua Staat zu schaffen[106].

Zunächst zum Dissens der Jugend[107]. Verschärft noch durch die Auswirkungen der Wirtschaftskrise trat das für den Faschismus an der Macht neue, allgemein als Generationenfrage umschriebene Problem dissidenter Jugendlicher zutage. Hierbei handelte es sich zunächst nicht eigentlich um eine zielgerichtete und bewußt politische Opposition, sondern eher um spontane Bewegungen unter den Jugendlichen, die zur Zeit der faschistischen Machtübernahme noch Kinder oder Halbwüchsige waren und die nun den Faschismus beim Wort nahmen, gegen Bürokratismus, Hierarchienunwesen und Klüngelwirtschaft anrannten und im Namen von Antikonformismus und Antinationalismus einen „besseren Faschismus" forderten. Es handelte sich also eher um eine moralischorientierte Bewegung, die zunächst nach autonomen, d.h. selbstbestimmten Organisations- und Entfaltungsmöglichkeiten *im* System suchte, die aber, über einen längeren Zeitraum gesehen, den Erfahrungshintergrund für zielgerichtete politische Formen des Widerstandes bilden sollte[108].

Daß diese Fronde- und Protestbewegung in der Wahrnehmung des Regimes ein Politikum ersten Ranges darstellte, läßt sich unschwer an der Stoßrichtung der kulturpolitischen Offensive ablesen und an ihrer neuerlichen Propagierung von als spezifisch faschistisch ausgegebenen Werten und Mythen: „giovinezza" (Jugend) in Verbindung mit „produttivismo", „corporativismo" und „impero". Hauptadressaten in dem Prozeß der Faschisierung der italienischen Kultur, und hier nahm die Korporativismusdebatte eine herausragende Rolle ein, waren die Schulen und Universitä-

106 Neben den zitierten Arbeiten von Ungari ziehe ich heran v. a. die Vorlesung von Johannes Agnoli, gehalten im Sommersemester 1978 an der Freien Universität Berlin unter dem Titel: „Kapitalismus und Faschismus. Das korporative System in Italien"; wichtig auch Silvio Lanaro, Nazionalismo e ideologia del blocco corporativo-protezionista in Italia, in: *Ideologie, Quaderni di storia contemporanea*, Nr. 2, 1967, S. 36–93; allgemein zum Diskussionsstand s. Guido Quazza, Storia del fascismo e storia d'Italia, Einleitung zu: *Fascismo e società italiana*, hrsg. von Guido Quazza, Turin 1973, S. 5–43.

107 Vgl. hierzu Santarelli, *Storia* (Anm. 96), S. 275 ff. Ausführlich zur Jugendpolitik: Niccolò Zapponi, Il partito della gioventù. Le organizzazioni giovanili del fascismo 1926–1943, in: *Storia contemporanea*, XIII. Jg., 1982/4–5, S. 569–633.

108 Vgl. Spriano, *Storia* (Anm. 103), S. 338–354; aus zeitgenössischer Perspektive sind aufschlußreich, Marcucci, Per la conquista della gioventù, in: *Lo stato operaio*, VII. Jg., Nr. 1–2, 1933, S. 34–41; die Funktion des ‚Linksfaschismus' herausarbeitend: Ruggero Grieco, L'inganno corporativo e le posizioni del fascismo di „sinistra", in: *Lo stato operaio*, IX. Jg., Nr. 1, 1935, S. 7–15.

ten, aber auch die öffentliche Verwaltung, öffentliche Betriebe wie Bahn und Post und schließlich die inzwischen errichteten Staatsbetriebe in der Produktion.

Während die jugendlichen Gruppierungen kaum Kontakte zu den illegal arbeitenden antifaschistischen Parteien fanden und auch dem Antifaschismus eines Benedetto Croce fremd gegenüberstanden, vermochte sich das faschistische Regime mit seinen an die Jugend Europas gerichteten „universalistischen" Appellen – zu deren Bestandteilen eben auch der Korporativismus als „dritter Weg" gehörte – zunächst noch wachsenden Konsens unter den Heranwachsenden zu schaffen.

Der Dissens unter der im Faschismus aufgewachsenen Jugend war in seinen Anfängen aber nicht nur Ausdruck einer Bewußtseinskrise; er war gleichzeitig „die Auswirkung der ökonomischen und politischen Krise Italiens und Europas auf die Kleinbourgeoisie, die die Schulen besuchte"[109]. Die Kleinbourgeoisie und insgesamt die Zwischenschichten, aus denen sich die dissidenten Jugendlichen zum größten Teil rekrutierten, stellten das faschistische Regime vor eine veränderte Situation. Denn nicht nur der Anteil der „ceti medi" an der Gesamtbevölkerung hatte sich vergrößert, auch ihr numerisches und qualitatives Gewicht in der Faschistischen Partei war angewachsen[110]. Als 1932 der seit 1926 bestehende Aufnahmestopp aufgehoben wurde, floß der größte Teil der neuen Mitglieder aus den Zwischenschichten zu (Anstieg der Mitgliederzahl von 1.007.231 auf 1.415.407)[111]. Parallel hierzu waren es überwiegend Angehörige der „ceti medi", die die Parteiämter besetzten und den Ton in den angegliederten Organisationen angaben.

1.3 Modifikationen im Verhältnis: Faschistische Partei – Staat

Während sich die soziale Zusammensetzung und der klassenspezifische Charakter der Faschistischen Partei wandelten, veränderte sich ihre Stellung insgesamt im Staat, im Verhältnis zum Staat. Die Partei hatte sich immer mehr von einem Instrument der faschistischen Bewegung zu einem solchen des faschistischen Regimes, des Staates, entwickelt – eine Entwicklung, die ebenfalls um 1929/30 offenkundig wurde und die sich am ehesten mit dem Begriff „Integration von Partei und Staat" umschreiben läßt[112].

Ohne hier auf den langwierigen Prozeß der Etatisierung der Partei eingehen zu wollen, ist lediglich festzuhalten, daß sich im PNF selbst („partito nazionale fascista") in der Frage Partei-Staat zwei Positionen gegenüberstanden: Die eine, aus den alten kleinbürgerlichen Kadern um Farinacci bestehend, trat für die Vorrangstellung der Partei ein, die andere für den Primat des Staates; sie wurde von der aus dem „partito

109 Santarelli, *Storia* (Anm. 96), S. 281.

110 Vgl. zur sozioökonomischen Stellung der „piccola borghesia" – wie Sylos-Labini die „ceti medi" nennt – im italienischen Faschismus auch Paolo Sylos-Labini, *Problemi dello sviluppo economico*, Bari 1970, S. 143–158.

111 Vgl. Santarelli, *Storia* (Anm. 96), S. 277.

112 Ebd., S. 278. Mit anderen Worten: Im Grunde hörte die Faschistische Partei auf, Partei zu sein.

nazionalista" stammenden Komponente um Rocco und Federzoni vertreten[113]. In dem Maße, wie sich nach Schwankungen die etatistische nationalistische Richtung durchsetzte, was etwa 1932 der Fall war, verlor die Partei ihren Charakter als Bewegung und wurde zur „milizia" im Dienste der Nation und des Staates[114]. Dem Korporativsystem kam im Zuge dieser Entwicklung die Funktion zu, eine Instanz der Vermittlung zwischen Partei und Staat herzustellen.

In die entgegengesetzte Richtung wiesen die unter der Etikette „Linksfaschismus" betriebenen Versuche, eine neuerliche „ripresa rivoluzionaria" gegen die zunehmende Etatisierung der Partei in Gang zu setzen. Sie erreichten ihren Höhepunkt ebenfalls zu Beginn der dreißiger Jahre[115].

1.4 Versöhnung von Staat und Kirche

Ein nächster, wesentlicher Komplex in der Konstellationsskizze ist die Versöhnung zwischen Kirche und Staat. Ohne auf die Voraussetzungen und Implikationen der Lateran-Verträge (11. Februar 1929) zwischen Vatikan und italienischem Staat einzugehen, ist für unseren Zusammenhang zweierlei zu unterstreichen. Das ist zum einen und grundsätzlich die Funktion, die dem Korporativismus als Element der Verbindung und Vermittlung zwischen Faschismus und Katholizismus zugewiesen wurde. Angesichts bestehender und verstärkt ins Rampenlicht gerückter konvergierender Elemente zwischen christlich-katholischem Korporativismus und faschistischer korporativer Bewegung – beide vereint besonders in ihrem klassenüberwindenden Anspruch („interclassismo") gegen sozialistische und kommunistische Kräfte –, erwies sich die Trennungslinie zwischen beiden Gattungen des Korporativismus als „zu schwach, um überhaupt bemerkt zu werden, und sie blieb daher im Schatten trotz nachdrücklicher Einwände aus aufgeklärten und einsichtigen Intellektuellen- und Gewerkschaftskreisen"[116]. Darüber hinaus ist zu berücksichtigen, daß in katholischen Kreisen außerhalb Italiens, in Ländern wie Österreich, Deutschland, Belgien, Frankreich und Spanien, dort, wo es ebenfalls Formen der Annäherung an den Faschismus gab, sie über den Korporativismus vermittelt liefen.

Die andere Seite der Medaille bildeten die Implikationen der „conciliazione" für den italienischen Faschismus selbst und besonders für das Verhältnis Faschismus-Korporativismus. Das Konkordat zog de facto einen Schlußstrich unter die technokratischen Tendenzen des Faschismus[117], unter seine angestrebte Legitimation als modernisierende leadership der Nation (Ungari): Zusammen mit dem Aufbau eines

113 Ausführlich dazu: Palmiro Togliatti, Il partito nazionale fascista, in: *Lezioni sul fascismo*, Rom 1972, S. 39–58; s. auch Antonio Gramsci, Come si determinano le nostre prospettive e i nostri compiti, in: *Lo stato operaio*, II. Jg., Nr. 3, 1928, S. 82–88.

114 Vgl. den ersten Satz im Parteistatut des PNF von 1921, abgedr. in: Alberto Aquarone, *L'organizzazione dello stato totalitario*, Turin 1965, S. 315.

115 Vgl. Santarelli, *Storia* (Anm. 96), S. 267.

116 Ebd., S. 243; ausführlich zu diesem Problem: ebd. S. 239 ff.

117 Vgl. Ungari, Ideologie giuridiche (Anm. 101), S. 70 ff.

modernen Industriestaates waren Bestrebungen einhergegangen, die, entsprechend hierzu, eine moderne, effiziente, über den Einzelinteressen, notfalls eine auch über der Faschistischen Partei stehende „classe dirigente nazionale" schaffen wollten. Diese sich an der Nation, am Staat, orientierenden Entwürfe hatten sich dabei folgerichtig auf die Rolle des Staates bei der integralen Umgestaltung der italienischen Gesellschaft konzentriert: des „ethischen Staates" Giovanni Gentiles und des „totalen Staates" der nationalistischen Theoretiker. Beide Konzepte forderten die Errichtung eine laizistischen Staates als Bedingung für den Modernisierungsprozeß in Italien. Diese Vorstellungen standen freilich im Widerspruch zu dem gerade stattfindenden Ausgleich mit der Kirche. So wurden z. B. auf institutioneller Ebene sehr schnell die Gewichte neu verteilt, als beispielsweise der faschistische Staat katholischen Organisationen eine relative Autonomie zugestehen mußte. Die Neuverteilung der Gewichte im Verhältnis faschistischer Staat-Kirche fiel innerhalb des Korporativismus zugunsten der neokorporativen christlich-katholischen Strömungen aus[118], während die ehemals nationalistischen Staatstheoretiker aus dem politischen Leben verdrängt wurden. Der Prozeß ihrer relativen Marginalisierung fand 1933/34 seinen Abschluß. Damit aber hatte auch ein wesentlicher Teil der politischen Verfechter eines „fordismo all'italiana", zu denen vorab die Spitzentheoretiker des italienischen Nationalismus zählten, im faschistischen Regime an Boden verloren.

1.5 Konkurrenz zum Nationalsozialismus: Korporativismus als „Exportartikel"

Und schließlich das Selbstverständigungs- und Selbstdarstellungsbedürfnis des Faschismus gegenüber dem deutschen Nationalsozialismus: Dieser Problemkreis bildete einen weiteren und für die konkret-historische Situation, in der die Korporativismusdebatte stattfand, sehr wichtigen Komplex. Mehr noch als die anstehenden Dezennar-Feiern des faschistischen Regimes forderte tatsächlich die grundlegend gewandelte Situation den italienischen Faschismus dazu heraus, sich präziser und zugleich umfassender zu definieren: Die politische Entwicklung im Verlauf der Weltwirtschaftskrise, bei deren Ausbruch es in Europa neben zahlreichen faschistischen Bewegungen nur einen faschistischen Staat, nämlich den italienischen gab, schien Mussolinis Vision (1932) von einem nach Ablauf von zehn Jahren faschistischen bzw. faschisierten Europa zu bestätigen, ebenso wie von Italiens dabei führender Position. Im Hinblick auf diese Entwicklung – so hieß es – müsse Italien die eigene historische und ideelle Mission absichern und nicht zuletzt den eigenen Primatanspruch gegenüber dem Nationalsozialismus als dem bedrohlichsten Konkurrenten herausstellen.

118 Ungari (ebd., S. 76) spricht von einem „compromesso culturale" zwischen faschistischem Korporativismus und katholischem Neo-Korporativismus, „der, in dem Maße wie er zentrale Fragen der Ideologie ausklammerte, eine empirisch-aktivistische Praxis des Dirigismus herstellen konnte, nicht aber eine gemeinsame Argumentation und Sinngebung des Staates."

Die *ideologische* Konkurrenz zwischen beiden Faschismen, die 1933/34 schroffe Züge annahm, bildete ein gar nicht hoch genug zu bewertendes Motiv in der Korporativismusdebatte. Die Konzeptualisierung des Korporativismus als „drittem Weg" bekam durch die Hegemonieansprüche des italienischen Faschismus kräftigen Auftrieb. Diese Perspektive, die unterschiedlichen innerkorporativen Strömungen einen gemeinsamen Nenner zu bieten vermochte, stellte darüber hinaus ein weiteres Moment der Vereinheitlichung divergierender Tendenzen her durch die Wendung nach außen in dem ideologischen Kampf. Denn zusammen mit der langandauernden ökonomischen Krise verschärfte sich auch die ideologische Krise in Europa – Gramscis „organische Krise" –, die vielerorts das Interesse an der italienischen Erfahrung ansteigen ließ. Angesichts der sich verbreitenden Ansätze und Bemühungen, die Krise mit Hilfe des Korporativismus zu überwinden – sie lösten eine Flut von europäischen Diskussionsveranstaltungen und Publikationen aus, so daß Zeitgenossen im Überschwang von einem „siecle du corporativisme" (M. Manoilesco) sprachen[119] –, griff der italienische Faschismus, ausgerüstet mit dem „Modell Italien", nach der Führung im imperialistisch-ideologischen Kampf[120].

Die *Wendung nach außen* und, damit verbunden, das Bestreben nach Errichtung einer „Weltkorporation"[121] boten im übrigen den auf die Weltmärkte angewiesenen Unternehmern eine Perspektive ihrer positiven Vereinheitlichung nach außen, nachdem sie zunächst auf heimischem Boden in erster Linie die repressiv wirkenden Mechanismen des Korporativismus zu handhaben gelernt hatten. Angesichts der auf den kapitalistischen Märkten herrschenden Anarchie, brachliegender Ressourcen und insgesamt des Ungleichgewichts zwischen Angebot und Nachfrage führten Italiens Vertreter auf Konferenzen und in internationale Gremien den Entwurf eines weltumspannenden Korporativsystems ein, um den damals allgemein diskutier-

119 Vgl. Michail Manoilesco, Le siècle du corporativisme, Paris 1934, zit. nach Santarelli, *Storia* (Anm. 96), S. 309 f. u. Anm. 1.

120 Mit Santarelli (vgl. ebd., S. 308) ist hier allerdings das objektive Machtgefälle zwischen den verschiedenen nationalen Imperialismen hervorzuheben. Die erheblichen Kontroversen zwischen Faschismus und Nationalsozialismus innerhalb der ideologischen Sphäre führten in einer ersten Phase dazu, daß die zentrifugalen Tendenzen im internationalen faschistischen Lager überwogen. Erst in dem Moment gewann die „faschistische Internationale" an Bedeutung, als sich die verschiedenen Bewegungen in Regime verwandelt hatten und Allianzen zwischen Staaten unter der Hegemonie Deutschlands zustandekamen. (Vgl. auch ebd., S. 307.)

121 Vgl. Giuseppe De Michelis, *La corporazione nel mondo*, ²1934. De Michelis – Senator, Botschafter, Vertreter Italiens am Bureau International du Travail (Genf), Leiter des Istituto Internazionale per la Agricoltura (Rom), zeitweise Beauftragter für Sonderaufgaben – galt als herausragender Befürworter eines weltweiten Korporativsystems. Er knüpfte hierbei an Gedankengänge von Coudenhove-Kalergi an, um sein Konzept einer „unione europea" auf korporativer Grundlage zu entwickeln. Auf zwei Momente legte De Michelis besonderes Gewicht: (a) auf die juristische Konstruktion der europäischen Gesellschaft, die parallel zu ihrem wirtschaftlichen Zusammenschluß verlaufen müsse, und (b) auf die Koordinierung aller Wirtschaftskräfte auf europäischer Ebene, analog zu ihrer korporativen Erfassung und Planung im nationalen Bereich. In den seinerzeit bestehenden internationalen Organisationen – namentlich dem Völkerbund und dem B.I.T. – sah De Michelis ausreichende Möglichkeiten gegeben, um Projekte dieser Art zu realisieren. (Vgl. ebd., bes. S. 219, 224, 263–274.)

ten Vorstellungen supranationaler Wirtschaftsintegration in diesem Rahmen einen Weg zu ebnen. Nicht zuletzt auch vor diesem Hintergrund sind die öffentlich vorgetragenen Konzepte Agnellis und sein Rekurs auf die Korporativordnung zu verstehen.

In der Projektion eines Korporativismus auf Weltebene waren bezeichnenderweise die beiden traditionellen Expansionslinien des italienischen Kapitals von vornherein mitkonzipiert. Anläßlich der internationalen Debatte um das Problem der Verteilung bzw. Umverteilung der Ressourcen zwischen den „Have-" und den „Have-Not-Staaten"[122] entwickelte beispielsweise De Michelis ein Mehr-Stufen-Programm, das die wichtigsten Elemente in sich vereinte:

(a) umfassende Koordinierung der nationalen Wirtschaften in Europa, um zu einer vollen Auslastung aller Ressourcen zu gelangen;

(b) wirtschaftliche Sanierung der mittel- und osteuropäischen Länder durch die europäischen Staaten selbst;

(c) Ausweitung des „complesso europeo" zu einem „complesso eurafricano" auf der Basis „kolonialer Kooperation" in Afrika zwischen den europäischen Kolonial- und den Nicht-Kolonial-Mächten[123].

II Aufbau und Funktionsweise des Korporativsystems

1.0 Zur Periodisierung

Die Konstellationsanalyse bliebe unvollständig ohne einen zumindest knappen Überblick über den Aufbau der korporativen Einrichtungen und Institutionen im engeren Sinn und ohne einige Anmerkungen zur Frage ihrer Funktionsweise und Funktionsfähigkeit. Der Forschungsstand zum Thema vereinfacht das Vorhaben.

Eine weitgespannte Literatur zur Entwicklung des „ordine corporativo", auch auf deutsch[124], erübrigt hier eine umfassende Darstellung. Wichtiger an dieser Stelle ist demgegenüber die Klärung der Maßstäbe, an denen die Entwicklung des Korporativsystems gemessen wird: Die historische Aufarbeitung des Korporativismus ist längst dem unschuldigen Stadium narrativer Geschichtsschreibung entwachsen – ich denke v.a. an die italienische, den Fragen der Kontinuität nachspürende Geschichtsschreibung – und verlangt nach eindeutigen Kriterien. Ein geeignetes Kriterium

122 Zum Kampf in den dreißiger Jahren um Rohstoffmärkte und Ressourcen zwischen den „besitzenden Nationen" und den „Habenichtsen" beziehe ich mich auf ein unveröffentlichtes Manuskript von Reinhard Mayer (1974).

123 Wobei De Michelis mehrfach betont, daß Afrika bzw. der ökonomische Austausch zwischen Europa und Afrika schlechthin die Voraussetzung bildet für die wirtschaftliche Zukunft Europas insgesamt und daß die Errichtung von „Eurafrika" der eigentliche Grund ist für den politischen Einigungsprozeß der europäischen Länder untereinander. Vgl. De Michelis, *La corporazione* (Anm. 121), S. 217–243.

124 Für ein breites Spektrum zeitgenössischer Publikationen vgl. J. Ranke (Anm. 125); von den modernen Veröffentlichungen, u.a. C. Mayer-Tasch. (Anm. 132); ferner, aus korporativer Sicht und in deutscher Übersetzung: Aufsätze von Bottai, Arias, Fanno, Serpieri, Lanzillo u.a., abgedr. in: *Jahrbücher für Nationalökonomie und Statistik*, Bd. 148, Jena 1938.

scheint mir das der Vermittlung und Regulierung von Konflikten zu sein. Es entspricht im übrigen dem Anspruch des Korporativismus, der die Mediatisierung gesellschaftlicher Konflikte durch ihre Anerkennung und Integration leisten will. Vorab dazu einige Anmerkungen.

Zwar kann die Tatsache, daß der faschistische Korporativismus Klassen nicht als gesellschaftliche Klassen anerkennt und gleichzeitig Harmonie und Gleichgewicht als erstrebenswerte gesellschaftliche Zustände beschwört, zu der Annahme verleiten, er leugnete überhaupt die Existenz von Interessengegensätzen zwischen Individuen und Gruppen. Doch das Gegenteil ist der Fall. Schlechthin konstitutiv ist für den faschistischen Korporativismus vielmehr die Anerkennung von Klassen, allerdings in Gestalt von Berufsgruppen („categorie"), sowie die Gegensätzlichkeit ihrer Interessen. Nur folgerichtig war es daher, daß Tatbestände wie „Klassenverhältnis" oder „Klassenkampf" nicht ausgeklammert bzw. in die politische Tabuzone gerückt wurden. Der Korporativismus hatte indes eine eigene Position entwickelt, wie beispielsweise an folgender Äußerung von Korporationsminister Bottai deutlich wird: „Der Klassenkampf ist eine Realität, die wir nicht verkennen, sondern überwinden." Doch im Gegensatz zum Sozialismus lehnte der Korporativismus „jene Interpretation des Klassenkampfes, die ihn zu einem systematischen Prinzip erhoben hat ...", ab[125].

Das Klassenverhältnis wird also im Korporativismus wahrgenommen, doch wird es an der *funktionalen* Stellung der Klassen im Arbeitsprozeß festgemacht. Auf der Grundlage der im Arbeitsprozeß herrschenden funktionalen Arbeitsteilung gibt es – so gesehen – zwar verschiedene Berufskategorien, doch sind diese rechtlich gleich. Insbesondere ist „die rechtliche Gleichstellung von Arbeitgeber und Arbeitnehmer [...] ausdrücklich garantiert"[126]. Ging also der Faschismus von der theoretisch „vollkommenen Versöhnbarkeit" (Arnaldo Mussolini) der gegensätzlichen Interessen aus, so wurde aber nicht minder deutlich der gegenteilige Ist-Zustand erkannt und zugegeben[127]. Es war gerade das Korporativsystem, das den Weg zu dem gesteckten Ziel ebnen sollte. Das Hauptproblem, dem sich folglich der organisatori-

125 Giuseppe Bottai, Esperienza corporativa (1929–1934), Florenz 1934, S. 544, zit. nach Joachim Ranke, *Faschismus und Korporativismus*, Würzburg 1942, S. 87, Anm. 15; allgemein zu den angestellten Überlegungen auch Sabino Cassese, Corporazioni e intervento pubblico nell'economia, in: *Il regime fascista*, hrsg. von A. Aquarone/M. Vernassa, Bologna 1974, S. 327–355, hier S. 340 u. Anm. 38; s. auch die zit. Vorlesung von Agnoli (Anm. 106).

126 So der offizielle Kommentar zu Art. VI der „Carta del lavoro" („Verfassung der Arbeit"), abgedr. in: *Korporative Wirtschaft* (Anm. 95), S. 29. Im Zusammenhang hierzu steht Art. IV (S. 27): „Im kollektiven Arbeitsvertrag findet die Solidarität zwischen den verschiedenen Faktoren der Erzeugung durch die Versöhnung (‚conciliazione') der entgegengesetzten Interessen (‚opposti interessi') der Arbeitgeber und Arbeitnehmer sowie deren Unterordnung unter die höheren Belange der Erzeugung ihren konkreten Ausdruck."

127 Einmal mehr Bottai (1933): „Wenn wir sagen, daß in Italien an die Stelle des Klassenkampfes die Zusammenarbeit der Klassen getreten ist, so wollen wir gewiß nicht behaupten, wir hätten die Interessengegensätze zwischen den Individuen und den Berufskategorien abgeschafft, oder gar vorgeben, daß wir sie ignorieren. Der Korporativismus ist eine zu realistische Theorie, um in solche Arglosigkeiten zu verfallen." Zit. nach: *Korporative Wirtschaft* (Anm. 95), S. 28.

sche Aufbau des „ordine corporativo" gegenübersah, bestand darin, neben der Lösung des Repräsentationsproblems einen grundsätzlichen Modus der Beilegung bzw. der Regulierung von Interessengegensätzen zu finden.

Geht man also von dem Korporativsystem als einem System der Mediatisierung von Konflikten aus, auf der Grundlage ihrer Anerkennung und Institutionalisierung, so ergibt sich folgende *Periodisierung* der einzelnen Phasen im korporativen Aufbau. Mit S. Cassese[128] lassen sich drei Perioden mit Hilfe dieses Kriteriums unterscheiden: eine erste, etwa bis 1930; eine zweite von ca. 1930–34 und eine dritte von ca. 1934–42. Hier interessiert vorrangig die zweite Periode, die eigentliche „korporative Phase"[129], mit Rückblicken und Ausblick jeweils in die beiden anderen Phasen.

Die erste Phase war durch den Aufbau der sogenannten Syndikatsordnung gekennzeichnet. Die wichtigsten Etappen hierbei waren:

(a) das Abkommen zwischen der Confindustria und den faschistischen Syndikaten, unter dem Vorzeichen des Prinzips der Produktivität („patto di Palazzo Chigi", Dezember 1923);

(b) das Abkommen zwischen der Confindustria und den faschistischen Syndikaten, mit dem Ergebnis der Auflösung der „commissioni interne" (Betriebsräte; „patto di Palazzo Vidoni", Oktober 1925);

(c) die rechtliche Regelung der kollektiven Arbeitsbeziehungen, insbesondere das Verbot von Streik und Aussperrung (April 1926);

(d) die Verabschiedung der „Carta del Lavoro" (April 1927).

In diesem Zeitraum überwog letztlich – und darin scheint weitgehende Übereinstimmung zu bestehen[130] – die repressiv-integrative Zielsetzung, die „polizeiliche Absicht" („scopo di polizia"): d.h. die Intention, „all jene gesellschaftlichen Gruppen (wie z.B. die Gewerkschaften) in das staatliche Organisationsgefüge aufzunehmen und einzupassen, die möglicherweise im Gegensatz zum faschistischen Regime stehende gesellschaftliche, politische und ideologische Kräfte hätten vertreten können".

Der Beginn der zweiten Phase, der korporativen Phase im engeren Sinn, wird im allgemeinen auf Anfang 1930 datiert. Zu diesem Zeitpunkt wandelte eine Gesetzesreform den Nationalrat der Korporationen („Consiglio Nazionale delle Corporazioni", C.N.C.) in das gesetzgebende Spitzengremium des „ordine corporativo" um. Er existierte schon seit 1926, wurde aber zunächst dem damals ebenfalls neu errichteten Korporationsministerium als beratendes Organ zugeordnet. Der Nationalrat, der zunächst als Spitzenorgan ohne Unterbau fungierte, bildete zusammen mit den erst durch Gesetz im Februar 1934 gebildeten Korporationen die eigentlichen korporativen Organe. Das Paradoxe dieser eigentlichen korporativen Phase läßt sich bereits an ihrem organisatorischen Aufbau ablesen: Zwischen 1926 und 1934 existierten das Korporationsministerium und das Spitzengremium der Korporationen, während

128 Vgl. Cassese, Corporazioni (Anm. 125), S. 343 ff.

129 Zu den folgenden Ausführungen vgl. neben Cassese: Ranke, *Faschismus* (Anm. 125), S. 81 ff.; s. auch Marco Fanno, Die Struktur der korporativen Wirtschaft, in: *Jahrbücher für Nationalökonomie und Statistik*, Bd. 148, 1938, S. 317–330.

130 Vgl. Cassese, Corporazioni (Anm. 125), S. 344.

die Korporationen selbst, gewissermaßen die Basis im Organisationsgefüge, fehlten[131].

Hinsichtlich des organisatorischen Aufbaus ist ferner zwischen vertikaler und horizontaler Gliederung zu unterscheiden[132]. Die syndikale Organisationsform beruhte auf dem Prinzip der Wahrung der „rappresentanza separata", d.h. der getrennten Organisierung von Unternehmern und Arbeitern in Syndikaten, Föderationen und Konföderationen. Der Übergang zur korporativen Stufe intendierte die horizontale Verklammerung der bislang auf Zweigleisigkeit beruhenden Systemstruktur durch die Schaffung von Querverbindungen. Anders als die mit eigener Rechtspersönlichkeit ausgestatteten Syndikatsorganisationen waren die Korporationen Organe der Staatsverwaltung. Man kann daher mit J. Ranke die Korporation charakterisieren „als Zusammenfassung aller Syndikate, die die einzelnen Stadien eines vielgliedrigen Produktionsprozesses vertreten [...], so daß sie alle an der Stufenfolge eines bestimmten Erzeugungsganges beteiligten Personen, von der Beschaffung des Rohstoffes bis zur Bereitstellung des Endproduktes für den letzten Konsumenten, unter der Leitung von Staat und Partei zusammenfaßt"[133].

Diese Charakterisierung leitet zur inhaltlichen Seite über. Auf dieser Ebene läßt sich ebenfalls ein wesentlicher Unterschied zwischen primär syndikaler und angestrebter korporativer Stufe feststellen. Während es im Laufe der ersten Phase um die rechtsförmige[134] Regulierung vor allem der Arbeitsverhältnisse im Dreieck Unternehmer/Syndikate/Staat ging, intendierte die zweite Etappe eine Ausweitung der Korporativordnung auf die ökonomischen Beziehungen. Diese Unterscheidung ist von weitreichender Bedeutung für die Frage nach der teils schleppenden und teils heftig umstrittenen Funktionsweise des „ordine corporativo" sowie letztlich für sein Scheitern. S. Cassese formuliert: „Erst aufgrund einer solchen Unterscheidung kann klar werden, wieso eigentlich, allgemein gesehen, die Normengebung hinsichtlich der Arbeitsbeziehungen und der gesellschaftlichen Freiheiten konkrete Wirklichkeit werden konnte, während die Ausweitung des Korporativsystems über den Arbeitsbereich hinaus auf den Wirtschaftssektor von Anfang an recht begrenzte und strittige Ergebnisse zeitigte."[135]

131 Vgl. auch Togliatti, *Lezioni sul fascismo* (Anm. 113), S. 155 f.

132 Vgl. insbes. Ranke, *Faschismus* (Anm. 125), S. 81 f. u. passim; vgl. ferner Peter Cornelius Mayer-Tasch, *Korporativismus und Autoritarismus, eine Studie zu Theorie und Praxis der berufständischen Rechts- und Staatsidee*, Frankfurt a.M. 1971, S. 108.

133 Ranke, *Faschismus* (Anm. 125), S. 83 f. Ranke weist ferner darauf hin, daß der Vorsitz in jeder Korporation entweder von einem Minister oder einem Unterstaatssekretär oder dem Generalsekretär der Faschistischen Partei ausgeübt wird (ebd., S. 91, Anm. 31). Das hier angesprochene Zusammenwirken von Korporation und Staat/Partei macht so deutlich, daß eine strikte Trennung zwischen „staatlichen" und „korporativen" Maßnahmen – und damit auch die Entweder-Oder-Fragestellungen in der Historiographie – ganz schnell auf Abwege führen.

134 S. auch Ranke (*Faschismus*, S. 86): „Nach einer durchaus schiefen Formulierung erkennt der Faschismus den Klassenkampf als unabänderliche Gegebenheit an und modifiziert nur die Art seiner Austragung durch die Einführung justizförmiger Verfahren." Die Problematik der *Verrechtlichung gesellschaftlicher Konflikte* auf der Grundlage der Dreierrepräsentation Unternehmer/Gewerkschaften/Staat als ein konstitutives Moment der „institutionellen Strategie" (Rocco/Ungari) arbeitet auch J. Agnoli heraus.

135 Cassese, Corporazioni (Anm. 125), S. 345; vgl. ferner die dort angegebene Literatur.

Auf diesen Problemzusammenhang wird noch zurückzukommen sein. Zunächst kurz zur Periodisierung und Charakterisierung der dritten und letzten Phase im Aufbau des Korporativsystems. Die dritte Phase, die bis etwa 1942 andauerte und in unserem Zusammenhang nur mehr am Rande interessiert, war nach der Errichtung der Korporationen (1934) durch die Zweigleisigkeit von herkömmlicher Bürokratie und korporativen Instanzen gekennzeichnet, wobei das Schwergewicht ohne Zweifel bei dem vergleichsweise umfangreicheren Sektor staatlicher Wirtschaftspolitik lag. Die breite Palette einschneidender, systematischer Eingriffe des Staates in die Wirtschaft (IRI, Ministerium für Austausch und Devisenwirtschaft, Zwangskartelle, Konzessionssystem für neue Industrieanlagen, Marktordnungen, Bankreform usf.) auf der einen Seite, auf der anderen die korporative Praxis, deren Schwerpunkt in konsultativen Funktionen bestand[136] – dieses System von Doppel- und zum Teil sich überlagernden Mehrfachstrukturen hat zwangsläufig zu Kontroversen in der Beurteilung des Verhältnisses Staat-Korporativismus geführt, sowohl in der zeitgenössischen Auseinandersetzung als auch in der Geschichtsschreibung. Das Spektrum der vertretenen Positionen reicht von dem Extrem der vermeintlichen Inkorporierung des staatlichen Interventionismus in die Struktur der korporativen Wirtschaft[137] bis zu dem der vermuteten rigorosen Trennung zwischen „stato corporativo" und „stato burocratico", wobei letzterer „aber auch gar nichts mit der Korporativordnung zu tun" gehabt haben soll[138].

In der zeitgenössischen politischen Auseinandersetzung bildete das Spannungsverhältnis Staat-Korporativismus, staatliche Wirtschaftspolitik – korporative Wirtschaftspolitik ebenfalls ein zentrales Terrain für immer heftiger werdende Konflikte, deren ideengeschichtliche und ideologische Komponenten bislang weit mehr im Blickfeld des wissenschaftlichen Interesses gestanden haben, als ihre ökonomischen und politischen Voraussetzungen und Implikationen. Zwei *inner*faschistische Strömungen standen sich in dieser Frage in letzter Konsequenz unversöhnlich gegenüber: einerseits die „etatistische" und andererseits die auf den „integralen Syndikalismus" zurückgehende Richtung.

Die folgenden Äußerungen des damaligen Korporationsministers, Ferruccio Lantini, werfen ein Schlaglicht auf die Ende 1936 innerhalb des Herrschaftsblocks bestehende Gewichtsverteilung zugunsten der ministeriellen Staatsbürokratie, der neuentstandenen „parallelen" bürokratischen Apparate („enti di gestione", „enti parastatali")[139] und der eng mit ihnen zusammenarbeitenden Confindustria: „Die korporative Ordnung erschöpft sich nicht in den Korporationen, sondern wird von

136 So Ranke, *Faschismus* (Anm. 125), S. 93 f.; s. auch Aquarone/Vernassa, Einleitung zu: *Il regime fascista* (Anm. 125), S. 30 ff.

137 Vgl. Fanno, Struktur (Anm. 129), S. 323.

138 So Cassese, Corporazioni (Anm. 125), S. 352 u. passim. Zur These Casseses, das gesamte Wirtschaftsleben jener Zeit habe sich außerhalb des Korporativsystems abgespielt und zwar in den neu entstandenen „burocrazie parallele", den Staatsbeteiligungen, vgl. ders., Problemi della storia delle partecipazioni statali, in: Sabino Cassese, *La Formazione dello stato amministrativo*, Mailand 1974, S. 107–125, 65–106.

139 Einen historisch angelegten Überblick zum öffentlichen Sektor gibt Francesco Forte, *Le imprese pubbliche in Italia dalla prima guerra mondiale al 1957*, Mailand 1957.

all jenen Organen verwirklicht, denen die Durchführung einer Staatskontrolle über die Wirtschaft zufällt." Hier setzt der Korporationsminister den Begriff Korporativismus dem „eines systematischen Staatsinterventionismus auf der Grundlage eines autoritären Regimes" gleich[140]. Demgegenüber vertraten die Verfechter des Korporativismus als einem eigenständigen „dritten Weg" die These, daß gerade „die staatlichen Verwaltungskörper", indem sie die Korporationen an der Ausübung normativer Befugnisse hinderten, die Verwirklichung einer originalen faschistischen Korporationsordnung als Form integraler Selbstregierung der Produzenten verhinderten[141].

Wie auch immer aber das Verhältnis Staat-Korporativordnung in dieser dritten Phase beurteilt wird –, keine Frage scheint zu sein, daß grundlegende Weichenstellungen bzw. Verlagerungen im Macht- und Gleichgewichtsverhältnis zwischen den divergierenden und gegensätzlichen Tendenzen im „pluralen" System des Korporativismus vor dieser Zeit: in der zweiten Periode, stattgefunden haben. Im folgenden werden einige Überlegungen zu diesem Problemzusammenhang angestellt, die überdies zur politisch-ökonomischen Dimension überleiten sollen.

1.1 Innerkapitalistische Konflikte und Korporativismus

Das für die zweite Aufbauperiode bezeichnende Moment bildete die gewissermaßen auf der Tagesordnung stehende Einbeziehung der ökonomischen Beziehungen in das Korporativsystem. Die Statuten der korporativen Organe lassen an dieser Absicht keinen Zweifel. Ein Beispiel: Mit der Reform des Nationalrats der Korporationen, von Mussolini als „Generalstab der Wirtschaft" bezeichnet, „erhielt der Rat ‚normative Befugnisse', die sich nicht nur auf die gegenseitige Anpassung und Vereinheitlichung bestehender Normen auf dem Gebiet der Sozialpolitik und des Arbeitsrechts erstreckten, sondern vor allem die Regelung der kollektiven Wirtschaftsbeziehungen zwischen verschiedenen Produktionsstufen und -zweigen (Marktordnungen) zum Gegenstand haben"[142].

Ebenso unmißverständlich war das Gesetz über Bildung und Aufgaben der Korporationen (Februar 1934):

„Während die ersten gesetzlichen Bestimmungen des Jahres 1926 die Korporation als kaum mehr denn eine Verdoppelung der Syndikatsorganisationen erscheinen ließen, weil sie ihr lediglich als zweite Instanz die Behandlung derselben Materien zuwiesen, die schon in den Zuständigkeitskreis der Arbeitgeber und Arbeitnehmerberufsverbände fielen, wurde die Korporation mit dem neuen Gesetz nun in erster Linie zur Ausarbeitung(!) von Normen zur kollektiven Regelung der Wirtschaftsbeziehungen und der einheitlichen Disziplin der Produktion berufen."[143]

140 So Ranke, *Faschismus* (Anm. 125), S. 94; von dort entnommen ist das Zitat Lantinis.
141 Zu dieser in der „Critica fascista" veröffentlichten Kritik vgl. ebd., S. 94; zu grundsätzlichen Anmerkungen zum Problem der Synthese von Staat und bürgerlicher Gesellschaft im italienischen Faschismus s. ebd., S. 87 ff.
142 Ebd., S. 82.
143 Ebd., S. 84.

Zum Stand der Forschung ist anzumerken, daß dort, wo das Korporativsystem nicht lediglich als repressives, sondern als „plurales", d.h. ein den Interessengegensätzen und -konflikten gegenüber „offenes" System der Vermittlung analysiert wird, zwar das Trinom – Unternehmer/Gewerkschaften/Staat[144] – im Mittelpunkt der Analyse steht, daß aber bisher die schwerwiegenden Konflikte innerhalb des Kapitals selbst kaum Gegenstand der Analyse bildeten. Diese Sichtverengung hat zwangsläufig zur Folge, daß das Scheitern der Ausweitung der Korporativordnung auf die ökonomischen Beziehungen nicht auch in Verbindung mit den Interessengegensätzen innerhalb des Kapitals gesehen wurde – obwohl der „ordine corporativo" sich deren Mediatisierung gerade in seiner spezifisch korporativen Aufbauphase zur eigentlichen Aufgabe gemacht hatte.

Angesichts der mit dem Ausbruch der Weltwirtschaftskrise immer schroffer werdenden Interessengegensätze innerhalb des italienischen Kapitals, deren Rekomposition auf neuer Stufe ja das Ziel der Währungsreform von 1927 gewesen war, läßt sich daher die *These* aufstellen, daß der neuerliche Schub in der Entwicklung des Korporativsystems (= zweite Phase) ganz eigentlich den innerökonomischen Konflikten gegolten hat. Daraus folgt, daß das Scheitern der Korporativordnung in ihrer Vermittlungsfunktion von innerkapitalistischen Interessengegensätzen insbesondere auf das Ausmaß ihrer Unversöhnlichkeit zurückzuführen ist. Und schließlich folgt daraus, daß die zur gleichen Zeit einsetzende Vermehrung von Parallelstrukturen, im traditionell-staatlichen wie aber auch im korporativen Bereich[145] – die „Refeudalisierung" des Staatsapparates –, Ausdruck ist und zugleich eine Lösung darstellte für die zugespitzten innerkapitalistischen Konfliktkonstellationen.

Für den Außenhandel und die Herausbildung seines interessenbedingten vielgliedrigen Organisationsgefüges ist an anderer Stelle eine erste Skizze unter dieser Fragestellung versucht worden. Allerdings müßten noch erheblich mehr konkrete Kenntnisse über diesen komplexen Sachverhalt auch in anderen Bereichen vorliegen, ehe die enorme 1932/33 allgemein einsetzende Vermehrung von Doppel- und Mehrfachstrukturen (und deren Inbesitznahme durch die verschiedenen Kapitalgruppen) näher bestimmt werden kann.

Die Einsicht in diese Zusammenhänge war unter Zeitgenossen zuweilen klarer als später in der Historiographie. Erinnert sei nur an die faschismustheoretischen Überlegungen von Gramsci, der von einer Verlagerung, nicht aber von einer Beilegung der Konflikte im Faschismus sprach und der namentlich die korporative Bewegung als den Ort ihrer Austragung diagnostizierte. Unter den korporativen Theoretikern und Politikern war es wieder Korporationsminister Bottai, der den Finger auf diese Wunde legte:

„Der Klassenkampf besteht nicht nur, sondern je mehr wir die heftigste Phase der Klassengegensätze auf dem Lohngebiet überwinden, desto eindringlicher erscheint ein anderer Kampf, der

144 Agnoli spricht in seiner zitierten Vorlesung (Anm. 106) von einem „treppiede" (Dreifuß), einer Dreifach-Strukturierung des Entscheidungsprozesses, die im übrigen in ihrer ersten Form im Abkommen von Palazzo Chigi (1923) auftaucht.

145 Auf die Disfunktionalität und die mangelnde Koordinierung der korporativen Einrichtungen untereinander weist Cassese hin (Corporazioni [Anm. 125], S. 336ff.).

noch viel erbitterter und grausamer ist: Es ist der Kampf der Wirtschaftsgruppen unter sich ...“[146].

Angesprochen sind hier die aufgrund der heterogenen ökonomischen Struktur Italiens traditionell vorhandenen, doch nun sich wieder verschärfenden Gegensätze zwischen Industrie und Landwirtschaft, zwischen Klein- und Mittelindustrien auf der einen und der Großindustrie auf der anderen Seite; zwischen primär weltmarkt- und primär binnenmarktorientierten Interessen; zwischen faschistischer Gewerkschaftsspitze und Unternehmern usw.[147]

Auf einige dieser Konfliktherde wird anläßlich der Beschäftigung mit der eigentlichen Korporativismusdebatte zurückzukommen sein. Dabei wird der Kampf um die Lohnpolitik im Vordergrund stehen. Gemeint ist damit die unter dem Schlagwort „fordismo all'italiana“ geführte Auseinandersetzung um die Politik der hohen Löhne mit allen ihren Implikationen (Konsumfrage, Form der Rationalisierung u.a.), wie sie von Teilen des Kapitals (Fiat/Agnelli) und Strömungen im Korporativismus gefordert wurde. Sie scheint mir einen, wenn nicht überhaupt *den* Gegensatz zu bilden, der die verschiedenen Kräftegruppierungen im faschistischen Herrschaftsbündnis am unversöhnlichsten und damit auch am deutlichsten schied. Am Beispiel dieses Problems lassen sich darüber hinaus Grenzen und Möglichkeiten des Korporativismus klar ausmachen.

2. *Ideologischer Formierungsprozeß der Gesellschaft und Korporativismus*

Zunächst aber sei die Frage nach dem „Erfolg“ bzw. „Mißerfolg“ des Korporativismus aus einer etwas anderen Perspektive betrachtet. Beziehen sich Begriffe wie diese ausschließlich auf organistorische und institutionelle Formen der Realität, so bleibt eine wesentliche Dimension der gesamtgesellschaftlichen Planung, wie sie von der korporativen Programmatik intendiert wurde, einfach ausgeklammert in dem Maße, wie sie sich nicht mit positiven Kategorien erschließen läßt. Gemeint ist mit dem Begriff Planung, so wie er hier verstanden wird, vorrangig ein Prozeß gesellschaftlicher Formierung, in dem die Übergänge von konkreten Einrichtungen und und positiven Normen zu ideologischen Momenten und Wertesystemen bis hin zu Fiktionen[148] fließend sind und worin – insgesamt gesehen als politisch vereinheit-

146 Bottai, Esperienza corporativa (1929–1934), S. 544, zit. nach Ranke, *Faschismus* (Anm. 125), S. 87, Anm. 15. Zur Entwicklung der Widersprüche *nach* Errichtung der Korporationen vgl. die sehr aufschlußreiche zeitgenössische Analyse von Giuseppe Di Vittorio, Piano corporativo di Mussolini, in: *Lo stato operaio*, X. Jg., Nr. 4, 1936, S. 266–274.

147 Einen summarischen Überblick gibt Cassese, Corporazioni (Anm. 125), S. 345, 347.

148 Zu der von den Korporationen verkörperten Repräsentanzfiktion vgl. Cassese, Corporazioni (Anm. 125), S. 339 ff., S. 346 Anm. 56.

lichendes Moment – das Identifizierungsangebot mit dem Staat und der von ihm garantierten Gesellschaftsordnung zum Ausdruck kommt[149].

Ein breites, in der Forschung jedoch kaum beachtetes[150] Untersuchungsfeld bildet in diesem Zusammenhang der Markt: jenes breit gefächerte Spektrum gesellschaftlicher Realität, das ganz unterschiedliche Momente beinhaltet wie die Kontrolle und Regulierung insbesondere des Binnenmarktes, die Einführung von „Marktordnungen", die „Entdeckung" des Konsumenten, ferner die Bestrebungen, Konsumbedürfnisse zu erzeugen und zu bewirtschaften – nicht zuletzt durch die Schaffung neuer bzw. die allgemeine Verbreitung bestimmter funktionaler Wertesysteme.

Ein Beispiel: die korporative Preis- und Konsumpolitik. Die hauptgewichtige Beschäftigung mit dem faschistischen Italien der Aufrüstung und der Autarkieplanung und damit die Konzentration des Interesses auf den sich zwischen 1934–36 vollziehenden Übergang zur Zwangswirtschaft mit ihren zahllosen Marktordnungen, ihren neu entstehenden staatlichen Sonderbehörden, Zwangskartellen bei recht unterschiedlicher Verzahnung mit den korporativen Instanzen[151] läßt den Tatbestand außer acht, daß sich korporative Einrichtungen in der Preispolitik bereits vor der kriegswirtschaftlichen Phase bewährt hatten. Mehr noch, auf den Gebieten der Preisfestsetzung und Preisüberwachung scheint das Zusammenwirken von den jeweiligen Interessen in der Produktion, den staatlichen Instanzen und den korporativen Organen die längste Zeit über tatsächlich funktioniert zu haben: So läßt sich hier eines der wenigen Beispiele für die gelungene Übertragung von „wirtschaftlichen Funktionen von nicht-korporativen Stellen auf korporative Organe" anführen[152]. Organe wie die zwischensyndikalen Provinzialausschüsse[153], auch als Vorläufer der Korporationen bezeichnet, hatten sich überhaupt in erster Linie zur Festsetzung

149 Die hier angedeutete Entwicklungstendenz der Subsumtion des Alltagslebens in den kapitalistischen Reproduktionsprozeß, die für den Übergang vom Wettbewerbskapitalismus zum Spätkapitalismus kennzeichnend ist, wird im allgemeinen mit dem Ende des Zweiten Weltkriegs beginnend analysiert. (Vgl. Lefebvre, *Alltagsleben* [Anm. 93].) Zahlreiche, in der korporativen Programmatik enthaltene gedankliche Projektionen und konkreten Entwürfe scheinen mir – im Lichte der heutigen Entwicklung betrachtet – diese in hohem Maße antizipiert zu haben. Vgl. jetzt auch die Untersuchung von Victoria de Grazia, *Consenso e cultura di massa nell'Italia fascista. L'organizzazione del dopolavoro*, Bari 1981.

150 Eine Ausnahme bildet die zitierte Arbeit Joachim Rankes (Anm. 125); auf die dort angeführten Hinweise und Belege beziehen sich auch meine Überlegungen.

151 Ausführlich dazu Ranke, *Faschismus* (Anm. 125), S. 99 ff.

152 Ebd., S. 94. Hier sind zu nennen das „Comitato Corporativo Centrale", Organ des Nationalrats der Korporationen, und die „Consigli Provinciali delle Corporazioni", Nachfolgeorganisation der aufgelösten Industrie- und Handelskammern, deren Aktivität dem Präfekten unterstand. Beide Einrichtungen wurden anläßlich der Lira-Abwertung (Okt. 1936) mit der Preiskontrolle betraut. (Vgl. ebd., S. 94 ff. u. Anm. 39, 40.) Über die Wirksamkeit der korporativen Politik der Preisregelung schreibt Ranke: „Der Erfolg der Preisregelung bestand in langsamer, aber beharrlicher Anpassung an die Kostensteigerungen, die natürlich nicht nur auf die unmittelbaren Verteuerungen durch den Import beschränkt blieben, sondern sich über alle Zweige und Stufen fortpflanzten; zum Teil handelte es sich auch um Preissteigerungen, die mit der Abwertung nichts zu tun haben." (Ebd., S. 96, Anm. 42.)

153 „Comitati provinciali intersindacali", gebildet aus Vertretern der Unternehmer- und Arbeitersyndikate; vgl. dazu Ranke, *Faschismus* (Anm. 125), S. 96 u. Anm. 41.

und Kontrolle von Preisen und Tarifen gebildet, übrigens ohne gesetzliche Grundlage. Erst im April 1937 erfolgte der gesetzlich verankerte Einbau des Korporativsystems in die Preispolitik[154].

Eng verbunden mit der korporativen Preispolitik, in ihrer Modernität jedoch über diese hinausweisend, ist die Konzeptualisierung des Konsums durch die Korporativisten. Sie bildet gewissermaßen die Nahtstelle zwischen ökonomischer Marktstrategie und Strategie zur gesellschaftlich-ideologischen Formierung[155]. Im Interesse der auf Serienfertigung und Massenabsatz setzenden Produktion von z.T. ganz neuen Produkten mußten in der Tat neue Käuferschichten erzeugt und erschlossen werden, worauf die nicht bis in alle Winkel durchkapitalisierte italienische Gesellschaft nur in Ansätzen vorbereitet war.

Diesen Tatbestand haben die korporativen Gesellschafts- und Staatstheoretiker sehr klar gesehen und in ihren Konzepten als die eigentliche Herausforderung aufgegriffen. Die in der faschistisch-korporativen Propaganda, in Gesetzestexten (zum Beispiel in der „Carta del Lavoro") und in der korporativen Publizistik durchgängig vorhandene Hochschätzung der Produktion[156], der „produttivismo", verstanden als allgemein *gesellschaftliches* Ziel, ist vor diesem Hintergrund zu begreifen: Das „Gesetz der Produktion", die Vision einer durch und durch produktiven Gesellschaft und – damit verbunden – die Fetischisierung der Produktivität sollten die ganz konkrete und zugleich fast magische Orientierungslinie sowie das alle divergierenden korporativen Richtungen vereinheitlichende Ziel bilden. Der sich hieraus ableitende Anspruch der gesellschaftliche Erziehung im Sinne der Vermittlung von Einzel- und Gesamtinteresse orientiert sich folgerichtig an denjenigen Werten und Normen, die der spezifischen Zielsetzung einer auf Produktivität und Wachstum ausgerichteten Form der Modernisierung zugrundeliegen.

Vor diesem Hintergrund lassen sich scheinbar allgemein gehaltene, oftmals stereotyp anmutende Formulierungen, die die korporative Programmatik kennzeichnen wollen, nun etwas konkreter deuten. So heißt es zum Beispiel hinsichtlich der Gesamtfunktion der Korporationsordnung, daß sie im Dienste eines *Erziehungs*prozesses stehe, durch den „das Individuum auf eine Ebene hinaufgehoben werden [soll], wo es – individuelle Besonderung des staatlichen Selbstbewußtseins – als allgemeiner Wille will"[157]. Ohne daß an dieser Stelle den ideengeschichtlichen Zusammenhängen nachgegangen wird, ein in der Korporativismusforschung ohnehin intensiv beackertes Feld, wird für den hier interessierenden Zusammenhang die *These* vertreten, der zufolge für den erzieherischen Prozeß der „Ineinssetzung von

154 Vgl. ebd.

155 Zur allgemeinen Entwicklung der Formierung und Prägung des Alltags durch die „Ideologie des Konsums" vgl. Lefebvre, *Alltagsleben* (Anm. 93), bes. S. 80ff. Lefebvre arbeitet namentlich die Doppelfunktion des Konsums heraus: einmal als abhängige Variable der Produktion und zugleich in seiner Funktion der Vermittlung, vergleichbar daher mit Ideologien, Kultur, Institutionen und Organisationen (S. 50). Siehe auch seine Anmerkungen zum „Auto als Subsystem": am Schnittpunkt von Produktionslogik, Konsum und Alltag (S. 141).

156 Vgl. *Korporative Wirtschaft* (Anm. 95), S. 28.

157 Vgl. Ranke, *Faschismus* (Anm. 125), S. 87.

Einzel- und Gesamtinteresse" die *Logik der Produktion* den eigentlichen Maßstab bildet – selbst und besonders dort, wo anderslautende Formulierungen benutzt werden, wie „Interesse der Nation", „Allgemeininteresse" u. ä.

Am Beispiel der Auseinandersetzung mit dem Problem der individuellen Bedürfnisbefriedigung auf der Grundlage des Korporativsystems wird dieser Sachverhalt augenscheinlich. „In der Korporationsordnung – so schreibt C. E. Ferri[158], in Polemik mit dem Wirtschaftsliberalismus – wird die individuelle Befriedigung, unabhängig von ihren hedonistischen Voraussetzungen, durch eine vorgegebene Skala von Bedürfnissen ersetzt ...". Mit anderen Worten, „das Korporativsystem unterzieht die [hedonistischen Individualansichten] einer kritischen Überprüfung und fördert nur diejenige Bedürfnisbefriedigung der Wirtschaftssubjekte, die den Erfordernissen der Allgemeinheit entspricht". Aber nicht nur eine Auslese der Individualbedürfnisse ist intendiert, sondern letztlich die Umwandlung des „homo oeconomicus" in den „homo corporativus", die – so heißt es – nur durch einen gründlichen Umerziehungsprozeß zu erreichen sei:

„Was die Konsumenten anlangt, so zielt der Staat darauf ab, ihren Geschmack und damit ihre Bedürfnisskala umzuändern, in der Weise, daß die Konsumententätigkeit in ihrer Richtung mit den höheren Interessen der Nation übereinstimmt ..."[159].

Doch die „höheren Interessen" werden letztlich bestimmt durch die Produktion, so daß auch dem Erziehungs- und Umerziehungsprozeß klare Richtlinien vorgegeben sind. Letztere markieren ihrerseits die wesentliche Übereinstimmung zwischen Korporativismus und Liberalismus: Die korporative Wirtschaft – so schreibt Fanno an anderer Stelle[160] – „bewahrt das Privateigentum, die Privatinitiative und die private Unternehmungsform ..."[161]. Wenn also die korporative Wirtschaft sich vornimmt, „die hauptsächlichsten Unzulänglichkeiten einer nicht disziplinierten und kontrollierten, d.h. freien Wirtschaft" dahingehend zu überwinden, daß ein „Ausgleich zwischen Gütererzeugung und Verbrauch" entsteht, so ist die von dem Korporativsystem in der Gesellschaft zu leistende Überzeugungs- und Erziehungsarbeit angesichts der prinzipiellen Wahrung des Privateigentums an Produktionsmitteln

158 Ferri, L'ordinamento corporativo dal punto di vista economico, Padua 1933, S. 117, 157, zit. nach Ranke, *Faschismus* (Anm. 125), S. 86, Anm. 13.

159 So Marco Fanno, Introduzione allo studio di una teoria economica del corporativismo, Padua 1935, S. 179, zit. nach Ranke, *Faschismus* (Anm. 125), S. 86.

160 Fanno, Struktur (Anm. 129), S. 319.

161 Hinsichtlich der „Übereinstimmung" mit dem Liberalismus bedarf es einer Präzisierung. Wie Fanno betont, „unterwirft" die korporative Wirtschaft „die einzelnen Unternehmungen einer einheitlichen Zucht, so daß die Gesamterzeugung, obgleich auf diese einzelnen Unternehmungen verteilt, doch einheitlich in ihrer Gesamtheit erscheint ..." Dies bedeutet jedoch nicht die Aufhebung oder auch nur eine Einschränkung des Eigentumsprinzips. Im Gegenteil: Dadurch, daß das Eigentum – das private Eigentum, die private Initiative usw. – in seiner Funktion gesellschaftlicher Reproduktion ausdrücklich anerkannt und dem Unternehmer eine öffentliche Funktion im Staate zugewiesen wird als Teil eines Ganzen, kommt dem privaten Eigentum – als funktionalem Teil im ‚Unternehmen Nation' – öffentliche Garantie zu. (Ähnl. auch Agnoli, zit. Vorlesung [Anm. 106]. Vgl. dazu auch Art. VII der „Carta del Lavoro" und Kommentar, abgedr. in: *Korporative Wirtschaft* (Anm. 95), S. 29 f.)

in ihrer *Perspektive logisch* vorgegeben[162]: Erzogen und umerzogen werden die Individualbedürfnisse vorrangig nach Maßgabe der Erfordernisse der Produktion.

Die prospektive Einbindung der Gesellschaft in einen Prozeß, dessen Entwicklungslogik von der privatwirtschaftlichen Produktionsweise bestimmt wird, stellte die korporativen Programmatiker vor zwei unterschiedliche Ordnungen von Aufgaben. Zum einen bestand das Bestreben, allen produktive Dienste Leistenden[163] einen gemeinsamen Wertekatalog zu vermitteln in der Weise, daß die dem betrieblichen Produktionsprozeß inhärenten Normen und Tugenden – wie Effizienz, Hochleistung, hierarchisch orientiertes Denken und Handeln, Bereitschaft zu funktionaler Anpassung u.ä. – im Laufe der Zeit zu gesellschaftlich herrschenden, zu Alltagswerten[164] werden würden. Zum anderen warf eine auf Produktivität und Wachstum einzuschwörende nationale Leistungsgemeinschaft, deren Kennzeichen Stabilität und Wandel zugleich sein mußten, das Problem des gesellschaftlichen Gleichgewichts auf. Über die zentrale Bedeutung und vor allem aktuelle Brisanz dieses Problems schien „eine nahezu vollkommene Einigkeit unter den italienischen Nationalökonomen" zu bestehen[165].

Angesichts der produktivistischen Grundausrichtung der faschistischen Wirtschaftspolitik beinhaltete das anzustrebende Gleichgewicht logischerweise nicht einen statischen Begriff: Dem beständigen Wandel entsprechend war vielmehr „eine

162 Fanno (Struktur [Anm. 129], S. 320, 317) führt hierzu aus: „Die Produktion ist grundsätzlich privaten Unternehmungen anvertraut, da man der Ansicht ist, daß sie, wenn sie unter der Zielsetzung eines eigenen Gewinns handeln, auch gemäß den Interessen der Nation handeln, falls sie der nötigen Aufsicht unterliegen. Daher überläßt der Staat den privaten Unternehmungen die Produktionsaufgabe im Normalfall und insoweit, als es ihnen gelingt, den eigenen Vorteil mit dem der Nation zu vereinen; man behält sich nur vor, im entgegengesetzten Fall einzugreifen."

163 Fanno (ebd., S. 320) führt dazu aus: „Diejenigen, welche produktive Dienste leisten, sind physische Personen, die durch ihre persönliche Fähigkeit unmittelbar oder mittelbar an der Produktion mitwirken (Handarbeiter, Direktoren, Verwaltungsbeamte der einzelnen Unternehmungen)."

164 Bezeichnenderweise waren es vor allem konservative Gesellschaftskritiker, die mit großer Sensibilität die Entwicklung verfolgten, wie am Beispiel ihrer Auseinandersetzung mit der Alltagssprache deutlich wird. Eine genauere Betrachtung der heutigen Alltagssprache – als manifestem Ausdruck von Bewußtseinsprozessen – zeigt in der Tat den Grad der Verwirklichung an der von den Korporativisten prospektierten Entwicklung: Technische, dem betrieblichen Produktionsprozeß entnommene Vorstellungen sind in den Bedeutungsgehalt zahlreicher Worte und Wendungen eingedrungen, die oftmals ihrem ursprünglichen Sinn nach mit Technik und Industrie nichts zu tun haben. (Siehe Hans Freyer, Über das Dominantwerden technischer Kategorien in der Lebenswelt der industriellen Gesellschaft, in: *Akademie der Wissenschaften und Literatur, Abhandlungen der Geistes- und Sozialwissenschaftlichen Klasse*, Mainz 1960, S. 539–551, bes. S. 539.) Unübersehbar inzwischen die industrie-technischen Grundsätze und Ausdrücke, „die sich auch in den sozialen und zwischenmenschlichen Beziehungen vollständig durchgesetzt haben" (A. Gehlen): so z.B. das „Prinzip der vollen Beanspruchung", der „Ausschaltung des Leerlaufs", die Modellfigur vom „Mann am Druckknopf", die „Konzentration auf den Effekt" usw. (Vgl. Arnold Gehlen, *Die Seele im technischen Zeitalter. Sozialpsychologische Probleme der industriellen Gesellschaft*, Hamburg 1957, S. 36 f.)

165 So Albert Wissler, Zur neueren Entwicklung der ökonomischen Theorie des Korporativismus in Italien. Ein Überblick, in: *Vierteljahreshefte zur Wirtschaftsforschung*, 12. Jg. 1937/38, N.F., H. 1, S. 84–96, hier S. 91.

zusammenhängende Reihe einander folgender Gleichgewichtszustände" gemeint, gewissermaßen ein gleitendes Gleichgewicht[166]. Die gedankliche Erforschung und Bestimmung der funktionellen Abläufe, von Wandel und Gleichgewicht, beschränkte sich also nicht auf den Produktionsprozeß im Betrieb. Dieser bot lediglich die Vorlage: In der Tendenz nämlich ging es darüber hinaus um eine Theorie von den Funktionszusammenhängen der „azienda-nazione" im Ganzen, der „Nation-als-Betrieb".

Die gesamtgesellschaftlich-nationale Ausrichtung des Korporativismus unterschied diesen übrigens von Grund auf von den interventionistischen Eingriffen des Staates in die Wirtschaft. Die von der korporativen Bewegung angestrebte Perspektive der Entwicklung – die Formierung einer in allen ihren Gliedern leistungsfähigen, an der Produktion bewußt–unbewußt sich orientierenden („produttivistica") und in diesem Sinne allseitig funktionierenden Gesellschaft – erforderte über ein breites, pluridimensionales Spektrum von Eingriffen in den Korpus Nation hinaus zunehmend konsensstiftende und Massenloyalität bindende Formen der Vermittlung. Die Theoretiker des Korporativismus wie auch seine weitblickenden Kritiker, so Gramsci, wurden in der Tat nicht müde darauf hinzuweisen, daß sich die korporative Ordnung eigentlich als *gesamtgesellschaftliche Strategie* verstand, d.h. daß ihre Aufgaben und Funktionen sowohl „rein wirtschaftlicher Art" als auch „politisch-ethisch-sozialer Art" seien[167], so daß die Reduzierung auf eine ihrer Dimensionen und gar deren Verabsolutierung von vornherein auf gedankliche Abwege führe.

Die Überlegungen M. Fannos, eines der bekannteren korporativen Wortführer der „Gleichgewichtstheorie"[168], lassen sich schließlich noch für eine weitere Argumentationsrichtung heranziehen, die ebenfalls für die korporative Programmatik kennzeichnend ist. Gemeint ist die Kostenlogik. Analog zu der Übertragung der Produktionslogik auf die Gesellschaft erscheint es nur folgerichtig, die Vor- bzw. Nachteile einer Gesellschaft und besonders den Grad ihres Funktionierens an ihren spezifischen Kosten zu messen. Die Kostenargumentation liefere ihm übrigen einen Maßstab des Vergleichs mit anderen nationalen „Wirtschaftsführungen" (Fanno).

Das Kosten-Nutzen-Argument, dem letztlich alle anderen Zielsetzungen des Korporativismus, wie Erreichung des Gleichgewichts und Herstellung einer hohen sozialen Gerechtigkeit, untergeordnet sind, führt Fanno vor allem gegenüber der liberalen, der „ungeregelten" bzw. „freien" Wirtschaft ins Feld[169]. Danach gebühre der italienischen korporativen Wirtschaft insoweit der Vorrang, als sie „das Gleichgewicht der Gesamterzeugung" in der Weise zu verwirklichen vermag, daß es ihr gelingt, die den „liberalen Wirtschaften spezifischen Kosten", hervorgerufen durch Kapitalfehlleistungen und Produktionseinschränkungen, auszuschalten.

166 Ebd., S. 92. Von einem „equilibrio dinamico" spricht Antonio Fossati, der namentlich den Zusammenhang herausarbeitet von korporativer Stabilisierungspolitik und „ceti medi", in: *Le classi medie in Italia, Contributo al loro sviluppo storico ed economico*, Turin 1938, bes. Kap. IV.

167 Vgl. beispielsweise Fanno, Struktur (Anm. 129), S. 327.

168 So Wissler, Zur neueren Entwicklung (Anm. 165), S. 92 ff.

169 Fanno, Struktur (Anm. 129), S. 328 ff.

Die spezifischen Kosten, um deren Senkung es dem Korporativismus insbesondere gehen muß, sind im einzelnen:

(a) „die Kosten, welche von Kapitalzerstörungen herrühren, wie sie sich in einer liberalen Wirtschaft ergeben als Folge der Anpassung der Produktion an den Verbrauch aufgrund von immerwährenden Versuchen und Schwankungen";

(b) „die Kosten, die durch Kapitalzerstörung verursacht sind, welche von großen wirtschaftlichen Fluktuationen herrühren";

(c) „die Kosten, die durch die Lösung von Arbeitsstreitigkeiten vermittels Streik oder Aussperrung bedingt sind";

(d) „die Kosten, die aus jener Art von Kapitalzerstörung entstehen, die aus dem Kampf der Unternehmungen anläßlich ihrer Zusammenfassung herrührt usw."

Hinzu kommen noch die Auswirkungen der Weltwirtschaftskrise: „Die ungeheuren Vermögenszerstörungen, die von der jüngsten Krise ausgingen, lassen den Eindruck entstehen, daß die spezifischen Kosten der ungeregelten Wirtschaft, so, wie die Dinge heute liegen, ganz besonders groß sind." Alle diese Kosten sollen in einer korporativen Wirtschaft und Gesellschaft wenn schon nicht ausgeschaltet, so doch stark reduziert werden. Ihre Tendenz zur Kostenminimierung weise diese Gesellschaftsordnung als die bessere aus.

Fanno gibt sich hinsichtlich der für die im Korpus Nation aufzubringenden spezifischen Kosten zwar keinen Illusionen hin, wenn er schreibt:

„Andererseits sind auch die allgemeinen Funktionierungskosten einer korporativen Wirtschaftsführung beträchtlich."

Ihre spezifische Kostspieligkeit für die Nation bestünde darin, daß

„diese Kosten in dem Teil des nationalen Gesamteinkommens [bestehen], den die zum Zwecke der Beaufsichtigung und Kontrollierung verwandten Kapitalien und das hierzu verwandte Basismaterial hervorbringen könnten, wenn sie an Stelle dessen mit Gütererzeugung bzw. Arbeitsleistung beschäftigt wären, also den Leistungen, aus denen diese nationale Einkommen hervorgehen."[170]

Doch trotz der vergleichsweise erheblich gestiegenen Kosten für Kontroll- und Regulierungsfunktionen ist die korporative Gesellschaft für Fanno immer noch die rentabler arbeitende. Ihr gebühre daher der Vorzug[171].

Die „Rentabilität" einer Gesellschaft als Maßstab ihrer Wertigkeit also. Auf diese Zusammenhänge wird bei der Betrachtung der Korporativismusdebatte noch zurückzukommen sein. Hier ging es zunächst darum, einen bei der Frage nach dem „Erfolg" bzw. „Mißerfolg" des historischen Korporativismus allgemein vernachlässigten Zusammenhang zunächst ins Blickfeld zu rücken.

Zusammenfassend kann festgehalten werden: Die Übersetzung des „fordismo" in Italien als einem intermediären Glied in der Kette der internationalen Arbeitsteilung setzte voraus und bedingte zugleich die Schaffung bzw. Umformung der bestehenden italienischen Gesellschaft in eine moderne industriewirtschaftliche Leistungs- und Konsumgesellschaft auf der Grundlage der privatwirtschaftlichen Produktions-

170 Ebd., S. 329.
171 Vgl. ebd.

weise. Ein vergleichsweise weit entwickeltes Bewußtsein um diese Zusammenhänge kommt in den Staats- und Gesellschaftstheorien des italienischen Korporativismus, wenngleich mit unterschiedlichen Akzentsetzungen, zum Ausdruck. Politisch relevante Strömungen im Korporativismus hatten nicht nur die „Logik der Entwicklung", wie wir heute sagen würden, erkannt, sondern gleichzeitig versucht, auf dieser Grundlage eine den italienischen Verhältnissen angemessene Strategie (bzw. Elemente einer solchen) des gesellschaftlichen Wandels aufzuzeigen. Die Tatsache, daß der korporativen Bewegung und namentlich ihrer modernistisch-technokratischen Komponente eine prägende Rolle im italienischen Faschismus für einen gewissen Zeitraum zukam, legt es nahe, nach den von ihr hinterlassenen Spuren und Folgewirkungen zu fragen. Die Funktion der ideologischen Formierung, die die korporative Bewegung realiter auszuüben begann – zunächst und besonders im wissenschaftlich-philosophischen Bereich und auf politisch-publizistischer Ebene, in dem Maße, wie sie ein Bewußtsein schuf von den anstehenden Problemen der Modernisierung und dabei einen Erziehungsprozeß einleitete zur Durchsetzung bestimmter Werte und Verhaltensweisen qua „öffentlicher Tugenden"[172], die den gesellschaftlichen Wandlungsprozeß zu „tragen" geeignet waren –, diese Funktion läßt sich nicht an den Kriterien einer Erfolgsrechnung messen. Dennoch kann sie nicht hoch genug veranschlagt werden, wenn man hier die ersten, wenn auch zunächst noch überwiegend gedanklichen Schritte einer Entwicklung erkennt, deren weitreichende Implikationen erst in der Gegenwart allgemein und sehr konkret erfahrbar geworden sind[173].

172 Zum Begriff und zur Unterscheidung von „öffentlichen" und „privaten Tugenden" s. Ralf Dahrendorf, *Gesellschaft und Demokratie in Deutschland*, München 1965, S. 327–341. Dahrendorf bezeichnet als „öffentliche Tugenden" jene herrschenden Werte in einer Gesellschaft, die „vor allem auf die reibungslose Bewältigung der Beziehungen zwischen Menschen zielen. Diese Beziehungen [...] betreffen das Alltagsleben, die Formen des täglichen Miteinanders." Anders als die „privaten Tugenden", die nicht in demselben Sinne Allgemeingültigkeit beanspruchen, wohnt den „öffentlichen Tugenden ein starkes Element des Vertraglichen inne; sie kopieren gleichsam die Paragraphen des Gesellschaftsvertrages für alle Bereiche des Lebens." Dieser Gesellschaftsvertrag, seine Logik und seine Finalität, beruht nach den Vorstellungen der hier behandelten Korporativisten auf der Produktion in einer modernen Industriegesellschaft, die Werte von Produktion und Technik werden daher zu Werten der Gesellschaft allgemein. Aufgabe der kulturell-ideologischen Formierungsarbeit des Korporativismus ist es, diese gesellschaftliche Umerziehung zu leisten.

173 Die hier skizzierten Konturen der Entwicklung treffen natürlich nicht nur auf Italien zu, und sie sind wohl auch nicht besonders typisch für dieses Land. Gleichwohl sollen hier am *Beispiel* Italiens, an einer für seine gegenwärtige Entwicklung allerdings symptomatischen geschichtlichen Periode, Tendenzen herausgearbeitet werden, die spezifische Ausformungen eines *allgemeinen* Entwicklungstrends sind. Herangezogen habe ich aus der Fülle der vorliegenden Literatur zu dem überaus facettenreichen und kontrovers diskutierten Problemkomplex folgende Schriften, die sich mit dessen allgemeinem Charakter beschäftigen: Freyer, Über das Dominantwerden (Anm. 164); Gehlen, *Seele* (Anm. 164); Jürgen Habermas, Technik und Wissenschaft als ‚Ideologie', in: ders., *Technik und Wissenschaft als ‚Ideologie'*, Frankfurt a.M. ⁴1968, S. 48–103; Hans Heinz Holz, Technik und gesellschaftliche Wertordnung, in: *Blätter für deutsche und internationale Politik*, 19. Jg., H. 2, 1977, S. 175–188; Leo Kofler, *Technologische Rationalität im Spätkapitalismus*, Frankfurt a.M. 1971; Lefebvre, *Alltagsleben* (Anm. 93); Wolf-Dieter Narr/Claus Offe, *Wohlfahrtsstaat und Massenloyalität*, Köln 1975. Siehe auch die im folgenden Kapitel angegebene Literatur.

3. Kapitel: Die Korporativismusdebatte. Elemente einer Strategie gesamtgesellschaftlicher Rationalisierung

Mit der Korporativismusdebatte beschäftigen sich auch die folgenden Ausführungen. Den Mittelpunkt sollen die modernistisch-technokratischen Strömungen in der Korporativismusbewegung bilden, die die Debatte gerade auch aus heutiger Sicht und Erfahrung bemerkenswert machen.

Zur näheren Kennzeichnung dieser modernistisch-technokratischen Komponente kann teilweise an bereits aufgeworfene Fragen und Themenkomplexe angeknüpft werden. Darüber hinaus versuche ich am Beispiel zweier herausragender Momente der Debatte zugleich zwei ihrer Konflikthöhepunkte, signifikante Argumentationsrichtungen und Interessenkonstellationen aufzuzeigen. Zum einen handelt es sich um den Disput zwischen „corporativisti" und „liberisti". Dieser scheint mir nicht nur per se in mehrfacher Hinsicht von Bedeutung zu sein, sondern auch aufgrund der traditionell relevanten Stellung des Wirtschaftsliberalismus in Wissenschaft, Politik und veröffentlichter Meinung in Italien. Überdies sollten wirtschaftsliberale Politiker im Italien der Wiederaufbauphase nach dem Zweiten Weltkrieg eine führende Rolle spielen. Eine andere Konfliktfront – diesmal innerhalb der korporativen Bewegung – bildeten, zugespitzt formuliert, die Verfechter eines fortschreitenden Industrialisierungsprozesses auf der einen Seite, die Anhänger von Reagrarisierungsprogrammen auf der anderen: Ein Konflikt, der angesichts des hoch entwickelten Bewußtseins um die allgemeinen gesellschaftlichen Zusammenhänge zu einer Konfrontation von „Stadt" contra „Land", von „Bewahrung" contra „gesellschaftlichen Wandel" geriet.

Doch lassen die Breite der Auseinandersetzung und die Brisanz der debattierten Themen es geraten erscheinen, als erstes die Korporativismusdebatte als Moment der vom faschistischen Regime eingeleiteten kulturpolitischen Offensive zu betrachten.

I Die Korporativismusdebatte als Moment der kulturpolitischen Offensive

Die eigentliche Korporativismusdebatte nahm ihren Anfang mit der Ingangsetzung der Deflationspolitik, der Währungsreform und dem auf dieser Grundlage erzielten Herrschaftskompromiß. Zur selben Zeit – zusammen mit der Errichtung des Korporationsministeriums, dessen Leitung zuerst bei Mussolini lag (1926), bis Giuseppe Bottai, Unterstaatssekretär zunächst, das Amt übernahm (1929) – begann das faschistische Regime mit seiner eigenen Kulturpolitik. Dieser Zusammenhang[174] ist wichtig, weil er zum einen auf die Parallelität von politisch-ökonomischer Konsolidierung der faschistischen Herrschaft und dem Übergang zu einer eigenen „positiven" Kulturpolitik hinweist, worunter zu verstehen ist eine zielbewußte Politik der Hegemonisierung der kulturell-ideologischen Sphäre, in die bislang nur punktuell und weitgehend noch ohne hegemoniale Absichten eingegriffen worden war. Zum anderen wird dabei deutlich, daß die Debatte im und über den Korporativismus ein Moment der kulturpolitischen Offensive des Faschismus war, so daß ihr genuin politische Funktion zukam, ohne daß es sich allerdings um eine in allem gelenkte Diskussion gehandelt hätte.

Der hier verwandte Begriff der Debatte wird gewöhnlich in einem umfassenden Sinne gebraucht: gleichsam Werkstätte der ideologischen Offensive des Faschismus. Hierzu gehörten nicht nur die Auseinandersetzungen um den organisatorischen Aufbau des Korporativsystems, selbst wenn dieser häufig den Anlaß bot. Darüber hinaus stand die Debatte im Zeichen der Bestrebungen – hervorragend verkörpert von dem „organizzatore di cultura" Giuseppe Bottai –, der ideologischen Krise des liberalen Staates mit einer eigenen ideologischen Perspektive auf allen Ebenen entgegenzutreten.

Die globale ideologische Zielsetzung zeigte sich in der Ära Bottai einmal in den Bestrebungen um Einflußnahme auf Schulen und Universitäten (dort war es bis 1929 bereits zur Errichtung einer ganzen Reihe von Lehrstühlen, Instituten und Fortbildungsstätten im Fach Korporativismus gekommen), ferner in der Gründung von zahlreichen Zeitschriften zu verschiedenen korporativen Spezialgebieten und in der Schaffung von einschlägigen Buchreihen bei renommierten Verlagen[175]. Und selbst dort, wo die Aufmerksamkeit speziellen Wissenschaftsgebieten galt, war die gesamtgesellschaftliche Formierungsabsicht auffallend gegenwärtig. Mit Vorliebe nahm sich die korporative Bewegung derjenigen Bereiche an, deren gesamtgesellschaftliche Ausstrahlungskraft sie besonders hoch veranschlagte. Es ist daher nicht zufällig, daß die Politik der ideologischen Konfrontation und Durchdringung ihre Aufmerksamkeit relativ früh der Jurisprudenz zuwandte, zumal sie dort, mit dem Juristen Alfredo Rocco an der Spitze, ein breites Potential „korporativer Neigungen ante litteram" vorfand[176].

Besondere Aufmerksamkeit im ideologischen Kampf galt den traditionellen Wirtschaftswissenschaften. In einem Editorial der „Critica fascista", vom März 1928, er-

174 Ausführlich hierzu Gianpasquale Santomassimo, Aspetti della politica culturale del fascismo: il dibattito sul corporativismo e l'economia politica, in: *Italia Contemporanea*, 121/1975, S. 3–25, hier S. 5.

175 Vgl. ebd., S. 9ff. Insbesondere durch Buchveröffentlichungen und Anthologien wollte man die Voraussetzungen für eine breite und unorthodoxe Auseinandersetzung mit den anstehenden Problemen (Wirtschaftskrise, Planwirtschaft etc.) schaffen. In einer Reihe neben den Schriften von Schumpeter, Beveridge, Hobson, Landauer erschienen Texte von Stalin und Molotov, ebenso das Kommunistische Manifest.

176 Vgl. ebd., S. 8. Santomassimo spricht in diesem Zusammenhang von dem verbreiteten „ottimismo giuridico", der einen großen Teil der Korporativisten-Generation hoffen ließ, „daß die wirtschaftliche und gesellschaftliche Realität per Dekret modifizierbar sei" (ebd., S. 7).

folgte gewissermaßen der Auftakt mit der Feststellung[177], der Faschismus habe bei seinen Eingriffen in die Sphäre der Wissenschaft bisher die Ökonomie ausgespart, nun aber seien die Zeiten reif für eine faschistische Durchdringung jener Wissenschaft, „die einen Eckpfeiler im gesellschaftlichen Leben der Völker darstellt". Als Ziel wird angegeben, die liberale Ökonomie von Grund auf erneuern und überwinden zu wollen. Auf einzelne Aspekte der Auseinandersetzung wird noch zurückzukommen sein. Doch von Einzelheiten abgesehen, ist zunächst die grundsätzliche Bedeutung hervorzuheben, die die ideologischen Strategen der traditionellen Nationalökonomie und ihren Vertretern für die Formierung und Kontrolle öffentlichen Bewußtseins beimaßen insofern, als deren Arbeit sich nicht allein auf die Bereitstellung von Sachinformationen beschränke, sondern sie – damit verbunden – ein ganz bestimmtes grundlegendes Verständnis von den gesellschaftlichen Verhältnissen und der Art ihrer Organisierung vermittle[178].

Treibende Kraft in der ideologisch-kulturellen Auseinandersetzung waren zweifellos die Exponenten derjenigen Strömungen im italienischen Korporativismus, für die die Errichtung des „ordine corporativo" einen Zusammenhang mit der Forcierung der Industrialisierung und der technokratischen Modernisierung der Gesellschaft darstellte. Die Perspektive einer modernen, konkurrenztüchtigen und in sich stabilen Massengesellschaft in Italien auf der Basis eines reibungslos funktionierenden Produktionsapparates bildete die einende Klammer zwischen ansonsten divergierenden korporativen Positionen und Richtungen, die v.a. mit den Namen Bottai, Rocco, Spirito, Fanno, Fovel, Volpicelli verbunden waren.

Zusätzlich zu der spezifischen Legitimation, die die modernistisch-technokratische Komponente dem faschistischen Regime verlieh, ist diese Dimension des italienischen Korporativismus für unseren Zusammenhang noch in zweifacher Hinsicht von Bedeutung. Zum einen bildete die Diskussion um die Modernisierung Italiens einen wichtigen Ort, möglicherweise sogar den einzigen, wo die eigentlichen Interessengegensätze innerhalb des faschistischen Herrschaftskompromisses ungeschminkt zum Ausdruck kamen. Eine breite und differenzierte Krisendiskussion hat im italienischen Faschismus also durchaus stattgefunden, sie muß freilich als ein Moment der Korporativismusdiskussion aufgespürt und dechiffriert werden. Ebenso verhält es sich mit den historischen Interessengegensätzen Landwirtschaft/Industrie, mit den Konflikten in der Außenwirtschaftsorientierung und mit denen um das Problem Lohn.

Zum anderen bildete die Korporativismusdebatte, betrachtet unter dem Blickwinkel der Kontinuität, einen Ort der Konzeptualisierung und insbesondere der Öffentlichmachung von teilweise recht differenzierten Entwürfen zur Modernisierung der italienischen Gesellschaft, deren Brisanz nicht zuletzt in ihrer *Aktualität* liegt. Auf einige wesentliche Knotenpunkte dieser Auseinandersetzung soll in zweifacher Absicht eingegangen werden: Einmal, weil hier mögliche Entwicklungstendenzen gedanklich antizipiert werden, deren Schwergewicht auf der gesamtgesellschaftlichen

177 Vgl. ebd., S. 13.
178 Vgl. ebd.

Dimension liegt, die in einigen Konzepten klarsichtig thematisiert wird und die diese Diskussion auch heute noch bemerkenswert macht; zum zweiten aufgrund ihrer Verknüpfung mit relevanten Kapitalinteressen. Denn die Analyse der breit gefächerten Konzeptualisierung einer zukünftigen Entwicklungsperspektive in Italien bietet die Möglichkeit, korrespondierenden Ansätzen und Konzepten in unterschiedlichen gesellschaftlichen Bereichen nachzugehen; darüber hinaus bietet sie einen Rahmen, in dem sich eine auf den Einzelfall exemplarisch bezogene Betrachtung (wie sie am Beispiel Fiat/Agnelli angestellt wurde) in ihren größeren Zusammenhang einordnen läßt. Erst in diesen Kontext eingebettet, bekommt die im faschistischen Herrschaftsbündnis zwar minoritäre, in der allgemeinen Entwicklung des italienischen Kapitalismus jedoch tendenziell die Oberhand gewinnende Kapitalgruppierung ihre eigentliche Relevanz.

II Die modernistisch-technokratische Komponente in der Korporativbewegung

Was heißt modernistisch-technokratischer Korporativismus nun konkret? Dies zu illustrieren soll am Beispiel einiger relevanter Problembereiche versucht werden, die zugleich Brennpunkte der Korporativismusdebatte bildeten.

Beispielhaft für die modernistischen Strömungen stehen hier die Konzepte einiger führender Theoretiker wie die von Alfredo Rocco, Giuseppe Bottai, Ugo Spirito und Nino Massimo Fovel. Auf ihre Argumente und Veröffentlichungen beziehen sich die folgenden Ausführungen in der Hauptsache auch deshalb, weil ihre Autoren zur Zeit der Debatte zum Teil hohe Funktionen im engeren politischen Entscheidungsprozeß bzw. im öffentlichen Kulturleben ausübten und daher als wichtige Repräsentanten der faschistischen kulturpolitischen Offensive gelten können.

1.0. Gesamtgesellschaftliche Perspektive

Im Mittelpunkt der Kontroversen stand mehr oder weniger explizit das Problem der Transformation der italienischen Gesellschaft in eine weitgehend homogene Industrie- und in sich stabile Massengesellschaft. Allgemein bezeichnend für die Auseinandersetzung war, daß die angestellten Überlegungen nicht allein um die ökonomische bzw. die ökonomisch-technische Seite des geplanten Entwicklungsschubs kreisten, sondern sie darüber hinaus ein ausgeprägtes Bewußtsein von den gesamtgesellschaftlichen Bedingungen und Implikationen eines solchen „Sprungs nach vorn" zeigten.

In seinen Entwürfen setzte beispielsweise Alfredo Rocco[179] die Dynamik des kapitalistischen Konzentrationsprozesses und der Massenproduktion als gegeben voraus und, damit verbunden, „ihre immanente Tendenz zur Umformung des gesamten Ge-

179 Paolo Ungari, *Alfredo Rocco e l'ideologia giuridica del fascismo*, Brescia 1963; eine zeitgenössische Darstellung des Ökonomen Rocco gibt Ennio Ronchi, *Economisti fascisti. Alfredo Rocco*, Padua 1931.

sellschaftskörpers nach Maßgabe der großen Industrieimperien und deren Strukturen" (Ungari), um *auf dieser Grundlage* das Konzept eines „modernen Absolutismus" zu entwerfen. An dem Korporativismusbegriff des langjährigen Justizministers (1925–1932) ist allenfalls die Bezeichnung altertümelnd. In der Sache handelt es sich um ein Programm zur Umformung der italienischen Gesellschaft in eine moderne, hochentwickelte Industriegesellschaft. Besonders von den Zerfallserscheinungen moderner Massengesellschaften beunruhigt, entwickelte Rocco eine politische, genauer, eine staatlich-institutionelle Gegenstrategie zur „Rationalisierung" der gesellschaftlichen Konflikte unter der Kontrolle des Staates. Der Staat wird in dem Konzept Roccos, der im übrigen an der Ausarbeitung des öffentlichen Rechts in Italien führend beteiligt war, als die „rechtsförmige Organisation der Nation" verstanden[180].

Diese „Strategie der Rationalisierung" ist als „institutionelle Strategie" der terroristischen Variante des Faschismus, dem „fascismo avventuriero", gegenübergestellt worden[181]. Ihre kennzeichnenden Momente sind:

(a) die *rechtsförmige* Regelung des Klassenkonflikts unter der Obhut des Staates und damit, in der Tendenz zumindest, seine *Etatisierung*[182];

(b) die *institutionelle* Regelung von Politik und Ökonomie;

(c) die *verfassungsrechtliche* Regelung des Verhältnisses von Partei und Staat;

(d) eine zielbewußte Politik gegenüber den „ceti medi", den Zwischenschichten, in der Form ihrer Hereinnahme und positiven Integrierung in den Staat, um durch die Schaffung einer Klasse mit *funktionalem* Stellenwert im Staat diesem eine eigene Massenbasis und Massenloyalität zu erzeugen und zu sichern.

1.1. Die Nation als Betrieb

Im Zusammenhang mit Roccos Überlegungen, dem Spitzentheoretiker des italienischen Nationalismus, ist es schließlich notwendig, auf den Gebrauch des Begriffs Nation näher einzugehen. Die in den Reihen der Nationalisten angestellte Konzeptualisierung einer von der modernen Industrieproduktion maßgeblich bestimmten Massengesellschaft und der hier kontinuierlich verwandte Begriff „Nation" hat oftmals dazu verführt, die Nationalisten unmittelbar beim Wort zu nehmen, d. h. als Ziel und Zweck der von ihnen entwickelten Staats- und Gesellschaftstheorien die nicht näher ausgewiesene „Größe der Nation" unreflektiert hinzunehmen.

Die Verwendung eines ungeklärten Begriffs Nation bleibt freilich historisch unspezifisch und ist so für eine historische Analyse letztlich untauglich; es kommt hinzu, daß er sich nicht als die politische Kampfesformel, als die er tatsächlich benutzt

180 Ebd., S. 6.

181 Neben der zitierten Vorlesung von Agnoli (Anm. 106) vgl. dazu die ebenfalls zitierten Arbeiten von Ungari (Anm. 179), insbesondere auch zur Frage der Kontinuität und des institutionellen Erbes von Faschismus und Korporativismus im heutigen öffentlichen Leben Italiens.

182 Vgl. bes. Alfredo Rocco, *Scritti e discorsi politici*, Bd. III: *La Formazione dello stato fascista (1925–1934)*, Mailand 1938, S. 1105 f.

wurde[183], dechiffrieren läßt. Vor dem Hintergrund der bisher angestellten Überlegungen kann nun aber die *These* aufgestellt werden, daß die in den Reihen der nationalistischen Korporativisten entwickelten Staats- und Gesellschaftsmodelle sich in ihrem Kern mit dem Begriff „azienda-nazione", der Nation-als-Betrieb, so wie ihn Gramsci herausgearbeitet hatte, deckten: Die Nation – ein zu vereinheitlichender Korpus – stand im Zentrum aller Betrachtung, und die Logik, die dem Korpus Nation zugrundelag und die seine Funktionsweise bestimmte, war die Logik der Produktion.

1.2. Produktivismus und homologes Wertesystem

Die v. a. mit dem Namen Ugo Spirito verbundene „Theorie der produktiven Kräfte" geht, ebenso wie die „ideologia del produttore" und ähnliche Konzepte, ursprünglich ebenfalls auf den italienischen Nationalismus zurück[184]. Und auch der Fordismus in Gestalt der Vision und Losung vom Produktivismus hat vermittelt über den „ideologischen Filter des Nationalismus" (Lanaro) seinen Einzug in Italien gehalten.

Der „mito produttivistico", der sogar in der Selbstdarstellung des Faschismus einen zentralen Stellenwert einnahm und der die Vorstellung eines im Aufstieg befindlichen Kapitalismus propagierte[185], verhalf dem faschistischen Regime auf ideo-

183 Zum Vergleich und zur Verdeutlichung der *grundsätzlichen* Problematik s. auch den Aufsatz von Rainer Koch, „Industriesystem" oder „bürgerliche Gesellschaft". Der frühe deutsche Liberalismus und das Laisser-faire-Prinzip, in: *Geschichte in Wissenschaft und Unterricht*, Jg. 29, H. 10, Okt. 1978, S. 605–628. Am Beispiel des „gebeugten Nationsbegriffs" von Friedrich List und dessen Forderung (1841) nach einer „reformierten Nationalökonomie" deren alleinige Räson „die industrielle Potenz und politische Macht der Nation" sein solle, arbeitet der Autor die *Transformation des Begriffs Nation* zu einer „Fiktion einer transpersonalen Entität" heraus: Diese *Fiktion* mit ihren ganz realen Folgen, die die Verdrängung der individualistischen liberalen Perspektive wirtschaftlichen Handelns intendierte, „war ideologiegeschichtlich die Voraussetzung für den Triumphzug des Fabrikwesens" (ebd., S. 617 f.).

184 So Silvio Lanaro, Appunti sul fascismo „di sinistra". La dottrina corporativa di Ugo Spirito, in: *Il regime fascista* (Anm. 125), S. 357–387, hier S. 376, 378.

185 Vgl. beisp. Punkt 15 in den „Tesi di Lione", wo es bezugnehmend auf den Faschismus und seine Politik heißt: „Absurd von Revolution zu sprechen. Doch leitet sich für die neuen Gruppierungen („categorie"), die sich um den Faschismus scharen, von ihrer Herkunft eine Homogenität und gemeinsame Mentalität eines ‚aufstrebenden Kapitalismus' her. Dies erklärt, wieso der Kampf gegen Politiker der Vergangenheit möglich ist, und wie sie ihn mit einer ideologischen Konstruktion begründen können, die im Gegensatz steht zu den traditionellen Theorien des Staates und seiner Beziehungen zu den Bürgern." Die „Lyoner Thesen", ausgearbeitet von Gramsci und Togliatti für den III. Kongreß der KPI (1926), der sie verabschiedete, sind abgedruckt unter dem Titel: „La situazione italiana e i compiti del PCI", in: Antonio Gramsci, *La costruzione del partito comunista 1923–1926*, Turin 1971, S. 488–513, bes. S. 495.
Ähnlich auch Arthur Rosenberg, der unterstreicht: „Mussolinis Faschismus ist im gewissen Sinne eine Partei des Kapitalismus, *der noch zum Aufstieg fähig ist.* Deshalb konnten sich die italienischen Faschisten unzweideutig zum Privateigentum bekennen." (Arthur Rosenberg, Der Faschismus als Massenbewegung. Sein Aufstieg und seine Zersetzung, in: *Faschismus und Kapitalismus, Theorien über die sozialen Ursprünge und die Funktion des Faschismus*, hrsg. v. Wolfgang Abendroth, Wien 1967, S. 75–141, hier S. 141; Hervorhebung v. Verf.)

logischer Ebene zu dem Bild einer *neuen* und zukunftsträchtigen bürgerlichen Bewegung. Neu und nach vorn gewandt deshalb, weil sie dem breiten Spektrum innovatorischer und – in diesem Rahmen – kapitalismuskritischer und teilweise verbal antikapitalistischer Tendenzen eine *gemeinsame* Generalrichtung anzugeben vermochte: Nach Maßgabe und im Dienste des „Gesetzes der Produktion“.

Die ausgeprägte produktivistische Ideologiekomponente im italienischen Faschismus war ihrerseits Resultante zweier unterschiedlicher vorfaschistischer Strömungen: einmal also des Nationalismus, einer sich elitär verstehenden Bewegung, die der ökonomischen Dimension im produktivistischen Programm den Vorrang gegenüber der sozialen einräumte; zum anderen des revolutionären Syndikalismus, der das soziale Moment als das primäre herausstellte. Die ideologische Verschmelzung beider Strömungen ermöglichte es dem Faschismus schließlich, eine breite Massenbasis für dieses produktivistische Programm sowohl innerhalb der „ceti medi“ als auch zunächst unter Arbeitern und Bauern zu rekrutieren[186].

In engem Zusammenhang mit der Propagierung der Vision vom „produttivismo“ und seinen konstitutiven Elementen – also Technologie, Wissenschaft, Organisation und Planung – standen außerdem die Bestrebungen um die systematische Einübung homologer Werte als „öffentliche Tugenden“, als da sind Produktivität, Leistungsbereitschaft, Effizienz, technisch-adaptive Intelligenz u.ä., gewissermaßen die „Fabrik als Mikrokosmos der Gesellschaft“ (Lanaro)[187]. Beeindruckend ist in der Tat das seinerzeit verbreitete Bewußtsein von der Notwendigkeit, die Gesellschaft mit einem allgemein gültigen, konsensstiftenden Wertesystem zu durchdringen und dies nicht nur allein im Interesse der Absicherung des anstehenden Entwicklungsschubes – d. h. als passive Legitimation –, sondern schlechthin als dessen gesellschaftlich-ideologische *Bedingung.* Mit anderen Worten: Die Durchsetzung des Industrialisierungsprozesses auf breiter Stufenleiter wurde nicht als ein primär ökonomisches Problem verstanden, sondern vorrangig als ein solches der politischen, intellektuellen und moralischen Erneuerung und Formung der Gesamtgesellschaft – des Korpus Nation – hin auf das allen gemeinsame Ziel: Produktivität.

1.3. Kritik am bestehenden italienischen Kapitalismus

Ugo Spirito[188], herausragender Verfechter einer an den Maßstäben der Fabrik sich orientierenden und *in diesem Sinne* rationalen Gesellschaftsentwicklung, verband sein Werben für die korporative Theorie der produktiven Kräfte mit einer vehement geführten Kritik an der spezifischen Form der kapitalistischen Entwicklung in Italien. Die insoweit antikapitalistischen Töne in seinen polemischen Äuße-

186 So Paola Fiorentini, Ristrutturazione capitalistica e sfruttamento operaio in Italia negli anni '20, in: *Rivista storica del socialismo*, 1967, H. 30, S. 134–154, hier S. 136f. u. Anm. 7.

187 Bottai spricht hier von dem: „principio della unitarietà nazionale della produzione“, in: *Scritti* (Anm. 182), S. 103.

188 Vgl. Lanaro, Appunti (Anm. 184), S. 357–387.

rungen haben ihn zuweilen als Kritiker des Kapitalismus schlechthin erscheinen lassen.

Ohne auf die Ambivalenz eingehen zu können, die eine derartige Position im Rahmen der allgemeinen Krisendebatte darstellte, und insbesondere nicht auf die Frage nach Bewußtwerdungsprozessen und Perspektiven der Kritik, die sie im Hinblick auf die Herausbildung antifaschistischen und antikapitalistischen Oppositionspotentials erschlossen haben mag, soll hier lediglich der Tatbestand einer solchen Kritikrichtung hervorgehoben werden, die gewissermaßen die Kehrseite der „Theorie der produktiven Kräfte" darstellte und die daher ebenso wie diese für die korporativen Modernisten kennzeichnend war. Diese Form der Kapitalismuskritik war relativ verbreitet, und sie trug ihrerseits einmal mehr zur Beurteilung des Korporativismus als alternativem „dritten Weg" in Italien bei, alternativ zu Kommunismus und Kapitalismus. Sie wurde selbst von denjenigen Wirtschaftsinteressen vertreten, die sich angesichts des über den Weltmarkt vermittelten Zwangs zur beständigen Entfaltung in Fesseln gelegt sahen durch die Konfiguration der bestehenden Verhältnisse, und sie ist daher fester Bestandteil jeder Krisendebatte in Italien, auch später wieder in der Zweiten Nachkriegsperiode, mit Parallelen bis hin zur Verwendung desselben Vokabulars („Abbau des Parasitentums" u. ä.).

1.4. Kampf dem liberalen Staat und dem Wirtschaftsliberalismus

Im Angesicht der allgemeinen Krise von 1929 entzündete sich die Kritik besonders an der italienischen Bourgeoisie und ihrem historischen Versagen. Oftmals wurde dabei wieder an die in Italien während des Ersten Weltkriegs gemachten und als demütigend empfundenen Erfahrungen angeknüpft, die dem Konto der nicht auf der Höhe ihrer Aufgaben stehenden Bourgeoisie zugeschrieben und insgesamt als Versagen des liberalen Staates stigmatisiert wurden.

Versagen wurde auch der liberalen Wirtschaftswissenschaft angelastet. Die Ausweitung und Verlagerung der Perspektive über die ausschließlich ökonomische Sphäre hinaus, auf die sich aber die traditionelle Nationalökonomie beschränkt habe, verleihe dagegen dem Korporativismus – so argumentierte Ugo Spirito – wissenschaftlichen Charakter. Die fundamentale Herausforderung, die der Korporativismus für den Wirtschaftsliberalismus darstellte, bildete in der Tat eine Konstante in der Debatte[189]. Entschieden bekämpften die modernistischen Korporativisten die altliberale Überzeugung, derzufolge menschliches Handeln letztlich auf dem hedonistischen Vorteilsstreben beruhe. Sie lehnten eine Wissenschaft ab, welche auf der Konstruktion des „homo oeconomicus" aufbaue und Tatsachen voraussetze wie das private Eigentum, den Tausch, Kriege und das Wirtschaftsgebaren im Alltagsleben. Letzteres sei ohnehin nichts anderes als die „friedliche Variante" des Krieges. Ganz

189 Zu den verblüffenden Parallelen der Listschen Kritik am zeitgenössischen Wirtschaftsliberalismus im Namen der angestrebten Durchindustrialisierung der Gesellschaft s. Koch, „Industriesystem" (Anm. 183).

anders der Korporativismus: Er sehe seine Daseinsberechtigung darin, den „anarchischen Individualismus und alle Egoismen in einer technischen und moralischen Anstrengung" aufzuheben, wobei die „falsche Technik der Konkurrenz" durch die „neue Technik der Zusammenarbeit" abgelöst werde[190]. Die Aufgabe der korporativen Bewegung bestünde zuvörderst in einer „moralischen und technischen Vereinheitlichung des gesellschaftlichen Lebens".

1.5. Für einen besseren Kapitalismus: Die Theorie der produktiven Kräfte

Unter den korporativen Kritikern an dem leistungsschwachen italienischen Kapitalismus nahm – neben Ugo Spirito und Nello Quilici – auch Giuseppe Bottai eine herausragende Stellung ein, schon allein aufgrund seiner politischen Position. Auf die schillernde Figur dieses „fascista critico"[191], der unlängst wieder in Italien Interesse findet, wird hier nicht ausführlich eingegangen; es soll nur ein – allerdings signifikanter – Aspekt seiner politischen Biographie näher betrachtet werden, der mir exemplarisch für den hier interessierenden Sachverhalt zu sein scheint. Am Beispiel Bottais politischer Position wird das für die korporative *immanente* Kapitalismuskritik charakteristische Spannungsverhältnis besonders deutlich: Zwischen einerseits der Kritik an der herrschenden italienischen Bourgeoisie, insbesondere ihren Unternehmern, und andererseits den Bestrebungen, eine *systemkonforme* Lösung herbeizuführen, nämlich mithilfe des Korporativismus (und des Staates): Ein Versuch der „Quadratur des Kreises", eine Position des „sowohl als auch"[192], die letztlich zu Bottais Ablösung als Korporationsminister im Juli 1932 geführt haben.

Seine mehrfach öffentlich vorgebrachte Kritik an den von der Confindustria (Mehrheitsgruppierung) vertretenen Krisenlösungsstrategien und sein Einsatz für eine verstärkte korporativ-staatliche Regulierung der Unternehmertätigkeit überhaupt bildeten in der Tat die entscheidenden Gründe für seine Entfernung, die auf Betreiben der Confindustria stattfand[193]. Um nur die wichtigsten Konfliktpunkte zu nennen: Zum einen unterschied Bottai zwischen der Krise in Ländern wie den USA, England,

190 Ugo Spirito fuhr fort: Der Korporativismus „glaubt an die Freude, die im Geben liegt und im Sich-Opfern, er ist gegen jede private Zielsetzung des Lebens, und deshalb ist er eben nicht Ökonomie, sondern Politik, Moral, Religion, kurzum, das eigentliche Wesen der faschistischen Revolution". (Ders., Il corporativismo come negazione dell'economia [Vortrag 1934], jetzt abgedr. in: Ugo Spirito, *Il corporativismo*, Florenz 1970, S. 70–79, bes. S. 79.

191 Vgl. Giordano Bruno Guerri, *Giuseppe Bottai, un fascista critico. Ideologia e azione del gerarca che avrebbe voluto portare l'intelligenza nel fascismo e il fascismo alla liberalizzazione*, Mailand 1976; s. auch die Rezension von Leo Valiani (Chi era Bottai gerarca romantico, in: *Corriere della Sera* v. 17.10.1976), der die außerordentliche Ambivalenz der Bottaischen Position herausstellt; jetzt auch wieder eine Auswahl seiner Schriften: Giuseppe Bottai, *Il fascismo come rivoluzione del capitale*, hrsg. v. Anna Pennicali, Bologna 1978; Alexander De Grand, *Bottai e la cultura fascista*, Bari 1978; Amleto Di Marcantonio, *Bottai fra capitale e lavoro*, Rom 1980.

192 In diesem Sinne Guerri, *Giuseppe Bottai* (Anm. 191), S. 123.

193 Vgl. ebd., S. 120–125.

Kanada u. a., als deren Ursachen er Überproduktion und übermäßige Rationalisierung ansah, und dem Krisenverlauf in Italien, den er auf entgegengesetzte Ursachen zurückführte. Er kritisierte die mangelnde Investitionsbereitschaft der italienischen Unternehmer, ihre fehlende Risikobereitschaft auf den Auslandsmärkten, schlechte Planung, übermäßige Kartellierung und den niedrigen Rationalisierungsgrad in den Betrieben.

Je mehr sich die Krise verschärfte, desto akuter wurden die Gegensätze angesichts des offensiven Auftretens von Bottai: gegen Lohnkürzungen, für Produktionsausweitung, für die Eroberung neuer ausländischer Märkte und, für dieses Ziel, zugunsten der Ausweitung der normativen Vollmachten der Korporativordnung und der rigorosen Kontrolle der privaten Initiative. Folglich bedeutete – und dies war beabsichtigt – Bottais Ablösung eine grundlegende Weichenstellung für die reale Entwicklung des Korporativsystems: Die Abblockung einer Richtung, die als „sinistrismo", als linkslastig und als „rivoluzione permanente" angeprangert wurde, und damit die Wahl für eine „konservative" Handhabung der Korporativordnung, die man in dieser Form in Kreisen der organisierten Unternehmerschaft durchaus zu akzeptieren bereit war[194]. Auf Bottais Kritik an der vorherrschenden Lohnsenkungspolitik wird noch in anderem Zusammenhang eingegangen werden (4. Kap.).

Gleich den korporativen Nationalisten bildete für den ebenfalls dem Nationalismus nahestehenden Bottai die Frage des Staates ein weiteres wesentliches Moment in seinen Vorschlägen und Entwürfen, eine grundlegende Wende in Italien herbeizuführen. Von einer Position der Kritik am liberalen Staat aus trat er für eine Krisenlösung zugunsten der Organisierung des Staates auf neue Art ein: der Privilegierung der öffentlichen Hand, vermittelt über den stato corporativo, gegenüber dem privaten Kapital; der aktiven staatlichen Planung, um das Funktionieren des gesamten Wirtschaftslebens sicherzustellen; der Kontrolle und Regulierung der nicht-korporativen Kartelle u. ä. durch die Korporationen; der staatlichen Förderung risikobereiter, „moderner" Unternehmer, wie beispielsweise Fiat/Agnelli. Unumwunden lehnte er dagegen jede staatliche Unterstützung für leistungsschwache Unternehmen ab; so forderte er beispielsweise die Unterbindung von Kartellbildungen durch den Staat, die er als Lazarett für „ungesunde" Betriebe stigmatisierte. Bezeichnend also für den prospektierten Staat des Korporationsministers waren seine sehr weitreichenden positiven wie negativen Eingriffsbefugnisse[195].

194 Vgl. ebd., S. 122. Guerri stützt sich u.a. auf die Aussage von G. Ballela (ab April 1943 Vorsitzender der Confindustria), die ich in Anführungszeichen wiedergebe; zur Kriseneinschätzung Bottais und zur Konfliktsituation mit der Confindustria vgl. auch Giampiero Carocci, *Storia del fascismo*, Mailand 1972, S. 92f.; s. auch Bottai, *Scritti* (Anm. 182), S. 194; zu der daraufhin positiven Würdigung der faschistischen Wirtschaftspolitik, insbesondere in ihrer Eigenschaft als Damm gegen korporative Entgleisungen, s. die Rede des Unternehmers A. Pirelli (1934), referiert von: Ruggero Grieco, Della „giustizia sociale corporativa", in: *Lo stato operaio*, VIII. Jg., 11/1934, S. 794–801.

195 Zur Staatskonzeption Bottais insgesamt vgl. Sabino Cassese, Bottai, Giuseppe, in: *Dizionario Biografico degli Italiani*, Rom 1971, S. 389–404; Sabino Cassese, Un programmatore degli anni trenta: Giuseppe Bottai, in: ders., *La formazione dello stato amministrativo*, Mailand, 1974, S. 175–224.

Neben der Konzeptualisierung eines „neuen" Staates zur Lösung der neu anstehenden Probleme, ist hier noch auf zwei weitere Argumentationsrichtungen hinzuweisen, die in den Reihen der modernistischen Korporativisten seit langem entwickelt und hier auch schon angedeutet wurden. Es handelt sich einmal um die Schaffung einer von den Nationalisten geforderten oligarchisch-technokratischen Führungsschicht als neuer „classe dirigente nazionale" (Rocco), ferner, damit verbunden, um die Einführung und Verbreitung der „neuen produktiven Faktoren mit Hilfe der Korporationen: der Organisation und der modernen Technologie" (Spirito). Schließlich wäre noch die ideologisch-propagandistische Verlagerung des Korporativismus hin zu geopolitischen und imperialistischen Mythen zu nennen, in deren Verlauf die Vorstellung zutage trat, daß die untüchtige italienische Bourgeoisie zu ihrer Stützung neben dem Korporativsystem die Kolonisierung Äthiopiens brauche (Nello Quilici).

Will man von letzterer Vorstellung, die für Überlegungen aus der zweiten Hälfte der dreißiger Jahre steht, absehen, so handelt es sich bei den hier skizzierten Krisenlösungsentwürfen überwiegend um solche, die tendenziell in die gleiche Richtung wiesen wie der von Fovel prospektierte und von Gramsci analysierte „blocco industriale produttivo autonomo": Ausgehend zwar von unterschiedlichen Ansätzen und Kritikpunkten enthielten sie allesamt Bausteine für eine „Theorie der produktiven Kräfte", d. h. sie enthielten Elemente einer Strategie gesamtgesellschaftlicher Rationalisierung, der es um die Überwindung der parasitären und insgesamt blockierenden Formen der Kapitalakkumulation in Italien ging.

III Konfrontation zwischen Korporativisten und Liberalen

Von den kulturellen Hegemoniebestrebungen des Faschismus gegenüber der traditionellen liberalen Nationalökonomie und ihren Versuchen um den Aufbau einer eigenen „scienza economica corporativa"[196] war schon mehrfach die Rede. Der Disput bzw. die Konfrontation zwischen „corporativisti" und „liberisti" erreichte ihren Höhepunkt mit zum Teil dramatischen Zuspitzungen in den Jahren 1931–32, als Schärfe und Tiefe der Weltwirtschaftskrise in ihren Auswirkungen auch für Italien überdeutlich wurden und die Monopolisierungstendenzen und wachsenden Staatseingriffe in den kapitalistischen Ländern nicht mehr zu übersehen waren. Angesichts dieser Entwicklungen war es für die Korporativisten propagandistisch ein leichtes, die offene Wirtschaftskrise als Krise der liberalen Wirtschaft, mehr noch, als das Versagen der liberalen Wirtschaftswissenschaft und als Niedergang der unter ihrem Signum stehenden historischen Epoche anzuprangern und demgegenüber die faschistisch-korporative Wirtschaft als zeitgemäße Antwort auf die Struktur- und Hegemoniekrise einer zum Untergang bestimmten Ära aufzubauen.

196 Die in Deutschland mit Aufmerksamkeit verfolgt wurde; vgl. außer den von J. Ranke zit. Arbeiten das unter dem Titel „Die korporative Wirtschaft" zusammengestellte Sonderheft der *Jahrbücher für Nationalökonomie und Statistik*, Bd. 148, 1938.

Als Koordinator dieser für die Stabilisierung des faschistischen Regimes und insbesondere für die Konsensusbildung wichtigen ideologischen Arbeit wirkte Bottai. In diesem Kontext sind übrigens auch unorthodox anmutende Äußerungen von hohen Vertretern des Faschismus zu verstehen, die die Wirtschaftskrise nicht als Krise *im* System, sondern als eine solche *des* Systems hinstellten. Ferner ist in diesem Lichte auch die *objektiv* stabilisierende Funktion des „Linksfaschismus" zu sehen, besonders derjenigen seiner Vertreter, die sich durch eine weitgehende verbale Aneignung von kapitalismus-kritischen bzw. sozialistisch klingenden Formulierungen und Argumentationsblöcken auszeichneten.

Auf die wissenschaftlich-theoretische Seite des Disputs zwischen Korporativisten und liberaler Schule kann hier nicht eingegangen[197], vielmehr soll der Charakter der politischen Operation näher betrachtet werden, der den Disput im wesentlichen bestimmte. Denn wie schon angedeutet, bildete die Auseinandersetzung mit *der* „scienza economica", kurz, mit den „economisti" – wie per Autonomasie die im akademischen Leben vorherrschenden Wirtschaftsliberalen genannt wurden – für die korporativen Kulturstrategen einen der Kanäle, den sie für die eigene Öffentlichkeitsarbeit benutzten und über den sie Zugang zu den Intellektuellen und den heranwachsenden Jugendlichen aus dem Bildungsbürgertum suchten.

Die Wahl des Liberalismus als Adressat der kulturpolitischen Offensive ist auf seine herausragende Stellung in Italiens politischer Kultur zurückzuführen. Wie in jüngerer Zeit mehrfach herausgearbeitet, hatten die Liberalen ihr in den achtziger Jahren des vergangenen Jahrhunderts verlorenes politisches Terrain und damit ihren unmittelbaren Einfluß auf die tatsächliche Wirtschaftspolitik auf besondere Weise kompensieren können: Denn im gleichen Zeitraum – paradoxerweise, so will es scheinen – begannen sie, an intellektuellem und moralischem Prestige im Lande zu gewinnen. Namentlich in der Ära Giolitti entwickelte sich die liberale Nationalökonomie – dank ihrer Vorrangstellung an den Universitäten und in Fachkreisen wie aufgrund ihrer publizistischen Kampagnen gegen Protektionismus, gegen zunehmende Konzentration in Industrie und Banken, zugunsten der freien Marktwirtschaft und des Prinzips „gesunder" Firmenbilanzen u. ä. – zur oppositionellen Ideologie schlechthin gegen die etablierten, vor allem auch ökonomischen Machtverhältnisse. Als minoritäre Ideologie, die in permanenter Kritikhaltung zur realen vorherrschenden Entwicklung stand, wurde sie so rasch zu einem Ort der Verbindung sehr unterschiedlicher Interessen und Strömungen, die oftmals lediglich ihre oppositionelle Position gegen die bestehenden Herrschaftsverhältnisse miteinander verband[198]. Für

197 Vgl. hierzu Santomassimo, Ugo Spirito (Anm. 94); Santomassimo, Aspetti (Anm. 174).

198 Vgl. hierzu als Beispiel die politische Biographie von Antonio De Viti De Marco, *Un trentennio di lotte politiche (1894–1922)*, Rom o. J. [1930], geschrieben aus der Perspektive eines Mitglieds dieser „Gruppierung, der es niemals gelang Partei zu werden". Siehe unter diesem Titel auch die informative Rezension von Luigi Einaudi, in: *La Riforma Sociale*, 38. Jg., 1931, S. 309–311. Einaudi zählte sich selbst zu der Gruppe, ebenso wie seinen Kollegen A. Cabiati, aber auch Alfredo Pareto, Maffeo Pantaleoni, Gaetano Mosca, ferner die bekannten „meridionalisti" Gaetano Salvemini, Giustino Fortunato und Franchetti, sowie Seidenfabrikanten, namhafte Zeitungsredakteure und hohe Staatsbedienstete. Namentlich bei De Viti stand die Anti-Protektionismus-Kampagne im Vordergrund. De Viti bezog sich ebenso wie Einaudi auf das positive Beispiel des Grafen Cavour und die mit seinem Namen verbundene Ära, die „für einen Augenblick der Flamme der liberalen Idee zu ihrem Triumph verholfen hatte" (Einaudi, zit. Rezension, S. 311).

die Zeit bis zum Faschismus bildete der „liberale Mythos“ (Santomassimo) geradezu ein „dogma indiscusso“ für jedermann, der vorhatte, das bestehende System und seine Politik der Begünstigungen zu bekämpfen – von rechts wie von links: „Liberale“ in diesem Sinne waren daher nicht nur die revolutionären Syndikalisten, sondern zunächst auch Turati, der junge Gramsci, der rote Marinetti und der Revolutionär Mussolini[199].

Ähnliches läßt sich in der Außenwirtschaftsorientierung zeigen. Hier bildete der „liberismo“ mit seiner Öffentlichkeitsarbeit zugunsten der Öffnung der Märkte ebenfalls den herausragenden Pol, um den sich die antiprotektionistischen Kräfte *aller* Richtungen und gerade auch die Sozialisten scharten. In Liberalen und Sozialisten sahen daher auch die Anhänger des Protektionismus, allen voran die Nationalisten, ihre eigentlichen politischen und ideologischen Gegner[200].

Ebenfalls unerläßlich ist es, die Formen und Bahnen zu dechiffrieren, in denen sich die politische Auseinandersetzung im zeitgeschichtlichen Italien bewegte, will man die maßgebliche Stellung des Wirtschaftsliberalismus innerhalb des antifaschistischen Kräftespektrums begreifen: sollte diese Position doch in den ersten Jahren des Wiederaufbaus in Italien nach dem Zweiten Weltkrieg die bestimmende werden. Eine für die zweite Nachkriegsperiode folgenreiche Auswirkung der ideologischen Vormachtstellung der Liberalen bestand ferner in der geringen Aufmerksamkeit bzw. sogar Ablehnung, die in Italien der Theorie von J.M. Keynes allgemein entgegengebracht wurde. Die Gleichsetzung von Keynesianismus und Korporativismus durch die Liberalen und deren letztlich siegreiche Behauptung hat schließlich dazu geführt, daß zugleich mit dem Korporativismus auch der Keynesianismus in Italien politisch-ideologisch zu Grabe getragen wurde[201].

Doch die grundsätzliche Übereinstimmung zwischen „corporativisti“ und „liberisti“ hinsichtlich der Wahrung des Privateigentums und der Garantie der privaten Initiative, ferner die Zustimmung, die die liberalen Ökonomen grundlegenden finanz- und wirtschaftspolitischen Entscheidungen des faschistischen Regimes zollten, namentlich die Rückkehr zum Goldstandard, die Sanierung des Staatshaushalts und die Deflationspolitik ab 1926/27[202], zeigen an, daß die Konfrontation zwischen faschi-

199 So Lanaro, Appunti (Anm. 184), S. 374; Santomassimo, Ugo Spirito (Anm. 94), bes. S. 71 ff.; auch Santomassimo, Aspetti (Anm. 174), S. 11 ff. In diesem Lichte betrachtet, überrascht es nicht, daß beispielsweise Giorgio Amendola und Palmiro Togliatti ihre Dissertationen bei führenden Liberalen Ökonomen geschrieben haben.

200 Vgl. z.B. Santomassimo, Udo Spirito (Anm. 94), S. 68 u. Anm. 15; zur liberalen Kritik am herrschenden Protektionismus und der Befürwortung einer Krisenlösungsstrategie auf der Basis von Freihandel und hohen Löhnen, wie sie die Autoindustrie forderte, s. Edoardo Giretti, Crisi economica, protezionismo ed alti salari. A proposito della „Ford“, in: *La Riforma Sociale*, 38. Jg., 1931, S. 138–145.

201 Vgl. Santomassimo, Ugo Spirito (Anm. 94), S. 73 u. die dort genannte Literatur. Zur Problematik insgesamt sehr aufschlußreich: Aurelio Macchioro, J.M. Keynes e il keynesismo in Italia, in: *Studi di storia del pensiero economico e altri saggi*, Mailand 1970.

202 Nachvollziehbar beispielsweise anhand der laufenden Kommentierung der offiziellen wirtschaftspolitischen Entscheidungen in der Zeitschrift *La Riforma Sociale. Rivista critica di economia e finanza*, hrsg. von führenden liberalen Nationalökonomen wie Luigi Einaudi, P. Jannaccone, F. A. Rèpaci.

stischem Regime und Wirtschaftsliberalen kaum derart frontal und undurchlässig war, zumindest nicht in der Regel, wie es die teilweise vehementen Formen des ideologischen Disputs vermuten lassen. Realiter lassen sich vielmehr zahlreiche Hinweise für punktuelle Zusammenarbeit, „Nachsicht" auf beiden Seiten und schließlich gegenseitige Durchdringung feststellen.

Bei der Analyse der Konfrontation zwischen „liberismo" und „corporativismo" sind demnach mindestens zwei verschiedene Momente zu unterscheiden: Da war einmal der öffentlich ausgetragene theoretisch-wissenschaftliche Disput qua ideologisch-hegemonialem Kampf um den Thron der liberalen Ideologie; hier kam es zwischen Korporativisten und liberalen Wirtschaftswissenschaftlern nach der heißen Phase des Disputs bald zu einer eher labilen Situation des Waffenstillstandes bzw. der Beschränkung auf den jeweils eigenen Bereich[203] – anders als unter den Rechtswissenschaftlern, wo der korporative Einfluß nachhaltiger war[204]. Doch nicht minder bezeichnend waren die sich gleichzeitig abzeichnenden Formen der Annäherung: So etwa die Zusammenarbeit zwischen namhaften Liberalen (G. del Vecchio, G. U. Papi u. a.) und Korporativisten (Bottai, C. Arena) bei der Herausgabe wirtschaftswissenschaftlicher, vor allem auch ausländischer Texte bei einem Turiner Verlag (Utet) beispielsweise[205].

Wichtiger aber noch waren, gerade auch im Hinblick auf die zukünftige Entwicklung, die Prozesse der Desorientierung und des Umdenkens in den Reihen der liberalen Ökonomen selbst, nicht zuletzt angesichts des Verlaufs der Weltwirtschaftskrise. Denn mit dem offenkundigen Versagen der traditionellen Krisenlösungsstrategien hatte sich der reale Bezugsrahmen grundlegend gewandelt, und es kam nun auf der tagespolitischen Ebene zu einem erstaunlichen modus vivendi. Er bestand darin, daß sich zwar Wortführer der Liberalen weiterhin abseits und „au dessus de la mêlée" bewegen zu können glaubten, um auf diese Weise die strikte Trennung zwischen „economia pura" und „economia politica" aufrechtzuerhalten, daß es aber gleichzeitig bei liberalen Vertretern gewissermaßen im zweiten Glied zu bezeichnenden Modifikationen und Anpassungsprozessen kam, die die Transformation des klassischen Liberalismus in eine Theorie der sozialen Marktwirtschaft zu präfigurieren schienen.

Auf die Metamorphose von De Stefani wurde schon hingewiesen. Als Beispiel signifikanter scheint mir in unserem Zusammenhang der weniger bekannte Liberale Rodolfo Benini zu sein. Von einer Außenseiterposition aus führte er die inhaltliche Auseinandersetzung mit den Korporativisten, ohne sich zu scheuen, akut gewordene,

203 Zu der eher geschmeidigen Vorgehensweise der faschistischen Kulturpolitik führt Santomassimo (Ugo Spirito [Anm. 94], S. 69) aus: „Den Ökonomen wurde die Fortsetzung ihrer akademischen und wissenschaftlichen Tätigkeit zugestanden um den Preis einiger Kompromisse mit der Propaganda des Regimes, die bewußt auf den außerwissenschaftlichen Bereich begrenzt blieb. Seriöse Periodika, wie das ‚Giornale degli economisti' begannen neben der normalen Produktion zu Spezialthemen mit der Veröffentlichung von Aufsätzen und Überblicken, die signalisierten, daß man die ‚korporative' Wissenschaft ernst nahm: man sprach ihr zwar keine revolutionäre Bedeutung zu, doch dafür ‚wissenschaftliche Anerkennung' aus."

204 Vgl. auch Santomassimo, Ugo Spirito (Anm. 94), S. 68 und die dort angegebene Literatur.

205 Vgl. Santomassimo, Aspetti (Anm. 174), S. 10 u. Anm. 13.

doch von der „economia pura" ausgeklammerte Probleme anzugehen. An zwei Beispielen aus den Überlegungen Beninis läßt sich der Prozeß des Wandels deutlich ablesen. Gemeint ist einmal das in der Gedankenwelt etwa eines Luigi Einaudi ganz und gar fremde Konzept der Sozialgesetzgebung, das Benini hingegen zur Korrektur von „Ungerechtigkeiten zwischen den Menschen" und vor allem im Interesse der Aufrechterhaltung des allgemeinen gesellschaftlichen Gleichgewichts akzeptierte. Das andere Beispiel ist die Auseinandersetzung mit der Staatsproblematik. Hier kam Benini dem Korporativismus sehr nahe. Man ist beispielsweise an Bottai erinnert, wenn Benini den Staat als „einen kontinuierlichen Produzenten von Gütern, Dienstleistungen und Ordnungssystemen, die in enger Komplementarität stehen zu den Gütern, Dienstleistungen und Ordnungssystemen der Privatinitiative", definiert[206], oder an Rocco, wenn Benini die Schiedsrichterfunktion des Staates im Klassenkampf definiert: Dieser dürfe keinesfalls negiert, sondern müsse lediglich vom Staat „im Interesse der Allgemeinheit" reguliert werden; Ziel sei „ein Maximum an Arbeitsleistung, kombiniert mit einem Minimum an Reibungen zwischen den gesellschaftlichen Klassen"[207]. Ferner setzte sich Benini mit der Interventionstätigkeit des Staates im Interesse der Wahrung der Marktwirtschaft auseinander, ebenso mit den Aufgaben staatlicher Intervention zugunsten der Verteilung von Einkommen und Eigentum[208].

IV Innerkorporative Konflikte: Industrialisierung oder Reagrarisierung

Erscheint die Polemik zwischen Liberalen und Korporativisten gerade auch in der Perspektive der Kontinuität von Bedeutung, so bietet die um 1930 einsetzende Verschärfung der *inner*korporativen Kontroversen Einblick in die Interessengegensätze innerhalb des Faschismus[209]: Der Korporativismus – so ist mit Gramsci herausgearbeitet worden – war in der Tat der Ort, wo, wenn überhaupt, die gesellschaftlichen und politischen Konflikte im italienischen Faschismus ausgetragen wurden.

Für die hier interessierenden Zusammenhänge scheint mir die unter dem Schlagwort „Industrialisierung oder Reagrarisierung" geführte Kontroverse ein in mehrfacher Hinsicht aufschlußreiches Beispiel zu bieten. Sie soll im folgenden näher be-

206 Zit. nach Santomassimo, Ugo Spirito (Anm. 94), S. 100.
207 Zit. nach ebd., S. 101.
208 Eine präzisierende Anmerkung: Während Beninis sozialstaatliche und marktwirtschaftliche Überlegungen, die hier als Beispiel angeführt wurden, tatsächlich jüngeren Datums und auf die veränderte Lage (WWK) zurückzuführen waren, hatte die Beschäftigung mit der neuen Rolle des Staates in den Reihen der klassischen Liberalen Tradition. So geht in der Tat die praktische Realisierung des „gemischten Wirtschaftssystems" und namentlich die Gründung von IRI, die den Staat zum Unternehmer machte und sehr schnell zur Herausbildung eines sich als neutral verstehenden, technokratischen Führungspersonals führte (Beneduce, Menichella, Paratore, Giordani), mit personeller Kontinuität bis hinein in die italienische Nachkriegsrepublik, auf ein von Liberalen während des Ersten Weltkriegs konzipiertes und öffentlich vertretenes Modell zurück. Vgl. hierzu Vittorio Foa in seiner Einleitung zu: Pietro Grifone, *Il capitale finanziario in Italia. La politica economica del fascismo*, Turin 1971, S. XLII f.; auch Lanaro, Appunti (Anm. 184), S. 384 ff.
209 Vgl. hierzu Foa, Einleitung (Anm. 208), S. XLII.

trachtet werden, auch um die an anderer Stelle bereits skizzierten Überlegungen und Konzepte zu ergänzen und zu dokumentieren.

Der unter dem Titel „ruralizzazione o industrializzazione"[210] geführte Disput zwischen Arrigo Serpieri und Ugo Spirito war nicht nur eine Kontroverse über wirtschaftspolitische Krisenmaßnahmen im einzelnen, sondern es ging um die Weichenstellung für Italiens zukünftige Entwicklung schlechthin. Dem Disput kam eine Schlüsselrolle zu, da in ihm mehrere, z. T. sehr unterschiedliche Entwicklungsstränge zur Sprache kamen. Einerseits waren durch die Verschärfung der Wirtschaftskrise von 1929 die wirtschaftspolitischen Spielräume für eine Politik des „sowohl als auch" enger geworden: sowohl der Reagrarisierung als auch der Verbreiterung der industriellen Basis, insbesondere der Grundstoffindustrien, ebenso wie der Unterstützung der verarbeitenden Exportindustrien. Industriewirtschaftliche Ziele zu fördern bedeutete nun zwangsläufig, die agrarischen Interessen zu vernachlässigen. Andrerseits aber war zugleich die seit 1925/26 latent vorhandene Diskrepanz zwischen der realen wirtschaftlichen Entwicklung, deren Schwergewicht auf dem sekundären Sektor lag, und der vorherrschenden propagandistischen Selbstcharakterisierung des Regimes überdeutlich geworden: bestehend in der Lobpreisung des „Italia rurale" mit seinen gesunden ländlichen Sitten und Gebräuchen, dem Kampf gegen die Landflucht („antiurbanesimo"), den Kampagnen zugunsten der Selbstversorgung mit Nahrungsmitteln u. ä., die in nicht geringem Maße zu dem Bild des italienischen Faschismus als eines „ländlichen Phänomens" geführt hatten[211].

Und schließlich bildete wiederum das ideologische Moment eine wesentliche Komponente in dem über den Konflikt Industrie-Landwirtschaft hinausweisenden Stadt-Land-Gegensatz. Mit diesem Aspekt der Kontroverse möchte ich mich hauptsächlich beschäftigen. Dabei soll aufgezeigt werden, daß die Kontrahenten, neben der Berücksichtigung von vorrangig ökonomischen Fragen und Interessen, ein ausgeprägtes Bewußtsein von den gesamtgesellschaftlichen Implikationen der sich im Produktionsbereich vollziehenden Weichenstellungen hatten: Mehr noch als letztere interessierten in der Tat die gesellschaftlichen und vor allem die ideologischen Bedingungen und Folgen einer Industrialisierung bis zum Äußersten oder aber der Reagrarisierung, was immer darunter im einzelnen verstanden wurde.

Im Vergleich zu den industriellen bzw. agrarischen ökonomischen Interessengruppen hatte bei der innerkorporativen „Verlängerung" der Kontroverse eine qualitative Verlagerung stattgefunden. Hier war offenkundig ein Kampf um die langfristige

210 Vgl. den Aufsatz von Ugo Spirito, Ruralizzazione o industrializzazione?, zuerst ersch. in: *Archivio di studi corporativi*, 1930, Nr. 1, S. 131–150; jetzt (unvollständig) abgedr. in: Ugo Spirito, *Il corporativismo* (Anm. 190), S. 447–461 (die Zitate nach dieser Ausgabe). Allgemein zur Auseinandersetzung Spirito-Serpieri vgl. Ugo Spirito, *La critica della economia liberale*, Mailand 1930, bes.: Discussioni con Arrigo Serpieri, S. 182–226.

211 Eine differenzierende Darstellung dieses Spannungsverhältnisses gibt Uta Drews, *Zur Agrarpolitik des Faschismus in Italien*, Dipl.-Arbeit Berlin 1977. Zu allgemeinen Überlegungen und besonders zu einem historischen Vergleich hinsichtlich der *politischen* Funktion der Verherrlichung des Bauerntums s. Barrington Moore, *Soziale Ursprünge von Diktatur und Demokratie. Die Rolle der Grundbesitzer und Bauern bei der Entstehung der modernen Welt*, 1969, S. 513–519.

ideologische Orientierung der italienischen Gesellschaft entbrannt, d. h. um die sich in ihr vollziehende Konsensusbildung auf der Grundlage bestimmter allgemein geltender, öffentlicher Tugenden und Werte, die als gültige Maßstäbe anerkannt werden und zur Beurteilung dessen dienen sollten, was unter „Entwicklung", „Fortschritt", „Zufriedenheit" u. ä. zu verstehen sei, bzw., dazu adäquat, worin das „vernünftige" Individualverhalten in einer sich an diesen Zielen orientierenden Gesellschaft bestehe.

Zunächst zu dem von Ugo Spirito verfochtenen absoluten Primat der Industrialisierung. Es war für ihn ein leichtes, anknüpfend an den Widersprüchen der faschistischen Wirtschaftspolitik, diese als Bremsklotz auf dem Weg zum Fortschritt anzuprangern: „Fortschritt" und „Industrie", „civiltà" und „Industrie" waren für Spirito gleichwertige Begriffspaare, und es konnte für ihn nicht angehen, daß Italien gewissermaßen auf der ersten Stufe der Entwicklung, auf dem Niveau eines Agrarlandes stehen blieb[212].

Spirito nannte eine Reihe von Grundsatzentscheidungen und Maßnahmen[213], die nach seiner Auffassung zur Forcierung des Industrialisierungsprozesses in Italien von Stund an ergriffen werden müßten:

(1) Industrialisierung um jeden Preis;
(2) Bevorzugung der nationalen Industrien und fortschreitende Betonung ihres italienischen Charakters;
(3) neue Formen der Verstädterung;
(4) Technisierung und Mechanisierung der Landwirtschaft;
(5) Verstädterung des Landes;
(6) konsequenter Abbau des Nebeneinander von Reagrarisierungsmaßnahmen und Industrieförderungspolitik;
(7) Auffächerung und Spezialisierung der italienischen Industrie und ihre Fortentwicklung zu höheren Formen;
(8) Einführung rationaler Organisationsformen und organisatorische Vereinheitlichung von Industrie und Handel, kurz des gesamten Wirtschaftslebens des Landes;
(9) Förderung der technischen und der beruflichen Ausbildung;
(10) Durchsetzungsvermögen der nationalen Industrien auf den internationalen Märkten;
(11) direktere und breitgefächerte Kenntnisse von den Erfahrungen anderer Länder.

Allein schon mit diesem Katalog an Vorstellungen und Forderungen zur Form der Modernisierung Italiens erwies sich Spirito als zum Lager der Fordismus-Anhänger gehörig.

Die Rahmenbedingungen für die Transformation der italienischen Wirtschaft und Gesellschaft in eine moderne Industriegesellschaft bildeten für ihn einmal die privatwirtschaftliche Organisation der Produktion und zum zweiten die über die internationale Konkurrenz vermittelten Impulse der starken nationalen Kapitale. Den über

212 Vgl. auch Santomassimo, Aspetti (Anm. 174), S. 18 ff.
213 Zit. nach Santomassimo, Ugo Spirito (Anm. 94), S. 96, Anm. 71. Diese Zusammenfassung fehlt in der zitierten Neuauflage der Texte Spiritos.

den Weltmarkt vermittelten Konkurrenzbedingungen wies Spirito in seinem Konzept eine bestimmende Rolle hinsichtlich Ausmaß und Tempi des Industrialisierungsprozesses auf nationaler Ebene zu. Zunächst hob er – an die Adresse Serpieris und der „Ruralisten" gewandt – hervor, daß aufgrund der bestehenden internationalen Wirtschaftsverflechtung eine Nation nur dann etwas gälte, wenn sie sich gleichfalls industrialisiere[214]. Diesem Ziel der Selbstbehauptung, aber auch schon des Mithaltenkönnens in der internationalen Arena, müßten im nationalen Bereich sämtliche politischen, gesellschaftlichen, individuellen und kulturellen Probleme untergeordnet werden.

Der anstehende Prozeß tiefgreifenden gesellschaftlichen Wandels erfordere insbesondere, daß „sich die intellektuellen und moralischen Gewohnheiten der Nation veränderten". Als Beispiel führte Spirito eine selbstbewußtere Einstellung gegenüber den eigenen nationalen Produkten an, ferner die Notwendigkeit einer den internationalen Standards angemessenen Ausbildung der heranwachsenden Generation (Facharbeiterausbildung, Berufsschulen, Ausbildungsaufenthalte im Ausland u. ä.). Bezogen auf die notwendig anstehende gesellschaft-individuelle Erziehungsarbeit sah Spirito die Bedeutung der neuen Wissenschaft, d. h. die korporative Wissenschaft: Ihre Aufgabe bestehe in der radikalen Verlagerung des Bezugspunktes aller Überlegungen und allen Handelns vom Individuum hin zur Nation. Die postulierte Identität: Individuum – Staat/Nation bildete die Voraussetzung und zugleich das Ziel der angestrebten Industrialisierung um jeden Preis.

Klarsichtiger noch als andere Korporativisten hat Spirito die Notwendigkeit erkannt, durch Formierung des einzelnen einen breiten Konsensus für die allen gemeinsame Generalrichtung der Modernisierung und Rationalisierung der italienischen Wirtschaft *und* Gesellschaft zu schaffen. Daher war Arrigo Serpieri für ihn nicht zufällig *der* Kontrahent[215]. Denn Serpieri hatte sich durch sein Eintreten für die in einer Agrargesellschaft geltenden traditionellen Wertmaßstäbe und Beziehungsmuster als Repräsentant jener „ruralen" Ideologie profiliert, die es im Interesse des „mito produttivistico" zurückzudrängen galt. Darüber hinaus wurde in der Kontroverse deutlich, daß die Auseinandersetzung ganz wesentlich von dem Interesse bestimmt war, breite Kreise innerhalb der Zwischenschichten für das eine oder andere Projekt zu gewinnen.

Von der publizistischen „Ruralismus"-Kampagne des Regimes bestärkt, trat Serpieri den Technisierungs- und Mechanisierungsprozessen in der Agrarwirtschaft entgegen, indem er deren langfristige Folgen in Form der Zersetzung bestehender gesell-

214 Vgl. Spirito, Ruralizzazione (Anm. 210), S. 449.

215 So auch Lanaro, Appunti (Anm. 184), S. 379 ff.
Arrigo Serpieri (1877–1949), Agrarökonom, Pareto-Schüler und vom orthodoxen Flügel des Liberalismus kommend, besetzte, von den Reagrarisierungsprogrammen des frühen Faschismus angezogen, frühzeitig hohe Ämter im faschistischen Regime: das Staatssekretariat jeweils im Wirtschaftsministerium (1923/24) und im Landwirtschaftsministerium (von 1929 bis zu seinem erzwungenen Rücktritt 1935). Vgl. auch G. Santomassimo, Ugo Spirito (Anm. 94), S. 82 ff.; s. auch Carlo Fumian, Modernizzazione tecnocrazia, ruralismo: Arrigo Serpieri, in: *Italia Contemporanea*, XXXI. Jg., Nr. 137, 1979, S. 3–34.

schaftlicher Strukturen anprangerte. Serpieri verstand sich als Schützer und Bewahrer vor allem von zwei sozioökonomischen Grundstrukturen[216], die es nach seiner Auffassung unbedingt im Interesse der Erhaltung des gesellschaftlichen Status quo zu wahren galt: einmal die bäuerliche Familie („famiglia colonica"), die aufgrund ihrer arbeitsteiligen und hierarchischen Struktur stabilisierende Funktion habe[217]; zum anderen den bäuerlichen Kleinbesitz, der dank des Landhungers des italienischen Bauern ein Höchstmaß an Verausgabung menschlicher Arbeitskraft garantiere.

Ohne auf die Werte und Vorzüge der „ruralità" und des Patriarchats im einzelnen einzugehen, hielt Spirito in seinen Angriffen auf Serpieris Vorstellungen diesem ein globales nationales Programm der Industrialisierung entgegen, eine Form des Fordismus auf italienisch, und setzte sich dabei mit den Bedingungen der Übersetzung des amerikanischen Modells in Italien auseinander. Während also Serpieri vorrangig den labilen gesellschaftlichen Status quo vor Augen hatte und für dessen Stabilisierung konservative Methoden vorschlug, sah Spirito, von der unauflösbaren Verflechtung Italiens in die internationale Konkurrenzstruktur ausgehend, den geeigneten Weg in der Bewahrung durch Wandel, zur Sicherstellung ihrer beider Ziel: Aufrechterhaltung der grundlegenden Herrschaftsverhältnisse.

Für Spirito stand außer Frage, daß der Reorganisierungsprozeß der italienischen Industrie auf neuer Stufenleiter und damit verbunden die notwendige Einführung der „economia programmatica" und der Rationalisierung der Gesellschaft die demgegenüber relativ autonomen Formen des Landlebens, zum Teil noch auf subsistenzwirtschaftlicher Basis beruhend, langfristig nicht neben sich dulden würde. Die Atomisierung der italienischen sozioökonomischen Landschaft, die – aus der Perspektive des *Plans* betrachtet – Unordnung, Anarchie, Dispersion von Energien u. ä. bedeutete, mußte zugunsten eines einheitlich funktionierenden Ganzen aufgehoben werden, um die Voraussetzungen für Voraussehbarkeit, rationales und damit planbares Handeln und die Kalkulierbarkeit der Zukunft zu schaffen[218].

Serpieris Sorge um die das traditionelle gesellschaftliche Gewebe zersetzenden Auswirkungen der Verstädterung hielt Spirito sein Programm der „totalen Urbanisierung" entgegen: Nicht in der Verstädterung als solcher sah er das Problem, sondern in ihren „unorganischen und tumultuarischen Formen". Er plädierte daher für eine planmäßig fortschreitende Einebnung der Unterschiede zwischen ländlichen und städtischen Lebensformen, von daher die Forderungen nach „Industrialisierung bis aufs äußerste" und Vorantreibung der Durchdringung des Landes durch die Stadt.

Die neuen Funktionen, zu denen die „ceti medi", die Zwischenschichten, in der modernen Industriegesellschaft herangezogen werden sollten, hatte Spirito vor Augen bei seiner Kritik an dem von Serpieri und der „ruralen" Publizistik propagierten Bild von dem guten Bauern und den ländlichen Tugenden wie: Selbstgenügsamkeit, Bodenverbundenheit, Sparsamkeit, spartanische Sitten u. ä. Diesem Bild stellte er die

216 Vgl. Lanaro, Appunti (Anm. 184), S. 381.

217 Zur gesellschaftlich stabilisierenden Funktion der Institution Familie vgl. Arrigo Serpieri, *La guerra e le classi rurali italiane*, Bari 1930, S. 55 f.

218 Ugo Spirito, L'economia programmatica corporativa, 1933, S. 424, 431–2, zit. nach Lanaro, Appunti (Anm. 184), S. 383 f.

selbstbewußte Figur des Städters („cittadino") gegenüber, der aktiv in die Geschichte eingreife.

Ganz eigentlich zielte die Auseinandersetzung auf die breite Schicht der Intelligenz, die in den Kleinstädten auf dem Land mehr oder weniger unmittelbar in dem Bann der Grundrente lebte. Hier stand zu befürchten, daß die „ruralistische" Kampagne den Prozeß der „Modernisierung" dieser Schichten, im Sinne ihrer Hereinnahme in den modernen Staat und ihrer Dienstbarmachung für ihn, wenn nicht gefährden, so doch verlangsamen könnte: daß also durch die allgemeine ideologische Konsolidierung der mit dem Leben auf dem Land verbundenen traditionellen Werte insbesondere die Intelligenz klassisch-humanistischer Prägung und überwiegend ländlicher Herkunft in ihren Flecken nach wie vor unproduktiv – so hieß es – tätig sein würde, als Advokaten, Literaten, Gymnasiallehrer, Ärzte, anstatt in die Städte zu ziehen, in die Fabriken und die Verwaltungen, in die korporativen Behörden und in die neuen Ausbildungsstätten[219].

Die Konfrontation „ländliche Kultur contra städtische Kultur" wies in ihrer Bedeutung für die Bildungsschicht innerhalb der „ceti medi" letztlich weit über diese hinaus: Es ging darum, breite Schichten von Kopfarbeitern für das Projekt einer an den Wertmaßstäben des technisch-naturwissenschaftlichen Fortschritts orientierten Gesellschaft zu gewinnen, was zunächst einmal hieß, daß sie sich aus ihren überkommenen ideellen Wert-Bindungen herauszulösen hatten. Die offiziellen Lobeshymnen auf die tradierten Werte und überlieferten soziokulturellen Systeme bedeuteten für die im Durchschnitt ausgeprägt technik- und naturwissenschaftsfeindlich eingestellte Intelligenz eine Bestärkung in ihrer Abwehrhaltung gegenüber der im Gefolge des „mito produttivistico" einhergehenden Propagierung von Technik und Naturwissenschaften, von Organisation und Planung, von Großanlagen, Serienfertigung, Massenkonsum und Tiefkühlkost. „Instinktiv" daher, d. h. aus dem präzisen Bewußtsein der Gefährdung der eigenen traditionellen Träger- und Vermittlerrolle innerhalb der herrschenden Kultur und Ideologie heraus, bildeten diese Schichten eine aktive ideologische Barriere im Gewande des „Ruralismus" gegen alle modernistischen Einbrüche. Genau aber hier galt es, nach Spirito, anzusetzen. Er begriff als einer der rührigsten Verfechter des technologischen Fortschritts diese für Italien sicherlich spezifischen gesellschaftlich-ideologischen Zusammenhänge sehr genau, und er sah in der korporativen Bewegung und namentlich der korporativen Gesellschaftsideologie das geeignete Vehikel, um die „ceti medi" für ihre neuen Aufgaben als Techniker, Ingenieure, Angestellte, als Manager, Beamte und Ausbildungspersonal zu gewinnen und heranzubilden.

Hatte bis dahin die Perspektive des wissenschaftlich-technischen Fortschritts in Italien immer nur vereinzelte Befürworter bzw. sich elitär gebende Kulturströmungen gefunden (Agnelli, Olivetti, Marinetti und den Futurismus, Corradini unter den Nationalisten), so kann man festhalten, daß es der Korporativismus war, der diese Entwicklung gesellschaftlich *verbreiterte:* Die korporative Bewegung antizipierte theoretisch und propagandistisch „die notwendige Ablösung in der Gesellschaft von den

219 Vgl. ebd.

Tycoons durch die Manager" und begann dafür mit der ideologischen Vorbereitung breiter Schichten[220].

Die prospektierte Herauslösung der „ceti medi" aus ihren überkommenen „parasitären" Reproduktionszusammenhängen wurde ferner als wichtige Voraussetzung für die Planbarkeit von Konsum begriffen. Auch hierin erwies sich Spirito als überaus klarsichtiger „Fordist": Er hatte erkannt, daß es gar nicht allein darum ging, vorhandene Kaufkraft zu bewirtschaften, sondern darum, überhaupt neue Konsumtionsfähigkeiten zu schaffen[221]. Daher ist es nicht überraschend, daß die beiden Exponenten des Disputs auch in dieser Hinsicht entgegengesetzte Standpunkte vertraten. Während Serpieri die sich im Laufe des Verstädterungsprozesses zwangsläufig verändernden individuellen Konsumgewohnheiten anprangerte und die Preisgabe der einfachen Lebensführung zugunsten von Genußsucht und dem Entstehen neuer „überflüssiger" Bedürfnisse verurteilte[222], hielt ihm Spirito entgegen, daß die Entwicklung in ihrer Tendenz zu begrüßen sei, daß man sie jedoch organisieren und auf das Genaueste planen müsse[223].

Der hier erkannte und zunächst gedanklich antizipierte Zusammenhang von Bedürfniserzeugung, Konsumplanung und Zwischenschichtenpolitik steht am Anfang einer für Italien signifikanten Entwicklung. Angesprochen ist neben dem Problem der Konsumausweitung vor allem dessen qualitative Veränderung. Auf diesen Aspekt wird bei der Erörterung der Hochlohnpolitik ebenfalls noch zurückzukommen sein. Ein Moment der korporativen Politik gegenüber den „ceti medi" – so lauteten die Überlegungen – bestünde darin, durch die Schaffung neuer Einkommensschichten und veränderter Konsumgewohnheiten für Italien neue Käuferschichten zu erschließen, d. h. einen neuen Typus Absatzmarkt zu schaffen, den die italienische Industrie bisher – wenn überhaupt – nur auf den Auslandsmärkten vorgefunden hatte. Das bedeutete eine qualitative Binnenmarktausweitung insofern, als neben dem vorhandenen begrenzten Markt für Luxuswaren nun ein tendenziell erweiterungsfähiger Absatzmarkt des gehobenen Konsums für langlebige Verbrauchswaren, hergestellt in Serienfertigung, d. h. zu abnehmenden Kosten bei wachsender Stückzahl, entstehen sollte[224].

Nicht zufällig ist man hier an die in der Agnellischen Konzeption der Krisenlösung angesprochene „collettività" erinnert, die es nach seiner Vorstellung verstärkt in den ökonomischen Kreislauf einzubeziehen galt. Diese „Allgemeinheit" bekommt nach den bisherigen Ausführungen präzise gesellschaftliche Konturen: Die Binnenmarktbelebung und das Entstehen einer neuen Verbraucherstruktur sollte schwergewichtig durch die „ceti medi" zustandekommen, letztlich also durch eine Aufblähung des tertiären Sektors. Oben wurde herausgearbeitet, und dieses Problem wird wieder bei

220 Siehe auch Lanaro, Appunti (Anm. 184), S. 379; zu den offenkundigen Parallelen zwischen Futurismus und Korporativismus vgl. Christa Baumgarth, *Geschichte des Futurismus*, Hamburg 1966 (hinsichtlich der ideologischen Grundlagen bes. S. 113–139).

221 Vgl. auch Lanaro, Appunti (Anm. 184), S. 376.

222 Arrigo Serpieri, Principi di economia politica corporativa, Florenz ^{2}1944, S. 199–200, zit. nach Lanaro, Appunti (Anm. 184), S. 380, Anm. 48.

223 Vgl. Lanaro, Appunti (Anm. 184), S. 376.

224 Siehe auch Sbarberi, Crisi (Anm. 2), S. 31.

der Erörterung der Lohndebatte aufgegriffen, daß der für den Fordismus andernorts typischen Forderung nach hohen Löhnen dem italienischen Kapital enge Grenzen gesetzt waren und daß im Laufe der Weltwirtschaftskrise selbst für geringe Steigerungsraten die Spielräume infolge des strikten Deflations- und Lohnsenkungskurses der Unternehmermehrheit begrenzt waren. Für den italienischen „Fordismus ohne hohe Löhne" bildete folglich die „ceti-medi"-Strategie *die* zentrale Alternative in der Frage der Kaufkraftschaffung: Eine Alternative, die durchaus Perspektive hatte, wie die Entwicklung nach dem Zweiten Weltkrieg zeigen sollte, auch wenn sie langfristig freilich keine grundsätzliche Lösung des Problems bieten konnte, sondern lediglich die inhärenten Widersprüche auf andere Ebenen transponierte.

Es kann kaum überraschen, daß die von Spirito entwickelte Einsicht in die skizzierten Zusammenhänge und seine konkreten Entwürfe von der zukünftigen Entwicklung in die Vorstellung vom Primat der italienischen Autoindustrie als Pilotsektor des umfassenden Industrialisierungsprozesses in Italien einmündeten. In der aufstrebenden Autoindustrie konkretisierten sich für Spirito in der Tat in hohem Maße jene Bedingungen, die ihm für einen spezifisch italienischen Weg der Industrialisierung geboten zu sein schienen. Ihn vertrat er als Gegenkonzept zu Serpieris Kritik an den hypertrophen und entfremdenden Formen des Industrialismus: Er bestünde in der Wahrung eines „wahrhaft italienischen Charakters" der Industrie auf italienischem Boden[225].

Der oft verwandte Begriff „italianità" läßt sich in seiner Bedeutungsvielfalt nicht auf eine Dimension – zum Beispiel allein auf die ökonomische – reduzieren, sondern er steht für ein ganzes Bündel sehr bezeichnender Motive. Zunächst ging es Spirito mit seinem Postulat einer national-italienischen Industrie darum, diese aus der Umklammerung des amerikanischen Imperialismus zu befreien[226]. Zu diesem Zweck schlug er vor, die italienische Industrie solle sich im internationalen Konkurrenzkampf auf diejenigen Fertigungsbereiche beschränken, die in ihrem Produktionsprozeß über eine günstige Relation hinsichtlich der in Italien vorhandenen Rohstoffe und der menschlichen Arbeitskraft verfügten, d. h. deren Rohstoffkostenanteil gering ist im Verhältnis zu den anderen Kosten, die niedrig gehalten werden können, namentlich die Arbeitskosten, nach dem Muster: Eisenbahnschienen = nein, Motoren = ja[227]. Insbesondere gälte es, eine günstige Kombination zwischen einer technologisch hoch entwickelten Produktion und der Verwendung einer Arbeitskraft herzustellen, die nicht nur billig ist, sondern auch besondere Fähigkeiten bereit hält, wie Geschicklichkeit, Ausdauer, künstlerische Begabung, Intelligenz; diese seien in Italien in reichem Maße vorhanden. Als Beispiel für eine in diesem Sinne „wahrhaft nationale Industrie" nannte Spirito an erster Stelle die italienische Autoindustrie[228].

Eine abschließende Betrachtung: Der Rückgriff auf das „criterio dell'italianità" (Spirito), seine Einbeziehung in den Verwertungsprozeß und insbesondere seine

225 Spirito, Ruralizzazione (Anm. 210), S. 456, 458.
226 Vgl. ebd., S. 456.
227 Vgl. ebd., S. 459.
228 Ebd., S. 460.

planmäßige Nutzbarmachung für den Konkurrenzkampf auf den internationalen Märkten verknüpfte ökonomische Erfordernisse mit in der Bewegung des Futurismus lang gehegten Visionen hinsichtlich Italiens neuer und führender Rolle in der internationalen Arbeitsteilung: Er bildete gewissermaßen die „Übersetzung" von in Italien seit der Jahrhundertwende relativ verbreiteten kulturell-ideologischen Vorstellungen und Aspirationen.

Die Futuristen, die in ihrer zum Teil rabiaten Ablehnung alles Vergangenen („Passatismus") und in ihrem Kult des Modernen („Modernolatria" – ebenfalls eine futuristische Wortschöpfung) ein von der „Herrschaft von Kunst und Wissen" („Technokratie" – „Artecrazia") bestimmtes Zeitalter aufbrechen sahen, in dem alle vorangegangene Entwicklung zu einer großen Synthese verschmelze, hatten sich längst zu Wortführern der Renaissance eines modernen Italien als Industrie-, Militär- und Handelsmacht gemacht. Das geistige und künstlerische Primat Italiens war für sie unbestritten. Es konkretisierte sich in der „italianità": der „Manifestation der höchsten und typischsten Eigenschaften des italienischen Nationalcharakters"[229], d. h. letztlich in seiner Fähigkeit zur Synthese, seinem „Sinn für das Universale". Das „künstlerische Genie der Italiener" gab den Futuristen „die Gewißheit, daß in der künftigen, unabwendbaren Arbeitsteilung unter den Völkern nur Italien imstande sein wird, wieder ein höchstes ästhetisches Ideal zu schaffen, in dem sich die Herrenmenschen wiedererkennen".

Die Verherrlichung der Synthese von Technik und Kunst, von Technologie und Zivilisation, die die Futuristen das Auto, die Geschwindigkeit und das Flugzeug, die Elektrizität, den Lärm der Fabriken und die große gelbe Reklame besingen und die Erziehung des Individuums zu einer neuen, dem Maschinenzeitalter angemessenen Sensibilität[230] fordern ließen, weist in mehrfacher Hinsicht grundsätzliche Parallelen zu den von korporativer Seite prospektierten gesamtgesellschaftlichen Umerziehungsprozessen auf: Zu neuen Wertmaßstäben, neuen „öffentlichen Tugenden" und zu neuen „Mythen" (Fortschritt, Organisation, Wissenschaftlichkeit u. ä.).

Diese Zusammenhänge, auf die hier nur in Stichworten hingewiesen werden kann, sind nach meiner Kenntnis kaum unter dem Blickwinkel der *gesellschaftlichen* Übertragung des Fordismus in Italien betrachtet worden: namentlich am Beispiel einer auf die „ceti medi" und vor allem auf die Bildungsschicht zugeschnittenen Modernisierungskonzeption, die die ökonomischen Erfordernisse des modernen Produktionssektors innerhalb des relativ rückständigen Wirtschaftssystems mit schon bestehenden kulturell-ideologischen Strömungen zu verlöten vermochte, die ihrerseits starke Anziehung auf eben die Zwischenschichten ausübten.

229 Siehe Baumgarth, *Geschichte* (Anm. 220), S. 113–134. Einen Überblick über die Konsenspolitik des Faschismus gegenüber den Futuristen und insgesamt über die „Affinitäten" und die „Zweckmäßigkeiten" im Verhältnis Faschismus–Futurismus gibt Susanne von Falkenhausen, *Der Zweite Futurismus und die Kunstpolitik des Faschismus in Italien von 1922–1943*, Diss., Frankfurt a.M. 1975.

230 Zur „neuen Sensibilität" der Futuristen, die letztlich in der Forderung nach einem „neuen Menschen" gipfelte, dem „vervielfältigten Menschen („uomo moltiplicato") mit auswechselbaren Ersatzteilen", s. Baumgarth, *Geschichte* (Anm. 220), S. 130–137.

4. Kapitel: Die Korporativismusdebatte. Der Fordismus und die Lohnfrage

Die Vorstellungen von der Veränderung der italienischen Gesellschaft und ihrer Umwandlung in eine moderne Industrie- und Massengesellschaft, ausgerichtet an den Erfordernissen der Produktion – mit dem Fordismus als Generalperspektive –, bestimmten vor allem auch die Lohndiskussion. Die Konzeptualisierung der Lohnfindung im allgemeinen und der Politik der hohen Löhne im besonderen bildete, neben der Zwischenschichtenproblematik und der Staatsfrage, einen weiteren Schwerpunkt in den Staats- und Gesellschaftstheorien der Korporativisten. Noch zusätzliche Brisanz verlieh ihr die ökonomisch-politische Krisensituation. So kann von der Annahme ausgegangen werden, daß sich in dem Lohnkonflikt 1932/33 die erheblichen Divergenzen und auch Verlagerungen innerhalb des faschistischen Herrschaftsblocks besonders deutlich erkennen lassen. Inwieweit hat die Debatte um den Korporativismus hierbei eine vermittelnde Rolle gespielt?

Die in der Literatur anzutreffende Einordnung von Confindustria und nationalistischer Komponente um Federzoni und Rocco und von Armee und Krone sowie Bürokratie und ihre Bestimmung als *eine* Kräftegruppierung innerhalb des faschistischen Blocks[231] ist sicherlich allzu schematisch. Sollte sie je so bestanden haben, geriet sie während der Weltwirtschaftskrise gründlich in die Krise. Die Notwendigkeit, den faschistischen Herrschaftsblock in den Jahren der Krise zu restrukturieren, ergab sich dadurch, daß kaum beigelegte Interessendivergenzen wieder akut wurden – ausgelöst nicht zuletzt von dem diskontinuierlichen Verlauf, den die Rationalisierungskonjunktur in Italien in der zweiten Hälfte der zwanziger Jahre angenommen hatte. In der Folge der Krise schien ein wie auch immer im einzelnen konfliktbeladenes Nebeneinander von unterschiedlichen Kapitalstrategien nun nicht mehr möglich zu sein. Die amerikanische Herausforderung in Gestalt des Fordismus zwar vor Augen, erschien dennoch dessen Übertragung auf Italien alles andere als in den Vorstellungen der Unternehmer geklärt. Mehr noch: Angesichts der Verschärfung der Krise und der enger werdenden Spielräume bekam die von den Spitzenvertretern Guarneri, Benni und Balella angeführte Mehrheitsgruppierung in der Confindustria Zulauf und konnte nun jedwede fordistische Krisenlösungsperspektive im Keim abblocken; die Minderheitenpositionen, wie sie Giovanni Agnelli und Adriano Olivetti zugunsten von technologischen Innovationsprozessen und von Kaufkraftsteigerungen auf der Grundlage einer gezielten Einkommenspolitik vertraten, verloren indes wei-

231 Vgl. beisp. Giorgio Amendola, La ‚continuità' dello Stato ed i limiti storici dell'antifascismo italiano, Giorgio Amendola, *Fascismo e movimento operaio*, Rom 1975, S. 143–174, hier S. 154.

ter an Boden. Durchsetzen tat sich letztlich die für das italienische Kapital traditionelle Krisenstrategie der Lohnkürzungen, der Intensivierung der Arbeit und der Staatsaufträge anstelle einer Politik der technologischen Erneuerung, der Einkommensschaffung bzw. ihrer Umverteilung und der konsumorientierten Binnenmarktausweitung.

Kann man demnach davon ausgehen, daß eine, wenn nicht überhaupt die entscheidende Trennungslinie innerhalb der organisierten Unternehmerschaft zu Beginn der dreißiger Jahre die Frage des Fordismus und insbesondere die Lohnfrage bildete – Kernstück der allgemeinen Einkommensfrage – und daß dieser Konflikt seine Lösung zugunsten der traditionellen Politik der Lohn- und insgesamt der Konsumkomprimierung fand, so konnte dies für die nationalistischen Befürworter und Politiker eines „fordismo all'italiana" innerhalb der Faschistischen Partei und der korporativen Bewegung nicht folgenlos bleiben. Ohne daß hier diesen Fragen im Detail nachgegangen wird, bewegen sich die folgenden Ausführungen auf der Grundlage der schon formulierten und nun um die Lohnfrage erweiterten These: Eines Zusammenhangs von der Entfernung Roccos, Bottais und anderen aus ihren Ämtern anläßlich des großen revirements 1932 mit den Konflikten innerhalb der Confindustria, bei denen die Lohnfrage den zentralen Interessengegensatz bildete[232].

Ehe einige für die Lohndiskussion beispielhafte Argumentationstypen aus korporativer Perspektive und aus den Reihen der Confindustria vorgestellt werden, erfolgt, um die theoretischen und begrifflichen Prämissen zu klären, als erstes eine grundsätzliche Betrachtung zur Funktion hoher Löhne, ausgehend von diesbezüglichen Überlegungen bei Gramsci. Dabei interessiert es insbesondere, den Rahmen abzustecken und die Richtung aufzuzeigen, in der sich gerade auch angesichts der akuten ökonomischen Interessengegensätze ein Ausgleich in Form eines *ideologischen* Grundkonsenses abzuzeichnen begann, vermittelt über die Vorschläge und die Öffentlichkeitsarbeit der Korporativisten.

I. Der Lohn als Element der Fordschen Methode: Gramscis Analyse der Funktion hoher Löhne

1. Bedingungen hoher Löhne

Zur näheren Betrachtung des Konstrukts „korporativer Lohn" seien zunächst einige grundsätzliche Überlegungen über den Lohn und namentlich die Funktion hoher

232 Vgl. beispielsweise unter der Rubrik „Note e polemiche" den ungezeichneten Artikel: Il più recente cambio della guardia, in: *Lo stato operaio*, VI. Jg., Nr. 7, 1932; zur Leitungssitzung der Confindustria im Juli 1932 s. Giuseppe Di Vittorio, Il nuovo piano di attacco contro la classe operaia italiana, in: *Lo stato operaio*, VI. Jg., Nr. 8, 1932, S. 444–451. Das Kommuniqué der Sitzung, auf der der Agnelli-Vorschlag zur Lohnfrage zur Diskussion stand, findet sich nicht wie sonst üblich in der „Rivista di Politica Economica" abgedruckt.

Löhne in der Phase der Verallgemeinerung des Ford-Systems angestellt, insbesondere aus der Perspektive des Italien der zwanziger und dreißiger Jahre[233].

Gramsci untersucht das Problem der Entlohnung und insbesondere der Hochlohnpolitik als ein Element der Fordschen Methode der Produktions- und Arbeitsorganisation, die, wie wir sahen, als „rationale" Methode nach Verallgemeinerung strebt. Dabei gilt es zu unterscheiden: Welche Funktion kommt dem System der hohen Löhne in seinem Ursprungsland zu, d. h. in seiner am meisten entfalteten Form, und wie sieht es mit der Übertragung dieses Systems auf weniger entwickelte Industrieländer aus? Mit der ersten Frage beschäftigt sich Gramsci ausführlich, und für die Diskussion der zweiten lassen sich seinen Überlegungen zahlreiche Anregungen entnehmen.

Bemerkenswert ist Gramscis Formulierungsweise: Wenn von „hohen Löhnen" allgemein die Rede ist, setzt er den Begriff in Anführungsstriche, oder aber er spricht – dies am häufigsten – von „sogenannten" hohen Löhnen. Zunächst aber stellt er grundsätzlich die Frage:

> „Was bedeutet eigentlich ‚hoher Lohn'? Ist der von Ford gezahlte Lohn nur hoch verglichen mit dem Durchschnitt der amerikanischen Löhne, oder ist er hoch als Preis der Arbeitskraft der Fordarbeiter, die in der Produktion durch die Fordschen Arbeitsmethoden verbraucht wird?"[234]

Eine allgemein zutreffende Antwort auf diese Frage gibt es nicht, ebensowenig wie es einen allgemein gültigen, absoluten Begriff dessen gibt, was unter „hohem Lohn" zu verstehen ist. Dies sei sicherlich auch eine Folge fehlender empirisch-statistischer Erhebungen. So wird Gramsci schrittweise vorgehen bei der Klärung des Problems.

Zweifellos ist *ein* Grund, hohe Löhne zu zahlen, darin zu sehen, daß die Ford-Industrie von ihren Arbeitern „eine neuartige Qualifikation, eine Form von Arbeitskraftverschleiß und eine bestimmte Menge an verausgabter Arbeitskraft bei gleicher Durchschnittszeit" fordert[235], die von anderen Industrien (noch) nicht gefordert wird. Folglich muß die Möglichkeit gegeben sein, „einen den neuen Produktions- und Arbeitsmethoden entsprechenden Lebensstandard zu verwirklichen, weil jene Methoden einen besonderen Aufwand an muskulären und nervlichen Energien erfordern"[236]. Wollte man nun die Gleichung aufstellen: „Höherer Verschleiß an Arbeitskraft ist gleich höherer Lohn", so träfe sie nur auf der Oberfläche zu, besser: in bestimmten historischen Situationen. Über die Länge der Zeit betrachtet, sind die „sogenannten hohen Löhne" vielmehr: (a) „eine Übergangsform der Entlohnung"[237]; sie entspringen (b) einer vorübergehenden Monopolstellung der US-amerikanischen

233 Im wesentlichen stütze ich mich auf Gramsci, Americanismo e fordismo (Anm. 1), bes. S. 337–340; deutsche (Kurz-)Fassung von Riechers, Amerikanismus und Fordismus (Anm. 1), bes. S. 398–401; Zitate, wenn nicht anders vermerkt, nach der deutschen (z.T. korrigierten) Übersetzung; auf sie beziehen sich die Zahlenangaben in eckigen Klammern.
234 Gramsci, Americanismo e fordismo (Anm. 1), S. 338 [399].
235 Ebd., S. 338 f. [400].
236 Ebd.
237 Ebd., S. 337 [398].

Industrie allgemein und dort der Ford-Industrie im besonderen; und sie bieten (c), neben der Form des reinen Zwangs, ein Vehikel, gesellschaftlichen Konsens und Formen der Anpassung an die neuen Produktions- und Arbeitsmethoden zu erzeugen: Gramsci spricht daher auch von der „Ideologie der hohen Löhne"[238].

Haben aber hohe Löhne lediglich *Übergangs*charakter, so ist daraus zu folgern, daß es hier nicht eigentlich um die angemessene Reproduktion der konsumierten Arbeitskraft geht: Denn während die vor allem nervliche Substanz verschleißenden Arbeitsmethoden des zunehmend nach Maschinenlogik funktionierenden Produktionsprozesses unverändert bleiben, sich gar noch verschärfen, folgen die Veränderungen im Lohnniveau einer gänzlich anderen Logik. Nämlich „sobald die neuen Methoden der Arbeit und der Produktion allgemein geworden sind [. . .], wird dem übermäßigen turnover automatisch durch eine weitverbreitete Arbeitslosigkeit ein Ende gesetzt, und die hohen Löhne werden verschwinden"[239]. Die Verallgemeinerung der neuen Methoden führt insbesondere dazu – so sagt Gramsci an anderer Stelle –, daß „die Arbeiter als Masse dem gesamten Prozeß psychophysischer Umwandlung" unterworfen sind, mit dem Ergebnis, daß der „Durchschnittstypus des Ford-Arbeiters zum Durchschnittstyp des modernen Arbeiters überhaupt wird"[240]. Ist dies einmal erreicht, so werden die hohen Löhne auch wieder sinken.

Warum dann zunächst hohe Löhne? Dieser Frage widmet sich Gramsci mit Nachdruck. Hohe Löhne als *Übergangs*form der Entlohnung sollen die „Anpassung an die neuen Methoden der Produktion und der Arbeit" gewährleisten, d. h. sie sollen einen Prozeß der Erziehung in die Wege leiten, der „nicht allein durch gesellschaftlichen Zwang erfolgen" kann[241]. Vielmehr muß der bloße Zwang „mit Überzeugung und Konsensus klug kombiniert werden", damit eine optimale Periode der Überleitung und der Gewöhnung, gerade auch der *positiven* Gewöhnung, gewährleistet wird. Und dieser für die Verallgemeinerung der neuen Methode unabdingbare „Konsensus *kann* – in den der gegebenen Gesellschaft entsprechenden Formen – erhalten werden durch höhere Entlohnung"[242].

Die über die „Ideologie der hohen Löhne" vermittelte *Konsensbildung* spielt folglich für Gramsci eine wesentliche Rolle in dem langwierigen „Prozeß der Veränderung der gesellschaftlichen Bedingungen und der individuellen Verhaltensweisen und Sitten und Gewohnheiten", d. h. in einem Prozeß, der selbst primär „ein von objektiven Notwendigkeiten der modernen Industrie abzuleitendes Phänomen" bildet[243].

238 Ebd., S. 338 [399].
239 Ebd., S. 337 f. [399].
240 Ebd., S. 339 [400].
241 Ebd., S. 337 [398]. Gramsci (ebd.) fährt fort: „Dieses ist ein in Europa und besonders in Japan weit verbreitetes ‚Vorurteil' [. . .], das andererseits nur in der chronischen Arbeitslosigkeit nach dem Kriege begründet ist. Wäre die Situation ‚normal', so würde der Zwangsapparat, mit dem die gewünschten Ergebnisse erreicht werden können, mehr kosten als hohe Löhne."
242 Ebd., S. 337 [398 f.].
243 Ebd., S. 339, 338 [400, 399].

2. *Zum Ideologie-Charakter der hohen Löhne*

Geht man nun davon aus – um zur Frage der Übertragbarkeit zurückzukehren –, daß die Verallgemeinerung der Fordschen Arbeits- und Produktionsmethoden auf Konsensus angewiesen ist, und geht man mit Gramsci ferner davon aus, daß die Herstellung von Konsensus auch in Form hoher Löhne geschehen kann – aber eben nur kann –, so ist zu fragen, welche anderen Wege und Formen der „Überzeugung" in einer Situation denkbar sind, in der hohe Löhne nicht oder zumindest nicht in dem an sich notwendigen Ausmaß gezahlt werden. Die Antworten auf diese Fragen sind gerade für Italien von entscheidender Bedeutung, namentlich auch für Fiat. Entsprach im amerikanischen Beispiel die höhere Entlohnung einer Situation der Extraprofite der Fordindustrie sowohl innerhalb der Vereinigten Staaten selbst als auch auf dem Weltmarkt – „den Monopolprofiten entsprechen Monopollöhne"[244] –, so stellte sich die Situation für Fiat weitaus komplexer dar. Einer widersprüchlichen Situation entsprach allerdings eine adäquate Firmenstrategie: *Allein* vor dem Hintergrund von Fiats nahezu monopolistischer Stellung auf dem italienischen Binnenmarkt läßt sich der Agnellische Vorstoß für „Monopollöhne" verstehen. Anders aber als Ford mußte der Turiner Konzern aufgrund seiner äußerst labilen Stellung auf den Auslandsmärkten dafür Sorge tragen, daß es ihm gelang, die erhöhten Kosten einzig und allein auf den heimischen Markt abzuwälzen.

Das Stichwort „Fiat" leitet über zu einem eng verknüpften Problemkreis. Denn es ist sicherlich kein Zufall, daß Gramsci bei der Erörterung von *Lohn* und *Loyalität* die *Belegschaft* als zentralen Angelpunkt für alle Probleme einführt, die im Zusammenhang mit der Rationalisierung des Produktionsprozesses im Betrieb und dem erforderlichen Konsensus und der „Selbstdisziplin" des Arbeiters Fordschen Typs auftauchen. Er geht bei der Erörterung dieser Zusammenhänge von der Erfahrung aus, daß die nach dem Muster der Maschine organisierte Arbeit in der Fabrik auf die verläßliche, aufeinander eingespielte, immer verfügbare Bereitschaft der Belegschaft zum Mitmachen angewiesen ist. Diese Situation wurde noch „anfälliger" durch die spezifische Form der Rationalisierung während des Faschismus, die überwiegend in Form der Intensivierung der menschlichen Arbeitskraft erfolgte. Ohnehin sei es ja nie einfach gewesen – auch dies habe die Erfahrung gelehrt –, eine „organische und gut gegliederte Fabrikbelegschaft bzw. eine spezialisierte Arbeitsgruppe zu bilden". Und hat eine solche homogene und aufeinander eingestimmte Belegschaft bzw. Arbeitsgruppe erst einmal zu funktionieren begonnen, so erhalten ihre einzelnen Glieder nicht nur einen Monopollohn, sie seien auch vor Entlassungen sicher, selbst im Falle eines zeitweiligen Produktionsstops. Denn es habe sich als unökonomisch erwiesen, wenn man diese Elemente eines mühevoll gebildeten organischen Ganzen sich zerstreuen ließe, da es fast unmöglich sei, sie wieder neu zusammenzubringen; außerdem stünden einer Neubildung mit neuen, zufälligen Elementen beträchtliche Schwierigkeiten und Kosten entgegen[245].

244 Ebd., S. 338 [399].
245 Vgl. ebd., S. 339 [400 f.].

Weiß man nun aber, daß das italienische Kapital – zumal in der Phase seiner Restrukturierung unter dem Druck der Weltwirtschaftskrise und nicht zuletzt angesichts seiner permanent bedrohten Weltmarktposition – keinesfalls über vergleichbare finanzielle Spielräume verfügte, so gewinnen vor diesem Hintergrund Konstruktionen an Bedeutung, die gewissermaßen *an Stelle* der „Ideologie der hohen Löhne" treten und deren *ideologische Formierungsarbeit* gewährleisten sollten: also die positive Bindung der Belegschaft an den Betrieb sowie die langfristige gesellschaftliche Umformung und Anpassung an die neuen Arbeits- und Lebensbedingungen und an die gewandelten Wertmaßstäbe.

Vor dem Hintergrund dieser grundsätzlichen Überlegungen scheint mir die Bedeutung der korporativen Denkmodelle und Entwürfe zum Thema „Lohn" unübersehbar zu sein und insbesondere die Zukunftsträchtigkeit des Konstrukts „korporativer Lohn". Die konkrethistorische Relevanz ergibt sich aus der zeitlichen Parallelität einmal von der Einführung wissenschaftlicher Methoden der Arbeitsorganisation, der Intensivierung der Arbeit, der Verlängerung der Tagesarbeitszeit, der Senkung der Arbeitslöhne und zum anderen von Theoretisierungen zum Problem der Lohnfindung, die, wenngleich sehr unterschiedlich, letztlich auf die Konstruktion eines *außer*ökonomischen Begründungszusammenhangs derselben hinausliefen. Das in die Zukunft weisende Moment bestand letzten Endes darin, daß die in einer historisch-spezifischen Situation heranreifenden Ideologeme zur Konsensusbildung in Sachen Lohn aufgrund ihrer allgemeinen Grundzüge *von* durchaus *modell*haftem Charakter waren.

II Die Lohndiskussion im Korporativismus

1. *Die Konzepte von G. Bottai, A. Rocco und N. M. Fovel*

Die durchaus unterschiedlichen theoretischen und politischen Begründungen, die innerhalb des Lagers der korporativen Fordismus-Anhänger in Sachen Lohn anzutreffen sind, können hier nicht im einzelnen analysiert werden. Es soll vielmehr anhand einiger relevanter Beispiele versucht werden, Argumentationslinien aufzuzeigen, die zum einen die Kritik an der Politik der Lohnkomprimierung durch die Confindustria-Mehrheit und zum anderen die Begründung einer Politik der hohen Löhne illustrieren. Die Ausführungen der herangezogenen Korporativisten zur Lohnfrage sind Bestandteil ihrer Staats- und Gesellschaftsentwürfe; um den jeweiligen Begründungszusammenhang mitzureflektieren, muß also gelegentlich etwas weiter ausgeholt werden.

Auf die ungeschminkte Kritik von G. Bottai an der traditionellen, als kurzsichtig bezeichneten Neigung der italienischen Unternehmer zu drastischen Lohnkürzungen, kaum zeichne sich am Horizont eine Krisenwolke ab, ist schon hingewiesen worden. In dieselbe Rubrik fallen für ihn die chronische Vorliebe für zollprotektionistische Maßnahmen und die „mentalità consorzialistica", d. h. der ausgeprägte Hang zur Kartellierung hin bis zur Bildung von Zwangskartellen unter staatlicher Aufsicht.

Bottais Beschäftigung mit dem Beispiel „US-Amerika" und namentlich mit dem als „gigantischen Experiment" begrüßten New Deal beeinflußten die Ausformung seines Korporativismuskonzepts nachhaltig. Dies trifft vor allem auf die Zeit nach 1932 zu, nach seiner Entfernung als Korporationsminister also, als er sich verstärkt der theoretischen Begründung seiner Kritik zuwandte. In einer zumindest langfristigen Perspektive angesiedelt sah er die Parallelität von Korporativismus und New Deal. Ihre Ähnlichkeit beruhte seiner Auffassung nach auf der Verteilungsebene: Beide Systeme strebten eine gerechtere Verteilung des Reichtums, ein solideres *gesellschaftliches Gleichgewicht* und die Ausschaltung störender Faktoren an. In diesem Licht sind auch die strukturellen Modifikationen zu sehen, die er durch den Korporativismus in Italien verwirklicht sehen wollte. Dazu gehörten vor allem eine ausgewogene Einkommenspolitik, die „Regulierung der Profite", die Einführung einer unteren Lohngrenze und der Verzicht auf Lohnkürzungen.

Während Bottai die Lohnfrage auf der Verteilungsebene diskutierte, war für A. Rocco „das soziale Problem vor allem ein Problem der Steigerung des nationalen Reichtums und der nationalen Produktion und nicht der Verteilung der Produktion"[246]. Eingefügt in dieses vom *Primat der Produktion* bestimmte System untersuchte er die Frage einer möglichst gerechten Einkommensverteilung und auch diejenige der hohen Löhne. Bei der Ausformung seines Gesellschaftsentwurfs orientierte sich Rocco an Vorbildern aus der deutschen Rechtsgeschichte (P. Laband) sowie insgesamt am Wilhelminischen Deutschland, ferner aber auch an den mit dem Fordismus in seinem Ursprungsland gemachten Erfahrungen.

In Roccos Entwurf eines modernen Italien, bestehend aus einer „organischen korporativen Gesellschaft", die in ein festes, hierarchisch strukturiertes Gefüge eingepaßt ist und die von einer eisernen Staatsräson im Griff gehalten wird, werden hohe Löhne ebenso wie beispielsweise protektionistische Zölle gewährt oder eben auch nicht, je nachdem, ob sie der Entwicklung des Gesamtorganismus „Nation" zuträglich sind: „Das Ganze" bildet den Maßstab für „seine Teile". Analog ist die Argumentation hinsichtlich der Gewährung von wirtschaftlichen Konzessionen, aber auch beispielsweise der Zulassung von Arbeiterorganisationen: Als positiv und damit erlaubt galten sie in dem Maße, wie sie der Form nach oder vermittelt über die Korporationen als Figuren des öffentlichen Rechts absolute Kontrolle und die Allgegenwart des Staatsapparates zu garantieren versprachen.

Die beiden angesprochenen Momente – das „höhere Interesse der Nation", sprich: der Produktion[247], und das politisch-soziale Ziel der *Kontrolle durch Integration* – stecken gewissermaßen den Rahmen ab, innerhalb dessen sich Rocco bei seiner konkreten Auseinandersetzung mit der Lohnfrage bewegte, die er unter das Problem des „moralischen und wirtschaftlichen Wohlergehens der erwerbstätigen Klassen" subsumierte. Er formulierte hierzu: Grundsätzlich sei davon auszugehen, „daß das Wohl-

246 A. Rocco, La trasformazione dello stato, Rom 1927, S. 334, zit. nach Ranke, *Faschismus* (Anm. 125), S. 147 f.; vgl. ferner Rocco, *Scritti* (Anm. 182), Bd. I, S. 21–25.

247 Vgl. Rocco, *Scritti* (Anm. 182), Bd. II, S. 717–724, „Il principio economico della nazione", hier S. 719 f.

ergehen der werktätigen Klassen eine für die wirtschaftliche und politische Entwicklung der Nation vorteilhafte Bedingung darstellt, so daß es auf jedwede Weise gefördert werden muß, selbst noch auf die Gefahr hin, daß dadurch gegen die Interessen anderer gesellschaftlicher Klassen verstoßen wird". Die Entwicklung gerate aber an ihre Grenzen, wenn (a) entweder die Grundlagen der Produktion in Mitleidenschaft gezogen werden oder (b) der gesellschaftliche Frieden gefährdet oder aber (c) ein allzu hoher Teil der Ressourcen des Staates absorbiert wird[248].

Eine weitere Argumentationsrichtung in der Lohnfrage läßt sich den Schriften N. M. Fovels entnehmen[249]. Grundsätzlich ist anzumerken, daß die von Fovel prospektierte reibungslos funktionierende *Produktions- und Konsumgemeinschaft* von exemplarischem Interesse für die Diskussion über die spezifische Form der kapitalistischen Entwicklung in Italien ist: einmal wegen der schon von Gramsci angedeuteten Parallelität Fovelscher theoretischer Gedankengänge mit den Interessen der von Fiat/ Agnelli angeführten Gruppierung des modernen Sektors im italienischen Kapital, zum anderen, weil etliche Elemente seines Entwurfs als feste Bestandteile jeder Krisendiskussion in Italien bis auf den heutigen Tag regelmäßig wiederkehren: so das Problem der Unterakkumulation und der Ausschaltung der den Rhythmus der Kapitalakkumulation hemmenden Elemente (die „parasitären Elemente"), dann die Neigung zum Protektionismus, die umstrittene Funktion des Binnenmarktes, das Problem der hohen Löhne.

In einem vorangegangenen Zusammenhang war herausgearbeitet worden, daß es Fovel mit seinem Konzept eines „autonom industriellen Blocks" im Gewande der Korporation, die alle unmittelbar in bzw. für die Produktion tätigen Elemente der Gesellschaft zusammenfaßt, letztlich darum ging, die Voraussetzungen für die Übertragung der fortgeschrittensten amerikanischen Systeme der Produktions- und Arbeitsweise in Italien zu schaffen. Bedingung und gleichzeitig Ziel der angestrebten technisch-ökonomischen Umwälzung war es, die „rendita", die sozioökonomische Figur des Rentiers, die Fovel grob verkürzend die „Kapitalisten" nannte, weitestgehend zu eliminieren. Haben in dem gewandelten ökonomischen System erst einmal der Lohn (die Arbeiter) und der Profit (die Unternehmer) die Oberhand gegenüber dem „armseligen kapitalistischen Element", der Rente, gewonnen, so ist der Weg frei für eine „economia dei produttori". Logisches Ziel des Korporativismus ist es nach Fovel, eine Gesellschaft produktiver Kräfte zu errichten, die gegenüber dem vorangegangenen System – Fovel nennt es beliebig „konkurrenzwirtschaftlich", „liberal", „bürgerlich" – auf einem neuen Gleichgewicht beruht und in der jedes Individuum die Möglichkeit hat, sich als „produttore" zu verwirklichen, d. h. mit einem Minimum an Arbeitsaufwand ein Maximum zu produzieren[250].

248 Ebd., Bd. I, S. 22 f.

249 Es wurden herangezogen Nino Massimo Fovel, *Economia e corporativismo*, Ferrara 1929; ders., Determinazione economica del salario corporativo, in: *Nuovi problemi di politica, storia ed economia*, Ferrara, III. Jg., 1932, S. 535–567; ders., Struttura teorica del corporativismo come ‚economia di produttori', in: *Nuovi problemi*, III. Jg., 1932, S. 204–238; ders., Teoria del corporativismo come ‚economia di produttori', in: *Nuovi problemi*, IV. Jg., 1933, S. 48–115; ders., Corporazioni, costi, prezzi e consumatori, in: *Nuovi problemi*, V. Jg., 1934, S. 574–661.

250 Vgl. bes. Fovel, Teoria del corporativismo (Anm. 249), S. 48, 58, 109, 115.

Für Fovel steht außer Frage, daß die Eliminierung der „rendita" nur durch *politische* Eingriffe zu erreichen sei und daß diese Voraussetzung für die Entblockierung des ökonomischen Akkumulationsprozesses darstellten. Indirekt ist seinen Schriften zu entnehmen, daß er im faschistischen Italien vor dem Ausbruch der Weltwirtschaftskrise, namentlich zur Zeit der Verabschiedung der „legge Rocco", die hierzu notwendige politische Konstellation realisiert sah[251]. In seinen späteren Schriften klammerte er die politische Dimension weitgehend aus (auch Ausdruck der veränderten politischen Gesamtsituation?), so daß es müßig erscheint, Spekulationen zu dieser Frage anzustellen.

Im folgenden möchte ich mich auf den Fovelschen Begründungszusammenhang für eine Politik der hohen Löhne beschränken. Zunächst: Ähnlich wie die von der nationalistischen Bewegung geprägten Korporativisten betonte auch Fovel den produktivistischen Charakter des Korporativismus. Doch stellte er Produktion bzw. Produktivität in einen unmittelbaren Zusammenhang mit der Einkommensverteilung. In seinen Schriften legte er besonderes Gewicht auf die Distributionsfrage und insbesondere auf das Problem der Umverteilung der Einkommen zugunsten einer fortwährenden Steigerung von Produktion und Produktivität. Die drei Ziele, die die korporative Wirtschaft mit ihren Interventionen vor Augen haben sollte, sind in dieser Reihenfolge:

1. ein Höchstmaß an gegenwärtigem Wohlstand für die Allgemeinheit;
2. eine Produktion auf höchstem Leistungsstand;
3. Spartätigkeit auf höchstem Niveau[252].

In der von Fovel prospektierten korporativen Wohlstandsgesellschaft kam den Löhnen, vor allem den Niedriglöhnen wie überhaupt den unteren Einkommen, eine Schlüsselrolle zu: Die korporativen Eingriffe sollten in besonderem Maße den Löhnen und insgesamt der Verbesserung des Lebensstandards der unteren Volksschichten („classi minori") zugute kommen, so betonte Fovel mehrfach[253].

251 Bezeichnend ist Fovels Auslegung des „Gesetzes der rechtlichen Regelung der Arbeitsbeziehungen vom 3. April 1926". Bekannt als „legge Rocco", deren Anwendung dann Bottai besorgte, wurde es gefeiert als Fundamentalgesetz der sozialen Revolution des Faschismus auf der Grundlage folgender Regelungen: a) rechtliche Anerkennung der Einheitsgewerkschaft; b) Schaffung des Arbeitsgerichts im Rahmen eines staatlich gesicherten Schlichtungswesens; c) Verbot von Streik und Aussperrung. Der Staat, bislang als Regulator lediglich von Individualkonflikten tätig, wird es nun auch formalrechtlich von Sozialkonflikten. Durch diesen Vorgang wird den einzelnen sozialen Figuren öffentlichrechtliche Anerkennung von Staats wegen verliehen.
Hieran anknüpfend bemerkte Fovel, daß die eigentliche Bedeutung der Kodifizierung darin läge, daß die gesellschaftliche Figur des Rentiers bei der Regelung der Arbeitsbeziehungen im weitesten Sinne nicht berücksichtigt worden sei. Fovel zeigte sich überzeugt, daß die Nicht-Vertretung des Rentiers in der Syndikats- und Korporativordnung und damit ihr Ausschluß aus der „economia attiva", der Gemeinschaft der aktiv-produktiven Kräfte, eine Möglichkeit des politischen Eingriffs darstellte, um die „rendita" überhaupt auszuschalten. Vgl. Fovel, *Economia e Corporativismo* (Anm. 249), insbes. das Kap. „Rendite, profitti e salari", S. 21–26; zum Gesetzestext (auf deutsch) mit offiziellem Kommentar vgl. *Korporative Wirtschaft* (Anm. 95), S. 47–63.

252 Vgl. Fovel, *Economia e Corporativismo* (Anm. 249), S. 79.

253 Symptomatisch ist Fovels Gleichsetzung von „economia corporativa" mit „economia popolare", d.h. mit „Volks"-Wirtschaft – ein Begriff, den es im italienischen Sprachgebrauch nicht gibt, allenfalls in der Sprache des faschistischen Korporativismus. Vgl. ebd., S. 2, 68 u. passim.

Wie hoch im einzelnen und innerhalb welcher Zeiten die Löhne und Gehälter zu steigern seien – beispielsweise in welchem Maße der Lohn von der „Umverteilung" der rendita profitiere, oder, eine andere Frage, ob das Lohnniveau in den verschiedenen Branchen unterschiedlich sein solle u. ä.[254] –, dies alles waren für Fovel *politische* Fragen[255], die der „governante corporativo" zu entscheiden habe. Er sprach daher auch von einem „salario corporativo". Auf diesen Zusammenhang der politischen Lohnfindung wird noch ausführlicher einzugehen sein.

Unabhängig von der Lohnfindung und den Maßnahmen zur Einkommensverteilung im einzelnen bestand das eigentliche Ziel des Fovelschen Konzepts darin, die allgemeine Konsumtionsfähigkeit anzuheben bzw. eine solche in den bislang einkommensschwachen bzw. noch gar nicht in den Markt integrierten Schichten überhaupt erst zu wecken. Kaufkraft zu schaffen und den Konsum zu fördern, vor allem den Massenkonsum, bildeten den eigentlichen Drehpunkt[256] des Fovelschen Produktivismuskonzepts: Hoher Konsum auf breiter Ebene – im Volksmaßstab – stellte für ihn das progressive Element in dem per se zum Immobilismus und zur Verfestigung von Monopolstrukturen neigenden Korporativismus schlechthin dar[257].

Die Grundzüge in Fovels Entwurf einer Volks-Wirtschafts-Gemeinschaft lassen sich wie folgt zusammenfassen:

1. Eine Aufbesserung vor allem der niedrigen Einkommen und insbesondere der Löhne bewirkt die Ankurbelung einer bestimmten Art des Konsums. Sie schafft

254 Zu erreichen z.B. durch direkte und diskriminierende Eingriffe in den Arbeitsmarkt oder durch gezielte Formen der Besteuerung; vgl. ebd., S. 67.

255 Für diese Frage „wird sich der Politiker interessieren müssen, der ja wissen wird, ob einem steigenden Lebensstandard der Werktätigen, oder aber einem sinkenden der Vorrang einzuräumen ist, ob einer steigenden Arbeitsleistung oder einer sinkenden, und ob es dem gesteckten Ziel dienlich ist, daß der korporative Lohn steigt oder sinkt." Fovel, Determinazione economica (Anm. 249), S. 567.

256 Mit den Begriffen Fovels: Die Eliminierung der „rendita" bildet die Voraussetzung für den Übergang von einer parasitären zu einer produktiven Wirtschaft in der Absicht, einen reibungslosen Akkumulationsprozeß zu sichern („economia dei produttori"); die Politik der Einkommensverteilung zugunsten der niedrigen Einkommen sorgt ihrerseits für eine progressive und dynamische Entwicklung des neu entstandenen Systems: Denn, „was geschieht, wenn, auf welche Art auch immer, die Einkommen der reichen Klassen um einen bestimmten Bruchteil verringert werden, und dieser Bruchteil den Einkommen der armen Klassen hinzugefügt wird? Wir werden einen Nachfragerückgang an differenzierten und Luxusgütern auf dem nationalen Markt erleben, die, eben weil sie differenziert sind, nicht in Serienfertigung hergestellt werden können. Wir werden aber auf der anderen Seite einen Zuwachs der Nachfrage nach jenen gleichförmigen und gewöhnlichen Gütern erleben, die, eben weil gleichförmig, in großen Serien hergestellt werden können. Insgesamt wird es also so sein, daß eine gewisse für die Produktion bestimmte Kapitalmenge der Luxusgüterproduktion entzogen und in die Produktion gewöhnlicher Güter investiert wird." (Fovel, *Economia e Corporativismo* [Anm. 249], S. 65.) Nur allgemeine Verbrauchs- und Gebrauchsgüter könnten in Serienfertigung und damit zu sinkenden Kosten hergestellt werden. (Ebd.) Um dieses Kriterium der sinkenden Kosten bewegte sich kontinuierlich die Fovelsche Argumentation: zugunsten eines Prozesses der Einkommensumschichtung, der Ausschaltung der Rentiers, zugunsten der Weltmarktintegration der exportorientierten Autoindustrie, gegen Monopolbildungen.

257 Vgl. Fovel, *Economia e Corporativismo* (Anm. 249), bes. S. 59–68; ders., Corporazioni, costi (Anm. 249), S. 644–660.

neue Bedürfnisse auf breiter Basis, die durch eine Produktion zu abnehmenden Kosten (Serienfertigung) befriedigt werden können.

2. Eine hochentwickelte Konsumgesellschaft mit einer ebenbürtigen Verbrauchs- und Gebrauchswarenindustrie schafft und sichert zugleich eine zunehmend leistungsfähige Produktion[258], also Produktivismus durch Konsum.
3. Darüber hinaus erkannte Fovel in der verallgemeinerten Konsumtätigkeit ein – bezogen auf die Gesamtgesellschaft – vereinheitlichendes Moment: Die einzelnen und unterschiedlichen Glieder der korporativen Gesellschaft seien in der Situation des Konsumierens tendenziell gleich. Während die Trennung der Gesellschaft in Klassen durch den Produktionsprozeß entstehe, vereinige und vereinheitliche das allgemeine Streben nach Konsum schließlich alle: qua Konsumenten[259].
4. Die ständig wachsenden und sich verändernden Konsumgewohnheiten sah er als Moment gegen die stagnativen Tendenzen im Korporativismus. In diesem Zusammenhang kritisierte Fovel die Abschließungstendenzen gegenüber dem Weltmarkt und die Autarkiepläne, die auch er mit den alten Tendenzen des italienischen Kapitals, sich hinter schützenden Zollmauern zu verkriechen, in Verbindung setzte; im Namen des Produktivismus beschwor er geradezu die heilsame Unruhe, die nicht zuletzt von den ausländischen Verbrauchermärkten ausginge[260].

Der korporative Theoretiker der Wohlstandsgesellschaft und des Massenkonsums[261] Fovel gelangt schließlich, nachdem er die Konsumtätigkeit als grundsätzlich progressives, dynamisches Moment im Wirtschaftsprozeß herausgearbeitet hatte, zu der Forderung, die Konsumenten sollten ihrerseits „korporativ", d. h. selbstbewußt und formiert gegenüber der großen Korporation der Produzierenden auftreten. Er plädierte überhaupt für Formierungs- und Organisierungsprozesse im Verteilungssektor, um auf diese Weise zu einer Gewichtsverlagerung zugunsten der distributiven Funktion im Verhältnis zur produktiven zu gelangen[262].

Ohne diesen Faden hier weiterzuverfolgen, sollten einige Grundlinien der Fovelschen Korporativismuskonzeption deutlich werden, die sich dadurch auszeichnet, daß sie Überlegungen zur Verteilung und Umverteilung von Einkommen aufwarf und dabei insgesamt zukunftsrelevante Tendenzen zur *konsum*orientierten *Formierung* einer Massengesellschaft in Italien thematisierte. Auf diese Weise wurden – in einem

258 Fovel (ebd., S. 660 f.) trat für die technologisch fortgeschrittene und gleichzeitig auch „ökonomisch progressive" Großindustrie ein, d. h. die Konsumwarenindustrie. Demgegenüber bezeichnete er die zu jener Zeit bestehende Wirtschaftsstruktur als leistungsschwach und stagnativ, gekennzeichnet durch die beiden Extreme von technisch rückständigen Mittel- und Kleinbetrieben und kapitalintensiven Monopolen – vor allem im Bereich der Produktionsgüterindustrie.

259 Fovel, *Economia a Corporativismo* (Anm. 249), S. 59.

260 Fovel, Corporazioni, costi (Anm. 249), S. 644, 657.

261 Präziser: Zunächst ist der Korporativismus bzw. die korporative Wirtschaftspolitik für Fovel eine Methode der sparsamen und rationalen Bewirtschaftung der Armut, besonders der Kapitalarmut des Landes; und erst in einer zweiten Phase sollte er zu einem gesellschaftspolitischen und ökonomischen Instrumentarium zur Bewirtschaftung einer Wohlstandsgesellschaft werden. (Vgl. Fovel, *Economia e Corporativismo* (Anm. 249), S. 26, 28.)

262 Vgl. Fovel, Corporazioni, costi (Anm. 249), S. 654, 658 f.

vergleichsweise frühen Stadium – gesellschaftliche und politische Probleme ins Licht gerückt, mit denen sich die modernen Wachstumsindustrien im Konsumgüterbereich zukünftig und zunehmend konfrontiert sehen sollten: eingeklemmt gewissermaßen zwischen den Konkurrenzanforderungen auf dem Weltmarkt und den für eine moderne Konsumgesellschaft „unreifen" Bedingungen in Italien selbst.

2. *Anstelle hoher Löhne: Überlegungen von Ugo Spirito*

Wenn von der Thematisierung der Konsumfrage in den Reihen der Korporativisten die Rede ist – sowohl der Konsumplanung als auch vor allem der Kaufkrafterzeugung –, so ist auch der Name Ugo Spirito zu nennen. Am Beispiel der Überlegungen Spiritos wird der Wandel deutlich, den die wirtschaftliche und politische Situation Anfang der dreißiger Jahre durchgemacht hatte. Die Auswirkungen der Weltwirtschaftskrise, der Kampf um die wirtschaftspolitisch dominante Strategie, ferner der Konflikt innerhalb der Confindustria um das Ausmaß der Lohnkürzungen –, das alles hatte die Gewichte grundsätzlich zum Nachteil einer noch so zaghaften und partiellen Hochlohnpolitik verschoben.

Symptomatisch erscheint daher ein Artikel Spiritos aus dem Jahre 1932, konzipiert möglicherweise als Antwort auf Agnellis Vorstoß, in dem Überlegungen über einen „Fordismus ohne hohe Löhne" angestellt wurden, was so viel heißt wie einen um seinen Hauptanreiz beraubten Fordismus[263]. In dem zuerst in der „Critica fascista"[264] erschienenen Artikel bezeichnete Spirito Agnellis Vorschlag, die Tagesarbeitszeit bei vollem Lohnausgleich zu senken, als illusorisch und zugleich gefährlich. Wohl auch angesichts der scharfen Auseinandersetzungen im faschistischen Herrschaftsbündnis um die Lohnfrage bemerkte er warnend:

„Der Lohn bildet ein allzu empfindliches und wichtiges Element in der kapitalistischen Wirtschaft, als daß man ihn allein ändern könnte, ohne dabei das allgemeine Gleichgewicht des Organismus aufs Spiel zu setzen."[265]

Spirito wollte statt dessen die Form der Lohnbildung, wie sie für das kapitalistische Wettbewerbssystem kennzeichnend ist[266], also das *ökonomische* Tauschverhältnis von Arbeit und Kapital, abgeschafft wissen und durch den „gerechten" Lohn der Korporativordnung ersetzt sehen: Hier käme die Lohnbildung nurmehr zu

263 Vgl. auch Lanaro, Appunti (Anm. 184), S. 376; Santomassimo, Ugo Spirito (Anm. 94), S. 97, Anm. 72.

264 Unter dem Titel „Il problema del salario", abgedr. in Spirito, *Il corporativismo* (Anm. 190), S. 440–446.

265 Ebd., S. 444.

266 Spirito (ebd., S. 441 u. passim) setzte „Kapitalismus" gleich mit „freier Konkurrenz". Seine Kritik am Kapitalismus ist folglich eine Kritik am System des freien Wettbewerbs. Dort, wo die Rede von „Veränderung des Kapitalismus" ist, ging es ihm darum – ebenso wie den anderen hier zur Diskussion stehenden Korporativisten – zugleich mit dem Konkurrenzsystem die Bedingungen des Marktes, der Marktmechanismen und -beziehungen auszuschalten. Zum „Antikapitalismus" sui generis von Spirito vgl. auch Lanaro, Appunti (Anm. 184), S. 375.

einem geringen Teil über den freien Wettbewerb zustande, im wesentlichen aber über die Vermittlung der korporativen bzw. der staatlichen Instanzen.

Doch ohne in dem Artikel auf das heikle Thema „Löhne" weiter einzugehen, beschäftigte sich Spirito ausführlicher mit dem Zusammenhang von Hochlohnpolitik und Loyalität der Belegschaft, einem, wie er bemerkte, für Italien besonders kritischen Problem. Denn das üblicherweise in Italien praktizierte System der Niedriglöhne habe zur Folge, daß die Arbeiter im Gegenzug minimale Arbeitsbereitschaft und ein Mindestinteresse am Betrieb aufbrächten. Die wachsende „Kluft zwischen Unternehmen und Arbeit" habe nicht allein Ford erkannt[267], der daraufhin die Annäherung der gegensätzlichen Positionen auf dem Wege der „collaborazione", der Zusammenarbeit versucht habe, sondern auch der Korporativismus. Dieser sei längst bestrebt, „mit Hilfe einer integralen Konzeption von der ‚Nazione economica' die beiderseitigen Pflichten und Rechte abzustecken, so daß Arbeitgeber und Arbeitnehmer fortan gleichberechtigt nebeneinander stehen"[268]. Dabei ginge es ihm insbesondere darum, an Stelle von hohen Löhnen andere Formen des Entgelts zu finden: „um Kapital und Arbeit einander näher zu bringen"[269].

Spirito schlug die Form der obligatorischen Gewinnbeteiligung vor („cointeressenza obbligatoria"), die dem Lohn in bestimmten Zeitabständen zuzufügen wäre:

> „Mit ihrer Hilfe bräuchten wir den Faktor Lohn gar nicht anzutasten, und ihm bliebe überdies ein relativer Spielraum im Konkurrenzverhältnis zwischen den Unternehmen: Wir würden Betrieben mit unterschiedlicher Wirtschaftskapazität kein einheitliches Entlohnungssystem aufzwingen, sondern die Entlohnung den betrieblichen Gewinnen entsprechend anpassen; vor allem jedoch würden wir damit beginnen, die Figur des Arbeitnehmers in seinem Verhältnis zum Betrieb zu verändern. Dies ist natürlich der wesentliche Punkt an der Sache [. . .].
>
> Wenn der Arbeiter begreift, daß sich mehr Arbeit in mehr Gewinn auszahlt und das Schicksal des Betriebes sein eigenes ist, dann wird er sich geradezu als Mitbesitzer des Betriebes fühlen und sein Denken und Handeln von Grund auf ändern [. . .]. Das heißt, er wird damit anfangen – im Rahmen der erforderlichen Sicherheitsvorkehrungen, das versteht sich, sowie fernab von demagogisch gefärbter Nachgiebigkeit –, Menschen und Dinge, Führungspersonal und Methoden zu begreifen und zu beurteilen und dabei (auf direktem oder indirektem Wege) auf die allgemeine Entwicklungsrichtung des Betriebes [. . .] einwirken."[270]

Und einmal mehr auf die der Hochlohnpolitik inhärenten gefährlichen politischen Mechanismen aufmerksam machend, führte Spirito abschließend als typisch italienisches Beispiel für eine gelungene Form der „Teilhabe und Teilnahme" das gesellschaftliche System der „mezzadria" in der Landwirtschaft an[271]: das besonders

267 Spirito, *Il corporativismo* (Anm. 190), S. 441. Seinen Haupteinwand gegen die Löhne à la Ford begründete Spirito folgendermaßen: Auch der hohe Lohn ist noch das Produkt freien Wettbewerbs und also der niedrigst mögliche. Ausgehend von der Erfahrung, daß der besser bezahlte Arbeiter auch mehr leistet, vergütet Ford seine Arbeiter höher; doch ist der höhere Lohn immer noch ein Mindestlohn, den er bezahlen muß, um höhere Leistungen zu erzielen. Er ist folglich der Mindestpreis, den er für besser qualifizierte Arbeiter bezahlt, die er für sich nutzt. Und damit verbleibt auch er im System des freien Wettbewerbs, ohne dabei seinen Betrieb zu gefährden.

268 Spirito, *Il corporativismo* (Anm. 190), S. 443.

269 Ebd., S. 444.

270 Ebd., S. 444–445.

271 Ebd.

in Mittelitalien verbreitete System der Halbpacht, einer auf der Basis des Großgrundbesitzes entwickelten Übergangsform von der ursprünglichen Form der Rente zur kapitalistischen Rente, wo – von anderen Eigentümlichkeiten abgesehen – das Produkt in bestimmten Proportionen zwischen dem „mezzadro" und dem Grundeigentümer aufgeteilt wird[272]. Es war die dieser Praxis zugrundeliegende Logik, die Spirito in erster Linie bestach: die existentielle Bindung des (Land-)Arbeiters an das Schicksal des (landwirtschaftlichen) Betriebes, wodurch der Arbeiter sich selber erhöhte Arbeitsleistung und Identifizierung abverlangte. Sie wollte er in der modifizierten Form der Gewinnbeteiligung in die Industrieproduktion eingeführt sehen.

III Vom „elastischen Lohn" zur Aushöhlung des Lohnbegriffs als ökonomische Kategorie

1. Zur Herstellung des Lohns als abhängige Variable

Das von Spirito diskutierte Problem, die Belegschaft an den Betrieb zu binden und sich ihre Loyalität dauerhaft zu sichern, ohne auf die andernorts erfolgreiche Politik der hohen Löhne zurückgreifen zu müssen, wurde vor dem Hintergrund der ökonomischen Krise zunehmend brisanter; es nahm infolgedessen mit dem Fortschreiten der dreißiger Jahre in der korporativen Lohndiskussion breiten Raum ein. Zum einen traten die Forderungen nach Stützungsmaßnahmen des Staates unverhüllter dort zutage, wo die Lohnkürzungen das Existenzminimum der Arbeiter zu unterschreiten drohten. Diese Position wurde in Unternehmerkreisen vertreten und wird im folgenden dokumentiert werden. Zum anderen verstärkten sich die theoretisch-publizistischen Bemühungen um eine Neufundierung der Lohnfindung überhaupt und ihrer Herauslösung aus den ökonomischen Zwängen. Auf diese unter den Schlagworten „korporativer Lohn", „gerechter Lohn" u.ä. geführte Diskussion soll abschließend eingegangen werden.

In dem von führenden Vertretern der Confindustria herausgegebenen Organ „Rivista di Politica Economica" erntete die üblicherweise mit Distanz und Vorsicht behandelte „economia corporativa" immer dann rückhaltlose Zustimmung, wenn sie sich als System zur Regulierung der Löhne erwies. In einem grundsätzlich gehaltenen Aufsatz[273], der hier als Beispiel herangezogen wird, wurde nun beschrieben, wie im einzelnen die Funktion des korporativen Lohns als abhängige Variable vorzustellen sei. Durch theoretische Festlegungen nicht behindert, setzte der Autor pragmatisch aus verschiedenen Elementen der recht unterschiedlichen Richtungen in der Lohndebatte sowohl aus den Reihen der Korporativisten als auch der Liberalen eine Interpretationslinie zusammen, die den Erfordernissen der Industrie hervorragend entsprach.

272 Allgemeiner dazu Drews, *Agrarpolitik* (Anm. 211), S. 10ff.
273 Gaetano Signorelli, Sullo squilibrio fra salari e prezzi nei periodi di depressione economica, in: *Rivista di Politica Economica*, XXVI. Jg., H. IX–X, 30. Sept.–31. Okt. 1936, S. 685–703.

Zunächst wurde die korporative Wirtschaftskonzeption grundsätzlich begrüßt, weil in ihr die realen Löhne nicht als „elemento rigido", als feste Größe, gälten; daran anknüpfend forderte der Autor die korporative Politik auf, dafür Sorge zu tragen, daß insbesondere in Phasen des wirtschaftlichen Abschwungs „das richtige Gleichgewicht zwischen Löhnen und Preisen" hergestellt werde, indem sie den Löhnen, falls erforderlich, zur nötigen Elastizität verhelfe. Die Forderung nach „Elastizität der Löhne" bildete den eigentlichen Drehpunkt der Ausführungen. Sie basierten auf der Feststellung, daß die Unelastizität des Faktors Lohn als verstärkendes Moment auf die ökonomischen Fluktuationen einwirke, so daß dieser Zustand im Interesse der Wiederherstellung funktionierender Produktionsbedingungen als erstes beseitigt werden müsse.

Zur Unterstützung der Forderung nach ungehinderter Disposition der Unternehmer über die Löhne und damit für die Wiederherstellung der verlorengegangenen Flexibilität zog der Autor die „Carta del lavoro" heran. Den Passus des Art. XII, der besagt, daß „der Lohn den normalen Lebensbedürfnissen, den Möglichkeiten der Erzeugung und dem Ertrage der Arbeit"[274] entspräche, legte er in erster Linie zugunsten eines breiten Spielraums zur Disposition des Unternehmers aus, mit folgender Begründung:

„Von diesen Bedingungen, die kaum je in perfekte Übereinstimmung zu bringen sind, stecken normalerweise die beiden letzteren die Höchstgrenze ab, bis zu welcher der Lohn steigen darf, während erstere die Untergrenze bildet, der vor allem aus sozialen Gründen in jedem Fall Rechnung zu tragen ist."

Aufschlußreich ist allerdings, daß der Autor diese untere Grenze nicht für den einzelnen Unternehmer gelten lassen will: Sie gälte vielmehr für den Staat, der dann einspringen und sich um die sozialen Folgen von Lohnkürzungen kümmern müsse, wenn diese unterhalb des Existenzminimums gerieten.

Sei erst einmal der „Lohn als Manövriermasse" („variabilità del salario") dank der korporativen Ordnung grundsätzlich hergestellt, dann ließe sich die Entwicklung je nach Konjunkturverlauf steuern. Dabei sollte die Variabilität der Löhne nicht nur auf die Abschwungphasen des Zyklus beschränkt bleiben, sondern sich auch auf die Phasen des Aufschwungs erstrecken. Langfristig gesehen würden die lohnabhängigen Massen auf diese Weise keinen Nachteil davontragen, denn dem niedrigen Durchschnittslohn in Krisenzeiten entspräche ein höherer Durchschnittslohn in Zeiten der Prosperität. Der Schwerpunkt der Argumentation (und des Interesses) lag freilich in der Abschwungphase, d.h. im Problem der Anpassung der Lohnentwicklung nach unten[275]. Hierzu stellte der Autor abschließend fest: Trotz der erst kurzen Erfahrungsdauer könne man durchaus anerkennen, „daß in der korporativen Wirtschaft, anders als üblicherweise im liberalen Wirtschaftssystem, das

274 Auf deutsch abgedr. in: *Korporative Wirtschaft* (Anm. 95), S. 34.
275 Im Klartext: „Wenn das Preisniveau sinkt, dann erfordert das Gleichgewicht der Produktion, daß sich ihm das Lohnniveau anpaßt. In diesem Falle hat die Lohnbewegung gegenüber der Bewegung der Preise untergeordneten Charakter." (Signorelli, Sullo squilibrio [Anm. 273], S. 694.)

Zusammenspiel günstiger Bedingungen es erlaube, die Lohnbewegungen mit den Preisbewegungen in Phasen der Depression weitgehend zu synchronisieren, um das Ungleichgewicht zwischen den einen und den anderen auf ein Mindestmaß einzuschränken".

Die hier vorgestellte Argumentation zum Konfliktthema Lohn bietet Aufschluß – so kann zusammenfassend festgehalten werden – in mehrfacher Hinsicht. Zum einen dokumentiert sie den Standpunkt der Mehrheitsgruppierung innerhalb der Confindustria, die ein „relativ hohes Lohnniveau" grundsätzlich ablehnte. Der Autor konzedierte zwar:

„Die verschiedenen Industriebranchen sind in Krisenzeiten unterschiedlich am Problem des Lohnniveaus interessiert aufgrund des unterschiedlichen Einflusses, das dessen Variationen einerseits auf die Nachfrage nach bestimmten Produkten und andererseits auf die Kostenbelastung für die Produktion ausübt."

Doch bestand kein Zweifel für ihn daran,

„daß, von Sondersituationen und ebensolchen Interessen abgesehen, die These trügerisch erscheint, wonach die Einführung eines relativ hohen Lohnniveaus eher als stabilisierendes Element sich auswirke, denn als krisenverschärfendes".

Zum zweiten wird hier ein traditionelles, die kapitalistische Entwicklung in Italien insgesamt kennzeichnendes Moment deutlich: Die Löhne sind in mehr oder weniger ausgeprägter Form immer eher ein Kostenelement für das italienische Kapital, denn ein Element der Nachfrage[276]. Der Autor wies in der Tat auf die für die Frage der Lohn*höhe* essentielle Unterscheidung hin: Auf die Frage, ob hohe Löhne einer Situation hoher Produktivität der Arbeit entsprächen, oder aber ob sie primär hohen Arbeitskosten gleichkämen, sah er im ersten Fall „die Theorie der hohen Löhne als voll und ganz fundiert". Doch in einer Situation wie der italienischen, in der hohe Löhne gewissermaßen als Vorleistung erbracht werden müßten, um die Arbeitsproduktivität anzuregen, bestünde ihre Wirkung in einer Steigerung der Arbeitskosten, die zu einem Rückgang des Produktionsvolumens, des Beschäftigungsniveaus usw. führe.

Zum dritten bietet der Aufsatz Einblick in die unter dem Schlagwort „korporativer Lohn" geführte Auseinandersetzung, die die Unternehmerinteressen entlang der gemeinsamen Strategie zur Wiederherstellung der freien Verfügbarkeit über den Lohn vereinheitlichte. In der Tat bildete die Disponibilität über den Faktor Lohn schlechthin die Vorbedingung, damit die unterschiedlichen bis gegensätzlichen Maßnahmen und Strategien (von der Reintegration in den Weltmarkt bis zur Aufrüstung) überhaupt praktikabel wurden bzw. greifen konnten.

276 Vgl. dazu Francesco Farina, Modelli interpretativi e caratteri del capitalismo italiano, in: *Quaderni Storici*, 1976, Nr. 32, S. 487–514, hier bes. S. 510.

2. *Auf dem Weg zum „korporativen Lohn"*

Die reale Funktion der theoretischen Auseinandersetzung um die Lohnfindung ist nicht zu übersehen. Zwar wurde mit dem Scheitern der Keynesianischen Offensive Agnellis zugleich die politische Niederlage der Fordismus-Anhänger unter den Korporativisten besiegelt, dennoch wäre es nicht zutreffend, wollte man die in der politischen Propaganda zunehmend auftauchenden Formulierungen wie „korporativer Lohn", „gerechter Lohn" u.ä. lediglich als vordergründig-propagandistische Formel ansehen, ohne gleichzeitig ihre reale Funktion zu begreifen.

Die Formel „salario corporativo" wurde sicherlich auch in demagogischer Absicht verwandt, doch muß man sich angesichts der Intensivierung der Arbeit in den Betrieben, die nicht von einer konsensusstiftenden Lohnpolitik begleitet wurde, fragen, welche ideologischen und politischen Funktionen, insbesondere in langfristiger Sicht, den theoretischen Bemühungen führender Korporativisten um die Neufundierung der Lohnfindung zukamen.

Wie wir sahen, war für Spirito das „kapitalistische System" identisch mit dem „System der freien Konkurrenz", und das eigentliche Problem sah er in der Ausschaltung der freien Konkurrenz bei der Lohnbildung, wie das nicht zuletzt aus seiner Kritik an Ford hervorging. Einen Schritt auf diesem Weg sah er in dem „angemessenen" bzw. dem „gerechten Lohn" („salario equo" bzw. „giusto"), den zu finden das korporative System ermöglichte: Denn hier „erfolgt die Bestimmung der Löhne nicht mehr – oder doch nicht mehr ausschließlich – nach dem Prinzip der freien Konkurrenz, sondern auf der Grundlage zahlreicher Elemente ökonomischen und sozialen Charakters, die der Kontrolle und, in letzter Instanz, der Beurteilung der korporativen und staatlichen Organe unterliegen"[277]. Im Grunde war für Spirito die Einführung des „gerechten Lohns" der erste Schritt zur *Negation* des *ökonomischen* Lohnbegriffs überhaupt (ebenso wie auch Anfang der Negation des mit Kapitalismus schlechthin gleichgesetzten Konkurrenzkapitalismus).

Überlegungen wie diese blieben nicht auf Kreise korporativer Theoretiker beschränkt. Sergio Panunzio beispielsweise, ein ehemaliger Syndikalist, schlug vor, das Wort „salario" (Lohn) überhaupt aus dem Wörterbuch des Faschismus zu streichen[278]. Auch die von Mussolini persönlich initiierte „Kampagne für den korporativen Lohn" (1934) diente letztlich der Absicht, den Arbeitern zusammen mit dem Lohn auch den Begriff desselben zu nehmen[279].

277 Spirito, Il problema del salario, in: *Il corporativismo* (Anm. 190), S. 142.

278 R. G. [Ruggero Grieco], Disoccupazione, turni e ‚salario corporativo', in: *Lo stato operaio*, VIII. Jg., 9/1934, S. 642–652, hier S. 651.

279 Ebd.; vgl. auch (ungezeichnet), Il discorso di Milano, in: *Lo stato operaio*, VIII. Jg., 10/1934, S. 711–717, bes. S. 714. In diesem Licht ist nicht zuletzt die Praxis der *staatlichen Zulagen* zum Lohn zu sehen, die besonders ab 1934 einen lebhaften Aufschwung nahm: in Form der „assegni familiari", als Kinderzulage, als Unterhaltsbeihilfe für Ehefrauen und Eltern, als Haushaltszulage u.ä. Vgl. hierzu Vera Zamagni, La dinamica dei salari nel settore industriale, in: *L'economia italiana nel periodo fascista*, hrsg. v. P. Ciocca/G. Toniolo, Bologna 1976, S. 329–378, hier S. 341.

Mit seiner Auffassung von der Garantie und Kontrolle des Verhältnisses von Kapital und Arbeit durch den Staat bewegte sich Ugo Spirito auf dem Boden der „Carta del Lavoro“ (Verfassung der Arbeit, 1927) und insbesondere der Artikel II und IV[280]. Hier wird die „Gesamtheit der Erzeugung“ zum öffentlichen Interesse erklärt und der Garantie des öffentlichen Rechts unterstellt (II). Die „verschiedenen Faktoren der Erzeugung“ und ihre ökonomisch durchaus „entgegengesetzten Interessen“ finden ihre „Versöhnung“ und üben „Solidarität“ in dem durch das öffentliche Recht garantierten System der Erzeugung, dessen reinster Ausdruck der „kollektive Arbeitsvertrag“ ist (IV).

Die hier angesprochene Umformung des Verhältnisses Arbeitgeber/Arbeitnehmer in einen arbeitsteiligen und vom Staat rechtlich garantierten *Funktions*zusammenhang, letztlich also die prospektierte Verrechtlichung der sozialen Beziehungen, sollte den notwendigen Konsens sicherstellen: also das Treueverhältnis der Belegschaft zum Betrieb und die Wahrung des sozialen Friedens.

Aus der funktionalen Arbeitsteilung wird die Herrschaftsstruktur abgeleitet: Der jeweilige Platz des einzelnen Arbeitenden in der Gesellschaftshierarchie resultiert aus dem Stellenwert jeweils seiner Funktion innerhalb des Gesamtbetriebs „Nation“. Im Rahmen des Verrechtlichungsprozesses sozialer Beziehungen, der als allgemeiner Prozeß zu begreifen ist[281], auch wenn uns hier nur die Arbeitsbeziehungen interessieren, treten sich Arbeiter und Unternehmer auf der Grundlage jeweils rechtlich gesicherter Positionen als Funktionsträger gegenüber. Das bedeutet aber, daß aus dem ökonomischen Tauschverhältnis – Verausgabung von Arbeitskraft gegen Lohn – ein funktionales Verhältnis geworden ist: Der ökonomische Ort „Markt“ wird explizit ausgeschaltet. Dieser Vorgang – die Ausschaltung von Marktmechanismen und insbesondere von Konkurrenz bei der Lohnfindung und -festsetzung und damit die Herauslösung des Problems der Lohnfindung aus der ökonomischen Sphäre überhaupt – spielte eine zentrale, möglicherweise die eigentlich vereinheitlichende Rolle in den Überlegungen der hier angeführten Korporativisten, die ansonsten durchaus divergierende Ansichten vertraten.

Der Lohn als Rechtsverhältnis und seine jeweilige Höhe als das Ergebnis politischer Entscheidung: dies sind auch die Schlußfolgerungen, zu denen Fovel gelangte. In aller Deutlichkeit findet man in seinen Schriften die Feststellung formuliert, daß der korporative Lohn sich ökonomisch nicht bestimmen lasse[282] und daß er sich darin von der freien Lohnbildung auf dem Markt der liberalen Vertreter unterscheide. Nicht minder deutlich ist bei ihm die Feststellung, daß die korporative Wirtschaft als „kontrollierte Wirtschaft“ grundsätzlich davon ausgehe, daß es

280 Abgedr. in: *Korporative Wirtschaft* (Anm. 95), S. 25–28; s. außerdem die zitierte Vorlesung von Johannes Agnoli (Anm. 106).

281 Bezeichnend auch die von Spirito theoretisierte Herauslösung des Eigentums aus den Konkurrenz- und Tauschbeziehungen, zusammen mit deren Abschaffung, und seine Transformation in einen Rechtstitel: Aus dem ökonomischen Besitz und Gebrauch von Eigentum, aus Marktverhältnissen werden Rechtsverhältnisse. Dadurch wird nach Spirito auch die Ausbeutung abgeschafft. Vgl. Lanaro, Appunti (Anm. 184), S. 376 f. u. passim.

282 Fovel, Determinazione economica (Anm. 249), S. 357.

keinen Markt gibt: weder einen Detail- noch einen Großhandelsmarkt, keinen Markt für persönliche Dienstleistungen manueller bzw. technischer Art, auch keinen Kapitalmarkt, kurzum, keinen ökonomischen Ort, „auf dem freie Verkäufer und Käufer auftreten mit eigenen Preisen der Nachfrage bzw. des Angebots von Produkten oder von Dienstleistungen"[283].

Doch gerade am Beispiel des Fovelschen Entwurfs einer Theorie der produktiven Kräfte, in der Marktmechanismen sehr wohl ihren Platz haben – etwa dort, wo es um die Schaffung von Kaufkraft bzw. die Anhebung der Nachfrage als Produktionsanreiz ging –, wird deutlich, daß die Überlegungen um Kontrolle bzw. um Ausschaltung von „Marktmechanismen" eigentlich die Lohnfrage im Visier haben. Genauer: Bei den Konzepten zum „korporativen Lohn" handelte es sich um die Suche nach Mitteln und Wegen, um den Lohn schlechthin – also jenseits der Frage der Lohnhöhe, die die Unternehmerfront spaltete – zur abhängigen Variablen zu machen: eine Forderung, die alle Unternehmer vereinte, zumal in der Krise.

IV Korporativismus als allgemeine Tendenz – Zusammenfassende Überlegungen

Der italienische Korporativismus ist ein zunächst im Kontext der historischen Entwicklung der italienischen Gesellschaft zu begreifendes Phänomen. Doch ist dieses Phänomen zugleich auch die spezifisch nationale Ausformung einer *allgemeinen* Entwicklungsrichtung von Gesellschaften auf dem Wege ihrer Hochindustrialisierung unter bestimmten Bedingungen. Die zwei Aspekte – der allgemeine Charakter des Korporativismus und die Dimension Kontinuität –, beide bisher am Rande gestreift, stehen im Mittelpunkt der abschließenden Betrachtung.

1. Auf der Grundlage jüngerer, besonders empirischer Forschungsergebnisse läßt sich als erstes festhalten: Die Schlüsselrolle, die einer der Perioden im italienischen Faschismus, den Jahren von 1925/27 bis 1932/34, für Italiens langfristige sozioökonomische und politische Entwicklung zukam, läßt sich auch bei anderen vergleichbaren europäischen Ländern feststellen. Für drei politisch zwar unterschiedlich verfaßte Gesellschaften im Europa der zwanziger Jahre, nämlich Deutschland, Frankreich und Italien, haben vergleichende empirische Untersuchungen dennoch relevante Ähnlichkeiten und Parallelen in der Herausbildung von Strukturen und Mechanismen sowie in deren Funktionsweise zutage gefördert, die die Stabilisierungsphase nach dem Ersten Weltkrieg allgemein zu einer „key era of conservative transformation" werden ließ[284].

Unter den Begriff des „korporativen Pluralismus" werden dabei diejenigen Modifikationen und Tendenzen besonders organisatorischen Charakters subsumiert, die

283 Fovel, *Economia e Corporativismo* (Anm. 249), S. 3.

284 So Maier, *Recasting Bourgeois Europe* (Anm. 83), S. 15; ders., Between Taylorism and Technocracy (Anm. 49); ders., Strukturen kapitalistischer Stabilität in den zwanziger Jahren: Errungenschaften und Defekte, in: H. A. Winkler (Hrsg.), *Organisierter Kapitalismus. Voraussetzungen und Anfänge*, Göttingen 1974, S. 195–213.

die Transformation des „alten liberal-demokratischen Modells" des Konkurrenzkapitalismus in ein „System korporativer pluralistischer Verwaltung"[285] bewerkstelligen bzw. diese Transformation selbst schon verkörpern.

Vor dem Hintergrund eines nicht einheitlichen Trends zum Korporativismus in Europa, bestimmt im wesentlichen durch verschiedene gesellschaftlich-historische Bedingungen, beinhaltet der Korporativismus als *Tendenz*[286] zumindest folgende gemeinsamen Momente, ausgehend von den drei untersuchten Ländern[287]:

(a) In Ergänzung zu der Bezeichnung „Stabilisierung", der leicht der Eindruck des defensiv Beharrenden anhaftet, wird mit Korporativismus eine Situation der Offensive der Bourgeoisie gekennzeichnet, unabhängig zunächst von den im einzelnen eingeschlagenen Wegen[288].

(b) Allgemeine Kennzeichen dieser offensiven Stabilisierung sind[289]: 1. die Verlagerung der Macht *unmittelbar* auf ökonomische und gesellschaftliche Interessengruppen; 2. das Selbsttätigwerden der Unternehmer in bislang den politisch-staatlichen Instanzen vorbehaltenen Bereichen; 3. die Verwischung der Grenzen zwischen öffentlichem Interesse und Privatinteresse, damit aber auch die Fragwürdigkeit des überkommenen Begriffs „öffentliches Interesse" überhaupt[290]; 4. die Anerkennung der organisierten Arbeiterschaft als Gesprächs- und Verhandlungspartner sowie ihre Integration als Sozialpartner in Dreiecksgremien, bestehend aus Kapital-, Staats- und Gewerkschaftsvertretern, die, wenn auch unter politisch unterschiedlichen Vorzeichen, insgesamt einer „vision of class collaboration in the public interest" entsprach[291].

(c) Ein nächster Grundzug ist mit dem sehr weit gefaßten Begriff „Planung" umschrieben, wobei insbesondere die technokratische Perspektive – Organisation und Technologie als neue Produktivkräfte – zunehmend in den Vordergrund rückte.

(d) Die Verbindung von „Planung" mit „Sozialpartnerschaft" ist für den Korporativismus bzw. für sein Funktionieren schlechthin konstitutiv.

(e) Die historisch-spezifische Form der Konkretisierung aller dieser Strukturelemente läßt sich am klarsten an dem Prozeß der Übernahme des „amerikanischen Modells" ablesen.

285 Hierzu zusammenfassend Maier, Strukturen (Anm. 284).

286 Maier, *Recasting* (Anm. 83), S. 14 u. passim.

287 Maier hat in seinen Arbeiten die Entwicklung in den zwanziger Jahren untersucht; die vorliegende Arbeit verfolgt die Entwicklung des Korporativismus bis in die frühen dreißiger Jahre hinein, weil diese Zeit für die Entwicklung des italienischen Korporativismus meines Erachtens wesentlich war. Übereinstimmung mit den Ergebnissen Maiers sehe ich jeweils dort, wo der Autor *Tendenz*aussagen formuliert.

288 Vgl. Maier, *Recasting* (Anm. 83), S. 6, 8.

289 Vgl. zusammenfassend ebd., S. 9 ff.

290 Vgl. auch Maier, Strukturen (Anm. 284), S. 139 ff., 201.

291 Maier, Between Taylorism and Technocracy (Anm. 49), S. 45. Nimmt man die *sozialpartnerschaftliche* Integration der Arbeiterorganisationen als Kriterium, so lassen sich mit Ch. S. Maier die dementsprechenden – wenngleich zu unterschiedlichen Zeitpunkten und in verschiedenen politischen Konstellationen zustandegekommenen – Abmachungen durchaus auf *einer* Linie sehen: Stinnes-Legien; Palazzo Vidoni; Matignon; Wagner Act (vgl. u. a. Maier, *Recasting* (Anm. 83), S. 584).

(f) Für die zweite Hälfte der zwanziger Jahre allgemein bezeichnend ist, daß das Interesse an Amerikanismus, Fordismus, Rationalisierung, „scientific management", Bedaux-System usw. ein überwiegend *gesellschaftlich-politisches* ist. Das bedeutet, mehr noch als die ökonomisch-technischen interessierten ihre politischen und gesellschaftlichen Implikationen, die als politische Waffe gegenüber einer Bedrohung „von links" begriffen wurden[292].

(g) Die amerikanische Herausforderung, ihre Einschätzung und ihr politischer Gebrauch führten zu neuen Frontenbildungen im nationalen politischen Kräftespektrum, die jedoch nicht entlang der traditionellen „links-rechts-Scheidung" verliefen, sondern quer durch die Fronten und so den Boden für neue Bündniskonstellationen und Konfliktfronten vorbereiteten[293].

2. Der Übergang in Europa zu Rationalisierung und Fordismus erfolgte unter anderen konjunkturellen Bedingungen als seinerzeit in den USA. Dies traf vor allem für die zweite Hälfte der zwanziger Jahre zu, als nach der vergleichsweise günstigen Inflationsperiode der frühen Nachkriegszeit nun aufgrund von Währungsstabilisierung, deflationärer Lohn- und Gehaltspolitik und saturierten Märkten das Moment der *sozialen Kontrolle* vorherrschend wurde[294]. Daß diese Konjunkturbedingungen in Europa unmittelbar von der in den zwanziger Jahren herrschenden internationalen Konkurrenzstruktur und namentlich von der wachsenden Hegemonialposition der Kapitalgebermacht USA ableitbar sind, ist hinreichend nachgewiesen worden.

Doch sagen die spezifischen Bedingungen, unter denen die Vermittlungs- und Verlaufsformen der Übersetzung des amerikanischen Modells erfolgten, kaum etwas über den allgemeinen Zusammenhang von ökonomischer Entwicklung und gesamtgesellschaftlicher Organisierung aus: Über den *allgemeinen* Charakter einer Entwicklung, die (a) sowohl über die Interessenlage einzelner Kapitalteile hinausweist als auch (b) die systematische Einbeziehung der gesamtgesellschaftlichen Sphäre in den Planungsprozeß über die betriebliche Ebene hinaus impliziert und die schließlich (c) mindestens alle kapitalistischen Gesellschaften in einem bestimmten Stadium ihrer Entwicklung betrifft, bürgerlich-faschistische wie bürgerlich-demokratische[295].

Ein solcher ganz unterschiedliche Verlaufsformen vermittelnder Gesamtzusammenhang stellt sich her, wenn man, von den Stufen kapitalistischer Entwicklung ausgehend, die Herausbildung spätkapitalistischer Kapitalstrukturen in die Betrachtung miteinbezieht. Uns interessiert in erster Linie die *Phase des Übergangs:* (a) des Übergangs zu der gegenwärtigen Epoche bürgerlicher Gesellschaftsentwicklung und (b) desjenigen des Heraustretens aus der Epoche des Konkurrenzkapitalismus.

292 Vgl. Maier, Between Taylorism and Technocracy (Anm. 49), S. 28; Maier, *Recasting* (Anm. 83), S. 583.

293 Vgl. Maier, Between Taylorism and Technocracy (Anm. 49), S. 28, 35.

294 Maier spricht von „a critical period in the disciplining of change" (*Recasting* [Anm. 83], S. 3, 600 f.).

295 Nur mit Unbehagen will Ch. S. Maier den Begriff Korporativismus auf politisch so unterschiedlich verfaßte Länder, wie es Deutschland, Frankreich und Italien in den zwanziger Jahren waren, angewandt wissen – obwohl der *empirische* Befund seiner Arbeiten für diesbezügliche Zweifel eigentlich keinen Raum läßt. Siehe z.B. Maier, *Recasting* (Anm. 83), S. 9, Anm. 5.

Geht man davon aus, daß in den verschiedenen geschichtlichen Perioden der bürgerlichen Gesellschaft das Verhältnis von Kapital und Lohnarbeit auf der Ebene des Betriebes und auf derjenigen der Gesellschaft unterschiedlich organisiert worden ist, so zeichnet sich die jüngste Epoche – in deutlichem Unterschied zur konkurrenzkapitalistischen Periode – dadurch aus, daß eine ungeheure Zunahme der Vergesellschaftung des Arbeitsprozesses stattgefunden hat[296]. Während in der noch überwiegend konkurrenzwirtschaftlich bestimmten Periode die arbeitsteilig-hierarchische Organisation lediglich des Betriebes planvoll betrieben wurde, verblieb die arbeitsteilige Organisation der Gesellschaft noch „außerhalb" und „abseits" des systematischen planerischen Zugriffs. Anders im Zuge fortschreitender Konzentration und Zentralisation des Kapitals und damit Vergesellschaftung des Arbeitsprozesses: Zusammen mit der Aufhebung der Zersplitterung des Privateigentums wird sukzessiv auch die Anarchie in der Distribution der Waren, der Kapitalien und der Arbeitskräfte aufgehoben, und es erfolgt ihre Subsumtion unter die Logik der Kapitalverwertung. Im Laufe eines langwierigen und widerspruchsvollen historischen Prozesses, der gegenwärtig kaum als abgeschlossen gelten kann, erfuhr die Gesellschaft dabei eine Mutation: Mit fortschreitender Vergesellschaftung transformierte sich das sozioökonomische System in seiner Gesamtheit zur wichtigsten Produktivkraft, so daß seine planmäßige Gliederung und Entfaltung zur zentralen Aufgabe wurde[297].

Dieser Prozeß der Verlagerung und künftig noch wachsenden Bedeutung der *Gesamt*gesellschaft *für* den Produktions- und Reproduktionsprozeß wurde von den hier untersuchten korporativen Staats- und Gesellschaftstheoretikern mit ungewöhnlicher Klarsicht erkannt und insbesondere hinsichtlich der gesellschaftlich-ideologischen Bedingungen und Folgen analysiert: Den in der „Produktivkraft Gemeinwesen" schlummernden Widerspruch wohl begreifend – Widerspruch zwischen vergesellschafteter Tätigkeit (Kooperation) auf der einen Seite und Monopolisierung von Entscheidungs- und Verfügungsgewalt (Hierarchie) auf der anderen –, wurde Korporativismus konzipiert sowohl als ein System der Effektivierung von Arbeit und Leistung der Gesamtgesellschaft als auch als ein System sozialer, vor allem auch ideologischer Kontrolle[298].

3. Und schließlich: Wurde bisher auf die korporativen Formierungstendenzen in europäischen kapitalistischen Gesellschaften als einem allgemeinen Grundzug der

296 Vgl. hierzu den Aufsatz von Kajo Heymann, Bürokratisierung der Klassenverhältnisse im Spätkapitalismus, abgedr. (unwesentlich gekürzt) in: Wolf-Dieter Narr/Claus Offe (Hrsg.), *Wohlfahrtsstaat und Massenloyalität*, Köln 1975, S. 249–272; zu grundsätzlichen Überlegungen zum Begriff Spätkapitalismus vgl. auch Claus Offe, Spätkapitalismus – Versuch einer Begriffsbestimmung, in: ders., *Strukturprobleme des kapitalistischen Staates, Aufsätze zur Politischen Soziologie*, Frankfurt a.M. 1972, S. 7–25.

297 Heymann (Bürokratisierung, S. 260, auch S. 258) führt dazu aus: „Qualitative Gliederung und quantitative Proportionierung der Gesamtproduktion: der Industriestruktur mit ihren einzelnen Zweigen, des Verhältnisses von Industrie und Landwirtschaft, des Gesamtproduktionsprozesses und seiner funktionalen Randbedingungen wie Ausbildungssystem, Gesundheitswesen, Verkehrsnetz sie darstellen ...".

298 Vgl. ausführlicher ebd. Der für Heymanns Analyse zentrale, auf abstrakt-genereller Ebene entwickelte Begriff „Bürokratisierung" ließe sich unschwer, auf die hier untersuchten Zusammenhänge angewandt, durch den Begriff „Korporativismus" ersetzen.

Zwischenkriegszeit hingewiesen und diese in Relation zu der gewachsenen Vergesellschaftung von Produktions- und Reproduktionsprozeß gesetzt, so möchte ich abschließend auf die Frage der Kontinuität eingehen.

Wenn man zum einen davon ausgeht, daß das Entwicklungsmuster Korporativismus als Projekt gesamtgesellschaftlicher Umsetzung der Logik des Kapitals zu begreifen ist, und man ferner berücksichtigt, daß es sich hierbei um *Prozesse* handelt, so kann man damit rechnen, beim Weiterverfolgen des an seinem historischen Zipfel aufgerollten Problems in die Gegenwart hinein mit „raumzeitlich-differierenden Ausprägungen" desselben konfrontiert zu werden[299]. Mit anderen Worten: Während eine empirisch-vergleichende und synchrone Untersuchung wie die von Ch.S. Maier in erster Linie gemeinsame Merkmale herausarbeitet und vergleichbare Konstellationen historisch rekonstruiert, um das historische Phänomen Korporativismus bzw. korporativer Pluralismus zu beleuchten, richtet eine auf den Prozeßcharakter abstellende diachronische Sichtweise ihr Augenmerk zuerst auf die verschiedenartigen, aber dennoch *funktional äquivalenten* Varianten und damit letztlich auf die „Logik der Veränderungen"[300].

Ausgehend von einer solchen Betrachtungsweise hat es ganz den Anschein, daß eine Reihe von umgangssprachlichen wie aber auch wissenschaftlich ausgewiesenen Begriffen – „Pluralismus", „Wohlfahrtsstaat", „Massenloyalität", um nur einige zu nennen – allesamt reale Zusammenhänge ansprechen oder doch einige ihrer Elemente, die im Vorhergegangenen mit dem Begriff Korporativismus bezeichnet wurden. Ohne einer sicherlich kurzschlüssigen Gleichsetzung von „Korporativismus", wie er hier dargestellt wurde, mit „pluralistischem Wohlfahrtsstaat" u.ä. Vorschub zu leisten, soll lediglich aufgrund von Strukturähnlichkeiten und vor allem von funktionalen Äquivalenzen die Frage nach dem *möglichen* Kontinuum einer den hochindustrialisierten kapitalistischen Gesellschaftssystemen gemeinsamen Entwicklungsperspektive aufgeworfen werden. Mit anderen Worten: Fragestellungen, die in den zwanziger und dreißiger Jahren noch eine Ausnahme bildeten – es sei nur an das Beispiel Gramsci erinnert –, sind fünfzig Jahre später zumindest als Fragen kaum noch umstritten. Wo allerdings seinerzeit die Frage nach den Grenzen des kapitalistischen Entwicklungssystems gestellt wurde, gesellt sich heute gleichrangig die Frage nach den Möglichkeiten der System-Transformation hinzu, um diese Grenzen weiter hinauszuschieben[301].

Vergleicht man in diesem Licht den Mindest-Katalog der selbstadaptiven und transformatorischen Mechanismen, den die fortgeschrittensten kapitalistischen Systeme in mehr oder weniger ausgeprägten Formen seit den zwanziger Jahren zur Rationalisierung ihrer politisch-ökonomischen und gesellschaftlichen Widersprüche hervorgebracht haben, so kann man nicht umhin, eine gewisse Übereinstimmung festzustellen: zwischen den heute durch zeitkritische Analysen, gewissermaßen in

299 Vgl. Narr/Offe, *Wohlfahrtsstaat* (Anm. 296), hier bes. die Einleitung, S. 9–46.
300 Vgl. ebd., S. 43 und insgesamt die Ausführungen zum „Kapitalismusbegriff als einer dynamischen, entwicklungslogischen Kategorie".
301 Vgl. ebd., S. 19.

re, gewonnenen Erkenntnissen und den seinerzeit überwiegend perspektivisch angelegten Entwürfen der italienischen Korporativisten. So vollziehen sich heutiger ebenso wie damaliger Einsicht folgend die „selbstadaptiven" Anpassungs- und Transformationsvorgänge im wesentlichen auf den Ebenen:

(a) der Planung und Organisation des Marktes;

(b) der Institutionalisierung von Wissenschaft und Technik und ihrer direkten Integration in Produktion und Politik;

(c) der staatlichen Regulierung tendenziell sämtlicher für das Gesamtsystem wesentlicher Variablen[302];

(d) der Schaffung einer „dem Ganzen" (dem Staat, der Gesellschaft) verpflichteten und aktiv loyalen Massenbasis, deren Rekrutierungsbereich im wesentlichen die Zwischenschichten bilden und deren Formierungsprozeß, im Sinne des Entstehens eines kollektiven Bewußtseins, überwiegend *außerhalb* des Arbeitsplatzes erfolgt: qua Konsumenten, qua Verkehrsteilnehmer, auf der Basis von Freizeitinteressen usw.[303].

Vor diesem Hintergrund sei schließlich noch die veränderte Rolle der politischen Sphäre hervorgehoben, des *Politischen* überhaupt, und, parallel hierzu, die *außer*ökonomische Funktion, die der Staat zunehmend ausübt[304].

302 Vgl. ebd., S. 16–19.

303 Zur Frage der Kontinuität und insbesondere zur Entwicklung in der Zwischenkriegszeit vgl. Maier, *Recasting* (Anm. 83), S. 584 ff.

304 So auch Narr/Offe, *Wohlfahrtsstaat* (Anm. 296), S. 25.

Ausblick

Im Mittelpunkt des Forschungsinteresses stand die Frage nach der Kontinuität. Die zutage geförderten Ergebnisse sollten daher an den Maßstäben des Kontinuitätsansatzes gemessen werden: Welche Einblicke und Erkenntnisse ermöglicht das Studium des italienischen Faschismus von einem Standpunkt des „Nachher" aus, also aus der Perspektive der Entwicklung Italiens nach dem Zweiten Weltkrieg und insbesondere seiner „Wiederaufbauphase"?

1. Der Kontinuitätsansatz bestimmte zunächst Auswahl und zeitliche Abgrenzung der zu untersuchenden Periode. Es waren dies die Jahre von 1925/27 bis 1934/35, in denen der italienische Faschismus ein Maximum an Stabilität und internationaler Reputation erreichte. Für die zukünftige Entwicklung sollte sich dabei von außerordentlicher Wichtigkeit erweisen, *wie* die Stabilisierung der Verhältnisse *im einzelnen* verwirklicht wurde. Dem faschistischen Staat gelang es, mit einer breit gefächerten, wenngleich widerspruchsvollen Konsensuspolitik für sich zu gewinnen. Ob es sich dabei um politische Entscheidungen handelte, die sich in letzter Konsequenz ausschlossen (z.B. Industrialisierung *und* „Ruralismus"), um Versprechungen, die nie eingelöst wurden, ob um das kurzatmige Manövrieren eines Regimes, das keine Spielräume mehr hatte und dabei immer ungenierter zu Fiktionen griff (z.B. Korporativismusordnung) –, die untersuchte Periode war gleichwohl von breiter Zustimmung bzw. um sich greifender Passivität getragen. Für die Opfer der faschistischen Politik, für die reale antifaschistische Opposition waren es dagegen die dunkelsten Jahre.

Faschistische Konsensuspolitik bedeutete, daß es auf der Basis weitgehender Übereinstimmung zwischen faschistischer Bewegung, faschistischem Regime und einem breiten Spektrum politischer, wirtschaftlicher und gesellschaftlicher Kräfte zu einem Herrschaftsarrangement kam. Die zahlreichen einschneidenden Eingriffe in die Struktur der italienischen Wirtschaft und Gesellschaft, die auf *dieser* Grundlage erfolgten, mußten sich folglich also ebenso heterogen entpuppen wie die Gesamtinteressenlage, der sie entsprangen. Sie lösten einen lange andauernden Prozeß des Wandels aus, dessen Resultate erst heute allgemein sichtbar sind. Nicht also eine Periode der „Parenthese" bzw. der wirtschaftlichen und sozialen Stagnation war die Hauptphase im italienischen Faschismus, sondern ganz im Gegenteil: Die Zweite Nachkriegsentwicklung ist ohne die damals erfolgten Weichenstellungen schlechterdings undenkbar. Die Wurzeln des „caso italiano", seine rückständigen wie seine hochentwickelten Elemente lassen sich deutlich in dieser Periode italienischer Geschichte ausmachen. Nicht das Modell einer „Zäsur", sondern der Nachweis „fließender Übergänge" bildete das Interpretationsmuster des Kontinuitätsansatzes.

2. Aus der Perspektive des „Nachher" erwiesen sich bestimmte Entwicklungstendenzen und einzelne gesellschaftliche Kräftegruppierungen im Faschismus von allergrößtem Interesse, obwohl ihre faktische Bedeutung in der Untersuchungszeit eher zweitrangig erscheinen mochte. Die Untersuchung konzentrierte ihr Augenmerk daher auf relevante, aber doch Minderheitenpositionen im faschistischen Herrschaftsbündnis (z.B. Fiat/Agnelli, die Liberalen) und rückte bestimmte ökonomische Expansionsstrategien zusammen mit ihren politischen und gesellschaftlichen Implikationen ins Licht (Binnenmarktausweitung, Europa- und insbesondere Osteuropaexpansion), die nicht das Gros der Unternehmer hinter sich hatten und die schließlich scheiterten (Korporativismus). Auch lenkte die Untersuchung die Aufmerksamkeit auf die minoritär gebliebenen Bestrebungen nach Integration in den Weltmarkt im Schlepptau US-Amerikas, obwohl dies die gescheiterte Alternative war, die zunächst das Nachsehen gegenüber dem Bündnis mit NS-Deutschland, gegenüber Aufrüstungskurs und Autarkieplanung hatte.

Geleitet also von der globalen Frage nach der historischen Kontinuität ging es insgesamt darum, den Faden der Ariadne bzw. ihre verschiedenen Fäden dorthin zurückzuverfolgen, wo Frühformen und erste Ansätze künftiger Entwicklung in auffälliger Weise lokalisierbar wurden. Blendet man dagegen bei der Betrachtung der italienischen Gegenwart die Entwicklung im Faschismus einfach aus, so lassen sich die wesentlichen „Knotenpunkte" von heute kaum befriedigend erklären.

Zur Erläuterung nur zwei kurze Hinweise: So ist in erster Linie die beispiellose (und für andere Länder Schule machende) Ausdehnung des Staatssektors zu nennen, dem schließlich 1956 ein eigenes Ministerium übergeordnet wurde (Partecipazioni statali), das fest in den Händen zu halten für die relative Mehrheitspartei (Democrazia Cristiana) von vitalem Interesse wurde, vergleichbar mit dem Innenministerium. Ähnliches gilt für den sprunghaften Anstieg der Produktion von langlebigen Gebrauchswaren (Autos, elektrische Haushaltsgeräte u.a.) sowie für die schnelle Differenzierung der modernen Wachstumsindustrien, die beide zu wichtigen Bausteinen des italienischen „Wirtschaftswunders" wurden.

3. Aber nicht nur die Wurzeln des „Wirtschaftswunders" im Nachkriegsitalien führen zu den Jahren 1925 bis 1935 zurück; auch die Ursachen für seine Kurzlebigkeit und schließlich sein gründliches Scheitern sind eng mit den Weichenstellungen verknüpft, die in der angegebenen Untersuchungszeit erfolgten. Einen zentralen Aspekt bilden die damals begonnene Tertiarisierung der italienischen Wirtschaft und die in ihrem Rahmen erfolgten Anfänge einer systematischen Zwischenschichtenpolitik, die den „ceti medi" im Ganzen galt und dem Staatspersonal im besonderen. Diese Strategie fand eine nahtlose Fortsetzung in der italienischen Nachkriegsrepublik. Unter dem Blickwinkel der Kontinuität betrachtet, ist die wirtschaftliche Erholung bis 1962/63 tatsächlich ein wesentliches Element, das auf die traditionelle „ceti-medi"-Politik zurückzuführen ist. Der darauf erfolgte wirtschaftliche Aufschwung beruhte auf der Grundlage schnell wachsender Exporte insbesondere von langlebigen Konsumwaren *und* einer Kaufkraftausweitung auf dem Binnenmarkt. Diese Steigerung der inländischen Kaufkraft entwickelte sich aber keinesfalls gleichmäßig, sondern der größte Teil der Käuferschichten für die Waren des gehobenen Konsums,

die nicht in den Export gingen (Waschmaschinen, Kühlschränke, Autos u.a.), entstammte den „ceti medi". Erhebungen aus den Jahren 1959 und 1960 haben ergeben, daß nur ein niedriger Prozentsatz der Arbeiter die in Italien gefertigten Kühlschränke usw. gekauft hat; diese standen mehrheitlich in den Wohnungen mittlerer und gehobener Einkommensempfänger, die in der Bürokratie, in den Verwaltungen, im Verteilungssektor und in den freien Berufen arbeiteten. Mit anderen Worten: Das Wirtschaftssystem in den Jahren des „Wirtschaftswunders" funktionierte auf der Grundlage niedrigerer Löhne und damit niedriger Kosten (Weltmarkt!) und mithilfe einer Schicht von Einkommensempfängern aus den Reihen der „ceti medi". Sie belasteten die Profite nicht unmittelbar und hielten außerdem mit ihrer Kaufkraft die Binnennachfrage nach modernen Konsumwaren, die nicht in den Export gingen, aufrecht. Dieses prekäre Gleichgewicht mußte jedoch zwangsläufig in dem Moment in die Krise geraten, als die Forderungspolitik der Arbeiterschaft Anfang der sechziger Jahre einsetzte[1].

4. Ebenso wie der Blick zurück auf die „Vorgeschichte" lehrt, daß das Wirtschafts„wunder" durchaus natürliche, d.h. systemare Ursachen hatte, wirft die Kurzlebigkeit der Boomperiode ein Schlaglicht auf das für die italienische Wirtschaft chronische Problem der konsumorientierten Binnenmarktausweitung. Auch dies ist ein Problem historischer Kontinuität, das seit dem Übergang der Produktion zu Serienfertigung und dem Zwang zum Massenabsatz für die italienischen Unternehmer mit an erster Stelle auf der Tagesordnung steht und für das es aufgrund von Italiens extrem schwacher Stellung in der Kette der kapitalistischen Industrienationen eine dauerhafte Lösung wohl kaum geben kann, wie die Entwicklung bis heute zeigt. Wie also ist eine Massenloyalität zu schaffen, ohne daß auf eine stetige Ausweitung des Konsums zurückgegriffen werden kann? Ein Problem, das die klarsichtigen Staats- und Gesellschaftstheoretiker in der Korporativbewegung vorausschauend erkannt haben und das – auch dies lehrt die Geschichte bis heute – alle großen politischen Kräfte in Italien nach wie vor aufgreifen *müssen,* von den Christdemokraten bis zu den laizistischen Parteien, von den Kommunisten bis zu ihren Kritikern auf der Linken. Die in Italien immer wieder auflebende Aktualität der „historischen" Korporativisten und die Auseinandersetzung mit ihren Entwürfen sind also vor dem Hintergrund dieser realhistorischen Konstante in der Entwicklung zu begreifen.

5. Schließlich sei auf die anscheinend überraschend große Bedeutung eingegangen, die den Liberalen in der ersten Nachkriegsära zukommen sollte. Ihr politisches Gewicht zunächst in der Umbruchsituation 1942/43, dann im Konzert der antifaschistischen Gruppen und Parteien sowie bei dem radikalen Wechsel in der Wirt-

1 Zur Frage der „ceti medi" und ihrer Rolle im ökonomischen und politischen System Italiens vgl. Alessandro Pizzorno, I ceti medi nei meccanismi di consenso, abgedr. in: *Il caso italiano*, hrsg. v. Fabio Luca Cavazza/Stephan R. Grauband, Bd. II, Mailand 1974, S. 315–338 (dort weitere Literaturangaben); zur Anfang der sechziger Jahre einsetzenden Streikbewegung in Italien vgl. für einen ersten Überblick Sophie G. Alf, *Leitfaden Italien. Vom antifaschistischen Kampf zum Historischen Kompromiß*, Berlin 1977, S. 278 ff. u. die dort angegebene Literatur.

schaftspolitik 1947 („linea Einaudi") läßt sich tatsächlich nur erklären mit der Rolle, die die „liberisti" in den *inner*faschistischen Flügelkämpfen und schließlich während der Entstehung oppositioneller Strömungen *im* faschistischen Herrschaftsbündnis ausübten. Hier wird die Kontinuität geradezu mit Händen greifbar und läßt sich an bestimmten Programmen und einzelnen Namen ablesen. Liberale Ökonomen, Politiker und Publizisten – allen voran L. Einaudi, E. Corbino, C. Bresciani-Turroni, G. Demaria – traten schon während des Faschismus als Sprecher gegen den vorherrschenden protektionistischen Kurs auf. Sie sollten mit ihrer damaligen Kritik an Italiens Unterordnung unter NS-Deutschland, mit ihrer Forderung nach Reintegration des Landes in den unter US-amerikanischer Führung rekonstituierten Weltmarkt, nach Abbau der Zollbarrieren und exportorientierter Ankurbelung der Wirtschaft auf der Basis von Niedriglöhnen sehr genau die zukünftige Entwicklung ihres Landes vorzeichnen. Die Liberale Partei, der 1922 als einziger von den drei Parteien aus der vorfaschistischen Zeit ohne größere Umstände das Arrangement mit dem faschistischen Regime gelungen war, sollte von neuem diejenige sein, die nicht nur frühzeitig die Modalitäten des Umbruchs (1943–45) maßgeblich mitbestimmte, sondern die anschließend die Modalitäten des Wiederaufbaus an führender Stelle entschied, zusammen mit der neuen Regierungspartei der Christdemokraten (DC).

Besonders augenfällig ist in diesem Zusammenhang der radikale Wechsel in der Wirtschaftspolitik, den der Regierungschef De Gasperi (DC) 1947 anläßlich Italiens Annahme des Marshall-Plans vollzog, indem er die Koalition mit der Sozialistischen und Kommunistischen Partei aufkündigte und in die wirtschaftspolitischen Schlüsselstellungen seiner Minderheitsregierung führende Liberale Politiker berief, an der Spitze Luigi Einaudi als seinen Stellvertreter und Haushaltsminister. Die Liberale Mannschaft leitete innerhalb kürzester Zeit einen restriktiven Wirtschaftskurs ein – zusammen mit der Öffnung der Zollgrenzen – und verwirklichte in breitem Umfang ihre in den dreißiger Jahren konzipierten Vorstellungen[2].

2 Zum Umbruch 1942 ff. vgl. Nicola Gallerano/Luigi Ganapini/Massimo Legnani/Mariuccia Salvati, Crisi di regime sociale, in: *Operai e contadini nella crisi italiana del 1943/44*, V. A. (Hrsg.), Mailand, S. 3–80; Sandro Setta, Potere economico e Repubblica Sociale Italiana, in: *Storia contemporanea*, VIII. Jg., 2/1977, S. 257–287; Roberto Battaglia, Un aspetto inedito della crisi del '43: l'atteggiamento di alcuni gruppi del capitale finanziario, in: *Il Movimento di Liberazione in Italia*, 1955, H. 1–2, Nr. 34/35, S. 29 ff.; Anna Checco/Antonino D'Andrea, Piccola e media impresa nella crisi del fascismo: un dibattito negli anni 1941–42, in: *Studi Storici*, 17. Jg., 1976, Nr. 1, S. 95 ff.; *Il dopoguerra italiano 1945/1948, Guida Bibliografica*, Mailand 1975, insbes. die Überblicke von M. Salvati, G. Santomassimo, N. Gallerano. Zum Wiederaufbau vgl. v.a. Vittorio Foa, La ricostruzione capitalistica nel secondo dopoguerra, in: *Rivista di storia contemporanea*, 4/1973, S. 433 ff.; Ugo F. Ruffolo, La linea Einaudi, in: *Storia contemporanea*, V. Jg., Nr. 4, Dez. 1974, S. 637 ff.; Marcello De Cecco, Lo sviluppo dell'economia italiana e la sua collocazione internazionale, in: *Rivista Internazionale di scienze economiche e commerciali*, XVIII. Jg., 1971, S. 973 ff.; Piero Barucci, Einleitung zu Pasquale Saraceno, *Ricostruzione e Pianificazione (1943–1948)*, Bari 1969, S. 5 ff.; Lucio Villari, *Il capitalismo italiano del Novecento*, Bari 1972, Kap. VII. Zur „Liberalen Roßkur" 1947 vgl. auf deutsch Werner Abelshauser, Wiederaufbau vor dem Marshall-Plan. Westeuropas Wachstumschancen und die Wirtschaftsordnungspolitik in der zweiten Hälfte der vierziger Jahre, in: *Vierteljahrshefte für Zeitgeschichte*, 29. Jg., 1981/4, S. 545–578, hier u.a. S. 570 ff.

6. Die bedeutende Rolle der „liberisti" als Kristallisationspunkt oppositioneller systemimmanenter Kräfte in der Phase der Auflösung des faschistischen Regimes (1942/43)[3] führt schließlich auf das Problem, „antifaschistischen Widerstand" näher zu bestimmen, „antifaschistische Opposition" überhaupt zu definieren. Unter diesem Blickwinkel versteht sich die vorliegende Untersuchung nicht zuletzt als ein Beitrag, um die diffusen realhistorischen Wurzeln und Komponenten des italienischen Antifaschismus und die Zusammensetzung der Kräfte und Gruppen aufzuhellen, die das faschistische Regime in unterschiedlichem Maße flankierend und stützend getragen haben – um es vorsichtig auszudrücken[4]. So betrachtet, kann die vorliegende Arbeit als sozioökonomische Untersuchung zur Vorgeschichte der sich schnell zuspitzenden Ereignisse Ende 1942 bis 1943 gelesen werden: eine Voruntersuchung zum späteren Abbröckeln der „Heimatfront" und besonders zu den Auflösungsprozessen im Herrschaftsbündnis und in der faschistischen Führungsgruppe selbst, die schließlich zum Staatsstreich vom 25. Juli 1943 führten[5].

Bei dem sich anbahnenden Wechsel spielte u.a. Senator Agnelli eine Schlüsselrolle, die mit der Zeit unmittelbar nach den März-Streiks (1943) in den Fiat-Werken zusammenfiel. Als sich abzuzeichnen begann, daß Mussolini die konfliktgeladene wirtschaftliche und soziale Situation aus den Händen zu gleiten drohte, konnte es für die einstigen Bündnispartner nur noch heißen, einen Wechsel in der Weise herbeizuführen, daß das ökonomische und soziale Kräfteverhältnis dabei grundsätzlich gewahrt blieb[6].

Eine Schlüsselrolle spielte auch der königliche Senat, in dem nach den März-Streiks die Liberalen Senatoren Casati, Tomasi della Torretta, Bergamini und die Senatoren aus der Wirtschaft, Volpi, Donegani, Pirelli, Agnelli, Cini u. a., an einem neuen Bündnis zu schmieden begannen.

Auf diese Allianz zwischen den „complici del fascismo" (Quazza) und dem gemäßigten Antifaschismus, die sich unter dem Druck der Ereignisse sehr rasch bildete, ist schließlich maßgeblich die Ambiguität des italienischen Antifaschismus insgesamt zurückzuführen. So kann es nicht wundernehmen, daß die verschiedenen Ansätze zu einem tatsächlichen Neuanfang 1943 in Italien kläglich scheiterten: Sie scheiterten nicht allein an der internationalen Mächtekonstellation, sondern sie scheiterten auch an der politischen „Kontinuität der Ambiguität" (Quazza). Der antifaschistische bewaffnete Widerstandskampf, die Resistenza, war von Anbeginn in tiefe Widersprüche verstrickt, von denen sich zu befreien ihm nicht gelang. So geriet er selbst sehr schnell in den Bann der Kontinuität.

3 Ausführlich dazu Guido Quazza, *Resistenza e storia d'Italia. Problemi e ipotesi di ricerca*. Mailand ²1977, S. 4 ff.; *Operai e contadini* (Anm. 2), passim.

4 Von einem „antifascismo di classe dei ‚fascisti'" spricht Quazza, *Resistenza* (Anm. 3), S. 92. Obwohl ich dieser Umschreibung inhaltlich zustimme, halte ich einen sparsamen Gebrauch des Begriffs „Faschist" im Interesse einer präzisen Erfassung des Phänomens für angebracht.

5 Vgl. Quazza, *Resistenza* (Anm. 3), passim; Alf, *Leitfaden* (Anm. 1), bes. S. 25.

6 Vgl. Quazza, *Resistenza* (Anm. 3), S. 100 ff.

Literaturverzeichnis

Primärliteratur

Veröffentlichte und unveröffentlichte Akten und Dokumente

Akten zur Deutschen Auswärtigen Politik 1918–1945, aus dem Archiv des Auswärtigen Amts. Serie C: 1933–1937, Bd. I/1 (30.1. bis 15.5.1933), Göttingen 1971.

Aperçu Général du Commerce mondial 1938, hrsg. vom Service d'Etudes économiques d. Société des Nations, Genf 1939.

Atti dell'assemblea generale del Consiglio Nazionale delle Corporazioni, hrsg. vom Ministero delle Corporazioni, Rom 1931, X. Jg., sessione seconda, S. 71–159.

Convegno per gli studi di politica estera (15.–17. Okt. 1936), hrsg. vom Istituto per gli studi di politica internazionale, in: *Giornale degli economisti e rivista di statistica*, 51. Jg., 1936.

I Documenti diplomatici italiani, hrsg. vom Ministero degli affari esteri, settima serie: 1922–1935, Bd. VII (24.9.1928–12.9.1929), Rom 1970; Bd. VIII (13.9.1929–14.4.1930), Rom 1972; Bd. IX (15.4.–31.12.1930), Rom 1975.

Documents diplomatiques français 1932–1939, hrsg. vom Ministère des Affaires Etrangères. 1re série (1932–1935), Bd. I (9.7.–14.11.1932), Paris 1964; Bd. II (15.11.1932–17.3.1933), Paris 1966; Bd. III (17.3.–15.7.1933), Paris 1967; Bd. IV (16.7.–12.11.1933), Paris 1968.

Documents on German Foreign Policy 1918–1945, Serie C (1933–1937), Bd. III (14.6.1934–31.3.1935), Washington 1959.

Handakten Ritter. Auswärtiges Amt, Polit. Archiv., Ha.-Pol. Ritter Akten 6/4, betr. Donauföderation.

Der Hochverratsprozeß gegen Dr. Guido Schmidt vor dem Wiener Volksgericht, Die gerichtlichen Protokolle mit den Zeugenaussagen, unveröffentl. Dokumente, sämtliche Geheimbriefe und Geheimakten, Wien 1947.

Die Konferenz von Stresa. Bericht über ihren Verlauf und ihre Ergebnisse, erstattet von Richard Riedl, Wien 1932.

Processo Roatta, hrsg. von Donatello De Luigi, Rom 1945.

Protocollo per la continuazione dell'opera di restaurazione economica e finanziaria dell'Austria, firmato dall'Italia e vari Stati, con tre allegati (*Ministero degli affari esteri. Trattati e convenzioni fra il regno d'Italia e gli altri stati*, 44. Bd.), Rom 1936, S. 481–492.

Trattati e convenzioni fra il regno d'Italia e gli altri stati, Bd. 44., hrsg. vom R. Ministero degli affari esteri, Rom 1936.

Systematisch ausgewertete zeitgenössische Zeitschriften

La Nuova Antologia di scienze, lettere ed arti (gegr. 1866), Rom, Ser. 7, Jg. 1927–1936.

La Rassegna Italiana politica letteraria e artistica (gegr. und hrsg. von Tomaso Sillani), Rom, Ser. 3, Jg. 1927–1936.

La Riforma Sociale. Rivista critica di economia e di finanza (hrsg. von Luigi Einaudi/P. Jannaccone/F.A. Rèpaci), Turin Jg. 1926–1935.

La Rivista Commerciale Italo-Americana. Bollettino settimanale della Camera di Commercio Italiana in New York (Italian-American Commercial Review Weekly Bulletin of the Italian Chamber of Commerce in N.Y.), New York, Jg. 1929–1936.

Rivista di politica economica (hrsg. von Antonio Scialoja/Gino Olivetti/Attilio Fontana/Felice Guarneri), Rom, Jg. 1926–1940.

Lo Stato operaio. Rassegna di politica proletaria. Bureau d'éditions, de diffusion et de publicité 1927–1943, (Repr.: Mailand, Feltrinelli 1966), Jg. 1927–1938.
Der deutsche Volkswirt. Zeitschrift für Politik und Wirtschaft, Berlin, Jg. 1931–1938.

Memoiren und Biographien

Aloisi, Pompeo Baron, *Journal (25 juillet 1932–14 juin 1936)*, eingel. und komm. von Mario Toscano, Paris 1957.
Conti, Ettore, *Dal taccuino di un borghese*, Mailand [2] 1971.
Guariglia, Raffaele, *Ricordi 1922–1946*, Neapel 1950.
Guarneri, Felice, *Battaglie economiche tra le due grandi guerre*, Bd. I, 1919–1935, Mailand 1953.
Noce, Teresa, *Rivoluzionaria professionale. La storia del PCI nella vita appassionata di una donna*, Mailand 1977.
Schuschnigg, Kurt von, *Ein Requiem in Rot-Weiß-Rot. „Aufzeichnungen des Häftlings Dr. Auster"*, Zürich 1951.

Offizielle und sonstige statistische Materialsammlungen

Annuario Statistico Italiano, hrsg. vom Istituto Centrale di Statistica del Regno d'Italia, Rom, Jg. 1929–1936.
Arbeitverdienste in Italien, hrsg. vom Statistischen Reichsamt, in: *Wirtschaft und Statistik*, 13. Jg. 1933, S. 371–374.
Le commerce des pays européens entre eux et avec le reste du monde, hrsg. vom Service d'Etudes économiques d. Société des Nations, Genf 1941.
Dati statistici sul commercio estero italiano nel quinquennio 1930–1934, hrsg. vom Istituto Nazionale Fascista per gli scambi con l'estero, Rom 1935.
Dessirier, Jean, Indices comparés de la production industrielle et de la production agricole en divers pays de 1870 à 1928, in: *Bulletin de la Statistique générale de la France et du Service d'observation des Prix*, hrsg. vom Ministère du Travail, de l'Hygiène, de l'Assistance et de la Prévoyance sociales, Bd. XVIII, H. I, 1928, S. 65–110.
L'Economia Italiana nel sessennio 1931–1936. Parte prima, hrsg. von der Banca d'Italia, Rom 1938.
Etudes relatives au problème des „rapprochements économiques européens". Première série. Chiffres essentielles du commerce extérieur des pays danubiens. Données réunies par le Secretariat sur la base des statistiques officielles, hrsg. von der Société des Nations, Comité Economique, Genf 1932, II. B. 3.
Die Finanzen Italiens nach dem Kriege, in: *Wirtschaft und Statistik*, H. 9, 1934 (1. Mai), S. 287–290.
Golzio, Silvio, *Sulla misura delle variazioni del reddito nazionale italiano*, Turin 1951.
L'industria italiana 1929, hrsg. von der Confederazione Generale fascista dell'industria italiana, Rom 1929.
Industrialisation et commerce extérieur, hrsg. von der Société des Nations, Départment économique, financier et du transit, Genf 1945.
Rapport de la Conférence de Stresa pour la reconstruction économique de l'Europe Centrale et Orientale, hrsg. von der Société des Nations, Commission d'étude pour l'Union européene, Genf 1932.
Rapporto della Commissione Economica presentato all'Assemblea Costituente, 3 Bde., hrsg. vom Ministero per la Costituente, Rom 1946–47.
Sommario di statistiche storiche italiane 1861–1966, hrsg. vom Istituto Centrale di Statistica, Rom 1968.
The Timber Problem, hrsg. von der League of Nations. Economic Committee, in: *League of Nations Publications*, II. B.: *Economic and Financial*, Genf 1932.

Sekundärliteratur

Monographien, Sammelwerke, Anthologien und Festschriften

Alatri, Paolo, *Le origini del fascismo*, Rom 1963.

Alf, Sophie G., *Leitfaden Italien. Vom antifaschistischen Kampf zum historischen Kompromiß*, Berlin 1977.

Alff, Wilhelm, *Der Begriff Faschismus und andere Aufsätze zur Zeitgeschichte*, Frankfurt a.M. 1971.

Allianz Hitler-Horthy-Mussolini. Dokumente zur ungarischen Außenpolitik (1933–1944). Red.: Lajos Kerekes, Budapest 1966.

Amendola, Giorgio, *Der Antifaschismus in Italien. Ein Interview*, Stuttart 1977.

Amendola, Giorgio, *Fascismo e movimento operaio*, Rom 1975.

Anatomie der Aggression. Neue Dokumente zu den Kriegszielen des faschistischen deutschen Imperialismus im Zweiten Weltkrieg, hrsg. u. eingel. von Gerhart Hass/Wolfgang Schumann, Berlin 1972.

Aquarone, Alberto, *L'organizzazione dello stato totalitario*, Turin 1965.

Bandini, Mario, *Cento anni di storia agraria italiana*, Rom [2]1963.

Baran, Paul A./Paul M. Sweezy, *Monopolkapital. Ein Essay über die amerikanische Wirtschafts- und Gesellschaftsordnung*, Frankfurt a.M. 1973.

Barbagallo, Francesco, *Lavoro ed esodo nel sud 1861–1971*, Neapel 1973.

Basch, Antonin, *The Danube Basin and the German Economic Sphere*, New York 1952.

Baumgarth, Christa, *Geschichte des Futurismus*, Hamburg 1966.

Belluzzo, Giuseppe, *Economia fascista*, Rom 1928.

Billet, Charles, *La lire et la politique économique du gouvernement fasciste*, Paris 1935.

Bonelli, Franco, *Lo sviluppo di una grande impresa in Italia. La Terni dal 1884 al 1962*, Turin 1975.

Borejsza, Jerzy W., *Il fascismo e l'Europa orientale. Dalla propaganda all' aggressione*, Bari 1981.

Bottai, Giuseppe, *Il fascismo come rivoluzione del capitale*, bearb. von Anna Pennicali, Bologna 1978.

Bottai, Giuseppe, *Scritti*, hrsg. von Roberto Bartolazzi/Riccardo Del Giudice, Bologna 1965.

Brückmann, H.L., *Zwischenstaatliche Wirtschaftsprobleme im Donauraum*, Bern, Diss., 1936.

Bucharin, Nicolai, *Die kapitalistische Stabilisierung und die proletarische Revolution*, Moskau 1926 (Feltrinelli-Reprint).

Buci-Glucksmann, Christine, *Gramsci e lo stato. Per una teoria materialistica della filosofia*, Rom 1976.

Buozzi, Bruno, *Le condizioni della classe lavoratrice in Italia 1922–1943*, hrsg. vom Istituto Feltrinelli, Mailand 1973.

Burgwyn, H. James, *Il revisionismo fascista. La sfida di Mussolini alle grandi potenze nei Balcani e sul danubio 1925–33*, Mailand 1979.

Caizzi, Bruno, *Storia dell'industria italiana dal XVIII secolo ai giorni nostri*, Turin 1965.

Calderoni, Ugo, *I cento anni della politica doganale italiana*, Padua 1961.

Capanna, Alberto/Ottavio Messori, *Gli scambi commerciali dell'Italia con l'estero dalla costituzione del Regno ad oggi*, Rom 1940.

Carmi, Ozer, *La Grande-Bretagne et la Petite Entente*, Genf 1972.

Carocci, Giampiero, *La politica estera dell'Italia fascista (1925–1928)*, Bari 1969.

Carocci, Giampiero, *Storia del fascismo*, Mailand 1972.

Carocci, Giampiero, *Storia d'Italia dall'Unità ad oggi*, Mailand 1975.

Cassese, Sabino, *La formazione dello Stato amministrativo*, Mailand 1974.

Castronovo, Valerio, *Giovanni Agnelli*, Turin 1971.

Catalano, Franco, *L'economia italiana di guerra. La politica economico-finanziaria del fascismo dalla guerra d'Etiopia alla caduta del regime 1935–1943*, Mailand 1969.

Catalano, Franco, *L'Italia dalla dittatura alla democrazia 1919–1948*, Mailand 1962.

Charles-Roux, François, *Huit ans au Vatican 1932–1940*, Paris 1947.

Collotti, Enzo/Teodoro Sala/Giorgio Vaccarino, *L'Italia nell'Europa danubiana durante la seconda guerra mondiale*, hrsg. vom Istituto nazionale per la storia del movimento di liberazione, Mailand 1967.

La conferenza di Genova e il trattato di Rapallo 1922. Atti del convegno italo-sovietico a Genova-Rapallo (8.–11. Juni 1972), Rom 1974.
Conflitti sociali e accumulazione capitalistica da Giolitti alla guerra fascista, (Hrsg.: V.A.), Testi per le 150 ore, N. 1, Rom o.D.
La crisi del capitalismo negli anni '20. Analisi economica e dibattito strategico nella Terza Internazionale (mit Aufsätzen von F. Claudín, G. Vacca u.a.), hrsg. von Mario Telò, Bari 1978.
Dahrendorf, Ralf, *Gesellschaft und Demokratie in Deutschland,* München 1965.
D'Amoja, Fulvio, *Declino e prima crisi dell'Europa di Versailles, Studio sulla diplomazia italiana ed europea (1931–1933),* Mailand 1967.
De Felice, Renzo, *Le interpretazioni del fascismo,* Bari 1969.
De Felice, Renzo, *Mussolini il duce,* Bd. I: *Gli anni del consenso, 1929–1936,* Turin 1974.
De Felice, Renzo, *Mussolini il fascista,* Bd. II: *L'organizzazione dello Stato fascista, 1925–1929,* Turin 1968.
De Felice, Renzo, *I rapporti tra fascismo e nazionalsocialismo fino all'andata al potere di Hitler (1922–1933),* Neapel 1971.
De Grand, Alexander, *Bottai e la cultura fascista,* Bari 1978.
De Grazia, Victoria, *Consenso e cultura di massa nell'Italia fascista. L'organizzazione del dopolavoro,* Bari 1981.
De Michelis, Giuseppe, *La corporazione nel mondo,* Mailand [2]1934.
De Stefani, Alberto, *L'ordine economico nazionale,* Bologna 1935.
De Viti De Marco, Antonio, *Un trentennio di lotte politiche (1894–1922),* Rom o.D. [1930].
Del Carria, Renzo, *Proletari senza rivoluzione. Storia delle classi subalterne italiane dal 1860 al 1950,* Mailand [2]1970.
Diggins, John P., *Mussolini and fascism. The View from America,* Princeton Univ. Press 1972.
Di Marcantonio, Amleto, *Bottai fra capitale e lavoro,* Rom 1980.
Di Nolfo, Ennio, *Mussolini e la politica estera italiana (1919–1933),* Padua 1960.
Dobb, Maurice, *Political Economy and Capitalism,* o.O. 1937.
Dobb, Maurice, *Organisierter Kapitalismus. Fünf Beiträge zur politischen Ökonomie,* Frankfurt a.M. 1966.
Il dopoguerra italiano 1945/1948. Guida bibliografica, V.A., Mailand 1975.
L'economia italiana nel periodo fascista, hrsg. von P. Ciocca/G. Toniolo, Bologna 1976.
L'economia italiana nel periodo fascista, (V.A.), in: *Quaderni storici,* 29–30/1975, S. 335–655.
Eichstädt, Ulrich, *Von Dollfuß zu Hitler. Geschichte des Anschlusses Österreichs 1933–1939,* Wiesbaden 1955.
Einaudi, Luigi, *La condotta economica e gli effetti sociali della guerra italiana,* Bari 1933.
Engel-Janosi, Friedrich, *Il Vaticano fra fascismo e nazismo,* Florenz 1973.
Erbe, René, *Die nationalsozialistische Wirtschaftspolitik 1933–1939 im Lichte der modernen Theorie,* Zürich 1958.
Faschismus und Kapitalismus. Theorien über die sozialen Ursprünge und die Funktion des Faschismus, mit Beiträgen von O. Bauer, H. Marcuse, A. Rosenberg u.a., hrsg. von Wolfgang Abendroth, Wien 1967.
Falkenhausen, Susanne von, *Der zweite Futurismus und die Kunstpolitik des Faschismus in Italien 1922–1943,* Diss., Frankfurt a.M. 1979.
Il fascismo, Antologia di scritti critici, hrsg. von Costanzo Casucci, Bologna 1961.
Il fascismo, Antologia di scritti critici, hrsg. von Costanzo Casucci, Bologna 1982.
Fascismo e capitalismo, hrsg. von Nicola Tranfaglia, Mailand 1976.
Fascismo e società italiana, hrsg. von Guido Quazza, Turin 1973.
Fischer, Wolfram, *Deutsche Wirtschaftspolitik 1918–1945,* Opladen 1968.
Fischer, Wolfram, *Weltwirtschaftliche Rahmenbedingungen für die ökonomische und politische Entwicklung Europas 1919–1939,* Wiesbaden 1980.
Fleischer, Helmut, *Marxismus und Geschichte,* Frankfurt a.M. [3]1970.
Forte, Francesco, *Le imprese pubbliche in Italia dalla prima guerra mondiale al 1957,* Mailand 1957.
Fossati, Antonio, *Le classi medie in Italia. Contributo al loro sviluppo storico ed economico,* Turin 1938.
Fovel, Nino Massimo, *Economia e Corporativismo,* Ferrara 1929.
Francescon-Centa, Vittorio, *Die Außenhandelspolitik des neuen Italiens,* Hamburg 1937.

Gaedicke, Herbert/Gert von Eynern, *Die produktonswirtschaftliche Integration Europas*, I.: Textband, Berlin 1933.

Gehl, Jürgen, *Austria, Germany and the Anschluss 1931–1938*, London 1963.

Gehlen, Arnold, *Die Seele im technischen Zeitalter. Sozialpsychologische Probleme der industriellen Gesellschaft*, Hamburg 1957.

Giovannucci, Francesco Saverio, *Il problema austriaco e l'Italia*, Rom 1934.

Giretti, Edoardo und Luciano, *Il protezionismo e la crisi*, Turin 1935.

Gramsci, Antonio, *La costruzione del partito comunista, 1923–1925*, Turin 1971.

Gramsci, Antonio, *Sul fascismo*, hrsg. von Enzo Santarelli, Rom 1974.

Gramsci, Antonio, *Note sul Machiavelli, sulla politica e sullo stato moderno*, Turin [4]1955.

Gramsci, Antonio, *Passato e presente*, Turin 1954.

Gramsci, Antonio, *Philosophie der Praxis. Eine Auswahl*, hrsg. u. übers. von Christian Riechers, Frankfurt a.M. 1967.

Gramsci, Antonio, *Quaderni del carcere*, II. Bd., Ed. critica, hrsg. von Valentino Gerratana, Turin 1975.

Grassi, Fabio, *Gramsci e la „critica" della diplomazia „tradizionale"*, Lecce 1978.

Grifone, Pietro, *Il capitale finanziario in Italia. La politica economica del fascismo*, Einleitung von Vittorio Foa, Turin 1971.

Grilli, Giovanni, *La Finanza vaticana in Italia*, Rom 1961.

Gualerni, Gualberto, *La politica industriale fascista*, Bd. 1: *1922–1935*, Mailand 1956.

Guerri, Giordano Bruno, *Giuseppe Bottai, un fascista critico. Ideologia e azione del gerarca che avrebbe voluto portare l'intelligenza nel fascismo e il fascismo alla liberalizzazione*, Mailand 1976.

Haas, Ernst, *Die Außenhandelspolitik der ehemaligen Republik Österreich während der Weltwirtschaftskrise bis zum Anschluß unter besonderer Berücksichtigung der Handelsvertragspolitik*, Würzburg, Diss. 1939.

Habermas, Jürgen, *Technik und Wissenschaft als „Ideologie"*, Frankfurt a.M. 1968.

Hantos, Elemér, *Die Neuordnung des Donauraumes*, Berlin/Wien 1935.

Industria e banca nella grande crisi 1929–1934, hrsg. von Gianni Toniolo, Mailand 1978.

Ingrao, Pietro, *Masse e potere*, Rom 1977.

Italia e America dalla grande guerra a oggi, hrsg. von G. Spini/G.G. Migone/M. Teodori, Mailand 1976.

L'Italia fra tedeschi e alleati. La politica estera fascista e la seconda guerra mondiale, hrsg. von Renzo De Felice, Bologna 1973.

Junker, Detlef, *Der unteilbare Weltmarkt. Das ökonomische Interesse in der Außenpolitik der USA, 1933–1941*, Stuttgart 1975.

Kerekes, Lajos, *Abenddämmerung einer Demokratie. Mussolini, Gömbös und die Heimwehr*, Wien usw. 1966.

Kestenholz, Paolo, *Außenhandel und Außenhandelspolitik Italiens in der Zeit von 1934 bis 1939*, Zürich, Diss. 1943.

Kindleberger, Charles P., *Die Weltwirtschaftskrise 1929–1939*, München 1973.

Klingenstein, Grete, *Die Anleihe von Lausanne. Ein Beitrag zur Geschichte der Ersten Republik in den Jahren 1931–1934*, Wien/Graz 1965.

Kofler, Leo, *Technologische Rationalität im Spätkapitalismus*, Frankfurt a.M. 1971.

Kogan, Norman, *L'Italia del dopoguerra. Storia e politica dal 1945 al 1966*, Bari 1970.

Kohlruss, Eberhard, *Die französischen Kapitalanlagen in Südosteuropa im Rahmen der gesamten Auslandsverschuldung der südosteuropäischen Länder*, Leipzig 1934.

Korporative Wirtschaft in Italien, hrsg. von Horst Wagenführ, Berlin 1934.

Kühl, Joachim, *Föderationspläne im Donauraum und in Ostmitteleuropa. Untersuchungen zur Gegenwartskunde Südosteuropas*, Bd. 2, München 1958.

La Francesca, Salvatore, *La politica economica del fascismo*, Bari 1972.

La Marca, Nicolò, *Italia e Balcani fra le due guerre. Saggio di una ricerca sui tentativi italiani di espansione economica nel Sud Est europeo fra le due guerre*, Rom 1979.

Ledeen, M.A., *Universal Fascism. The Theory and Practice of the Fascist International, 1928–1936*, New York 1972.

Lefebvre, Henri, *Das Alltagsleben in der modernen Welt*, Frankfurt a.M. 1972.

Lentini, Orlando, *L'analisi sociale durante il fascismo*, Neapel 1974.

Luperini, Romano, *Gli intellettuali di sinistra e l'ideologia della ricostruzione nel dopoguerra*, Rom 1971.

Lyttelton, Adrian, *La conquista del potere. Il fascismo dal 1919 al 1929*, Bari 1974.
Maier, Charles S., *Recasting Bourgeois Europe. Stabilization in France, Germany, and Italy in the decade after world war I.*, Princeton 1975.
Maione, Giuseppe, *Il biennio rosso. Autonomia e spontaneità operaia nel 1919–1920*, Bologna 1975.
Mandel, Ernest, *Der Spätkapitalismus*, Frankfurt a.M. 1972.
Mandel, Ernest, *Marxistische Wirtschaftstheorie*, o.O., O.D.
Mason, Timothy W., *Arbeiterklasse und Volksgemeinschaft. Dokumente und Materialien zur deutschen Arbeiterpolitik 1936–1939*, Opladen 1975.
Materiali per lo studio dell'organizzazione del lavoro durante il regime fascista, hrsg. von G. Buselli/R. Finzi/G. Pedrocco, Bologna 1976.
Mattick, Paul, *Marx und Keynes. Die Grenzen des „gemischten Wirtschaftssystems"*, o.O., o.D.
Mayer-Tasch, Peter Cornelius, *Korporativismus und Autoritarismus. Eine Studie zu Theorie und Praxis der berufsständischen Rechts- und Staatsidee*, Frankfurt a.M. 1971.
Melograni, Piero, *Gli industriali e Mussolini. Rapporti fra Confindustria e fascismo dal 1919 al 1929*, Mailand 1972.
Merlin, Gianni, *Com'erano pagati i lavoratori durante il fascismo*, Rom 1970.
Meyer, Richard Hemmig, *Bankers' Diplomacy. Monetary Stabilization in the Twenties*, New York/London 1970.
Migone, Gian Giacomo, *Problemi di storia nei rapporti fra Italia e Stati Uniti. Corso di Storia dell'America Settentrionale*, Anno Accademico 1970–71, Turin 1971.
Moore, Barrington, *Soziale Ursprünge von Diktatur und Demokratie. Die Rolle der Grundbesitzer und Bauern bei der Entstehung der modernen Welt*, Frankfurt a.M. 1966.
Morandi, Rodolfo, *Storia della grande industria in Italia*, Turin 1966.
Mori, Giorgio, *Il capitalismo industriale in Italia. Processo d'industrializzazione e storia d'Italia*, Rom 1977.
Neusüss, Christel, *Imperialismus und Weltmarktbewegung des Kapitals*, Erlangen 1972.
Nolte, Ernst, *Die faschistischen Bewegungen. Die Krise des liberalen Systems und die Entwicklung der Faschismen*, München 1966.
Nolte, Ernst, *Der Faschismus in seiner Epoche*, München 1963.
Offe, Claus, *Strukturprobleme des kapitalistischen Staates, Aufsätze zur Politischen Soziologie*, Frankfurt a.M. 1972.
Operai e contadini nella crisi italiana del 1943/1944, (V.A.), eingel. von G. Quazza, Mailand 1974.
L'organizzazione del lavoro in Italia, hrsg. von Maurizio Lichtner, Rom 1975.
Pacor, Mario, *Italia e Balcani dal Risorgimento alla Resistenza*, Mailand 1968.
Perroux, François, *Autarcie et Expansion. Empire ou Empires?*, Paris 1940.
Petersen, Jens, *Hitler-Mussolini. Die Entstehung der Achse Berlin-Rom 1933–1936*, Tübingen 1973.
Pirker, Theo, *Komintern und Faschismus (1920–1940). Dokumente zur Geschichte und Theorie des Faschismus*, Stuttgart 1965.
Piscitelli, Enzo, *Da Parri a De Gasperi. Storia del dopoguerra 1945/1948*, Mailand 1975.
Portelli, Hugues, *Gramsci e il blocco storico*, Bari 1973.
Posner, M.V./S.J. Woolf, *L'impresa pubblica nell'esperienza italiana*, Turin 1967.
Poulantzas, Nicos, *Faschismus und Diktatur. Die Kommunistische Internationale und der Faschismus*, München 1973.
Predöhl, Andreas, *Außenwirtschaft*, Göttingen ^{2}1971.
Predöhl, Andreas, *Das Ende der Weltwirtschaftskrise. Eine Einführung in die Probleme der Weltwirtschaft*, Hamburg 1962.
Priester, Karin, *Der italienische Faschismus. Ökonomische und ideologische Grundlagen*, Köln 1972.
Quazza, Guido, *Resistenza e storia d'Italia. Problemi e ipotesi di ricerca*, Mailand ^{2}1977.
Ragionieri, Ernesto, *Palmiro Togliatti*, Rom 1976.
Ranke, Joachim, *Faschismus und Korporativismus. Studien zur politisch-philosophischen Lehre des Faschismus sowie über das Verhältnis von Idee und Wirklichkeit in der faschistischen Wirtschaftsverfassung*, Würzburg 1942.
Il regime fascista, hrsg. von Alberto Aquarone/Maurizio Vernassa, Bologna 1974.
La ricerca storica marxista in Italia, hrsg. von Ottavio Cecchi, Mailand 1974.
Rocco, Alfredo, *Scritti e discorsi politici. Prefazione di B. Mussolini*, 3 Bde., Mailand 1938.

Ronchi, Ennio, *Economisti fascisti. Alfredo Rocco*, Padua 1931.

Rosenstock-Franck, Louis, *L'économie fasciste en doctrine et en fait*, Paris 1934.

Rosenstock-Franck, Louis, *Les étapes de l'économie fasciste italienne. Du corporatisme à l'économie de guerre*, Paris 1939.

Rosenstock-Franck, Louis, *Les réalisations pratiques et les doctrines du syndicalisme fasciste*, Paris 1933.

Rossi, Ernesto, *Padroni del vapore e fascismo*, Bari [6]1966.

Rugafiori, Paride, *Uomini macchine capitali. L'Ansaldo durante il fascismo 1922–1945*, Mailand 1981.

Rumi, Giorgio, *L'imperialismo fascista. Problemi di storia*, Mailand 1974.

Rumi, Giorgio, *Alle origini della politica estera fascista (1918–1923)*, Bari 1968.

Russo, Roberto Maria, *La politica dell'assistenza. Storia dello sviluppo capitalistico e del sottosviluppo assistenziale in Italia dal 1860 ai giorni nostri*, Florenz 1974.

Saibante, Mario, *Studi di economia statistica e sociologia 1924–1958*, Rom 1959.

Santarelli, Enzo, *Ricerche sul fascismo*, Urbino 1971.

Santarelli, Enzo, *Storia del fascismo*, 3 Bde., Rom [2]1973.

Sapelli, Giulio, *L'analisi economica dei comunisti italiani durante il fascismo. Antologia di scritti*, Mailand 1978.

Sapelli, Giulio, *Organizzazione, lavoro e innovazione industriale nell'Italia tra le due guerre*, Turin 1978.

Sarti, Roland, *Fascism and the industrial leadership in Italy, 1919–1940. A study in the expansion of private power under fascism*, Berkeley u.a. 1971.

Schmidt, Alfred, *Geschichte und Struktur. Fragen einer marxistischen Historik*, München [2]1972.

Schumann, Werner, *Die römischen Protokolle als wirtschaftspolitisches Problem*, Leipzig 1939.

Scoppola, Pietro, *La chiesa e il fascismo. Documenti e interpretazioni*, Bari 1973.

Sereni, Emilio, *Capitalismo e mercato nazionale in Italia*, Rom 1966.

Sereni, Emilio, *La questione agraria nella rinascita nazionale italiana*, Turin [2]1975.

Sering, Paul (Richard Löwenthal), *Faschismus und Monopolkapitalismus*, o.O., o.D.

Serpieri, Arrigo, *La guerra e le classi rurali italiane*, Bari 1930.

Slobodskoj, M., *Der italienische Faschismus und sein Zusammenbruch*, Berlin 1948.

Sohn-Rethel, Alfred, *Ökonomie und Klassenstruktur des deutschen Faschismus. Aufzeichnungen und Analysen*, hrsg. und eingel. von J. Agnoli/B. Blanke/N. Kadritzke, Frankfurt a.M. 1973.

Sommer, Louise, *Neugestaltung der Handelspolitik, Wege zu einem innereuropäischen Präferenzsystem*, Berlin/Wien 1935.

Speroni, Donato, *Il romanzo della Confindustria*, Mailand 1975.

Spirito, Ugo, *Il corporativismo*, Florenz 1970.

Spirito, Ugo, *La critica della economia liberale*, Mailand 1930.

Spriano, Paolo, *Storia del partito comunista italiano*, Bd. II: *Gli anni della clandestinità*; Bd. III: *I fronti popolari, Stalin e la guerra*, Turin [2]1969 u. 1970.

Stübel, Caroline, *Der Einfluß der faschistischen Wirtschafts- und Staatspolitik auf den italienischen Außenhandel*, Diss., Dresden 1935.

Lo sviluppo economico italiano (1861–1940), hrsg. von Gianni Toniolo, Bari 1973.

Sylos Labini, Paolo, *Problemi dello sviluppo economico*, Bari 1970.

Sylos Labini, Paolo, *Saggio sulle classi sociali*, Bari 1974.

Moderne Technikgeschichte, hrsg. von Karin Hausen/Reinhard Rürup, Köln 1975.

Theorien über den Faschismus, hrsg. von Ernst Nolte, Köln/Berlin 1967.

Togliatti, Palmiro, *Lezioni sul fascismo*, eingel. von Ernesto Ragionieri, Rom 1972.

Togliatti, Palmiro, *Opere*, 3 Bde., hrsg. von Ernesto Ragionieri, Rom 1967–73.

Tridente, Nicola, *La concentrazione bancaria dalla prima guerra mondiale ai giorni nostri*, Bari [3]1956.

Ucker, Paul, *Die italienische Agrarpolitik seit 1925 unter besonderer Berücksichtigung des „Kampfes um das Getreide", Diss., Aarau 1935.*

Ungari, Paolo, *Alfredo Rocco e l'ideologia giuridica del fascismo*, Brescia 1963.

Varga, Eugen, *Die Krise des Kapitalismus und ihre politischen Folgen*, hrsg. u. eingel. von Elmar Altvater, Frankfurt a.M./Wien 1969.

Veneruso, Danilo, *La vigilia del fascismo. Il primo ministero Facta nella crisi dello stato liberale in Italia*, Bologna 1968.

Villari, Lucio, *Il Capitalismo italiano del novecento*, Bari 1972.
Vito, Francesco, *Die industriellen Unternehmerzusammenschlüsse und ihre Regelung in der korporativen Wirtschaft*, Jena 1941.
Vöchting, Friedrich, *Die Binnenkolonisation in Italien*, Kieler Vorträge, N. 64, Jena 1941.
Weber, Max, *Gesammelte Aufsätze zur Wissenschaftslehre*, Tübingen 1922.
Webster, Richard, *L'imperialismo industriale italiano 1908–1915. Studio sul prefascismo*, Turin 1974.
Die faschistische Wirtschaft. Probleme und Tatsachen. Sammelband, hrsg. von Gerhard Dobbert, Berlin 1934.
Wohlfahrtsstaat und Massenloyalität, hrsg. von Wolf-Dieter Narr/Claus Offe, Köln 1975.
Zamboni, Giovanni, *Mussolinis Expansionspolitik auf dem Balkan. Italiens Albanienpolitik vom 1. bis zum 2. Tiranapakt im Rahmen des italienisch-jugoslawischen Interessenkonflikts und der italienischen „imperialen" Bestrebungen in Südosteuropa*, Hamburg 1970.

Aufsätze, Beiträge und Rezensionen

Abelshauser, Werner, Wiederaufbau vor dem Marshall-Plan. Westeuropas Wachstumschancen und die Wirtschaftsordnungspolitik in der zweiten Hälfte der vierziger Jahre, in: *Vierteljahrshefte für Zeitgeschichte*, 29. Jg. 1981/4, S. 545–578.
Adám, Magda, Les pays danubiens et Hitler (1933–1936), in: *Revue d'histoire de la deuxième guerre mondiale*, 25. Jg., H. 98, 1975, S. 1–26.
Agnoli, Johannes, Zur Faschismus-Diskussion I u. II, in: *Politologie*, 9/2 1968, S. 24–32 u. 4/1968, S. 32–49.
Alatri, Paolo, Le forze politiche ed economiche italiane di fronte alla conferenza di Genova, in: *La conferenza di Genova* (s.o.), S. 80–93.
Aquarone, Alberto, Aspirazioni tecnocratiche del primo fascismo, in: *Nord e Sud*, XI. Jg., Neue Serie, 52/1964, S. 109–128.
Aquarone, Alberto, Il fascismo nelle analisi della sinistra extraparlamentare, in: *Il Mulino*, XXI. Jg., 223/1972, S. 795–814.
Aquarone, Alberto/Maurizio Vernassa, Introduzione, zu: Il regime fascista (s.o.), S. 9–41.
Arcari, Paola Maria, Gli indici dei prezzi all'esportazione e all'importazione in Italia nell'ultimo cinquantennio, in: *La vita economica italiana*, Juni 1932, S. 75–98.
Arndt, Helmut, Internationale Arbeitsteilung und Weltwirtschaftskrise, in: *Essays in Honour of Marco Fanno*, Bd. II: *Investigations in Economic Theory and Methodology*, Padua 1966, S. 47–57.
Barucci, Piero, Einleitung zu Pasquale Saraceno, in: *Pasquale Saraceno. Ricostruzione e Pianificazione (1943–1948)*, Bari 1969, S. 10–48.
Battaglia, Roberto, Un aspetto inedito della crisi del '43: l'atteggiamento di alcuni gruppi del capitale finanziario, in: *Il Movimento di liberazione in Italia*, 1–2/1955, S. 29–36.
Bianchi, Gianfranco, Conferenza di Genova e trattato di Rapallo negli echi e commenti di Mussolini e del suo giornale ‚Il popolo d'Italia', in: *La conferenza di Genova* (s.o.), S. 363–381.
Bibes, Geneviève, Le fascisme italien: état des travaux depuis 1945, in: *Revue française de science politique*, Bd. XVIII, 6/1968, S. 1191–1244.
Bicocchi, Daria, I rapporti Italia-U.S.A. nel periodo fascista, in: *Studi Storici*, XV. Jg., 1/1974, S. 184–194.
Bonacchi, Gabriella M., Teoria marxista e crisi: I „comunisti dei consigli" fra New Deal e fascismo, in: *Problemi del socialismo*, 4 Ser., XVII. Jg., Apr.–Juni 1976, S. 79–128.
Bonelli, Franco: Alberto Beneduce, in: *Dizionario Biografico degli Italiani*, 8. Bd., Rom 1966, S. 455–466.
Bonelli, Franco/Luciano Cafagna/Ernesto Galli della Loggia, L'economia italiana nel periodo fascista: lavori del convegno di Perugia e sviluppo degli studi, in: *Quaderni storici*, 31/1976, S. 348–374.
Borejsza, Jerzy W., Die Rivalität zwischen Faschismus und Nationalsozialismus in Ostmitteleuropa, in: *Vierteljahrshefte für Zeitgeschichte*, 29. Jg., 1981/4, S. 577–614.
Bortolotti, Lando, La proprietà edilizia e il fascismo, in: *Studi Storici*, XII. Jg., Nr. 4, Okt.-Dez. 1971, S. 718–778.
Bravo, Gian Maria, Sindacalismo fascista e corporativismo (1922–1945), in: *Annali della Fondazione Einaudi*, Bd. III, Turin 1969, S. 207–226.

Brinkmann, Carl, Gruppenautarkie und Freihandel im südosteuropäischen Raum, in: *Weltwirtschaftliches Archiv*, 36. Bd. 1932/II, S. 476–491.
Cadeddu, Alberto/Stefano Lepre/Francesca Socrate, Ristagno e sviluppo nel settore agricolo italiano (1918–1939), in: *L'Economia italiana nel periodo fascista*, hrsg. von v.A. (s.o.), S. 497–518.
Caracciolo, Alberto, La grande industria nella prima guerra mondiale, in: *La Formazione dell' Italia industriale*, hrsg. von Alberto Caracciolo, Bari 1969, S. 163–219.
Caracciolo, Alberto, Il processo d'industrializzazione, in: *Lo sviluppo economico in Italia. Storia dell'Economia Italiana negli ultimi cento anni*, Bd. III: *Studi di settore e Documentazione di base*, hrsg. von Giorgio Fuá, Mailand 1969, S. 104–191.
Carocci, Giampiero, Contributo alla discussione sull'imperialismo, in: *Il Movimento di liberazione in Italia*, XXIII. Jg. Nr. 102, Jan.–März 1971, S. 3–14.
Cartiglia, Carlo, La destra sindacale e Mussolini: „I problemi del lavoro", in: *Rivista di storia contemporanea*, IV. Jg. 4/1975, S. 506–534.
Cartiglia, Carlo, Il „fascismo di fronda": appunti e ipotesi di lavoro, in: *Italia contemporanea*, XXVIII. Jg. 122/1976, S. 3–22.
Cartiglia, Carlo, I fiancheggiatori del fascismo: L'episodio Caldara del 1934, in: *Rivista di storia contemporanea*, II. Jg., 3/1973, S. 374–380.
Caruso, Saverio, Burocrazia statale e borghesia in Italia, in: *Inchiesta*, III. Jg., Nr. 11, Juli–Sept. 1973, S. 29–44.
Cassano, Franco, Il caso italiano: patologia del „ritardo" o „anticipazione"? Riflessioni su „Masse e potere" di Pietro Ingrao, in: *Critica marxista*, 15. Jg., 2/1977, S. 27–41.
Cassese, Sabino, Corporazioni e intervento pubblico nell'economia, in: *Il regime fascista* (s.o.), S. 327–355.
Cassese, Sabino, Giuseppe Bottai, in: *Dizionario Biografico degli Italiani*, Rom 1971, S. 389–404.
Cassese, Sabino, Le istituzioni del Fascismo, in: *Quaderni Storici*, IV. Jg., H. III, Sept.–Dez. 1969, S. 424–437.
Castronovo, Valerio, Fascismo e classi sociali, in: *Fascismo e capitalismo*, hrsg. von N. Tranfaglia (s.o.), S. 91–136.
Castronovo, Valerio, Potere economico e fascismo, in: *Rivista di storia contemporanea*, H. 9, Juli 1972, S. 273–313.
Castronovo, Valerio, La storia economica, in: *Storia d'Italia. Dall'Unitá a oggi*, Bd. IV, Turin 1975.
Catalano, Franco, Les ambitions mussoliniennes et la réalité économique de l'Italie, in: *Revue d'histoire de la deuxième guerre mondiale*, Okt. 1969, Nr. 76 (Sonderheft), S. 15–38.
Catalano, Franco, Il contrasto italoaustriaco nel primoguerra, in: *Nuovi quaderni del meridione*, 17/1967, S. 1–18.
Catalano, Franco, New Deal e corporativismo fascista di fronte alle conseguenze della „grande crisi", in: *Il Movimento di liberazione in Italia*, 87/1967, S. 3–35.
Catalano, Franco, La Politica europea nei mesi centrali del 1936, in: *Nuova Rivista Storica*, Bd. LI, 1967, S. 79–106.
Cerri, Roberto, Note sulla politica della bonifica integrale del fascismo. 1928–1934, in: *Italia Contemporanea*, XXXI. Jg., 1979, Nr. 137, S. 35–61.
Checco, Anna/Antonio D'Andrea, Piccola e media impresa nella crisi del fascismo: un dibattito negli anni 1941–42, in: *Studi Storici*, 17. Jg., 1/1976, S. 95–110.
Ciocca, Pierluigi, L'Economia italiana nel contesto internazionale, in: *L'Economia italiana nel periodo fascista*, hrsg. von Ciocca/Toniolo (s.o.), S. 19–50.
Clemente, Vincenzo, La questione austriaca dalla diplomazia del „Patto a Quattro" alla diplomazia della „Wache am Brenner", in: *Storia e Politica*, 1965, H. II, S. 263–303.
Cohen, Jon S., La rivalutazione della lira del 1927: Uno studio sulla politica economica fascista, in: *Lo sviluppo economico italiano 1861–1940*, hrsg. von G. Toniolo (s.o.), S. 327–350.
Collotti, Enzo, Bespr. v. J. Petersen: Hitler-Mussolini (s.o.), in: *Italia Contemporanea*, XXVI. Jg., 115/1974, S. 53–61.
Collotti, Enzo, Considerazioni sull'austrofascismo, in: *Studi Storici*, IV. Jg., 4/1963, S. 703–728.
Collotti, Enzo, Fascismo e nazionalsocialismo, in: *Fascismo e capitalismo*, hrsg. von Nicola Tranfaglia (s.o.), S. 137–158.

Collotti, Enzo, Il fascismo e la questione austriaca, in: *Il Movimento di liberazione in Italia,* XVII. Jg., 4/1965, S. 3–25.

Collotti, Enzo, Il ,Nuovo Ordine europeo' e l'imperialismo nazista, in: *Rivista di storia contemporanea,* 3/1973, S. 358–373.

Collotti, Enzo, Il ruolo della Bulgaria nel conflitto tra Italia e Germania per il nuovo ordine europeo, in: *Il Movimento di liberazione in Italia,* Juli–Sept. 1972, S. 53–90.

Collotti, Enzo, La sconfitta socialista del 1934 e l'opposizione antifascista in Austria fino al 1938, in: *Rivista storica del socialismo,* VI. Jg., Nr. 20, S. 387–432.

Corner, Paul, Rapporti tra agricoltura e industria durante il fascismo, in: *Problemi del socialismo,* H. 11/12, 3. Serie, XIV. Jg., Sept.–Dez. 1972, S. 721–745.

D'Antone, Lea, La modernizzazione dell'agricoltura italiana degli Anni Trenta, in: *Studi Storici,* XXII. Jg., 1981/3, S. 603–629.

D'Attorre, Pier Paolo, L'evoluzione storica dell'emigrazione attraverso l'analisi del movimento operaio, in: *Affari sociali internazionali,* II. Jg., Juni 1974, Nr. 1–2, S. 111–143.

De Benedetto, Silvia, La classe operaia negli anni della dittatura, in: *Conflitti sociali* (s.o.), S. 121–146.

De Cecco, Marcello, Lo sviluppo dell'economia italiana e la sua collocazione internazionale, in: *Rivista Internazionale di scienze economiche e commerciali,* XVIII. Jg., 1971, S. 973–993.

De Felice, Franco, Una chiave di lettura in ,,Americanismo e fordismo'', in: *Rinascita* 27. Okt., 42/1972, S. 33.

De Felice, Franco, Rivoluzione passiva, fascismo, americanismo in Gramsci, in: *Politica e storia in Gramsci,* Bd. I, Rom 1977, S. 161–220.

De Felice, Renzo, I lineamenti politici della ,,quota novanta" attraverso i documenti di Mussolini e di Volpi, in: *Il Nuovo Osservatore Politico Economico Sociale,* H. 46–61, 1966, S. 370–420.

De Stefani, Alberto, Das Geld- und Kreditwesen, in: *Die faschistische Wirtschaft* (s.o.), S. 121–130.

Deutschmann, Christoph, Die Weltwirtschaftskrise als Problem der marxistischen Krisentheorie, in: *Krisen und Krisentheorien,* mit Beiträgen von Mattick/C. Deutschmann/V. Brandes, Frankfurt a.M. 1974, S. 157–188.

Un dibattito su Gramsci e la storia d'Italia, in: *Studi Storici,* VIII. Jg., 3/1967, S. 637–649.

Diggins, John P., Flirtation with Fascism: American Pragmatic Liberals and Mussolini's Italy, in: *American Historical Review,* Bd. LXXI, 2/1966, Januar, S. 487–506.

Di Nola, Carlo, Italia e Austria dall'armistizio di Villa Giusti all'Anschluss (marzo 1938), in: *Nuova Rivista Storica,* XLIV. Jg. 1960, H. II, S. 221–296.

Di Nolfo, Ennio, Das Problem der europäischen Einigung als ein Aspekt der italienischen Außenpolitik 1945–1954, in: *Vierteljahrshefte für Zeitgeschichte,* 28. Jg., 1980/2, S. 145–167.

Di Nolfo, Ennio, I rapporti austro-italiani dall'avvento del fascismo all'Anschluss (1922–1938), in: *Storia e Politica,* XIII. Jg., H. I–II, Jan.–Juni 1974, S. 33–81.

Dobbert, Gerhard, Die staatliche Finanzwirtschaft, in: *Die faschistische Wirtschaft* (s.o.), S. 131–146.

Donati, Edgardo, Fascismo e crisi economica, in: *Studi Storici,* 17. Jg., 3/1976, S. 223–245.

D'Orsi, Angelo, Il prof. De Felice, Mussolini e il fascismo, I+II+II, in: *Quaderni piacentini,* 56–59/1975–6, S. 123–138, 119–137, 153–171.

L'Economia italiana nel periodo fascista: lavori del convegno di Perugia e sviluppo degli studi, in: *Quaderni Storici,* XI. Jg., Nr. 31, April 1976, S. 348–379.

Einaudi, Luigi, Preise und Märkte, in: *Zeitschrift für Nationalökonomie,* Wien 1936, Bd. VII, S. 226 ff.

Emminger, Otmar/Eduard Wolf, Gibt es eine Gesetzmäßigkeit in den Schwankungen der Austauschrelationen zwischen Industrie- und Rohstoffländern?, in: *Vierteljahrshefte zur Wirtschaftsforschung,* 12. Jg., 1937/38, H. 2, N.F., S. 154–176.

Falco, Giancarlo/Marina Storaci, Il ritorno all'oro in Belgio, Francia e Italia: stabilizzazione sociale e politiche monetarie (1926–1928), in: *Italia Contemporanea,* Jan.–März 1977, S. 3–44.

Fanno, Marco, Die Struktur der korporativen Wirtschaft, in: *Jahrbücher für Nationalökonomie und Statistik* Bd. 148, 1938, S. 317–330.

Fano, Ester, Capitale e regime: 1922–1934, in: *Conflitti sociali* (s.o.), S. 79–119.

Fano, Ester, Problemi e vicende dell'agricoltura italiana tra le due guerre, in: *L'Economia italiana nel periodo fascista. Quaderni Storici* (s.o.), S. 468–496.
Fano Damascelli, Ester, La „restaurazione antifascista liberista". Ristagno e sviluppo economico durante il fascismo, in: *Il Movimento di liberazione in Italia,* XXIII. Jg., Nr. 104, Juli–Sept. 1971, S. 47–99.
Farina, Francesco, Modelli interpretativi e caratteri del capitalismo italiano, in: *Quaderni Storici,* 1976, Nr. 32, S. 487–514.
Federn, Walther, Die auswärtigen Anleihen Österreichs, in: *Schriften des Vereins für Sozialpolitik,* Nr. 174: *Finanzielle Untersuchungen 1928–29,* Wien 1928.
Fiorentini, Paola, Ristrutturazione capitalistica e sfruttamento operaio in Italia negli anni '20, in: *Rivista storica del socialismo,* H. 30, 1967, S. 134–154.
Foa, Vittorio, Genesi e natura delle corporazioni fasciste, in: *Quaderni di Giustizia e Libertà,* 10/1934, S. 16–28.
Foa, Vittorio (Emiliano), La politica economica del fascismo, in: *Quaderni di Giustizia e Libertà,* 8/1933, S. 80–94.
Foa, Vittorio, La ricostruzione capitalistica nel secondo dopoguerra, in: *Rivista di storia contemporanea,* 4/1973, S. 433–455.
Foa, Vittorio, Sindacati e lotte sociali, in: *Storia d'Italia,* 5. Bd.: *I documenti 2,* Turin 1973, S. 1783–1828.
Foa, Vittorio, Le strutture economiche e la politica economica del regime fascista, in: *Fascismo e antifascismo (1918–1926). Lezioni e testimonianze,* Mailand [2]1963, S. 266–293.
Fossati, Eraldo, Tendenzen und Entwicklung des Weltaußenhandels von der Depression von 1932 bis zum Kriegsbeginn, in: *Weltwirtschaftliches Archiv,* 57. Bd., 1943, S. 584–611.
Fovel, Nino Massimo, Corporazioni, costi, prezzi e consumatori, in: *Nuovi problemi di politica, storia ed economia,* 5. Jg., 1934, S. 574–661.
Fovel, Nino Massimo, Determinazione economica del salario corporativo, in: *Nuovi problemi di politica, storia ed economia,* 3. Jg., 1932, S. 535–567.
Fovel, Nino Massimo, Struttura teorica del corporativismo come ‚economia di produttori', in: *Nuovi problemi di politica, storia ed economia,* 4. Jg., 1933, S. 48–115.
Fraenkel, Ernst, Pluralismus, in: *Staat und Politik. Das Fischer Lexikon,* 2., hrsg. von E. Fraenkel/K.D. Bracher, Frankfurt a.M. 1957, S. 234–236.
Freyer, Hans, Über das Dominantwerden technischer Kategorien in der Lebenswelt der industriellen Gesellschaft, in: *Akademie der Wissenschaft und Literatur, Abhandlungen d. Geistes- und Sozialwiss. Klasse,* Mainz 1960, S. 539–551.
Fumian, Carlo, Modernizzazione, tecnocrazia, ruralismo: Arrigo Serpieri, in: *Italia Contemporanea,* XXXI. Jg., Nr. 137, 1979, S. 3–34.
Gallerano, Nicola, L'autarchia e la guerra, in: *Conflitti sociali* (s.o.), S. 147–154.
Gallerano, Nicola, Il contesto internazionale, in: *Il dopoguerra italiano 1945/1948* (s.o.), S. 9–26.
Galli della Loggia, Ernesto, Verso gli anni trenta: qualità e misure di una transizione, in: *Belfagor,* Bd. XXIX, 1974, S. 489–509.
Galli della Loggia, Ernesto, Il capitalismo italiano. Interpretazioni schematiche e analisi storica, in: *Quaderni Storici,* 19/1972, S. 302–316.
Galli della Loggia, Ernesto, La grande guerra e i nuovi equilibri del capitalismo, in: *Conflitti sociali* (s.o.), S. 61–78.
Gallo, Giampaolo, „Cesura" e „continuità" nelle interpretazioni dell'economia italiana dal fascismo al secondo dopoguerra, in: *Annali della facoltà di scienze politiche di Perugia,* 11/1970–72, S. 279–348.
Gangemi, Lello, Die Entwicklung der italienischen Finanzpolitik von 1922 bis 1928, in: *Weltwirtschaftliches Archiv,* 29. Bd. (1929/I), S. 102–139.
Gard, D., Der Kampf der Imperialisten um das Donauaufmarschgebiet, in: *Die kommunistische Internationale,* vom 20. Mai 1934, 10/1934, S. 856–867.
Gini, Corrado, La posizione economica internazionale dell'Italia, in: *Movimento economico dell'Italia. Raccolta di notizie statistiche per l'anno 1927,* V.L.XVIII, Mailand 1928, S. 359–386.
Giovannini, Claudio, Alle origini del fascismo: il ritorno dell'interpretazione radicale, in: *Il Mulino,* XXI. Jg., 223/1972, S. 890–920.
Graziani, Augusto, Introduzione, zu: *L'economia italiana: 1945–1970,* hrsg. von A. Graziani, Bologna 1972, S. 13–96.

Griziotti, Benvenuto, Italien in seiner Stellung als Schuldner und Gläubiger innerhalb der Weltwirtschaft seit Kriegsende, in: *Schriften des Vereins für Sozialpolitik*, 174., 1928, S. 153–196.

Heinrich, Klaus, Zollunionen und Großwirtschaftsräume, in: *Schmollers Jahrbuch für Gesetzgebung, Verwaltung und Volkswirtschaft im Deutschen Reiche*, 65. Jg., I. Halbbd. 1974, S. 25–45.

Heymann, Kajo, Bürokratisierung der Klassenverhältnisse im Spätkapitalismus, in: *Wohlfahrtsstaat und Massenloyalität* (s.o.), S. 249–272.

Holz, Hans Heinz, Technik und gesellschaftliche Wertordnung, in: *Blätter für deutsche und internationale Politik*, 19. Jg., 2/1974, S. 179.

Ilardi, Massimo, Ristrutturazione aziendale e classe operaia sotto il fascismo. La società Terni (1928–1932), in: *Il Movimento di liberazione in Italia*, XXV. Jg., Nr. 112, Juli–Sept. 1973, S. 31–51.

Jedlicka, Ludwig, Austria e Italia dal 1922 al 1938, in: *Storia e Politica*, XIII. Jg., H. I–II, Jan.–Juni 1974, S. 82–105.

Knobel, Johannes, Die Verschärfung des Marktproblems in der allgemeinen Krise des Kapitalismus, 1. u. 2. Folge, in: *Wissenschaftliche Zeitschrift der Universität Rostock, Gesellschafts- und sprachwissenschaftliche Reihe*, 5. Jg., 1955/56, H. 3, S. 337–374 u. 6. Jg. 1956/57, H. 1, S. 85–185.

Koch, Rainer, „Industriesystem" oder „bürgerliche Gesellschaft". Der frühe deutsche Liberalismus und das Laisser-faire-Prinzip, in: *Geschichte in Wissenschaft und Unterricht*, 29. Jg., 10/1978, S. 605–628.

Koch, Woldemar, Wirtschaftsentwicklung und Steuerpolitik im faschistischen Italien, in: *Finanzarchiv*, N.F., Bd. 2, 1934, S. 447–400.

Kramer, Annegret, Gramscis Interpretation des Marxismus, in: *Gesellschaft, Beiträge zur Marxschen Theorie*, hrsg. von H.-G. Backhaus u.a., Frankfurt a.M., 4/1975, S. 65–118.

Krippendorff, Ekkehart, Ist Außenpolitik *Außen*politik? Ein Beitrag zur Theorie und der Versuch, eine unhaltbare Unterscheidung aufzugeben, in: *Politische Vierteljahresschrift*, 4. Jg., 3/1963, S. 243–266.

Kühnl, Reinhard, Ökonomie, Politik und Ideologie, in: *Neue Politische Literatur*, XXII. Jg., 4/1977, S. 536–540.

Lanaro, Silvio, Appunti sul fascismo „di sinistra". La dottrina corporativa di Ugo Spirito, in: *Il regime fascista* (s.o.), S. 357–387.

Lanaro, Silvio, Nazionalismo e ideologia del blocco corporativo-protezionista in Italia, in: *Ideologie, Quaderni di storia contemporanea*, 2/1967, S. 36–93.

Legnani, Massimo, Espansione economica e politica estera nell'Italia del 1919–21, in: *Il Movimento di Liberazione in Italia*, Juli–Sept. 1972, S. 3–51.

Lepre, Aurelio, Questioni di storia del fascismo, in: *Critica marxista*, 6. Jg., 1/1968, S. 210–221.

Lindeck-Pozza, Irmtraut, I rapporti austro-italiani dal trattato di St. Germain all'avvento al potere del fascismo, in: *Storia e Politica*, XIII. Jg., H. I–II, Jan.–Juni 1974, S. 1–16.

Luporini, Cesare, Il marxismo e la cultura italiana del Novecento, in: *Storia d'Italia*, Bd. V: *I documenti*, Turin 1973, S. 1584–1611.

Macchioro, Aurelio, J.M. Keynes e il keynesismo in Italia, in: *Studi di storia del pensiero economico e altri saggi*, Mailand 1970, S. 611–652.

Maier, Charles S., Strukturen kapitalistischer Stabilität in den zwanziger Jahren: Errungenschaften und Defekte, in: *Organisierter Kapitalismus. Voraussetzungen und Anfänge*, hrsg. von H.A. Winkler, Göttingen 1974, S. 195–213.

Maier, Charles S., Between Taylorism and Technocracy: European Ideologies and the Vision of Industrial Productivity in the 1920s, in: *Journal of Contemporary History*, Bd. 5, 2/1970, S. 27–61.

Mangoni, Luisa, Cesarismo, bonapartismo, fascismo, in: *Studi Storici*, XVII. Jg., 3/1976, S. 41–61.

Mantovani, Enrico, Dall'economia di guerra alla ricostruzione, in: *L'economia italiana. Quaderni Storici* (s.o.), S. 631–655.

Marramao, Giacomo, Zum Verhältnis von politischer Ökonomie und politischer Theorie, in: *Ästhetik und Kommunikation*, H. 11, April 1973, S. 79–93.

Melograni, Piero, Bibliografia orientativa sul fascismo I u. II, in: *Il Nuovo Osservatore Politico, Economico, Sociale*, 46–51/1966, S. 421–438, 963–982.

Merli, Stefano, Corporativismo fascista e illusioni riformistiche nei primi anni del regime, in: *Rivista storica del socialismo,* II. Jg., 5/1959 Jan.–März, S. 121–137.
Miccoli, Giovanni, Chiesa e società in Italia dal Concilio Vaticano I (1870) al pontificato di Giovanni XXIII, in: *Storia d'Italia,* Bd. V.: *I documenti 2,* Turin [2]1973, S. 1493–1548.
Michels, Robert, Die Bevölkerungspolitik, in: *Die faschistische Wirtschaft* (s.o.), S. 39–50.
Migone, Gian Giacomo, Aspetti internazionali della stabilizzazione della lira: il piano Leffingwell, in: *Problemi di storia nei rapporti tra Italia e Stati Uniti,* Turin 1971.
Migone, Gian Giacomo, Le origini dell'egemonia americana in Europa, in: *Rivista di storia contemporanea,* 1974, S. 433–459.
Migone, Gian Giacomo, La stabilizzazione della lira: la finanza americana e Mussolini, in: *Rivista di storia contemporanea,* II. Jg. 2/1973, S. 145–185.
Mori, Giorgio, Storia nazionale e modo di produzione capitalistico, in: *La ricerca storica marxista in Italia,* hrsg. von Ottavio Cecchi, Rom 1974, S. 119–135.
Mortara, Alberto, Osservazioni sulla politica dei „tagli salariali" nel decennio 1927–1936, in: *Industria e banca* (s.o.), hrsg. von G. Toniolo, S. 65–71.
Mortara, Giorgio, Die weltwirtschaftlichen Beziehungen Italiens, in: *Weltwirtschaftliches Archiv,* 29. Bd., 1929, S. 258–305.
Mosca, Rodolfo, L'Austria e la politica estera italiana dal trattato di St. Germain all'avvento del fascismo al potere (1919–1922), in: *Storia e Politica,* XIII. Jg., H. I–II, Jan.–Juni 1974, S. 17–32.
Mousset, Albert, L'Europe Danubienne au lendemain des accords de Rome, in: *L'Esprit International,* Nr. 31, Juli 1934, S. 416–432.
Natale, Stefania, Studi recenti sulla politica economica fascista, in: *Rivista di storia contemporanea,* 3/1973, S. 534–555.
Nobile, Annunziata, Politica migratoria e vicende dell'emigrazione durante il fascismo, in: *Il Ponte,* 11–12/1974, S. 1322–1341.
Nolte, Ernst, Die „herrschenden Klassen" und der Faschismus in Italien, in: *Faschismus als soziale Bewegung,* hrsg. von Wolfgang Schieder, Hamburg 1976, S. 183–203.
Paradisi, Mariangela, Il commercio estero e la struttura industriale, in: *L'Economia italiana nel periodo fascista,* hrsg. von Ciocca/Toniolo (s.o.), S. 271–328.
Paretti, V./G. Bloch, La production industrielle en Europe Occidentale et aux Etats-Unis de 1901 à 1955, in: *Moneta e Credito,* 1956, Nr. 36, S. 256–306.
Parrillo, Francesco, Il ruolo delle banche nello sviluppo economico italiano, in: *Ricerche storiche ed economiche in memoria di Corrado Barbagallo,* hrsg. von Luigi de Rosa, Neapel 1970, S. 489–514.
Pavone, Claudio, Sulla continuità dello stato nell'Italia 1943–45, in: *Rivista di storia contemporanea,* 1974, S. 172–205.
Pernot, Maurice, La politique du Saint-Siège en Europe Centrale, in: *L'Esprit International,* Nr. 29, Januar 1934, S. 80–94.
Pertot, Vladimir, Einige Entwicklungstendenzen im Außenhandel der Balkanländer, in: *Weltwirtschaftliches Archiv,* 49. Bd. 1939, S. 353–381.
Petersen, Jens, Die Außenpolitik des faschistischen Italien als historiographisches Problem, in: *Vierteljahrshefte für Zeitgeschichte,* 22 (1974), S. 417–457.
Petersen, Jens, Faschismus und Industrie in Italien 1919–1929, mit einer Vorbemerkung von Eike Hennig, in: *Gesellschaft. Beiträge zur Marxschen Theorie* 7, Frankfurt a.M. 1976, S. 133–189.
Petersen, Jens, Gesellschaftssystem, Ideologie und Interesse in der Außenpolitik des faschistischen Italien, in: *Quellen und Forschungen aus italienischen Archiven und Bibliotheken,* Bd. 54, 1974, S. 428–470.
Petersen, Jens, Italien und Südosteuropa 1929–1932, in: *Internationale Beziehungen in der Weltwirtschaftskrise 1929–1933,* hrsg. von Josef Becker/Klaus Hildebrand, München 1980, S. 393–411.
Petracchi, Giorgio, La cooperazione italiana, il Centrsojuz e la ripresa dei rapporti commerciali tra l'Italia e la Russia sovietica (1917–1922), in: *Storia contemporanea,* VIII. Jg., Nr. 2, 1977, S. 207–255.
Pezzino, Paolo, Sviluppo capitalistico e classi sociali in Italia. Note per un dibattito, in: *Italia Contemporanea,* XXVI. Jg., Nr. 120, Juli–Sept. 1975, S. 65–83.
Pizzorno, Alessandro, I ceti medi nei meccanismi del consenso, in: *Il caso italiano,* hrsg. von F.L. Cavazza/St.R. Graubard, II. Bd., Mailand 1974, S. 315–338.

Pogge von Strandmann, Hartmut, Großindustrie und Rapallopolitik. Deutsch-sowjetische Handelsbeziehungen in der Weimarer Republik, in: *Historische Zeitschrift*, 222/1976, S. 265–341.

Pollock, Friedrich/Kurt Mandelbaum (Kurt Baumann), Autarkie und Planwirtschaft, in: *Zeitschrift für Sozialforschung*, II. Jg., 1933, S. 79–103.

Predöhl, Andreas, Die Beziehungen zwischen Währung und Handelspolitik, in: *Zeitschrift für die gesamte Staatswissenschaft*, 97. Bd., 1937, S. 71–84.

Preti, Domenico, La politica agraria del fascismo: note introduttive, in: *Studi Storici*, XIV. Jg., 4/1973, S. 802–869.

Priester, Karin, Anmerkungen zum italienischen Faschismus, in: *Blätter für deutsche und internationale Politik*, 7/1974, S. 797–819.

Priester, Karin, Faschismus und Massenbewegung, in: *Das Argument*, 117/1979, S. 655–666.

Pütz, Theodor, Meistbegünstigung, in: *Handwörterbuch der Sozialwissenschaften*, Bd. 7, Göttingen 1961, S. 285–288.

Quazza, Guido, Storia del fascismo e storia d'Italia, Introduzione, in: *Fascismo e società italiana*, hrsg. von G. Quazza, (s.o.), S. 3–43.

Ránki, György, Il patto tripartito di Roma e la politica estera della Germania (1934), in: *Studi Storici*, III. Jg., Nr. 2, April–Juni 1962, S. 343–375.

Raspin, Angela, Wirtschaftliche und politische Aspekte der italienischen Aufrüstung Anfang der dreißiger Jahre bis 1940, in: *Wirtschaft und Rüstung am Vorabend des Zweiten Weltkriegs*, hrsg. von F. Fortmeier/H.-E. Volkmann, Düsseldorf 1975, S. 202–221.

Raupach, Hans, Strukturelle und institutionelle Auswirkungen der Weltwirtschaftskrise in Ost-Mitteleuropa, in: *Vierteljahrshefte für Zeitgeschichte*, 1/1976, S. 38–57.

Regis, Giuseppe/Eugenio Falco, Capitale finanziario e monopoli in Italia sotto il fascismo, in: *Società*, III. Jg., 1947, S. 353–379 u. IV. Jg. 1948, S. 247–263.

Riedl, Richard, Innereuropäische Handelspolitik, in: *Weltwirtschaftliches Archiv*, 39. Bd., 1934/I, S. 13–66.

Risaliti, Renato, I rapporti economici italo-russi, in: *La conferenza di Genova* (s.o.), S. 480–516.

Romanelli, Raffaele, Un secolo di storia, in: *Paese Sera*, vom 2. April 1976.

Ruffolo, Ugo F., La linea Einaudi, in: *Storia contemporanea*, V. Jg., 4/1974, S. 637–670.

Rumi, Giorgio, „Revisionismo" fascista ed espanisione coloniale (1925–1935), in: *Il Movimento di liberazione in Italia*, 3 (1965) Juli–Sept., H. 3, Nr. 80, S. 37–73.

Rumi, Georgio, Tendenze e caratteri degli studi sulla politica estera fascista (1945–1966), in: *Nuova Rivista Storica*, 1967, Bd. LI, S. 149–168.

Sabbatucci Severini, Patrizia/Angelo Trento, Alcuni cenni sul mercato del lavoro durante il fascismo, in: *L'Economia italiana nel periodo fascista*, hrsg. von v.A. (s.o.), S. 550–578.

Salvati, Mariuccia, Ricostruzione e disegno capitalistico, in: *Il dopoguerra italiano 1945/1948* (s.o.), S. 89–110.

Salvati, Mariuccia, Teoria „corporatista" e storia contemporanea, in: *Rivista di storia contemporanea*, IX. Jg., 1980/4, S. 621–642.

Salvatorelli, Luigi, Situazione interna e internazionale dell'Italia nel primo semestre del 1943, in: *Il Movimento di Liberazione in Italia*, 1–2/1955, S. 7–15.

Santarelli, Enzo, Dittatura fascista e razionalizzazione capitalistica, in: *Problemi del socialismo*, 11/12 (3. Serie), Sept.–Dez. 1972, S. 693–720.

Santarelli, Enzo, Fascismo e società italiana, in: *Il Movimento di liberazione in Italia*, 11/1973, S. 121–125.

Santarelli, Enzo, Il processo del corporativismo: elementi di transizione storica, in: *Critica marxista*, X. Jg., 4/1972, Juli–August, S. 20–39.

Santomassimo, Gianpasquale, Aspetti della politica culturale del fascismo: il dibattito sul corporativismo e l'economia politica, in: *Italia Contemporanea*, 121/1975, S. 3–25.

Santomassimo, Gianpasquale, Un dibattito sulle linee della ricostruzione, in: *Il dopoguerra italiano 1945/1948* (s.o.), S. 69–88.

Santomassimo, Gianpasquale, Il fascismo degli anni '30, in: *Studi Storici*, 1/1975, S. 102–126.

Santomassimo, Gianpasquale, Ugo Spirito e il corporativismo, in: *Studi Storici*, XIV. Jg., 1/1973, S. 61–113.

Sarti, Roland, La modernizzazione fascista in Italia: conservatrice o rivoluzionaria?, in: *Il regime fascista*, hrsg. von Alberto Aquarone/Maurizio Vernassa, Bologna 1974, S. 259–278.

Sarti, Roland, Mussolini and the italian industrial leadership in the battle of the lira 1925–1927, in: *Past and Present*, Nr. 47, Mai 1970, S. 96–112.

Sbarberi, Franco, Crisi del capitalismo e stato fascista nei ‚Quaderni del carcere' di Gramsci, in: *Italia Contemporanea*, XXIX. Jg., 128/1977, Juli–Sept., S. 3–34.

Scamuzzi, Sergio, Sociologia e analisi delle classi in Italia, in: *Rivista di storia contemporanea*, 1/1976, S. 104–133.

Schieder, Wolfgang, Faschismus, in: *Sowjetsystem und demokratische Gesellschaft. Eine vergleichende Enzyklopädie*, Bd. II, Freiburg u.a. 1968, S. 438–477.

Schieder, Wolfgang, Fascismo e nazionalsocialismo. Profilo d'uno studio strutturale comparativo, in: *Nuova Rivista Storica*, Bd. LIV, 1970, S. 114–124.

Schiller, Karl, Der internationale Wettstreit der handelspolitischen Methoden, in: *Zeitschrift für die gesamte Staatswissenschaft*, 99 (1939), S. 651–675.

Schmidt, Alfred, Über Geschichte und Geschichtsschreibung in der materialistischen Dialektik, in: *Folgen einer Theorie. Essays über ‚Das Kapital' von Karl Marx*, V.A., Frankfurt a.M. 1967, S. 103–129.

Schröder, Hans-Jürgen, Der Aufbau der deutschen Hegemonialstellung in Südosteuropa 1933–1936, in: *Hitler, Deutschland und die Mächte. Materialien zur Außenpolitik des Dritten Reiches*, hrsg. von Manfred Funke, Düsseldorf 1976, S. 757–773.

Schröder, Hans-Jürgen, Südosteuropa als „Informal Empire" Deutschlands 1933–1939. Das Beispiel Jugoslawien, in: *Jahrbücher für Geschichte Osteuropas*, N.F., Bd. 23, 1/1975, S. 70–96.

Schröder, Hans-Jürgen, Deutsche Südosteuropapolitik 1929–1936. Zur Kontinuität deutscher Außenpolitik in der Wirtschaftskrise, in: *Geschichte und Gesellschaft*, 1/1976, S. 5–32.

Schüttauf, A.W., Strukturpolitik und Marktregulierungen in der italienischen Weizenwirtschaft, in: *Weltwirtschaftliches Archiv*, 44. Bd. (1936 II), 1936, S. 530–548.

Sechi, Salvatore, Imperialismo e politica fascista (1882–1939), in: *Problemi del socialismo*, XIV. Jg., 3. Serie, 11–12/1972, S. 766–796.

Setta, Sandro, Potere economico e Repubblica Sociale Italiana, in: *Storia contemporanea*, VII. Jg., 2/1977, S. 257–287.

Sommer, Louise, Sechste Mitteleuropäische Wirtschaftstagung am 18. u. 19. III 1931, in: *Weltwirtschaftliches Archiv*, Bd. 95, 1932 I, S. 612–616.

Sori, Ercole, Emigrazione all'estero e migrazioni interne in Italia fra le due guerre, in: *L'economia italiana nel periodo fascista*, hrsg. v.A. (s.o.), S. 579–606.

Sternberg, Fritz, Krise und Außenhandel, in: *Weltwirtschaftliches Archiv*, 29. Bd., 1929, S. 247–273.

Stollberg, Gunnar, Der vierköpfige Behemoth. Franz Neumann und die moderne Auffassung vom pluralistischen Herrschaftssystem des Faschismus, in: *Gesellschaft, Beiträge zur Marxschen Theorie* 6, hrsg. von v.A., Frankfurt a.M. 1976, S. 92–117.

Thamer, Hans-Ulrich, Ansichten des Faschismus. Der italienische Faschismus in der politischen und wissenschaftlichen Diskussion, in: *Neue Politische Literatur*, XXII. Jg., 1/1977, S. 19–35.

Tibal, André, L'Italie dans l'économie danubienne, in: *L'Esprit International*, Nr. 29, Jan. 1934, S. 95–110.

Tomberg, Willi, Die Wirtschaftslage Italiens Mitte März 1934, in: *Reichs-Kredit-Gesellschaft*, (Archivbericht) vom 3. IV. 1934.

Toniolo, Gianni, Alcune tendenze dello sviluppo economico italiano 1861–1940, in: *Lo sviluppo economico italiano 1861–1940*, hrsg. von G. Toniolo, Bari 1973, S. 1–37.

Treviranus, Margarete, Die Vermögens- und Einkommensabgabe zu Zwecken der Rüstungssteigerung in Italien, in: *Jahrbücher für Nationalökonomie und Statistik*, Bd. 150, 1939, S. 722–741.

Ungari, Paolo, Ideologie giuridiche e strategie istituzionali del fascismo, in: *Il problema storico del fascismo*, hrsg. von M. Abrate/R. De Felice/A. Del Noce/P. Ungari, Florenz 1970, S. 61–79.

Valiani, Leo, Chi era Bottai gerarca romantico?, in: *Corriere della Sera* vom 17. Okt. 1976.

Varga, Eugen, Der Weg des italienischen Kapitalismus, in: *Internationale Pressekorrespondenz* (Sondernummer 17), 7. Jg., 1927, Nr. 78, 4. August, S. 1669–1678.

Vito, Francesco, Das Zwangssparen als Mittel der Kriegsfinanzierung, in: *Weltwirtschaftliches Archiv*, Bd. 54, 1941, S. 481–507.

Vöchting, Friedrich, Die Agrarpolitik, in: *Die faschistische Wirtschaft* (s.o.), S. 51–65.
Vöchting, Friedrich, Die italienische Getreideschlacht, in: *Schmollers Jahrbuch für Gesetzgebung, Verwaltung und Volkswirtschaft im Deutschen Reiche*, 54. Jg. (II. Halbbd.), 1930, S. 1–62.
Vöchting, Friedrich, Vom Welthandel zur Großraumwirtschaft, in: *Weltwirtschaftliches Archiv*, 55. Bd., 1942, S. 1–30.
Wandruszka, Adam, Zwischen den Weltkriegen, in: *Österreich und Italien. Ein bilaterales Lesebuch*, hrsg. von Silvio Furlani/A. Wandruszka, Wien/München 1973, S. 237–255.
Webster, Richard, Autarky, Expansion, and the underlying continuity of the Italian State, in: *Italian Quarterly*, Bd. 8, Nr. 32, Winter 1964, S. 3–18.
Wehler, Hans-Ulrich, Geschichtswissenschaft heute, in: *Stichworte zur ‚Geistigen Situation der Zeit'*. 2. Bd., hrsg. von Jürgen Habermas, Frankfurt a.M. 1979, S. 709–753.
Die korporative Wirtschaft, mit Beiträgen von G. Bottai, G. Arias, M. Fanno, A. Serpieri, A. Lanzillo u.a., in: *Jahrbücher für Nationalökonomie und Statistik*, Bd. 148, 1938 (Sonderheft).
Wissler, Albert, Binnemarkt und Außenwirtschaft im Neuaufbau der faschistischen Wirtschaft, in: *Vierteljahrshefte zur Wirtschaftsforschung*, 12. Jg. 1937/38, H. 4 (N.F.), S. 427–452.
Wissler, Albert, Zur neueren Entwicklung der ökonomischen Theorie des Korporativismus in Italien. Ein Überblick, in: *Vierteljahrshefte zur Wirtschaftsforschung*, 12. Jg., 1937/38 (N.F.), H. 1, S. 84–96.
Zamagni, Vera, La dinamica dei salari nel settore industriale, in: *L'economia italiana*, hrsg. von Ciocca/Toniolo (s.o.), S. 329–378.
Zapponi, Niccolò, Il partito della gioventù. Le organizzazioni giovanili del fascismo 1926–1943, in: *Storia contemporanea*, XIII. Jg., 1982/4–5, S. 569–633.
Ziebura, Gilbert, Volksfront, in: *Sowjetsystem und demokratische Gesellschaft. Eine vergleichende Enzyklopädie*, Bd. VI, Freiburg u.a. 1972, S. 767–794.

Hochschulschriften, unveröffentlichte Dissertationen, Diplomarbeiten und Arbeitspapiere

Agnoli, Johannes, *Kapitalismus und Faschismus: Das korporative System in Italien*, Vorlesung, gehalten an der F.U. Berlin, Fachber. 15 (Otto-Suhr-Inst.), SS 1978.
Bestimmungsfaktoren der Außenpolitik in der zweiten Hälfte des 20. Jahrhunderts: Forschungsstrategie und -programm eines Sonderforschungsbereiches, hrsg. von Gilbert Ziebura/Franz Ansprenger/Gerhard Kiersch (*Schriften des Fachbereichs Politische Wissenschaft*, Nr. 4), Berlin 1974.
Bieling, Thomas, *Rolle und Funktion des Systems der Staatsbeteiligungen in der italienischen Wirtschaft*, Dipl.-Arb. (VWL), F.U. Berlin 1978.
Doering, Dörte, *Deutsche Außenwirtschaftspolitik 1933–35. Die Gleichschaltung der Außenwirtschaft in der Frühphase des nationalsozialistischen Regimes*, Diss. (VWL), F.U. Berlin, Berlin 1969.
Drews, Uta, *Zur Agrarpolitik des Faschismus in Italien*, Dipl.-Arb., F.U. Berlin (OSI), 1977.
Poulain, Marc, *Außenpolitik zwischen Machtpolitik und Dogma. Die deutsch-italienischen Beziehungen von der Jahreswende 1932/33 bis zur Stresa-Konferenz*, Phil. Diss., Frankfurt a.M. 1971.
Sozialwissenschaftliche Forschungen. Arbeitsbericht des Zentralinstituts 6 der Freien Universität Berlin 1972–1975, bearb. von Ute Schmidt (*Berichte und Materialien des Zentralinstituts für sozialwissenschaftliche Forschung [ZI6] der Freien Universität Berlin*, Bd. 3), München 1975.
Telò, Mario/Gisela Wenzel, *Hegemonie der Arbeiterklasse oder ‚passive Revolution'*, unveröff. Arbeitspapier, 1977.
Troebst, Stefan, *Mussolini und Makedonien: Das Bündnis des faschistischen Italien mit der „Inneren Makedonischen Revolutionären Organisation" im internationalen Kontext der Zwanziger Jahre*, Phil. Diss., Freie Universität Berlin (Fachb. Geschichtswiss.), 1984.
Vorschlag zur Errichtung eines autonomen Arbeitsbereichs innerhalb des ZI6 zur Erforschung des Faschismus, unveröff. Manuskr., Nov. 1970.
Arbeitspapier im Anschluß an den „Vorschlag zur Errichtung eines autonomen Arbeitsbereichs innerhalb des ZI 6 zur Erforschung des Faschismus", unveröff. Manuskr., 1970.

Personenregister

Abelshauser, Werner 441
Acerbo, Giacomo 253
Adám, Magda 269
Agnelli, Edoardo 300
Agnelli, Giovanni 6, 90, 104 ff., 287 f., 293 ff., 307 ff., 317, 319, 324 ff., 341, 354 f., 365, 376, 383, 394, 400, 410 f., 414 f., 418, 421, 425, 430, 439, 442
Agnoli, Johannes 31, 136, 371, 377, 379, 382, 386, 395, 431
Agreste, Vittorio (für Emilio Sereni) 86, 102
Alatri, Paolo 25, 293, 295
Alf, Sophie G. 440, 442
Aloisi, Pompeo 215, 227, 232, 235, 240, 244, 258, 259, 277
Altvater, Elmar 111
Amendola, Giorgio 19, 368, 403, 414
Ansprenger, Franz 23
Anzilotti, Eugenio 210, 218, 229 f.
Aquarone, Alberto 19, 25 f., 252, 369, 373, 377, 380
Arcari, Paola Maria 133
Arias, Gino 253 f.
Arlotta, Mario 209
Arndt, Helmut 151
Asquini, Alberto 237, 240, 316, 318
Attolico, Bernardo 303
Auriti, Giacinto 209, 221

Balbo, Italo 257
Balella, Giovanni 164, 400, 414
Bandini, Mario 68 f., 72, 74, 78 f.
Baran, Paul A. 338
Barbagallo, Francesco 63
Barucci, Piero 441
Battaglia, Roberto 441
Bauer, Otto 281
Baumann, Kurt (für F. Pollock u. K. Mandelbaum) 112 f.
Baumgarth, Christa 411, 413
Beaumarchais, Maurice de 217
Beauverger, E.A. Petit de 214
Bedaux, Charles 116
Beege, Hubert 199, 222, 224
Belluzzo, Giuseppe 88
Beneduce, Alberto 44, 105, 405
Benesch, Eduard 216
Benini, Rodolfo 404 f.
Benni, Antonio Stefano 294, 307, 316 f., 414
Berthelot, Philippe 217
Bethlen, István 230
Bianchi, Gianfranco 296
Bianchini, Giuseppe 218
Bicocchi, Daria 298
Bieling, Thomas 47 f.
Billet, Charles 54
Blanke, Bernhard 136
Bloch, G. 94, 103, 109
Bonacchi, Gabriella M. 367
Bonelli, Franco 19, 103
Borejsza, Jerzy W. 212, 228
Bortolotti, Lando 96
Bottai, Giuseppe 231, 253 f., 308, 315, 341, 377, 382 f., 391 ff., 399 f., 402, 404, 415, 419 f.
Bravo, Gian Mario 369
Briand, Aristide 216
Brinkmann, Carl 205
Brocchi, Iginio 181, 209 f., 221 f., 231, 243
Brückmann, Heinz Ludwig 187, 218
Bucharin, Nicolai 111
Buci-Glucksmann, Christine 362
Bülow, Bernhard von 227 ff., 233, 235, 239, 241
Buozzi, Bruno 50, 53
Burgwyn, H. James 176
Burian, Frauke 17
Buselli, G. S. 107

Cabiati, Attilio 295, 309, 402
Cadeddu, Alberto 68, 71 f., 78 f.
Cafagna, Luciano 19
Caizzi, Bruno 103
Calderoni, Ugo 91, 126, 181, 253
Capanna, Alberto 96 f., 128, 130, 137, 147, 150
Caracciolo, Alberto 94, 102 f.

Carmi, Ozer 213
Carocci, Giampiero 17, 25, 31, 111 f., 176, 221, 280, 303, 316, 400
Cartiglia, Carlo 369
Caruso, Saverio 118
Cassano, Franco 22
Cassese, Sabino 315, 377 ff., 380, 382 f., 400
Castronovo, Valerio 25, 33, 38, 56, 60, 63, 76, 81, 84, 86, 89 f., 105 f., 110, 117, 119 ff., 287, 289, 293, 295, 297 f., 300, 303, 307, 324, 327 f., 331 f., 334 f.
Casucci, Costanzo 17
Catalano, Franco 101, 210, 367
Cecchi, Ottavio 124
Cerri, Roberto 76
Cerruti, Vittorio 235
Charles-Roux, François 260, 262 f.
Checco, Anna 441
Ciancarelli, Bonifacio Francesco 219, 228 ff., 237
Ciano, Galeazzo 266
Ciocca, Pierluigi 147
Clauzel, Bertrand 237
Clemente, Vincenzo 211, 216
Cohen, Jon 38, 46
Cohrs, Adolf 205, 275
Collotti, Enzo 25, 206, 208, 210, 212, 258, 264, 268
Conti, Ettore 40, 294
Corbino, Epicarmo 441
Corner, Paul 50, 69, 77, 81, 84
Croce, Benedetto 21, 372
Curtius, Julius 228

Dahrendorf, Ralf 390
D'Amoja, Fulvio 213, 216 ff., 229, 232 f., 235, 238, 256 ff., 303 ff.
Dampierre, R. de 220
D'Andrea, Antonino 441
D'Antone, Lea 71
D'Attorre, Pier Paolo 58
De Benedetto, Silvia 33, 50, 56 f., 117
De Cecco, Marcello 441
De Felice, Franco 111, 322, 332, 334 f., 342, 344 ff., 362
De Felice, Renzo 19, 25 f., 38, 46, 175, 214 ff., 227, 241, 256, 259, 265 f., 277, 315
De Gasperi, Alcide 336, 441
Del Vecchio, Giorgio 218
De Michelis, Giuseppe 218, 329, 375 f.
De Rosa, Luigi 48
Dessirier, Jean 71
De Stefani, Alberto 33, 36, 40 ff., 47, 49, 103, 320 f., 404
De Vergottini, Mario 153
De Viti De Marco, Antonio 402
Diggins, John P. 298
Di Nola, Carlo 176, 197, 200, 207, 277
Di Nolfo, Ennio 175, 209, 267, 293, 337
Di Vittorio, Giuseppe 108, 331, 383, 415
Dobb, Maurice 81 f., 281 f.
Dobbert, Gerhard 38, 41 ff.
Doering, Dörte 17, 27, 183, 228, 319, 325
Dollfuß, Engelbert 217, 232, 238 f., 262 ff.
Donati, Edgardo 19, 25
D'Orsi, Angelo 25
Drews, Uta 77, 83 f., 109, 406, 427

Eichstädt, Ulrich 277
Einaudi, Luigi 91, 330, 402 f., 405, 441
Emminger, Otmar 144
Engel-Janosi, Friedrich 261 ff.
Erbe, René 319
Evola, Julius 267
Eynern, Gert von 280

Fabbri (italienischer Militärattaché in Wien) 214
Facta, Luigi 293 ff.
Falco, Eugenio 99 f.
Falkenhausen, Susanne von 413
Fanno, Marco 151, 378, 380, 386 ff., 393
Fano Damascelli, Ester 21 f., 32 f., 38, 42, 47 f., 50, 52, 54, 59, 68, 70 f., 76 ff., 93, 101 f., 104 f.
Farina, Francesco 22, 58, 109, 429
Federn, Walther 183
Federzoni, Luigi 373, 414
Ferri, C. E. 386
Finzi, R. 107
Fiorentini, Paola 107 ff., 117
Fleurian, A. de 215
Foa, Vittorio 31, 57, 105, 117, 358, 360, 370, 405, 441
Ford, Henry 332, 349, 426, 430
Forte, Francesco 46 f., 50 f., 91 f., 101, 380
Fossati, Antonio 388
Fossati, Eraldo 147 f., 153, 155, 157, 171
Fovel, Nino Massimo 353 ff., 357 f., 393 f., 401, 419, 421 ff., 431 f.
Francescon-Centa, Vittorio 75, 127, 134, 183, 225, 248 f., 251, 253, 302, 313 f., 319
François-Poncet, André 212, 217, 236

Freyer, Hans 387, 390
Frisella-Vella, Giuseppe 91 f.
Fritsch, Dorothea 17
Fuà, Giorgio 102
Furlani, Silvio 263

Gaddi, L. 316
Gaedicke, Herbert 275 f., 280
Gallerano, Nicola 101, 441
Galli Della Loggia, Ernesto 19, 21 f., 24, 52
Gallo, Giampaolo 19, 21
Gallo, Luigi (für Luigi Longo) 142
Ganapini, Luigi 441
Gangemi, Lello 38, 41, 43 ff.
Gard, D. 269
Gasparri, Pietro 261
Gehlen, Arnold 387, 390
Gentile, Giovanni 374
Giglio, Carlo 277
Gini, Corrado 133
Giolitti, Giovanni 33, 36, 51, 78
Giovannucci, Francesco S. 265 f.
Giretti, Edoardo 92, 289 ff., 297 f., 300, 309, 313, 403
Giretti, Luciano 92
Gömbös, Gyula de 197, 227, 232, 238 f.
Göring, Hermann Wilhelm 236
Golzio, Silvio 134
Gramsci, Antonio 20, 24, 28, 93, 110 f., 124, 248, 332, 342 ff., 368, 373, 375, 382, 388, 396, 401, 403, 405, 415 ff., 421, 436
Grandi, Dino 209 ff., 213 ff., 217, 221 f., 229 ff., 234, 242 f., 303
Graubard, Stephan R. 118
Grieco, Ruggero 98, 371, 400, 430
Grifone, Pietro 31, 38, 42, 87 ff., 98 f., 101, 405
Grilli, Giovanni 264
Griziotti, Benvenuto 38, 41, 43
Gronchi, Giovanni 336 f.
Gualerni, Gualberto 87 f., 98
Gualino, Riccardo 105, 355
Guariglia, Raffaele 209, 313 ff., 217, 228
Guarneri, Felice 109, 182, 207, 210, 237, 243, 253 ff., 259, 294, 313 ff., 321 ff., 414

Haas, Ernst 181, 185 f., 220 ff.
Habermas, Jürgen 390
Habicht, Theodor 238
Handel-Mazzetti, Peter 199
Hantos, Elemér 184, 204, 216, 218, 222 ff., 238, 269 ff.
Hassell, Ulrich von 232 f., 235 ff., 265
Heeren, Viktor von 228 f.
Heinrich, Klaus 113
Hennig, Eike 28
Heymann, Kajo 435
Hitler, Adolf 240 f., 265 f., 321
Höhne, Roland 5, 17
Holz, Hans Heinz 390

Ilardi, Massimo 57
Ingrao, Pietro 22

Jacomoni di San Savino, Francesco 259
Jannaccone, Pasquale 91, 309, 403
Jedlicka, Ludwig 210 f., 216, 220
Jemolo, Arturo Carlo 261
Jouvenel, Henri de 216 f., 236
Juhász, Gy. 277
Jung, Guido 91, 228, 235, 237, 243, 253 ff., 259, 294, 313, 319, 324
Junker, Detlef 324

Kadritzke, Niels 136
Kastl (deutscher Unternehmer) 237
Kerekes, Lajos 197, 211, 277
Kestenholz, Paolo 134, 147, 165 ff., 170 f., 304, 320 f.
Keynes, John M. 403
Kiersch, Gerhard 23
Kindleberger, Charles P. 37
Kleist, Margarita 17
Klingenstein, Grete 185
Knobel, Johannes 111
Koch, Rainer 396, 398
Koch, Woldemar 41 f., 44 f., 47
Köpke, Gerhard 236 ff.
Kofler, Leo 390
Kogan, Norman 337
Kohlruss, Eberhard 183
Kühl, Joachim 221, 238
Kühnl, Reinhard 26

La Francesca, Salvatore 64, 88
Lanaro, Silvio 112, 371, 396, 403, 405, 408 f., 411, 425, 431
Lantini, Ferruccio 380 f.
Laval, Pierre 216 f.
Ledeen, M. A. 267
Lefebvre, Henri 365, 384 f., 390
Legnani, Massimo 441
Lentini, Orlando 119
Lepre, Stefano 68, 71 f., 78 f.
Lichtner, Maurizio 107

Lindeck-Pozza, Irmtraut 206
List, Friedrich 396, 398
Luca Cavazza, Fabio 118
Ludz, Peter Christian 246
Luther, Friedrich 17
Lyttelton, Adrian 31, 33, 36, 38, 258

Mackensen, Hans Georg von 227, 238
Maggi, Mario (für Egidio Gennari) 98, 102
Maier, Charles S.. 352, 361, 432 ff., 436 f.
Maione, Giuseppe 34, 288
Mandel, Ernest 125, 282 f.
Mandelbaum, Kurt 113 f.
Mantovani, Enrico 52, 102, 105
Mariani 218
Marinotti, Franco 105, 295 f.
Marramao, Giacomo 112
Marzotto, Gaetano 200
Masi, G. 218, 231
Mastrella, C. 214
Mattick, Paul 343
Mayer, Reinhard 17, 27, 145, 376
Mayer-Tasch, Peter Cornelius 376, 379
Melograni, Piero 36, 38 f., 46
Merli, Stefano 369
Merlin, Gianni 53
Messori, Ottavio 96 f., 128, 130, 137, 147, 150
Meyer, Richard H. 38
Michels, Robert 66
Migone, Gian Giacomo 38, 52, 291
Montagnana, Mario 116 f.
Moore, Barrington 406
Morandi, Rodolfo 85
Morgari, Oddino 295 f.
Mori, Giorgio 21, 102, 104 ff., 108, 124, 177
Mortara, Giorgio 35, 56, 133, 281
Mosca, Rodolfo 206
Mosconi, Antonio 87, 209 f., 222, 307 f.
Mousset, Albert 269
Mussolini, Benito 25, 32 f., 39, 46, 57, 59, 66, 88, 101, 124, 208 f., 211 ff., 219, 232 f., 235, 237 ff., 253, 257, 259, 263, 266, 289, 292, 298, 307, 314, 316 ff., 328, 366, 374, 391, 396, 403, 430, 442

Narr, Wolf-Dieter 390, 436 f.
Natale, Stefania 21 f.
Negro, Pietro 65
Nenni, Pietro 331
Neurath, Constantin von 233, 235 f., 239, 241
Neusüss, Christel 111, 281
Nobile, Annunziata 59
Nogara, Bernardino 292

Offe, Claus 390, 435 f.
Olivetti, Adriano 414
Olivetti, Gino 115, 210, 231, 237, 256, 294, 322, 329
Orsini 228

Pacelli, Eugenio (Papst Pius XI) 261, 263
Pacor, Mario 176, 258
Paggi, Leonardo 22
Panunzio, Sergio 430
Papen, Franz von 227, 236, 240 f., 277
Paradisi, Mariangela 147
Paretti, V. 94, 103, 109
Parrillo, Francesco 48
Paul-Boncour, Joseph 214, 232, 236 f.
Pavone, Claudio 19
Pedrocco, G. 107
Pernot, Maurice 260, 262
Perroux, François 172
Pertot, Vladimir 276
Petersen, Jens 25, 28, 175, 208, 213, 220, 226 f., 232 f., 235, 238, 240 f.
Petracchi, Giorgio 293
Pezzino, Paolo 118
Pirelli, Alberto 91, 105, 210, 222, 253 f., 294, 400, 442
Pirker, Theo 369
Pizzorno, Alessandro 118, 440
Pogge von Strandmann, Hartmut 294, 305
Pollock, Friedrich 68, 113 f.
Portelli, Hugues 344
Posner, M. V. 47
Posse, Hans Ernst 219, 229, 235, 237, 240, 242
Poulain, Marc 213, 215 f., 228, 232 f., 235, 238, 240 f.
Poulantzas, Nicos 24, 31 f., 69 f., 322
Predöhl, Andreas 112, 223
Preti, Domenico 37, 59, 61, 65 ff., 70 f., 73, 76 f., 83, 86, 88, 92, 105, 107 f., 119 f.
Preziosi, Giovanni 215
Priester, Karin 46, 48, 101
Puaux, Gabriel 215, 217, 262, 265
Pütz, Theodor 249 f.

Quazza, Guido 19 f., 25, 371, 442

Ragionieri, Ernesto 178
Ranke, Joachim 88, 101, 252, 376 ff., 383 ff., 401, 420

Ranki, György 226 f., 235
Raspin, Angela 101
Raumer (deutscher Unternehmer) 237
Razza, Luigi 253 f.
Regis, Giuseppe 99 f.
Repaci, Francesco A. 91, 309, 403
Riccardi, Raffaello 319 f.
Riechers, Christian 342, 416
Riedl, Richard 216, 218 ff.
Rieth 228, 238
Rigola, Rinaldo 368
Risaliti, Renato 293
Ritter, Karl 228 f., 237 f.
Rocco, Alfredo 341, 363, 373, 379, 392 ff., 401, 405, 414 f., 419 f., 422
Rochat, Giorgio 25
Rohe, Karl 5
Rosenberg, Arthur 396
Rosenstock Franck, Louis 102
Rossoni, Edmondo 34, 369
Ruffolo, Ugo F. 441
Rugafiori, Paride 289
Rumi, Giorgio 175 f., 296
Russo, Roberto Maria 47, 51, 121

Sabbatucci Severini, Patrizia 61 f., 119 f.
Saibante, Mario 131, 143
Sala, T. 268
Salvati, Mariuccia 361, 441
Santarelli, Enzo 19 f., 26, 31, 36, 63 f., 106, 111, 124, 180, 264 f., 366 ff., 370 ff., 375
Santomassimo, Gianpasquale 25, 366, 368, 392, 402 ff., 407 f., 425, 441
Sapelli, Giulio 107, 116 f., 322
Sarti, Roland 34, 38, 314
Sbarberi, Franco 22, 322, 342 ff., 348, 350 ff., 355 f., 360, 363 f., 411
Scalfari, Eugenio 103
Scamuzzi, Sergio 118
Sechi, Salvatore 178, 282
Seipel, Ignaz 207 f., 243, 261 f., 264
Sereni, Emilio 68, 81 f., 85, 97
Sering, Paul (für Richard Löwenthal) 172
Serpieri, Arrigo 77, 406, 408 f., 411 f.
Setta, Sandro 441
Signorelli, Gaetano 427 f.
Slobodskoj, S. M. 50, 72
Smend 237
Socrate, Stefano 68, 71 f., 78 f.
Sohn-Rethel, Alfred 136, 212, 221, 225 f., 233, 235
Sommer, Louise 219, 222, 238, 249, 251
Sori, Ercole 59 ff.
Speroni, Donato 34
Spini, G. 52
Spirito, Ugo 341, 364, 393 f., 396, 398 f., 401, 403, 406 ff., 425 ff., 430 f.
Spitta (deutscher Unternehmer) 237
Spriano, Paolo 54, 322 f., 370 f.

Schacht, Hjalmar 320 f.
Schanzer, Carlo 294
Schiller, Karl 223, 250, 252
Schmidt, Gustav 5
Schmidt, Ute 23
Schmidt-Krutina 237
Schmitt, Carl 43
Schober, Johann 211
Schoen 228, 230
Schröder, Hans-Jürgen 210, 232, 269 ff., 273, 276
Schubert, Karl von 228 ff.
Schüttauf, A. W. 73 ff., 82
Schumann, Werner 181 f., 189 f., 192, 194 ff., 198, 200 f., 223 ff.
Schuschnigg, Kurt von 277

Sternberg, Fritz 282
Storaci, Marina 38, 57, 64
Stübel, Caroline 74, 80, 82, 87
Sturzo, Luigi 294 f.
Suvich, Fulvio 215, 219, 232, 235, 238 f., 241, 243 f., 258 f.
Sweezy, Paul M. 338
Sylos Labini, Paolo 118 ff., 372

Tardieu, André 217
Targetti, Raimondo 294
Tasca, Angelo 97
Tassinari, Giuseppe 231, 253 f.
Taylor, Frederick Winslow 115, 334
Teló, Mario 322, 362
Teodori, Massimo 52
Thamer, Hans-Ulrich 19, 25, 28
Thaon di Revel, Paolo 324
Theodoli, Alberto 217
Tibal, André 205, 275
Togliatti, Palmiro 178, 373, 379, 396, 403
Tomberg, Willi 45, 47 f., 50
Toniolo, Gianni 35, 48, 147
Tranfaglia, Nicola 19 f., 25 f., 56, 90, 119
Trento, Angelo 61, 119 f.
Treviranus, Margarete 41
Tridente, Nicola 48
Troebst, Stefan 209

Ucker, Paul 77, 82
Ungari, Paolo 369, 373 f., 379, 394 f.

Vaccario, G. 268
Vaudagna, Maurizio 367
Varga, Eugen 35 f., 111, 197
Veneruso, Danilo 294 f.
Vernassa, Maurizio 19, 25 f., 377, 380
Villari, Lucio 200, 259, 329 f., 355, 441
Virgili, Filippo 75
Vitetti, Leonardo 214
Vito, Francesco 47, 49, 88
Vöchting, Friedrich 73, 75 ff., 83, 113, 179
Volpi Di Misurata, Giuseppe 36, 40, 42, 44 f., 87, 442

Wagenführ, Horst 366
Wandruszka, Adam 263
Weber, Max 362
Webster, Richard 177, 245
Wehler, Hans-Ulrich 25
Wenzel, Gisela 362
Wiehl, Emil 229 f.
Wissler, Albert 39, 387 f.
Wolf, Eduard 144
Woolf, S. J. 47

Zamagni, Vera 53 ff., 57 f., 430
Zamboni, Giovanni 176, 208
Ziebura, Gilbert 5, 17 f., 23, 322, 343

GPSR Compliance

The European Union's (EU) General Product Safety Regulation (GPSR) is a set of rules that requires consumer products to be safe and our obligations to ensure this.

If you have any concerns about our products, you can contact us on ProductSafety@springernature.com

In case Publisher is established outside the EU, the EU authorized representative is:

Springer Nature Customer Service Center GmbH
Europaplatz 3
69115 Heidelberg, Germany

Batch number: 10809472

Printed by Printforce, the Netherlands